Viktor Fast, Jakob Penner

Wasserströme in der Einöde

Die Anfangsgeschichte
der Mennoniten-Brüdergemeinde Karaganda
1956-1968

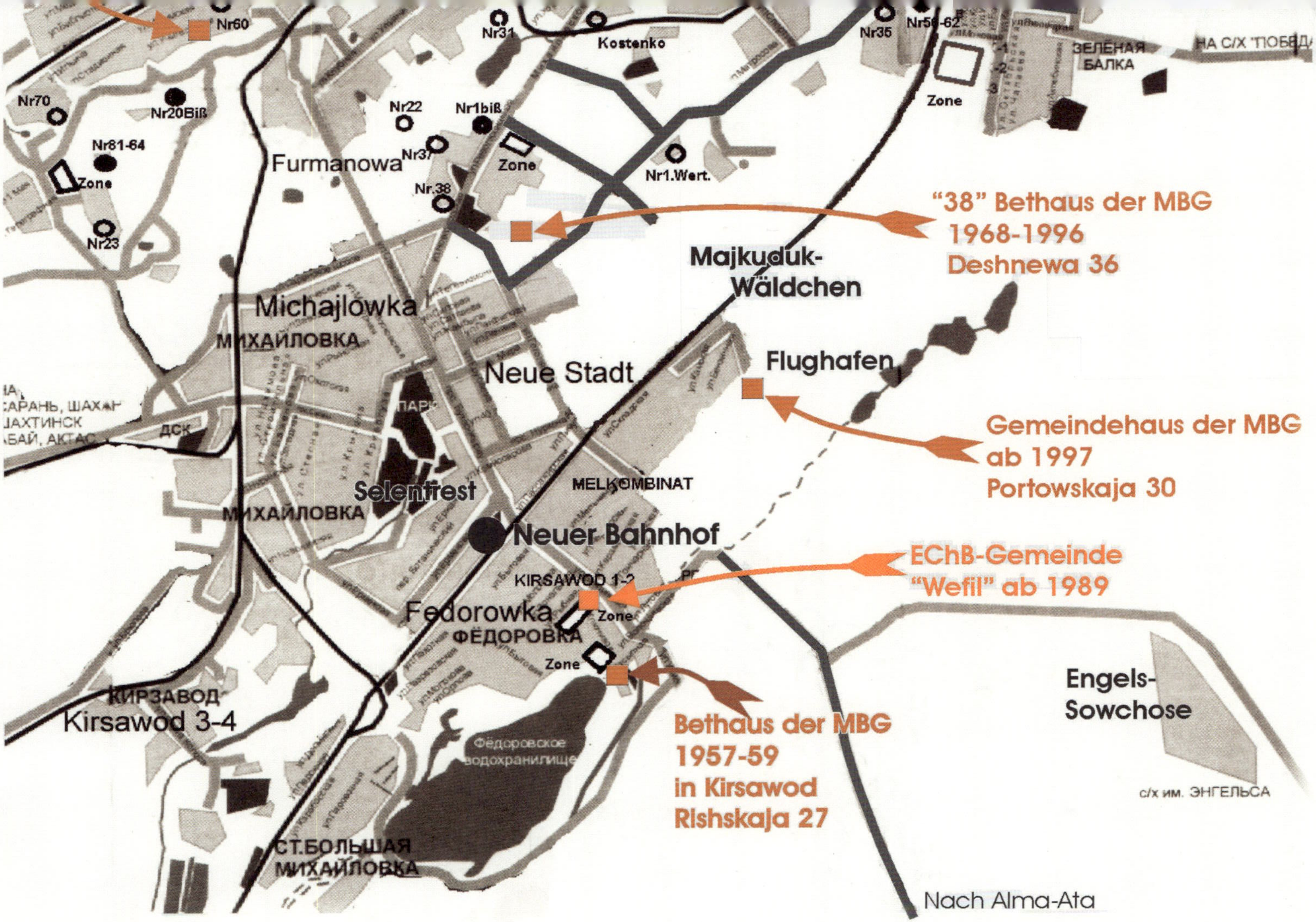
Nr60
Nr31
Kostenko
Nr35
Nr56-62
ЗЕЛЁНАЯ
БАЛКА
НА С/Х 'ПОБЕДА
Zone
Nr70
Nr20Biß
Nr22
Nr1biß
Nr81-64
Zone
Furmanowa
Nr37
Zone
Nr1.Wert.
Nr.38
Nr23
"38" Bethaus der MBG
1968-1996
Deshnewa 36
Majkuduk-
Wäldchen
Michajlowka
МИХАЙЛОВКА
Neue Stadt
Flughafen
ПАРК
ДСК
Gemeindehaus der MBG
ab 1997
Portowskaja 30
MELKOMBINAT
Selentrest
МИХАЙЛОВКА
Neuer Bahnhof
EChB-Gemeinde
"Wefil" ab 1989
KIRSAWOD 1-2
Fedorowka
Zone
ФЁДОРОВКА
Zone
КИРЗАВОД
Kirsawod 3-4
Fёдоровское
водохранилище
Bethaus der MBG
1957-59
in Kirsawod
Rishskaja 27
Engels-
Sowchose
с/х им. ЭНГЕЛЬСА
СТ.БОЛЬШАЯ
МИХАЙЛОВКА
Nach Alma-Ata

Viktor Fast, Jakob Penner

Wasserströme in der Einöde

Die Anfangsgeschichte
der Mennoniten-Brüdergemeinde
Karaganda
1956-1968

Samenkorn
Steinhagen
2007

Wasserströme in der Einöde. Die Anfangsgeschichte der Mennoniten-Brüdergemeinde Karaganda 1956-1968. „Samenkorn", Steinhagen, 2007. – 640 Seiten, 525 Illustrationen, 65 Dokumenten, 6 Karten

Herausgegeben vom Arbeitskreis zur Sammlung und Aufarbeitung der Geschichte der Gemeinden im Gebiet Karaganda.

Materialsammlung: Anna Bergen, Helena Bergen, Woldemar Daiker, Lydia Fast, Viktor Fast, Abram Günter, Nelly Hildebrant, Albert Klassen, Jakob Konrad, Jakob Penner, Johann Plett, Erwin Rempel, Rita Wall, Heinrich Wiebe

Textbearbeitung: Naemi Fast, Helene Peters, Walter Plett (jun.)
Übersetzung der Dokumente aus dem Russischen: Viktor Fast
Sammlung der Fotos: Woldemar Daiker und Jakob Penner
Bearbeitung der Fotos: Woldemar Daiker, Andreas Penner
Karten: Andreas Fast
Umschlag: Luise Fast und Viktor Enns
Bild auf der Rückseite des Umschlags: „Die alte Straßenbahn", Andrijuk P.S., Museum der bildenden Kunst, Karaganda
Satz: Jakob Penner, Nelly Hildebrant

Druckerei: Matthiesen Druck, Bielefeld
ISBN 3-936894-28-0

Liebigstr. 8, 33803 Steinhagen, Germany
Viktor Fast, Jakob Penner

Und nun spricht der HERR,
der dich geschaffen hat, Jakob,
und dich gemacht hat, Israel:
Fürchte dich nicht, denn ich habe dich erlöst;
Ich habe dich bei deinem Namen gerufen; du bist mein!
[...]
Ich, Ich bin der HERR, und außer mir ist kein Heiland.
Ich hab's verkündigt und habe auch geholfen und hab's euch sagen lassen;
und es war kein fremder Gott unter euch.
Ihr seid meine Zeugen, spricht der HERR, und ich bin Gott.
Ich bin, ehe denn ein Tag war, und niemand ist da,
der aus meiner Hand erretten kann.
Ich wirke; wer will's wenden?
So spricht der HERR, euer Erlöser, der Heilige Israels:
Um euretwillen habe ich nach Babel geschickt
und habe die Riegel eures Gefängnisses zerbrochen,
und zur Klage wird der Jubel der Chaldäer.
[...]
... Ich mache einen Weg in der Wüste
und ***Wasserströme in der Einöde.***
... denn Ich will in der Wüste Wasser
und in der Einöde Ströme geben,
zu tränken mein Volk, meine Auserwählten;
[...]
das Volk, das Ich mir bereitet habe,
soll meinen Ruhm verkündigen.
Nicht, daß du mich gerufen hättest, Jakob,
oder daß du dich um mich gemüht hättest, Israel.
... Aber mir hast du Arbeit gemacht mit deinen Sünden
und hast mir Mühe gemacht mit deinen Missetaten.
Ich, Ich tilge deine Übertretungen um meinetwillen
und gedenke deiner Sünden nicht.

Jes.43,1-25

Karaganda – graue Steppe, schwarze Büsche, schwarzer Stein, dunkler Verbannungsort.
Karaganda – eine Ort, wo göttliches Licht die Dunkelheit des menschlichen Hochmuts durchbricht.
Karaganda – helle Sonne, blühende Gräser – der Verbannungsort wird zur freien Stadt.
Karaganda – ein Ort der Erweckung, der aufblühenden Gemeinden, der christlichen Nächstenliebe – und deshalb Anziehungspunkt der Gläubigen.

Gott segne unsere Erinnerung,
Gott segne uns an allen Orten dieser Erde,
Gott segne die Menschen, die heute in Karaganda wohnen.

Gewidmet
allen, denen
die Mennoniten-
Brüdergemeinde
Karaganda
eine geistliche
Heimat
war

Inhaltsverzeichnis

Vorwort

Dieses Buch soll die Entstehungsgeschichte einer christlichen Gemeinde in Kasachstan in der Mitte des 20. Jahrhunderts schildern. Es handelt sich um die Mennoniten-Brüdergemeinde in Karaganda, die dieses Jahr in Dankbarkeit zu Gott ihr 50-jähriges Bestehen feiert, weil sie darin Gottes gnädiges Walten sieht und dieses noch besser erkennen will. Trotz Verfolgung, innerer Krisen und Auswanderung besteht diese Gemeinde immer noch an demselben Ort weiter. In ihrer Gemeindeliste, die Mitte der 1960-er begonnen wurde, stehen 2572 Einträge. Die Höchstzahl von 1200 Mitgliedern erreichte die Gemeinde 1960. Zurzeit hat sie 222 Mitglieder. Ist die Gemeinde also seit 1960 ständig geschrumpft?

Eigentlich wuchs die Gemeinde immer. Aber sie gab viele Mitglieder für andere Gemeinden her, denn nach und nach wanderten fast alle Mitglieder nach Deutschland aus. Mehrere Mennoniten-Brüdergemeinden (MBG) in Deutschland setzten nun hier in neuen Verhältnissen an verschiedenen Orten das fort, was in Karaganda begonnen hatte.

Somit werden viele Menschen in diesem Buch ihre eigene Geschichte finden oder ihre geistlichen Wurzeln und die Wurzeln von Geschwistern und Freunden entdecken.

Mit diesem Buch stellen wir ein unvollendetes Werk vor. Die Menge der Arbeit hat uns die Vollendung bis zur Jubiläumsfeier nicht möglich gemacht. Als wir dies Ende Januar 2007 einsahen, mussten wir unsere Pläne korrigieren und uns vorerst darauf beschränken, die Geschichte von der Entstehung bis 1968 zu behandeln.

Dieses Buch ist eine Arbeit, an der viele Helfer teilgenommen haben. Wir konnten auf manche verfasste Erinnerungen und auch auf detaillierte Beschreibungen der damaligen Zeit zurückgreifen. In erster Linie wären hier Willi Matthies, Heinrich und Gerhard Wölk zu nennen. Außerdem haben Dutzende mit ihren persönlichen Erinnerungen, bereitgestellten Fotos und Dokumenten aktiv mitgeholfen.

Mit wenigen Ausnahmen sind sowohl alle Dokumente und Zeitzeugnisse und ihre Urheber als auch wir selbst ein Teil dieser Geschichte und stammen aus dem direkten Umfeld dieser Gemeinde. Deshalb werden alle Ereignisse und Personen aus dem Blickwinkel der MBG betrachtet und beurteilt. Wenn einiges negativ bewertet wird, liegt das daran, dass dies der damalige Standpunkt der Gemeinde war. Einiges kam durch Dokumente, zu denen wir erst innerhalb der letzten zehn Jahre Zugang bekamen, ans Licht. Trotzdem versuchen wir so objektiv wie möglich zu sein und eher zu berichten, um die Wertung dem Leser zu überlassen. Einige Ereignisse und Entwicklungen gehen uns schmerzhaft ans Herz, und doch sehen wir uns gezwungen, sie aufzuzeigen, um der Wahrheit Genüge zu tun. Für die weitere Verarbeitung dieser nicht leichten Geschichte muss wohl noch Einiges getan werden. Die Beurteilung und Rückmeldung der interessierten und kundigen Leser wäre uns deswegen wichtig.

Wir haben an vielen Stellen Erinnerungen von Zeitzeugen zitiert. Damit sie authentisch bleiben, haben wir sie in der Original-Formulierung belassen und auch die Schreibweise, in der der jeweilige Zeitzeuge es geschrieben hatte, nicht geändert.

Diesem Buch hätten einige andere vorangehen sollen, die bislang aus Mangel an Zeit und Mitarbeitern noch nicht fertig gestellt werden konnten, sich jedoch in Planung befinden.

2001 erschien in russischer Sprache das Buch „Siehe, ich bin bei euch alle Tage bis an der Welt Ende", Band I (Das Leben der Gläubigen in Karaganda 1931-1946). An einer deutschen Herausgabe wird gearbeitet. Ein zweiter Band, der die Jahre von 1941-1956 abdecken soll, ist in Planung, konnte bisher jedoch nicht realisiert werden. Ebenfalls in Planung befindet sich „Glaube hinter Stacheldraht" über Gläubige und Gemeinden im Karlag 1931-1956. Zu diesem Buch ist ebenfalls schon viel Material gesammelt worden, die Sammlung kann jedoch nicht als abgeschlossen angesehen werden und die Arbeit geht weiter.

Dem vorliegenden Band sollen weitere gründliche Sachbücher folgen, die z.T. auch in Planung sind, jedoch momentan nicht umgesetzt werden können, zum Beispiel eine Beschreibung des Lebens der Gläubigen und der Gemeinden im Gebiet Karaganda 1956-2006, und zwar konkret in Balchasch, Temirtau, Dsheskasgan, Ossakarowka, Uljanowka, Saran, Kijewka, Shana-Arka, Tokarewka und Sharyk. Zu einigen dieser Gemeinden ist momentan noch nicht genügend Material vorhanden. Darüber hinaus sind auch Bildbände geplant.

Trotz unserem chronischen Mangel an Mitarbeitern und Zeit wollen wir Gott durch diese Arbeit ehren und Ihm danken. Wir hoffen, dass diese Bücher den Lesern Mut zum Dienst für den Herrn machen können, dass wir gemeinsam aus der Vergangenheit etwas für die heutige Gemeindearbeit lernen können, und dass auch eine evangelistische Wirkung nicht ausbleibt.

Der Herr möge wirken, was und wie Er will!

Viktor Fast
Frankenthal, Karwoche 2007

Zur Geschichte des Buches

Von Anfang an hatten viele Brüder den starken Eindruck, dass Gott an der MBG Karaganda etwas ganz Besonderes wirkt.

Schon 1969 - etwa 12 Jahre nach der Gemeindegründung - verfasste der damalige Mitälteste Willi Matthies die Geschichte der Gemeinde erstmals als Manuskript, gab es jedoch nur Wenigen zur Einsicht. Es gab zu der Zeit Spannungen unter den dienenden Brüdern, was die Arbeit erschwerte. Nach seiner Auswanderung nach Deutschland 1975 arbeitete Wilhelm Matthies im Jahr 1980 das Manuskript um und vernichtete die früheren Versionen. Diese letzte Fassung wird in unserem Buch wiederholt zitiert.

Als der Älteste Heinrich Görzen 1978 zu der Mennonitischen Weltkonferenz eingeladen wurde, erstellte man in Karaganda ein Fotoalbum für diese Konferenz, das eine kurze Geschichte der Gemeinde enthielt. Ein zweites Exemplar dieses Fotoalbums wird in der Gemeinde Karaganda aufbewahrt.

Heinrich und Gerhard Wölk gaben 1980 das Buch „Die Mennoniten Brüdergemeinde in Rußland 1925 - 1980" heraus, in dem unter anderem die Geschichte der Gemeinde in Karaganda beschrieben und erstmals auch weiten Kreisen bekannt wurde. Dieses Buch wird weltweit oft zitiert und auch in unserem Buch befinden sich viele Auszüge daraus.

Zur Feier des 30-jährigen Jubiläums der Gemeinde in Karaganda am 20. Mai 1987 wurde geschichtliches Material in Form von Erinnerungen und Fotos gesammelt, Fotodokumentationen und Vorträge gemacht. Zum 40-jährigen Jubiläum begann in Deutschland eine größere Sammelaktion von geschichtlichem Material, die bis heute anhält. Damals wurden wieder Fotodokumentationen gemacht und Vorträge gehalten. Anschließend wurde die Geschichte der Gemeinde in fünf größeren Artikeln in den Aquila-Heften Nr.1-4/1998 und 1/1999 vorgestellt.

Der Arbeitskreis zur Sammlung und Aufarbeitung der Geschichte der Gemeinden im Gebiet Karaganda wurde 1996-1997 organisiert und begann seine Arbeit, die bis heute fortgeführt wird. Das erste Ergebnis war die Erstellung eines größeren Archivs mit Schrift- und Bildmaterial. Aus diesem Archiv schöpften wir auch einen großen Teil der in diesem Buch verarbeiteten Informationen.

Gedenktag des 50-jährigen Jubiläums der MBG in Karaganda am 17. Dezember 2006

Zum 70-jährigen Gedenken der nach Karaganda verbannten Mennoniten und Baptisten wurde 2001 das Buch „Я с вами во все дни до скончания века“ („Ich bin bei euch alle Tage bis an der Welt Ende“) in Russisch herausgegeben, das die Geschichte der Gläubigen in den Jahren 1931-1946, bis zur Etablierung der russischen Baptistengemeinde und der Eröffnung des ersten Bethauses behandelt.

Anlässlich des 50-jährigen Bestehens der Mennoniten-Brüdergemeinde in Karaganda wird nun mit diesem Werk eine umfangreiche Darstellung ihrer Entstehungsgeschichte und der ersten Jahre vorgelegt.

Danksagung

Wir danken herzlich allen Mitarbeitern und Informanten, die uns Material zukommen ließen, es bearbeiteten und kritisch durchsahen. Doch unser größter Dank sei Dem gebracht, Der unsre Wege und die Wege unsrer Väter lenkte und alles zum Besten hinausführt. Möge unsere Dankbarkeit dem gnädigen Gott gegenüber immer weiter wachsen.

Aus der Zeit der Leiden:

Die Vorgeschichte bis 1956

Teil I

Kasachstan, der Sozialismus und die Mennoniten

Kapitel 1

Als du jünger warst, gürtetest du dich selbst und gingst, wohin du wolltest, wenn du aber alt wirst, wirst du deine Hände ausstrecken und ein anderer wird dich führen, wohin du nicht hin willst.
Joh. 21,12

Die Entstehungsgeschichte einer großen christlichen Gemeinde an dem Verbannungsort Karaganda in der Mitte des 20. Jahrhunderts, in einem Land, das jeglichen Glauben begraben wollte, ist ein überwältigendes Wunder Gottes. Es war ein Zusammenstoß eigenmächtigen menschlichen Wahns mit Gottes heilsamer Allmacht. Lesern, die nicht in der kommunistischen Sowjetunion gelebt haben, wird es wahrscheinlich schwer fallen, sich die Umstände, unter denen diese Geschichte stattfand, vorzustellen. Deshalb sollen zunächst einige Ausführungen zur Geographie und Geschichte dieses Landstrichs vorausgeschickt werden. Diese Erklärungen sind notwendig zum Verständnis vieler Eigenarten, Schwierigkeiten und Probleme der Gläubigen in Karaganda.

Zentralkasachstan – trockene Steppe so weit das Auge reicht

Die Geschichte Kasachstans

Geographie Kasachstans

Kasachstan ist ein neues politisches Gebilde auf der Karte Eurasiens, das erst seit 1991 als eigenständiges Land existiert. Es erstreckt sich 3.000 km von der Wolga im Westen bis zu dem 4,5 km hohen Altajgebirge an der Grenze zur Mongolei und zu China im Osten und 1.600 km von den westsibirischen Sümpfen im Norden bis in die mittelasiatischen Sandwüsten und Oasen im Süden. Kasachstan ist das neuntgrößte Land der Erde[1] und 7,63 Mal größer als Deutschland. Nur ein Zehntel der 2.725.000 km^2 großen Landesfläche ist Berglandschaft, alles andere ist ebenes Land. Im Norden sind 7% der Gesamtfläche mit Waldsteppe bedeckt, 20% nimmt der 40 bis 400 km breite trockene Steppenstreifen ein. Südlich daran schließen sich Halbwüsten an, die 23% der Landesfläche ausmachen und im Süden in Sand-, Lehm-, Stein-, und Salzwüsten übergehen, welche 40% der Gesamtfläche bedecken.

Aus der Geschichte der kasachischen Steppe

In der Frühgeschichte war die Große Steppe das Durchzugs- oder gar Aufenthaltsgebiet der Arier[2]. Seit dem 4. Jahrhundert n. Chr. drangen von Osten her die türksprachigen Hunnen in das Gebiet ein und durchzogen die Steppen auf ihrem Weg nach Europa. Vor 750 Jahren kamen die Horden der Mongolen und Tataren unter Dschingis Khan durch die Steppen, um nach Asien auch Europa zu erobern. Vor 500 Jahren schließlich bildete sich aus den verschiedenen, meist türksprachigen Nomadenstämmen die kasachische ethnische Gruppe.

Um der Vernichtung durch die mongolischen Dshungaren (aus Xinjiang, heute Westchina) zu entgehen, unterordnete sich vor 250 Jahren ein Großteil der Kasachen dem sich ausbreitenden Russischen Reich. Vor 130 Jahren wurde der Südosten Kasachstans mit den stärksten Kasachenstämmen dem Russischen Reich einverleibt. Ende des 19. Jahrhunderts begann die Besied-

[1] Nach Russland, Kanada, China, USA, Brasilien, Australien, Indien und Argentinien, vor Sudan.

[2] Arier: Selbstbezeichnung der indogermanischen Völker, welche schon im 2. Jahrtausend v. Chr. aus der Steppe ins iranische Hochland und nach Indien einwanderten (Indo-Iraner). Sie waren hellhäutig, meistens blauäugig und blond. Die Arier hinterließen viele archäologische Spuren in Kasachstan, wo sie als Andronow-Kultur bekannt sind.

Kasachstan auf der Karte Euroasiens

lung der zum Ackerbau tauglichen Steppengebiete durch russische, ukrainische und deutsche Bauern. So geriet dieses riesige Nomadengebiet in den Strom der Umwälzungen des 20. Jahrhunderts. In den Wirren des Bürgerkriegs nach der Revolution 1917 gab es unter Kasachen auch Versuche die Unabhängigkeit zu erlangen, doch wurden die kasachischen Steppen und Turkestan 1919-1920 von den Sowjets unterworfen. Im August 1920 wurde die Kirgisische Autonome Sowjetrepublik innerhalb der RSFSR gebildet. Nach mehreren Umstrukturierungen des Gebiets wurde Kasachstan am 5. Dezember 1936 als Kasachische SSR zu einer eigenständigen Unionsrepublik der Sowjetunion erklärt. Nach der Auflösung der Sowjetunion Anfang Dezember 1991 erklärte die Kasachische SSR am 16. Dezember ihre Souveränität als Land Kasachstan.

Bevölkerung

Die Zahl der Gesamtbevölkerung Kasachstans hatte sich in den Jahren der stalinistischen Umwälzungen nicht wesentlich verändert, zwischen den beiden Volkszählungen 1926 und 1939 war sie lediglich um eine halbe Million geschrumpft. Allerdings verbergen sich hinter diesen Zahlen trotzdem tief greifende Veränderungen. Die Kasachen waren mit Gewalt sesshaft gemacht worden und im Zuge der Kollektivierung (ab 1929) wurden ihnen ihre Herden weggenommen. Infolgedessen schrumpfte die kasachische Bevölkerung durch Tod und Auswanderung um rund eineinhalb Millionen. Stattdessen kam eine Menge Deportierter in die Kasachische SSR, unter anderem Ukrainer, Kaukasier und Deutsche, so dass 1939 rund 20% der Bevölkerung Kasachstans nicht Kasachen oder Russen waren. Der Anteil der Nicht-Kasachen in der Kasachischen SSR wuchs in den Folgejahren stark an, während der Anteil der kasachischen Bevölkerung im Lande weiter sank. Bei der Volkszählung 1979 betrug dann die Gesamtbevölkerung etwas über 14,5 Millionen, von denen 6% Deutsche waren.

Bergarbeiter auf dem Weg zur Kohlengrube in Karaganda in den 1930-er Jahren

Bevölkerung Kasachstans in der Sowjetzeit nach den großen Volkszählungen[1]

Jahr	Gesamtbevölkerung in Tausend	Davon Prozentanteile			
		Kasachen	Russen	Ukrainer	Deutsche
1926	6.503	57,1%	19,7%	13,2%	
1939	6.094	38,2%	40,3%	10,8%	
1959	9.310	30,0%	42,7%	8,2%	7,1%
1970	13.008	23,4%	40,5%	7,2%	6,6%
1979	14.684	36,0%	40,0%	6,1%	6,1%
1989[2]	16.199	40,1%	37,4%	5,4%	5,85%
2006[2]	15,301	58,95%	25,9%	2,9%	1,45%

[1] Hier nach Kappeler, Andreas (Hg.): Die Russen. Ihr Nationalbewußtsein in Geschichte und Gegenwart. Köln 1990, S. 187ff.

[2] Artikel „Казахстан" in Wikipedia am 15.2.2007, http://ru.wikipedia.org/wiki/

In den Jahren nach der Perestroika und der Auflösung der Sowjetunion schwand die Bevölkerung Kasachstans rapide. In den Jahren 1989-1999 wanderten etwa 20% nach Russland, Deutschland und in andere Länder aus. Die kasachische Bevölkerung dagegen wuchs. Heute leben etwa 15 Millionen Menschen in Kasachstan, unter ihnen auch ein beachtlicher Rest von Russlanddeutschen (über 222.000), die aber großenteils stark russifiziert sind. Die durchschnittliche Bevölkerungsdichte in Kasachstan beträgt 5,4 Einwohner pro Quadratkilometer und ist damit die zweitniedrigste der Welt nach der Mongolei.

Die Geschichte der Sowjetunion im Überblick

Revolution 1917 und Neue Ökonomische Politik 1921-1929, Gründung der Sowjetunion

Die Geschichte des riesigen russischen Zarenreiches, das sich von Polen bis zu dem Pazifik erstreckte, war schon Jahrhunderte lang gekennzeichnet von Rebellionen und Unruhen. Aber erst im Jahre 1917 fand die sehr tief greifende Umwälzung durch die bolschewistischen Revolutionäre statt. Sie stürzten den Zaren, ergriffen die Macht und stiegen aus dem Ersten Weltkrieg gegen Deutschland und Österreich aus. Dieser Umsturz war der Beginn für ein langes politisches, militärisches und wirtschaftliches Durcheinander im Land. Einige Jahre tobte der Bürgerkrieg, in dem sich Anhänger des Zaren, Anarchisten und die verschiedenen Parteien der Revolutionäre gegenseitig bekämpften. In dieser Zeit trieben auch viele Banden ihr Unwesen, unter denen auch die mennonitischen Kolonien in der Südukraine stark leiden mussten.

Die Ausrufung der bolschewistischen Herrschaft durch Lenin 1917

Erst 1921 gelang es den Bolschewiken unter Lenins Führung, einigermaßen Ordnung im Land zu schaffen. Man hatte eingesehen, dass der Kommunismus nicht von heute auf morgen in dem riesigen Land einzuführen sei, sondern dass man Schritt für Schritt vorgehen musste. Deshalb wurde der Beginn der Neuen Ökonomischen Politik (NÖP) erklärt und wieder wirtschaftliche Privatinitiative erlaubt. In dieser Zeit erholten sich viele Betriebe und auch ein Teil der tüchtigeren Bauern soweit, dass es ihnen wieder einigermaßen gut ging. 1922 wurde die UdSSR gegründet, zunächst mit vier Republiken. Nach der Verfassung von 1936 waren es elf Republiken, nach dem Anschluss der baltischen Länder und Moldawiens 1940 waren es 16, seit 1956 dann 15.

Stalins Machtergreifung, „Sozialismus im eigenen Lande"

Als Lenin im Januar 1924 starb, gab es in der Partei einen erbitterten Machtkampf um die Führung im Lande, den schließlich Josef W. Stalin gewann, unter anderem durch gewaltsame Ausschaltung seiner Gegner. Stalin setzte sich jetzt das Ziel, den Kampf um die „Weltrevolution" zunächst einmal zu lassen und zuerst den Sozialismus und danach den Kommunismus im eigenen Lande aufzubauen. Er begann 1929 mit seiner „sozialistischen Umgestaltung der Industrie und der Landwirtschaft“. Das bedeutete Ausschaltung der Opposition, Zwangskollektivierung des privaten Eigentums und Gründung von Produktionsgenossenschaften (Kolchosen und Sowchosen). Auf diesem Weg sollte einerseits ein rasanter Industrieaufschwung und die weltweite Expansion finanziert werden und andererseits die Volksmasse zum sozialistischen „neuen Menschen“ umgeprägt werden.

Weizenernte in der Kolchose Neuhoffnung (Altsamara) 1935

Damit wurden zahlreiche Menschen in großes Elend gestürzt. Die reichen Bauern wurden enteignet und nach Sibirien geschickt, wobei sehr viele umkamen. Wer die Zeichen der Zeit richtig deutete, versuchte aus dem Land zu fliehen, was bis 1929 einem großen Teil gelang. Die übrigen gerieten in die Mühlen der stalinistischen Repressionen. In den nächsten Jahren gab es mehrere Kollektivierungsmaßnahmen und Deportationsschübe.

Im Zuge dieser Umgestaltungen sollte es keinen Raum mehr für Religion geben. Deshalb wurden Prediger und jegliche Geistlichkeit auf verschiedenste Weise diffamiert, ausgegrenzt, verfolgt und vernichtet. Die Gemeindehäuser wurden geschlossen und zu Klubs, Ställen, Speichern u. ä. umfunktioniert. Offene Glaubensäußerung war nicht mehr erlaubt. Schließlich wurden die Leute in den Jahren des brutalen Massenterrors 1937-1938 gelehrt, die kommunistische Regierung über alles zu fürchten. Der Glaube konnte unter großer Not und Angst nur im Herzen und bei größerem Glaubensmut auch im engen Familienkreis noch dürftig gepflegt werden.

Der Zweite Weltkrieg

Die ohnehin schon sehr schwere Situation verschlechterte sich noch mit dem Eintritt der Sowjetunion in den Zweiten Weltkrieg im Jahre 1941. Die deutschen Männer, die noch nicht verhaftet waren, wurden 1941-1942 in die so genannte „Arbeitsarmee" (russisch Trudarmija, viele Deutsche nannten sie „Trudarmee") eingezogen, wo sie unter sehr schlechten Bedingungen harte Arbeit leisten mussten. Die meisten deutschen Frauen, Kinder und arbeitsunfähige Männer, die noch in ihren Heimatdörfern im europäischen Landesteil lebten, wurden ausgesiedelt und in sehr raue und unwirtliche Gebiete Sibiriens oder der kasachischen Steppe deportiert. Doch damit nicht genug - ab Herbst 1942 wurden auch die Frauen von 16 bis 45 Jahren in die Arbeitsarmee eingezogen. Tausende von Menschen kamen während der Kriegszeit in den Arbeitslagern um, ohne an der Front gewesen zu sein. Auch nach Kriegsende kamen viele nicht sofort frei, sondern mussten weiter die harte Arbeit verrichten.

Stalin – der große Führer. Die Feier des 20-jährigen Jubiläums des Bergbau-Technikums in Karaganda 1951

Nach Kriegsende durften die deportierten „Sondersiedler" nicht mehr in ihre Heimat zurückkehren, sondern mussten eine Erklärung unterschreiben, dass sie für ewig an dem Verbannungsort bleiben würden.

Die Zeit nach Stalin

1953 starb Stalin, und sein Nachfolger Chruschtschow, der bei den stalinistischen Repressionen mitgewirkt hatte, verurteilte diese jetzt und hob einige von Stalins Verordnungen auf. 1956 wurden viele politische Gefangene freigelassen und auch die Sondersiedler aus der „ewigen" Verbannung befreit. Nachdem Chruschtschow 1964 gestürzt wurde, übernahm Breshnew als Parteiführer bis 1982 die Macht. Es folgten einige Regierungsführer, die jeweils nur kurz amtierten, und 1985 kam Gorbatschow an die Macht, der eine Politik der „Glasnost und Perestroika“ einführte. Doch das sozialistische Wirtschaftssystem war nicht einfach zu reformieren und begann 1989 zusammenzubrechen. Im Dezember 1991 wurde die Sowjetunion offiziell aufgelöst.

Grundzüge des sowjetischen Systems

Herrschaft der kommunistischen Partei

1. Nach dem marxistischen Grundsatz der Proletarierdiktatur wurden die demokratischen Einrichtungen in totalitäre Machtstrukturen verwandelt.
2. Die kommunistische (bolschewistische) Partei als Avantgarde[3] der Gesellschaft war die einzige politische Partei, deshalb oft einfach „die Partei“ genannt. Sie besaß die uneingeschränkte Fülle der Machtbefugnisse in allen Lebensbereichen des Landes.

Reguläre kommunistische Demonstration in Karaganda, Ende der 1950-er

3. Im sowjetischen Recht waren die Menschenrechte dem weltweiten Aufbau des Kommunismus und dem Wohl des sowjetischen Staates unterordnet.

Religion und Glaube

4. Der militante Atheismus hatte sich die „Überwindung“ jeglicher religiöser Ansichten zum Ziel gesetzt. Vor dem Zweiten Weltkrieg versuchte man, jegliche Religion und religiöse Strukturen zu vernichten. Doch während des Krieges wurde den ganz regimeloyalen Religionen gewährt, die „religiösen Bedürfnisse“ in staatlich kontrollierten Gemeinschaften zu pflegen. Dabei sollten sie in Kirchen oder Bethäusern eingeengt sein, wurden politisch ausgenutzt und sollten mit der Zeit ersticken. Die kommunistische Ideologie

3 Avantgarde: Vorreiter, Träger des Fortschritts.

(Marxismus und Darwinismus) wurde in Lehre und Brauchtum immer mehr einer diesseitigen Götzenreligion gleich.

Wirtschaft

5. Die gesamte Wirtschaft war nationalisiert und wurde zentral von Moskau gesteuert. Es gab keinen freien Markt, alle Preise und Währungskurse wurden zentral sehr willkürlich bestimmt. Die Zentralministerien verteilten die Aufträge, die Erzeugnisse und das Budget. Jegliche private Unternehmerinitiative war strafbar.

Bergarbeiter, bevor sie in die Kohlengrube runterfahren. Ganz rechts Abram Berg, neben ihm Nikolaj Harder

6. Die Bürger wurden in Lohn und Verbrauch „gleichgeschaltet". Der Verbrauch der Bevölkerung betrug weniger als 30% des Nationaleinkommens, während es in nichtsozialistischen Ländern ca. 60-70% sind. Dabei hatten die kommunistischen Kader viele Privilegien durch geheime Verteiler der raren Konsumgüter, der Aufenthalte in Erholungsheimen der Partei und der Touristenreisen ins Ausland.

Bildung und Medien

7. Das Bildungswesen hatte das vorrangige Ziel, Leute zum aktiven Aufbau des Kommunismus zu erziehen. Deshalb bestand z.B. etwa ein Viertel des Lehrplans in naturwissenschaftlichen und technischen Hochschulen aus marxistischen Gesellschaftsfächern.

8. Der Staat hatte das Monopol auf alle Massenmedien, die gesamte Berichterstattung und Propaganda. Diese sollten, wie auch das Bildungswesen, den „neuen Menschen" erziehen.

Geheimdienst

9. Um das sozialistische System aufzubauen und seine Funktion zu erhalten, wurde gleich nach der Revolution 1917 ein starker Geheimdienst aufgebaut, der ab März 1954 Komitet Gosudarstwennoj Besopasnosti (KGB) - Komitee für Staatssicherheit - hieß. Eine der Hauptverwaltungen hatte die Aufgabe

der Kontrolle der Bevölkerung, u.a. der nationalen Minderheiten, der aktiven religiösen Bewegungen und der Intellektuellen - mit dem Ziel der Bekämpfung aller Andersdenkenden.
10. An allen Anstalten, Betrieben und jeglichen Einrichtungen waren die Personalabteilungen, zumindest aber der Chef, oder extra eingerichtete so genannte „erste Abteilungen" inoffizielle Außenstellen des KGB.

Ethnische und religiöse Minderheiten

11. Ausgesprochenes Ziel der Regierung war die völlige Assimilation der Völkervielfalt zu einem homogenen „Sowjetvolk" mit einer einheitlichen kommunistisch präparierten russischen Sprache. Deshalb war die Nivellierung der kulturellen und ideellen Eigenart sehr stark. Deutsche, Zugehörige einiger anderer Volksgruppen und gläubige Christen wurden bei der Wahl der Wohngebiete, bei Bildungs- und Berufsmöglichkeiten stark eingeschränkt. Bekennende Christen, Ausreisewillige, Forderer der nationalen Entfaltung und auch die Menschenrechtler wurden massiv beschattet und verfolgt.

Die sowjetische Gesellschaft

Nach außen hin versuchte der sowjetische Kommunismus immer das Bild einer humanen problemlosen Gesellschaft vorzutäuschen. Es ist unbegreiflich, wie viele westliche Intellektuelle, und zwar gerade die linksorientierten, aber auch kirchliche Würdenträger das Trugbild bei ihren Reisen in die Sowjetunion nicht durchschauen konnten.

Das ganze Sowjetsystem erzeugte ein hohes Maß der Unselbständigkeit der Sowjetmenschen. Alle waren Staatsangestellte. Die Betriebe und Anstalten sollten das Leben der Arbeiter und Angestellten kontrollieren und lenken, was oft einer Leibeigenschaft gleichkam. Die kommunistische Diktatur prägte das Denken, die Sprache und die Verhaltensweise der Menschen viel mehr, als es allgemein zugegeben wird.

Es ist wirklich Gott zu danken, dass Gesetze und Vorschriften aus Unordnung oder Menschlichkeit nicht immer erfüllt wurden. In den persönlichen Beziehungen der Menschen blieb noch ein breiter Raum für Menschlichkeit übrig.

Die Mennoniten in Russland

Reformationszeit

Die Glaubensrichtung der Mennoniten ist aus der Täuferbewegung der Reformationszeit hervorgegangen. Kennzeichnend für die Täufer war ihr biblisches Gemeindeverständnis, das nicht mit dem Landeskirchensystem übereinstimmte, ihre Lehre von der persönlichen Nachfolge Christi im Leben und der Glaubenstaufe. Der Zweig der Täufer, der an der Wehrlosigkeit festhielt, wurde nach einem ihrer Lehrer, Menno Simons, „Mennoniten" genannt.

Menno Simons (1496 - 1561)

In Preußen

Um den harten Verfolgungen in den Niederlanden und in Norddeutschland zu entgehen, flüchtete ein Teil der Mennoniten in der Mitte des 16. Jahrhunderts nach Polen an die Weichselmündung, wo ihnen Land und Religionsfreiheit gewährt wurden. Nach einem mühevollen Start erlebten die

Mennoniten dort wirtschaftlichen Aufschwung, aber auch Verflachung des Glaubenslebens.

In Russland

Als die Mennoniten Ende des 18. Jahrhunderts unter dem preußischen König Friedrich Wilhelm aufgrund ihrer Wehrlosigkeit in Landknappheit gerieten, zog ein großer Teil der preußischen Mennoniten nach Südrussland. Die dort entstandenen Kolonien erlebten nach einem schwierigen Anfang eine große wirtschaftliche Blüte im 19. Jahrhundert. Aber auch hier verflachte das Glaubensleben und wurde zur Tradition.

Erweckungszeit

Schon aus Deutschland war der Erweckungssame von der Herrnhuter Brüdergemeinde durch die Mennonitengemeinde Gnadenfeld nach Russland gebracht. In den 1850-ern wirkte der pietistische Erweckungsprediger Eduard Wüst auch unter den Mennoniten in Südrussland. Infolgedessen entstand

Kirche in Gnadenfeld. Hier war das Zentrum der Erweckung unter den Mennoniten Russlands 1835-1860.

1860 aus einem Teil der erweckten Mennoniten die Mennoniten-Brüdergemeinde. Diese Erweckung breitete sich auf andere deutsche Kolonien und auch auf die Russen und Ukrainer in der Umgebung aus. Aus dieser Erweckung entstand die starke Baptistenbewegung Russlands.

Gemeindeverständnis und Erweckung

Gemeinde

In der Urgemeinde, wie sie im Neuen Testament beschrieben wird, nahm das Christentum eine bestimmte Form an. Diese biblische Form hat sich im Laufe der Geschichte auf verschiedene Weise weiter entwickelt und wurde oft ins Nationale oder zu einer Staatskirche verzerrt. Die Täufer und Mennoniten des 16. Jahrhunderts versuchten, die neutestamentliche Gemeindeform wiederherzustellen. Das, was Luther und Zwingli als unmöglich und schwärmerisch erschien, gelang den Mennoniten trotz, oder gerade dank der Verfolgung. Dies Beispiel konnte nicht mehr vernichtet werden und wurde in Europa zum Muster für die späteren Freikirchen.

Die Gemeinde der Mennoniten war nicht formlos, sondern hatte eine klare Struktur, was aber nicht eine Unterteilung zwischen Klerus und Laien bedeutet. Man hielt sich an das Prinzip des allgemeinen Priestertums und berief aus den Reihen der Mitglieder Diener (Älteste, Prediger und Diakone), die der Ortsgemeinde oder auch der gesamten Gemeinde dienten. Das ganze Leben der Mitglieder wurde vom Evangelium her bestimmt, was sich im häuslichen Leben in den regelmäßigen Morgen- und Abendandachten mit Bibellese äußerte. Durch ihre zurückgezogene Existenz an Orten, in denen sie vor der Verfolgung Zuflucht gefunden hatten, wurden diese Gemeinden zu ethnisch-konfessionellen Einheiten und damit zu einer Art Volksgruppe mit eigenen Sitten, eigener Sprache und Kultur, die sehr stark von der Gemeinde geprägt war. In jahrhunderte langer Abkapselung verloren diese Gemeinden oft den lebendigen Glauben und verknöcherten in ihrer Form. In freieren Jahrhunderten und Ländern, wie in den Niederlanden und Norddeutschland wurden sie für die liberale Theologie und dann auch für die weltliche Kultur offen.

Eduard Wüst (1817-1859)

Erweckung

Dort, wo eine Erweckung pietistischer Art in diesen Gemeinden Eingang fand, wurden die Mennonitengemeinden erneuert oder es entstanden in ihrer Mitte neue Gemeinden, wie 1860 die Mennoniten-Brüdergemeinde in Russland. Wo die Mennonitengemeinden für die Erweckung verschlossen blieben, bewirkten Erweckungen in den Landeskirchen einen Abzug der Erweckten aus den Mennonitengemeinden, wie z. B. im 18.-19. Jahrhundert in den Niederlanden und der Schweiz. Doch die Erweckungen in den Landeskirchen flachten auch immer wieder ab, unter anderem weil sie keine neutestamentliche Gemeindestruktur hatten, und so verloren die nächsten Generationen oft die mennonitischen Wurzeln und das Erbe der Erweckung.

Ein großes Gnadengeschenk war für die Russlandmennoniten die Mennoniten-Brüdergemeinde, denn in ihr wurden ein klarer Gemeindebegriff und

Die Gehetzten: Mennonitenpredigt in einer Scheune. Krefelder Maler: F. feer Meer um 1845

die pietistische Erweckung aufgrund der persönlichen Bekehrung zu Christus vereint. Deshalb beobachten wir in der Mennoniten-Brüdergemeinde eine Erweckung, die nun schon 150 Jahre anhält. Diese Erweckung ist heute durch moderne Auflockerung der Gemeinde und weltliche Verflachung der Bekehrung wieder in Gefahr.

Struktureigenschaften

Die mennonitische Gemeinde hatte einige Struktureigenschaften:

- Unabhängigkeit der Ortsgemeinden untereinander und vom Staat;
- Aufnahme in die Ortsgemeinde erst durch die Erwachsenentaufe (meistens erst ab dem 18. Lebensjahr) auf eine persönliche Entscheidung;
- eine klare Dienst- und Leitungsstruktur;
- eine selbstverständliche Verpflichtung zur aktiven Mitwirkung am Gemeindeleben und verantwortungsvoller Erfüllung von Aufträgen;
- ein schriftliches Glaubensbekenntnis, das der Heiligen Schrift unterordnet, durch die Predigt, in der Schule, beim Taufunterricht gelehrt und weitergegeben wurde;
- eine vom Evangelium geprägte christliche Lebensweise;
- Ausschluss bei Übertretungen und Unbußfertigkeit.

Durch die Erweckung kamen noch einige Schwerpunkte hinzu:

- eine klare persönliche Bekehrung als Voraussetzung zur Taufe und Aufnahme in die Gemeinde;
- lebendig praktizierte Ermahnung und Zurechtweisung unter den Gemeindegliedern;
- offenes Zeugnis von seinem Glauben und missionarische Gesinnung eines jeden Gemeindegliedes.

Über Konfession und Gemeindename

Die Mennoniten-Brüdergemeinde verstand sich immer als Nachfolgerin des neutestamentlichen Vorbilds. Dem Vorwurf, dass sie einen menschlichen Namen trage, entgegnet sie: eine Gemeinde oder eine Gemeinschaft kann nicht ohne einen Namen existieren, der, im Fall der Fortpflanzung, zum Konfessionsnamen wird. Die Versuche, sich „ganz biblische" Bezeichnungen zuzulegen, sind selten wirklich erfolgreich. Wenn sich beispielsweise heute jemand als „evangelisch" bezeichnet, sagt das noch nicht aus, ob er etwas vom lebendigen Christenglauben weiß. Leider bezeichnet sich in Europa so mancher als Christ, der nichts vom Geist Christi weiß und auch meistens nicht an

Taufe vor 1910 in der Mennoniten-Brüdergemeinde Rückenau, Molotschnakolonie

Seine Auferstehung und Wiederkunft glaubt. Diese Bezeichnung verbinden viele nur mit dem europäischen Kulturkreis, sogar oft mit seinen antichristlichen Ausartungen.

Die sogenannte „Gottesgemeinde" macht schließlich einen neutestamentlichen Begriff zur Konfessionsbezeichnung, die „Zeugen Jehovas" vermanteln mit einem guten Namen eine ganze Reihe absurder Irrlehren. Deshalb sehen die Mennoniten sich im Recht, den geschichtlich entstandenen Namen weiterhin zu tragen. Allerdings ist das nur berechtigt, wenn man tatsächlich dem Glauben der Vorgänger nachahmt, seine Glaubensgrundsätze immer neu nach der Schrift prüft und stärkt, und sie so weiterzugeben versucht, dass dadurch der Name des Herrn geehrt wird. Demgegenüber führen Umbenennungen zum Verlust der Geschichte und der Identität, und oft auch zum Verlust des von Gott geschenkten Glaubenserbes.

Die Mennoniten-Brüdergemeinde und der Baptismus in Russland

Entstehung der Mennoniten

Die Geschichte der Mennoniten-Brüdergemeinde (MBG) in Russland verlief von Anfang an in Verbindung mit den deutschen und später auch den russischen Baptistengemeinden. Dadurch gab es vielfältige gegenseitige Beeinflussung.[4]

Entstehung des Baptismus

Anfang des 17. Jahrhunderts floh eine Gruppe entschiedener Christen (Independenten) aus England nach Holland. Unter ihnen war auch John Smyth, ein ehemaliger Priester der Anglikanischen Bischofskirche. In Holland lernte er die Mennoniten kennen und schloss sich ihnen in Amsterdam an. Danach taufte er seinen Freund Thomas Helwis und vierzig andere. John Smyth starb 1611. Thomas Helwis bildete in Amsterdam eine englische Täufergemeinde und ging mit ihr 1611 zurück nach London. Hier wurde von dieser Gemein-

[4] Diese Beschreibung S.30-35 stützt sich zum großen Teil auf das entsprechende Kapitel in Wölk: Die Mennoniten-Brüdergemeinde in Rußland 1925-1980. Ein Beitrag zur Geschichte. Historikal Commission of Brethern Churches of North America. Winnipeg 1981. S.85-100.

Tauffest in Alexanderkrone in der Molotschnakolonie 1925. Unter den Täuflingen war Heinrich Fast, der 1965-1992 Gemeindeglied der MBG Karaganda war.

Einen andern Grund kann niemand legen, außer dem, der gelegt ist, welcher ist Jesus Christus.

1.Kor.3,11

de ein Glaubensbekenntnis herausgegeben; im Gegenteil zu Smyth und den Mennoniten erklärten sie Kriegsdienst und Eid als zulässig für die Christen.

Dieser Spross der niederländischen Taufgesinnten (Mennoniten) wurde zum Anfang des englischen Täufertums, deren Gemeinden englisch „Baptists“ (Täufer) genannt wurden. Einige für Mennoniten wesentliche Lehrpunkte wie Wehrlosigkeit, Eidverweigerung und Fremdlingssinn wiesen sie aber zurück.

Nach anfänglichen Bedrängnissen fand der Baptismus bald weite Verbreitung in England und Amerika. Nach einer gewissen Erstarrung erreichten schon

John Bunyan (1628-1688)

Johann Onken (1800-1884)

Charles H. Spurgeon (1834-1892)

Abram Unger (1820-1880)

im 18. Jahrhundert Erweckungsbewegungen die Baptistengemeinden, belebten sie und machten sie zu der größten evangelischen Konfession Nordamerikas.

Im Laufe der Erweckungsbewegungen in Europa entstand in Deutschland die erste Baptistengemeinde anfangs des 19. Jahrhunderts durch Johann Gerhard Oncken (1800-1884). Er selbst wurde am 22. April 1834 getauft und im selben Jahre von dem Presbyter der amerikanischen Baptistenkirche Sears ordiniert. Von Deutschland aus hatte der Baptismus in der Mitte des 19. Jahrhunderts in Kurland, Polen, Petersburg und Südrussland unter Russlanddeutschen Fuß gefasst.

Beziehungen zwischen Mennoniten und Baptisten in der Erweckungszeit im 19. Jahrhundert

In Folge der pietistischen Erweckungsbewegung entstanden einige erweckten Gemeinden unter den deutschen Lutheranern. Sie standen in enger Verbindung zu der etwas früher entstandenen MBG. Einige der Führer der MBG knüpften Kontakte zu den Baptisten in Petersburg und Deutschland. Durch die persönlichen Kontakte mit baptistischen Lehrern wie August Liebig, Karl Benzien und auch Johann Gerhard Oncken selbst, konnte die junge MBG manches zusätzlich zu ihrer herkömmlichen Gemeindeordnung und Organisation dazulernen.[5]

Durch den Besuch von Oncken 1869 wurde die Gemeinde in Alt-Danzig[6] zur ersten deutschsprachigen Baptistengemeinde in Südrussland.

[5] Löwen Heinrich: In Vergessenheit geratene Beziehungen: Frühe Begegnungen der Mennoniten-Brüdergemeinde mit dem Baptismus in Russland. Ein Überblick. Beiträge zur Osteuropäischen Kirchengeschichte. Bielefeld. Logos 1989. S.13-40.

[6] Alt-Danzig liegt in der Nähe des heutigen Kirowograd. Mehr darüber in Pritzkau, Johann: Geschichte der Baptisten in Südrußland. Lage: Logos 1999.

Schon vorher hatten sich Gemeinden der deutschen Baptisten in Polen, das zum Russischen Reich gehörte, zu einer Vereinigung zusammengeschlossen. Ähnlich bildeten die Baptistengemeinden der anderen Regionen des Russischen Reiches ihre Vereinigungen. Erst 1926 wurden diese Vereinigungen dem großen Baptistenbund der Sowjetunion einverleibt. Der bald darauf einsetzende Vernichtungsterror löste die organisierten Gemeinden auf. Nach dem Krieg schlossen sich die deutschen Baptisten den russischen Gemeinden, in selteneren Fällen den MBG an, noch seltener gab es deutsche Baptistengemeinden.

Aber der feste Grund Gottes besteht und hat dieses Siegel: Der Herr kennt die Seinen und: Es trete ab von Ungerechtigkeit, wer den Namen Christi nennt.

2.Tim.2,19

In der Erweckungszeit Mitte des 19. Jahrhunderts war auch die Bewegung der russischen Stundisten entstanden, die stark von dem geistlichen Leben der Mennonitenbrüder beeinflusst war. Die Bezeichnung „Stundisten" kommt von dem deutschen Wort „Stunde" und wurde für die russischen Nachbarn und Knechte, die bei den deutschen Pietisten, Mennonitenbrüdern oder Baptisten die Bibel- und Gebetstunden besuchten und zum Glauben kamen, verwendet. Die Mennonitenbrüder tauften manche Führer der Stundisten, gaben ihnen ihre Gemeindestruktur weiter und ermutigten sie dazu, sich als Baptisten zu legalisieren und so der direkten

Das erste Bethaus der MBG in Einlage, Chortitza-Kolonie

Verfolgung zu entgehen. Eine ganze Reihe von Predigern der MBG war um die Evangelisierung der Russen bemüht. Sie waren es auch, die den russischen Brüdern halfen, den Baptistenbund, der anfänglich für Missionskoordination gedacht war, zu bilden. Auch in der baptistischen Lehre ist der mennonitische Einfluss unverkennbar. Die russischen Baptisten wurden nicht Calvinisten wie Oncken und haben auch nie ein gutes Gewissen beim Wehrdienst gehabt. So bekam der ostslawische Baptismus eine starke mennonitische Prägung.

Zunächst gab es viele Kontakte zwischen den Mennonitenbrüdern und den deutschen, russischen und ukrainischen Baptisten. Eine Veränderung der Beziehungen zwischen den Gruppen trat 1886-1890 ein. „Um diese Zeit schied das deutsche Element aus. Anlass zu dieser Trennung gaben einige Missverständnisse zwischen den russischen und deutschen Brüdern. Der Deutsche ist ein Mann der strengen Ordnung, der Russe nach seiner Anlage

Johann und Anna Klassen mit ihren Kindern. Eine typische mennonitische Familie in den deutschen Kolonien in der Ukraine Mitte der 1920-er. Sitzend als vierter von links David Klassen, später der erste Älteste der MBG Karaganda

unordentlich. Die Missverständnisse erwuchsen auf dem Boden nationaler Charakterverschiedenheiten."[7]

Selbst unter den russischen Geschwistern entstanden immer wieder Zank und Meinungsverschiedenheiten, und zwar in so starker Form, dass Brüder einander nicht sehen wollten. Jeder Neubekehrte wollte gleich Missionar, Lehrer oder gar Gemeindeleiter sein. Zu lebhaften Auseinandersetzungen führte auch die Praxis der Kindererziehung. In manchen Gemeinden sah man Kinder als „eine Art von Heiden an, die an allem Christlichen: Wort, Kinderlehre, Predigt, Gebet usw. keinen Teil haben durften. Die Eltern beteten daher nicht mit den Kindern, hatten keine Hausandacht mit den Ihren, wollten, ganz im Gegensatz zu den Mennoniten kein Interesse daran haben, ihre Kinder im Glauben zu erziehen. Der Heilige Geist werde zu seiner Zeit alles Nötige bei den Kindern erwecken."[8]

„Die russischen Gemeinden waren jung und unerfahren in der Gemeindearbeit, zudem hatten sie keine geistlich ausgebildeten Prediger und Leiter, und da gab es infolgedessen manche Schwierigkeiten."[9] Die eigentliche Gestaltannahme der russischen Baptistengemeinden geschah erst später.

Ein anderer Grund für das Erlahmen der Beziehungen zu den russischen Baptisten war der verstärkte Druck der Regierung, die jegliche Kontakte und Beeinflussung auf die Russen von Seiten der deutschen Glaubensgemeinschaften unterbinden wollte.[10]

Trotzdem gab es lokal, vielleicht besonders in den neu besiedelten östlichen Gebieten Russlands, rege Kontakte. Es geschah nicht selten, dass die

---

[7] Stefanowitsch A.I.: Die Maljowanzi – Hefte zum christlichen Orient Nr.5. Berlin 1904. S.1-2.
[8] Klein E.F.: „Russische Reisetage." Berlin 1909. S.22-23.
[9] Unruh Abram H.: Die Geschichte der Mennoniten-Brüdergemeinde 1860-1954. Winnipeg:Christian Press 1956. S.273-274.
[10] Löwen: In Vergessenheit geratene Beziehungen. S.39-40.

jungen Baptistengemeinden sich von den Mennoniten-Brüdergemeinden betreuen ließen, so z.B. die Gemeinde in Spat auf der Krim.

Unterschiede zwischen den Mennoniten-Brüdern und den Baptisten

Schon bei der Entstehung der MBG in Einlage, Chortitza, kam es darauf an, die Unterschiede zwischen den Baptisten und der Mennoniten-Brüdergemeinde festzulegen.

Der Untertauchungstaufe wegen, die in der neugeborenen MBG als biblisch zu ihrem Recht kam, wollte man behaupten, ein Teil der Mennoniten (die MBG) wäre baptistisch geworden.[11]

Doch selbst Johann G. Oncken, der 1869 die MBG in Einlage besuchte, schreibt in einem Brief: „Es besteht hier eine Gemeinde, welche sich hauptsächlich der Taufe wegen von den Mennoniten getrennt hat, sonst aber noch an den Satzungen derselben festhält."[12] „Hauptsächlich der Taufe wegen" sehen auch heute viele noch keinen wesentlichen Unterschied zwischen den Mennoniten-Brüdern und Baptisten.

Die Mennoniten-Brüdergemeinden in Russland pflegten trotz Wahrung der Eigenständigkeit bis zur Auflösungszeit in den 1930-ern Gemeinschaft mit den Baptisten in Wortverkündigung und Abendmahl. In den Lagern und Verbannungsorten kam es dann zu herzlicher Gemeinschaft und gegenseitiger Unterstützung der Brüder in Christo unterschiedlicher Färbung.

Sowjetzeit

Die bolschewistische Revolution und die Herrschaft der Kommunisten setzten dem ruhigen und wohlständigen Leben der Mennoniten im Russischen Reich ein Ende. Ein Teil schaffte es noch 1924-1929 nach Amerika auszuwandern. Im Zuge der Kollektivierungen ab 1929 verloren die Mennoniten, wie alle Bauern des Landes, ihr Hab und Gut und viele mussten auch ihre Heimat verlassen. In mehreren Schüben wurden sie ab 1931 bis 1945 deportiert. Unter der deutschen Besatzung im Zweiten Weltkrieg kamen unter anderem auch viele Mennoniten in den Warthegau[13]. Ein Teil dieser Mennoniten schaffte es, im Westen zu bleiben und nach Südamerika oder Kanada auszuwandern. Doch viele wurden nach dem Krieg im Zuge der „Repatriierung" wieder zurück in die Sowjetunion geholt und kamen in die Verbannung oder wurden umgebracht. Erst ab 1956 konnten sie sich wieder an verschiedenen Orten der Sowjetunion zusammenfinden. Dies ermöglichte eine große Erweckung. Es konnten viele Gemeinden entstehen. So entstanden im Karagandagebiet ein gutes Dutzend neuer Gemeinden.

Denn so spricht der Herr: Siehe, ich will die Bewohner des Landes diesmal wegschleudern und will sie ängstigen, damit sie sich finden lassen.
Jeremia 10,18

Die Evangeliumschristen-Baptisten durften schon ab 1944 wieder legale Gemeinden bilden, was nicht ohne einen gewissen Druck vom Ausland her zustande kam, weil unter den Führern der Alliierten auch Baptisten waren, die den Krieg führten. Diese Sammlung und Legalisierung durfte aber nur unter dem von der Regierung kontrollierten Allunionsrat der Evangeliumschristen-Baptisten, dem WSEChB, geschehen. In diesen legalen Bethäusern und EChB-Gemeinden suchten viele Gläubige, darunter auch verwaiste Glieder der Mennoniten Brüdergemeinde in jenen Jahren geistliche Nahrung und Pflege. Ausgehungert nach dem Worte Gottes merkten einfache Gemeindeglieder nicht gleich, dass

11 Siehe auch Löwen: In Vergessenheit geratene Beziehungen. S.41-40.
12 Onken, Johann G. zitiert nach Wölk: Mennoniten-Brüdergemeinde in Russland. S.92
13 Warthegau: vom Deutschen Reich annektierter Teil Polens.

in den Gemeinden nicht das ganze Evangelium gebracht wurde, übersahen die Verachtung des Deutschtums, und wussten nichts von dem Eingreifen der atheistischen Regierung in das Gemeindeleben.

Das Wesen der Mennoniten-Brüdergemeinde ist, „die kleine Herde" zu sein und zu bleiben. Der Baptismus steht in großer Gefahr, auf politisches Gewicht zu bauen, wozu verschiedene nationale Bünde und Weltbünde bis hin zur Ökumene dienen sollen. Die Mennoniten-Brüdergemeinde verzichtet auf solcherart Einflussnahme.

A.W. Karew schrieb: „In den Jahren des zweiten Weltkrieges bemühte

Eine Beratung des WSEChB in Moskau, August 1945

sich unsere ganze Bruderschaft der Evangeliumschristen-Baptisten mit der Tat unsere Liebe zum Vaterland zu beweisen. Sie bestätigte diese Liebe durch ihren aufopfernden Dienst im Hinterland und erfüllte auch ihre Pflicht in den Reihen der kämpfenden Truppen. In diesen für unsere Heimat schweren Tagen wandte sich unsere Zeitschrift ‚Der Bruderbote' zu allen Evangeliumschristen-Baptisten mit – unter anderem – folgenden Worten: ‚Patriotismus ist Liebe zum Vaterland.'"[14]

So war der Baptismus in der Sowjetunion zwar eine verachtete, aber dennoch anerkannte Kirche. Die Mennoniten Brüdergemeinde dagegen wurde als eine besonders reaktionäre Sekte betrachtet.

[14] Karew, A.W.: „Der Christ und die Heimat". In: Bratskij Westnik (Der Bruderbote), 3/1970. S.51.

Der Weg der Mennoniten nach Karaganda

Kapitel 2

...die dann zum Herrn riefen in ihrer Not und Er errettete sie aus ihren Ängsten und führte sie den richtigen Weg, dass sie kamen zur Stadt, in der sie wohnen konnten.

Ps. 107:6-7

Die Stadt Karaganda

In der kasachischen Steppe wächst der Strauch Karagana, meist Karagannik genannt, der außerhalb der Blütezeit schwarz aussieht. Deshalb wirkt die ganze Steppe außer im Mai und Juni dunkel und grau, fast schwarz. In den Türksprachen heißt „kara" schwarz. Niemand weiß genau, woher der Name „Karaganda" kommt, aber es ist der Name einer Stadt geworden, die in schwarzer Steppe, auf schwarzem Stein gebaut wurde, um die Kohle aus der dunklen Tiefe herauf zu befördern.

Karaganda wurde 1856 als Arbeitersiedlung für den Abbau von Steinkohle gegründet. Der Abbau der Steinkohle in der entlegenen Steppe lief an und stockte immer wieder, bis hier Ende der 1920-er Jahre die großräumige Erschließung der Kohlereserven begann, zu der man vor allem Häftlinge des stalinistischen Terrorregimes und deportierte Sondersiedler einsetzte. In kurzer Zeit erwuchs aus der kleinen Kohlengrubensiedlung ein riesiger Indus-

Friedhof der Kriegsgefangenen in der Steppe von Spassk (Karaganda)

Die ersten Industriewerke in Karaganda Anfang der 1930-er

triekomplex, und im Jahr 1932 wurde das Karagandagebiet mit dem Zentrum in Petropawlowsk gegründet. Die Siedlung Karaganda, die Anfang 1931 nur ca. 2.000 Einwohner zählte, hatte 1933 schon 118.900 Einwohner. Karaganda wurde 1934 zur Stadt und 1936 zur Gebietshauptstadt erklärt. Das Karagandagebiet hat heute eine Fläche von 428.000 km² (zum Vergleich: die Fläche Deutschlands beträgt 357.000 km²).

Zum großen Teil war diese Stadt auf dem Schweiß und Blut der Häftlinge aus dem Konzentrationslagerkomplex „Karlag" erbaut, einem Teil des riesigen sowjetischen Systems der Zwangsarbeitslager, unter der Leitung des Gulag (Hauptverwaltung der Lager). Karlag war eine geschlossene Fläche mit einer Ausdehnung von 300 km Nord - Süd und 200 km Ost - West.

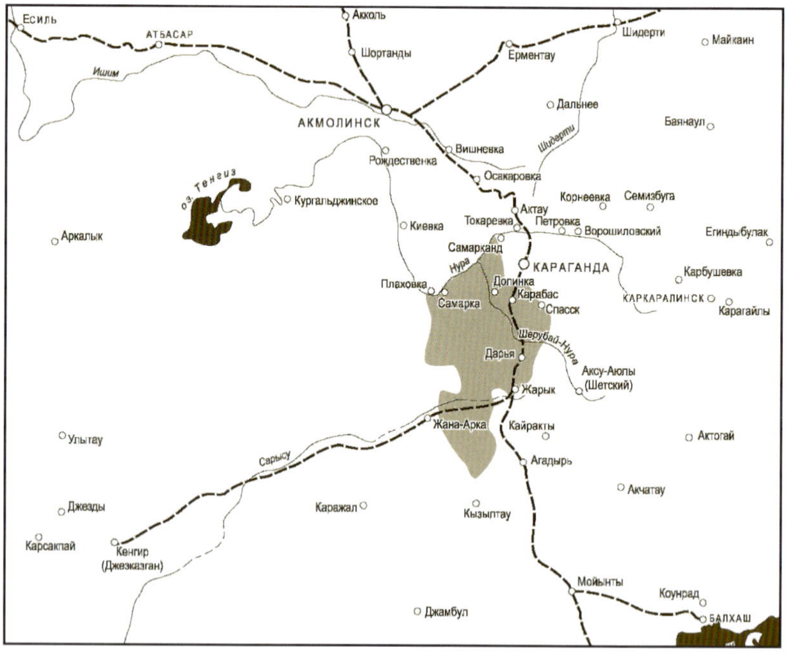

Karaganda und Umgebung in den 1930-er Jahren. Die dunkle Fläche südlich der Stadt ist der Karlag

Gläubige in Karaganda vor 1930

Wir wissen nichts von Mennoniten im Hügelland Zentralkasachstans vor 1930. Doch gab es auf dem späteren Territorium des Karagandagebiets eine ganze Reihe lutherischer, also deutscher und estnischer, Dörfer. 1926 lebten im ganzen damaligen Akmolinskgebiet, das sich damals von Petropawlowsk bis zum Balchaschsee erstreckte und Karaganda einschloss, nur 21.798 Deutsche.[1] Einige der deutschen Dörfer, zum Beispiel Wolsk, Majorowka, Roshdestwenka (später außerhalb, aber angrenzend an das Karagandagebiet), Krestowka, Naidorowka, Kronstadt, Dolinka, waren zunächst Heimstätten freier Siedler. In einigen dieser Dörfer schafften es die Siedler noch, ein Bethaus zu bauen, zum Beispiel 1927 im deutschen Dorf Dolinka[2] und im estnischen Dorf Pokornoje. In Kronstadt gab es vor 1930 auch ein Bethaus.[3] In den Dokumenten der kommunistischen Partei wird über lutherische Brüdergemeinden und Betbrüder, unter denen auch Adventisten genannt werden, geklagt, die ihren Glauben nicht aufgeben wollen.[4]

Von Beginn der 1930-er Jahre an kamen jedoch immer mehr Sondersiedler nach Karaganda, unter anderem auch viele Mennoniten. Zunächst kamen die meisten durchaus nicht freiwillig her.

Gedicht eines unbekannten deutschen Verbannten

Über die Steppe von Kasachstan
brütet die Sonne. Dann und wann
tönt aus den Lüften ein heiserer Schrei,
mag sein, daß es ein Adlerpaar sei.
Eben ist das Land, verdorrt das Gras,
manchmal regt sich schüchtern Etwas,
sonst nur weite Stille, viel Raum,
nirgends ein Hügel, nirgends ein Baum.
Durstig ist die Erde, geborsten in Sprüngen;
selten Gewitter, die Abkühlung bringen.
Weißblau der Himmel, sonst alles grau,
nirgends ein Blümchen, morgens kein Tau.
Staub auf der Erde, Staub in der Luft,
ein steinharter Boden nach Wasser ruft.
Regen ist da fast unbekannt.
Hierher hat uns das Schicksal verbannt.
Quer durch das Land läuft ein Schienenstrang,
auf ihm fahren viele Züge entlang.
Kohle und Erze - Erze und Kohle,
rollen über ächzende Bohlen.
Gegen Mittag, so gegen zwei,
braust der Expresszug nach Taschkent vorbei,
sonst aber Stille, Weite und Raum,
überall Sonne, kein Schatten, kein Baum.
Selten ein Mensch, auch selten ein Tier,
unheimlich einsam ist es uns hier.
Fremd sehen Himmel und Erde dich an,
das ist die Steppe von Kasachstan.

---

1 Архив Президента Республики Казахстан: Из истории немцев Казахстана 1921-1975. Сб. документов, 1997. (Archiv des Präsidenten der Republik Kasachstan: Aus der Geschichte der Deutschen Kasachstans (1921-1975). Dokumentensammlung Almaty/Moskau: 1997) S. 18.

2 Из истории немцев Казахстана. S.23.

3 Aus einem Bericht des Upolnomotschenyj aus dem Jahr 1956 SAKG, F.1364, L.1s, A.30 S.133.

4 Из истории немцев Казахстана. S.69,87.

Die ersten Baracken von Karaganda

Vor dem Krieg

Deportation der enteigneten Bauern 1931

Im Zuge des industriellen Aufbaus und Aufrüstung der Sowjetunion sollte Karaganda auf Beschluss des 16. Parteitags der Allrussischen Kommunistischen Partei[5] zu einem bolschewistischen Kohlenrevier ausgebaut werden. Auf die Schnelle wurde hierher eine Eisenbahn von der Sdadt Petropawlowsk, die an der transsibirischen Eisenbahn liegt, über Borowoje und Akmolinsk gezogen. In Richtung der kleinen, bis dahin unbekannten Siedlung Karaganda zogen langsam auf den unsicheren Bahnschienen vollbeladene Züge, viele davon überfüllt mit Menschen, von denen nur die wenigsten freiwillig hier waren. Die meisten von ihnen waren im Zuge der „sozialistischen Umgestaltung der Landwirtschaft" „entkulakisiert"[6], das heißt enteignet und verbannt, worden. Auf diese Weise kamen allein im Jahre 1931 mehr als 60.000 Bauern, die die neue Kohlenstadt aufbauen sollten, als Arbeiter nach Karaganda. Unter diesen Bauern waren Hunderte russischer Baptisten und deutscher Mennoniten, darunter zum Beispiel die Familien Bergmann, Wall, Neufeld und viele andere.[7]

Häftlinge im Karlag

In den 1930-er Jahren nahm die Verfolgung aller Andersdenkenden in der Sowjetunion immer mehr zu. Unter den Opfern der stalinistischen Justiz, die das riesige Karaganda-Straflager ab 1930 füllten, befanden sich auch manche mennonitische und baptistische Prediger. Schon 1932 kam Peter Konrad aus der Krim hierher in Haft, dann 1934-36 Artur Mizkewitsch aus Zentralrussland, Johann Suckau aus Alt-Samara und Heinrich Winter aus Chortiza.[8] Noch viele andere waren hier in Haft, von denen wir nur einige nennen.

Ein Foto von Abraham Bergmann aus den Untersuchungsakten des NKWD, 1940

[5] Parteitag – ein Kongress der Kommunistischen Partei der Sowjetunion, der Richtlinien für die weitere Entwicklung des Landes festlegte. Der 16. Parteitag fand am 26.6. - 13.7.1930 statt.

[6] Nach dem Beschluss der Kollektivierung 1929 wurden die Großbauern enteignet und verbannt, wobei viele umkamen. Entsprechend der kommunistischen Bezeichnung „Kulak" (Faust) für Großbauern nannte man die Maßnahmen gegen die reichen Bauern russisch „Raskulatschiwanije", deutsch „Entkulakisierung".

[7] Ausführlich beschrieben und mit vielen Dokumenten belegt in: Фаст Виктор (Hrsg.): «Я с вами во все дни до скончания века», Karaganda/Steinhagen, 2001. S.51-68.

[8] Ausführlich beschrieben und mit vielen Dokumenten belegt in: Фаст: «Я с вами». S.113-146.

Das ehemals prächtige Verwaltungsgebäude des Karlag in Dolinka, in der Nähe von Karaganda. Hier wurde das Schicksal vieler Menschen besiegelt. In den Gefängnisräumen dieses Hauses befanden sich Häftlinge, die gesondert verhört und verurteilt wurden. Hier spielten viele verhaftete namhafte Sänger, Musiker und Schauspieler ihren Peinigern vor. Foto aus den 1990-ern

Abram Berg, der sich erst 1990 bekehrte, war seit 1936 im Karlag in Gefangenschaft. Auch der Maler Paul Friesen, der Sohn des Geschichtsforschers Peter M. Friesen, war hier elf Jahre lang in Haft. Kornelius Töws aus Kasbek (Trakehn im Kaukasus) starb hier 1942, die späteren Mitglieder der MBG, Augustine Penner, Margarete Fast, Maria Fast und Helene Dyck waren hier 1940 - 1947 in Haft.[9] In Karaganda selbst wurden 1934 neun Brüder für die Durchführung von christlichen Versammlungen verhaftet. Auf dem Höhepunkt der stalinistischen Terrorherrschaft, 1937-38, wurden auch hier viele ohne ordentliches Gericht durch Erschießen hingerichtet.

Die Familie von Albert Töws flüchtete 1937 aus der deutschen Kolonie „Am Trakt" an der Wolga nach Karaganda, Kasachstan

Flucht in die Verbannung

Auch wenn es sonderbar klingt, kamen aber einige gehetzte Gläubige von sich aus auf der Flucht vor Freiheitsentzug aus ihren Heimatorten nach Karaganda, wo sie hofften, frei leben zu können. Ein Beispiel dafür ist Klara Töws, die mit ihren Kindern 1939 nach Karaganda kam.[10]

Am 26. Juni 1940 kam der Ukas (Erlass) des Präsidiums des Obersten Sowjets der UdSSR „über das Verbot der Kündigung des Arbeitsverhältnisses von Seiten des Arbeiters und Verantwortung vor dem Strafgericht im Fall des Nichterscheinens zur Arbeit."[11]

---

[9] Ausführlich beschrieben und mit vielen Dokumenten belegt in: Фаст: «Я с вами» S.113-146.
[10] Nach Angaben ihres Sohnes Otto Töws (Frankenthal, 1997).
[11] Корней Корнеевич Вибе: Воспоминания 2002. S. 48.

In den Kriegswirren

Deportation der Russlanddeutschen 1941

Nach Kriegsausbruch zwischen NS-Deutschland und der Sowjetunion 1941, wurden auf verschiedene Erlässe der sowjetischen Regierung hin alle Russlanddeutschen aus dem europäischen Teil der Sowjetunion in abgelegene Dörfer Sibiriens, Kasachstans und Mittelasiens deportiert. Hier sollten sie als

Karte der Völkerdeportierten der UdSSR: I – Indogermanen, Deutsche, Krim-Tataren, Bulgaren, Griechen, Armenier, Karatschajer, Balkaren, Inguschen, Tschetschenen, Kalmyken; II – Esten, Letten, Litauer, West-Ukrainer, Moldawier; III – Polen, Kurden, Lasen, Chemschinen, Aserbajdschaner, Türken-Meschetiner, Koreaner

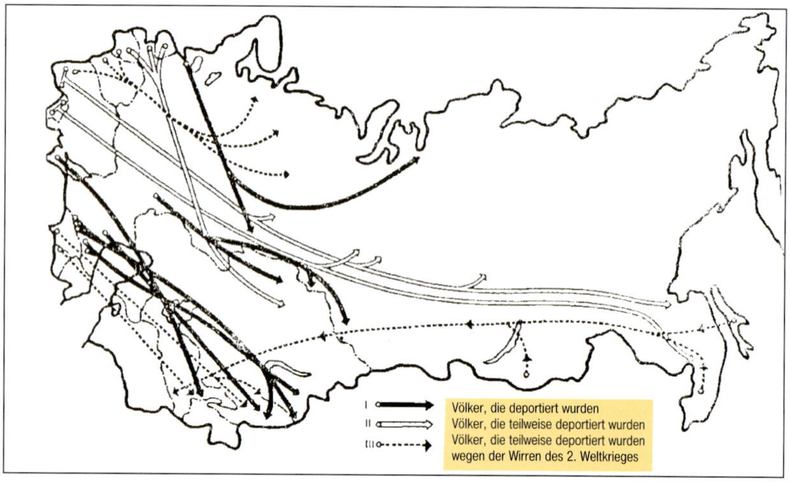

Arbeitskräfte die an die Front eingezogenen Männer ersetzen. Seit September 1941 sind Verordnungen zu der Verteilung von vielen Tausenden deutscher Deportierter im Karagandagebiet belegt.[12]

So wurden im kalten Dezember 1941 drei überfüllte Züge aus der mennonitischen Ansiedlung Alexandertal (Alt-Samara) und der lutherischen Ansiedlung Groß-Konstantinow (Koschki-Rayon, Kujbyschewgebiet) in den Osten geschickt. Kurz vor Weihnachten kamen sie in der Schneewüste Zentralkasachstans an. Schon unterwegs waren einige gestorben. Auf einer Reihe von Stationen von Ossakarowka bis Shana-Arka und Rudnyj (Dsheskasgan) wurden sie ausgeladen und gruppenweise in verschiedene Dörfer und kasachische Auls verteilt. Sie waren völlig rechtlos und mussten unter schwersten Verhältnissen alle Arbeiten in der Kolchose tun, die ihnen aufgetragen wurden. Sie waren zwar an harte Arbeit gewöhnt, aber weil sie dabei in fast unbeheizten Lehmhütten wohnen mussten und nicht regelmäßig Nahrung bekamen, holte der Tod bald reiche Beute.

Eine Schulklasse in der Kriegszeit in dem kasachischen Dorf Kondratowka. Vierter von links vorne ist Willi Fast

Die Deportierten wurden von der einheimischen Bevölkerung, die unter der Einwirkung der kommunistischen Hasspropaganda stand, als verhasste „Fritzen“[13] oder „Hitlerleute“ empfangen. Erst ganz allmählich konnte man

[12] Из истории немцев Казахстана. S.98-106,87.
[13] „Fritz“ war eine Schimpfbezeichnung für Deutsche.

die sprachliche und einfach menschliche Verständigung herstellen und gute Beziehungen knüpfen.

In Kiewka, Shana-Arka, Sharyk, Dsheskasgan stellten später die Verbannten aus Alt-Samara einen wesentlichen Anteil der Gemeindeglieder, in Uljanowka bildeten sie sogar die große Mehrheit.[14] Gleichzeitig wurde 1941 ein Teil der in und außerhalb von Karaganda wohnenden Deutschen nach Karkaralinsk (200 km östlich von Karaganda) weitergesiedelt.[15]

Arbeitsarmee

Im zweiten Kriegsjahr 1942 wurden alle arbeitsfähigen Männer im Alter von 16 bis 55 Jahren, die nicht in der Armee oder in Haft waren, in die Arbeitsarmee eingezogen, um neue Industriegiganten im Ural aufzubauen. Arbeitsbedingungen und Lebensverhältnisse in der Arbeitsarmee waren meistens noch schlimmer als in vielen Straflagern. Ab Herbst 1942 mussten auch die deportierten deutschen Frauen zwischen 16 und 45 Jahren in die Arbeitsar-

Aus Alexandertal nach Kondratowka

„Den 23. Dezember brachte man uns in das Dorf Kondratowka, 70 Kilometer von Karaganda. Unsere Familie bestand aus 7 Seelen, alle wollten essen. Eine Kasachenfamilie wurde angestellt, uns aufzunehmen, und sie hatten den ersten Abend gesorgt für eine warme Suppe. Erwärmt und gestärkt legten wir uns der Reihe nach nieder auf den Fußboden zur Nachtruhe. Den anderen Tag war der Heilige Abend. Wie wenig sah es nur weihnachtlich aus in unseren Herzen! Es ist schwer zu sagen, was in unserem Inneren vorging. Wie gerne hätten wir ein Stückchen Brot gegessen. In dieser Nacht mussten wir alle auf Arbeit. Nur Mama, den kranken Bruder Hans und mein liebes Kind, fünf Jahre alt, ließ man zurück. Wie schwer war oft der Hunger und die Kälte zu ertragen. Folgedessen erkrankten Mütterchen und Hans sehr schwer. Eine Wohnung hatte man uns angewiesen, die ich nicht imstande bin zu beschreiben. Die Pflege der Kranken war in diesen Verhältnissen unsagbar schwer. Bruder Hans verlangte oftmals am Tag, zu singen: ‚Hebt mich höher, hebt mich höher aus der Sünde dunkler Nacht! Rücket mich dem Heiland näher, der am Kreuz für mich vollbracht! Engel kommt, schwingt eure Flügel...'

Den 14. Juni 1942 schwangen die Engel ihre Flügel und hoben ihn zum Herrn empor. Ich durfte noch sein Grab graben und an demselben Tag mußten wir ihn auch begraben und Engel öffneten ihm das Perlentor.

Mama erholte sich nach diesem, wenn auch nur sehr langsam, und fing an zu spinnen für Leute. Die warme Sonne und die schönen Sommertage hatten wohl dazu mitgewirkt. Sie freute sich immer so sehr, wenn wir von der Arbeit kamen und noch etwas mitbrachten zum Essen, und wenn auch nur Süßholz, wovon sie dann Tee kochte. Auch hatte sie immer Freude und Trost an unserem Willi, den sie gerne ‚mein schöner Junge' nannte.

Den 5. Januar 1943 wurden wir in die Arbeitsarmee einberufen. Mama blieb jetzt hilflos und allein mit Schwester Selma (sie war lungenkrank) und Willi, meinem Kind, in der Fremde ohne jegliche Mittel. Der Herr führte es aber so, daß Anni und Gustchen krankheitswegen nach beinahe einem Jahr zurückfahren durften. Anni schon früher.

Im August 1944 erhielten wir, Mimi und ich die Nachricht vom Tode unseres so heiß geliebten Mütterchens.

Nun erst lernte ich recht ermessen, was mir Mütterlein gewesen ist.
Und nun kommt sie nimmer wieder, ob auch heiß die Träne fließt.
Manchmal seufzte ich wohl bange: Wäre jetzt doch Mutter hier!
Ach, es spricht nur noch im Traume jetzt ihr treuer Mund zu mir.
Doch, gottlob, denn dieser Abschied ist nicht auf ewig hier geschehn.
Welch ein Trost ist die Verheißung: Es gibt einst ein Wiedersehn!"

Fast Helene: Erinnerungen. Karaganda 1980.

---

[14] Töws, Gerhard: Entstehung und Geschichte der Gemeinde in Uljanowka. Aquila 3/2005. S.22-31; Entstehung und Geschichte der Gemeinden in Dsheskasgan. Aquila 1/2006, S.16-30; Viele weitere Berichte im Archiv des Hilfskomitee Aquila.

[15] Из истории немцев Казахстана. S.110-112,114-115.

Peter Klassen und Willi Harder während des Krieges in der Arbeitsarmee in Karaganda

Deutsche Frauen in der Arbeitsarmee

mee. Nur Mütter mit Kindern unter drei Jahre durften zurückbleiben. Die mobilisierten Frauen sollten ebenfalls schwerste Männerarbeit beim Bäumefällen und beim Bau leisten. Auch die unterernährten heranwachsenden Jugendlichen wurden mit 16 Jahren in die Arbeitsarmee eingezogen.

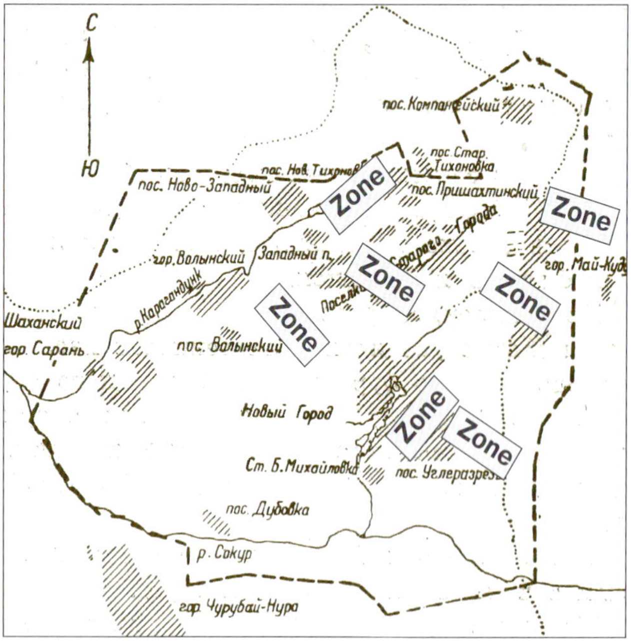

Skizze der einzelnen Arbeitszonen in Karaganda, in denen Gefangene und Arbeitsarmisten die schweren Jahre fristen mussten

Da Karaganda während des Krieges die Industrieproduktion des von den Deutschen besetzten Donbassgebiets ersetzen musste, wurden besonders 1943 viele Tausende Deutsche in die Arbeitsarmee nach Karaganda gebracht.[16] Vor 1941 hatten im Karagandagebiet etwa 10.000 Deutsche gelebt und 1941-42 wurden noch rund 20.000 deportierte Deutsche hier angesiedelt. 3.739 von ihnen wurden 1942 in die Arbeitsarmee eingezogen.[17] Viele Deutsche aus dem Karagandagebiet blieben am Ort, um in den Kohlengruben zu arbeiten. Die Deutschen der ersten Mobilisierungsschübe waren größtenteils in den Ural (Tscheljabinsk, Swerdlowsk und Nordural) gebracht worden, deshalb waren diejenigen, die 1942-45 nach Karaganda kamen, zum großen Teil noch nicht er-

[16] Из истории немцев Казахстана S.131
[17] Laut einem Bericht der NKWD an das ZK der KP Kasachstans. In: Из истории немцев Казахстана. S.135. Siehe auch S.137.

starkte Jugendliche, die schon mit ihren Familien nach Nordkasachstan deportiert worden waren. Jetzt mussten diese Dorfjungen, aber auch viele Frauen und Mädchen in der Fremde hungrig unter Tage die schwere Arbeit im Bergbau verrichten. Auf diese Weise kamen Johann Koop, Johannes Nickel, Johann Görzen, Johann Hildebrandt, Heinrich Görzen, Peter Görzen, Viktor Hübner, Jakob Rehan, Johann Flaming, Katharina Schellenberg (geb. Günter), Margarete Rehan (geb. Flaming) und viele andere und auch der Prediger Peter Bergmann 1944 nach Karaganda.[18]

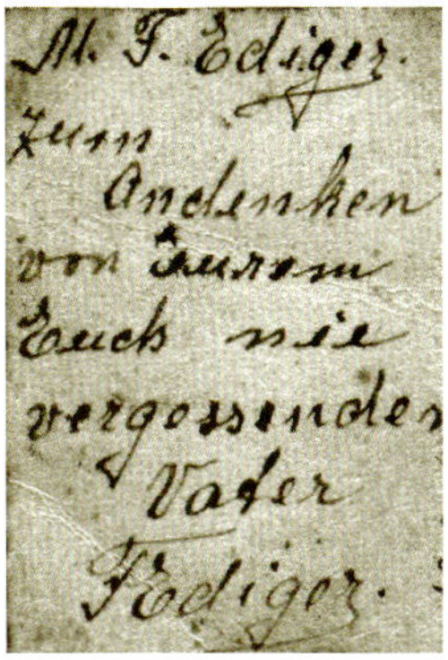

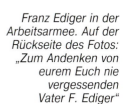

Franz Ediger in der Arbeitsarmee. Auf der Rückseite des Fotos: „Zum Andenken von eurem Euch nie vergessenden Vater F. Ediger“

In verschiedenen Stadtteilen, z. B. Maikuduk, Altstadt, Kirsawod, an den „1. Bis“, 6. und 60. Kohlengruben wurden so genannte Zonen eingerichtet, in denen diese Zwangsarbeiter in einigen Baracken untergebracht waren. Sie wurden von Wachsoldaten zur Arbeitsstelle und von der Arbeit wieder in die Baracken geführt. Erst einige Monate nach Kriegsende erlaubte man den „Trudarmisten“, ihre zugewiesenen Zonen frei zu verlassen.

Arbeitsarmisten in Karaganda 1946. Vorne v.l.n.r.: Heinrich Thiessen, Tina Epp (Hübert), Peter Görzen Hinten v.l.n.r.: Jakob Rehan, Liese Derksen, Maria ?, Tina Voth, Maria Görzen, Johann Görzen

Verschleppung aus Polen und Deutschland

Im Januar 1945 eroberte und besetzte die Sowjetarmee Polen und Ostdeutschland. Jetzt erlebten die Russlanddeutschen hier die verzweifelte Flucht der deutschen Bevölkerung in den Westen mit, die meistens durch die Sowjetarmee überrollt wurde und den Racheterror der polnischen Partisanen erleben musste. Die Sowjetarmee bemühte sich, alle ehemaligen Sowjetbürger zurück „ins Heimatland“ zu bringen. Dazu gehörten die Ostarbeiter, die sowjetischen Kriegsgefangenen und auch die evakuierten Russlanddeutschen. Die Sowjetregierung drängte auch die westlichen Besatzungsmächte dazu, diese Leute an die Sow-

[18] Informationen aus der Archivsammlung des Hilfskomitee Aquila.

jetbehörden weiterzuleiten. Einige Vertriebene wollten das auch selber, weil sie sich dadurch endlich wieder Ruhe in ihrem Heimatdorf und Vereinigung mit den Verwandten erhofften. Andere ahnten nur neues Leid und versuchten dieser „Rückführung" auszuweichen und irgendwie im Westen unterzukommen.[19] Es

Die Deutschen auf der Flucht aus der Ukraine nach Polen im Herbst 1943

zeigte sich, dass Letztere richtig vermutet hatten. Statt der versprochenen Rückführung in die Heimat wurden sie in den Osten der Sowjetunion verschleppt und waren nun verstreut im Norden Russlands (Gebiete Iwanowo, Wologda, Archangelsk, Komi ASSR), in Sibirien, Kasachstan und Mittelasien. So kamen rund 200.000 russlanddeutsche Flüchtlinge aus Deutschland und Polen, somit auch die vielen Mennoniten aus den Ansiedlungen in der Südukraine, zurück in die Sowjetunion. Viele von ihnen kamen 1945-46 nach Karaganda, so zum Beispiel schon am 1. April 1945 Margarethe Thielmann mit den Kindern Peter, Anna, Hedwig und Frieda, und ihre Schwester Katharina Harder. Am 16. Mai 1945 kam Aganeta Delesky mit den Töchtern Aganeta, Anna und Margarete (Familie Jakob Delesky), und Elisabeth Harder mit ihrer Tochter Lilly (Familie Gerhard Harder).[20]

Elisabeth und Jakob Schönke unterwegs mit dem Gnadenfelder Treck im Herbst 1943

[19] Dazu gibt es viele Berichte in den Erinnerungen der Betroffenen. Siehe zum Beispiel das ausführliche und spannende Buch von Peter und Elfrieda Dyck: Auferstanden aus Ruinen. Kirchheimbolanden 1994.

[20] Informationen aus Familienarchiven von Jakob Penner, Woldemar Daiker.

Nach dem Krieg

Familienzusammenführung

Die deportierten „Sondersiedler", zu denen überwiegend Russlanddeutsche, aber auch Völker aus dem Kaukasus gehörten, waren in so genannten Sonderkommandanturen am Ort ihrer Deportation erfasst worden. Allerdings war das System in der Kriegszeit und in den ersten Nachkriegsjahren ziemlich ungeordnet. Nach Kriegsende versuchten die in den Verbannungsgebieten der Sowjetunion zerstreuten Familien einander zu finden und bemühten sich, zusammen zu kommen. Die Sonderkommandanturen ermöglichten 1945-46 vielen die Zusammenführung ihrer Familien.[21] Da aber vor Ort viele kleinere Chefs „ihre" Arbeitskräfte nicht hergeben wollten, mussten die Männer in Karaganda oft wiederholt darum wirken. Die Betriebsleiter in Karaganda bis hin zu Schibajew, dem Chef des Kombinats „Karagandaugolj" (zu dem sämtliche Kohlengruben mit vielen Werken und Betrieben gehörten), schrieben an die höchsten Stellen des Landes, um die Familienzusammenführung der in Karaganda arbeitenden „Trudarmisten" zu erwirken.[22] Für viele wurde Karaganda zu diesem Vereinigungsort. So kam der sechzigjährige Prediger Dietrich Pauls 1946 von Solikamsk (Nordural) zu seiner Frau in die Erste Sowchose in der Nähe von Karaganda.

Erich Kaminski (Steinke) aus Wolhynien nach der Trudarmee in Karaganda. 1950 holte er seine Mutter zu sich.

So sah ein gut eingerichtetes Zimmer mit vielen selbst gestickten Gardinen und Vorhängen aus. Gerhard und Elisabeth Harder wieder vereint nach dem Krieg in Karaganda mit ihrer Tochter Lilli, deren Mann Valeri Leier und der kleinen Enkelin.

21 Ausführlich beschrieben und mit vielen Dokumenten belegt in: Фаст: «Я с вами». S. 151-154.

22 Из истории немцев Казахстана. S.144-145.

Ausbildung und Arbeit

Peter Kornelsen und Dietrich Ediger nach der Berufsausbildung (FSO) in Karaganda 1951

Seit 1947 mussten viele deutsche Jünglinge anstelle des Wehrdienstes in die Lehre an Betrieben und Berufsschulen (ФЗО und ФЗУ) der Großstadt gehen. So kamen aus verschiedenen ländlichen Gegenden Kasachstans noch mehr mennonitische Jünglinge nach Karaganda, auch solche, die nicht in der Arbeitsarmee gewesen waren, z. B. Heinrich (Andreas) Wiebe, Abram Günter, Herbert Schönke im Jahr 1948 oder Alfred Wiens 1949.[23]

Rückkehr aus den Straflagern

Wer seine Haftzeit im Straflager abgebüßt hatte und freikam, bemühte sich zu seiner Familie oder zu den noch lebenden Verwandten zurückzukehren. Auf diese Weise kam schon 1940 Dietrich Töws nach Karaganda, 1946 Dietrich Pauls und 1955 der zukünftige Älteste David J. Klassen.[24]

Das Treffen der Leidensbrüder (ehemaliger Gefangener) 1958 in Leninpol, Kirgisien. Hinten v.l.n.r.: Gustav Wall, Hermann Neufeld, Johann Reimer, Franz Janzen, David Klassen Vorne v.l.n.r.: Jakob Wall, Peter Braun, Daniel Friesen

[23] Nach Angaben von Heinrich Wiebe (Frankenthal 1997), Abram Günter (Bickenbach 1997) und Anna Schönke (Bielefeld); vgl. Wiebe, Heinrich und Katharina: Das Los ist mir gefallen aufs Lieblichste. Erinnerungen. Frankenthal 2000. S.37-40,78.

[24] Nach Angaben von Otto Töws (Frankenthal 1997), Abram Günter (Bickenbach 1997), Wölk: Mennoniten-Brüdergemeinde in Rußland. S.104; Privatarchiv von David Klassen.

РАСПИСКА

Я, выселенец Валл Анна Абрамовна
(фамилия, имя, отчество)
1904 года рождения
состоящий на учете в спецкомендатуре № 216 с. Пушкино
Ворошиловск. р-на Караганд. обл. КССР.
(района, области, республики) даю настоящую расписку, что мне объявлен Указ Президиума Верховного Совета СССР от 26 ноября 1948 г. о том, что я выселен навечно и за самовольный выезд (побег) из места обязательного поселения подлежу привлечению к уголовной ответственности и осуждению к 20 годам каторжных работ.

Валл
(подпись выселенца)
«13» декабря 1948 г.
Подписку отобрал мл. л-т [illegible]
(должность и фамилия)
«13» декабря 1948 г.

Foto aus der Sondersiedlerakte aus dem Registrierblatt von Anna Wall

RASPISKA / VERPFLICHTUNGSERKLÄRUNG

Ich, Sondersiedlerin, Wall Anna Abramowna, Geburtsjahr 1904, angemeldet in der Sonderkommandantur Nr.216, Dorf Puschkina, Rayon Woroschilowskij, Karagandagebiet, unterschreibe hiermit, dass mir die Verordnung des Obersten Sowjets vom Präsidium der UdSSR vom 26. November 1948 bekannt gegeben wurde, dass ich für ewig ausgesiedelt bin und im Falle eines eigenmächtigen Umzugs (Flucht) vom Ort der angeordneten Ansiedlung zur kriminellen Verantwortung gezogen und zu 20 Jahren Zwangsarbeit verurteilt werde.

Unterschrift: Wall
13. Dezember 1948
Unterschrift angenommen: Leutnant ...Unterschrift unverständlich
13. Dezember 1948

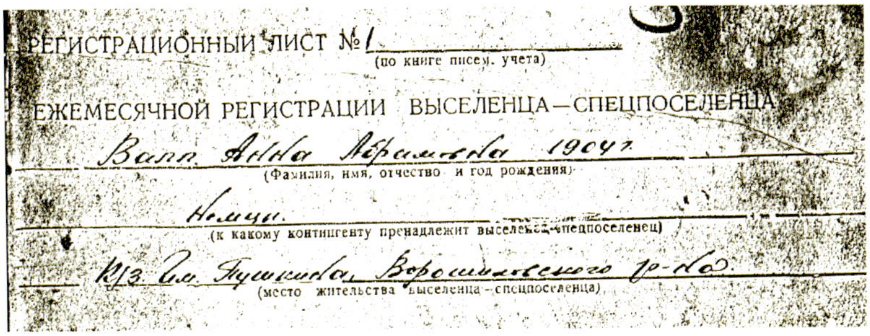

РЕГИСТРАЦИОННЫЙ ЛИСТ № 1
(по книге писем. учета)
ЕЖЕМЕСЯЧНОЙ РЕГИСТРАЦИИ ВЫСЕЛЕНЦА—СПЕЦПОСЕЛЕНЦА
Валл Анна Абрамовна 1904 г.
(Фамилия, имя, отчество и год рождения)
Немцы.
(к какому контингенту принадлежит выселенец-спецпоселенец)
К/з им. Пушкина Ворошиловского р-на.
(место жительства выселенца-спецпоселенца)

Registrierblatt Nr.1

Monatliche Registrierung vom Sondersiedler
Name: Wall Anna Abramowna, geboren 1904
Nationalität: Deutsch
Wohnort: Kolchose Puschkina, Rayon Woroschilowskij

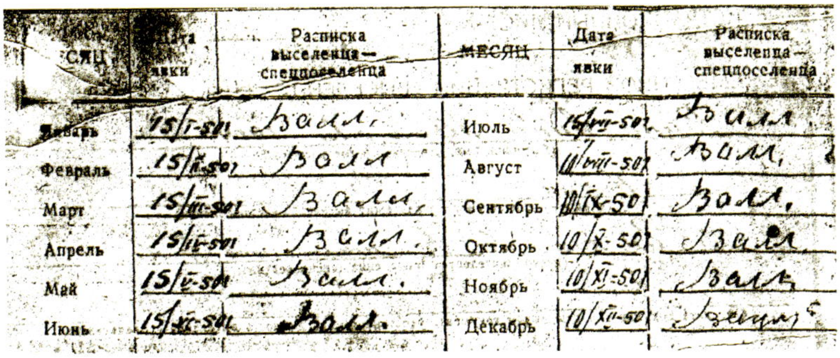

Месяц	Дата явки	Расписка выселенца—спецпоселенца	Месяц	Дата явки	Расписка выселенца—спецпоселенца
Январь	15/I-50	Валл	Июль	15/VII-50	Валл
Февраль	15/II-50	Валл	Август	10/VIII-50	Валл
Март	15/III-50	Валл	Сентябрь	10/IX-50	Валл
Апрель	15/IV-50	Валл	Октябрь	10/X-50	Валл
Май	15/V-50	Валл	Ноябрь	10/XI-50	Валл
Июнь	15/VI-50	Валл	Декабрь	10/XII-50	[illegible]

Jeder Sondersiedler musste sich einmal im Monat beim Kommandanten stellen und seine Anwesenheit durch Unterschrift bestätigen

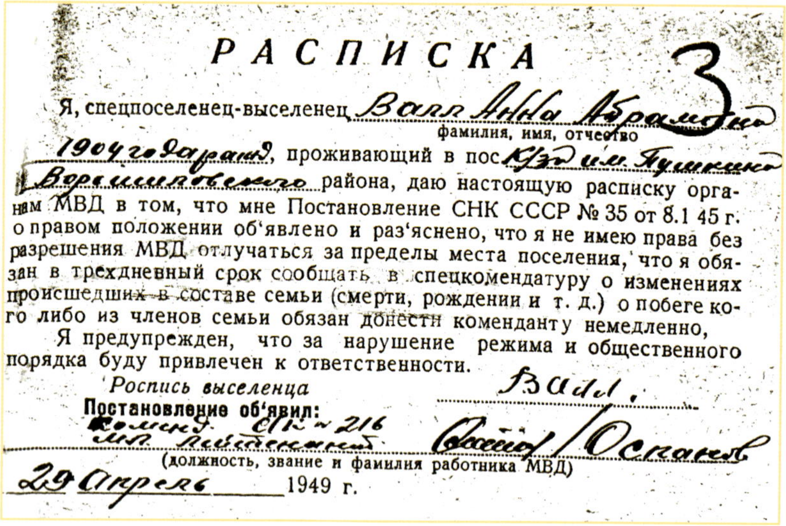

РАСПИСКА

Я, спецпоселенец-выселенец Валл Анна Абрамовна
фамилия, имя, отчество
1904 года рожд., проживающий в пос. К/з им. Пушкина
Ворошиловского района, даю настоящую расписку органам МВД в том, что мне Постановление СНК СССР № 35 от 8.1 45 г. о правом положении об'явлено и раз'яснено, что я не имею права без разрешения МВД отлучаться за пределы места поселения, что я обязан в трехдневный срок сообщать в спецкомендатуру о изменениях происшедших в составе семьи (смерти, рождении и т. д.) о побеге кого либо из членов семьи обязан донести коменданту немедленно.

Я предупрежден, что за нарушение режима и общественного порядка буду привлечен к ответственности.

Роспись выселенца Валл.

Постановление об'явил:
Коменд. СК № 216
мл. лейтенант Оспанов
(должность, звание и фамилия работника МВД)

29 Апреля 1949 г.

RASPISKA / VERPFLICHTUNGSERKLÄRUNG

Ich, Sondersiedlerin, Wall Anna Abramowna, Geburtsjahr 1904, wohnhaft in Kolchose Puschkina, Rayon Woroschilowskij, unterschreibe hiermit der MWD Verwaltung, die mir die Verordnung SNK der UdSSR Nr.35 vom 08.01.1945 bekannt gegeben und erklärt hat, dass ich ohne Erlaubnis der MWD kein Recht habe mich von meinem Wohnort zu entfernen und mich mit dreitägiger Frist im Falle von Veränderungen in meiner Familie (Todesfall, Neugeburt, etc.), oder im Falle einer Flucht eines Familienmitgliedes unverzüglich bei der Kommandantur melden werde.

Ich bin gewarnt worden, dass ich für jegliche Ordnungsverletzung zur Verantwortung gezogen werde.

Unterschrift: Wall

Verordnung bekannt gegeben: Ospanow

29. April 1949

Sondersiedlerstatus und Kommandantur

In den Jahren 1948-1949 wurden die Sondersiedler in den Sonderkommandanturen neu erfasst. Dabei musste jeder die Mitteilung unterschreiben, dass er „für ewige Zeiten" mit Kindern und Kindeskindern an den Verbannungsort gebunden bleiben sollte. Für ungestattetes Verlassen des Wohnorts war ein Strafmaß von bis zu 20 Jahren „Katorga"[25] angedroht. Nach diesen Maßnahmen war eine Zusammenführung der Familien nahezu unmöglich, trotzdem versuchten es viele jahrelang, bis der Bitte gewährt wurde, oder die „ewige Zeit" aus war.

Nach offiziellen Dokumenten wurden 1949 in Kasachstan 892.671 Sondersiedler geführt, davon 417.478 Deutsche.[26] Mitte der 1950er lebten mehr als vierzig Tausend Deutsche im Karagandagebiet, von denen die meisten Sondersiedler waren.[27]

Die seit 1941 katastrophale Situation der Schulbildung der Sondersiedler, blieb auch weiterhin schwierig. Im Karagandagebiet besuchten 1.546 Kinder keine Schu-

[25] Katorga: Haft im Zwangsarbeitslager unter sehr harten Bedingungen.

[26] Schajachmetow, der erste Sekretär der KP Kasachstans meldet es an das ZK der WKP(b) nach Moskau und schlägt vor, die weitere Umzüge der Sondersiedler in der Hand des MWD (Organe des Innenministeriums) zu belassen. Из истории немцев Казахстана. S. 156-158.

[27] Brief des Upolnomotschenyj an den RfR. SAKG, F.1364, L.1a, A.44, S.57-59.

le, weil am Ort nur eine kasachische Schule vorhanden war, weitere 1.329 Kinder besuchten die Schule nicht, weil sie nicht genügend Kleider hatten.[29]

Das Zentralkomitee der Kommunistischen Partei Kasachstans erließ 1952 eine streng geheime Verordnung, welche die Aufnahme von Sondersiedlern zum Studium an der Universität, an der Jura-fakultät, an der Hochschule für Bergbau und Metallurgie, an der Sport- und Pädagogischen Hochschule und am Konservatorium in Alma-Ata verbot. Fünfzehn anderen Hochschulen Kasachstans wurde gestattet, eine sehr eingeschränkte Zahl von Sondersiedlern zum Studium zuzulassen. Das bedeutete für ganz Kasachstan insgesamt 105 Studenten, davon 52 für Lehrerberufe, 27 im landwirtschaftlichen Bereich, 19 in der Medizin und 7 im Bereich der Technik.[30] Einige Gläubige wie Johann Dück, Franz Enns, Herta Töws (später Thiessen), Rita Abrahms (später Nass), nutzten die für Deutsche seltene Gelegenheit, in Karaganda zu studieren.

Bevölkerungsstatistik im Karagandagebiet zum 1.1.1954[28]

Nr.	Namen der Orte und Rayons	Bevölkerungszahl
1	Karaganda	413.667
2	Temirtau	48.194
3	Balchasch	67.383
4	Dsheskasgan	56.230
5	Woroschilow-Rayon	12.523
6	Shana-Arka-Rayon	44.713
7	Karkaralinsk-Rayon	20.213
8	Kounrad-Rayon	10.138
9	Kuwskij Rayon	6.101
10	Nurinskij Rayon	19.001
11	Osakarowka-Rayon	41.653
12	Thälmann-Rayon	38.503
13	Ulutau-Rayon	6.602
14	Schetskij-Rayon	24.268
Insgesamt Karagandagebiet		**809.189**

[28] Das meldet eine Abteilung des ZK Kasachstans nach Moskau. Siehe: Из истории немцев Казахстана. S.159.
[29] SAKG, F.1364, L.1a, A31, ohne Seitenzahl.
[30] Из истории немцев Казахстана. S.176-177.

Familien der Sondersiedler Pankratz, Jakob Friesen und Löwen verschleppt in Dubrowka, Koktschetawgebiet 1952. Diese Erdhütte haben sie selbst gebaut. Sitzend erste Reihe v.l.n.r.: Agatha Löwen, Adolf Becker, Jakob Friesen, Talita Pankratz, Anita Pankratz, Anna Pankratz. Zweite Reihe: Renate Becker, Justa Löwen, ? Fischer, Peter Fischer, Anna Fischer, Oma Pankratz, Anna Friesen mit Katharina, Abram Friesen, Jakob Friesen

Das Bergbau-Technikum in Karaganda. Viele deutsche Jugendliche schlossen hier ihr Studium ab.

Nach der Befreiung von der Kommandantur

Befreiung von der Kommandantur

Nach dem Tode Stalins 1953 wurden die Lebensbedingungen in der Sowjetunion erträglicher. Langsam lockerte sich der Druck der Obrigkeit etwas. Die Kommandanturaufsicht für die Sondersiedler wurde 1955 aufgehoben. Nachdem Chruschtschow auf dem 20. Parteitag 1956 gewagt hatte, die stalinistischen Repressalien zu verurteilen, kamen viele politische Gefangene frei.

Auf Verordnung des Präsidiums des Zentralkomitees der KPdSU vom 8.12.1955 und auf Erlass des Präsidiums des Obersowjets der UdSSR vom 13.12.1955 „Über die Befreiung der Deutschen von der Sondersiedlung" wurden im Gebiet Karaganda 46.790 Personen von der Kommandanturaufsicht befreit.[31] Das Gebietskomitee berichtete darüber:

Verschiedene Regierungsstellen stellten übrigens fest, dass die Deutschen sehr arbeitsam und tüchtig und deshalb schon damals wohlhabender als andere neben ihnen lebende Bevölkerungsgruppen waren.[32]

Bedingungen der Befreiung

Nach der Aufhebung des Sondersiedlerstatus mussten die Deutschen sich nicht mehr bei der Sondersiedlerkommandantur melden, bekamen einen Pass wie andere Bürger und durften selbst ihren Wohnort wählen. Allerdings durften sie nicht zurück in ihre Heimatorte, aus denen sie ausgesiedelt worden waren, und konnten keinen Anspruch auf das enteignete Eigentum erheben.

Diese Befreiung brachte Bewegung in die Massen der Deportierten, denn alle wollten sich jetzt mit ihren Angehörigen wiedervereinen. Für die Gläu-

[31] Из истории немцев Казахстана, S.211-212.
[32] Из истории немцев Казахстана, S.215-216.

bigen war das die Gelegenheit zusammenzuziehen, um geistliche Gemeinschaft zu pflegen.

Neue Lebensperspektiven in Karaganda

Weder eine schöne Natur noch geschichtliche Bindungen oder ein missionarischer Auftrag konnten die vertriebenen und zerstreuten Gläubigen nach Karaganda locken, dafür aber die Verwandten, die geistliche Gemeinschaft, gute Arbeitsplätze und Wohnmöglichkeiten. Viele Wohnungen und Hütten wurden frei, als 1957-59 die meisten Tschetschenen, Inguschen und andere deportierte Völker des Nordkaukasus in ihre Heimat zogen. Die Lebensmittelversorgung dieser Industrieregion war im Vergleich zu vielen anderen Regionen besser und man fand in Karaganda auch gute Arbeitsstellen mit durchschnittlich höheren Löhnen als anderswo. Innerhalb der bunt gemischten Bevölkerung dieser jungen Stadt fanden die Deutschen, die auf Grund ihrer Volkszugehörigkeit an vielen anderen Orten verachtet wurden, eine ungewöhnlich hohe Akzeptanz. Hier konnten sie sich eher entfalten, auch wenn sie dennoch ihre Grenzen in Bildung und beruflicher Karriere zu spüren bekammen. Das alles bewog viele dazu, in der kahlen Steppe und der rauchenden Industriestadt eine neue Heimat zu suchen.

Denn der Herr wird sich über Jakob erbarmen und Israel noch einmal erwählen und sie in ihr Land setzen. Und Fremdlinge werden sich zu ihnen gesellen und dem Hause Jakob anhangen.
Jesaja 14,1

Viele Familien aus nördlichen Verbannungsgebieten sammelten sich in Karaganda, so zum Beispiel Harders aus dem Iwanowogebiet. Nach 1956 gab es

Deutsche Jugend in der Verbannung Anfang der 1950-er im Gebiet Iwanowo im Norden Russlands. Zuerst sang man nur gemeinsam deutsche und russische Volkslieder. Später begann die Mutter von Heinrich Bergen, christliche Lieder einzuüben und Versammlungen zu leiten. Dafür wurde sie zu 25 Jahren Haft verurteilt

„Bei der Bekanntgabe der Befreiung der Deutschen von der Aufsicht [...] wurde ihnen die Sorge der Partei und der Regierung um die Verbesserung des Wohlstands und des kulturellen Niveaus für die Sowjetmenschen erklärt. Ziel dieser Gespräche war, die Befreiten [...] zu bewegen, als Antwort auf die von der Partei und der Regierung erwiesene Fürsorge mit einem wirtschaftlichen Aufschwung zu antworten, sie zu mobilisieren den sechsten Fünfjahresplan zu erfüllen, sich an den jetzigen Wohnorten und Arbeitsstellen niederzulassen."
Quelle: Из истории немцев Казахстана. S.211-212.

neben der Familienzusammenführung auch andere Motive zur Umsiedlung: die Suche nach besseren Lebensbedingungen, geistlicher Speise und freier christlicher Gemeinschaft. So zog beispielsweise 1959 die gesamte mennonitische Gemeindegruppe aus Ojasch nach Karaganda. Erst kamen im Januar

Das Orchester in Ojasch, Nowosibirskgebiet 1956-1959. Hinten v.l.n.r.: Jakob Kornelsen, Alice Regehr (Klassen), Heinrich Klassen, Heinrich Pirch, Lida Steiger, Jakob Thiessen, Anita Thiessen (Klassen), Jakob Rempel. Mittlere Reihe v.l.n.r.: Helene Görzen (Thiessen), Tina Wiens (Thiessen), Hilda Kröcker (Thiessen), Maria Koch, Elsa Bückert (Rempel), Anna Kost. Vorne v.l.n.r.: Gerhard Kornelsen, Rudolf Klassen, Heinrich Rempel

Albert und Heinrich Klassen nach Karaganda und fingen dort an zu arbeiten, im März kamen ihre Mutter und andere Frauen mit den kleinen Kindern mit dem Zug nach und etwa fünfzehn Jugendliche machten den Weg mit dem Hab und Gut im Güterwagon.[33]

Aus den Kolchosen[34] Tadshikistans, wo sie jahrelang kein Bargeld bekommen hatten, kamen 1957 die Familie Franz und Katharina Banmann und 1958 die Familie Peter und Lydia Philippsen nach Karaganda. Die Familie Jakob Friesen aus dem Dorf Dubrowka kam im Sommer 1957. Ihnen folgten 1958 aus den Dörfern des Koktschetawgebiets die Familien Isbrand und Peter Friesen, die Familie Heinrich und Elisabeth Penner und die Familie Heinrich und Alla Boger. Die Familie Peter und Eugenia Rempel kam im Juni 1960 aus Solikamsk, und im Herbst 1960 kamen die Familien Reinich und Fefler aus Petschory, Komi ASSR.[35]

Seit 1958 zogen viele aus Gebieten, in denen Gläubige hart bedrängt und verfolgt wurden, nach Karaganda, wie zum Beispiel die Familien Johann Günter, Peter Regehr, Franz Derksen, Jakob Hildebrandt, Peter Neudorf, Heinrich Warkentin und die Schwestern Katharina Penner und Elisabeth Jan-

[33] Nach Angaben von Albert Klassen (Frankenthal, 1997).
[34] Kolchosen: sowjetische landwirtschaftliche Kollektivwirtschaften.
[35] Nach Angaben von Jakob Penner (Harsewinkel, 2007).

Familie Heinrich und Elisabeth Penner mit Johann, Elisabeth, Jakob und Peter im Tulagebiet

zen aus dem Omskgebiet.[36] Die Familie Peter Regehr wurde von Deutschland 1945 in ein Russendorf im Omskgebiet repatriiert und unter die Kommandanturaufsicht gestellt. Bruder Peter stand dort einer kleinen Gruppe gläubiger Geschwister vor. Sein Vorgesetzter auf der Arbeit sagte ihm eines Tages: „Ich kann mich nicht mehr weiter wegen dir herauslügen. Verschwinde aus dem Dorf oder du wirst wegen deines Glaubens verhaftet werden." Die Familie machte sich auf und floh im Dezember 1958 nach Karaganda.[37]

[36] Nach Angaben von Jakob Penner (Harsewinkel, 2007).
[37] Nach Angaben der Tochter Regehrs, Anna Schwarz (Espelkamp 2007).

Täuflinge in Iwanowka, Omskgebiet im Juni 1951. Hinten der Erste von links ist Johann Günther, später Diakon in der MBG Karaganda

Die Gemeinschaft mit Bruder Jakob Plett in Aktjubinsk 1948

Nachdem Jakob Plett, der am 7. Dezember 1958 von Franz Voth[38] zum Prediger eingesegnet worden war, und einigen anderen des Glaubens wegen in Kimpersaj ihre Arbeitsstelle gekündigt wurde, kam die Familie Jakob Plett im Juli 1959 nach Karaganda.[39] Familie Heinrich Rahn aus Kimpersaj zog ihnen nach, nachdem sie zuerst fast fünf Jahre (1958-63) in Aktjubinsk gelebt hatte, wo Heinrich Rahn Anfang 1961 von Nikolaj Götz[40] zum Prediger der MBG eingesegnet wurde.[41]

[38] Franz Voth war 1944-59 der Älteste der MBG in Kimpersaj. Siehe Johann Plett, Der Anfang der Mennoniten-Brüdergemeinde Kimpersai (Batamschinsk) in Aquila Nr.2/2005. S.24-32; Siehe auch: Иван Шнайдер: Евангельские общины в Актюбинской степи. Сто лет первой общине баптистов в Актюбинске. Steinhagen 2006. S. 276-277.

[39] Nach Angaben von Walter und Johann Plett (Frankenthal); siehe auch Шнайдер: Актюбинск. S. 269-270.

[40] Nikolai Götz war 1957-62 der Älteste der MBG in Aktjubinsk, siehe Шнайдер: Актюбинск. S. 260-262.

[41] Nach Angaben von Walter und Johann Plett (Frankenthal); siehe auch Шнайдер: Актюбинск. S. 156 und 270.

Typischer Anblick in der Siedlung Michajlowka in Karaganda 1957. Hier die Straße Krylowa 76

Das Dorf Solnetschnij, Krasnojarskgebiet, der Verbannungsort der Familie Jakob und Augustine Penner

Um des geistlichen Wohles ihrer Kinder willen verließen manche sogar die Orte, an denen sie sich schon eingelebt hatten und kamen nach Karaganda. So kamen aus diesem Grund im Mai 1960 Jakob und Augustine Penner[42] aus dem Verbannungsort im Krasnojarskgebiet (Sibirien), 1965 Heinrich und Helene Fast[43] aus Ust-Kamenogorsk (Ostkasachstan), 1967 Johann und Anna Kasper mit ihren fünf Kindern aus dem Akmolinskgebiet, 1973 Johann und Maria Warkentin[44] aus dem Omskgebiet.

[42] Eltern von Jakob Penner, (Harsewinkel)
[43] Eltern von Viktor Fast, (Frankenthal)
[44] Eltern von Gerhard Warkentin, zurzeit Ältester der MBG Karaganda.

Eine Erdhütte in Karaganda (Michajlowka). Vor dem Haus stehen ganz links Erika Wölk, ganz rechts Agnes Tiessen und andere

Spätere Migrationen

Seit 1956 blieb in der Sowjetunion die Migrationsrate unter den vertriebenen Deutschen sehr hoch. Für die Gemeinden in Karaganda bedeutete das seit Anfang der 1960-er Jahre Wegzug der deutschen Gläubigen nach Kirgisien, Lettland, Estland, Moldawien, Kaukasus und andere Orte. Zuzug kam meistens aus Nordkasachstan und dem Omskgebiet. Der immer spürbare Druck der Behörden gegen die Gläubigen und die Gemeinden war in Karaganda nicht so stark wie an vielen anderen Orten der Sowjetunion. Ab 1956 gab es immer wieder vereinzelte Auswanderungen nach Deutschland, die ab 1972 etwas anwuchsen. Das bewegte viele dazu, in andere Regionen des Landes zu ziehen, von wo aus man hoffte, leichter nach Deutschland auswandern zu können. Erst nach der Öffnung der Grenzen der Sowjetunion für die Auswanderung begann 1987 sofort die Massenemigration.

Das neue Haus mit dem schönen Garten von Johann und Katharina Schellenberg 1956 in Karaganda, Kirsawod, Gontscharnajastr. 104

Verfehlte Hoffnungen

„Im Februar kam die Nachricht, dass die Kommandantur aufgelöst wurde. Uns wurde vorgelesen, dass wir nichts [zurück]fordern durften, was wir 1941 bei der Aussiedlung verloren haben, dass wir nicht zurückkehren durften in die Ukraine in unsere Dörfer, und dass die Begrenzung des Wohnorts nun abgeändert [sei]. Unter diesen Bedingungen mussten wir unterschreiben, und somit wurden wir freie Bürger nur in Asien.

Im Mai 1956 gab es die Möglichkeit den Antrag zur Ausreise nach Deutschland einzureichen. Adenauer (BRD) und Chruschtschow (Russland) hatten einen Vertrag über Familienzusammenführung gemacht. Da waren viele Deutsche willig, dieses zur Ausreise nach Deutschland zu nutzen. Ich war auch ganz dabei.[1]

Als ich dann mit allen Papieren fertig war, habe ich sie zum OWIR[2] hingetragen. Der Mann nahm sie mir ab und sagte dann: „So, jetzt bekommen wir die Papiere von euch für eine ‚Schwarze Liste'. Anstatt in den Westen zu kommen, werdet ihr im Osten landen."

Nun, das war mir und den anderen jetzt egal, aber eines war Tatsache, niemand durfte ausreisen. Im Januar 1957 haben wir gemeinsam noch versucht jemanden in die deutsche Botschaft nach Moskau zu schicken. Die Delegierte durfte auch in die Botschaft rein, die Dokumente waren eingetroffen. Ihr wurde eine Bibel als Zeugnis, dass sie in der Botschaft drin war, gegeben. Draußen vor der Botschaft nahm man sie freundlich unter den Arm, führte sie in ein Amtsgebäude, verlangte den Pass und andere Papiere, machte davon Kopien und ließ sie unter Drohreden heraus. Wir mussten uns beruhigen und warten, bis wir erst nach dem Gesetz von 1986 ausreisen durften."

Peter Thielmann. Lebenserinnerungen. Unveröffentliches Manuskript. Bielefeld 1994. S.33-34

[1] Es traf sich so, dass Thielmann bei der Verteilung der Anträge unter den Deutschen aktiv wurde.
[2] OWIR – Otdel Wneschneimmigrazionnych Rasreschenij – Amt für Auslandsauswanderung.

Geistliche Anfänge

Kapitel 3

Denn ich will Wasser gießen auf das Durstige und Ströme auf das Dürre. Ich will meinen Geist auf deine Kinder gießen und meinen Segen auf deine Nachkommen. Dieser wird sagen „Ich bin des Herrn" (...) und ein anderer wird in seine Hand schreiben „dem Herrn eigen."

Jesaja 44,3.5

Die geistliche Not der Deutschen

Die Not, aus der die Leute nach Karaganda kamen, ist schwer zu beschreiben. Kommunistische und atheistische Propaganda, Enteignung, Zwangskollektivierung, grundlose Verfolgung, Bespitzelung, Verrat, Verleumdung, Vertreibung, Straflager, Arbeitsarmee, Flucht, Hunger, gewaltsamer Tod oder Hungertod der Lieben, zerrissene Familien, manchmal getrennt durch Staatsgrenzen und Ozeane, entrissene Kinder, Verlust der brieflichen Verbindung, zweite Ehen bei verschollenen Ehegatten, Diffamierung als „Volksfeinde", „Faschisten", „Dunkelmänner" und „Überbleibsel der Vergangenheit", Enttäuschung, Verzweiflung, Schreien zu Gott, Abwendung von Gott - Gott hat sehr Schweres über die Generation unserer Eltern kommen lassen. Wie konnten Leute in diesen Verhältnissen noch an Gott festhalten? Hätte man sich zu den grausamen Verfolgungen vorbereiten und sie besser überstehen können?

In der endlos verschneiten Steppe findet das Auge nirgends Halt

Die Erdhütte der Brüder Pauls in Kimpersaj, Aktjubinskgebiet. 1944 fanden hier die ersten Versammlungen statt.

Doch auch in Lagern, Arbeitsarmeen und an Verbannungsorten erhielt der Herr das geistliche Leben einzelner Getreuer. Vereinzelt gab Gott sogar Möglichkeiten für eine rege geistliche Gemeinschaft, erweckte Laugewordene und Herangewachsene. In der „Freiheit“ blieben fast nur Alte, Kranke, einige Frauen, Kinder und Männer, die man als Verräter verdächtigte. Um die innere Freiheit war es in der äußeren Freiheit oft schlimmer bestellt als in der Gefangenschaft. Aber viele Mütter, Großmütter und manchmal auch die Väter, denen es vergönnt war, eine Zeitlang zwischen Lager und Arbeitsarmee bei der Familie zu weilen, pflegten das geistliche Leben auch in den Familien. An vielen Orten kam es zur Bildung von Hauskreisen und größeren Versammlungen.

In der schweren Zeit der Christenverfolgung, der Deportation und der Arbeitsarmee wurde der Glaube vieler zukünftiger Mitglieder der MBG Karaganda geprüft. Einige konnten die Prüfung nicht bestehen und gaben den geistlichen Kampf auf, für andere wiederum diente sie zur Festigung des Glaubens und zur Stärkung des Gottvertrauens.

Geistliches Leben in der Zerstreuung

Unter deutscher Besatzung

Im Zuge der Repatriierung der Russlanddeutschen nach dem zweiten Weltkrieg kam eine Gruppe von Mennoniten aus dem Warthegau[1] Ende 1945 in die Umgebung von Ojasch im Nowosibirskgebiet. Diese Leute hatten 1941-1943 unter der deutschen Besatzung in der Ukraine eine Neusammlung der Gemeinden und öffentliche Gottesdienste in den neu eröffneten Gemeindehäusern erlebt. Die Predigt des Wortes Gottes in dieser schweren Zeit hatte starken Eindruck gemacht und viele junge Geschwister waren zum Glauben gekommen. Die Gemeindediener versuchten auch während der Evakuierung in den Warthegau die Gemeindeglieder geistlich zu betreuen und das Gottvertrauen zu stärken. In dem Durcheinander des Krieges brauchten die

[1] Warthegau: vom Deutschen Reich annektierter Teil Polens.

Menschen Gott. Für die spätere Erweckung waren Bibeln, Gesangbücher und manchmal auch andere geistliche Schriften wichtig, welche die Verschleppten unter ihren wenigen Habseligkeiten mitführten.

Peter und Eugenie Rempel mit ihrer Tochter Erna im Warthegau 1943

Um die Sammlung der Gläubigen in Gemeinden hatte sich auch Dr. Benjamin Unruh[2] sehr bemüht. In Schlusau (Warthegau) hatten Heinrich Balau, der Leiter der MBG, und Prediger Lippert[3] am 6. November 1944 Peter Rempel (*1914) als Prediger eingesegnet. Rempel war aufgrund einer körperlichen Behinderung vom Wehrdienst befreit und konnte nicht schwer arbeiten. Deshalb blieb er immer mit seiner Familie zusammen.[4] Im Umfeld Peter Rempels in Ojasch bekehrten sich einige Leute und es bildete sich eine Gruppe, die dann sogar einen Chor organisierte.[5]

Nach einer viermonatigen Deportationsreise aus Deutschland nach Sibirien wurde die Familie Peter und Eugenie Rempel am 5. Dezember1945 in dieser Erdhütte auf der Station Ojasch im Nowosibirskgebiet, einquartiert. In dieser Hütte konnten viele Seelen Frieden mit Gott finden.

Briefliche Unterweisung

Geistliche Gemeinschaft und Erbauung wurde auch brieflich gepflegt. Die im Glauben standhaften Häftlinge und Verbannten übermitteln in den Briefen an ihre Angehörigen in erster Linie geistliche Orientierung und Trost. Immer wieder wurden Bibeltexte oder Liederverse zitiert. Der bekannte Prediger Johannes Fast sandte von seinem entfernten Verbannungsort an dem Fluss Seja, Waldpunkt Nr.3, im Amurgebiet in vielen Briefen einem breiten Leserkreis seine der Lage entsprechenden Predigten zu, zum Beispiel der Familie Heinrich und Helene Fast, die ziemlich allein in dem sibirischen Dorf Tschumakowo in Verbannung lebte.

2 Dr. Benjamin Unruh war der mennonitische Vordermann, der sich auch unter dem Naziregime sehr um das Überleben der Russlandmennoniten bemühte.

3 Lippert war ein deutscher Offizier, der dazu aufrief, nicht für den Sieg Deutschlands zu beten.

4 Keiner konnte damals ahnen, dass Gott Peter Rempel gestatten würde, mehr als fünfzig Jahre den Gemeinden in Polen (1944-45), Ojasch (Dezember 1945 - Januar 1956), Solikamsk (Februar 1956 - Juni 1960), Karaganda (Juni 1960 - März 1990) und Harsewinkel (seit 1990) zu dienen. Heute ist er der älteste noch lebende Prediger aus der MBG Karaganda. Siehe: Rempel, Erwin: Frag deine Eltern, was damals geschah. Lebensgeschichte meiner Eltern Peter und Eugenie Rempel. Harsewinkel: Selbstverlag 2004. S.81-173.

5 Nach Angaben von Albert Klassen (Frankenthal).

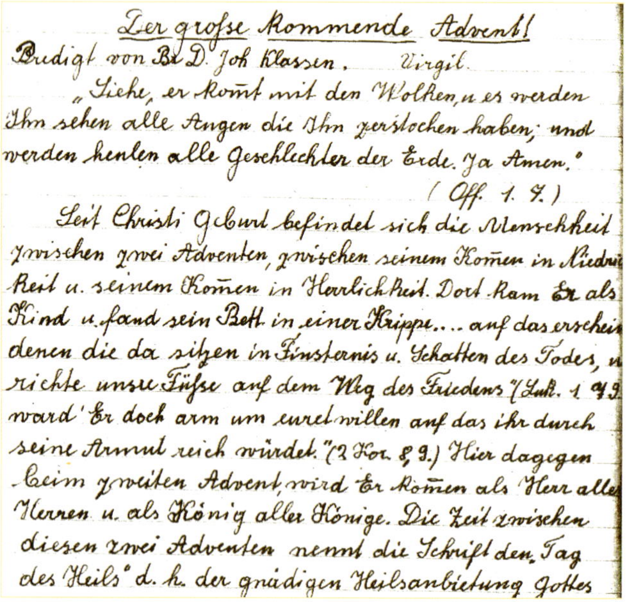
Der grosse kommende Advent!
Predigt von Br. D. Joh Klassen. Virgil.
„Siehe, er komt mit den Wolken, u. es werden Ihn sehen alle Augen die Ihn zerstochen haben; und werden heulen alle Geschlechter der Erde. Ja Amen."
(Off. 1. 7.)
Seit Christi Geburt befindet sich die Menschheit zwischen zwei Adventen, zwischen seinem Komen in Niedri[g]keit u. seinem Komen in Herrlichkeit. Dort kam Er als Kind u. fand sein Bett in einer Krippe... auf das erschei[ne] denen die da sitzen in Finsternis u. Schatten des Todes, u[nd] richte unsre Füsse auf dem Weg des Friedens" (Luk. 1 79. ward' Er doch arm um euret willen auf das ihr durch seine Armut reich würdet." (2 Kor. 8, 9.) Hier dagegen beim zweiten Advent, wird Er komen als Herr aller Herren u. als König aller Könige. Die Zeit zwischen diesen zwei Adventen nennt die Schrift den „Tag des Heils" d. h. der gnädigen Heilsanbietung Gottes

Die Abschrift einer Predigt von David Klassen, Karaganda, die mit der Post von Dorf zu Dorf geschickt wurde. Da Prediger in den Gemeinden fehlten, wurden Predigten solcher Art in den Gottesdiensten vorgelesen.

Trotz der im Untergrund glimmenden Glaubenskohlen war die ganze geistliche Landschaft der Sowjetunion geprägt durch Abfall, Stumpfsinnigkeit, Verrat und grobe Gewalt. Der herrschende marxistisch-leninistische Atheismus schien Überhand genommen zu haben. Sogar denen, die unter dem Einfluss gläubiger Mütter oder Großmütter aufgewachsen waren, schien es, dass der christliche Glaube nur noch in der engsten Familiengemeinschaft Platz hat. Doch die jugendlichen und auch die erwachsenen Arbeiter standen vor der Herausforderung, in einer Welt zu bestehen, in der es keinen Gott gab. Viele verwarfen den Glauben als einen Störfaktor in ihrem Leben oder als ein zwar schönes, aber veraltetes Weltbild.

Eine Mutter betet mit ihren Kindern. Zeichnung aus der Broschüre: Karin Moret, „Verbotene Sonntagsschule" Missionswerk Friedensstimme, von Ada Groothedde-ten Brinke

Die Erweckung bahnt sich an

Doch an verschiedenen Orten des großen Landes bahnte sich die Erweckung an. Wie der Frühling Wachstumskräfte weckt, so war es auch mit der Kraft der erwachenden geistlichen Natur. Gott wirkte auf besondere Weise, um das Eis des Un- und Kleinglaubens zu brechen. Im Frühling 1950 bekam der alte Bruder Johann Friesen durch eine Stimme den nachdrücklichen Befehl: „Am 15. Juni dieses Jahres soll ein Fast- und Bettag stattfinden unter allen im Lande zerstreuten Gläubigen. Und dafür sollt ihr beten: für die Erweckung und Bekehrung der Sünder, für die Neubelebung der lau gewordenen Gemeinden, für die Obrigkeit, damit ihr ohne Hindernissen das Evangelium verkündigen könnt."[6]

[6] Johannes Fast: Er gibt dem Müden Kraft. Steinhagen 2004. S.185-190; auch sonst vielfach bezeugt.

Was sollte er tun? Johann Friesen nahm Verbindung mit Johannes Fast auf, und diese beiden Brüder starteten nach inbrünstigem Gebet aus der Verbannung am Amur im Fernen Osten, wo sie in zwei 35 km voneinander gelegenen Waldpunkten an dem Fluss Seja lebten, eine beispiellose Briefkampagne. Ungeachtet der scharfen Briefkontrollen der Stalinzeit, denen besonders viele Gläubigen unterstanden, schrieben die zwei Brüder Briefe, beseelt diesen Willen des Herrn zu erfüllen, koste es, was es wolle. Sie schrieben an alle Bekannten, deren Adressen sie hatten, baten um weitere Adressen und schrieben weiter.

Johannes Fast mit seiner Familie in der Verbannung im Waldpunkt Nr.3 an der Seja im Fernen Osten

Eine Predigt von Johannes Fast, die er in der Verbannung schrieb und weiterschickte

Diese Briefe kamen nach Grünfeld und Bergtal in Kirgisien, nach Karaganda, Balchasch, Schortandy und Koktschetaw in Kasachstan, nach Tscheljabinsk und Omsk in Sibirien, nach Dawlekanowo westlich vom Ural. In den Briefen wiesen die Brüder auf Glauben und Reinigung als Bedingung der Erhörung hin. Tausende rafften sich auf und fassten den Mut, von Gott das Unmögliche zu erbitten. Zu diesem Gebet des „heiligen Restes" hat sich Gott wunderbar bekannt. 25 Jahre später zitierte Johannes Fast Psalm 94,9: „Der das Ohr gepflanzt hat, sollte der nicht hören? Der das Auge gemacht hat, sollte der nicht sehen?"[7]

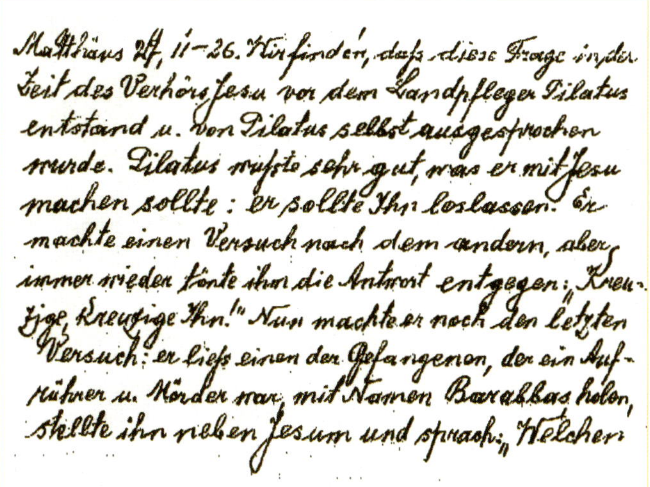

Matthäus 27, 11–26. Wir finden, daß diese Frage in der
Zeit des Verhörs Jesu vor dem Landpfleger Pilatus
entstand u. von Pilatus selbst ausgesprochen
wurde. Pilatus wußte sehr gut, was er mit Jesu
machen sollte: er sollte Ihn loslassen. Er
machte einen Versuch nach dem andern, aber
immer wieder tönte ihm die Antwort entgegen: „Kreuzige, Kreuzige Ihn!" Nun machte er noch den letzten
Versuch: er ließ einen der Gefangenen, der ein Auf-
rührer u. Mörder war, mit Namen Barabbas holen,
stellte ihn neben Jesum und sprach: „Welcher

Ein Auszug aus dem Brief von Johannes Fast

[7] Johannes Fast: Er gibt dem Müden Kraft. S.187

Nach Stalins Tod wagte noch kaum jemand, auf bessere Zeiten zu hoffen, doch 1954 wuchsen die Hoffnungen auf Erleichterung. 1955 kamen viele „politische" Häftlinge, die nach Artikel 58 für antisowjetische Tätigkeit verurteilt gewesen waren, frei. Die Letzten von ihnen verließen das Lager im Juli 1956. Die 25 Haftjahre, die sie nach spätstalinistischen Urteilen abbüßen sollten, waren somit schnell vorbei. Nach der Befreiung der Russlanddeutschen von der Kommandantur-Aufsicht, als sich viele Familien wieder vereint hatten und sich auch die wirtschaftliche Lage wesentlich verbesserte, so dass viele sogar eine eigene Hütte, Garten und Vieh besaßen, erwachte das geistliche Interesse in manchen neu. Geistlich aktive Geschwister wagten ihren Glauben auch öffentlich zu leben, andere machten sich auf die Suche nach geistlichen Inhalten. Leider waren die zum geistlichen Leben Erwachten meistens doch nur eine Minderheit, auch unter den Deutschen.

Die Stalin-Statue in Karaganda gegenüber dem Palast der Bergbauer. Etwa 1961 wurde sie demontiert.

Die russische Baptistengemeinde in Karaganda

Versammlungen in den 30er Jahren

Die Mennoniten, die 1931 nach Karaganda gekommen waren, hatten zuerst dort das Gemeindeleben weiter gepflegt, damit jedoch aufgehört, nachdem 1934 sechs Prediger verhaftet wurden.[8] Die christlichen Versammlungen einer kleinen Gruppe von Verwandten wurden 1942 hart bestraft: Abram Neufeld, Peter Pauls, Abram Pauls, Gerhard Dyck und Johann Hildebrandt wurden zum Erschießen verurteilt.[9]

Die russischen Baptisten hatten sich allmählich gesammelt und obwohl auch von ihnen 1934 drei Prediger verhaftet worden waren, hatten sie in kleinen Gruppen im Untergrund geistliche Gemeinschaft weiter pflegen und überleben können.[10] Einer von ihnen, Stepan Iwanowitsch Kolesnikow (1874-1968), wurde 1935 zum Ältesten eingesegnet.[11] Einzelne unter den Mennoniten, wie Abram Neufeld, hatten damals schon Gemeinschaft mit den Baptistenbrüdern.[12]

Stepan Iwanowitsch Kolesnikow (1874-1968)

Peter Bergmann stieß 1944 als Arbeitsarmist zu einer russischen Gemeinschaft von Baptisten in Majkuduk. Gleich beim ersten Mal wurde ihm das Wort gegeben und er brachte es zustande, seine Bekehrung in Russisch zu er-

8 Ausführlich beschrieben und mit vielen Dokumenten belegt in Фаст: «Я с вами». S.69-93
9 Ausführlich beschrieben und mit vielen Dokumenten belegt in Фаст «Я с вами» 2001, S.98-112.
10 Siehe Фаст: «Я с вами». S.98-112.
11 Siehe Фаст: «Я с вами». S.72
12 Siehe Фаст: «Я с вами». S.111

zählen. Für das nächste Mal übte er den 23. Psalm in Russisch ein. Obwohl es ihm sehr schwer fiel, russisch zu sprechen, waren die Zuhörer erbaut und er wurde immer wieder zur Predigt aufgefordert. So wurde er Prediger dieser Gemeinde und erfüllte diesen Dienst bis 1958.

Gründung des WSEChB

Auf Druck der US-Regierung und um die Gläubigen mit der Sowjetpolitik zu versöhnen, veranlasste die Sowjetregierung 1944 die Gründung eines zentralen Gremiums der Baptisten, des Allunionsrats der Evangeliumschristen-Baptisten, russisch abgekürzt WSEChB.[13] Unter diesem Gremium sollten die Evangeliumschristen und die Baptisten, 1945 auch die Pfingstler, vereint werden und unter die Kontrolle der Sowjetorgane gestellt werden. Als Mitarbeiter des WSEChB wurden aus den 1920-er Jahren bekannte Älteste und Leiter der Bünde der Evangeliumschristen und der Baptisten zusammen gesammelt. Einige der Ausersehenen lehnten diese Rolle ab und blieben in den Konzentrationslagern, andere, meistens von den moderaten Evangeliumschristen, sahen darin eine geöffnete Tür und gingen auf die Spielregeln der Sowjetregierung ein.

Der Versammlungsraum des Bethauses in Kopai 1947, während eines Gottesdienstes. Der Prediger hinter der Kanzel ist Iwan Andreewitsch Jewstratenko. Im Hintergrund sitzt der Chor

Registrierung der Baptistengemeinde

Mit der Bedingung, dass die Gemeinde unter der Leitung des WSEChB registriert wurde, gestattete der sowjetische Staat einigen Gemeinden die Eröffnung von Bethäusern. Davon hörten die Gläubigen um den baptistischen Ältesten Stepan Iwanowitsch Kolesnikow in Karaganda. Kolesnikow hatte sich aus dem Versteck gewagt, aus den kleinen Kreisen von Gläubigen eine größere Gemeinde gesammelt und 1946 die Registrierung als Evangeliumschristen-Baptisten-Gemeinde (kurz EChB-Gemeinde) bei der Stadtverwaltung erwirkt.[14] Daraufhin durfte diese Baptistengemeinde eine kleine Lehmhütte in dem Stadtteil Kopaj erwerben und zu einem Versammlungshaus umbauen. Diese Gemeinde wurde zum Sammelplatz der Gläubigen und zum Erweckungszentrum für das ganze Gebiet.

Obwohl in der Baptistengemeinde nur russisch gesprochen wurde und dort große Raumknappheit herrschte, besuchten bald viele deportierte Men-

[13] WSEChB, vom russischen ВСЕХБ – Всесоюзный Совет евангельских христиан-баптистов, deutsch den Allunionsrat der Evangeliumschristen-Baptisten (deutsches Kürzel AUREChB).
[14] Ausführlich beschrieben und mit vielen Dokumenten belegt in Фаст «Я с вами». S.157-161.

noniten und andere deutsche Gläubige deren Versammlungen. Da niemand es wagen konnte, eine mennonitische Gemeinde zu gründen,[15] wuchs die Zahl derer, die sich der lebendigen Baptistengemeinde als Mitglieder anschlossen, rasch an. Peter Bergmann wurde als Prediger anerkannt und auch bei dem Bevollmächtigten des Rats für Religionsangelegenheiten für das Karagandagebiet, russisch „Upolnomotschenyj", angemeldet. Bis 1955 durfte er aber öffentlich nur russisch predigen.

Die Eröffnung dieses Bethauses ermunterte kleine Gemeindegruppen in Dsheskasgan, Temirtau und Balchasch dazu, auch die Registrierung zu versuchen, aber die Regierung gestattete im ganzen Karagandagebiet keine weitere Gemeinde mehr. Nur im Untergrund und hart verfolgt konnten die

Mitglieder der Baptistengemeinde Karaganda vor dem Bethaus, 1948

kleinen Gruppen weiterhin Versammlungen abhalten. Bis 1966 blieb die Baptistengemeinde in Karaganda-Kopaj die einzige legale evangelische Gemeinde im ganzen Gebiet.[16]

Außer den Versammlungen im Bethaus wurden von den russischen und deutschen Gläubigen nach gewohnter Weise auch verschiedene Gemeinschaften in Privathäusern weiter gepflegt.[17] So entwickelte sich im Untergrund ein reges geistliches Leben. Sonntags gab es zum Beispiel außer den zwei Versammlungen in der Baptistengemeinde abends noch Gemeinschaften im kleinen Kreis.[18]

[15] Von der Obrigkeit wurden nur Baptistengemeinden gestattet, die unter der Leitung des Zentrums in Moskau standen. Deutsche hatten als Sondersiedler keine Bürgerrechte, weshalb es ihnen nicht möglich war, die Registrierung einer eigenen Gemeinde einzureichen.

[16] Fast, Viktor: 50 Jahre Befreiung von der Kommandantur und Beginn der großen Erweckung im Osten der Sowjetunion. Aquila 3/2005, S.18-21. Hier S.21.

[17] Nach Angaben von Abram Günter (Bickenbach, 1997) und Peter Thielmann (Frankenthal, 1997).

[18] Nach Angaben von Peter Thielmann (Frankenthal).

Der Bahnhof in Karaganda Ende der 1950-er

Das erste große Tauffest

Am 8. August 1948 feierte die Baptistengemeinde das erste große Tauffest nach dem Zweiten Weltkrieg. Im kleinen Steppenfluss Kopychta zwischen Kompanejsk und der 1. Sowchose wurden 111 Personen getauft. „Es können 300 Personen gewesen sein, die dazu kamen. Am Ufer des Flusses empfing sie eine Sängergruppe unter der Leitung von Dietrich Pauls mit wunderschönem Gesang. Etliche deutsche Lieder sind noch in Erinnerung geblieben: ‚Am Jordansufer stehe ich und blicke sehnsuchtsvoll…', ‚Ich weiß von einem schö-

Zum ersten Mal in einer Versammlung

Herbert Schönke kam als junger Mann 1948 nach Karaganda in eine Berufsfachschule (FSO), die Fachkräfte für Industrie und Kohlengruben ausbildete. Wieder war es Peter Bergmann, der sich auch solcher Jungen aus deutschen Familien annahm. Durch ihn fand Herbert den Weg nach Kopaj. Die Gemeinde versammelte sich noch in der Lehmhütte. „Als ich mich dem Versammlungsort näherte, kam mir ein herrlicher Chorgesang entgegen. Ich bekam Gänsehaut. Die Lieder kannte ich doch noch von zu Hause, von Mama! Nur sang man jetzt russisch. Ich hörte das Solostück „Stschastje, o kakoje Stschastje bytj swobodnym ot Grecha i Sla" (Welch Glück, o welch Glück, frei von Sünde zu sein). Das ging mir unter die Haut! Ich wurde richtig neidisch gegenüber denen, die schon frei von der Sünde waren. Dies Gefühl hatte ich noch einige Jahre, bis ich dann auch die Sündenlast ablegen konnte."

Die Schwestern Agnes, Gredel und Erika Thiessen kamen zu Karfreitag 1955 in eine Versammlung nach Kopaj. „Der Raum war proppevoll, der Chorgesang herrlich, die Predigten – gewaltig", erinnern sie sich.

Beide Erinnerungen aus dem Interview von Lydia Fast mit Herbert Schönke, Abram und Gredel Bergmann, Agnes Thiessen. Frankenthal, Februar 2007.

„Im Dezember wurden die Karten (Lebensmittelmarken – VF) abgeschafft und das Geld gewechselt: zehn zu einem Rubel. Das war ein Schlag für alle Leute, die auch so nur wenig Geld hatten. [...] Das Jahr 1948 fing schwer an. Das Brot wurde nun frei ohne Karten verkauft. Es gab solche lange Reihen bei den Brot-Läden. Jeder wollte etwas bekommen, und dann war noch die große Unordnung. Wer stärker war, bekam mehr."

Thielmann: Lebenserinnerungen. S. 23-24

nen Ort, oft zieht's mich dahin mächtig fort...'".[19] Am anderen Ufer stand der russische Gemeindechor und sang russische Lieder. Die Taufe wurde von dem alten Ältesten Kolesnikow mit Hilfe von I.S. Schabanow vollzogen.[20] Unter den Täuflingen waren einige, die später Mitglieder der MBG wurden. Es war ein überaus gesegnetes Ereignis.

Gemeindekrise, Spaltung und Zwänge

Das große Tauffest brachte nicht nur Segen. Es löste auch eine Krise in der Gemeinde aus. Nikolaj Dmitrijewitsch Tichonow, von 1947 bis 1958 Oberältester (Starschij Preswiter) des WSEChB für Kasachstan, kam zu spät zur Taufe und war unzufrieden, weil sie ohne ihn durchgeführt wurde, auch wenn er zusammen mit Kolesnikow nach der Taufe die Einsegnung der Täuflinge im Bethaus vollzog. Noch aufgebrachter war der Upolnomotschenyj. Er wollte

[19] Nickel, Johannes, Dyck, Johannes: Aus der Geschichte der Gemeinde der Evangeliums christen-Baptisten in Karaganda Aquila (31) 1/1999. S. 8-14. S.11.
[20] Nickel, Dyck: Aus der Geschichte der Gemeinde der Evangeliumschristen-Baptisten in Karaganda. S.11.

Die Zusammensetzung der Baptistengemeinde

Die Mitgliederzahl der Baptistengemeinde wuchs von 289 Mitgliedern am 1.1.1947 auf 794 Mitglieder am 1.1.1955. Von diesen Neuzugängen waren 117 zugezogen und 388 neu getauft worden. Unter den 794 Mitgliedern waren 417 Deutsche, 365 Russen, fünf Polen, vier Mordwiener, zwei Osseten, eine Jüdin. Der einzige Kasache war Ende 1952 gestorben. Die meisten Mitglieder waren als Sondersiedler nach Karaganda gekommen.[1] Im Jahr 1955 taufte die Baptistengemeinde 57 Gläubige und zählte zum 1.1.1956 somit also 851 Mitglieder.[2] Davon waren 454 Deutsche, 385 Russen und Ukrainer, fünf Polen, vier Mordwiener, vier Osseten, drei Bulgaren und eine Jüdin.[3]

Wachstum der Baptistengemeinde Karaganda:[4]

Jahre	Mitglieder	Durch die Taufe	Aufnahme älterer Mitglieder	Insgesamt
1.1.1947	289	–	–	289
1.1.1948	289	111	45	445
1.1.1949	445	20	10	475
1.1.1950	475	100	40	615
1.1.1951	615	27	50	692
1.1.1952	692	37	40	769
1.4.1953	769	–	23	792
Hinzugefügt von VF nach den Berichten des Upolnomotschenyj				
1.1.1955	794	57		
1.1.1956	851			

[1] Bericht des Upolnomotschenyj an die Gebietsleitungsstellen, für 1955. – SAKG, F.1364, L.1a, A.30. S.118 (110-121).
[2] Bericht des Upolnomotschenyj an den RfR für das 2.Halbjahr 1955. – SAKG, F.1364, L.1a, A.30. S.78 (77-83).
[3] Bericht des Upolnomotschenyj an den Sekretär des Gebietsparteikomitees im Juni 1956. – SAKG, F.1364, L.1a, A.30. S.143 (139-145).
[4] Bericht an den RfR für das 1. Vierteljahr 1953, SAKG, F.1364, L.1a, A.25. S.140 (138-143).

einen öffentlichen Massengottesdienst, der ohne seine Genehmigung außerhalb des Bethauses stattgefunden hatte, auf keinen Fall unbestraft lassen. So wurde Kolesnikow sofort abgesetzt und der begabte und gebildete Iwan Andrejewitsch Jewstratenko als neuer Ältester eingesetzt.

Der Vorstand (dwadzatka) der Baptistengemeinde in Karaganda 1952. Stehend v.l.n.r.: Uljana Morosowa, Ertmann Iwanowitsch Schaier, Peter Bergmann, ??, Gudejew, Michail Pawlowitsch Fadin, Lydia Andrejewna Jewstratenko. Vorne v.l.n.r.: ??, Iwan Simonowitsch Schabanow, Iwan Andrejewitsch Jewstratenko, Nikolaj Dmitrijewitsch Tichonow, M.S. Kapustinskij, ??

Damit war ein Teil der Gemeinde sehr unzufrieden, hielt zu dem abgesetzten Kolesnikow und versammelte sich außer den allgemeinen Versammlungen noch in Privathäusern, was die neue Gemeindeleitung beunruhigte. Diese Spannungen in der Gemeinde dauerten mehrere Jahre. 1952 teilte sich die Gruppe um Kolesnikow und seine Anhänger Gretschichin und Lawrow endgültig von der registrierten EChB-Gemeinde ab.

Stepan Iwanowitsch Kolesnikow (1874-1968), der erste Älteste der Baptisten in Karaganda (1935-48), war ein einfacher, alter und wenig gebildeter Diener. Gott gebrauchte ihn, um kleine Gemeinschaften im Untergrund zu pflegen und, als es möglich wurde, sie zu einer großen legalen Gemeinde zu sammeln (1945-46). Er musste aus seiner großen Gemeinde weichen und diente in einer kleineren weiter. Sein einfacher und treuer Glaube blieb bei allen Zeitzeugen in guter Erinnerung.

Gott benutzt für Sein vollkommenes Reich unvollkommene Diener

S.I. Kolesnikow mit den Täuflingen am 4. Juni 1954 in Karaganda, Ortschaft 60. Schachte

Ordnung oder Kontrolle?

Kapustinskij selbst berichtete folgendes über seine Verordnungen:

1. Nach Untersuchung der Gründe der Abspaltung Kolesnikows sollte der Ausschluss dieser Gruppe als rechtens angesehen werden.
2. Das allgemeine Gebet sollte nach dem Beispiel der Moskauer EChB-Gemeinde nur stehend und nicht kniend vollzogen werden.[1]
3. Die Taufkandidaten sollten eine Prüfzeit bestehen, die mit dem Einreichen einer schriftlichen Eingabe beginnen sollte. In der Eingabe sollten Name, Geburtsjahr, Wohnadresse, Arbeitsstelle, Zeit und Ort des Gläubigwerdens, Volkszugehörigkeit, früherer Wohnsitz, frühere Glaubenszugehörigkeit angegeben werden.
4. Die Missionstätigkeit, darunter auch Bußpredigten, Sologesang, Gedichtvorträge, gemeinsame Mahlzeiten, sollte völlig eingestellt werden.
5. Der Älteste Jewstratenko hat mit Recht die Hausversammlungen in den verschiedenen Stadtteilen verboten. Da er die geistliche Arbeit verantwortet, darf es ohne sein Einverständnis keine Versammlungen geben. Die geistliche Bedienung der Kranken, Beerdigungen, Hochzeiten, Gebet über Kinder und Geburtstage soll nur der Älteste und zwar in russischer Sprache durchführen. Der Starschij Preswiter sorgt für alle Gemeinden der Republik, stellt Älteste ein, bestätigt die Diakone, kontrolliert die Geldsammlungen, führt die Liste der Gemeinden und Ältesten und trägt die Verantwortung vor dem WSEChB.
6. Die Kandidatur Pogulskijs als Ältesten wird abgelehnt.[2]

Keine Wohltätigkeit

Über die Sammlung am Erntedankfest in der EChB-Gemeinde Karaganda im September 1954 wird vom Upolnomotschenyj für Kasachstan verordnet zu überprüfen, ob die gesamte Summe an den WSEChB überwiesen wurde, oder ob ein Teil davon an bedürftige Gläubige weitergereicht wurde. Dann soll auch geklärt werden, ob nicht Früchte (Obst, Gemüse usw.) von Gläubigen gespendet wurden und an bedürftige Gläubige, wie es an einigen Orten der Fall war, verteilt wurden. In solchem Fall soll der Älteste und der Gemeinderat verwarnt werden, dass religiöse Gemeinschaften nicht Wohltätigkeit üben dürfen.[3]

Die Ältesten stehen unter sicherer Kontrolle

Der Älteste einer Baptistengemeinde musste nach der Wahl durch die Gemeinde von dem WSEChB bestätigt werden.[4]

[1] Übrigens befolgten nicht alle diese Regel.P.I. Posharitzkij betete immer kniend. Siehe E. Baumbach: Putj Wery. 2006. S.26.
[2] Bericht von Kapustinskij. SAKG, F.1364, L.1a, A.19, S.41-43.
[3] SAKG, F.1364, L.1a, A.30. S.2-3.
[4] Bericht des Upolnomotschenyj an die Gebietsleitungsstellen für 1955, SAKG, F.1364, L.1a, A.30. S.117 (110-121).

In dieser Baracke in der Altstadt wohnten einige deutsche Familien von 1941 bis 1961. Hier hatte die Kirchengemeinde bei Albert Töws Versammlungen und Singstunden.

Die Ursache des Austritts soll das Verbot „von Bußaufrufen in der Predigt, von Sologesang, Gedichtvorträgen und der Durchführung von Liebesmählern" gewesen sein. Um die Zustände in der Gemeinde zu ordnen, kamen im Juli 1952 M.S. Kapustinskij, der Starschij Preswiter und Vertreter des WSEChB, und N.D. Tichonow, der Starschij Preswiter für Kasachstan, nach Karaganda. Kapustinskij und Tichonow taten auch sonst einiges zur Stärkung der Disziplin, damit die Tätigkeit der Gemeinde der Obrigkeit nicht ins Auge stach. Unter anderem wurde die Zahl der Prediger von zwölf auf sechs reduziert, die Taufkandidaten wurden einer strengeren Auswahl unterstellt, so dass 1952 von denen, die sich zur Taufe gemeldet hatten, 17 Personen zurückgestellt wurden. Von diesen traurigen Vorgängen bekamen die deutschen Gläubigen nicht alles mit und konnten die Zusammenhänge damals auch nicht durchschauen. Den Deutschen wurden die deutschen Gottesdienste, die sie ab und zu durchführten, endgültig untersagt.[21]

Deutsche Gemeinschaften von Gläubigen in Karaganda

Peter Bergmann besucht die Gläubigen

Als 1945 die Verschleppten aus Deutschland in Karaganda ankamen, wurden sie und auch die Arbeitsarmisten in den Baracken von Peter Bergmann mit einigen Geschwistern, unter anderem Maria Reimer, besucht. Die Besucher stimmten ein deutsches geistliches Lied an, worauf viele Barackenbewohner aus ihren Zimmern herauskamen. Es kam zu intensiven Gesprächen und bei diesen spontanen Gelegenheiten predigte Bruder Bergmann in deutscher Sprache.

Deutsche Gläubige begannen schon in den Barackenzimmern und dann in den ersten von ihnen erbauten Lehmhütten, sich zu geistlichen Gemeinschaften zu versammeln. Diese kleinen Gruppen bestanden aus Verwandten, Nachbarn und nahen Freunden.

Peter Bergmann mit Johannes Fast

Deutsche Jugend 1948 bei Abram Friesen

[21] Berichte darüber sind im Archiv des Upolnomotschenyj enthalten.

Solche Gruppen entstanden unter Mennoniten, Baptisten und Lutherischen Brüdern. Ihre Versammlungen verliefen in großer Einfachheit, aber mit viel Segen und Freude. Geburtstage, Hochzeiten, Begräbnisse und andere Familienfeste wurden oft zum Anlass für geistliche Gemeinschaft, Gesang, Wortverkündigung und gemeinsames Gebet.

„Mama hatte etliche Gläubige gefunden, die uns zum Silvesterabend (31.12.1946) in ihrem Haus einluden. Das war etwas Neues hier in Karaganda, wo wir noch keiner Versammlung beigewohnt hatten. Hier wurden etliche Lieder gesungen, aus der Bibel ein Abschnitt gelesen, etliche Gedichte erzählt und dann noch zum Schluss gebetet."

Thielmann: Lebenserinnerungen. S.23.

Die Bekehrung von Peter Thielmann

„Es war schon Spätherbst, vielleicht Mitte Oktober, da hörte ich, dass es im Umkreis Versammlungen auf Deutsch gab. Es waren-Lutherische. Wir konnten sie auch finden, und besuchten ihre Versammlungen am Mittwoch und Sonntag.

Am Anfang war es fremd, aber dann ging es immer besser. Wir wurden mit den Menschen bekannt. Am 7. November 1948 bekamen wir Besuch von einem Prediger und seiner Frau. Es wurde von manchem hin und her gesprochen, dann kam der Mann auf die Bibel und auf die Frage, ob ich bekehrt wäre. Ich sagte, dass ich im Jahre 1942 eine Erfahrung gemacht habe [in der Zeit der Deutschen Besatzung der Ukraine] und auch gebetet habe, aber nicht durchgedrungen bin; ich habe mich immer zu den Gläubigen gehalten, in Deutschland die Versammlungen mit Mutter besucht, aber bekehrt bin ich nicht. Und mein Herz fing an zu klopfen, und nach kurzer Unterhaltung forderte er auf zum Beten, und ich bat den lieben Heiland, dass er mir doch meine Sünden vergeben sollte, aber auch meine Lauheit, dass ich so lange gewartet habe. Und der Herr vergab mir und schenkte mir wahre Freude ins Herz. Mama und Tante Tina waren so froh.

Nun haben wir auch nach Möglichkeit die Versammlungen besucht und vor Weihnachten auch schon in unser Haus eingeladen. Zu Weihnachten war auch bei uns die Versammlung und ich wurde aufgefordert, die Weihnachtsgeschichte zu lesen. Da löste der Herr meine Zunge, und ich durfte mit vielen Worten Gottes Wort bezeugen. Da kamen mir alle Versammlungen in den Sinn von früher in der Ukraine, der Gesang im Jugendchor, die Versammlungen auf der Fluchtreise und auch in Deutschland. Und der Herr gab darauf Segen und auch ein gutes Gedächtnis.

Damit stellte ich mich ganz in den Dienst des Herrn Jesus und der Herr hat sein Wort nicht leer zurückkommen lassen. Es fanden Bekehrungen statt, auch wenn das Wort Gottes nur mit Stammeln gelesen wurde.

Ich habe auch die Gabe des Gesangs. Nun kam das, womit ich mich lange getröstet hatte: „...wenn auch die Lippen schweigen, so betet doch das Herz, und die Gedanken steigen beständig himmelwärts..." zum Durchbruch, und ich durfte mit den Worten des Apostel Paulus sagen: „Wes das Herz voll ist, des geht der Mund über."

Nun wurde ich jeden Sonntag und Mittwoch aufgefordert, das Wort zu lesen, und der Herr öffnete die Herzen der Menschen, und sie bekehrten sich. Dann baten die alten Geschwister, ich sollte ihnen auch Sonntagmorgens die Predigten vorlesen und die Liturgie durchführen mit dem Glaubensbekenntnis und dem Gebet „Vater unser". Ich willigte ein und dadurch habe ich viel aus dem Worte Gottes gelernt.

Doch dem Satan gefiel dieser Aufbruch gar nicht. Es wurden Männer geschickt, die Versammlungen zu stören und die Menschen mit Gefängnis zu ängstigen. Jede Versammlung wurde protokolliert, bei wem sie war und wer predigte. Aber der Herr gab Segen und Mut und bewahrte uns auch. Den leitenden Bruder Melinger siedelten sie zwar für drei Jahre aus Karaganda raus, aber die Versammlungen gingen weiter. Es gab sogar schon christliche Hochzeiten und Begräbnisse.

In dieser Zeit beschränkte die Kommandantur uns aber so sehr, dass es kaum möglich war, uns zu versammeln. Die Begrenzungen wurden schriftlich vorgelegt. Ich [wie alle Sondersiedler] musste auch einen Vordruck unterschreiben, dass für ein unerlaubtes Verlassen der Grenzen der Kommandantur eine Strafe von 20 Jahren Gefängnis drohe.

In solchen Verhältnissen lebten wir mehrere Jahre."

Thielmann: Lebenserinnerungen. S.27-29.

Peter Bergmann bemühte sich, diese kleinen Gruppen und einzelne Gläubige in den weit zerstreuten Arbeitersiedlungen der Stadt zu besuchen. Seine Reisen machte er zuerst zu Fuß, später mit dem Rad. Er übernachtete bei jemandem, um morgens weiter zu gehen. Dabei ergaben sich ausgiebige seelsorgerliche Gespräche, oftmals Bekehrungen, Erneuerungen, Ermutigungen, gelegentlich auch spontane Versammlungen. So erfuhren die deutschen Gläubigen auch von den Versammlungen in Kopaj und von anderen zerstreuten Gläubigen in der Stadt.

Die lutherischen Geschwister führten bald regelmäßige deutsche Versammlungen, Bibel- und Gebetsstunden durch.[22] Diese Gruppen wurden zu Erweckungszellen, in denen Bekehrungen stattfanden. Viele haben über Bekehrungen und Erweckungen in diesen Verhältnissen berichtet.

Peter Thielmann zu Weihnachten 1949

Hochzeit in einer lutherischen Gemeinschaft in Karaganda, ca. 1952. Peter Thielmann besuchte öfters diese Gemeinschaft. Auf dem Foto hinten Maria Fast, Augustine Penner und Frieda März, die in dieser Gemeinschaft Speise für ihre Seelen fanden. Später wurden sie Mitglieder der MBG.

Die geistliche Bewegung ergriff nur einen Teil der Deutschen, vielen blieb sie jedoch unbekannt. Ähnliche Vorgänge sind auch unter den russischen Orthodoxen, z. B. in Michajlowka um den Priestermönch Sewastjan aus dem bis 1930 berühmten Kloster Optina Pustyn, und den deutschen, polnischen, westukrainischen und litauischen Katholiken bekannt geworden, aber wir wissen von keinen Berührungen untereinander. Ob wohl die verschiedene Art der Frömmigkeit solche Berührungen unmöglich und nur für Gesinnungsgenossen bemerkbar machte?

Deutsche Versammlungen

Die Deutschen in der Baptistengemeinde versammelten sich außer den regulären russischen Versammlungen noch extra in Hauskreisen, um Gemeinschaft in deutscher Sprache zu haben. So berichtet Abram Günter beispielsweise von deutschen Jugendversammlungen schon zu Neujahr 1948/49. Im

[22] Thielmann: Lebenserinnerungen. S.23.

Die deutsche Jugend von Karaganda 1952 im Tichonowka Wald

März oder April 1950 stieß Peter Thielmann zu einer Gruppe plattdeutscher Jugendlicher, wurde bald ihr Leiter und begann mit ihnen die russischen Versammlungen der Baptistengemeinde zu besuchen. Er wurde sofort zur Taufe eingeladen, nach der Prüfung am 4. Juni 1950 getauft und so der Baptistengemeinde angeschlossen, in der er dann auch im Chor sang.

So hatte man am Sonntag neben der russischen Morgenversammlung in Kopaj nachmittags noch deutsche Jugendversammlung und abends Versammlungen in den Privathäusern. Auch in der Woche traf man sich an den Abenden regelmäßig zu deutschen Versammlungen, Bibelstunden, Gebetsstunden und Familienfesten. Diese deutschen Versammlungen wurden von der Gemeindeleitung zuerst geduldet, doch als Kapustinski 1952 nach Karaganda kam, um die Ordnung zu straffen (siehe oben), wurden sie verboten. Kinder sollten nicht mehr zu den Versammlungen mitgenommen werden und deutsche Versammlungen durften auf keinen Fall geduldet werden.[23] Die Gemeindeleitung verbot die Jugendversammlungen mit der Begründung, dass die Bibel nichts von Jugend- und Kinderversammlungen berichte.[24]

„In dieser Zeit lernten die deutschen Gläubigen, alle Gelegenheiten ausnutzen, um eigene Versammlungen durchzuführen. Sich in Privathäusern zu versammeln, war strengstens verboten. Nun wurden dazu die Familienveranstaltungen benutzt. Hatte jemand Geburtstag, dann kamen recht viele ‚Gäste.' Hielt der Tod die Ernte, dann gab es eine sehr große Begräbnisfeier, der gewöhnlich auch noch eine Trauerversammlung am Abend in demselben Hause folgte. Bei diesen Gelegenheiten wurde deutsch gepredigt und gesungen. Erfuhr der Presbyter davon, dann gab es große Auseinandersetzungen und Schwierigkeiten."[25]

[23] Nach Angaben von Abram Günter (Bickenbach) und Peter Thielmann (Frankenthal).
[24] Peter Thielmann konnte sich 1997 nicht mehr an das Verbot erinnern.
[25] Erinnerungen von Franz Ediger in Wölk: Mennoniten Brüdergemeinde in Rußland. S.106.

Können wir zusammenarbeiten?

„Als ich am 8. Mai 1950 die Erlaubnis für eine Urlaubsreise vom Kommandanten abholen wollte, erwartete mich etwas ganz anderes. Ich kam herein, grüßte freundlich. Da sagte der Gehilfe vom Kommandant: „Geh nur rein. Sie warten schon auf dich!" Als ich das „Sie warten schon auf dich!" hörte, ging ein Schaudern durch mich, aber es half jetzt nichts. Ich klopfte an, wurde eingeladen hereinzukommen, grüßte auch hier freundlich, und auf die Frage, was ich wünsche, äußerte ich mich etwa so: „Ich bin gekommen, die Erlaubnis abzuholen, um in Urlaub zu fahren zu meinen Geschwistern, Bruder und Schwester." Da wurde ich gebeten, mich hinzusetzen. Der Kommandant sagte dann, dass ich keine Erlaubnis bekomme zum Fahren, es seien schlechte Berichte über mich eingetroffen. Und zwar, dass ich Gottesdienste besuche und dazu auch predige. Deshalb solle man mich unter strenge Kontrolle stellen und auf mich aufpassen. Nun sagte ich so gleichgültig: „O, dann wird mich auch niemand beleidigen." Da änderte sich das Gespräch.

Der fremde Mann hinter dem Tisch, ein Kasache, zog nun seine Pistole heraus, legte sie auf den Tisch und fragte mich, ob ich nicht weiß: dass wer nicht einwilligte, für sie zu arbeiten von hier nicht mehr nach Hause kommt.

„Nun, antworte! Wer hat dich agitiert, in die Kirche zu gehen?" „Niemand", antwortete ich. „Ich bin selber gegangen, meine Mutter hat mich aus der Bibel unterrichtet, und nun bin ich selbständig und darf überlegen, was gut und was böse ist, und ich habe das Gute gewählt und durfte mich bekehren."

„Nun, was habt ihr denn für Ordnungen in der Kirche?", wurde ich gefragt. Ich erzählte: „Einen guten Wandel führen, nach dem Worte Gottes leben, nicht betrügen, nicht stehlen, kein falscher Zeuge sein und so viel es an mir liegt, mit allen Menschen Frieden zu haben."

„Oh", sagte er, „das sind ja dieselben Forderungen, wie in unserer Partei. Habt ihr sie von uns übernommen?" Ich schwieg.

„Nun, so können wir ja ruhig zusammen arbeiten. Willst du das?" Ich sagte: „Nein. Unsere Wege sind verschieden. Und ich will kein Verräter meiner Brüder werden."

„Nun dann können wir dich nicht fahren lassen, sondern müssen dich unter Kontrolle halten, und wenn es nötig ist, dich einsperren." Daraufhin sagte ich zum Kommandant: „Dann bitte ich, meine 100 Rubel zurückzugeben, die ich für die Erlaubnis zahlen musste."

Da wurden sie beide böse und schickten mich raus. Damit war meine Urlaubsreise beendet, aber Urlaub hatte ich doch – 27 Tage hatte ich frei.

Thielmann: Lebenserinnerungen. S.29-30.

So organisierte zum Beispiel Peter Thielmann mit einigen jungen Familien 1955 ein gemeinsames deutsches Weihnachtsfest bei seinen Schwiegereltern Töws, zu dem fünfundsiebzig Kinder aus gläubigen Familien zusammenkamen. Die Kinder hatten Gedichte gelernt, die Erwachsenen Weihnachtslieder eingeübt, die Eltern Geschenke gekauft. Der Herr segnete das Vorhaben und es gab ein fröhliches Weihnachtsfest ohne jegliche Störung. Allerdings wurde nach Neujahr Peter Thielmann von der Gemeindeleitung streng für die deutsche Weihnachtsfeier mit Kindern verwiesen und dafür sogar mit Ausschluss bedroht.[26]

Besonderen Segen unter den deutschen Geschwistern verbreitete in dieser Zeit der kranke Bruder Hans (Johann) Fast. Viele besuchten ihn und konnten bei ihm die Gnade der Umkehr erleben.

Zwei Freunde: Johannes Fast mit Johann Fast

[26] Peter Thielmann: Extrablatt.

Seelsorge und Jugendarbeit von Johann Fast

Zwei Jünglinge treten in eine Lehmhütte ein, die ganz kleine Fenster, niedrige Türen und kein Dach hat. Die beiden werden ins Zimmer an das Bett eines kranken Mannes geführt. „Onkel Hans", - spricht nach einem Gruß der erste den Kranken an, „dieser junge Mann will sich bekehren, sein Name ist Peter." Das ist die kurze Einleitung zu einem Seelsorgegespräch. Der erste hat sich selbst vor etlichen Wochen bekehrt. Der Mann im Bett, – es ist Johann Fast, – richtet sich auf. Dabei regen sich der linke Arm und das linke Bein nicht. Sie sind gelähmt. Auch die Zunge hat etwas gelitten, seine Sprache ist schwer. Mehr noch als die Zunge haben die Nerven gelitten. Das merkt man an den Tränen in den Augen und an der öfters stockenden Stimme beim Erzählen. Nach kurzer Zeit verlassen die Jünglinge mit erhobener Stimmung, dankbaren und freudigen Herzens das Haus. Auch im Himmel ist Freude über einen Sünder, der Buße getan hat.

Die Arbeit mit den Jugendlichen musste damals anders als heute gestaltet werden. Ein Siebzehnjähriger war zu der Zeit weniger mit der Bibel bekannt als ein Siebenjähriger aus gläubiger Familie heute. Darum mussten die einfachsten Wahrheiten der Bibel erklärt und vorgehalten werden. Buße und Gebet wurden am Gleichnis vom betenden Zöllner „Herr, sei mir Sünder gnädig" verdeutlicht. Zur Vergebung und Heilsgewissheit blieb 1.Joh.1,8-9 kaum einmal aus. Zum Bekenntnis und zur Versöhnung mit dem Nächsten wurde Zachäus als Beispiel angeführt, der vierfältig wiedergab, was er schuldig war.

Mit der Arbeit unter der Jugend begann Johann Fast noch als gesunder Mann. Als gewesener Schullehrer hatte er ein großes und offenes Herz für Kinder und Jugendliche. Zunächst waren es wohl seine drei Töchter, um die sich dann ein kleiner Kreis bildete, der allmählich wuchs. Dass christliche Jugendarbeit zu Stalins Zeit als ein großes Verbrechen angesehen und schwer bestraft wurde, wusste Bruder Fast wohl. Dennoch blieb er seinem Werk in dem Herrn treu.

Um Josef, Jakobs Sohn, vor den Versuchungen durch eine zuchtlose Frau zu bewahren, ließ Gott ihn ins Gefängnis setzen. Um Johann Fast vor dem Gefängnis zu bewahren, legte Gott ihn aufs Krankenbett. Was sollte man mit einem Gelähmten im Gefängnis anfangen?

Da Johann Fast nun nicht mehr andere besuchen konnte, kamen die Bedürftigen zu ihm. Seine Wohnung war nicht weit vom Gemeindehaus entfernt. Manch eine Seele, angeregt vom Hören des Wortes Gottes in der Versammlung, kehrte betrübten Herzens ins Haus dieses gesegneten Dieners Gottes ein und zog später mit Frieden weiter.

Johannes Nickel: Jugendarbeit vor 45 Jahren. Aquila (23) 2/1997. S. 9.

Ein Brief von dem gelähmten Bruder Johann Fast am 19.02.1952

Schon wieder meldet sich der Liebling Gottes, um den Auftrag des Heiligen Geistes zu erledigen und einige Worte an trostbedürftige, zweifelnde Kinder Gottes zu richten. Schon zwei Tage verfolgt mich dieser Auftrag. Ich fühle mich eigentlich nicht kompetent dazu, doch mit Gebet und im Namen des GOTTES, den der Riese Goliath verhöhnte, will ich versuchen, mich heute von dieser Schuld zu befreien.

Also zur Sache! Mein lieber Bruder oder Schwester, der du heute vielleicht mutlos und zweifelnd dastehst, laß dich in erster Linie davon in Kenntnis setzen, daß wir in der Bibel, laut Berechnung eines Mannes Gottes, den Ausruf „Fürchte dich nicht!" 365 mal finden. Aber noch viel mehr! In der Bibel sind für uns 36.000 Verheißungen enthalten! Ist das nicht genug, um mutig und zweifellos dazustehen? Wir wollen einmal wenigstens ein „Fürchte dich nicht!" betrachten. In Jesaja 43,1 heißt es: „Fürchte dich nicht, denn Ich habe dich erlöst, Ich habe dich bei deinem Namen gerufen, du bist mein!" Dieses sagte GOTT damals zum Volk Israel, welches ER aus der Hand der Ägypter erlöst hatte. Lieber Bruder, liebe Schwester, dieses sagt ER heute auch zu Dir und zu mir, die ER doch auch uns aus der Hand eines starken Fürsten, des Fürsten dieser Welt, des Teufels erlöst hat. Wir waren durch die Sünde gleichsam dem Teufel verkauft. Um uns loszukaufen, bedurfte es eines großen Lösegeldes. Und dieses Lösegeld hat GOTT für uns durch das Opfer Seines Sohnes gezahlt, laut 1.Petri 1, 18-19: „Und wisset, daß ihr nicht mit vergänglichem Silber oder Gold erlöst seid von eurem eitlen Wandel nach der Väter Weise, sondern mit dem teuren BLUT CHRISTI als eines unschuldigen und unbefleckten Lammes." Kein Mensch war imstande, solche Mittel aufzutreiben, um sich loskaufen zu können. „Nur das Blut des Lammes Jesu!"

Ist das „Fürchte dich nicht!" im gegebenen Fall nicht ganz am Platze und verscheucht es nicht auch in dir jegliche Furcht und Zweifel an deiner GOTTESKINDSCHAFT, so glaube und vertraue doch diesem GOTT und fürchte dich nicht mehr. Glaube dem Wort Gottes und mache ihn durch deinen Unglauben nicht länger zum Lügner. Ganz kurz betrachten wir noch einige Verheißungen: „Dem Gerechten muß das Licht immer wieder aufgehen." Also, Bruder und Schwester, nur Mut und Geduld! Mögest du nie in die Gefahr kommen, mit einem David mitzusprechen: „Ich werde der Tage einem Saul in die Hände fallen." Aus diesen Worten leuchtet Kleinglaube, Mißtrauen und Furcht hervor. Noch eine zweite Verheißung (Jesaja 46,4): „Ja, Ich will euch tragen bis ins Alter und bis ihr grau werdet, Ich will es tun, Ich will heben und tragen und erretten!" Dreimal ertönt hier das göttliche „Ich will!"

Wird Er stark genug sein, Seinen Willen auszuführen? O gewiß! Doch wollen nicht manchmal auch wir etwas? Nun der Wille ist da, aber das Vollbringen fehlt. Von unserem GOTT heißt's, Seine Allmacht und Gewalt bestätigend, in Psalm 115,3: „Unser GOTT ist im Himmel; Er kann schaffen, was Er will." Was will denn dieser allmächtige GOTT, laut obiger Verheißung, an und für uns tun? Er will heben. Wer wird gehoben? Der in Gefahr ist, zu fallen. Wer wird getragen? Ein Kind, das vom Laufen müde geworden ist. Bist du müde? Er will dich mit Seinen ewigen Armen tragen. 5 Mose 33,27: „Zuflucht ist bei dem alten GOTT und unter den ewigen Armen." Dann will ER dich aus jeglicher Gefahr, auch aus Satans Klauen erretten. O, stützten wir uns doch ganz auf Gottes Verheißungen, wieviel mutiger, glücklicher und froher wären wir dann! Glaube einfach jedem Versprechen oder jeder Verheißung GOTTES, denn sie gelten ja dir und mir, mein lieber Mitpilger. JESUS sagt ganz eindeutig in Joh. 10, 11: „Ich bin der gute Hirte. Der gute Hirte läßt sein Leben für die Schafe."

Im Vers 10 steht: „Ich bin gekommen, daß sie das Leben und volle Genüge haben sollen." Stimmt das? Ganz gewiß, denn in 36.000 Verheißungen können wir sicher volle Genüge für jede Lage unseres Lebens finden. Wenn du jemals versucht hast, eine Verheißung auf dich anzuwenden, bist du dabei getäuscht worden? Ich glaube vielmehr, daß sie sich buchstäblich erfüllt hat, nicht wahr? Ich glaube, kein Kind GOTTES wäre zu finden, das da sagen könnte, an ihm habe sich noch keine Verheißung GOTTES erfüllt. Prüfe dich und sei aufrichtig dir gegenüber und gib nur zu, daß schon mehr als eine Verheißung an dir erfüllt worden ist. Woran liegt es dann, daß nicht noch mehr, oder sogar alle 36.000 Verheißungen, an dir erfüllt werden können? Weil du nicht in betreff aller Verheißungen GOTT Glauben schenkst und Ihn dadurch zum Lügner machst. Hat der große GOTT dich je belogen oder betrogen? Doch nie! Warum glaubst und vertraust du IHM denn nicht? Eigne dir doch alle Verheißungen im Glauben an und sei froh, mutig und stark im HERRN! Sie gelten alle dir und mir. Höre auf zu zweifeln und sei froh! Folge den Aufforderungen des Liedes:

„Zage nie in dunklen Stunden, zweifle nie an Gottes Wort.
Was Er spricht, geht in Erfüllung, glaube, glaube immerfort!"

Johann Fast zu Besuch bei Wiebes in Finskij ca. 1951 Hinten v.l.n.r.: Peter Kornelsen, Johann Flaming, Jakob Dück, Willi Wiebe, Agnes Fast, Heinrich und Helene Kliewer. Vorne v.l.n.r.: Ehepaar Wilhelm Wiebe mit ihrer Tochter Gretel, Johann und Sara Fast, Liese Reimer

Pastor Modersohn erzählt, er sei eines Tages mit einigen Apfelsinen in der Tasche in seine Sonntagsschulklasse gekommen. Er reichte dem einen Mädchen eine Apfelsine mit den Worten: „Lena, nimm, diese Apfelsine schenke ich dir." Lena schaute ihren Lehrer verdutzt an und zog ihre Hand zurück, ohne das Geschenk zu nehmen. Er trat an das andere Mädchen mit denselben Worten, aber auch Martha nahm sie nicht. Er machte denselben Versuch noch bei mehreren Schülern, doch überall dasselbe Resultat: ihm wurden keine Apfelsinen abgenommen. Danach ging er zu seinem Tisch und sagte ganz traurig zu seinen Schülern: „Heute habt ihr mich sehr betrübt, denn ihr habt mich, euren Lehrer, zum Lügner gemacht, weil ihr mir nicht geglaubt habt, daß ich euch die Apfelsinen schenken wollte. Habe ich euch denn jemals belogen, weil ihr mir heute nicht glaubtet?" Pastor Modersohn erzählt weiter, daß, nachdem er dieses gesagt hatte, hätte er einen ganzen Korb voll Apfelsinen austeilen können, denn nun wollte keiner von den Kindern seinen Lehrer zum Lügner machen.

Und wie steht's bei dir, mein Lieber, machst du deinen GOTT noch immer zum Lügner, indem du dir Seine angebotenen Verheißungen nicht im Glauben aneignest, sondern daran zweifelst? Mein Lieber, ich möchte dir an Christi statt zurufen: „Höre auf zu zweifeln! O du Kleingläubiger, warum zweifelst du?" Höre doch endlich auf, Satan, dem Vater der Lüge, Gehör zu schenken, und dadurch GOTT, den Vater der Wahrheit, zum Lügner zu machen. Wie traurig: dem Satan mehr zu glauben, als GOTT! Mein lieber Mitchrist, wisse, daß alle zweifelerregende Einflüsterungen und Gedanken nur vom Satan kommen und nie von GOTT.

„Glaube einfach jeden Tag,
glaube, ob's auch stürmen mag,
glaub' erst recht auf dunkler Spur,
Jesus spricht: Ja, glaube nur!"

Ich erinnere mich noch, daß wir in meinem Elternhause einen ganz kurzen Spruch an der Wand hängen hatten, bestehend aus zwei Wörtlein: „GLAUBE NUR!" Eines Tages besuchte mich mein „Jonathan", ein älterer Bruder, ein tüchtiger Mann Gottes. Ich führte ihn bei diesem Spruch vorbei, machte ihn darauf aufmerksam und fragte ihn: „Genügt es, nur zu glauben?" Er antwortete: „Es genügt vollständig!" Der Glaube ist die Hand, mit der wir alle uns angebotenen Gaben und Verheißungen annehmen.

Liebe mutlose und zweifelnde Seele, höre auf zu zagen und zu zweifeln; ich bitte Dich von Herzen darum! Strecke die Hand des Glaubens aus und nimm, was dir geschenkt wird: 36.000 Verheißungen, und du brauchst nicht mehr zu zweifeln und mutlos zu sein. Möge es dem Geiste Gottes gelingen, durch mein Schreiben angeregt, zweifelnde und traurige Kinder Gottes vom Zweifel zu befreien und froh und glücklich im Herrn zu machen!

Amen! Darum betet Gottes Liebling
Hans Fast

Von Johannes Dyck publiziert in: Aquila (23) 2/1997. S.9-10.

Die ersten Versammlungen in Michajlowka mit Peter Bergmann

Peter Bergmann lebte mit seiner Familie seit 1945 in einer Baracke in Michajlowka. Schon als Arbeitsarmist hatte er eine Arbeit, die ihm relativ freie Bewegung in der Stadt ermöglichte. Das nutzte er reichlich, um Witwen mit ihren Kindern zu besuchen, sie im Glauben zu ermuntern, mit ihren Kindern zu reden, mit den Müttern zu beten und einfach Seelsorge zu üben. „Er strahlte Liebe und Wärme aus, die mir fehlten, weil mein Vater in der Verbahnung im Uralgebiet verstorben war. Auf dem Schoß bei meiner Mutter und bei Onkel Bergmann erlebte ich meine knappe Sonntagschule. Das war etwa 1947-48", erinnert sich Otto Töws.[27]

Die deutsche Jugend lag ihm besonders am Herzen, er suchte sie auf, ermutigte sie dazu, sich zusammenzuschließen und dem Herrn Jesus zu folgen. Er hatte eine besondere Art, jedermann direkt auf seine Beziehung zu Gott anzusprechen: „Bist du auch schon bekehrt?" Vielen ist Peter Bergmann in der Zeit zum geistlichen Vater geworden.

Ende der 1940-er zog die Familie Bergmann in ein allein stehendes finnisches Häuschen etwas außerhalb der Siedlung Michajlowka am Mjassokombinat um. Man fühlte sich hier weniger beobachtet, etwas freier. Jetzt konnte man geistliche Gemeinschaft pflegen. Zur Sylvesterfeier 1949/50 oder

[27] Erinnerungen von Otto Töws (Frankenthal)

Familie Peter Bergmann während der Hausandacht in Michajlowka

1950/51 war das Haus voll. Danach wurden in ihrem Hause gelegentlich Versammlungen durchgeführt. Einige Zeit später (1952-53) versammelten sich die Deutschen schon regelmäßig wöchentlich bei Bergmanns zu Bibelstunden. Weil damals jede Versammlung in Privathäusern von der Regierung strengstens verboten war, übte die Gemeindeleitung starken Druck auf Peter Bergmann als Mitglied der Baptistengemeinde in Kopaj aus. Deshalb hörten diese Bibelstunden auf. Am Sonntag fuhr man weiterhin zu den Gottesdiensten nach Kopaj.

Tante Greta Bartsch

Im Jahr 1947 kam Greta Bartsch nach Michajlowka. Sie stammte aus Köppenthal am Trakt. In der Zeit des Massenterrors, als alle Männer aus der Ko-

David und Sara Nickel mit Johannes und Ester Nickel bei Tante Greta Bartsch zu Besuch

lonie schon verhaftet, erschossen oder verschleppt waren und nun auch die Frauen drankamen, nahm die allein stehende, energische Greta Bartsch ihre verwitwete Mutter und die verwaisten Nichten und Neffen, für die sie eine Verantwortung vor Gott übernahm, und machte sich auf die Flucht. Zuerst ging es in den Ural zu einem Verwandten, der dort in der Verbannung lebte, dann zu anderen Verwandten an die Wolga. Greta suchte einen Ort, an dem sie und ihre Lieben unter ihrem Volk und unter Gotteskindern leben könnten. Sie erfuhr, dass es in Karaganda Versammlungen und viele Deutsche gab. Auf die Einladung ihres Verwandten Willi Warkentin kam sie 1947 bald darauf auch nach Karaganda. Schnell ging es, weil sie mit ihren Hausgenossen immer noch auf der Flucht war, keiner von ihnen Dokumente hatte und unter Kommandanturaufsicht stand, weshalb keiner die Abmeldeformalität durchzumachen brauchte.

Bruder Peter Bergmann zu Kaffee und Kuchen bei Geschwister Weyers in Michajlowka

Greta fand in Michajlowka Arbeit, bekam eine kleine Wohnung in einer Erdhütte und stellte sich und ihre Familie unter die Kommandanturaufsicht. Für diese Frauen, zu denen ihre Mutter, Liese Thiessen die verwitwete Schwester mit ihren Töchtern Esther und Margite gehörte, begann endlich ein geregeltes Leben. Bald darauf sammelte sich um sie eine kleine Gruppe Gleichgesinnter. Sie organisierte Versammlungen, Geburtstagsfeiern und andere Feiern in ihrem Hause, lud Brüder ein, um zu bestimmten Themen zu sprechen, und auch Jugendliche, um zu singen und zu musizieren. Greta Bartsch war damals der Motor des geistlichen Lebens in Michajlowka.

Der Kreis der Gläubigen in Michajlowka wurde immer größer. Am Anfang (1947) gab es zwar nur gelegentlich Versammlungen, doch schon fast jeden Sonntag. Als Peter Bergmann 1949 dazu kam, fanden regelmäßig richtige Versammlungen mit Predigt statt, auch bei anderen Geschwistern, die zu diesem Kreis kamen, wie z. B. die Familien Töws und Tröster.

Die Lehmhütten wurden trotz aller Dürftigkeit immer liebevoll und freundlich eingerichtet. Die flache Lehmdecke war nicht regendicht und hing so tief herunter, dass man mit erhobenem Arm schon die Deckenbalken berühren konnte. Für die Versammlung mussten die Möbel aus den Wohnräumen ausgeräumt und Bänke, also Böcke oder Klötze mit Brettern darauf, aufgestellt werden. Der Prediger stand an einem Platz im Raum, von dem aus man ihn möglichst aus allen Ecken der Wohnung gut sehen und hören konnte. Meistens stellte man ein kleines Tischchen vor ihn, auf dem er die Bibel oder das Gesangbuch ablegen konnte. Die Versammlungsräume waren immer überfüllt, es wurde schnell zu warm und die Luft zu stickig. Aber das hielt keinen davon ab, zur Versammlung zu gehen. Man war ausgehungert nach dem lebendigen Wort Gottes, suchte nach Gott und Sündenvergebung. Die Gemeinschaft der Kinder Gottes wurde sehr hoch geschätzt. Man wurde schnell miteinander bekannt und die Atmosphäre war richtig familiär.

Geschwister Weyer

Mitte der 1950-er waren einige Geschwister schon in der Lage, für sich bessere und größere Hauser zu bauen. Dabei dachte man daran, die Einrichtung so zu gestalten, dass man im Haus eine Versammlung durchführen könnte. Als Peter Weyer 1955 aus der kleinen Lehmhütte in ein besseres Haus auf der Rowenskaja Straße umzog, bildete sich in Michajlowka ein anderer Kreis, der sich um Geschwister Weyer sammelte.

Versammlungen in der Siedlung Finskij

Peter Dyck erinnert sich an die Versammlungen in Finskij: „Als wir im März Monat 1950 nach Karaganda kamen, bewohnten wir zwei Familien anfangs zusammen eine Stube. Sehr wertvoll waren uns die Versammlungen. Hier wurden wir mit unseren Nachbarn, der Familie Kornelius Fast bekannt und auch später verwandt. Hier fanden wir uns als eine kleine Jugendgruppe zusammen und wurden von dem blinden Gerhard Tjart und dem gelähmten Johann Fast angeleitet. In diesen gesegneten Gemeinschaftsstunden fanden wir zum lebendigen Glauben. Der Segen der frommen Eltern wurde jetzt lebendig."[28]

Verfolgungen nach dem Krieg

Obwohl die Sowjetbehörden in Karaganda manche geistlichen Aktivitäten übersahen, gab es auch Verfolgungen. Wenn die Tätigkeit einer neuen religiösen Gruppe den Behörden auffiel, wurden oft alle ihre aktiven Mitglieder verhaftet, ihnen wurde der Prozess gemacht und sie wurden zu langen Haftstrafen verurteilt. Die Zahl der im Karagandagebiet nach dem Krieg (1948-1953) für den Glauben Verhafteten können wir noch immer nicht genau angeben.

Beispiele sind die Verhaftungen von Petr Iwanowitsch Gorobez und Adam Brunnmayer 1948 und Heinrich Thiessen in Temirtau 1949. Dann wurden 1950 fünf aktive Mennoniten, die Versammlungen anberaumten, vom Ministerium der Staatssicherheit (damals MGB, später KGB) verhaftet und gerichtet. Dietrich Pauls (1. Sowchose in der Nähe von Karaganda) wurde im Alter von 64 Jahren wieder verhaf-

Dietrich und Maria Pauls

[28] Aus den Erinnerungen von Peter Dyck

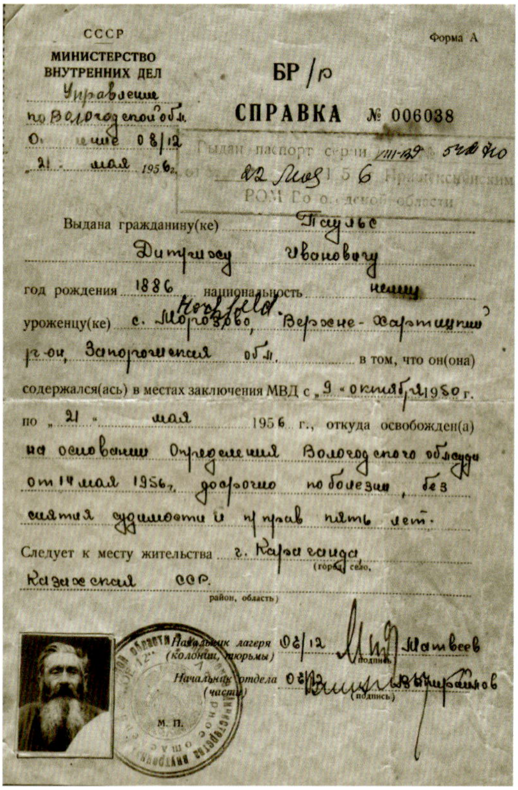
СССР
Форма А
МИНИСТЕРСТВО ВНУТРЕННИХ ДЕЛ
Управление по Вологодской обл.
Отделение 08/12
21 мая 1956 г.
БР/р
СПРАВКА № 006038
Выдана гражданину(ке) Паульс Дитриху Ивановичу
год рождения 1886 национальность немец
уроженцу(ке) с. Морозово (Hochfeld) Верхне-Хортицкий р-он, Запорожской обл. в том, что он(она)
содержался(ась) в местах заключения МВД с „9“ октября 1950 г.
по „21“ мая 1956 г., откуда освобожден(а) на основании Определения Вологодского облсуда от 14 мая 1956 г. досрочно по болезни, без снятия судимости и пораж. прав пять лет.
Следует к месту жительства г. Караганда (город, село,)
Казахская ССР. (район, область)
Начальник лагеря (колонии, тюрьмы) 08/12 Матвеев (подпись)
Начальник отдела (части) 08 (подпись)
М. П.

Entlassungsbescheinigung aus dem Gefängnis von Dietrich Pauls vom 21. Mai 1956

tet und ins Straflager gebracht.[29] Mit ihm wurden Dietrich Siemens als Prediger und Anna Görzen für die Arbeit unter Kindern (beide aus Petrowka, einem Dorf 40 km von Karaganda entfernt), Franz Thiessen[30]aus dem Dorf Saporoshje (Akmolinskgebiet) und Heinrich Klassen aus Karaganda verhaftet.[31] Vier von ihnen wurden zu 25 Jahren Haft verurteilt und einer, Dietrich Siemens, wurde erschossen.

1952 wurden in Karaganda zehn (?) lutherische Brüder und in Ossakarowka fünf uns noch unbekannte Personen verurteilt.[32] In Balchasch wurden Ende 1952 Archip Iwanowitsch Chrenow, Robert und Waldemar Schiefer, G. Brodt verhaftet. Auch andere Christen wurden verhaftet, vielen wurden andere Vergehungen unterstellt. Fast alle wurden zu 25 Jahre Haft verurteilt.[33]

In vielen Abteilungen des großen Konzentrationslagers Karlag, das sich mit seinen Satellitenlagern Steplag und Luglag über ein riesiges Gebiet ausbreitete, konnten gläubige Häftlinge Anfang der 1950er auch Versammlungen halten, in einigen Fällen sogar Lagergemeinden bilden.[34]

Als David J. Klassen im Oktober 1955 aus der Haft freikam und nach Karaganda zur Familie zog, nahm er sofort teil an den Versammlungen in den kleinen Hauskreisen. Er kam bald weit herum. Schon im Mai 1956 machte er eine Reise nach Tschistopolje, um auf einer Hochzeit von Verwandten zu predigen.

[29] Siehe den Lebenslauf von Dietrich Pauls.

[30] Franz Thiessen (17.5.1903-25.11.1981) wurde 1942 in Kronsweide (Altkolonie, neben der Stadt Saporoshje in der Ukraine) zum Prediger der Mennoniten-(Kirchen)gemeinde gewählt, kam 1947 zu seiner Familie in das Dorf Saporoshje (Akmolinsk-, später Turgajgebiet in Kasachstan). Nach seiner Befreiung 1956 diente er bis zum Tode seinem Herrn in dem Dorf Saporoshje. Siehe „Der Bote", 27.1.1982.

[31] Einige Kopien aus der ca. 1500 Seiten starker Untersuchungsakte dieser Gruppe liegen uns vor.

[32] Erinnerungen von lutherischen Brüdern; Bericht über Arbeit unter Sondersiedlern von 20.12.52. SAKG, F.1P,L.7,A.296. S.63-65

[33] Erinnerungen von Robert und Waldemar Schiefer; Bericht des Upolnomotschenyj für 2. Halbjahr 1955, SAKG, F.1364, L.1a, A.30. S.11 (9-12)

[34] Viele Akten und Erinnerungen liegen uns bereits vor, wir sind jedoch noch dabei, Zeugnisse über diese fast unbekannten Führungen Gottes zu sammeln.

Übersetzung der Entlassungsbescheinigung von Dietrich Pauls

UdSSR
Ministerium des Inneren
Verwaltung
des Gebietes Wologda
Abteilung 08/12
21. Mai 1956

Bescheinigung Nr. 006038

Ausgehändigt dem Bürger: *Pauls Dietrich Iwanowitsch*
Geburtsjahr: *1886;* Nationalität: *deutsch*
Geboren in: *Dorf Morosowo [darüber: Hochfeld], Ober-Chortitza Rayon, Gebiet Saporoshje; darüber*, dass er an Haftstellen des MWD belassen war von: *9. Oktober 1950* bis: *21. Mai 1956*, von wo er befreit wurde
Aufgrund der Bestimmung des Gebietsgerichtes von Wologda Vom 14. Mai 1956, vorzeitig aufgrund der Krankheit, ohne Tilgung der Vorstrafe und des Bürgerrechtsentzuges für fünf Jahre.
Begibt sich zum Wohnort: *Karaganda Kasachische SSR.*

Lagerleiter: *Unterschrift Matwejew*
Abteilungsleiter: *Unterschrift*

Entstehung der Mennoniten-Brüdergemeinde und Erweckungszeit 1956-1960

T e i l

II

Gründung der Mennoniten-Brüdergemeinde

Kapitel 1

Die Wüste und Einöde wird frohlocken, und die Steppe wird jubeln und wird blühen wie die Lilien. Denn es werden Wasser in der Wüste hervorbrechen und die Ströme im dürren Lande. Und wo es zuvor trocken gewesen ist, sollen Teiche stehen. Und es wird dort eine Bahn sein, die der heilige Weg heißen wird.

Jesaja 35,1.6-8

Die Gläubigen sammeln sich

Die Sehnsucht der deutschen Gläubigen in Karaganda nach einer eigenen Gemeinde war groß. Sie hatten nach der Befreiung von der Kommandantur absichtlich die Nähe von Glaubensgeschwistern gesucht, um geistliche Gemeinschaft pflegen zu können. Jetzt waren auch wieder geistlich gefestigte Brüder unter ihnen, die nach den langen Haftzeiten in den stalinistischen Lagern freigekommen waren. An vielen Orten des russischen Nordens, Sibiriens, Kasachstans und Mittelasiens, wo die Verbannten sich konzentrierten, begannen Erweckungen. Die Gläubigen sammelten sich in frei entstehenden christlichen Gemeinschaften, z.B. in der Nähe von Karaganda in Temirtau und Uljanowka[1], etwas weiter in Dsheskasgan und Isilkul[2].

1 Siehe Töws Gerhard, (u.a.): Entstehung und Geschichte der Gemeinde in Uljanowka. Aquila (57) 3/2005. S. 22-31.

2 Siehe Fast, Viktor: 50 Jahre Befreiung von der Kommandantur und Beginn der großen Erweckung im Osten der Sowjetunion. Entstehung und Geschichte der Gemeinde in Dsheskasgan. Aquila (59) 1/2006, S. 16-30. Epp, Peter: 50 Jahre der großen Erweckung im Osten der Sowjetunion. Entstehung und Geschichte der Gemeinde in Isilkul (Westsibirien). Teil 1: Aquila (60) 2/2006, S. 20-28; Teil 2: Aquila (61) 3/2006, S. 24-32.

In der dürren Steppe erwacht neues Leben.

Die Gemeinde Dsheskasgan-Rudnik nach der Taufe 1956

Berichte über Erweckungen und freie Versammlungen in anderen Gegenden kamen auch nach Karaganda. Aber in der Baptistengemeinde Karaganda änderte sich nichts an den harten Einschränkungen. Aus den Lagern freigekommene Brüder wurden von der Gemeindeleitung nicht gerne gesehen. Viele Geschwister sehnten sich nach anderen Verhältnissen und beteten in den kleineren Hausgemeinschaften.

Gewiss gab es auch in Karaganda Bekehrungen. Viele Deutsche kamen aus den Dörfern des Gebiets nach Karaganda „und fanden Gnade zur Buße, es gab Massenbekehrungen". Oft geschahen solche Bekehrungen bei dem gelähmten Johann Fast.[3] Doch das war nicht genug. Die Brüder, die weiter sahen und sich nach mehr Gemeindeleben sehnten, suchten nach einem Ausweg.

[3] Thielmann: Extrablatt.

An den stellvertretenden Vorsitzenden des Rates für Religionsangelegenheiten Gostew W.I.

Berichtsschreiben
über die Ergebnisse der Dienstreise des Oberinstrukteurs Genossen Murtusow A.A. nach Karaganda zur Untersuchung der Tätigkeit der Mennoniten im Mai 1957

„Die Stadt Karaganda erstreckt sich über ca. 50 km. Die Stadt ist in die Alte und die Neue Stadt aufgeteilt. Die Kohlengruben befinden sich hauptsächlich in der Alten Stadt. Die Wohnhäuser sind meistens einstöckige Baracken oder Erdhütten. Auch wenn die Alte Stadt deshalb eine unansehnliche Bergbaustadt ist, wird sie doch in verhältnismäßiger Ordnung gehalten.

Die Neue Stadt ist buchstäblich neu, noch immer im Aufbau begriffen, mit mehrstöckigen schönen Häusern europäischer Art, mit Lehr-, Theater- und Gesundheitsanstalten, mit Asphaltstrassen und Plätzen.

Die Neue Stadt ist 3-4 km vom Bahnhof und 5-6 km vom Flughafen entfernt. Alte und Neue Stadt sind durch Straßenbahn, Bus- und Autostraßen verbunden, doch sind die Straßen in der Alten Stadt zerschlagen.

Karaganda ist ein großes Zentrum der Kohleindustrie. Die Bevölkerung der Stadt besteht hauptsächlich aus Kasachen, Russen und Deutschen.

In der Stadt leben mehrere Zehntausend Deutsche, das sind Sondersiedler von der Wolga, aus dem Nordkaukasus, der Südukraine, der Krim und teilweise Siedler aus der Zeit vor der Oktoberrevolution.

Zum großen Teil arbeiten die Deutschen in der Kohleindustrie, hauptsächlich an den technischen Anlagen und sind qualifizierte und fleißige Arbeiter. Unter ihnen gibt es viele Bestarbeiter. Die Deutschen, wie auch die gesamten Bewohner der Stadt, leben gut. Viele von ihnen besitzen ein eigenes Wohnhäuschen (teilweise in Baracken), einige besitzen schon eigene PKWs.

Von der Religionszugehörigkeit überwiegen unter den Deutschen wohl die Lutherischen, aber es gibt auch Katholiken, Baptisten und Mennoniten. [...]"

Quelle: SAKG, F.1364, L.1a, A.30. S.240-243.

Zustände in der Baptistengemeinde

Allgemeine Lage

Die inneren Zustände in der Baptistengemeinde waren trotz der hohen geistlichen Autorität des Ältesten Jewstratenko schwierig. Die Russen waren an Presbyterherrschaft gewöhnt, was sich aber in der Zeit der scharfen Kontrolle von Seiten der Staatsorgane negativ auf die Entwicklung der Gemeinde auswirkte. Weil man in den Regierungsvorschriften darauf drängte, möglichst wenig Jugend und Kinder zur Versammlung zuzulassen, war Jugendarbeit unerwünscht.

Der Gemeindechor der Baptistengemeinde in Karaganda mit A.D. Tichonow 1957

Das Unverständnis der Russen für nichtrussische Völker, unter dem die Deutschen besonders leiden mussten, reichte bis hin zum Verbot, nicht nur Versammlungen sondern auch Familienfeste, wie Hochzeiten[4] und Geburtstage, in der Muttersprache zu halten.

Über Themen wie Buße und das Kommen des Herrn durfte nicht offen gepredigt werden. Gerhard Tjart, der verhältnismäßig gut russisch sprach, wurde 1948 nach kurzer Zeit das Predigen wegen zu offener Bußaufrufe mit

[4] So bezeugen es Abram Günter und andere. Die Hochzeit von Peter und Maria Thielmann am 11. Februar 1951 wurde aber in Deutsch durchgeführt und Jewstratenko, zu dem Thielmann gute Beziehungen hatte, wendete nichts dagegen ein, verließ aber bald das Fest, weil er unter hartem Druck stand.

Gerhard und Sara Tjart mit ihren Töchtern Sara und Irma

den Worten „Du predigst nicht zeitgemäß" untersagt. Nur wenige durften predigen, mussten aber vorher den Inhalt der Predigt beim Ältesten zur Durchsicht vorlegen.[5]

Ab 1952 wurden die öffentlichen Bußgebete, die besonders bei Russen üblich waren, mit einem Lied übertönt. Es gab in der Gemeinde keine ordentlichen Gemeindestunden. Wenn 1949 die Prüfung der Täuflinge noch vor der Gemeinde geschah, so machte es 1950 Peter Bergmann nur noch inoffiziell in deutschen Kreisen in den Häusern.[6] Auch sonst wurden Gemeindefragen ohne entsprechende Beteiligung der Gemeinde entschieden.

Die Behörden versuchten die hohen Täuflingszahlen zu reduzieren, indem sie erzwangen, dass das Mindestalter der Täuflinge erhöht wurde. Deshalb konnte sich z. B. Andreas (auch Heinrich genannt) Wiebe, wie auch viele andere, erst mit 25 Jahren taufen lassen.[7] Die Listen der Taufkandidaten mit Wohnadressen und der Angabe der Arbeitsplätze mussten zuerst beim Upolnomotschenyj für Religionsangelegenheiten eingereicht

[5] Erinnerungen von Franz Ediger in Wölk: Mennoniten Brüdergemeinde in Rußland. S.104.
[6] Nach Angaben von Abram Günter (16.2.2007).
[7] Nach Angaben von Wilhelm Matthies, Abram Günter, Andreas Wiebe.

~~166~~ 99

Список

назначения братьев для проповеди в богослужебных собраниях Карагандинской общины Евангельских христиан-баптистов на немецком языке.

№№ п/п	Фамилия, имя, отчество	год рождения	национальн.	год крещения	с какого года на духовной работе	Домашний адрес	место работы	должность	примечание
√ 1.	Бергман Петр Абрамович	1889	немец	1923	1927	с. Б-Михайловка ул. Омская № 1.	не работ.	—	
2.	Кнаус Роберт Альбертович	1900	"	1928	1929	ш-60 Комсомольская № 29	СУ № 2	плотник	
√ 3.	Аллерт Генрих Карнеевич	1901	"	1924	1926.	ш-47 Транспортн. переул. 15	ш-47	сторож	

19/XII-55 г.

Пресвитер общины Евграфенко.

Liste der deutschen Prediger in den Akten des Upolnomotschennij: Peter Bergmann, Robert Knaus, Heinrich Allert. SAKG, F.1364, L.1a, A.30, S.79.

werden. In vielen Fällen bedeutete das für die Taufkandidaten eine zusätzliche „Bearbeitung" durch die Parteifunktionäre am Arbeitsplatz. Manchmal waren Gläubige deswegen gezwungen, die Arbeitsstelle zu wechseln.[8]

Man muss natürlich einräumen, dass es Jewstratenko sehr schwer war, unter dem harten Druck der atheistischen Regierung die richtige Mitte zwischen dem Gehorsam gegenüber der Obrigkeit und seiner Verantwortung als Gemeindehirte zu finden. Doch mit der Zeit verlor er das Vertrauen vieler, besonders der deutschen, Gemeindeglieder und um ihn blieben nur diejenigen, die sich dem Druck von außen anpassten.

Einführung der deutschen Predigt

In der zweiten Jahreshälfte 1955 wurde Peter A. Bergmann anstelle des verstorbenen W.I.Kanajew in den Gemeinderat eingesetzt. Vom Rat für Religionsangelegenheiten in Moskau wurde nach langem Bitten der Gläubigen die deutsche Predigt erlaubt. Der Älteste Jewstratenko wurde daraufhin vom Upolnomotschenyj für den Inhalt dieser Predigt verantwortlich gemacht. Jewstratenko verbürgte sich dafür, da er gut Deutsch konnte. Auf die Forderung des Upolnomotschenyj reichte Jewstratenko eine Liste der Deutschprediger ein: Peter A. Bergmann, Robert A. Knaus und Heinrich K. Allert.[9] Zu Weihnachten, am 25.12.1955, soll die erste öffentliche deutsche Predigt gehalten worden sein,[10] die seitdem regelmäßig gepflegt wurde.[11]

[8] Tauflisten im Archiv des Upolnomotschenyj. SAKG, F.1364, L.1a, A.9, S.82; A.44. S.104-105; A.26. S.198.
[9] Bericht des Upolnomotschenyj an den RfR, 2.Halbjahr 1955, SAKG, F.1364, L.1a, A.30, S.79 (77-83).
[10] Bericht des Upolnomotschenyj an den RfR, 2.Halbjahr 1955, SAKG, F.1364, L.1a, A.30, S.79 (77-83).
[11] Bericht des Upolnomotschenyj an den RfR, 2. Halbjahr 1956, SAKG, F.1364, L.1a, A.30, S.257 (256-267).

Das neue Gemeindehaus der Baptistengemeinde wurde am 17.-18. November 1956 eingeweiht.

Iwan Andrejewitsch Jewstratenko mit Nikolaj Dmitrijewitsch Tichonow

Die Einführung der deutschen Predigt rief Aufregung auf verschiedenen Seiten hervor: die Russen störte das Deutsche, weil sie meinten, eine deutsche Predigt sei unnötig, da jeder russisch verstehe, den Deutschen war eine Predigt und ein paar Lieder zu wenig und wieder andere störte die Übersetzung.

Iwan Andrejewitsch Jewstratenko

(1897-1986, Ältester 1948-1959), war ein begabter, energischer, gebildeter und im Gemeindedienst erfahrener Mann. Er sollte die Gemeinde aufbauen und ordnen. Er wirkte in der Zeit der Erweckung, die aber auch die Zeit des großen Druckes war. Die Gemeinde wuchs sehr, aber die ganze Gemeindearbeit wurde von den Sowjetorganen immer strengerer Kontrolle unterstellt. Der intelligente Mann geriet in einen bitteren Bruderkampf mit dem ehemaligen Ältesten (wurde bzw. dazu gezwungen). Er stand in einer harten Zwickmühle. Einerseits wollte er die Gemeinde aufbauen, andererseits wurde ständig mit der Schließung des Gemeindehauses und dem Verbot jeglichen Gemeindedienstes gedroht. So wurde er stark manipuliert und wurde schließlich zum Hindernis im Gemeindebau. Nach einigen Brüderkämpfen wurde er von WSEChB nach Rostow als Oberpresbyter versetzt. Dort kam er in harte Bruderkämpfe gegen die Initiativgruppe und das Orgkomitee.

Gottesdienst im neuen Gemeindehaus Ende der 1950-er

Das neue Bethaus

Aufgrund einer Genehmigung des Rates für Religionsangelegenheiten vom 25. August 1955 begann die Baptistengemeinde im September mit dem Umbau des Gemeindehauses. Die Arbeiten wurden im November unterbrochen, um im Frühling 1956 fortgesetzt zu werden.

Am 17. und 18. November 1956 fand die feierliche Einweihung des neu aufgebauten großen Gemeindehauses statt.[12] Zu dieser Hauseinweihung kamen N.I. Wysotzkij vom WSEChB aus Moskau, N.D. Tichonow, Starschij Preswiter für Kasachstan, und einige andere Älteste.

N.I. Wysotzkij 1898-1988

Nach den Worten M.S. Wastschuks[13] in einem Brief an den Upolnomotschenyj hatten die deutschen Mitglieder bei dem Bau „in großer Zahl und eifrig" geschafft, waren „die Hauptkraft beim Bau" und „ohne sie wäre das Bethaus nicht erbaut worden."[14] Nicht nur Mitglieder beteiligten sich daran. So arbeitete zum Beispiel David Klassen, der im November 1955 nach Karaganda kam, sich aber nicht der Baptistengemeinde anschloss, trotzdem tüchtig am Bau des Bethauses mit.

Als Ort der offenen Predigt des Wortes Gottes hatte das Bethaus große Bedeutung für alle Gläubigen in Karaganda. Hierher fürchtete man sich nicht auch Außenstehende zu bringen, auch wenn einige schon Vorbehalte wegen der Zustände in der Gemeinde hatten.

Gründung der Gemeinde

Bestrebungen zur Gründung einer deutschen Gemeinde

Die Bauzeit war aber für einige Mennonitenbrüder auch die Zeit der Erwägung einer neuen Gemeindegründung. Dem Ältesten Jewstratenko kam zu Ohren, dass die Brüder schon im Juli 1956 darüber gesprochen hatten und er machte Peter Bergmann dafür verantwortlich.[15] Im September gab es eine Initiative unter deutschen Gemeindegliedern, sich von der Gemeinde abzuteilen oder auch in demselben Bethaus extra Gottesdienste in Deutsch durchzuführen.[16] Franz Ediger, Bernhard Epp, Abram Friesen und Abram Heidebrecht reichten eine Bittschrift an den Gemeindeältesten ein, sie aus der Gemeinde zu entlassen, weil sie manches nicht nach ihrem Gewissen verantworten könnten.

Diese Sache beunruhigte die Leitung der EChB-Gemeinde und ihre „höher gestellte Geistlichkeit." Tichonow, der Starschij Preswiter für Kasachstan, kam nach Karaganda im September und führte Friedensgespräche mit den Leitern der deutschen Gruppen. Er konnte die Brüder dazu bewegen, ihre Bittschrift zurückzunehmen. Doch damit waren die Probleme der Gemeinde nicht gelöst und die Sehnsucht der Brüder nicht gestillt.

---

[12] Berichte des Upolnomotschenyj an den RfR, 1. und 2. Halbjahr 1956, SAKG, F.1364, L.1a, A.30. S.132 (130-134), S.256-257 (256-267).

[13] Wastschuk Makar Stepanowitsch war im Juni 1956 aus dem Karlag freigekommen und wohnte zunächst in Karaganda. 1958 wurde er Stellvertreter und 1959 Starschij Preswiter der Baptisten von Kasachstan.

[14] Brief an den Upolnomotschenyj vom 18.6.1957. SAKG, F.1364, L.1a, A.19, S.163-167.

[15] Bericht von Jewstratenko an den Upolnomotschenyj vom 18.4.58. SAKG, F.1364, L.1a, A.19. S.222-224.

[16] Bericht des Upolnomotschenyj an den RfR, 2. Halbjahr 1956, SAKG, F.1364, L.1a, A.30. S.257-258 (256-267).

Die Mennoniten beunruhigen die Regierung

Am 21.1.1957 forderte der Rat für Religionsangelegenheiten am Ministerrat der UdSSR, den Upolnomotschenyj für das Karagandagebiet, Adikow, dazu auf, den ehemaligen Mennoniten in der EChB-Gemeinde besondere Aufmerksamkeit zu widmen, ihre Stimmungen, ihre Verbindungen mit Deutschen in anderen Gebieten, Republiken und im Ausland, und die Bewegung zur Auswanderung zu beachten. Er sollte herausfinden, ob jemand von ihnen im September 1956 ein Treffen mit Bender und Wiens[1], den Vertretern der Mennoniten-Weltkonferenz, die die UdSSR besuchten, hatte und welchen Einfluss dies auf die Stimmung und Tätigkeit der gläubigen Deutschen ausübte.

Quelle: Brief von Gostew, dem stellvertretenden Vorsitzenden des Rates für Religionsangelegenheiten, an Adikow, 21.1.1957, SAKG, F.1364, L.1a, A.30. S. 268.

Im Oktober 1956 versuchte Ungarn einen von der Sowjetunion unabhängigen Weg einzuschlagen und wurde durch die Sowjetarmee zur Unterordnung gezwungen.

[1] Harold Bender war zu jener Zeit Generalsekretär der Mennoniten-Weltkonferenz. David Borisowitsch Wiens war ein bekannter Radioprediger, der von Kanada aus russisch für die Sowjetunion predigte. Dies war wohl die erste Erkundungsreise der westlichen Mennoniten in die bis dahin verschlossene Sowjetunion. Sie wollten sich ein Bild von den Möglichkei ten der Wiederherstellung mennonitischer Gemeinden und Kontakte mit mennonitischen Predigern machen. Dazu hatten sie verschiedene Brüder zu sich nach Moskau und Alma-Ata bestellt. Bender meinte damals, es sei ratsam für die Mennoniten, sich in der gegebenen Lage unter der Obhut der Baptisten zu organisieren. Er bat Alexander Karew, den Generalsekretär des WSEChB, sich für die Mennoniten einzusetzen, wozu der auch bereit war. Das gefiel der Sowjetregierung überhaupt nicht. Eine ähnliche Reise machte 1958 Orie O. Miller von dem MCC und im Herbst 1960 Peter J. Dyck, Gerhard Lorenz, David B. Wiens und Henry A. Fast. Das KGB hat genau aufgepasst und versucht Verbindungen zu verhindern. Siehe В.Ф. Крестянинов: Меннониты. М., ИПЛ, 1967, S.54-55 und Horst Gerlach: Die Rußlandmennoniten. Kirchheimbolanden 1992. S.112.

Im Herbst 1956 kam es wieder zu einigen Beratungen der mennonitischen Brüder, auf denen sie auch über die Frage der Gründung einer neuen Gemeinde sprachen. Am 7. November fand eine solche Beratung von etwa zwölf Brüdern statt, bei der Abram Friesen und Franz Ediger eine evangelische Allianzgemeinde aller Mennoniten, also sowohl der Brüder, als auch der kirchlichen, vorschlugen. Daraufhin zog sich Peter Thielmann von der Beratung zurück, da er gegen eine Gemeinde war, die für verschiedene Taufauffassungen offen wäre und keine strenge Gemeindezucht üben würde. Trotz dieser Differenzen wurden die Versammlungen in den Häusern im Schachtiner Rayon mit Franz Ediger auch weiterhin gemeinsam gepflegt.[17]

Während der Hauseinweihung am 17.-18. November gingen Wysotzkij, Tichonow und die anderen Ältesten der Sache nach und führten „beruhigende Gespräche". Einige der deutschen Mitglieder blieben bei ihrer Meinung und kamen nicht mehr zu den Versammlungen der EChB-Gemeinde.[18] In derselben Zeit, am 19. November, versuchten diese Ältesten, die unitarischen Pfingstler[19] in Karaganda der Baptistengemeinde anzuschließen.[20]

Trotz der vergeblichen Versuche gaben die deutschen Geschwister ihren Wunsch nach einer eigenen Gemeinde jedoch nicht auf. Eine Reihe mennonitischer Brüder wie Dietrich Pauls, David Klassen und andere hatten sich nach ih-

[17] Nach Angaben von Abram Günter, Peter Thielmann, aus dem Heft von Abram Heidebrecht, nach dem Interview mit Viktor Hübner am 17.10.2005, der bei der Beratung am 7.11.1956 auch dabei war.

[18] Bericht des Upolnomotschenyj an den RfR, 2. Halbjahr 1956, SAKG, F.1364, L.1a, A.30. S.257-258 (256-267).

[19] Umgangssprachlich als Jedinstwenniki bekannt. Ihre Selbstbezeichnung lautet „Christen des evangelischen Glaubens im Geiste der Apostel."

[20] Bericht des Upolnomotschenyj an den RfR, 2. Halbjahr 1956, SAKG, F.1364, L.1a, A.30. S.261 (256-267).

rer Befreiung aus der Haft nicht der Baptistengemeinde angeschlossen, obwohl sie ihre Versammlungen besuchten und geistliche Gemeinschaft mit vielen ihrer Mitglieder hatten. Auf diese Brüder hofften die deutschen Mitglieder der Baptistengemeinde, wenn sie an die Gründung einer neuen Gemeinde dachten.

Der entscheidende Schritt

Am 15. Dezember 1956 nach einem Fall, wo der Presbyter der Baptistengemeinde wieder seine Stellung über die Deutschen geltend gemacht hatte, versammelte sich eine Gruppe von 21 Seelen[21] in Kirsawod bei Gerhard Harder. Darunter waren die Eheleute Franz Ediger, Bernhard Epp, Abram Friesen, Gerhard Harder, Abram Heidebrecht, Jakob Klassen und die Geschwister Johann Enns, Abram Günter, Elisabeth Löwen, Susanne Löwen, Erich Steinke (Kaminski).[22]

Dirigentenkurse mit A.D. Tichonow in Kopaj 1957. 1. Reihe v.l.n.r.: Rudolf Bergmann, Leonid Jewstratenko, Michail, Iwan Ochmann, 2. Reihe: ? Petruk, Pawel Grigorjewitsch Fadin, Alexandr Dmitrijewitsch Tichonow, ?, ?, 3. Reihe: Peter Weyer, Walja Fedkina, ?, Raja, Wilhelm Wiebe.

Sie sprachen ihre Besorgnis über die Zustände in der EChB-Gemeinde aus, in der sich nichts änderte, während überall im Umkreis Erweckungen und Taufen geschahen. Sie waren sich einig, dies nicht verantworten zu können. Noch mehr Sorgen machten sie sich um ihre Kinder, wenn sie weiterhin nur russische Gottesdienste besuchen würden und der geistliche Stand so problematisch bliebe. Sie erinnerten sich an den geistlichen Aufschwung in den Gemeinden der 1920-er Jahre und drückten ihr Verlangen nach so einer Ge-

[21] So steht es bei Wilhelm Matthies: Kurze Geschichte der Mennoniten-Brüdergemeinde Karaganda (1957 - 1975). S.1. Abram Günter meint, es sei am 18. Dezember mit 18 Seelen gewesen. Peter Thielmann schreibt, es seien am 15. Dezember 18 Geschwister gewesen (S.34).

[22] Peter Thielmann (S.34) fügt hinzu: Heinrich Klassen, Wilhelm Töws, Johann Töws, doch bei ihm fehlen die Schwestern.

Darum nehmt einander an, wie Christus euch angenommen hat zu Gottes Lob.
Römer 15,7

meinde nach der Weise ihrer Väter aus. Noch einmal eine Eingabe an den Ältesten der Baptistengemeinde zu versuchen, würde sie noch mehr in die Gefahr des Ausschlusses bringen. Die Geschwister waren sich einig, dass sie nun handeln mussten. Ihnen war bewusst, dass sie auf diesem Weg mit Verfolgungen rechnen mussten, aber sie beschlossen dennoch, jetzt eine unabhängige Gemeinde zu gründen unter Berufung auf das Wort: „Ist dies Vorhaben oder dies Werk von Menschen, so wird es untergehen. Ist es aber von Gott, so könnt ihr sie nicht vernichten" (Apg. 5,38-39). Jeder Anwesende legte ein Zeugnis über seine Bekehrung und Glaubensleben vor allen ab und so nahmen sie sich nach Römer 15,7 untereinander auf.

Gemeindeart

Die Brüder Abram Friesen und Franz Ediger waren für eine Art Allianzgemeinde, das heißt, eine Gemeinde, die alle wiedergeborenen und als Erwachsene getauften Christen aufnimmt ohne Rücksicht auf die Form der Glaubenstaufe. In der Gemeinde selbst sollte nur durch Untertauchen getauft

Der Chor der Mennonitengemeinde in More auf der Krim 1930-1932. Auf dem Foto stehen unter anderen als 3. und 7. von links die Brüder Jakob und Abram Friesen.

werden. Man einigte sich darauf, bekehrten kirchlichen Mennoniten eine Gästemitgliedschaft anzubieten.

Gleich bei der Gemeindegründung wurden einige Fragen des praktischen Dienstes geregelt. Die Spende sollte freiwillig am Abendmahlssonntag über die Spendekästchen, nicht durch Rundreichen eines Spendetellers wie in der Baptistengemeinde, eingesammelt werden. Die Sonntagsversammlungen mit etlichen Ansprachen sollten in Privathäusern durchgeführt werden, ebenso auch die Bibel- und Gebetsstunden, die den jungen Geschwistern noch völlig neu waren, da sie in der Baptistengemeinde nicht praktiziert wurden. Ebenfalls neu war die Gebetswoche zu Beginn des Jahres.[23]

Vorläufige Leitung

Die Leitung der Gemeinde wurde vorläufig Jakob Klassen, der schon 65 Jahre alt war, anvertraut, als Gehilfen wurden die Brüder Abram Friesen, Gerhard Harder, Franz Ediger bestimmt und als Sekretär Abram Heidebrecht.[24] Jakob Klassen konnte die Beratungen in der kleinen Gemeinde gut leiten, auch wenn die größere Autorität wohl Gerhard Harder hatte und Abram Friesen energischer in Organisationsfragen war. Mit dem Abendmahl hofften die Geschwister von dem alten eingesegneten Prediger Dietrich Pauls bedient zu werden, der sich auch bald darauf dieser Gemeinde anschloss.

Jakob Klassen (1899-1981)

Abram Friesen (1909-1990)

Gerhard Harder (1891-1971)

Franz Ediger (1898-1982)

Als Gemeindename wurde „Deutsche Mennonitische Brüdergemeinde“ vorgeschlagen, was auf ihr Gemeindeverständnis hinweisen sollte. Man war sich jedoch nicht einig, ob die Bezeichnung „Mennoniten“ im Namen auftauchen sollte, da dies eine stärkere Verfolgung seitens der Regierung provozieren würde und weil auch Gläubige der Gemeinde angehören sollten, die nicht mennonitischer Herkunft waren. Letztere sollten durch die Bezeichnung „Deutsche“ eingeschlossen werden. Die Bezeichnung „Deutsche“ wies auch auf die gemeinsame Sprache der Gemeinschaft und die Volkszugehörigkeit der Mitglieder hin. Einige Geschwister waren für den Namen „Deutsche Baptistengemeinde“, andere für „Deutsche evangelische Gemeinde“, wie man sich auch im ersten Antrag auf Registrierung Anfang 1957 nannte.[25]

Abram Heidebrecht (1910-1979)

Die Versammlungen der neuen Gemeinde fanden bei Gerhard Harder, Abram Thiessen, Erich Ziegenhagel, Wilhelm Bechthold in Kirsawod, und bei Peter Janzen, Gerhard Kröcker, Heinrich Lorenz in der Siedlung „33“ statt.

Der Herr segnete diese Gemeinschaften von Anfang an durch Bekehrungen vieler abgefallener, laugewordener und suchender Seelen. Jeden Sonntag schlossen sich eine Reihe von Geschwistern durch Aussprache der neuen Gemeinde an. Die Mitglieder der Baptistengemeinde bemühten sich um einen

[23] Nach Angaben von Abram Günter, Wilhelm Matthies, Heinrich und Gerhard Wölk, Johann Görzen, Peter Thielmann.
[24] Thielmann: Lebenserinnerungen. S.34.
[25] Matthies: Mennoniten-Brüdergemeinde Karaganda. S.1.

Jewstratenko erzählt die Entstehungsgeschichte der MBG

„Mit der wachsenden Zahl [der gläubigen Deutschen] wuchsen auch ihre geistlichen Bedürfnisse. Sie wünschten, dass die Familienfeste, wie Hochzeiten, Beerdigungen, Geburtstage, Gebet über die Kinder, immer mehr in Deutsch abliefen. [...] Die Gemeindeleitung, auch der Upolnomotschenyj [...] gingen diesen Wünschen entgegen und über Moskau bekamen die Deutschen die Erlaubnis, in allgemeinen Versammlungen deutsche Predigten zu halten.

Etwa zehn Deutsche, meistens alte, hielten im Juli 1956 unter der Leitung des Mitglieds des Gemeinderats der EChB-Gemeinde Bergmann P.A. eine geheime Beratung, in der sie sich fest entschlossen, aus der EChB-Gemeinde zu gehen. Als Vorwand nannten sie die Unmöglichkeit, ihre hohen Anforderungen im Rahmen der Satzungen des WSEChB zu erfüllen.

Da ihre Ansprüche kein Verständnis fanden, waren diese zehn besonders unzufrieden. Sie nutzten die günstige Zeit: 1955-56 kamen viele deutsche geistliche Führer aus der Haft frei, auswärtige Prediger besuchten sie, der Briefverkehr mit dem Ausland wurde frei.

Diese Verbindungen einigten die Deutschen, es entstand eine aktive Gruppe, der sich 50-60 Mitglieder der EChB-Gemeinde anschlossen [...]. Durch ihre aktive Arbeit haben die Deutschen 250 neue Mitglieder getauft und noch mehr als 100 zogen dazu. So wuchs die Deutsche Gemeinde bis auf über 400 Mitglieder mit einem neuen Namen „Mennoniten-Brüdergemeinde." So arbeiten die Mennoniten schon 1,5 Jahre in Karaganda unabhängig von allen."

Quelle: Bericht Jewstratenkos an den Upolnomotschenyj, 18.4.1958. SAKG, F.1364, L.1a, A.19. S.222-224.

Der Ausgang macht der Regierung Sorge

Bald darauf kam wieder ein besorgter Brief aus dem Rat für Religionsangelegenheiten nach Alma-Ata und Karaganda (8/9.3.1957):

„Melden Sie in einem extra Schreiben die Ursachen der Spaltung in der EChB-Gemeinde Karaganda.

In der EChB-Gemeinde und ihren Gruppen, die in dem Karagandagebiet wirken, gibt es viele Gläubige von den Deutschen. Diese Tatsache erschwert es, Informationen über die tatsächliche Lage in den Gemeinden und Gruppen, besonders über die Tätigkeit der deutschen Gläubigen zu bekommen. Um Ihnen die Arbeit der Beobachtung der Tätigkeit der deutschen Gläubigen zu erleichtern, meldet der RfR, dass unter Deutschen die religiöse Strömung der Mennoniten weit verbreitet ist. Das ist eine protestantische Sekte, die eine religiöse Lehre ähnlich den Evangeliumschristen-Baptisten predigt, unter deren Deckmantel sie sich oft in der UdSSR versteckt. Die Mennoniten sind an einigen Orten bis jetzt strickt wehrlos, das heißt sie lehnen jeglichen Wehrdienst und die Verteidigung der Heimat mit der Waffe ab, doch sagen sie manchmal diese ihre Ansichten nicht offen aus und verheimlichen sie.

Vor der Oktoberrevolution waren die Mennoniten in Russland frei vom Wehrdienst und leisteten ihren Staatsdienst in Werkstätten, Spitälern, Nachschubkolonnen, als Fahrer usw. [...]

Der RfR bittet, diese Frage mit allem Ernst zu erforschen. Von den Vorfällen der Verweigerung des Fahneneids oder des Dienstes an der Waffe können Sie im Gebietsexekutivkomitee, im Gebiets-Kriegskommissariat, oder auch bei der Militärstaatsanwaltschaft erfahren."

Quelle: SAKG, F.1364, L.1a, A.28. S.191-192.

Zur selben Zeit warnt der Rat für Religionsangelegenheiten den Upolnomotschenyj von Kasachstan:

„Der RfR [...] hat Belege dafür, dass viele Kultusdiener und religiös aktive Personen, die aus der Verhaftung freigekommen sind, sich loyal verhalten und die Religionsgesetze nicht übertreten. Doch ein Teil dieser Personen führt eine aktive Religionspropaganda unter der Bevölkerung. [...] Der RfR hält dafür, dass am Ort Maßnahmen getroffen werden müssen, um die aktive Tätigkeit freigekommener Kultusdiener und religiös aktiver Personen zu unterbinden."

Quelle: SAKG, F.1364, L.1a, A.28. S.192-193.

ordentlichen Austritt, bevor sie sich der MBG anschlossen. Als Liese Reimer den Ältesten Jewstratenko auf ihren Gemeindewechsel ansprach, fing sie damit an, dass sie wegen ihres Anliegens kein betrübtes Gesicht sehen möchte, da ihr die deutschen Brüder und die Gemeinschaft in deutscher Muttersprache sehr lieb seien. Auf diese und ähnliche Weise konnten harte Auseinandersetzungen vermieden werden.[26]

Im Januar 1957 hielten die Geschwister zum ersten Mal gemeinsam das Abendmahl. Die Versammlung fand in der Siedlung „33" statt und das Abendmahl teilte der Prediger Dietrich Pauls aus.[27]

Der erste Antrag auf Registrierung

Bittschrift

Die Gemeinde richtete als „Deutsche Brüdergemeinde der Evangeliumschristen" erstmals im März 1957[28] eine Bittschrift an das Gebietsexekutivkomitee.[29] Darin bat sie darum, in der Siedlung „33" (Sewernaja 75) und in der Gemeindefiliale in Kirsawod (Tschetskaja 57), wo 24 der 54 Mitglieder wohnten, Gottesdienste zu erlauben. Diese Bittschrift ist von jemandem mit dem Datum 29. April 1957 versehen. Als Anlage ist eine Gemeindeliste mit 54 Mitgliedern beigefügt.[30]

[26] Nach Angaben von Abram Günter, Johann Görzen und Liese Reimer.
[27] Nach Thielmann: Lebenserinnerungen. S.34.
[28] so David Klassen in der Klage an das Gebietsgericht am 1.09.1960, archive von D. Klassen
[29] SAKG, F.1364, L.1a, A.43. S.18
[30] SAKG, F.1364, L.1a, A.43. S.2

Die Gemeinde taucht in den Dokumenten auf.

Erklärung

An den Upolnomotschenyj für Religionsangelegenheiten.
Wir, Gläubige der Deutschen Brüdergemeinde der Evangeliumschristen-Baptisten sind von Iwan Andrejewitsch weggegangen, weil vielmals die Frage nach Versammlungen in der Muttersprache abgelehnt wurde. Dazu sah er es nicht als nötig an, uns zu helfen, sondern trat gegen Deutsche auf und das mit Unwahrheit. Unter uns gibt es aber viele Alten, die nicht Russisch können und verstehen.

Deshalb bitten wir Sie, uns zu helfen und eine Erlaubnis zu geben.

Unterschrift: J. Klassen
9.04.1957

Quelle: SAKG, F.1364, L.1a, A.43. S.12.

Die Gemeinde wird erfasst

Am 11.4.1957 meldet Adikow dem Upolnomotschenyj des Rates für Religionsangelegenheiten am Ministerrat der Kasachischen SSR auf dessen Anfrage hin, „dass die Personen, die die EChB-Gemeinde verlassen haben, zu der Sekte der Mennoniten gehören. Zurzeit soll ihre Gruppe ca. 100 Personen deutscher Volkszugehörigkeit umfassen. Sie hat einen eigenen Chor mit 23 Sängern. Diese Gruppe kaufte im Februar 1957 für 7.000 Rubel ein Wohnhaus in der Siedlung der Kohlengrube 33/34 des Stalinrayons der Stadt Karaganda. Die Gottesdienste werden vier Mal pro Woche durchgeführt: sonntäglich zwei Mal, Mittwoch und Samstag je ein Mal. Diese Versammlungen besuchen bis zu 120 Personen. Der Leiter dieser Mennonitengruppe ist ein gewisser Klassen Jakob Davidowitsch, 65 Jahre alt. Die Erforschung der Tätigkeit dieser Gruppe wird fortgesetzt."

Quelle: SAKG, F.1364, L.1a, A.30. S.250-252.

Bittschrift der Gemeinde vom März 1957 und Liste der 54 Gemeindeglieder in den Akten des Upolnomotschnyj

SAKG, F.1364, L.1a, A.43, S.18-20.

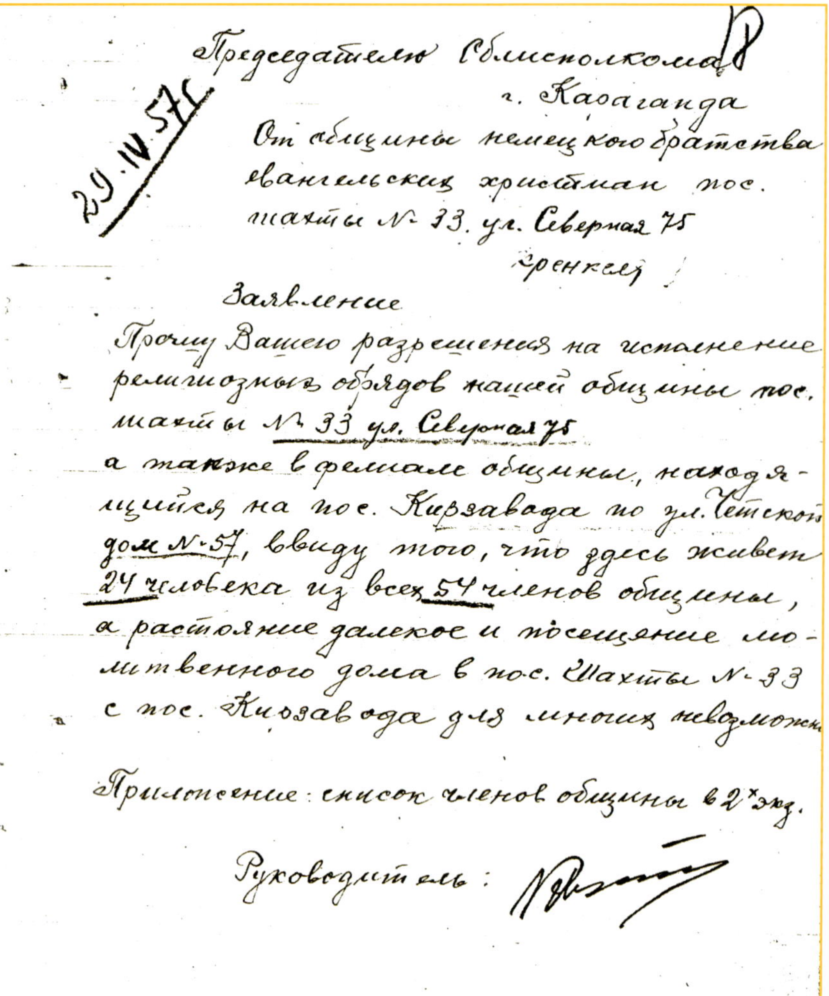
29.IV.57г.

Председателю Облисполкома
г. Караганда
От общины немецкого братства евангельских христиан пос. шахты № 33. ул. Северная 75
Френкель

Заявление

Прошу Вашего разрешения на исполнение религиозных обрядов нашей общины пос. шахты № 33 ул. Северная 75 а также в филиале общины, находящийся на пос. Кирзавода по ул. Четкой дом № 57, ввиду того, что здесь живет 24 человека из всех 54 членов общины, а растояние далекое и посещение молитвенного дома в пос. Шахты № 33 с пос. Кирзавода для многих невозможно.

Приложение: список членов общины в 2х экз.

Руководитель: [signature]

Die Mitgliederliste auf den nächsten Seiten hat folgende Spalten:

1. Nummer; 2. Nachname, Vorname und Vatersname;
3. Geburtsjahr, 4. Wohnadresse; 5. Arbeitsplatz;
6. Volkszugehörigkeit (alle Deutsch); 7. Unterschrift

ГАКО. Ф. 1364. Оп. 1а. Д. 43. Л. 18.
Копия. Рукопись.

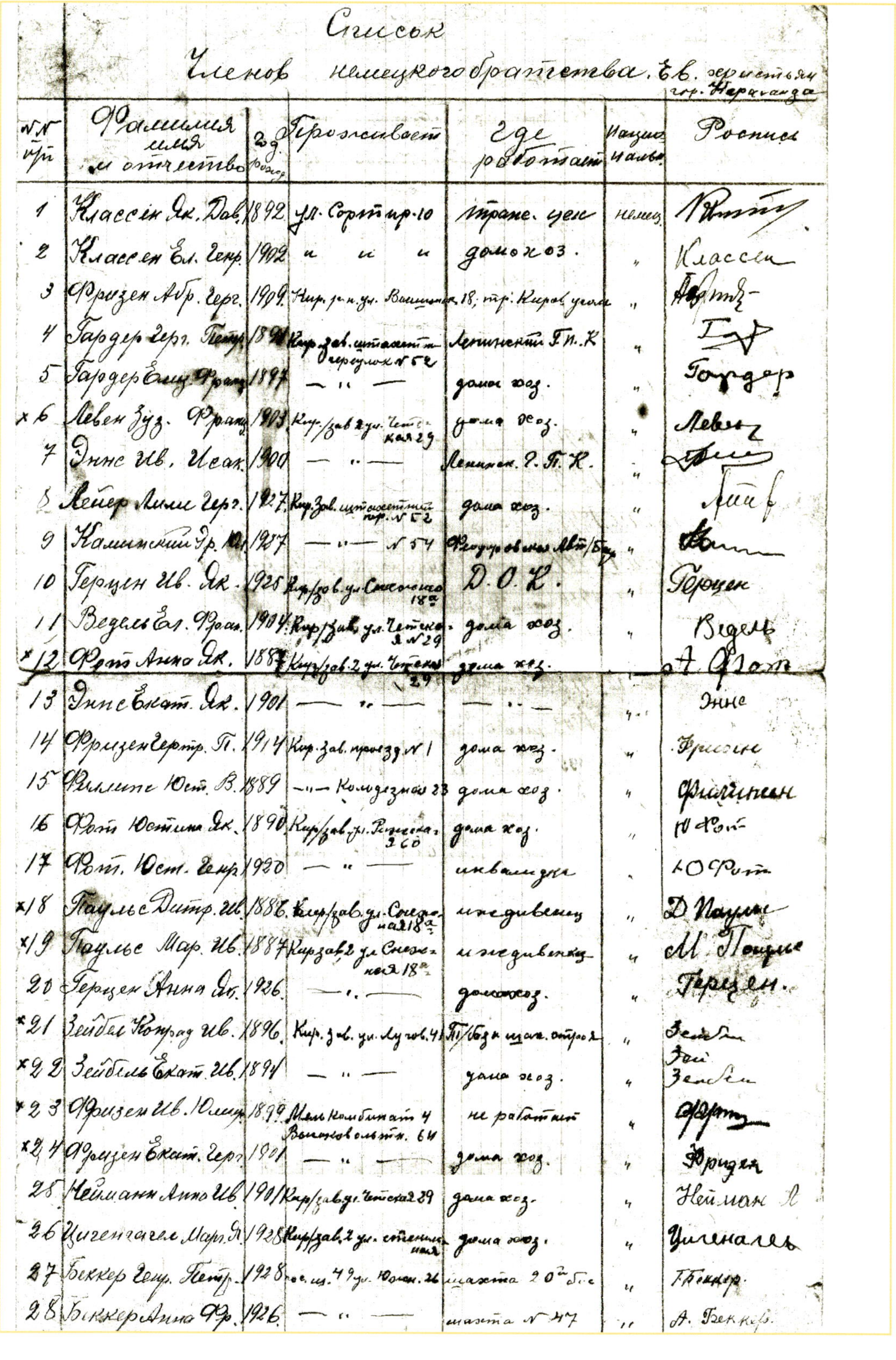

Список
Членов немецкого братства ев. христиан гор. Караганда

№ № п/п	Фамилия имя и отчество	Год рожд.	Проживает	Где работает	Национальн.	Роспись
1	Классен Як. Дав.	1892	ул. Сорт. пр. 10	транс. цех	немец	[illegible]
2	Классен Ел. Генр.	1902	" " "	дом. хоз.	"	Классен
3	Фризен Абр. Герг.	1909	Кир. р-н. ул. Вашинская 18	тр. Киров. уголь	"	[illegible]
4	Гардер Герг. Петр.	189[illegible]	Кир. зав. штакетн. переулок № 52	Ленинск. Г.П.К.	"	[illegible]
5	Гардер Елиз. Франц.	1897	— " —	дома хоз.	"	Гардер
×6	Левен Зуз. Франц.	1903	Кир./зав. 2 ул. Четская 29	дома хоз.	"	Левен
7	Энс Ив. Исак.	1900	— " —	Ленинск. Г.П.К.	"	[illegible]
8	Лейер Лили Герг.	1927	Кир. Зав. штакетный пер. № 52	дома хоз.	"	Лили
9	Каминский Фр. Ю.	1927	— " — № 54	Фрунзовская Авт/база	"	[illegible]
10	Герцен Ив. Як.	1925	Кир/зав. ул. Снежная 18а	Д.О.К.	"	Герцен
11	Ведель Ел. Франц.	1904	Кир/зав. ул. Четская № 29	дома хоз.	"	Ведель
×12	Фот Анна Як.	1887	Кир/зав. 2 ул. Четская 29	дома хоз.		А. Фот
13	Энс Екат. Як.	1901	— " —	— " —	"	Энс
14	Фризен Гертр. П.	1914	Кир. зав. проезд № 1	дома хоз.	"	Фризен
15	Филиппс Юст. В.	1889	— " — Колхозная 23	дома хоз.	"	Филиппсен
16	Фот Юстина Як.	1890	Кир/зав. ул. Разъездная 2 бо	дома хоз.	"	Ю Фот
17	Фот Юст. Генр.	1920	— " —	инвалидка	"	Ю Фот
×18	Паульс Дитр. Ив.	1886	Кир/зав. ул. Снежная 18а	иждивенец	"	Д Паульс
×19	Паульс Мар. Ив.	1887	Кир/зав. 2 ул. Снежная 18а	иждивенка	"	М. Паульс
20	Герцен Анна Як.	1926	— " —	дома хоз.	"	Герцен.
×21	Зейбел Конрад Ив.	1896	Кир. зав. ул. Лугов. 41	П/база шах. строя	"	Зейбел
×22	Зейбель Екат. Ив.	1891	— " —	дома хоз.	"	Зейбел
×23	Фризен Ив. Юлиус	1899	Мелькомбинат 4 Волоколамск. 64	не работает	"	Фризен
×24	Фризен Екат. Герг.	1901	— " —	дома хоз.	"	Фризен
25	Нейман Анна Ив.	1901	Кир/зав. ул. Четская 29	дома хоз.	"	Нейман А.
26	Цигенгагел Марг. Я.	1928	Кир/зав. 2 ул. Степная	дома хоз.	"	Цигенагель
27	Беккер Генр. Петр.	1928	ос. уч. 49 ул. Юлан. 26	шахта 20 бис	"	Г. Беккер
28	Беккер Анна Фр.	1926	— " —	шахта № 47	"	А. Беккер

№ п/п	Фамилия имя и отчество	Год рожд.	Проживает	Где работает	Национальность	Роспись
x29	Паульс Анна Дав.	1893	ул. Лазо № 30 трампа ...	иждивенка	Нем.	Паульс А. Д.
30	Дик Елена Ник.	1923	Кировский р-н Донбасская 1	Санитарка в поликлинике	"	Дик
31	Валл Агат. Генр.	1920	ст. Гор. ул. Базарная 28б	Ц. О. Ф.	"	Валл
32	Эдигер Фр. Фр.	1898	пос. шахты 49	шахта № 48	"	Эдигер
33	Энн Берн. Мар.	1906	ст. Гор. ул. Алматин. 47	шахта № 36	"	Энн
34	Гейдебрехт Абр. Дав.	1910	ст. Гор. ул. Шмидта № 48	шахта № 3 бис	"	Гейдебрехт
35	Гейдебрехт Елиз. Д.	1909	ст. Гор. ул. Шмидта 48	дома. хоз.	"	Е. Гейдебр.
36	Шартнер Дав. Д.	1925	— " — № 47	З/д Пархоменко	"	Шартнер
37	Энн Екат. Як.	1912	ст. Гор. ул. Алматин. 47	дома хоз.	"	Энн
38	Тевс Вас. Дав.	1896	пос. ш. 33/34 ул. Трудовая 13.	иждивенка	"	В. Тевс
39	Тевс Мар. Ив.	1889	— " —	— " —	"	М. Тевс
40	Фаст Агнет. Ив.	1895	— " — ул. мал. проезд 21б	дом. раб.	"	Фаст
41	Классен Генр. И. I	1904	шахта 33/34 ул. ж/д.	Нов. Мак. Кузд. Э.С.К.О.	"	Г. Классен
42	Гинтер Абр. Абр.	1930	пос. ш. 33/34 ул. Трудовая 7	С. Ч. № 4	"	Гинтер
x43	Левен Елиз. Генр.	1906	— " — 9.	дом. хоз.	"	Левен Е. Г.
44	Классен Анна Ив.	1913	пос. ш. 33/34 ул. Северная 77.	дома хоз.	"	Классен А.
x45	Классен Анна Дмит.	1903	шахта 33/34 ул. ж/дор.	дома хоз.	"	А. Классен
46	Гардер Анна Як.	1899	пос. ш. 33/34 ул. Северная 44а	дома хоз.	"	Гардер
47	Пеннер Марг. Генр.	1899	пос. ш. 33/34 ул. Крупск. 113	дома хоз.	"	Пеннер
x48	Классен Генр. Ив. II	1910	пос. ш. 33/34 ул. Северная 77	шахта 33/34	"	Классен
x49	Дик Елена Ив.	1895	пос. ш. 33/34 ул. Трудовая 36	иждивенка	"	Дик
50	Сарожина Ел. Анд.	1915	— " — 7	дома хоз.	"	Е. А. Сорож.
51	Гинтер Анна Як.	1908	— " — 7	дома хоз.	"	Гинтер А. Я.
52	Герцен П. Як.	1910	— " — 34	шахта 33/34	"	Герцен
53	Герцен Зуз. Ник.	1914	— " — "	шахта 33/34	"	Герцен
x54	Варкентин Елиз. А.	1891.	Кир. зав. кирпичная 11	дома хоз.	"	Варкентин

Gemeindeaufbau und erste Schwierigkeiten

Kapitel 2

Die nun sein Wort annahmen, ließen sich taufen; und an diesem Tage wurden hinzugefügt etwa dreitausend Menschen. Sie blieben aber beständig in der Lehre der Apostel und in der Gemeinschaft und im Brotbrechen und im Gebet.

Apostelgeschichte 2,41-42

Die Gemeindediener

Der in einer Evangelischen Mennonitengemeinde[1] eingesegnete Prediger Dietrich Pauls (1886-1966) war 1956 nach etlichen Lagerhaftzeiten im Alter von 70 Jahren wieder nach Karaganda zurückgekehrt. Im Februar 1957 segnete er in Kirsawod Gerhard Harder zum Prediger ein.[2] Seitdem diente Gerhard Harder der Gemeinde auch mit dem Austeilen des Abendmahls.

Im Mai 1957 wurden Bernhard Epp, Heinrich Klassen und Emil Fenske zu Diakonen berufen und eine Revisionskommission von drei Brüdern und Abram Hildebrandt als Kassierer wurde gewählt. Der Vorberat, also der Vorstand der Gemeinde, bestand aus acht Brüdern. Jakob Klassen war der Leitende, Abram Friesen, Gerhard Harder und Franz Ediger die Gehilfen.

[1] Die Evangelische Mennonitengemeinde war eine Allianzgemeinde, das heißt, eine Gemeinde, die etwas freiere Aufnahmeregeln hatte, also unabhängig von der Taufform aufnahm, und auch freier in der Gemeindezucht war.

[2] Bei Mennoniten-Brüdern bedeutet die Einsegnung zum Prediger den Auftrag zur Erfüllung aller verantwortlichen Dienste in der Gemeinde bis hin zur Leitung, die oft als Ältestendienst bezeichnet wird.

Karaganda. Die „Neue Stadt“ wird gebaut.

David Klassen
(1899-1990)

Bernhard Epp
(1906-1992)

Emil Fenske
(1903-1973)

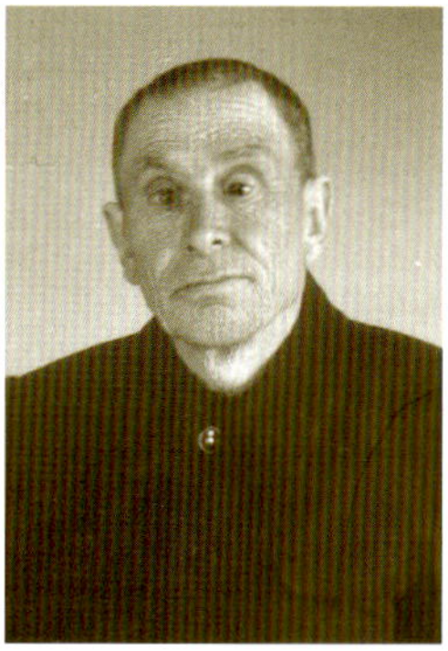

Heinrich Klassen
(1904-1994)

Am 12. Mai 1957 schloss sich David Klassen der Gemeinde an und wurde zusammen mit Abram Heidebrecht in den Vorberat hinzugewählt. David Klassen war ein Bruder mit hoher Autorität. Er hatte schon zwei Haftzeiten von insgesamt 17 Jahren für das Wort Gottes hinter sich,

Das erste Versammlungshaus der Mennoniten Brüdergemeinde in der Siedlung „33“. Familie Peter und Eugenie Rempel zu Besuch in Karaganda 1959. Stehend v.l.n.r.: Helene Wiebe (Harder), Theo Wiebe, Maria Klassen, Gredel Klassen (Penner), Heinrich Klassen, Elsa Bückert (Rempel), Heinrich Rempel, Helene Schneipel (Klassen), Jakob Rempel. Sitzend v.l.n.r.: Helene Rempel (Epp), Helene Harder (Rempel), Eugenie Rempel (Dyck), Peter Rempel, Margarete Klassen (Rempel), auf dem Schoß Elisabeth Schneipel. Vorne: v.l.n.r. Peter Rempel, Penner, Erwin Rempel, Heinrich Harder, Penner, Katharina Schneipel, Jakob Schneipel

war ein guter und energischer Prediger, der auch bereitwillig weite Reisen unternahm, um Geschwistern an anderen Orten zu dienen, hatte tüchtig beim Versammlungshausbau in Kopaj mitgeholfen - ein herzhafter Bruder, der jede Aufgabe anpackte. Am 16. Juni 1957 wurden Franz Ediger, Abram Friesen und David Klassen von Dietrich Pauls zu Predigern, und damit auch Gemeindevorstehern, eingesegnet.[3] Damit hatte Dietrich Pauls die Staffel des Dienstes an jüngere und stärkere Brüder weitergegeben und die Gemeinde bekam eine tatkräftige Leitung. Die zehn Brüder aus dem Vorberat waren auch die Wortverkündiger der Gemeinde.

Dietrich Pauls (1886-1966)

Versammlungen in der Siedlung „33“

Das erste Bethaus

Im März 1957[4] wurde in der Siedlung der Kohlengrube 33 eine „Semljanka“, also ein kleines, niedriges Lehmhaus mit flachem Dach, gekauft. Fleißige Hände rissen die Mittelwände heraus und richteten ein Versammlungshaus ein. Es wurden Bretter gekauft und einfache Bänke gezimmert. Seitdem fanden alle Versammlungen, Bibel- und Gebetsstunden in diesem Haus statt. Der Weg dahin war für viele beschwerlich, aber die Geschwister bemühten sich alle sehr darum und erlebten viele Segensstunden in dieser Lehmhütte.[5]

Der erste Chor

Schon 1952 hatte Wilhelm Töws begonnen, mit einigen Geschwistern in der Ortschaft „33“ deutsche Lieder einzuüben. Die Übstunden fan-

Chor der DMBG „33“. Jeweils von links, vierte Reihe: Jakob Kornelsen, Heinrich Klassen, Rudolf Klassen, Albert Klassen, Peter Görzen, Jakob Rempel. 3. Reihe v.l.n.r.: Anna Letkemann (Görzen), Heinrich Klassen, Johann Ebert, Jakob Görzen, Anita Thiessen (Klassen), Helene Wiebe (Harder). 2. Reihe: Alice Reger (Klassen), Anna Klassen (Quapp), Wilhelm Töws (Dirigent), Elsa Bückert (Rempel), Maria Kornelsen (Krieger). 1. Reihe: Adina Klassen (Görzen), Talita Klassen (Dück), Maria Siebert (Dück), Anna Rempel (Klassen)

---

[3] Nach Angaben von Abram Günter, Peter Thielmann (Extrablatt), Wilhelm Matthies.
[4] Nach den Erinnerungen von Peter Thielmann war es schon im Februar. Siehe S.34.
[5] Thielmann: Lebenserinnerungen. S.34.

den in Privathäusern statt. Dieser kleine deutsche Chor besuchte kranke Geschwister, die durch diesen Dienst reichlich gesegnet wurden. Die Lieder, die man sang, wurden abgeschrieben.

Als dann die MBG gegründet wurde, gab es auf der „33" schon einen kleinen Chor, den Wilhelm Töws und Jakob Dirks leiteten. Zu den ersten Sängern gehörten Peter und Maria Janzen, Gerhard und Margaretha Kröker, Ida und Maria Kröker. Später kamen Viktor und Margaretha Enns, Peter Görzen und andere dazu.[6] Anfänglich waren nur ältere Geschwister unter den Sängern, da die jüngeren schlecht deutsch lasen und das Ziffernsystem[7] nicht kannten. Doch das änderte sich bald und der Chor füllte sich mit jungen lernbegierigen und begeisterten Sängern.[8]

Versammlungen in Kirsawod

Zur gleichen Zeit versammelten sich Geschwister der MBG auch in Kirsawod-Melkombinat in Privathäusern. Die Osterversammlung fand im Hause von Erich und Margarethe Ziegenhagel statt. Johann Görzen, Jakob Delesky und Erich Ziegenhagel fertigten zu diesem Fest zehn Holzbänke an. Johann Friesen organisierte einen Chor, der zu Ostern zum ersten Mal in der Versammlung

Begräbnis am 12. November 1961 von Olga Majer, die Tochter von Susanne Löwen. Neben stehen Susanne Löwen, Wladimir und Lydia Majer, Jurij Majer. In dieser Erdhütte in Kirsawod in der Rishskaja Strasse 27 hatte die DMBG vom Stadtteil Kirsawod Gottesdienste und Singstunden vom September 1957 bis September 1959.

6 Zeugnis von Maria Janzen (geb. Töws) aus der Sammlung von E. Rempel.

7 Die Russlandmennoniten brachten aus Preußen die Melodieschreibweise „in Ziffern" mit, die stellenweise bis heute im Gebrauch ist. Siehe Peter Letkemann: „Das Ziffernsystem der Mennoniten in Russland." In: Rückblick 1/2005, S. 8-12.

8 Nach Angaben von Abram Günter, Peter Thielmann.

unter der Leung der Dirigenten Johann und Jakob Friesen sang. „Rollt ab den Stein, Jesus lebt!" - klang es deutsch durch das überfüllte Haus.[9]

Chor der DMGB aus Kirsawod ca. 1958/1959. Jeweils von links, 5. Reihe: Edmund Penner, Herbert Schönke, Johann Friesen, Jakob Friesen, Peter Friesen, Johann Görzen, Erich Kaminski, Rudi Bergmann (Dirigent). 4. Reihe: Peter Fast, Ernst Klassen, Willi Dück, Heinrich Töws, Jakob Friesen (Dirigent), Walter Dück, Johann Friesen (Dirigent). 3. Reihe: Lilli Penner, Anna Görzen (Delesky), Elsa Eiteneier, Justina Bergen, Frieda Dück, Elvira Harder, Maria Harder, Lori Friesen (Wolf), Siegrid Dirksen, Katja Gossen, Agnes Thiessen, Helene Penner, Liese Harder. 2. Reihe: Agnes Friesen (Nikolaus), Elli Koop (Penner), Adina Bergmann (Zacharias), Erika Thiessen, Gertrude Fast, Katharina Friesen, Sara Koop. 1. Reihe: Valentina Tröster, Liese Martens (Schönke), Margarethe Thiessen, Lilli Leyer (Harder), Anna Friesen, Susanne Löwen.

Chorgesang

Zur Probe, die „Singstunde" genannt wurde, wie zu den Gottesdiensten, versammelten sich die Geschwister in Privathäusern. Singstunden wurden oft bei Johann Friesen im Stadtteil Melkombinat auf der Wysokowoltnaja 118 am Dienstag durchgeführt. Vor den Festgottesdiensten wurden zusätzliche Chorübstunden am Freitag anberaumt. Ab und zu fanden Singstunden auch bei Harders, Deleskys, Dücks statt. In der Zeit, als die Versammlungen in der „Semljanka" auf der Rishskaja Straße stattfanden, wurden dort auch die Singstunden durchgeführt. Viele junge Sänger konnten weder deutsch lesen noch schreiben. So brachte Bruder Friesen ihnen erst das Lesen und Schreiben in Deutsch bei. Die Singstunden waren gleichzeitig ein deutscher Sprachkurs.

Dietrich Pauls sprach einmal über die Wichtigkeit des Chorgesangs, der wie ein Pflug die Erde auflockert, in die dann der gute Same des Wortes Gottes gesät wird. Die Lieder, die man noch aus dem Elternhause kennt, erweichen noch Jahrzehnte später die Herzen.

[9] Nach Angaben von Anna Görzen, geb. Delesky (Harsewinkel) und Peter Friesen (Neuwied).

Im Visier der Sowjetorgane

Wer sind diese Mennoniten?

Die Dokumente des Upolnomotschenyj bezeugen, wie genau die sowjetischen Staatsorgane die neue Gemeinde unter Aufsicht nahmen. Seit den 1920ern hatten die Geheimdienste immer wieder über ihre Schwierigkeiten mit den Mennoniten berichtet. Die Gemeinschaft der Mennoniten war schwieriger aufzubrechen und zu zerstören als andere, weil sie so stark zusammenhielt. Jetzt, als die Mennoniten wieder auftauchten, wurde bis in die höchsten Ebenen Alarm geschlagen. Sollten denn alle Umerziehungsbemühungen der Kommunisten und der Sowjetmacht fruchtlos geblieben sein?

Die neue Situation in Karaganda wird von Moskau aus untersucht

An den stellvertretenden Vorsitzenden des Rates für Religionsangelegenheiten Gostew W.I.

Berichtsschreiben über die Ergebnisse der Dienstreise des Oberinstrukteurs Genosse Murtusow A.A. nach Karaganda zur Untersuchung der Tätigkeit der Mennoniten im Mai 1957

„[...] Von der Religionszugehörigkeit überwiegen unter den Deutschen wohl die Lutherischen, aber es gibt auch Katholiken, Baptisten und Mennoniten. Die letzteren nennen sich nicht offen Mennoniten und ziehen es meistens vor, unter dem Schild der EChB zu agieren. Sie gehören zur registrierten Gemeinde und zu den nichtregistrierten Gruppen der EChB, oder organisieren eigenständige Gruppen, aber geben sich als EChB aus und bitten nicht um Registrierung als Mennoniten, sondern als EChB, auch wenn sie es nicht sind.

So ist es in der registrierten EChB-Gemeinde in Karaganda, sie zählt mehr als 1200 Mitglieder, von denen über 50% deutschstämmig sind. Unter ihnen, wie der Älteste Jewstratenko erklärte, gibt es viele Mennoniten [...]

Ende 1956 ging ein Teil von ihnen aus der EChB-Gemeinde, bildete aus Deutschen eine eigene Gruppe von 200 Personen und begann unter der Leitung des Predigers Klassen Jakob Davidowitsch, 65 Jahre alt, selbständig zu wirken, indem sie sich als eine Deutsche Brüdergemeinde der Evangeliumschristen ausgeben.

Die Gruppe hat einen eigenen Chor mit 23 Sängern. Im Februar 1957 kaufte die Gruppe ein geräumiges Haus in der Siedlung der Kohlengrube 33/34 des Stalinrayons der Stadt Karaganda. Die Gottesdienste werden vier Mal pro Woche durchgeführt: sonntäglich zwei Mal, am Mittwoch und Samstag je ein Mal.

Außerdem hat diese Gruppe eine Filiale in der Tschetskaja Straße 57.

Der äußere Grund des Ausgangs eines Teils der Mennoniten aus der EChB-Gemeinde war die Ablehnung von Seiten des Ältesten Jewstratenko der Bitte, eigenständige Versammlungen ganz in deutscher Sprache durchzuführen.

Die Sonderuntersuchung der Tätigkeit der Gruppe von Klassen ergab, dass es eine mennonitische Gruppe gemischt aus Brüdern und Kirchlichen ist, auch wenn Klassen vor dem Upolnomotschenyj behauptet, sie seien EChB.

Außer der Gruppe von Klassen hatte der Upolnomotschenyj Adikow im Gebiet vier nicht registrierte Gruppen aufgedeckt, die sich auch als EChB ausgeben, aber hauptsächlich aus Deutschen bestehen. Das sind die Gruppen in Balchasch, Temirtau, Dsheskasgan und Kornejewka. Von diesen Gruppen wurde die Gruppe in Temirtau untersucht und es stellte sich folgendes heraus: die Gruppe besteht aus mehr als 100 Personen, von denen 60% deutschstämmig sind, von denen wiederum 2/3 Mennoniten sind und die anderen Lutherische. Diese Gruppe baute ein Bethaus auf dem Grundstück von Voth Margarete Fedorowna, einer Kranführerin des Metallurgiewerkes [...] Anfang des laufenden Jahres hatte diese Gruppe ein Gesuch zur Registrierung als EChB eingereicht. Dieses Gesuch liegt bei dem Upolnomotschenyj und wurde dem Exekutivkomitee des Gebiets nicht zur Behandlung vorgelegt. Die Leiter sind Fast Iwan Jakowlewitsch, 73 Jahre alt, von den Deutschen, und der Älteste Bogatskij Maksim Makarowitsch, von den Russen.

In Temirtau wurde auch eine lutherische Gruppe aus 200 Personen gefunden, deren Versammlungen 20-25 kirchliche Mennoniten besuchen [...]

Nach der Untersuchung kamen wir zu folgenden Schlüssen:

1. In den de facto wirkenden EChB-Gruppen, in denen es deutschstämmige Gläubige gibt, sind diese meistens Mennoniten, die bestrebt sind unter dem Aushängeschild der EChB zu wirken.

2. Dem Upolnomotschenyj Genosse Adikow ist zu raten, in den nächsten 2-3 Monaten die Tätigkeit der Mennoniten vollständig zu untersuchen und das sowohl in der Stadt Karaganda, als auch im gesamten Gebiet. Dann sollte er dem Rat [für Religionsangelegenheiten], dem Upolnomotschenyj der Republik und den Gebietsbehörden ausführliche Informationen vorlegen.

Quelle: SAKG, F.1364, L.1a, A.30, S.240-243.

Sprawka über die Tätigkeit neu aufgedeckter Gruppen von Gläubigen im Gebiet [...] für das 1. Halbjahr 1957

[Als erste Gruppe wird die Gruppe in der Siedlung 33 genannt. Als zweite die Filiale in Kirsawod, die sich in der Straße Lugowaja 17 eingemietet haben soll[1]. Auch hier werden vier Gottesdienste in der Woche durchgeführt.] Diese zwei Gruppen werden vom Prediger Klassen Jakob Davidowitsch [...] geleitet. Er hat 10 Jahre Haft für antisowjetische Taten hinter sich. Zurzeit arbeitet er als Buchhalter in der Transportabteilung (transportnyj zech) des Kombinats „Karagandaugolj".

Die Mennoniten hatten ein schriftliches Gesuch zur Registrierung ihrer Gruppen eingereicht. Dieses Gesuch habe ich mündlich abgelehnt unter dem Vorwand, dass ihr Bethaus nicht auf einem vom Stadtrat zum Bau genehmigten Grundstück erbaut ist.

Zur Orientierung: Mennoniten sind eine unter den Deutschen verbreitete religiöse Strömung. Es ist eine protestantische Sekte, deren religiöse Lehre der Lehre der Evangeliumschristen-Baptisten ähnlich ist, unter deren Aushängeschild sie sich manchmal verbergen. An einigen Stellen sind sie bis heute strenge „Antimilitaristen", also sie lehnen den Fahneneid und den Militärdienst, die Verteidigung der Heimat mit der Waffe ab, aber diese Ansichten verbergen sie oft.

Vor der Oktoberrevolution waren die Mennoniten in Russland von der Waffe befreit, wurden nicht zum Militär eingezogen, sondern leisteten ihre obligatorische Staatsdienstzeit bei Hilfsarbeiten ab [...]

Quelle: SAKG, F.1364, L.1a, A.30, S.214-219

1 Das Finanzamt schreibt von Lutherischen mit dieser Adresse. SAKG, F.1364, L.1a, A.26, S.20 Rückseite.

In den Akten befinden sich die Eingaben zur Registrierung mit einer Mitgliederliste samt Adressen. Außerdem wurden die leitenden Brüder zur Verantwortung gezogen. Am 18.5.1957 mussten Gerhard Harder und Franz Ediger jeweils eine Autobiographie für den Upolnomotschenyj schreiben, am 20.5.1957 Abram Friesen und etwa in derselben Zeit auch Jakob Klassen.[10] Später, am 23. September 1957, schrieb David Klassen schon als Ältester auch eine Autobiographie.[11]

10 SAKG, F.1364, L.1a, A.43, S.9-10, 35-37.
11 SAKG, F.1364, L.1a, A.43, S.11.

Ein verbannter Prediger mischt sich ein

Der theologisch gebildete weißrussische Prediger M.S.Wastschuk[1] war im Juni 1956 aus dem Karlag freigekommen und siedelte in Karaganda an. Er knüpfte verschiedene Kontakte mit den Gläubigen der Stadt und schrieb bald über die Ursachen der Abspaltung der deutschen Brüder von der EChB-Gemeinde einen Brief an den WSEChB. Bald musste er vor den Upolnomotschenyj, dem er erst einmal einen ausführlichen Lebenslauf (6.5.1957) und dann eine Erklärung über seinen Brief an den WSEChB abliefern musste.[2] In diesem Schreiben weist er darauf hin, dass die deutschen Brüder gerne mit den russischen Brüdern in einer Gemeinde geblieben wären. Die Hauptursache der Abspaltung der deutschen Brüder, genau so wie der früheren Abspaltung russischer Brüder mit Kolesnikow, sieht er in der Person des Ältesten Jewstratenko, dessen „Heuchelei und Unwahrheit" die Geschwister nicht dulden konnten. Wegen Jewstratenko soll auch die Vereinigung mit den Pfingstlern geplatzt sein. „Außer der großen Spaltung in der Siedlung der Kohlengrube 33, sind derselben Ursache wegen schon viele Gläubige in verschiedene Irrlehren und Sekten gegangen. Wenn die Lage sich nicht zum Besseren wendet, kann die Gemeinde sich ganz in die verschiedene Ecken von Karaganda zerstreuen." Wastschuk beschuldigte Jewstratenko, mit allen in Zwist gekommen zu sein, worüber er nicht schweigen könne.

1 M.S.Wastschuk (*1904) hatte eine Bibelschule in Riga besucht und danach im Seminar in London studiert, sprach viele Sprachen und war vor dem Zweiten Weltkrieg in Polen als Prediger und Herausgeber einer Zeitschrift sehr aktiv. Von 1950 bis 1956 war er im Karlag inhaftiert. Nachdem er freikam, versuchte er sofort einen Platz in dem Baptistenbund zu finden.
2 Brief an den Upolnomotschenyj vom 18.6.1957. SAKG, F.1364, L.1a, A.19, S.163-167.

Tauffest am 8.September 1957. Bruder Franz Ediger geht mit den Täuflingen ins Wasser.

Gemeindewachstum

Tauffeste 1957

Die Gemeindemitgliederzahl der MBG wuchs sehr schnell. Bei der Gründung im Dezember 1956 waren es 21 Mitglieder gewesen, im Mai 1957 waren es schon 84.[12] Die Versammlungen wurden aber von viel mehr Leuten besucht. So konnte zum Beispiel das Versammlungshaus auf „33" bald nicht mehr alle Besucher fassen und wurde vergrößert. Der Umbau ging schnell vonstatten und war im Juni abgeschlossen.[13] Das Haus fasste nun etwa 200 Leute.

Der darauf folgende Sommer brachte eine richtige Wachstumsexplosion, so dass bis Ende 1957 die Mitgliederzahl bereits auf 450 angewachsen war, bis Ende 1958 auf etwa 770 und Ende 1959 auf 980. Dabei waren in diesen drei Jahren nur

[12] Thielmann: Lebenserinnerungen. S.35.

[13] Nach Angaben von Peter Thielmann. Otto Wiebe schreibt dazu: „Die Gemeinde bemüht sich, ihr Versammlungshaus über die Sommermonate 1957 einzurichten. Es gelingt ihr auch." Otto Wiebe: Ein Leben unter der Gnade.

Beim ersten großen Tauffest am 30. Juni 1957 wurden 92 Geschwister durch die Taufe im Fluss Sokur der Gemeinde zugetan.

sieben Personen gestorben, sechs ausgeschlossen und 22 waren größtenteils wegen Umzug ausgeschieden. Der Zuwachs setzte sich sowohl aus Geschwistern zusammen, die noch vor der Verfolgung getauft worden waren, als auch aus Neugetauften, die sich in der Leidenszeit bekehrt hatten oder sich jetzt bekehrten,[14] und durch den Übergang aus der Baptistengemeinde, letzteres vor allem in den Jahren 1957 - 1958. Im Blick auf diese Erweckung und das schnelle Wachstum sagten die lehrenden Brüder der MBG immer wieder: „Wir sind gerade zur Ernte gekommen, jene [gemeint waren die Prediger der Baptistengemeinde Peter Bergmann, Gerhard Tjart, Johann Fast, Johannes Fast u.a.] haben gesät und wir haben zu ernten."[15]

Wachstum der DMBG Karaganda in den ersten drei Jahren

Jahr	Aufgenommen		Verlassen		Rest
	Insgesamt	Durch Taufe	Insgesamt	Davon gestorben	
1957	01. Jan				21
1957	01. Mai				84
1957	430	251	3		448
1958	340	128	7	3	781
1959	222	90	19	4	984

Aus der Gemeindeliste der DMBG 1957-1959

Willi Berg kam aus einem 700 km entfernten Dorf nach Karaganda, weil er von deutschen Versammlungen in Karaganda gehört hatte. Als er den Gesang hörte, erinnerte er sich an seine Mutter, die er als Kind verloren hatte, und weinte die ganze Versammlung durch. Als am Schluss zum Gebet aufgefordert wurde, sagte er sein von der Mutter gelerntes Kindergebet: „Lieber Heiland, mach mich fromm..." Kein Auge blieb da trocken.[16]

Vier Tauffeste 1957

Im Juni 1957 stellte der russische Bruder Bednikow seine Wohnung in Kirsawod für die Versammlungen zur Verfügung. Dort konnten die Aussprachen der Täuflinge und ihre Einsegnung nach dem ersten Tauffest am 30. Juni 1957 stattfinden. Die 92 Seelen wurden in dem kleinen Steppenfluss Sokur hinter Kirsawod, weit außerhalb der Stadt, von David Klassen und Franz Ediger getauft und von David Klassen eingesegnet. Bei der Prüfung der Täuflinge saß der Upolnomotschenyj S. Adikow am Tor und schrieb die

[14] Zahlen der Täuflinge: 1957 - 251, 1958 – 202.
[15] Nach Angaben von Abram Günter, Wilhelm Matthies und der Gemeindeliste.
[16] Erzählt von

Tauffest am 2. August1957. Insgesamt wurden 1957 in der MBG 251 Seelen getauft.

Beim Tauffest am 2. August 1957 hinter der Siedlung „33“ im Teich an der Bahnlinie. Es wurden 65 Geschwister von Franz Ediger getauft.

Namen der Leute auf. Jemand der leitenden Brüder sagte dazu: „Lasst ihn, solange er nicht reinkommt und stört.“[17]

Weil die Räume in Bednikows Wohnung klein waren, wurden die Zwischenwände ausgebrochen, um einen größeren Versammlungsraum zu schaffen. Doch bald wurde Bruder Bednikow von der Obrigkeit gezwungen, die Wohnung der Gemeinde wieder wegzunehmen.[18]

Am 2. August 1957 wurden 65 Seelen und am 14. August weitere 46 Seelen hinter der Siedlung „33“ im Wasserteich an der Bahnlinie getauft. Beide Taufen und Einsegnungen vollzog Franz Ediger. Am 8. September 1957 fand das vierte große Tauffest mit 48 Täuflingen an demselben Ort statt, mit den Täufern Franz Ediger und David Klassen, letzterer segnete die neuen Gemeindeglieder ein. So wurden 1957 insgesamt 251 Seelen getauft und der Gemeinde zugetan.[19]

Zusammensetzung und Sprache der Gemeinde

Unter den Neubekehrten waren viele nicht mennonitischer Herkunft, denn obwohl die Mennoniten immer noch die Mehrheit ausmachten, hatte doch die Erweckung breite Kreise gezogen und auch Einzelne und ganze Kreise von den Lutherischen, Baptisten und sogar Katholiken ergriffen. Im Nachhinein kann man feststellen, dass das echte Christentum durch die Familie und besonders durch klare geistliche Kindererziehung den Boden für die Erweckung vorbereitete.

[17] Abram Günter, Interview vom 12.6.2006.
[18] Nach Angaben von Johann Görzen, Abram Günter, Peter Thielmann und Fotos aus der damaligen Zeit.
[19] Thielmann: Lebenserinnerungen. S.35.

Sprachlich setzte sich die Gemeinde außer der Mehrheit der plattdeutschen und hochdeutschen „Menisten"[20], aus Wolgadeutschen, Wolyniern und Schwaben zusammen. Alle wurden durch die Glaubenstaufe unabhängig von ihrer Herkunft zur Gemeinde dazu getan. So erwies sich ein weiteres Mal, dass Mennoniten nicht in erster Linie eine Volksgruppe, sondern eine Glaubensgemeinschaft sind. „Nicht durch Geburt wird man Mennonit, sondern durch die Wiedergeburt. Jeder, der sich für den Herrn entschied, nahm das Kreuz der Verfolgung auf sich, und doch bekehrten sich viele."[21]

In großenteils russischer Umgebung mit ausschließlich russischen Schulen und einer feindlichen Stellung zu allem Deutschen und allem Christlichen, unter starkem ideologischen Druck musste man zwangsweise eine starke Widerstandskraft gegen alle Assimilierungskräfte aufbringen. Diese Widerstandskraft war vornehmlich geistlicher Natur. Die Bewahrung des heiligen geistlichen Erbes erforderte auch die Bewahrung der Sprache, in der das geistliche Erbe vermittelt wurde. Dabei wurden auch manche christliche Volkssitten erhalten. Bezeichnend war, dass nicht das angestammte Plattdeutsch, sondern gerade die Erhaltung der hochdeutschen Schriftsprache von der Gemeinde angestrebt wurde. Die Sprache der geistlichen Arbeit war ein stark von der Lutherbibel[22] und den geistlichen Büchern der Jahrhundertwende geprägtes Hochdeutsch. Viele sprachen hochdeutsch mit starkem westpreußischem oder plattdeutschem Akzent, andere aber wolynisch oder schwäbisch. Manche aus der jüngeren Generation mussten den freien Gebrauch des Hochdeutschen erst lernen. Das Plattdeutsche wurde von vielen, aber lange nicht allen, als Haussprache gepflegt.

Abschiedsfest von der Familie des reichsdeutschen Kriegsgefangenen Erich und seiner Frau Rosalia Schmidtke bei Johann Dück (Blumendück) auf der Orschanskaj Strasse in Kirsawod 1958. Die Familie reist nach Deutschland aus

[20] So klingt das Wort „Mennoniten" in Plattdeutsch.
[21] Wölk: Mennoniten-Brüdergemeinde in Rußland. S.110-111.
[22] Lutherdeutsch nach den Fassungen von 1892 und 1912.

Reisepredigt und Zuzug von Gläubigen

Seit der Befreiung von der Kommandantur 1956 reisten manche deutsche Prediger durch das Land und viele besuchten auch ihre Verwandten und Freunde in Karaganda. Hier wurden sie mit beiden Gemeinden bekannt. Als Besucher der MBG wurden sie frei zur Predigt aufgefordert und konnten so den Geschwistern mit gesegneten Predigten dienen. Darunter waren z.B. Otto Wiebe aus Makinsk um die Osterzeit 1957[23], Epp aus Tscheljabinsk, Gerhard Hamm („Brat Grischa") aus Workuta, David Dav. Klassen[24] aus Nowosibirsk, der dort für unerlaubte Evangelisation in den Dörfern sogar aus der Baptistengemeinde ausgeschlossen wurde.

Silberhochzeit in Makinka. Otto Wiebe, Rudolf Klassen und Frieda Klassen sind auch zugegen

Die überwältigenden Eindrücke bewogen Otto Wiebe dazu, bei einer seiner ersten Predigten in der Mennoniten-Brüdergemeinde zum Text von Hesekiel 47,1ff zu sprechen über das Thema: „Gott fängt immer ganz klein an und mit der Zeit wird es unermesslich groß." Er sprach von der Quelle, die unter der Schwelle des Tempels hervorkam und zu einem großen Strom anschwoll, den der Prophet nach etlichen Tausend Ellen nicht mehr ergründen konnte. Das war wie ein prophetisches Wort für Karaganda. Der Strom der beginnenden Erweckung sollte auch wirklich stark anschwellen. Johannes Fast aus Kopaj sagte „Der Gnadenwagen geht noch durch Karaganda."[25]

Etliche dieser Besucher zogen dann bald selber nach Karaganda und machten sich sofort mit Eifer an die Arbeit. Dazu gehörten z.B. Heinrich

[23] Wiebe Otto: Ein Leben unter der Gnade.
[24] Nicht zu verwechseln mit dem Prediger David Joh. Klassen aus Karaganda.
[25] Über die Predigt von Otto Wiebe nach Wiebe: Ein Leben unter der Gnade und Erinnerungen von Abram Günter

Klassen aus Pawlodargebiet und Otto Wiebe aus Makinsk im Juni 1957.[26] Die Gruppe von Gläubigen aus Ojasch zog fast vollständig im März 1959 gemeinsam nach Karaganda.

Die Organisation der Gemeinde

Ältestenwahl

Am 12. September 1957[27] wurde David Klassen von der Gemeinde zum Ältesten gewählt. Zuerst zögerte er und sagte: „Ein verbranntes Kind hat Angst vor dem Feuer", denn er hatte schon zwei Straffristen hinter sich. Schließlich willigte er mit den Worten: „HERR, du hast mich überredet, und ich habe mich überreden lassen; du bist mir zu stark geworden und hast mich überwunden!" (Jeremia 20,7) in diesen Dienst ein.

[26] Wiebe Otto: Ein Leben unter der Gnade.
[27] So nach Matthies: Mennoniten-Brüdergemeinde Karaganda S.1. Nach Peter Thielmann war es am 2. September 1957. Der Upolnomotschennyj hat bei dem Gespräch den 8.9.1957 festgehalten, siehe SAKG, F.1364, L.1a, A.43, S.14-15.

Die erste Leitung der MBG in Karaganda. Sitzend David Klassen, Gerhard Harder. Stehend Abram Friesen

Maßnahmen gegen die Gläubigen

Am 25. Mai erließ das Büro des Gebietskomitees der KP eine Verordnung „Über die Maßnahmen zur Stärkung der antireligiösen, wissenschaftlich-atheistischen Propaganda im Gebiet." Über diese Maßnahmen und ihre Erfolge berichtet der Upolnomotschenyj im Dezember 1957:

„In dieser Verordnung wurde den Exekutivkomitees des Gebiets, der Städte und der Rayons vorgeschlagen, Maßnahmen zu ergreifen, um die Tätigkeit der illegalen religiösen Gruppen, der Wanderprediger der religiösen Kulte und die Einrichtung nicht registrierter Bethäuser, Moscheen, Kirchen zu unterbinden. Nach dieser Verordnung wurde die antireligiöse Propaganda im Gebiet verstärkt. Die Zeitungen berichteten mehr zu atheistischen Themen, es wurde ein Seminar für die Betreiber atheistischer Propaganda durchgeführt. Die Finanzämter haben das Einkommen der Kultusdiener der nicht registrierten Gemeinden nach den Listen des Upolnomotschenyj überprüft und besteuert.

Trotz dieser Maßnahmen [...] setzen die nicht registrierten Gruppen [...] ihre Gottesdienste in dazu gekauften Häusern weiter fort.

Deswegen haben die Exekutivkomitees der Sowjets in Karaganda (in den Rayons Schachtinskij, Stalinskij, Leninskij, Kirowskij), Saran und Temirtau Bethäuser der Mennoniten, Katholiken und Lutherischen geschlossen und verplombt. Doch haben diese Gruppen mit ihrer Tätigkeit nicht aufgehört, sondern setzen sie, in kleinere Gruppen aufgeteilt, in Häusern der Gläubigen fort. Die Gläubigen äußern ihre Unzufriedenheit über die Schließung ihrer Bethäuser in Klagen an höhere Regierungsinstanzen der Republik und der Sowjetunion. Aber auch am Ort kommen Gruppen der Gläubigen in die Partei- und Sowjetorgane und bitten um Erlaubnis für Gottesdienste und die Registrierung der Gemeinden. Diese schriftlichen oder mündlichen Klagen und Gesuche werden im Exekutivkomitee des Gebiets aus verschiedenen Ursachen abgelehnt [...]"

Quelle: Ein Geheimbericht des Upolnomotschenyj an den Rat für Religionsangelegenheiten vom 25.12.1957; SAKG, F.1364, L.1a, A.30, S.202-205.

Aus der Unterredung mit dem Upolnomotschenyj

Am 23. September kommt es zu einer Unterredung mit dem Upolnomotschenyj, dessen Notizen im Archiv erhalten sind. Der Name, Geburtsdaten und Wohnort des Ältesten werden festgehalten, sowie die Adresse des ersten Bethauses (Sewernaja 75 in der Siedlung „33“), die Zeiten der regelmäßigen Versammlungen (mittwochs um 18-19 Uhr, samstags um 18-19 Uhr, sonntags um 9-10 Uhr und 18 Uhr) und die Besucherzahlen (bis zu 350 am Sonntag, sonst ca. 150). Der Chor aus 30 Sängern ist erwähnt, ebenso wie die zwei Dirigenten Töws Was. David. (60 Jahre) und Derks Jakob (50 Jahre). Unter den Besuchern sei der Anteil der Frauen 70% und der Jugendlichen 30%.

Über das zweite Bethaus steht da, es sei eine Erdhütte in der Nähe des Friedhofs, gekauft für 5.250 Rubel am 10.9.57. Als Zeiten der regelmäßigen Versammlungen sind angegeben: mittwochs um 18–19 Uhr, samstags um 18-19 Uhr, sonntags um 10 Uhr und 17 Uhr. Musik gäbe es nicht, aber einen Chor aus 20 Sängern mit dem Leiter Friesen Johann (60 Jahre).

Ferner ist festgehalten, dass Klassen David Iw. am 8.9.1957 als Leitender bestimmt worden ist und dass Klassen Jakob D., Wiebe Otto, Klassen Heinrich Iw. Prediger seien.

Der Gemeinderat (Vorberat):

1. Klassen D.Iw.
2. Klassen Jakob
3. Töws Was.Dav. (Chorleiter)
4. Wiebe Otto
5. Klassen Heinrich
6. Friesen Abram
7. Ediger Franz
8. Harder Gerhard
9. Enns Johann
10. Klassen Johann
11. Pauls Dietrich

Kassierer: Heidebrecht Abram.

Revisionskommission: Derks Jakob, Derks Wasilij, Bergen Benjamin.

Ursache der Abteilung von der EChB-Gemeinde: 1) Predigt in Deutsch; 2) inhaltlich nicht einverstanden; a) ohne mit der deutschen Gemeinde zu beraten; b) [...]

Taufen: 30.06. im Sokur von 6 Uhr morgens – 92 Personen; 8.09. in der Siedlung „33/34“ – 46 Personen von Klassen David Iw. und Ediger Franz.

Am 21.09. hatte das Exekutivkomitee mit dem Rayonparteikomitee die Versammlung besucht und aufgefordert, den Gottesdienst abzubrechen und das ohne Plan gebaute Bethaus abzutragen.

Quelle: SAKG, F.1364, L.1a, A.43, S.14-15.

Gemeindename

Im Oktober 1957 nahm die Gemeinde endgültig den Namen „Deutsche Mennoniten-Brüdergemeinde“ an.[28] Damit hatte die neue Gemeinde sich auf das Glaubensbekenntnis und die Gemeindeform der 1860 entstandenen Mennoniten-Brüdergemeinde festgelegt. Dies war ein Bekenntnis zu Gottes Führungen in der Vergangenheit und gleichzeitig ein Vermächtnis für die Zukunft. Die höchste Autorität in Lehrfragen und in der Praxis war und blieb die Heilige Schrift, das Glaubensbekenntnis war nur Ausdruck und kurze Zusammenfassung ihres Verständnisses.

Erste Schwierigkeiten– Schließung des Versammlungshauses auf „33“

Bis zum Erntedankfest im Oktober 1957 konnte die MBG ungestört ihre Versammlungen durchführen. Doch die schnell wachsende Gemeinde war ein Dorn im Auge der atheistischen Machthaber und die Vorsteher der Stadt

[28] Matthies: Mennoniten-Brüdergemeinde Karaganda. S.1.

entschlossen sich, zu handeln. Die Morgenversammlung am Erntedankfest konnte im Bethaus auf „33" mit viel Freude und Segen gefeiert werden. Am Nachmittag aber erschien eine Deputation aus acht Personen von der Stadtverwaltung und Polizei mit dem Direktor der Kohlengrube 33 und dem ersten Sekretär des Rayonparteikomitees an der Spitze. Sie versiegelten die Tür des Versammlungshauses.

Erntedankfest im Oktober 1957 im ersten Gemeindehaus der DMBG „33". Dieses Gemeindehaus konnte kaum acht Monate genutzt werden, bevor es von der Regierung geschlossen wurde.

Als dann die Besucher zum Nachmittagsgottesdienst ankamen und beratschlagten, was weiter zu machen wäre, lud jemand alle in sein Haus ein und eine Gebetsstunde wurde gehalten. Die Bänke aus dem Versammlungshaus wurden durchs Fenster herausgeholt und die Versammlungen weiter in Privathäusern durchgeführt. Manchmal wussten die Mitglieder bis kurz vor der Versammlung nicht, wo diese stattfinden würde. Es fanden sich jedoch immer Geschwister, die bereit waren, zu diesem Zweck ihr Haus aufs Spiel zu setzen.

Da die meisten Häuser nicht für große Versammlungen geeignet waren, mussten jedes Mal alle Möbel hinausgetragen und die Bänke aufgestellt werden. Meistens machte das die Jugend beim Mondschein. Später gestattete die Obrigkeit, aus dem Versammlungshaus drei Wohnungen für ältere Glaubensgeschwister einzurichten, als eine Art Altenheim. Später wurden die Versammlungen in der Siedlung „33" abwechselnd bei Otto Wiebe und Heinrich Thiessen gehalten.

Im Februar 1958 in der Siedlung „33" unterwegs zur Versammlung. 1. ?, 2. Talita Klassen, 3. Käthe Matthies, 4. Emil Fenske, 5. Walja Dick (Fast), 6. Hanna Dück, 7. Georg Dick

Erneute Versuche der Legalisierung

Um die Versammlungen leichter durchführen zu können, versuchten die Mennonitenbrüder von Anfang an, ihre Gemeinde registrieren zu lassen. Im März 1957 wandten sie sich an den Upolnomotschenyj für Religionsangelegenheiten mit der Bitte um Genehmigung zur Eröffnung eines Bethauses, die unbeantwortet blieb. Am 10. November 1957 richteten sie dann ein mutiges Gesuch an das Gebietsexekutivkomitee und gleichzeitig an den Staatsanwalt des Gebiets,[29] in dem sie um die Registrierung der Gemeinde oder zumindest

[29] Gesuch der MBG an den Vorsitzenden des Rayonexekutivkomitees vom 10.11.57; Gesuch der MBG an den Gebietsstaatsanwalt vom 10.11.57. SAKG, F.1364, L.1a, A.43, S.21-24.

Was der Upolnomotschenyj zu tun hat

Am 30. Oktober 1957 schreibt der Upolnomotschenyj des Rates für Religionsangelegenheiten für Kasachstan an Adikow, den Upolnomotschenyj für das Karagandagebiet:

„Die Leiter der Mennonitensekte aus Karaganda Klassen D.I. und Harder G.P. haben sich mit einer Eingabe an uns gewandt und klagen, dass Sie ihnen keine eingehende Antwort auf ihr Gesuch über die Eröffnung eines Bethauses geben. Sie müssen diese Gemeinde genauer erforschen, denn sie ist mit 422 Mitgliedern ziemlich groß. Sie müssen eine Liste aller Mitglieder der Gemeinde haben und ständig ihre Tätigkeit beobachten.

Auf ihr Gesuch um Registrierung müssen Sie erklären, dass Mennonitengemeinden als selbständige Vereinigungen nicht registriert werden. Doch die Gläubigen dieser Sekte können Mitglieder der nächsten registrierten EChB-Gemeinde werden und da können sie mit den anderen Mitgliedern der Gemeinde in deren Betversammlungen ihre religiösen Bedürfnisse erfüllen.

Beachten Sie auch, dass der Rat für Religionsangelegenheiten Ihnen eine extra Weisung gab, Predigten in deutscher Sprache in der EChB-Gemeinde Karaganda zuzulassen."

Quelle: SAKG, F.1364, L.1a, A.26, S.210.

Eine mutige Eingabe

An den Vorsitzenden des Gebietsexekutivkomitees von Karaganda
Von der Mennoniten-Brüdergemeinde Karaganda (Sewernaja 75)

Unsere Gemeinde wurde im Februar 1957 gegründet. Im März reichten wir über den Upolnomotschenyj Genossen Adikow ein Gesuch auf Ihren Namen ein. Wir baten um die Erlaubnis zur Durchführung der Gemeindeversammlungen in zwei Bethäusern:

1) in der Siedlung „33", Sewernaja 75,
2) in der Siedlung Kirsawod, Rishskaja 27 [...]

Nun sind schon neun Monate vergangen und wir haben weder eine positive noch eine negative Antwort vom Gebietsexekutivkomitee bekommen.

In der letzten Zeit beunruhigten uns das Exekutivkomitee des Stalinrayons und die Miliz mit der Forderung, unser Bethaus als nicht registriert zu schließen, andernfalls drohten sie mit verschiedenen Maßregeln. (Dabei sind wir viele Male bei dem Upolnomotschenyj gewesen und baten um Registrierung.) Letztendlich schloss das Stalin-Rayonexekutivkomitee das Bethaus in der Siedlung der Kohlengrube 33.

Laut der Verfassung hat die Sowjetmacht im Dekret vom 5.02.1918 die Gewissensfreiheit proklamiert und jegliche mit der Religion verbundene Einschränkungen aufgehoben. Jeder darf frei eine beliebige Religion bekennen. Dasselbe Dekret genehmigt die freie Ausübung religiöser Riten (Art.124). Was haben wir aber in der Tat? Die Handlungen des Stalin-Rayonexekutivkomitees verstoßen gegen die Verfassung.

In der Verordnung des ZK der KPdSU vom 10. November 1954 steht: „in einigen Rayons haben Ortsbehörden und Einzelpersonen administrative Einmischungen in die Tätigkeit religiöser Vereine zugelassen. Solcherart Fehler widersprechen grundsätzlich dem Programm und der Politik der Kommunistischen Partei in Bezug auf Religion und die Gläubigen, sie verletzen die mehrfachen Anordnungen der Partei über die Unzulässigkeit der Beleidigung der Gefühle eines Gläubigen." Sind die Handlungen des Stalin-Rayonexekutivkomitees nicht solche administrative Einmischungen in die Tätigkeit einer Gemeinde?

Unsere 429 Mitglieder und die 300 weiteren Besucher unserer Versammlungen sind sehr beunruhigt wegen der Schließung des Bethauses, denn sie sind ohne Betversammlungen geblieben. Sie sind in ihren bürgerlichen Rechten diskriminiert. Es existiert ja eine russische evangelische Gemeinde, die vom Gebietsexekutivkomitee Karaganda registriert ist. Auch an anderen Orten der Sowjetunion gibt es registrierte Gemeinden. Wir, deutsche Mennoniten, sind in Karaganda in viel größerer Zahl als die russischen Christen-Baptisten. Haben wir uns nicht in den Betrieben als gleichberechtigte Bürger der Sowjetunion erwiesen? Wenn das so ist, haben wir dann nicht das Recht auf eine eigene Gemeinde und ein Bethaus?

Deshalb bittet unsere Gemeinde und andere deutsche Mennoniten Sie inständig um die Erlaubnis, Gebetsversammlungen durchzuführen, oder wenigstens darum, dass Sie das Stalin-Rayonexekutivkomitee anweisen, ihr Verbot über unser Bethaus in der Siedlung der Kohlengrube 33 aufzuheben.

Gemeindeleiter: Klassen Dav. Iw.

Auf der ersten Seite steht:
An G[enossen] Adikow – untersuchen Sie die Sache und bereiten Sie eine Antwort vor

/Unterschrift/
11.11.57

Quelle: SAKG, F.1364, L.1a, A.43, S. 21-22.

um Genehmigung der Versammlungen baten. Am 27. November richteten sie dasselbe Gesuch an K.E. Woroschilow, den Vorsitzenden des Obersowjets der UdSSR[30] und am 27.12.1957 wieder ein Schreiben an den Vorsitzenden des Gebietsexekutivkomitees: „Wir haben auf unser voriges Gesuch keine Antwort bekommen, doch wir bitten wieder um dasselbe, denn wir wissen jetzt, dass Sie uns diese Erlaubnis geben können. Unsere Vertreter waren in

Innenansicht des ersten Gemeindehauses der DMBG in der Ortschaft „33". Links stehend Elisabeth Löwen mit ihrer Tochter Helene Thiessen (Löwen)

Moskau im Komitee für Religionsangelegenheiten, wo ihnen gesagt wurde, dass diese Frage nur die Ortsverwaltungen entscheiden. Deshalb bitten wir, alle 430 Mitglieder unserer Gemeinde, dass Sie uns unsere Bitte nicht abschlagen und unser Bethaus in der Siedlung „33" eröffnen lassen."[31] Dieses Gesuch unterschrieben 27 Brüder.

Insgesamt fünf Mal versuchte die Gemeinde 1957, sich legalisieren zu lassen, doch ihre Gesuche wurden abgelehnt, wie auch die Gesuche anderer Gemeinden und Konfessionen im Gebiet Karaganda. Insgesamt hatte es 71 Gesuche um Registrierung verschiedener Gemeinden gegeben.[32]

[30] Gesuch der MBG an den Vorsitzenden des Obersowjets der UdSSR vom 27.11.57. SAKG, F.1364, L.1a, A.43, S.27.

[31] Gesuch der MBG an den Vorsitzenden des Rayonexekutivkomitees vom 27.12.57. SAKG, F.1364, L.1a, A.43, S.25.

[32] Zusammenstellung schriftlicher Gesuche um Registrierung religiöser Vereinigungen zum 1.11.58. SAKG, F.1364, L.1a, A.44, S.21-22, S.46.

Warum wurden die Bittgesuche um Registrierung abgelehnt?

Adikow, der Upolnomotschenyj berichtet[1]: „Als Antwort auf die Gesuche der Mennoniten, ihre Gruppen zu registrieren, wurde ihnen erklärt, dass die Mennonitengemeinden nicht selbständig registriert werden, weil sie kein religiöses Zentrum haben. Ihnen wurde auch klar gemacht, dass sie als Mitglieder in die registrierten EChB-Gemeinden aufgenommen werden können, wo sie dann die Möglichkeit haben, den anderen Mitgliedern gleich ihre religiösen Bedürfnisse in den allgemeinen Betversammlungen, in denen auch deutsche Predigten zugelassen sind, zu erfüllen." Er muss dann aber hinzufügen: „Trotzdem reichen die Mennoniten an höher gestellte Instanzen Gesuche ein. Ihre aktiven Gläubigen besuchen in Gruppen von 6-7 Personen die Vorsteher des Exekutivkomitees des Gebiets und fordern nachdrücklich die Registrierung ihrer Gemeinde."

Zum Schluss seines Berichtes erklärt Adikow: „Die Registrierungsgesuche dieser Gruppen wurden unter verschiedenen Vorwänden von dem Exekutivkomitee des Gebiets abgelehnt und viele Bethäuser durch die Stadt- und Rayonräte geschlossen, weil sie nicht registriert waren. Die Orts- und die Gebietsverwaltungen meinen, durch diese Beschränkungen die Religiosität der Bevölkerung zu mindern. Trotz dieser Beschränkungen und der Durchführung tiefer, systematischer wissenschaftlich-atheistischer Propaganda [...] wächst die Zahl der Gläubigen aller Kultusgemeinschaften von Jahr zu Jahr [...] Die Kultusdiener und Gläubige fühlen sich straffrei und setzen ihre Gottesdienste in den Häusern der Gläubigen in kleinere Gruppen verteilt weiter fort. Das führt dazu, dass in vielen Fällen die Feststellung ihrer Versammlungsorte und somit auch die Kontrolle des Zustandes und der Tätigkeit dieser religiösen Vereinigungen schwieriger wird. Deshalb müssen außer der wissenschaftlich-atheistischen Propaganda und anderer Erziehungsarbeit unter den Gläubigen, der Besteuerung der Kultusdiener und der religiös Aktiven, strengere Einwirkungen zur Einschränkung ihrer Tätigkeit angewandt werden."

Adikow meldet dann, dass zu der MBG etwa hundert Mitglieder der Baptistengemeinde übergegangen seien. Am 26.12.1957 muss Adikow an eine Brigade des ZK KPdSU einen ausgiebigen Bericht über die Tätigkeit der religiösen Kulte im Karagandagebiet schreiben. Darin berichtet er unter anderem: „Das Stalin-Rayon-Exekutivkomitee hat im September das Bethaus [der ersten Gruppe der Mennoniten in der Sewernaja Straße 75] geschlossen. Die Gläubigen halten Gottesdienste in ihren Privathäusern [...] Die zweite Gruppe der Mennoniten [...] mietete für die Betversammlungen zuerst die Wohnung in der Lugowaja Straße 17, in Kirsawod, des Lenin-Rayons. Dieses Bethaus wurde im Juli vom Lenin-Rayon-Exekutivkomitee geschlossen. Trotz des Verbots [...] kauften sie im September für 5.000 Rubel ein Wohnhaus in Rishskaja 27 [...]"

1 Bericht des Upolnomotschenyj 1-21s vom 13.12.57 an das SDRK Moskau und Alma-Ata. SAKG, F.1364, L.1a, A.30, S.198 (189-201).

So wurden in Kasachstan Ende 1950-er und 1960-er in Kasachstan Häuser gebaut. Auf dem Bild die Familie Klassen in Karaganda, Siedlung „33"

Hauprverkehrsmittel zur Siedlung „33“ in Karaganda war die Strassenbahn

- Im Februar 1957 werden die deportierten kaukasischen Völker rehabilitiert (für unschuldig erklärt) und dürfen in ihre Heimat zurück. Dadurch werden ihre Hütten in Karaganda frei, was die Ansiedlung derer erleichtert, die nach Karaganda ziehen.

- Am 4. Oktober 1957 kann die Sowjetunion zum 40-jährigen Jubiläum der Oktoberrevolution den Sputnik als ersten von Menschen geschaffenen Erdtrabanten auf eine Erdumlaufbahn bringen. Ein Triumph der sowjetischen Wissenschaft, Technik und Politik - wer soll bei diesen Errungenschaften noch an einen Schöpfergott glauben?

- Im November erklärt der Parteiführer Nikita Chruschtschow den „vollen und endgültigen Sieg des Sozialismus“ in der Sowjetunion.

Entwicklung der Gemeinde 1958-1960

Kapitel 3

Desto mehr aber wuchs die Zahl derer, die an den Herrn glaubten – eine Menge Männer und Frauen.
Apostelgeschichte 5,14

Gemeindewachstum

In den ersten Jahren des Bestehens der Gemeinde (1957 - 1959) bekannte sich der Herr mächtig zu Seinem Volk und es geschahen große Erweckungen. Hunderte von Seelen kamen zu Jesus, wurden getauft und zur Gemeinde hinzugetan, darunter auch viele Jugendliche.[1] Unter den Täuflingen waren auch solche, die seinerzeit in der kirchlichen Mennonitengemeinde die Besprengungstaufe empfangen hatten, aber nun nach ihrer Bekehrung mit der biblischen Untertauchungstaufe getauft werden wollten. Auch solche, die als Kinder getauft worden waren, kamen zum Glauben, wurden getauft und in die Gemeinde aufgenommen.[2]

Taufen 1958

Im Jahre 1958 wurden 138 Seelen durch die Taufe zu der Gemeinde hinzugetan.[3] Das erste Tauffest mit 28 Täuflingen fand am 21. Juni bei der Siedlung „33" statt. Am 28. Juni fand das zweite Tauffest mit 32 Täuflingen hinter Kirsawod statt. Am 19. Juli wurden 29 Personen von „33", Kirow-Rayon und Sortirowka

Tauffest am 21. Juni 1958. Mit vielen anderen wurde auch Agathe Kühne (Barkmann) von Franz Ediger getauft.

1 Siehe Matthies: Mennoniten-Brüdergemeinde Karaganda S.1.
2 Wölk: Die Mennoniten-Brüdergemeinde in Rußland S.110.
3 Thielmann: Lebenserinnerungen S.35

Tauffest 1958. Heinrich Penner tauft.

Tauffest am 21. Juni 1958 in Karaganda. Mit vielen anderen wurden auch diese Geschwister von Jakob Konrad getauft und von David Klassen eingesegnet. V.l.n.r. Maria Kühne (Barkmann), Luise Barkmann (Friesen), Helene Konrad (Giesbrecht), Martin Barkmann, Käthe Rogalski (Friesen)

getauft, am 1. August 14 Personen von Kirsawod, am 2. August 13 Personen von Schachtinski-Rayon, Alte-Stadt, Majkuduk u.a., am 10. September 5 Personen von Stanzija Michajlowka, am 12. September 7 von „33".[4] Dazu gab es noch auswärtige Taufen, z. B. 21 Personen in Saran.[5] Die Summe der Täuflinge können wir jetzt nicht mehr genau berechnen.

Auch 1958 kamen wieder manche aus der Baptistengemeinde in die MBG, wie z. B. der Prediger Peter Bergmann, der gelähmte Seelsorger Johann Fast, Peter Görzen („33") und Andreas Wiebe (Saran). Die Zustände in der Baptistengemeinde wurden nicht besser, Gemeinschaften in Privathäusern wurden verboten. „Es ist Zeit, dass alle Deutschen aus der Gemeinde gehen sollten", in diesem Sinne drückte sich der Älteste der Baptistengemeinde in etlichen Fällen aus.[6]

Taufen 1959

Im Jahre 1959 wurden 104 Seelen durch die Taufe der Gemeinde hinzugetan.[7] Am ersten Tauffest am 21. Juni waren es 30 Personen aus Kirsawod, Melkombinat und Michajlowka. In der Siedlung „33" wurden am 28. Juni 33 Personen getauft und am 5. August 7 Personen. Am 9. August wurden 11 Personen in

Beim Tauffest am 9. August 1959 wurden 11 Personen von David Klassen getauft.

4 Die Taufzahlen nach dem „Gemeindebuch der D.M.B.G. in Karaganda" (ausführliche Gemeindeliste 1957-1959).
5 Aus der Geschichte der Gemeinden in Kasachstan. Saran. Aquila (25), 3/1997. S.13-19, hier S. 14.
6 Mündlich weitergegebene Erinnerung von Peter Thielmann.
7 Thielmann: Lebenserinnerungen S.35

Die Baptistengemeinde Karaganda

Auch die Baptistengemeinde wuchs in diesen Jahren stark. Ihr Versammlungshaus konnte fast tausend Mann fassen. Zum 1.1.1958 hatte die Baptistengemeinde 1.028 Mitglieder. Im September wurden die Hausversammlungen in Saran streng verboten. Interessant sind die Taufzahlen in der Baptistengemeinde Karaganda:

Jahr	Insgesamt aufgenommen	davon		Aus gläubigen Familien	Von den Mennoniten	Aus anderen Glaubensrichtungen
		Männer	Frauen			
1955	57	21	36	17	17	23
1956	70	16	54	18	29	23
1957	75[1]	31	44	31	15	29
1958	52	14	38			
1959	41	11	30			
1960	13	4	9			

Quelle: Bericht an den Rat für Religionsangelegenheiten, 2. Halbjahr 1957, SAKG, F.1364, L.1a, A.30, S.161. Ergänzt für die Jahre 1958-60 nach den Berichten für die folgenden Jahre.

1 1957 war in den 75 Jahren (1931-2006) der Baptistengemeinde Karaganda das Jahr mit der größten Taufzahl – es sollen 120 Personen getauft worden sein. Siehe: Журавлев: История Карагандинской церкви к 75-летнему юбилею. Караганда, 2006, компьютерный текст.

Kirsawod getauft und am 6. September 7 Personen in Michailowka und der Neuen Stadt.[8] Wieder müssen auch eine Reihe auswärtiger Geschwister getauft worden sein.

Es zogen noch viele Kinder Gottes aus anderen Orten nach Karaganda, wo sie reiche Gemeinschaft fanden, so dass die MBG 1960-1962 über 1000 Mitglieder zählte.[9]

In späteren Jahren wuchs die Zahl der Gemeindeglieder nicht mehr so stark, weil sich die Zahl der Täuflinge verringerte und die Migration in andere Gebiete anstieg.

Versammlungen

Versammlungen in Kirsawod

Auch in Kirsawod musste man sich nach dem Verlust der Wohnung von Bednikow in Privathäusern versammeln. Im Herbst 1957 kaufte die Gemeinde in Kirsawod einen Teil einer Lehmhütte („Semljanka") auf der Rishskaja-Straße neben der Spedition Fjodorowskaja. Sie wurde auf Schwester Susanne Löwen angemeldet, eine Wand wurde herausgerissen und die Decke mit einigen Stützen versehen. Hier fanden nun die Versammlungen statt. Der Chor saß in der Ecke. Anstelle einer Kanzel stand ein Tisch, neben dem immer Bruder Dietrich Pauls saß.

8 Die Taufzahlen nach dem „Gemeindebuch der D.M.B.G. in Karaganda" (ausführliche Gemeindeliste 1957-1959).

9 Matthies: Mennoniten -Brüdergemeinde Karaganda S.1; Wölk: Mennoniten-Brüdergemeinde in Rußland S.110-111.

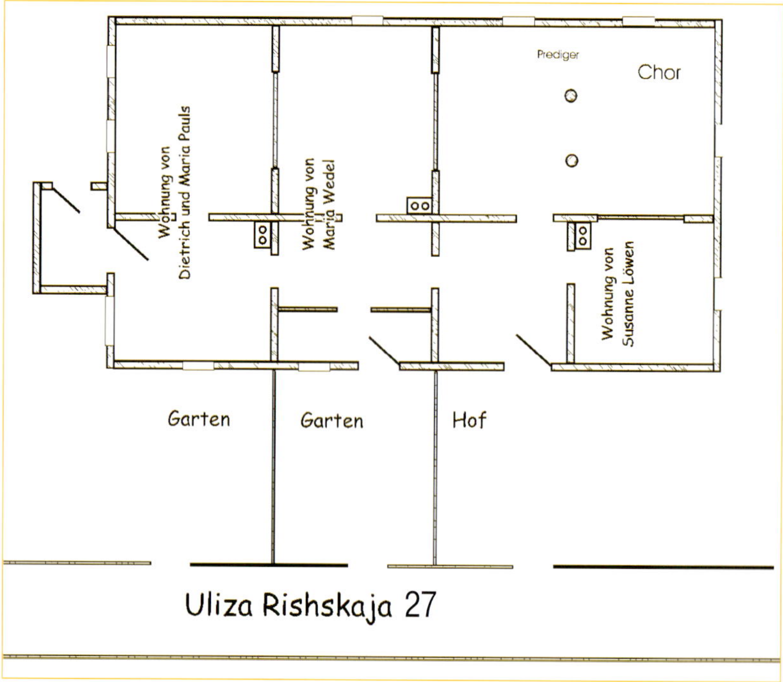

Plan des Versammlungshauses auf der Rishskaja Straße 27 in Kirsawod von September 1957 bis September 1959

An Weihnachten war das Haus so überfüllt, dass trotz der Kälte die Fenster geöffnet wurden, weil draußen an den Fenstern auch Zuhörer standen. Deshalb kaufte die Gemeinde den Eigentümern noch zwei weitere Teile dieser Lehmhütte ab. Ein Teil wurde auf Schwester Maria Wedel, der andere auf Dietrich und Maria Pauls angemeldet. In den Wänden zwischen den Wohnungen wurde eine etwa zwei Quadratmeter große Holzklappe eingebaut, die während der Versammlungen hochgehoben wurde. So wurden die Wohnungen von Schwester Wedel und Bruder Pauls auch zu Teilen des Versammlungsraums.

In diesem barackenähnlichen Gebäude wurden jeden Sonntag zwei Gottesdienste durchgeführt, um 10 Uhr und um 17 Uhr. In den Bibelstunden am

Jugendliche in der freien Zeit in Michajlowka Ende der 1950-er

Ein Gottesdienst am 6. September 1959 in der „Semljanka“ in Kirsawod

Es war Anfang August 1959. Ich mit meiner Frau wohnten damals in Tschurbajnurinskij, heute die Stadt Abaj. Meine Frau war schon bekehrt, ich noch nicht. Ich dachte erst unser Haus fertig zu bauen und dann würde ich mich bekehren, denn als Bekehrter durfte man nicht mehr Baumaterialien stehlen.

Ich arbeitete als Elektriker und musste einen Trafo nach der Reparatur in Betrieb nehmen. Plötzlich gab es einen Kurzschluss. Es hat mich getroffen. Ich wurde ins Krankenhaus eingeliefert. Ich konnte nicht sehen und nicht gehen. Die Ärzte meinten, dass ich wohl nie mehr ohne Hilfe gehen würde. Nach vier Tagen wurde ich wieder sehend und langsam lernte ich wieder das Gehen. Ich befand mich einen Monat im Krankenhaus.

Diese Sprache Gottes fand ich sehr ernst und am ersten Sonntag im September, es war der 6. September, fuhr ich mit meiner Frau mit dem Motorrad zur Morgenversammlung in der „Semljanka“ nach Kirsawod. Kurz nach dem Beginn der Versammlung kamen 5-6 Milizbeamten mit mehreren in Zivil. Bruder David Klassen wurde hinausgerufen. Die Versammlung ging aber weiter. Die Behörden besetzten alle Ausgänge aus dem Haus. Sie gingen den ganzen Vormittag um die „Semljanka“ herum.

Der Geist wirkte in mir und ich konnte mich bekehren. Drei Brüder sprachen und beteten mit mir in der Küche von Susanna Löwen. Beim rausgehen nach der Versammlung wurden alle Besucher aufgeschrieben. Kurz danach wurde das Versammlungshaus geschlossen und die Gemeinde versammelte sich wieder in Privathäusern.

Am 3. Juli 1966 ließ ich mich mit meiner Frau im Fluss Sokur hinter Kirsawod taufen. Es waren etwas mehr als 10 Täuflinge. Zwei Brüder haben getauft. Über meine Frau und mich und noch über zwei Personen aus einem Dorf hat Bruder Peter Regehr gebetet und uns das erste Abendmahl gegeben. Die anderen wurden in der Versammlung in den Häusern in die Gemeinde aufgenommen.“

Nach dem mündlichen Zeugnis von Peter Hamm, aufgeschrieben von Jakob Penner, Februar 2007.

Der Chor der DMBG im Stadtteil Kirsawod 1957-1960

Pflege der Grünanlage in der Leninstraße in Karaganda durch Frauen vom „Selentrest". Hier arbeiteten viele Deutsche Frauen.

Mittwochabend wurde zu jener Zeit der Hebräerbrief durchgenommen. Am Samstagabend war Gebetsstunde.

Im Sommer 1959 begannen Delegierte der Stadtverwaltung, die Versammlungen zu besuchen. Bei solchen Inspektionen wurden die Anwesenden öfters aufgeschrieben. Man drohte damit, die Versammlungen zu verbieten. An einem warmen Herbstabend 1959 schlug Bruder David Klassen traurig das Lied „Du mein ew'ges Teil und Leben" vor. Er meldete der Versammlung, dass dieses wahrscheinlich der letzte Gottesdienst in diesem Hause wäre. Danach wurde dieses Versammlungshaus nach knapp zwei gesegneten Jahren geschlossen.[10] Seitdem mussten die Versammlungen in der Ortschaft Kirsawod wieder in Privathäusern durchgeführt werden.[11]

Versammlungen in der Alten Stadt

In der Alten Stadt wurden Versammlungen in Privathäusern bei Familie Jakob Quiring (Basarnaja Straße 294), Maria (?) Martens (Komsomolskaja Straße 306) und W. Weiß (?) durchgeführt.

Versammlungen im Schachtinski-Rayon

Weil die Räume die Besucher nicht fassen konnten, wurde 1958 im Schachtinskij Rajon eine „Semljanka" in der Nähe der 17. Kohlengrube, bei der Haltestelle Mostowaja, gekauft, aus der man etliche Zwischenwände entfernte.[12] Die Schwestern Elisabeth Reimer und Anna Lepp wohnten darin und putzten die Räume. Die Sonntagsversammlungen, Bibel- und Gebetsstunden konnten in diesem Haus bis Ende 1959 durchgeführt werden. Danach wurde auch dieses Bethaus geschlossen und die Versammlungen wurden wieder in Privathäusern durchgeführt.[13]

Verantwortlich für die Gruppe im Schachtinskij Rayon waren die Brüder Franz Ediger, Jakob Konrad und Abram Friesen. Außer ihnen predigten Pe-

---

[10] Nach dem Interview mit Peter Friesen (???)
[11] Anna Schwarz (Espelkamp); Jakob Penner (Harsewinkel)
[12] Der Verkäufer war Bruder M. S. Wastschuk, der nach Alma-Ata zog und Starschij Preswiter (Oberältester) der Baptisten in Kasachstan und Mittelasien wurde. Siehe Peter Thielmann, Extrablatt.
[13] Thielmann: Lebenserinnerungen S.35

ter Dyck, Jakob Dyck, Peter Thielmann, Heinrich Becker, Hans Regehr, Hans Harder und Prediger aus anderen Ortschaften.

Der Chor wurde zuerst von Bruder Jakob Dürks geleitet. Wenn er krank war, hatte ab und zu Wilhelm Wiebe[14] aus der Siedlung Finskij den Ton angegeben. Dann auf die Bitte von Otto Wiebe übernahm Viktor Enns von der Siedlung „33" 1958 die Chorleitung. Der Chor kam an zwei Abenden in der Woche zu Singstunden zusammen.

Als die Versammlungen wieder in Privathäusern abgehalten wurden, wusste man oft früh morgens am Sonntag noch nicht genau, wo die Versammlung stattfinden würde. Man wusste nur die Ortschaft, aber nicht das Haus, und versammelte sich in der Nähe der Ortschaft an einem unauffälligen Platz, z. B. hinter den Kohlehalden in der Nähe von Finskij, bei der Wessowaja (LKW-Waage) und wartete auf jemanden, der wusste, wo die Versammlung sein sollte.

Elisabeth Reimer und Anna Lepp

[14] Sein Sohn Willi Wiebe wurde Dirigent in Kopaj.

Chor in Schachtinskij Rayon: 1. Reihe v.l.n.r.: Ira Rempel (Wiens), Helene Friesen, Katharina Neufeld (Epp), Katharina Thiessen (Harder), Elsa Sawatzky (Harder), Margarete Thiessen (Peters), Maria Konrad (Peters), Lena Unger.

2. Reihe v.l.n.r.: Lena Siebert (Wölk), Lena Braun, Maria Friesen, Elisabeth Regehr, Hanna Ens, Lena Hamm, Anna Plett, Agatha Quapp, Aganete Hildebrant.

3. Reihe v.l.n.r.: Jakob Konrad, Elisabeth Reimer, Maria Peters, Anna Görzen (Dyck), Margarethe Enns (Görzen), Margarethe Fast (Penner), Katharina Sawatzky, Helene Konrad (Gisbrecht), Elisabeth Warkentin (Peters), Herbert Bergen.

4. Reihe v.l.n.r.: Heinrich Becker, Johann Harder, Peter Thielmann, Heinrich Wölk, Viktor Enns, Peter Harder, Woldemar Thiessen, Wilhelm Wiebe, Gerhard Wölk, Kolja Sawatzky, Willi Konrad

Die Versammlungen in Schachtinskij wurden durchgeführt bei:

Tina und Liese Wilms (Parkowaja)
Franz Ediger
Töws (Siedlung der 47. Kohlengrube)
Jakob Konrad (Saranskaja)
Maria Peters (Mutter von Gredel Thiessen sen., Stachanowskaja ?) – in den Jahren 1958-61 waren hier regelmäßig die Gebetstunden
Familie Aron Funk (Haltestelle Furmanowa) – ihr Haus war immer aufnahmebereit für große Versammlungen. Alle Feiertage: Ostern, Erntedankfest, Weihnachten, Neujahr und auch so manche Hochzeit (z.B. von Jakob und Helene Konrad) wurde bei ihnen durchgeführt
Weiß (Haltestelle 3.-BIS)
Martens (Haltestelle 3.-BIS)
Thun (Siedlung der 18. Kohlengrube)
Peter Harder (Siedlung der 18. Kohlengrube) – Jugendversammlungen
Peter Derksen
Epp (Siedlung der 18. Kohlengrube) – Jugendversammlungen
Fischer – Jugendversammlungen
Ewald Osfald – Jugendversammlungen
Peter Thielmann (Mir-Truda) – außer Versammlungen waren hier auch oft Jugendversammlungen. Doch weil Peter Thielmann sich so gut in der Bibel aus kannte, trauten sich nicht alle Jugendlichen, bei ihm etwas zu sagen)
Peter Dyck (Finskij-Siedlung, Pawlenko)
Jakob Dyck (Finskij-Siedlung, Nowosibirskaja)
Wolodja Thiessen (Finskij-Siedlung, Rabkorowskaja) – Singstunden
Rogalsky (Finskij-Siedlung)
Heinrich Kliewer (Finskij-Siedlung)
Peter Löwen (Klubnaja) – ein blinder ehemaliger Lehrer
Lena Braun (Rekonstrukzii) – Singstunden
Hans Harder (Raswedotschnaja) – Singstunden
Anna Löwen (Parkowaja) – Singstunden
Liese Regehr (Parkowaja) – Singstunden
Heinrich Bergen (Haltestelle Trest Leninugolj)
Susanna Thiessen, Sara Neufeld (Lisa Tschajkina) – Singstunden

Die Versammlungen wurden der Unauffälligkeit wegen abwechselnd bei verschiedenen Geschwistern der Gemeinde abgehalten. Manchmal wurde der Ort der nächsten Versammlung beim Verlassen der Versammlung einander zugeflüstert, oder man erfuhr ihn erst am Samstag. In der Zeit, als die Versammlungen nicht so sehr gestört wurden, fragte man auch in der Versammlung, ob jemand bereit sei, zum nächsten Mal einzuladen.

Die Häuser waren meistens zu klein, um so viele Leute zu fassen. Dann hörte man dicht gedrängt stehend zu, oder man saß und stand abwechselnd. Die Jugend stand gewöhnlich. Der Prediger stand meistens in der Tür zwischen den Zimmern, damit ihn alle sehen und hören konnten.

Gemeindechor der Siedlung „33“ auf der Hochzeit von Johann und Anna Thiessen, 1958

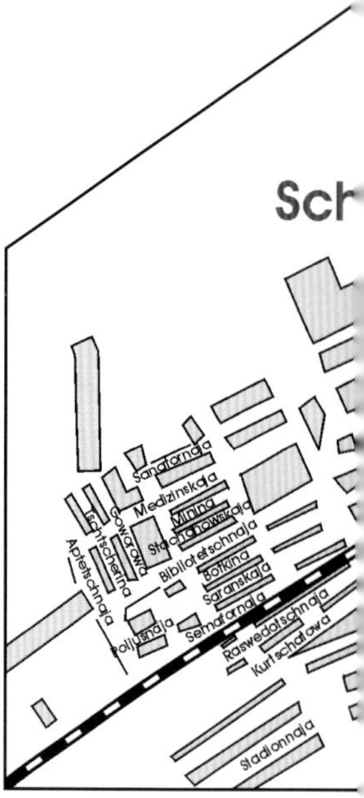

Versammlungen in der Siedlung „33"

Die Versammlungen in der Siedlung „33" wurden in Privathäusern abgehalten. „In unserem Haus waren sehr oft Versammlungen, da unser Haus etwas geräumiger war. Ein großes Zimmer musste geräumt werden, damit mehr Platz war. In den kleineren Häusern war es nicht leicht, eine Versammlung abzuhalten. Die Erdhütten waren klein und niedrig. Der Prediger stellte sich in die Tür, damit man ihn in den kleineren Zimmern hören konnte. Oftmals versagten die Petroleumlampen, es war zu wenig Sauerstoff im Raum. Die Zuhörer saßen auf ungehobelten Brettern, die auf Klötze gelegt waren. Nicht alle konnten sitzen, es mangelte an Platz."[15]

Bibel- und Gebetstunden

Außer den Sonntagsversammlungen gab es in der Woche Bibelstunde und Gebetstunde. In den Bibelstunden wurde von einem Bruder der Text vorgelesen und dann teilte jeder Bruder, der Gedanken zum Text hatte, vom Platz stehend seine Gedanken mit.

Die Gebetstunden wurden in kleineren Kreisen mit etwa 15 bis 20 Geschwistern durchgeführt. Die Gebetstunden waren lebendig, fast jeder Besucher betete ein lautes Einzelgebet. In den Gebetstunden wurde kniend und stehend gebetet.

[15] Erinnerungen von Jakob Siebert (Sohn des Predigers Jakob Siebert, Frankenthal)

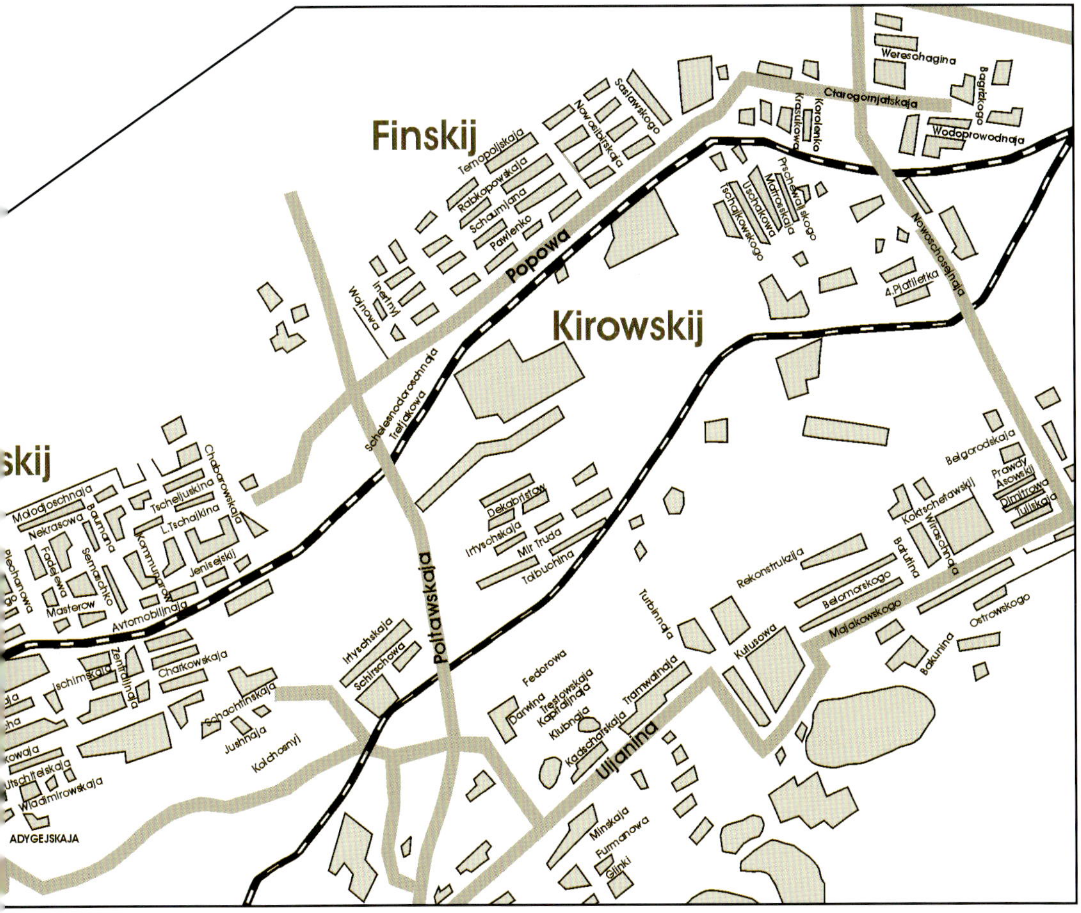

Aufnahme der Gemeindeglieder der DMBG Karaganda nach Ortschaften 1957-1959

Ortschaften	1957	1958	1959	Insgesamt
33 Schachte	98	60	50	208
Alte Stadt	47	16	1	64
Fedorowka	1	7	6	14
Finskij	9			9
Kirowskij	53	41	12	106
Kirsawod	75	39	40	154
Majkuduk	7	3		10
Melkombinat	17	25	30	72
Michajlowka	26	24	18	68
Neue Stadt	14	7	8	29
Schachtinskij	33	36	16	85
Selentrest	3	10		13
Sortirowka	21	10	14	45
St. Michajliwka	4	14	3	21
Tichonowka	4			4
Usenka		2	2	4
Auswertige:				
Aktas	9	23	2	34
Aktau	3	1		4
Dolinka			1	1
Dubowka	2	7	3	12
Jelisawetinka	3			3
Kaganowitsch		1		1
Nurataldy		1		1
Puschkin	1			1
Rusajewka	2			2
Saran	12	7	10	29
Slatoust		1		1
Solonitschki			1	1
Sharyk			1	1
Temirtau	2		1	3
Tokarewka	5			5
Ust-Kamenogorsk			1	1
W-Dubowka		5	2	7
Ausgetr./ Verstorben	3	7	19	29
Insgesamt:	**448**	**333**	**203**	**984**

Datum der Aufnahme	Personen	33	ASt	Fed
So. 12. Januar	7	2		
Januar	15			
So. 2. Februar	3			
Do. 20 Februar	10	4		
Di. 18. März	8			
Sa. 29. März	7			
So. 13. April	3			
Do. 8. Mai	13	4	3	
Sa. 7. Juni	10	6		
T. Sa. 21. Juni	29	13	2	
T. Sa. 28. Juni	37			
Juni	20			
Sa. 5. Juli	5			
So. 6. Juli	1			
Juli	19		1	5
Do. 17. Juli	4	3		
T. Sa. 19. Juli	29	9	2	
Do. 31. Juli	6	3	2	
Fr. 1. August	10			
T. Fr. 1. August	14			
T. Sa. 2. August	13		2	
T. Sa. 3. August	2			1
So. 10. August	7			1
Mi. 20. August	2	1		
Do. 21. August	7	7		
T. Mi. 10. Sept.	5			
Do. 11. Sept.	3	1	2	
T. Fr. 12. Sept.	7	5	1	
So. 14. Sept.	9			
Mi. 24. Sept.	4			
Sa. 25. Oktob.	6			
SA. 1 Novemb.	1			
So. 9. Novemb.	1			
Do. 13. Novenb.	1		1	
Di. 25. Novemb.	2	2		
Fr. 5. Dezemb.	5			
Sa. 6. Dezemb.	15			
Insgesamt:	**340**	**60**	**16**	**7**

ufnahmen in die DMBG 1958

Aus welchen Stadtteilen									Gä	Aus	Aus-wer-tige	Vermutlicher Ort der Gemeindest.
Majk	**Melk**	**Mich**	**NSt**	**Sch**	**Sel**	**Sort**	**St.M**	**Us**				
				2							2	Schachtinskij
				12								Schachtinskij
	3											Kirsawod
				3								Schachtinskij
					1		4					Kirsawod
	1			1		2						Schachtinskij
						3						Sortirowka
		1		1						1		Schachtinskij
				1					1			33
				8								33
	8	7	2				5				5	Schachtinskij
											20	
					3				3		2	Kirsawod
	2	1	1	1	3						1	Kirsawod
												33
1			1			5				1		Schachtinskij
										2		33
	3	3	2						1			Kirsawod
	5									1		Kirsawod
2				4				2				Schachtinskij
											1	Kirsawod
		2								1	4	Kirsawod
				1								33
												33
			1				4					Kirsawod
												Schachtinskij
				1								33
	2	3							2			Kirsawod
				1					1			Schachtinskij
		2					1			1	3	Kirsawod
											1	Kirsawod
									1		1	
												Schachtinskij
												33
											5	Kirsawod
	1	5			3				1			Kirsawod
3	**25**	**24**	**7**	**36**	**10**	**10**	**14**	**2**	**10**	**7**	**45**	

Versammlungen in Sortirowka

Sortirowka war und ist bis heute der abgelegenste Stadtteil von Karaganda. Weil da die Eisenbahn vom Norden ankommt, wurden hier in den 1930-ern ein großer Rangierbahnhof, ein Lokomotive-Depot und die Verwaltung der Bahn aufgebaut. Viele Bewohner der Siedlung arbeiten dann auch bei der Bahn. Nach dem Krieg kamen auch Deutsche hierher.

Schon etwa 1945[16] haben lutherische Kreise hier Versammlungen angefangen. Abram Wall war nach der Arbeitsarmee 1948 hierher gekommen. Er war nicht bekehrt, doch nach seiner Heirat 1949 merkte er, dass das Eheleben Gebet braucht und das junge Ehepaar begann die kleine lutherische Gruppe zu besuchen, in der es nur einen alten Bruder gab, alle anderen waren Schwestern. Die Versammlungen, in denen man hauptsächlich sang und betete, wurden jeden Sonntag abwechselnd in den Privathäusern durchgeführt.

Diese Gruppe bekam öfters Besuch von ähnlichen Gruppen in Majkuduk, Kirsawod, „33", Tichonowka und Temirtau. Abram Wall betete oft um Vergebung der Sünden, aber irgendetwas fehlte ihm. Am zweiten Weihnachtstag 1954 wurde die lutherische Gruppe von einigen Brüdern besucht. Bei dieser Gelegenheit konnte er sich bekehren und Frieden finden. Obwohl Abram Wall nicht deutsch lesen konnte, wurde er schon am zweiten Sonntag nach seiner Bekehrung zur Predigt genötigt. Da er keine eigene Bibel hatte, las er die Bibel zusammen mit anderen. Einige andere Männer kamen zu der Gruppe dazu. Abrams jüngerer Bruder Heinrich schrieb Lieder ab und erstellte Liederhefte, aus denen sie sangen. Schließlich waren es drei Hefte mit jeweils hundert Seiten.

Die ersten Gläubigen in Sortirowka. Jeweils v.l.n.r.
1. Reihe: Katharina Wall (Wiens), Elisabeth Erdmann (Wall).
2. Reihe: Katharina Wall (Delker), Lilli Wall (Andres), Anna Wall (Hamm), Frieda Wall (Dobermann).
3. Reihe: Abram Wall, Johann Wall, Wilhelm Erdmann, Heinrich Wall, Gerhard Wall

Besuche in Kopaj

Die Gläubigen dieser Gruppe begannen 1955-1956 die legalen Versammlungen der Baptistengemeinde in Kopaj zu besuchen. 1955 war es Abram Wall,

[16] Nach einem undatierten Brief von Abram Wall, Anfang der 2000-er.

Brüder der Gemeinde Filiale in Sortikowka, jeweils v.l.n.r.:
1. Reihe: ?, Christian Kost (der erste Bekehrte in Sortirowka), ?, Otto Gerter.
2. Reihe: Viktor Erdmann, Peter Barkmann, Schortsmann, Günther, Abram Wall.
3. Reihe: Alexander Becker, Robert Lake, Alexander Günter, Emil Remich, Heinrich Barkmann, Wilhelm Erdmann

der den Bruder Michaelis nach Uljanowka brachte, durch dessen Predigt dort unter den aus Alt-Samara[17] deportierten Mennoniten und Baptisten eine Erweckung begann.[18]

Heinrich Barkmann, der als Kind in Tossaba, Akmolinksgebiet, Versammlungen beigewohnt hatte, bekehrte sich 1955 während eines Besuchs bei Heinrich Wiebe in Staraja Dubowka. Dann besuchte er die Versammlungen bei Walls, Erdmanns und anderen. Diese Versammlungen wurden am Sonntagabend und in der Woche in den Wohnungen der Mitglieder (Abram Wall, Wilhelm Erdmann, Heinrich Barkmann, Familien Lacke, Betz, Kost und anderen) durchgeführt. Sonntagmorgens fuhren viele zur Versammlung nach Kopaj, auch wenn keiner Mitglied der Baptistengemeinde war. Von dieser Gruppe ließ sich ein Bruder in Uljanowka und eine Schwester in Kopaj taufen.[19]

Irrlehren in Sortirowka

Die Gruppe in Sortirowka blieb nicht verschont von Irrlehren. Sie wurde von der „Gottesgemeinde" besucht, die lehrt, dass ein Christ überhaupt nicht mehr sündigt. Sie wurde von zwei Frauen geleitet, deren Predigten sehr lang waren und nicht auf der Bibel gründeten. Obwohl sie nicht verheiratet waren, trugen sie ständig weiße Hauptbedeckung, um immer beten zu können.

17 Koschki-Rayon im Samaragebiet.
18 Viktor Fast: Entstehung und Geschichte der Gemeinde in Uljanowka. Aquila (57) 3/2005, S.22-31.
19 Interview mit Heinrich Barkmann, 2004 oder 2005.

Da sie das eheliche Zusammenleben für verboten hielten, durften Eheleute, die sich ihnen anschlossen, weiterhin nur als Bruder und Schwester zusammen leben. Dies „fromme" Leben erschien den Geschwistern beeindruckend und anziehend. Doch der Herr zerstörte diese Gruppe bald durch den Tod der beiden Frauen, und die Gruppe löste sich auf.

Die Geschwister in Sortirowka bekamen auch Besuch von Pfingstlern. So kamen an einem Sonntag fünf Personen zur Versammlung im Hause von Abram Wall, als die Wortverkündiger schon bestimmt waren. Die Besucher hör-

Die Verwandtschaft Wall und Hamm in Sortirowka ca. 1956. 1. Reihe v.l.n.r.: Johann Wall, Heinrich Wall. 2. Reihe v.l.n.r.: Katharina Wall (Delker), Helene Hamm, Anna Wall (Hamm), Katharina Wall (Wiens). 3. Reihe v.l.n.r.: Abram Wall, Gerhard Hamm, Bernhard Hamm, Gerhard Wall

ten bis Ende zu, dann trat einer von ihnen auf und begann eine laute Predigt, die nichts mit der Bibel zu tun hatte. Er regte die Zuhörer sehr an, bis Abram Wall auftrat und den Redner einen „Wolf im Schafspelz" nannte. Der Mann schüttelte den Staub von den Füßen, floh und kam nie wieder.

Anschluss an die MBG

Als sich 1957 eine Gruppe von 20 Personen aus Sortirowka (Abram und Katharina Wall, Heinrich Barkmann, Reinhold Kost und sein Vater Christian, Gerhard und Katharina Wall, Heinrich Wall u.a.) taufen lassen wollte, wandten sie sich mit diesem Anliegen an die Baptistengemeinde Kopaj. Sie wurden geprüft und zunächst zur Taufe zugelassen, doch aufgrund ihrer Versammlungen in Privathäusern wieder abgestellt. Sie sollten erst getauft werden, wenn sie mindestens ein Jahr keine Versammlungen in Privathäusern durchgeführt hatten. Abram Wall war sehr betrübt, da er sich auch für die anderen aus Sortirowka verantwortlich fühlte. Jemand wies ihn auf die Gruppe der MBG in der Siedlung „33" hin. Dort wurden sie freundlich aufgenommen und mit vielen anderen am 2. August 1957 von Franz Ediger getauft.[20]

Die Versammlungen in Sortirowka fanden weiter jeden Sonntagnachmittag und Freitagabend statt. Am Sonntagvormittag wurden die Versammlungen in anderen Stadtteilen besucht, am häufigsten wohl auf der „33". Ab 1965 leitete Peter Janzen hier einige Jahre lang einen kleinen Chor.

[20] Nach dem Brief von Abram Wall und dem Interview mit Heinrich Barkmann.

Der Chor in Sortirowka. 1. Reihe v.l.n.r.: Nelly Rottmann, Olga Penner (Mirau), Ella Görzen (?), Olga Schliechenmeier, Lena Wolf (Boldt). 2. Reihe v.l.n.r: Anni Görzen (Funk), Lisa Scheck, Maria Rottmann, Maria Mirau (Funk), Lisa Görzen (Funk). 3. Reihe v.l.n.r.: Jakob Funk, Heinrich Görzen, Peter Janzen, Reinhold Kost, Heinrich Barkmann, Robert Lake, Abram Wall

Seit dem Anschluss an die MBG kamen die Brüder Wall und Barkmann auch zu Brüderberatungen und die Versammlungen in Sortirowka wurden von Predigern der MBG besucht. Peter Bergmann predigte hier einmal über die Stufenleiter des Glaubens aus 2. Petr.1,5-7. Otto Wiebe bezeugte einmal seinen Glauben an die Heilige Schrift, indem er sagte, er würde ihr auch dann glauben, wenn sie behaupten würde, Jona habe den Fisch verschluckt.[21]

Diener und Dienste

Zuzug erfahrener Prediger

Durch Zuzug bekam die Gemeinde immer neue hingegebene und erfahrene Diener dazu. Otto Wiebe kam im Juni 1957, Jakob Konrad im Januar 1958, Peter Wolf im Mai 1958, Heinrich Penner 1958. Isbrand Friesen und Peter Dürksen wurden im August 1958 getauft und aufgenommen und waren später gesegnete Diakone der Gemeinde. Der erfahrene Prediger Peter Bergmann kam im September 1958 von der Baptistengemeinde zur MBG und bat mit Tränen um Aufnahme. Im Januar 1959 kam Peter Regehr dazu, Jakob Siebert wurde im Juni 1959 getauft, Heinrich Wölk im Herbst 1961[22] und Wilhelm Matthies kam 1961 nach Karaganda.

Einsegnungen

Im Sommer 1958[23] wurden Otto Wiebe, Peter Wolf[24] und Jakob Konrad von David Klassen im Hause von Otto Wiebe eingesegnet.[25] Aus dem Koktschetawgwbiet kam 1957 Heinrich Penner, der 1958 einige male taufte. Jakob Plett

---

21 Interview mit Heinrich Barkmann, 2004 oder 2005.
22 Nähere Erklärung dazu in seiner Biographie in Teil V.
23 Jakob Konrad (Frankenthal) meint, es sei Anfang 1958 gewesen.
24 Einige Zeugen gaben andere Jahre als Einsegnungsdatum von Peter Wolf an. Direkt bevor das Buch in Druck gegeben werden sollte, erreichte uns durch den Sohn Peter Wolf (Lemgo) ein schriftliches Zeugnis von der Ansprache Abram Friesens auf der Beerdigung von Peter Wolf, aus der klar hervorgeht, dass er 1958 eingesegnet worden ist.
25 Siehe Thielmann, Extrablatt.

Peter Bergmann (1898-1979)

Jakob Konrad (1908-1981)

Peter Regehr (1900-1973)

Peter Wolf (1910-1970)

war schon in Kimpersaj (Batamschinsk, Westkasachstan) als Prediger eingesegnet worden und kam im Juli 1959 nach Karaganda.[26]

Peter Regehr aus Kirsawod wurde im Mai 1959 von Abram Friesen und David Klassen zum Prediger eingesegnet. Mit Ihm wurde Isbrant Friesen zum Diakon eingesegnet.

Leitung der einzelnen Gemeindegruppen

Obwohl die Gemeinde sich in verschiedenen Stadtteilen gesondert versammelte, blieb sie doch eine Gemeinde mit gemeinsamer Dienerschaft. In Kirsawod waren diese Versammlungen seit 1957 unter der Leitung von David Klassen, Gerhard Harder und seit 1958 auch von Peter Bergmann. Die Gruppe in der Siedlung „33" (seit 1957 gehörte die Siedlung zum Oktjabrrayon) wurde seit 1958 von Otto Wiebe und Peter Wolf und seit 1960

Peter Rempel (1914)

Jakob Plett (1914-2001)

Otto Wiebe (1905-1964)

Isbrand Friesen (1900-1988)

auch von Peter Rempel geleitet. Die Filiale der MBG in Saran wurde seit 1957 von Heinrich Zorn und seit Herbst 1958 auch von Heinrich Wiebe geleitet. Im Schachtinskij Rajon leiteten seit 1958 Abram Friesen, Franz Ediger und Jakob Konrad die Gruppe. In Michajlowka gab es zuerst nur Bibelstunden mit Johann Klassen und Bernhard Bergen (sen.), seit 1960 leitete dort Jakob Plett und seit 1963 auch Heinrich Wölk die Gruppe. Die schon früher begonnenen regelmäßigen Versammlungen in Sortirowka

[26] Nach Angaben seiner Söhne Walter und Johann Plett (Frankenthal)

wurden auch weiter durchgeführt, doch wurde die Gruppe nicht als selbständig angesehen, sondern war an die Gruppe in der Siedlung „33" gebunden.[27]

Chorgesang

In allen genannten Ortsgruppen bildeten sich Chöre und Wilhelm Töws lernte Viktor Enns, Peter Janzen und Emil Fenske zu Dirigenten an. Außerdem dienten Peter Görzen, Johann Friesen, Rudolf Bergmann, Jakob Friesen, Jakob Dirks, Heinrich Wölk und Heinrich Warkentin als Dirigenten.[28]

Rudolf Bergmann hatte einige Monate Dirigentenkurse in Kopai mit Bruder Tichonow hinter sich, hatte das wichtigste aber im Selbststudium der Ziffern erlernt. Als er sich im September 1958 der Mennoniten-Brüdergemeinde anschloss, wurde er sofort zum Dirigentendienst herangezogen. Als Johann Friesen 1960 mit seiner Familie nach Usun-Agatsch umzog, übergab er die Chorleitung an die Dirigenten Jakob Friesen und Rudolf Bergmann.[29]

Diener mit verschiedenen Gaben

Zur Predigt wurden verschiedene Brüder herangezogen. Viele der jüngeren Brüder hatten nur sehr geringe Bildung in der Notzeit der 1930-40-er Jahre bekommen können oder lernten gar erst anhand der Bibel das Lesen. Sie waren Dreher, Tischler, Wächter, Kraftfahrer, Schlosser, Bergleute usw., die aus ihrer geistlichen Erfahrung die Wahrheiten der Heiligen Schrift bezeugten. „Es waren keine Prediger, es waren Stimmen eines Predigers in der Wüste. Weil die Menschen hier offenbar nichts konnten, war dem Wirken des Geistes eine freie Bahn gegeben."[30]

Jedoch hatte die Gemeinde auch erfahrene Diener am Wort, die wie David Klassen, Gerhard Harder, Franz Ediger und andere durch viel Leid, Arbeit und Gefängnis geistlich gestählt waren. Dietrich Pauls und Peter Bergmann hatten noch in den 1920-ern die Möglichkeit gehabt, an Bibelschulen (-kursen) bei den bibeltreuen geistlichen Lehrern jener Zeit zu lernen. Auch

27 Nach Angaben von Abram Günter und Abram Wall.
28 Nach Angaben von Abram Günter, Johann Görzen.
29 Nach Angaben von Johann Görzen und zeitgenössischen Fotos.
30 Wölk: Mennoniten-Brüdergemeinde in Rußland S.109-110.

Informationen über aktive Prediger an das Gebietskomitee der Kommunistischen Partei:

„Die Leiter der Mennoniten, Klassen Jakob Dav, 1951 aus der Haft freigekommen, und Klassen David Iwan., der 1955 durch Amnestie aus der Haft freikam, sind aktive Prediger und Organisatoren mennonitischer Gruppen.[1] Sie bereisen die Städte des Gebiets, so wie Temirtau und Balchasch[2], organisieren religiöse Gruppen der Mennoniten und leiten ihre Arbeit.

So wirkte seit 1955 in Temirtau eine EChB-Gruppe mit über 100 Personen, die jetzt zu einer Mennonitengruppe verwandelt und fast eine Filiale der Mennonitengruppe Karaganda ist. Der Prediger Klassen D.I. besucht sie oft, leitet[3] den Gottesdienst und tauft die neu Angeworbenen."

Quelle: Ein Dokument vom 1.11.58. – SAKG, F.1364, L.1a, A.44, S.19-23

1 Das traf in diesem Fall nur auf David J. Klassen zu.
2 An beiden Orten gab es schon Gemeinden: in Balchsch seit 1942, in Temirtau seit 1948
3 Damit kann wohl nur das Predigen gemeint sein, weil die Gemeinde Temirtau eine eigene Leitung hatte.

Prediger Heinrich Penner mit den Täuflingen im Herbst 1960. V.l.n.r. Frieda Dyck, Hilda Giesbrecht, Elsa Gronau

sonst hatte die Gemeinde Brüder, die durch die Notzeiten erzogen waren und sich jetzt in den Dienst stellten, wie Abram Friesen, Otto Wiebe, Peter Rempel, Peter Regehr, Jakob Konrad und andere.

Eine Reihe von Predigern wie Wilhelm Matthies, Jakob Siebert, Heinrich Wölk und Jakob Plett waren ehemalige Lehrer, die ihren Beruf aufgeben mussten und nach Karaganda zogen, um der Gemeinde beizutreten. Sie hatten sich außer tiefer Erfahrung im Leben mit Gott ein reiches geistliches Wissen durch Selbststudium angeeignet. Alle mussten jetzt lernen, in neuen Verhältnissen und mit neuen Glaubensgeschwistern am Gemeindebau mitzuwirken.

Die Gemeindeordnungen

Nach den Gemeinderegeln[31] hatte die Gemeinde einen Leitenden, drei Gehilfen, einen Vorberat aus elf Brüdern, vier Diakone, einen Kassierer und Sekretär in einer Person, und eine Revisionskommission aus drei Brüdern. Jegliche Arbeit in der Gemeinde wurde unentgeltlich gemacht. Die Gemeinderegeln ordneten auch Aufnahme, Ausschluss und die Gemeindeordnung (Unterordnung unter die Beschlüsse, Zulassung zur Wortverkündigung, Zeit und Art der Gottesdienste, den häuslichen Gottesdienst, Kopfbedeckung der Schwestern, Hausbesuche und christliche Eheschließung). Die Versammlungen wurden in Privaträumen und, solange es von der Obrigkeit geduldet wurde, in den Bethäusern durchgeführt.

Titel der Gemeinderegel der DMBG in Karaganda. Im Anhang vollständig

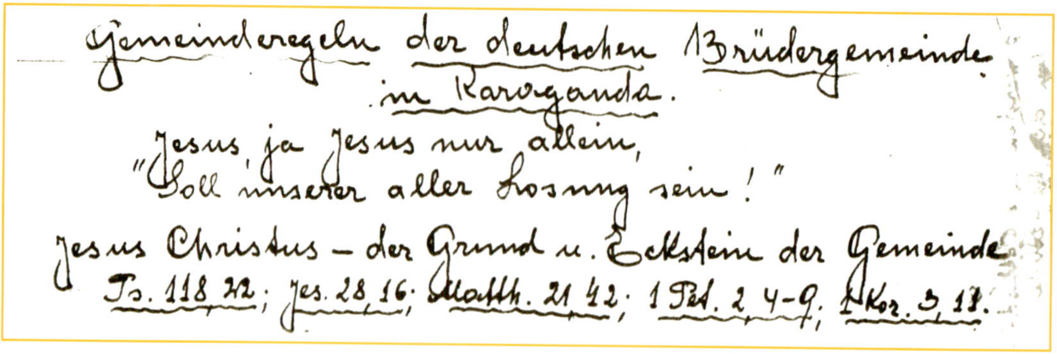

Gemeinderegeln der deutschen Brüdergemeinde
in Karaganda.
„Jesus, ja Jesus nur allein,
Soll unserer aller Losung sein!"
Jesus Christus – der Grund u. Eckstein der Gemeinde
Ps. 118,22; Jes. 28,16; Matth. 21,42; 1 Pet. 2,4-9; 1 Kor. 3,11.

[31] Diese Satzungen wurden vom KGB aus einem Brief von David Klassen beschlagnahmt, aufbewahrt und im Oktober 1997 mit anderen Dokumenten zurückgegeben. Sie sind im Heft von Peter Thielmann enthalten und auf 1957 datiert.

Gemeinden im Karagandagebiet

„Seit 1955[1] versammelt sich in Temirtau eine Gruppe Gläubiger unter dem Namen der Evangeliumschristen-Baptisten, tatsächlich besteht die Gruppe aber hauptsächlich aus Mennoniten. Die Gruppe hat 125 getaufte Mitglieder und 150 Nahestehende. Die Deutschstämmigen stellen ca. 75% der Gläubigen [...] Trotz wiederholter Warnungen des Stadtrates [...] haben die Leiter der Gruppe Fast I.J. und Bogazkij M.M. ihre Tätigkeit aktivisiert.“

Quelle: Meldung an das Gebietskomitee der KP Kasachstans: SAKG, F.1364, L.1a, A.44, S.24-25.

Im Mai 1960 präsentiert der Upolnomotschenyj für das Karagandagebiet alle religiösen Gemeinschaften. Unter dem Namen Mennoniten werden elf Gruppen aufgeführt:

Nr.	**Ort und Leiter**	**Zahl der Gläubigen**	**Entstehung**	**Räumlichkeiten**	**Schließung**	**Tätigkeit zurzeit**
1	Karaganda, Lenin-Rayon, Stadtteil Kirsawod, Rishskaja 27, Klassen David Iw.	350	1956	Von den Gläubigen gekauft	Sept. 1959 durch Vertreter der Öffentlichkeit des Lenin-Rayons	Versammlungen in Wohnungen der Gläubigen in kleinen Gruppen
2	Karaganda, Stalin-Rayon, Sewernaja 75, Wiebe Otto Petr., Wolf Peter Abr.	200	1956	Von den Gläubigen gebaut	Juli 1958 durch Vertreter der Öffentlichkeit des Stalin-Rayons	
3	Karaganda, Stalin-Rayon, Komsomolskaja 63, Ediger Franz Franz.	200	1958	in Wohnungen der Gläubigen	Juni 1959 durch Vertreter der Öffentlichkeit des Stalin-Rayons	
4	Karaganda, Schachtiner-Rayon, Fedorowa 28, Ediger Franz Franz.	230	1959		Sept. 1959 durch Vertreter der Öffentlichkeit des Schachtiner Rayons	
5	Saran, Kohlengrube Nr.105, Zorn	30	1957		–	
6	Kiewka, Nurinski Rayon, Enns, Dez. 1958 gestorben	80	1955	in Wohnungen der Gläubigen	–	
7	Osakarowka, Hecht	50	1956		–	
8	Aktas, Block	50	1957		–	
9	Aktau, Kebernik	20	1957		–	
10	Tokarewka, Krahn	50	1957		–	
11	Karaganda, Sortirowka, Wall	30	1956		–	

Quelle: Tabelle der religiösen Gemeinschaften des Karagandagebiets 1.5.1960. SAKG, F.1364, L.1a, A.49, S.18-31.

[1] Eigentlich schon seit 1948. Siehe: Fast, Viktor: Temirtau wurde zum Verklärungsberg. In: Aquila (36) 2/2000, S.12-14, hier S. 13

Die Baptistengemeinde Karaganda-Kopaj

I.A. Jewstratenko wurde im März 1959 vom WSEChB nach Rostow als Oberpresbyter des Rostowgebiets versetzt. Am 7. Mai wurde Pjotr I. Posharizkij von M.S. Wastschuk, dem Oberpresbyter Kasachstans, als Ältester vorgeschlagen, von der EChB-Gemeinde gewählt und vom Upolnomotschenyj bestätigt.

Quelle: Bericht des Upolnomotschenyj an den Rat für Religionsangelegenheiten, 1. Halbjahr 1959. SAKG, F.1364, L.1a, A.44, S.92-99.

Am 1.1.1959 hatte die EChB-Gemeinde 1093 Mitglieder. Im Jahre 1959 waren 27 ausgeschieden (10 weggezogen, 9 ausgeschlossen, 8 gestorben); 100 dazugekommen (getauft 41, Auswärtige aufgenommen 24, wieder aufgenommen 7, Pfingstler-Jedinstwenniki 28). Am 1.1.1960 zählte die Gemeinde 1166 Mitglieder.

Quelle: Bericht des Upolnomotschenyj an den RfR für das 2. Halbjahr 1959. SAKG, F.1364, L.1a, A.44, S.75-79.

Predigerreisen und Erweckung

Reiseprediger

Nach der Aufhebung der Kommandanturaufsicht trauten sich etliche Brüder andere Ortschaften als Reiseprediger zu besuchen. Einer von ihnen war Bruder David Klassen, der viele Reisen durch die überall neu entstandenen Gemeinden in Kasachstan, Sibirien und Mittelasien machte. Ähnliche Reisen unternahmen auch andere Brüder der MBG Karaganda - Peter Bergmann, Otto Wiebe und andere. In den 1960-ern auch Johann Strauß.

Auf diese Weise trug die MBG Karaganda ihren Teil zur großen Erweckungsbewegung unter den Russlanddeutschen bei.

Wirksame Besuche im Koktschetawgebiet 1956-1962

David Joh. Klassen war nach dem Krieg der erste Prediger, der die Dörfer in den Rayons Tschistopolje, Rusajewka und Kujbyschew des Gebiets Koktschetaw Mitte der 1950-er Jahre besuchte.[32] Überall geschahen Erweckungen. Die nach den Wirren und Zerrissenheiten von Krieg, Verschleppung, Arbeitsar-

David Klassen zu Besuch mit einer Sängergruppe aus Karaganda in der Geminde Balchasch. Vorne sitzen: Rudolf Lenischmidt (Gemeindeleiter in Balchasch), Käthe Neufeld (Epp), das Brautpaar, Elisabeth Peters. Hinten stehend: Walter Plett, Heinrich Neufeld, Viktor Enns, David Klassen, Gerhard Wölk, ?, Willi Konrad

[32] Der Abschnitt ist zusammengestellt nach: „Missionsreisen der Geschwister aus der MBG-Karaganda", eine Sammlung von Zeugnissen, Hilfskomitee Aquila.

mee und Hungersnot geistlich total ausgehungerten Menschen versammelten sich bei der Ankunft eines Predigers nach der Arbeit und der Versorgung des Viehs spät abends in einem Privathaus. Alle lauschten, was der Prediger aus der Bibel vorlas, und wurden nicht satt, die Erklärungen aufzunehmen. Inzwischen wurden Lieder meistens aus abgeschriebenen Heften gesungen. Oft wurden solche Versammlungen durch heiße, laute Bußgebete unterbrochen. Um 4-5 Uhr morgens mussten die Zuhörer auseinander gehen, um die Haustiere im Stall zu versorgen und dann an den Arbeitsplatz zu eilen.

In der zweiten Hälfte der 1950-er und Anfang der 1960-er Jahre wurden diese Ortschaften auch von den Brüdern Jakob Friesen, Heinrich Penner, Abram Wolf, Peter Bergmann und Johann Strauß besucht. Oft nahmen sie junge Brüder wie Heinrich Boger, Johann Koop, Johann Fröse und Ernst Klassen mit, die vieles von den älteren Brüdern auf solchen Reisen lernten und die schreiende geistliche Not in anderen Gebieten kennen lernten.

Tauffest in der Mennoniten Brüdergemeinde in Tscheljabinsk im Sommer 1958. David Klassen aus Karaganda taufte 17 Personen.

Schon ein halbes Jahr nach seiner Freilassung unternahm David Klassen seinen ersten Besuch in das Koktschetawgebiet, wohin viele seiner Bekannten verbannt waren. Er war eingeladen eine Hochzeit christlich zu gestalten.

Damals besuchte David Klassen auch das Dorf Rusajewka (etwa 30 km von Tschistopolje entfernt), wo bei den Geschwistern Klassen, die aus Davidowka (etwa 15 km weiter) nach Rusajewka umgezogen waren, eine Versammlung stattfand. Zum Gottesdienst kamen auch Heinrich und Anna Peters mit ihrem Sohn Jegor aus Davidowka. 1957 war David Klassen wieder nach Rusajewka eingeladen. Die Versammlung fand bei Heinrich und Anna Peters, die nun in Rusajewka lebten, statt. Schwester Olga Kormina erinnert sich, dass Bruder Klassen auch in Knjasewka 1957 eine Versammlung hielt.

Während einer Versammlung in einer Winternacht 1957 in Dubrowka, Koktschetawgebiet, bei der Abram Wolf, Heinrich Penner und David Klassen aus der MBG Karaganda predigten, bekehrte sich das Ehepaar Heinrich und Albertine Boger. Heinrich nahm es ernst. In dieser Nacht hörte er auf, zu rauchen und zu fluchen. Auf seiner Arbeitsstelle bezeugte er, dass er ein neuer Mensch geworden sei und den Herrn Jesus nicht mehr mit diesen sündigen Lastern betrüben wolle. Seine gute Flinte, mit der er viel freie Zeit auf der Jagd verbrachte, räumte er weg. Sein Schwiegervater Schirling, der damals noch nicht bekehrt war, ärgerte sich deswegen.

Die Geschwister Boger unternahmen sofort entschiedene Schritte, um eine Gemeinde aufzusuchen. Im Frühling 1958 kauften sie sich in Karaganda ein Häuschen und wechselten ihren Wohnsitz. Sie wurden im Sommer 1958 in der Mennoniten Brüdergemeinde in Karaganda-Kirsawod auf ihren Glauben getauft. Heinrich Boger lernte begierig bei den alten Brüdern und wurde sehr bald ein eifriger Wortverkündiger in der Gemeinde und in der Umgebung.

Im Juli 1958 wurde das erste Tauffest in Rusajewka durchgeführt. Dazu kamen die Brüder Abram Wolf und Heinrich Penner aus Karaganda. Heinrich Penner taufte im Fluss neben dem Dorf. Unter den Täuflingen waren Heinrich Peters, seine Tochter Maria, seine Schwiegertochter Antonina (geborene Fast, 22 Jahre alt), Ida Schmidt, Lida Artus, Linda Gutsch, Linda Zeller und Selma Hammermeister. Antonina Peters hatte sich im Herbst 1956 bei einem Besuch in Karaganda im Gebetshaus der Baptistengemeinde in Kopaj bekehrt, wo sie zum ersten Mal einen Chor gehört hatte. Die Botschaft hatte sie so getroffen, dass sie sich nach dem Gottesdienst sofort bekehrte.

Im Sommer 1959 oder 1960 fand in Priwolnoje ein Tauffest mit David Klassen als Täufer statt. Unter den Täuflingen waren Lena Fast (Mutter von Antonia Peters) und Anna Peters (Frau von Heinrich Peters) aus Rusajewka, die früher einmal mit der Besprengungstaufe bedient worden waren und sich jetzt im Fluss taufen ließen.[33]

Besuche in Tscheljabinsk

Ende 1956 hatte David Klassen eine kleine Gemeinde in Tscheljabinsk[34] besucht und ihr nützliche Anweisungen zur Gründung einer MBG gegeben. Im

David Klassen (rechts) bei seinen Freund Daniel Friesen in Nowopawlowka, Kirgisien, den ehemaligen Ältesten in Einlage, Chortiza und Krasnoturinsk, Nord Ural

[33] Alle Angaben in diesem Abschnitt gesammelt von Jakob Penner in Gesprächen mit Zeitzeugen.
[34] Classen, Harry: Die Geschichte der MBG Tscheljabinsk, In: Aquila (30), 4/1998 S.22-24.

Sommer 1958 besuchte er, nun schon als Ältester der MBG Karaganda, diese Gemeinde zum zweiten Mal. Sein Besuch erquickte und stärkte die Gemeinde. Mit den Seelen, die sich zur Taufe gemeldet hatten, wurden sofort Taufunterricht und Prüfungen durchgeführt. Die Taufe der 18 Täuflinge wurde am 25. Juni im Fluss Mias von David Klassen vollzogen. Die Neugetauften wurden am Ufer eingesegnet und die Gemeinde hielt dort auch das heilige Abendmahl. David Klassen dirigierte den Chor, der das Lied „Mächtige Ströme des Segens" sang. Als 1962 David Klassen verhaftet und ihm ein Strafprozess gemacht wurde, gehörte das Foto vom Tauffest 1958 in Tscheljabinsk zu den Beweisen seiner „verbrecherischen" Tätigkeit.[35]

Weitere Besuchsreisen von David Klassen

1962 wurde David Klassen vor Gericht auch für die Besuche in Kirgisien beschuldigt. Seine Briefe an Brüder in Rotfront sind erhalten geblieben. Er besuchte auch die Gemeinde in Balchasch und diente dort 1961 mit einer Chorgruppe auf einer Hochzeit.

Besuchsreisen von Peter Bergmann

Nikolaj Reimer (1900-1977) aus Kuschmurun und Amankaragaj berichtet von dem Besuch Peter Bergmanns zur Bethauseinweihung in Kuschmurun Ende Oktober 1957. Auf Bergmanns Empfehlung wurde Johannes Fast von Temirtau nach Kuschmurun eingeladen, um am 2. Februar 1958 Nikolaj Reimer als Prediger einzugesegnen.[36]

Anfänge einer Gemeinde. Peter Bergmann besuchte 1959 die Gläubigen in Nowopawlowka, Kirgisien. Im Zentrum Jakob Krahn, Peter Bergmann und Georg Harder

Peter Bergmann besuchte auch Nadarowka im Pawlodargebiet[37], die mennonitischen Dörfer im Omskgebiet, Nowopawlowka in Kirgisien und die Gemeinde in Jurga, Sibirien.

---

[35] Nach Dokumenten aus dem Archiv von David Klassen und „Missionsreisen der Geschwister aus der MBG-Karaganda", eine Sammlung von Zeugnissen, Hilfskomitee Aquila.

[36] Siehe Reimer, Nikolaj: Nur aus Gnaden, Lemgo 1996. S.116-117

[37] Zeugnisse zur Geschichte der Gemeinde Nadarowka, Archiv von Viktor Fast.

Reisen anderer Brüder

Otto Wiebe besuchte Ojasch (Nowosibirskgebiet) und Wosnesenka bei Makinsk.[38]

Peter Friesen, der keine Rednergabe hatte, kaufte ein Tonbandgerät, schrieb Predigten und Lieder auf, besuchte seine Verwandten und Bekannten in Kustanaj und hielt dort Hausandachten. Wenn das unvollkommene Gerät zu heiß wurde, trug er es hinaus und vergrub es im Schnee, damit es schneller abkühlte. Auf die Warnung, das Gerät gehe so viel schneller kaputt, antwortete er: „Für die Sache des Herrn ist nichts zu schade." In einer Lokalzeitung erschien in jener Zeit ein großer atheistischer Aufsatz mit der Überschrift „Peter Friesen war hier mit einem redenden und singenden Gotteskasten."[39]

Der Upolnomotschenyj klagt:

„Am 1. Mai 1958 hat eine Gruppe von 30 Personen aus Karaganda unter der Leitung von Ernst Dav. Klassen, dem Sohn des Leiters der Mennoniten D.I. Klassen, Temirtau besucht und I.J. Fast zu seinem Geburtstag eine Tischuhr geschenkt. Die gläubigen Mennoniten von Temirtau richteten in ihrem Bethaus den Gästen zu Ehren eine Festmahlzeit aus. Sie sangen Psalmenlieder."

Quelle: Bericht des Upolnomotschenyj an den RfR, 1. Halbjahr 1958. SAKG, F.1364, L.1a, A.44, S.37 (28-38).

Jugendversammlungen

Deutsche Jugendversammlungen

Noch vor der Gründung der MBG gab es christliche Jugendversammlungen. Die Jugendlichen versammelten sich unter verschiedenen Vorwänden, meistens zu Geburtstagsfeiern, um gemeinsam Lieder zu singen und geistliche Erfahrungen auszutauschen. Dabei spielte die Gemeindezugehörigkeit keine ausschlaggebende Rolle. Auch Ausflüge in die nahe liegende Steppe oder die Felsen bei Temirtau wurden unternommen. Die Jugend war sehr dankbar, wenn ältere Brüder wie Johannes Fast an ihren Gemeinschaften teilnahmen und etwas aus ihrem Schatz des Bibelwissens und der geistlichen Erfahrung weitergaben.

Als die MBG entstand, schlossen sich ihr auch viele aus der deutschen Jugend an. Die Jugendlichen trafen sich wöchentlich in Privathäusern, meistens in der Alten Stadt, zu Jugendstunden. Franz Banmann erinnert sich: „Am 29. März hat die Jugend einen Vortrag gehabt über die Leiden Jesu, denn es war gerade Ostern. Ich war bei dem Vortragen nicht dabei, aber mich hat das Wort sehr angesprochen. Am 31. März hatten wir zu Hause Besuch von Hans Koop, da habe ich mich bekehrt. Von da an machte ich in der Jugend froh mit."[40]

Jugend „33"

Anfang Sommer 1956 kam die junge Schwester Ira Epp mit ihrer Mutter nach Karaganda und siedelte in der Ortschaft „33" an. Die Schwester sammelte bald Kinder von gläubigen Eltern um sich, sang mit ihnen Lieder und las ihnen Geschichten vor. Bald kamen noch zwei andere junge Schwestern, Anna Epp und Susa Görzen, dazu. Diese Schwestern sammelten andere Jugendliche zusammen. Bei diesen Zusammenkünften wurden Geschichten vorgelesen und viel gesungen, aber auch biblische Spiele gespielt und Bibelverse

[38] Nach Angaben von Otto T. Wiebe, Frankenthal.
[39] Nach Angaben von Abram Günter.
[40] Erinnerungen von Franz Banmann.

Jugend des Gemeindeteils „33" 1958: 1. Reihe v.l.n.r.: Käthe Neufeld (Epp), ?, Liese Wiebe, ?, Ira Zinger (Zeiger), Erna Töws (Klippenstein), Anna Thiessen (Epp). 2. Reihe v.l.n.r.: Anna Rempel (Klassen), Irene Epp, Linda Breitkreuz (Fenske), Nikolaj Thiessen, Gustav Fenske, Liese Harder, Hilda Medchen (Neufer), Anna Bartsch. 3. Reihe v.l.n.r.: Frieda Klassen (Wiens), Lora Klassen (Janzen), Susa Görzen, Talita Klassen (Dück), Lora Harder (Friesen), Käthe Fenske (Regehr), Rita Sperling (Friesen), Lena Wiebe (Harder), Ira Janzen (Epp), Ira Isaak (Wiebe). 4. Reihe v.l.n.r. Willi Konrad, Jakob Epp, Johann Janzen, Heinrich Klassen, Hermann Isaak, Johann Regehr, Jura Lorenz, Theo Wiebe, Erich Ebert, Theo Klassen.

auswendig gelernt. Zuerst waren es ungefähr acht bis zehn Jugendliche (darunter Ira Epp, Anna Epp, Susa Görzen, Hans Regehr, Jakob Epp, Jura Lorenz, Kolja Thiessen), aber mit der Zeit kamen immer mehr dazu. Man versammelte sich fast regelmäßig, einmal in der Woche. Am Anfang kam man meistens im Hause der Schwester Ira Epp zusammen. Die Jugendgruppe hatte keinen Jugendleiter, aber der Herr segnete die Sache.

Hans Töws, der Schwager von Ira Epp, der sehr musikalisch war, versammelte die Jugendlichen bei sich zu Hause und brachte ihnen das Gitarre- und Mandolinespielen bei. So konnte die Jugend bald mit Musikinstrumenten den Herrn verherrlichen.

Diese Zusammenkünfte ließen tiefe Spuren in den Herzen der Jugend zurück. Schon im ersten Jahr bekehrten sich beim Besuch des kranken Johann Fast einige Jugendliche zum Herrn. Als dann im Frühling Rudi Klassen zu Besuch aus Sibirien nach Karaganda kam, bekehrten sich noch einige Jugendliche. Auch am Sylvesterabend gab es immer Bekehrungen. Als dann die MBG gegründet war, durften viele Jugendliche sich 1957 in der Gemeinde taufen lassen.

Die Jugendgruppe wuchs an Zahl. Hans Thiessen, Erich und Gustav Fenske, Anna Bartsch, Erna Klippenstein, Lena Flaming, Lori Janzen, Herman

Isaak, Helene Kornelsen und andere kamen dazu. Das geistliche Leben war am Aufblühen.

Die Jugend kam beständig zusammen ohne einen Jugendleiter, aber es gab einige Vorgänger unter ihnen. Einer davon war Gustav Fenske. Zwischen 1957 und 1959 kamen immer mehr Familien nach Karaganda, weshalb auch die Zahl der Jugendlichen auf dreißig anwuchs. Im Frühjahr 1959 kam die Gruppe aus Ojasch, und mit ihnen Rudi Klassen, nach Karaganda. Da wurde die Jugendgruppe groß. Rudi Klassen übernahm auf Bitte einiger Brüder die Jugendarbeit und war somit der erste Jugendleiter.[41]

„Die erste Hochzeit [in dieser Gruppe] wurde 1960 gefeiert. Sie wurde sehr einfach ausgerichtet: Zwieback, einfache Bonbons und Kaffee. Alle Gäste waren reich gesegnet, denn der Segen hängt nicht vom Essen ab. Das Evangelium wurde reichlich in Wort, Gedicht, Gesang und Musik gebracht. Es war die schönste Zeit in der Schule Gottes."[42]

Jugend in Schachtinskij

Nach der zweiten Versammlung am Sonntag gingen die Jugendlichen in Schachtinskij zur Jugendversammlung. Später, ab Anfang der 1960-er Jahre, fanden die Jugendstunden in der Woche statt. Die Jugend wurde von David Schartner aus der Alten Stadt, Peter Thielmann und Peter Dyck geleitet. Besonders viel beschäftigte sich David Schartner mit der Jugend. Die Jugendstunden wurden mit einem Bibelwort und Gebet angefangen. Während der Jugendstunde wurde viel gesungen, meistens aus dem „Dreiband" abgeschriebene Lieder. Man lernte auch Bibelverse auswendig und sagte sie auf, erzählte Zeugnisse, sagte Gedichte auf, spielte biblische Spiele, z. B. Raten von biblischen Personen oder Gegenständen. Am Ende der Jugendstunde gab es noch eine Gebetsgemeinschaft. Der ältere Bruder Hoffmann aus Daljnij Park, bei dem sich die Jugend auch versammelte, lehrte sie musizieren.

Die Hochzeit von Peter Klassen und Maria Ediger am 26. November1950 in Karaganda, Schachtinskij Rayon, in der Nähe der 47. Kohlengrube, gibt Anlass für eine deutsche Glaubensgemeinschaft. In dem Lehmhaus (Hintergrund) wohnte die Familie Jakob und Elisabeth Töws.

[41] Nach Angaben von Jakob und Ira Epp, aus der Sammlung von Erwin Rempel.
[42] Helene Kornelsen (Harsewinkel).

Im Sommer machte die Jugend Ausflüge ins Freie, in die Steppe, ins Wäldchen. Manchmal kamen die Jugendgruppen der verschiedenen Ortschaften zusammen, z. B. die Jugend von 33 und Schachtinskij.[43]

Jugend in Kirsawod-Michajlowka

Als die Zeiten besser wurden, traute man sich 1955 schon, in der Familie geistliche Lieder zu singen und zu musizieren. In der Familie Peter Bergmann spielte man Gitarre und Mandoline und Rudi Bergmann kam auf die Idee, den Familienmusikkreis zu erweitern. So kamen die Schwestern Agnes, Gredel und Erika Thiessen, die erst kurz davor nach Karaganda gezogen waren, die beiden Geschwister Otto und Herta Töws, das jung verheiratete Paar Hans und Esther Nickel, Heinrich Siebert, Heinrich Thiessen, die Geschwister Harri und Walli Tröster, Herbert Schönke und andere Jugendliche dazu. Diese Gruppe traf sich jeden Sonntag. Die Jugendversammlung wurde von einem der Brüder mit einem Bibelwort und Gebet eingeleitet. In diesen Stunden wurde viel gesungen, musiziert und neue Lieder eingeübt. Oft wurden Geburtstage gefeiert, an denen viele Sprüche aus der Bibel als Segenswunsch vorgelesen wurden. Auch Gedichte wurden aufgesagt, manchmal wurde ein geistliches Buch vorgelesen. Man lud gerne Brüder ein, um ein bestimmtes Thema zu erklären oder einfach zur Erbauung. Damals hatte noch nicht jeder eine Bibel, deshalb war das Verlangen, die biblischen Geschichten und Lehren zu hören, groß.

Rudolf Bergmann mit seiner Musikgruppe ca. 1959-1960. Vorne v.l.n.r.: Olga Neufeld, Agnes Thiessen, Lydia Neufeld, Herta Thiessen (Töws), Maria Töws, Margarethe Bergmann (Thiessen), Margarethe Nass (Abrahams), Valentina Tröster, Erika Thiessen. Stehend: Rudolf Bergmann, Jakob Epp, Heinrich Thiessen, Herbert Schönke, ein Verwandter von Abraham Bergmann

Im Sommer bei schönem Wetter traf sich die Jugend oft am Sonntagnachmittag im Selentrest, einer Grünanlage, vergleichbar mit einer Baumschule, damals wie ein Park, etwas abseits von der Stadt. Hier spielte man Volleyball und andere Spiele, las zusammen aus einem Buch und sang. Der Geist Gottes wirkte durch Lieder und Zeugnisse. Einer nach dem anderen bekehrte sich.

[43] Aus „MBG Schachtinskij 1957-68" von Jakob Konrad jun. (Frankenthal).

Zu diesen Ausflügen kamen manchmal Jugendliche aus anderen Gemeindeteilen, wie Schachtinskij, Kirsawod, Saran, Temirtau dazu.

Diese Gruppe wurde als Gesanggruppe in anderen Gemeindeteilen und Gemeinden bekannt und wurde eingeladen, Hochzeiten, Beerdigungen, Geburtstage und andere Angelegenheiten mit Gesang zu verschönern. Nach der Versammlung besuchte sie alte und kranke Leute. In der Woche half die Jugend, da wo es Not tat, praktisch, z. B. mit Wasser holen (damals gab es noch keine Wasserleitungen, die bis ins Haus und Wohnung führten), beim Holz

Ein größeres Jugendtreffen von „33", Kirsawod und Michajlowka bei Frieda und Gerda Dück in Michajlowka

hacken, bei Gartenarbeiten und Hausrenovierungen. (Die meisten lebten in Lehmhütten, die immer wieder renoviert und repariert werden mussten, wobei manche alte Witwen hilflos waren). Die Aufgabe der Jugend war auch, den Versammlungsraum zu richten, Möbel heraus zu tragen, Bänke aufzustellen, nach der Versammlung die Wohnung wieder in Ordnung zu bringen und die Fußböden zu waschen.[44]

Eine kleine Jugendgruppe aus Melkombinat (Peter Friesen, Viktor Dück, Maria Harder) besuchte am 2. Mai 1957 Onkel Johannes Fast und die Gemeinde in Temirtau. Auf der Rückreise im Eisenbahnwagen lernten sie die Jugend aus Kirsawod kennen und gesellten sich seitdem auch zu ihnen. Jugendleiter war Ernst Klassen. Die Jugendstunden wurden am Freitagabend durchgeführt. Es wurde viel gesungen und Bibelarbeit gemacht. Man nahm

[44] Nach Interviews mit Herbert und Sigrid Schönke, Agnes Thiessen, Abram und Margarete Bergmann, Harry Tröster aufgeschrieben von Lydia Fast (Februar 2007).

Bekehrungen in der Jugendversammlung

Ein Brief von Alice Matthies an ihre Eltern Willi und Lisette

Liebe Papa und Mama!

O freuet euch mit mir, teilet meine Freude! Ich habe gestern den Frieden gefunden! O welch ein Glück!

Ich habe ja schon seit vorigem Jahr keine Ruhe gehabt, ich bat auch den Heiland, dass Er mir helfen sollte, ich flehte Ihn um Vergebung an; aber ich meinte es wohl nicht ernst genug, darum konnte Er mir auch nicht helfen. O wie oft dachte ich: „Wenn ich doch von der Sündenbürde loßwerden konnte, wenn ich auch Frieden finden konnte." Es war mir manchmal recht schwer, aber ich wollte es keinem sagen, ich wollte allein fertig werden, aber ich fand doch nicht was ich suchte. Und als jetzt in den Festversammlungen so viel Mahnrufe laut wurden noch in den letzten Stunden, in den letzten Minuten des alten Jahres zu Jesus zu kommen und nicht das neue Jahr [1959] mit der alten Bürde antreten, da walte es in mir auf, aber ich wollte es nicht zeigen, darum machte ich ein frohes Gesicht und ging unter Lachen fort. Ich eilte nach Hause, wo die Jugend sich versammeln wollte. Es war ein wunderschöner Nachmittag! Wie ernst sprachen die jungen Brüder! (Unter ihnen auch Hans). Sie meinten, dass dies Jahr so gnadenreich gewesen ist, weil wir es auf den Knien empfangen hatten und um Segen gefleht haben. Als alle dann niederknieten, da weinte Petja Braun plötzlich los, lehnte sich an Hans und sagte: „Ich kann nicht mehr, o Hans!" Dann kam Ernst Klassen heran; sie knieten nieder und beteten mit ihm, er rang und schließlich siegte der Herr. Als ich das alles sah, da war es beinahe wie Neid in mir. Ich dachte; so viele werden glücklich, nur ich kann noch nicht los von allem. Nein, ich will, ich muß den Frieden im Herzen haben! Aber ich war auch jetzt noch zu stolz, um vor allen hinzuknien und sagen, dass ich viel gesündigt habe. Ich lief in die Küche. Aber Gerda bemerkte es und bald kamen sie mit Käte hinterher. Sie beteten lange mit mir, bis ich der Vergebung gewiß wurde. O wie froh bin ich! Und wie freuten sich mit mir Frieder und Hans! O das war der schönste Tag meines Lebens. Wie froh konnte ich nachher laut dem Herrn danken! An diesem Abend bekehrten sich sechs Mann. Ja, sie [die Behörden] können tun was sie wollen, können alles verbieten, aber das Wort wird nicht aufhören zu wirken unter den Menschen. Von diesem Tag und Abend werdet ihr noch viel vom Frieder hören. O wie viel mal wurde gestern an Elmar gedacht. Wenn er doch hier wäre! Wenn er doch die Freude sehen könnte und die Predigten hören!

Und wie freue ich mich, dass ich eine kleine, ganz kleine Gelegenheit hatte etwas für den Herrn zu tun. Ich durfte heute einer alten Frau Wasser holen und ihr die Geschenke von der Jugend überbringen. Es ist ja sehr wenig, aber auch über diese Gelegenheit freue ich mich. O wie schön!

Mehr kann ich heute aber nicht schreiben.

Einen herzlichen Kuß von eurer glücklichen

Alja.

Tante Lieschen, Hans und Käte und alle Dycks bestellen sehr zu grüßen.

Bücher aus dem Neuen Testament wie den Epheser und die Korintherbriefe und auch die Evangelien durch und lernte Verse aus der Bibel auswendig. Ab und zu besuchte die Jugend die Familie David und Sara Klassen. Bruder David erklärte den Jugendlichen viele Wahrheiten aus dem Alten Bund und Tante Sara erzählte manches aus ihrem Leben, unter anderem auch aus der Zeit im Gefängnis. Auf den Jugendstunden wurde gewöhnlich bekannt gegeben, bei wem es an praktischer Hilfe mangelte, und dann wurden Besuche bei Alten, Witwen und Kranken gemacht und ihnen geholfen, Kohlen einzuschaufeln, Dächer zu reparieren, Holz zu spalten, Wasser zu tragen, Gärten umzugraben, Kartoffel auszugraben und vieles andere.

Am Sylvesterabend traf sich die Jugend oft in Michailowka bei Gerda und Frieda Dück. Dort aß man und beschenkte sich gegenseitig. Jeder besorgte ein Geschenk und nummerierte es und dann zog jeder eines der Geschenke, so dass man vorher nicht wusste, wer was bekommt. Weil im Mittelpunkt das Wort Gottes stand, gab es an jedem Sylvesterabend Bekehrungen.[45]

[45] Brief von Peter Friesen (Neuwied, Januar 2007)

Anfänge der Schriften- und Kinderarbeit

Literaturmangel

Um dem Mangel an Bibeln, Gesangbüchern und anderen geistlichen Büchern abzuhelfen, begannen viele Geschwister, Bücher für sich und als Geschenk für andere abzuschreiben. „Selbst nicht alle Prediger hatten Bibeln. Da mussten sie zum Vorbereiten und zum Predigen sie bei jemandem erbitten und dann wieder zurückgeben. Die Lieder, welche die Gemeinde singen wollte, wurden Vers für Vers vorgelesen und gesungen. Die Chorlieder wurden von jedem Sänger abgeschrieben. Viele haben auch die Liederbücher der ‚Heimatklänge' und ‚Frohe Botschaft' (352 Lieder) vollständig abgeschrieben, und das war dann eines der besten Geschenke, die man zum Geburtstag bekommen konnte."[46] Manche Brüder, wie Peter Bergmann und Bernhard Bergen (jun.), reparierten mit viel Liebe die alten zerlesenen Bücher und banden sie fachgerecht ein.

Tante Lena Weyer

Etliche ältere Schwestern, darunter die gelähmte Schwester Lena Weyer aus der Baptistengemeinde, fingen mit Kinderunterricht an, den sie „Sonntagschule" nannten.

Die Familien Plett, Nickel, Daiker u.a. mit Lena Weyer (hinten im Rollstuhl) in Selentrest ca. 1962.

Lena Weyer (1914-2005) kam mit ihren Geschwistern Peter und Sara 1948 nach Karaganda, fand Anschluss an die Baptistengemeinde in Kopaj, bekehrte sich und wurde 1950 getauft. Etwa ein Jahr später erkrankte sie und wurde praktisch arbeitsunfähig. Die junge energische Frau wurde für mehrere Jahre

[46] Wölk: Mennoniten-Brüdergemeinde in Rußland S.110.

wegen ihrer erkrankten Wirbelsäule ans Bett gefesselt. Es war eine schwere Zeit voller Leid, Anfechtungen, Kämpfe und Niederlagen, bis ihre Seele die wahre Ruhe im Herrn und die volle Hingabe in Seinen Willen gefunden hatte. Als ihre Aufgabe im Dienste des Herrn erkannte sie bald die geistliche Arbeit mit Kindern. Geschwister Weyer hatten einen vollen Bücherschrank mit geistlichen Büchern angesammelt und viele konnten sich dort gute Schriften ausleihen, die dann oft auch abgeschrieben wurden.

Sonntagschule bei Tante Lena Weyer

Eines der ersten Sonntagschulkinder von Tante Lena Weyer, Irma Plett, erinnert sich: „Es war kurz nach Weihnachten 1958. Unsere Mutter hatte mit uns Gedichte und Lieder zu Weihnachten eingeübt und wir drei Geschwister (Toni, Wolli und ich) gingen zu der kranken Tante Lena Weyer. Ihre Freundlichkeit und Herzlichkeit und auch die Geschenke hinterließen in uns Kindern eine unbekannte Sehnsucht.

Nach einiger Zeit, an einem Sonntag machten wir, zwei kleine Mädchen von sechs und neun Jahren, uns auf den Weg zu der kranken Tante Lena. Auf den Straßen lag viel Schnee und es stürmte noch. Wir wussten nicht genau, was wir dort wollten, aber unsere Kinderseelen sehnten sich nach Gemeinschaft und Zuwendung, und die unsichtbare Hand Gottes führte uns durch das Sturmwetter an unser Ziel. So standen wir vor Tante Lena, verschneit, verfroren… Das vergessen wir nie. Es war der Anfang einer langen, segensreichen Zeit. Tante Lena nahm uns liebevoll und herzlich auf, ohne viel zu fragen.

Als wir älter wurden, erzählte sie uns einmal über die Größe dieser Stunde in ihrem Leben. Sie war wenige Tage vorher von ihrem Krankenlager, an das sie lange Zeit gefesselt war, aufgestanden. Sie konnte aber nicht aus dem Haus und bewegte sich nur mit großer Mühe im Zimmer. Nun stand sie vor dem Herrn mit der Frage, ob ihr Leben noch einen Wert habe und ob der Herr sie noch gebrauchen könne. Es war eine Zeit schwerer Anfechtung.

Einige der ersten Sonntagschüler bei Tante Lena Weyer (v.l.n.r.: Elli Plett, Selli und Irma Daiker) etwa 1962.

Da standen plötzlich am Sonntagvormittag zwei Mädchen unerwartet und unangemeldet vor der Türe, die selbst nicht wussten, was sie hergetrieben hatte und was sie hier wollten. Da sagte der Herr zu ihr: ‚Dies ist jetzt deine Aufgabe!'

So begann unsere Sonntagschulzeit. Sonntags, aber damit es nicht auffiel auch an anderen Tagen, kamen wir und später auch andere Kinder zu Tante Lena. Sie erzählte uns fortlaufend biblische Geschichten, wir sangen Lieder, die wir auswendig lernen mussten, und sie begleitete den Gesang mit dem Harmonium. Wir lernten viele Bibelverse auswendig. Es waren selige Stunden, die sich wie ein goldener Faden durch die vielen Jahre zogen und unser ganzes Sein prägten. Sehr viel Segen floss aus dieser grünen Oase – denn das war ihr Haus mit der Veranda, die bepflanzt und berankt war von außen und innen.

Viele Kinder erlebten hier ihre Bekehrung. Sie weckte in uns die Liebe zu Gottes Wort. Sie riet uns, die Bibel immer fortlaufend zu lesen, machte uns mit guten Biographien bekannt und weckte in uns den Sinn für das Schöne, für Ordnung und Sorgfalt. Sie sagte, dass Mädchen alles, was sie zu tun haben, schön machen müssten, sei es eine Gardine aufzuhängen oder den Tisch zu decken. Das durften wir auch praktisch üben, denn wir bekamen oft eine einfache Mahlzeit bei ihr. Manchmal war es nur dunkles Brot, das wir unter ihrer Anleitung schön servierten und das uns besser als Kuchen schmeckte."[47]

Tante Lena Weyer wurde vielen zum Segen. So erinnert sich auch eine andere Sonntagschülerin an sie: „Einen guten Einfluss übte diese ehrwürdige und uns so liebe Tante aus. Ihr Leben und Wandel, ihr leuchtendes Gesicht, die Gebete über uns - ihren Schützlingen - alles sprach von reiner, echter Frömmigkeit und ernstem Christentum. Sie brachte uns allmählich dahin, dass wir das Spielen und Tummeln als Zeitvergeudung ansahen und unsere Zusammenkünfte fortan mehr mit geistlichen Dingen ausfüllten. Am Ostermorgen den Einsamen und Kranken den Ostergruß zuzurufen, besser gesagt zuzusingen, wurde uns auf ihre Anweisung zu einer lieben Pflicht. Trotz ihrem Leiden, das sie fest an ihr Zuhause band, organisierte und unterstützte Tante Lena sogar Ausflüge verschiedener Art."[48]

[47] Erinnerungen von Irma Plett, geb. Daiker, Frankenthal, Februar 2007.
[48] Erinnerungen von Elli Matthies, geb. Plett (1950-2000), Frankenthal.

1958

- Einführung der achtjährigen Schulpflicht in der Sowjetunion.
- 31. August: erste Sendung des Karagandiner Fernsehstudios.
- Eröffnung des kasachischen Wissenschafts- und Forschungsinstituts für Arbeitshygiene und Arbeitserkrankungen. Eröffnung des Chemie-Metallurgie-Instituts der Wissenschaftler der KasSSR in Karaganda.
- Gründung des „Giprouglegormasch", des Instituts für Projektierung von Maschinen und Mechanismen für den Bergbau.
- Fertigstellung des Sportpalasts in Karaganda.
- Eröffnung des zentralen Stadions „Schachtjor".

1959:

- Inbetriebnahme der Schachten „Kusembajewa" und „Toparskaja"
- Anfang 1959 wird auf dem 21. Parteitag der Sozialismus als erreicht erklärt und ein neuer siebenjähriger Wirtschaftsplan proklamiert, nach dem die Sowjetunion endlich die USA in Technik und Wirtschaft überholen soll.

1959/1960 wurde verordnet, dass Frauen nicht mehr unter Tage arbeiten dürfen.

1960:

- Inbetriebnahme des 1. Hochofens des Karagandiner Metallurgiekombinats. Das erste Gusseisen Kasachstans wird hergestellt.

Beziehungen zu anderen Gemeinden

Kapitel 4

Denn wie der Leib einer ist und doch viele Glieder hat,
alle Glieder des Leibes aber, obwohl sie viele sind,
doch ein Leib sind: so auch Christus.
1. Korinther 12,12

Der Standpunkt der Mennoniten-Brüdergemeinde entsprach dem Glaubensbekenntnis der MBG Russlands 1900/1902: „Die Gemeinde Christi besteht aus allen denen, die durch den wahren Glauben und durch den Gehorsam dem Evangelium sich abgesondert haben von der Welt und ihre Gemeinschaft haben in dem Heiligen Geist mit Gott, dem Vater, und Jesus Christus, ihrem einigen Mittler [...] Und obwohl die Glieder dieser Gemeinde aus allerlei Volk und Stand, hin und her in der Welt zerstreut und in Gemeinden geteilt sind, so sind dieselben doch alle Eins und untereinander Brüder und Glieder, und bestehen in einem einigen Leib in Christo, ihrem Haupt."[1] Doch die praktische Umsetzung dieses Standpunktes ist nicht immer einfach, was auch die MBG Karaganda lernen musste. Dennoch hat dieses Prinzip die Gemeinde vor unnötigen Schroffheiten und Konfrontationen bewahrt.

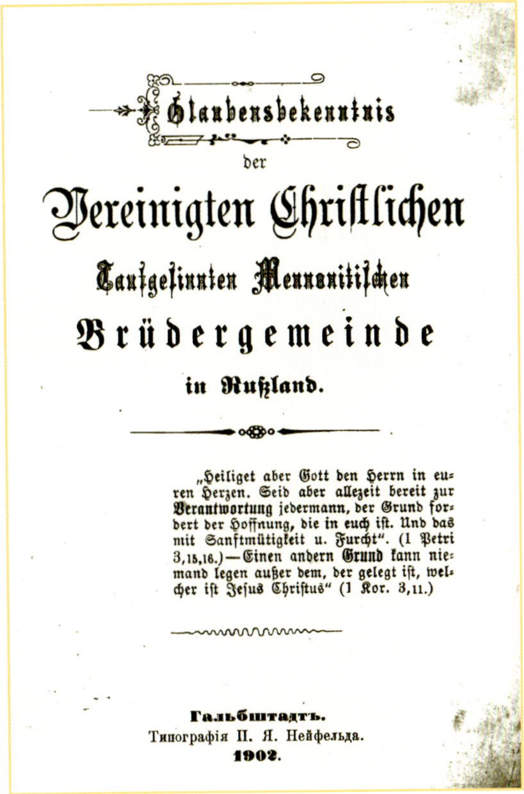

Glaubensbekenntnis

der

Vereinigten Christlichen

Taufgesinnten Mennonitischen

Brüdergemeinde

in Rußland.

„Heiliget aber Gott den Herrn in euren Herzen. Seid aber allezeit bereit zur Verantwortung jedermann, der Grund fordert der Hoffnung, die in euch ist. Und das mit Sanftmütigkeit u. Furcht". (1 Petri 3,15,16.) — Einen andern Grund kann niemand legen außer dem, der gelegt ist, welcher ist Jesus Christus" (1 Kor. 3,11.)

Гальбштадтъ.
Типографія П. Я. Нейфельда.
1902.

Nachbargemeinden in Karaganda

Viele aufrichtige Kinder Gottes von den kirchlichen Mennoniten besuchten von 1946 bis 1956 die Versammlungen im Bethaus der Baptisten in Kopaj. Viele bekehrten sich dort, ließen sich taufen und wurden so vollberechtigte Mitglieder. Doch andere konnten sich nicht zu einer „Wiedertaufe" entscheiden, da sie die früher empfangene Besprengungstaufe als gültige Taufe ansahen. Aus diesem Grund wurden sie nicht zum Abendmahl zugelassen.[2]

1 Glaubensbekenntnis der MBG Russlands 1900/1902, S.37-39.
2 Gerhard Bergen (Neuwied), schriftliche Erinnerungen an die Entstehung der Mennonitengemeinde.

Kirchliche Mennoniten

Einige Mennoniten versammelten sich in kleinen Gruppen in den Häusern, in denen auch Bibelstunden und Gebetsstunden durchgeführt wurden.

Als die neu entstandene MBG ihre Versammlungen in deutscher Sprache begann, kamen viele von den Kirchlichen dazu. Eine ganze Reihe von ihnen schloss sich im biblischen Gehorsam durch die Untertauchungstaufe der Gemeinde an. Solche, die sich nicht zur Untertauchungstaufe entscheiden konnten, aber durchaus in der MBG Gemeinschaft pflegen wollten, wurden durch eine Aussprache als Abendmahlsgäste aufgenommen und konnten auch an den Diensten der Gemeinde wie z.B. am Chorgesang teilnehmen.

Nach dem 2. Tauffest am 21. Juni 1959 in der Mennoniten Kirchengemeinde jeweils v.l.n.r.: 1. Reihe, kniend: ?,Sofia Petkau, ?, Emilie Wall (Siebert) 2. Reihe, sitzend: Ernestine Siebert, Helene Funk, Anna Peters, Maria Rempel, Hulda Peters, Juliane Siebert (Wall), ?, ?
3. Reihe, sitzend: Heinrich Funk, Jakob Tiessen, Johannes Penner, Albert Toews, Jakob Bergmann, Peter Schönke 4. Reihe, stehend: Aganete Peters, Elisabeth Siebert, Helene Stefan, Helene Krüger, Maria Letkemann, Emilie Fast 5. Reihe, stehend: Anna Ewert, Justina Martens, Maria Ewert, Anna Ewert, Katharina Borevsky, Julius Siebert, Heinrich Ewert, Susanne Ewert (Pöttker) 6. Reihe, stehend: ?, Johann Bergen, Dietrich Wall, ?, Peter Peters, Franz Tissen, Gerhard Fast, Johannes Pöttker, Rudolf Bergen, Rudolf Peters, Walter Bergen

Doch einige der kirchlichen Mennoniten, die sich durch die Untertauchungstaufe der Baptistengemeinde angeschlossen hatten, sehnten sich danach, auch mit ihren tief frommen Verwandten, die sich nicht zu diesem Schritt entscheiden konnten, volle geistliche Gemeinschaft einschließlich des Abendmahles zu pflegen. Das wollte die Baptistengemeinde nicht dulden und auch die Brüdergemeinde sah es nicht für recht an. Bei der Heirat von kirchlich-gläubigen Mennoniten, die aber nicht Mitglieder der Baptistengemeinde waren, fand sich keiner, der sie trauen wollte. Gerhard Bergen fand für seine Hochzeit schließlich den ihm ganz unbekannten Prediger Dietrich Pauls, der am 5. Mai 1957 die Trauung vollzog. In dieser Situation sehnten sich manche nach der Gründung einer kirchlichen Mennonitengemeinde.[3]

Am 25. Oktober 1957 fand im Hause der Familie Funk ein Dankfest statt: 25 Jahre der Mennoniten in Karaganda. Die Gedächtnisfeier leiteten Johann Penner[4] und Albert Töws. Am ersten Adventssonntag 1957 fand in dem Haus von Abram Bergmann der erste selbständige Gottesdienst statt. Johann Penner wurde zum Leiter der neuen Mennoniten-Kirchengemeinde.[5] Er war der einzige eingesegnete Prediger, der die fünfjährige Gefangenschaft und die darauf folgende Notzeit überlebt hatte.

Der Anfang war zaghaft und schwach. Die Gottesdienste wurden jeden zweiten Sonntag gehalten. Die meisten Predigten wurden vorgelesen. Dennoch blieb der Segen des Herrn nicht aus.

Damit begannen die regelmäßigen Versammlungen der kirchlichen Mennoniten vom Trakt[6], zuerst bei Schwester Funk, der Tochter von Johann Penner, in Maikuduk.[7] Als die Geschwister einer zweiten Gruppe, die meistens aus

3 Gerhard Bergen (Neuwied), schriftliche Erinnerungen an die Entstehung der Mennonitengemeinde.
4 Johann Penner war 1931-1934 Leiter der Mennonitengemeinde Karaganda gewesen. Siehe Фаст: „Я с вами“, Steinhagen 2001, S.79-92.
5 Gerhard Bergen meint, dass Penner zwar predigte, aber nicht die Leitung übernahm, da er nicht zum Ältesten eingesegnet war. Siehe schriftliche Erinnerungen an die Entstehung der Mennonitengemeinde von Gerhard Bergen.
Außerdem: „Mennonitengemeinde Karaganda in Kasachstan i Wandel der Zeiten.“ S.15.
6 „Am Trakt“ war 1853-1941 eine Kolonie der Mennoniten aus zehn Dörfern südwestlich von Saratow. Schon 1931 wurden 200 Mennoniten von dort nach Karaganda verbannt.
7 Aus dem Interview von Viktor Fast mit Johannes Bergmann, geboren 1915 (Welzheim, September 2000).

Jugend der Mennonitengemeinde in Karaganda im Sommer 1959

Molotschna[8] stammten und erst 1945 aus Deutschland oder später aus Verbannungsgebieten nach Karaganda kamen, erfuhren, dass eine solche Gemeinde entstanden war, sagten sie: ‚Das ist eine Gebetserhörung! Der Herr hat unsere Gebete erhört!' Nun schloss diese Gruppe sich der neu gegründeten Gemeinde an. Sie kamen nicht allein, sondern brachten auch ihre Kinder, Jugendliche und sogar Verheiratete mit. In dieser Zeit zogen noch viele hinzu.

„Alle, welche sich nicht verlieren wollten in der ungläubigen Welt, suchten dort hinzuziehen, wo es Gemeinden gab. So ein Umzug war nicht immer leicht, besonders in der Zeit der Kommandantur. Aber die es gewagt haben, wurden belohnt, weil die Kinder zur Gemeinde gebracht wurden und der Herr hat es gesegnet. Im Jahre 1956, nach Abänderung der Kommandantur, sind dann noch mehr nach Karaganda gekommen, weil in der Stadt damals schon eine große Baptistengemeinde war."[9]

„Natürlich brachten diese verschiedenen Gruppen, verschiedene Traditionen, Gewohnheiten und Ordnungen mit, wie es auf Seite 15 der Geschichte

[8] Molotschna war die größte Mennonitenkolonie in Russland. Sie lag in der Südukraine und bestand aus fast 60 Dörfern.

[9] Bergen Gerhard, in „Mennonitengemeinde Karaganda in Kasachstan im Wandel der Zeiten", 2006, S.61

Tauffest 1962 jeweils v.l.n.r: 1. Reihe: Erika Petkau, Agnes Bergen, Selma Sawatzky
2. Reihe (Prediger): Peter Schönke, Jakob Bergmann, Albert Töws, Bernhard Thiessen, Heinrich Funck, Jakob Thiessen
3. Reihe: Tina Quapp, Anna Thiessen, Anna Pauls (Wall), Neta Fröse, ?, Heinrich Töws, Plett), Anna Letkemann (Pauls), Heinrich Janzen
4. Reihe: Kornelius Fröse, Heinrich Pauls, Ernst Ewert

der Mennonitengemeinde Karaganda heißt: Die einen hatten es in ihrer Heimatgemeinde so gehabt, die anderen anders. Obgleich die Traditionen, Gewohnheiten und Ordnungen nicht unbedingt schlecht sind, aber in einer Gemeinde Jesu Christi, sollten die biblischen Ordnungen als Leitfaden gelten. So mussten die mitgebrachten Traditionen, aus den Heimatgemeinden, den biblischen Ordnungen und den Ordnungen Gottes, Platz machen. Rückblickend kann man sagen; dass es dem Herrn zum größten Teil auch gelungen sei, zu Seiner Ehre."[10]

Am 23. März 1958 fand das erste Tauffest dieser Gemeinde statt, bei dem Johann Penner 52 Geschwister taufte. Ende 1958 führte die Gemeinde die erste Predigerwahl durch. Es wurden Jakob Bergmann, Peter Schönke, Jakob Thiessen und Albert Töws gewählt. Die Gemeinde hatte aber noch keinen Ältesten. Nach ein paar Monaten kam der 79-jährige Älteste Heinrich Funk nach langer und schwerer Gefangenschaft frei und stieß zur Gemeinde. Er segnete am 19. April 1959 die gewählten Prediger ein. Die Gottesdienste fanden jetzt jeden Sonntag statt. Am 21. Juli 1959 taufte Heinrich Funk weitere 41 Geschwister. Er teilte auch das Abendmahl aus. Weil Johann Penner und

Sängerchor der Mennonitengemeinde, Alte Stadt jeweils v.l.n.r.: 1. Reihe: Elisabeth Wiens, Katharina Bergmann, Rudolf Quiering, Albert Töws, Maria Bergmann, Anna Fransen 2. Reihe: Anna Ewert, Ella Neufeld, Elisabeth Siebert, Katharina Rohr, Frieda Wiens, Helene Bretthauer, Elisabeth Töws, Maria Unger 3. Reihe: Hans Wiens, Anna Letkemann, Martha Wall, Heinrich Ewert, Gerhard Fast, Katharina Rohr

Heinrich Funk schon sehr alt waren, wählte die Gemeinde in demselben Jahr den Bruder Jakob Thiessen zum Ältesten.

Der alte Heinrich Funk war ein Ratgeber den jüngeren Geschwister der Gemeinde. Sein Sohn, der als Schullehrer nicht ohne Grund Schwierigkeiten von Seiten des Schulamtes und des KGB fürchtete, bremste seinen Dienst stark.[11]

Die Gemeindeglieder kamen aus verschiedenen Kolonien der Russlands zusammen. Es gab Differenzen in der Erkenntnis der Heiligen Schrift, unterschiedliches Liedgut und auch verschiedene Sitten und Bräuche. Das brachte einige Probleme mit sich, die aber besprochen und geregelt wurden. Es ist nie zu einer Spaltung der Gemeinde gekommen.

---

[10] Bergen Gerhard, in „Mennonitengemeinde Karaganda in Kasachstan im Wandel der Zeiten", 2006. S.61.

[11] Bergen Gerhard (Neuwied), schriftliche Erinnerungen an die Entstehung der Mennonitengemeinde.

In der Gemeinde entstanden zwei Chöre, die von Albert Töws und Heinrich Bergen geleitet wurden und abwechselnd in den Gottesdiensten sangen.

Entstehung der Gemeinde in Tokarewka

Nach dem Krieg begannen sich gläubige Schwestern in Tokarewka zu versammeln.[12] Sie sangen, lasen das Wort Gottes und beteten. Als einzigem Bruder in diesem Kreis wurde Jakob Krahn die Wortführung übertragen. Diese Gemeinschaft bestand aus Mennoniten, deutschen Baptisten und bald kamen auch Lutheraner und Pfingstler dazu, so dass die kleinen Zimmer voll wurden.

Die Gruppe der Gläubigen in Tokarewka im Sommer 1957 Hinten von links: Gerhard Sudermann (Gemeindeleiter ab 1970), Jakob Kran (Gemeindeleiter ab 1960), Hugo Warkentin, ?, Leonied Zempel, ?, ?, Kornelius Peters, Daniel Peters (Vater von Kornelius). Zweite Reihe von rechts: Martha Peters (geb. Warkentin) Ehefrau von Kornelius Peters. Sitzend von rechts: Erna Peters

Das blieb der atheistischen Regierung nicht verborgen. Die Gläubigen wurden vom Geheimdienst (damals MGB) verhört und 1951 wurde Schwester Hess in einer Gerichtverhandlung zu 25 Jahren Gefängnisstrafe verurteilt. Damit hörten die Zusammenkünfte fast auf.

Bis zum Todesjahr Stalins 1953 pflegte nur noch ein kleiner Rest von sieben Personen weiter die christliche Gemeinschaft. Nach dem Tode Stalins wurden die Zusammenkünfte jedoch offener und so kamen auch wieder neue Besucher hinzu. Als 1956 die Kommandantur aufgehoben wurde, nutzten die Geschwister die Möglichkeit, mit den Gläubigen aus Temirtau und Karaganda Gemeinschaft zu pflegen.

1957 wurden die ersten fünf Geschwister getauft. Es waren Peter Warkentin und seine Frau Olga, Ida Haupt, Teresa Reger und Martha Beck. Getauft

[12] Der ganze Abschnitt über Tokarewka stützt sich auf die schriftlichen Erinnerungen von Jakob Krahn (Lemgo).

wurden sie in Karaganda von den Brüdern Franz Ediger und David Klassen. Im „Gemeindebuch der DMBG in Karaganda" ist für diese Geschwister das Taufdatum 30. Juni 1957 eingetragen.

Die Baptistengemeinde Kopaj

Die MBG und die Baptistengemeinde in Karaganda gingen wesentlich verschiedene Wege in der praktischen Gemeindearbeit, aber anfänglich ohne große Probleme untereinander zu haben. Aufgrund des wiederholten strengen Verbots der Versammlungen in Privathäusern in Saran und auf anderen Stellen gingen 1958 wieder eine ganze Reihe von Geschwistern zur MBG über, wie z. B. der Prediger Peter Bergmann, Peter Thielmann, Heinrich (Andreas) Wiebe u.a.

Wie die Position der baptistischen Gemeindeleitung gegenüber der MBG war, bezeugen weiter unten angeführte Dokumente. Wastschuk, der Oberpresbyter für Kasachstan, befürwortete einiges an der Gemeindearbeit der MBG. Dennoch haben wir keine Zeugnisse von Seiten der MBG über ein herzliches Verhältnis zu ihm, die Beziehungen waren zu stark von der Vereinigungspolitik des neuen Oberpresbyters überschattet.

Die Beziehungen zu dem Ältesten Jewstratenko waren durch die von ihm verfolgte Politik stark belastet. Das könnte sich vielleicht auch noch auf Beziehungen zu einigen Anhängern Jewstratenkos ausgewirkt haben. Doch zu den anderen Gemeindegliedern und besonders zu den deutschen Geschwistern, die meistens auch die Versammlungen der MBG in den Häusern besuchten, waren die Beziehungen herzlich und sie wurden gerne auch zur Predigt eingeladen.

Als Jewstratenko 1959 versetzt und Posharizkij Ältester wurde, gestalteten sich die Beziehungen der MBG mit der Gemeindeleitung der Baptistengemeinde wesentlich freundlicher.

Viele Mitglieder der MBG besuchten die Versammlungen in dem großen Bethaus in Kopaj, freuten sich über gute Predigten und den großen Chor. Doch vielen ging es so, wie es Otto Wiebe einmal ausdrückte: „Ich gehe gerne mal zur Versammlung nach Kopaj, aber Mitglied würde ich dort nicht werden wollen."

Die kleine Baptistengemeinde um Kolesnikow

Bald nachdem die erste Gruppe der zukünftigen MBG im Dezember 1956 die Baptistengemeinde verließ, suchten die russischen Brüder der Gemeinde, die 1952 endgültig aus Kopaj gedrängt worden waren, mit ihnen in Kontakt zu kommen. Doch zu einer Annäherung oder gar Vereinigung konnte es nicht kommen, da die MBG ausdrücklich eine deutsche Gemeinde mit deutschen Gottesdiensten war.[13]

Andere Gemeinden

Die Wege der MBG und der lutherischen Brüder waren schon Anfang der 1950-er wegen der unterschiedlichen Taufauffassung auseinander gegangen, jedoch blieb die gegenseitige brüderliche Anerkennung. Die „Gemeinde Gottes" hatte sich früher aufgrund anderer Erkenntnisse in Fragen der Heiligung, der Fußwaschung und sonstiger Unterschiede von allen Gemeinden abgetrennt.

---

13 Von Abram Günter bezeugt.

Pjotr Iwanowitsch Posharizkij bei der Taufe 1969

Pjotr Iwanowitsch Posharizkij (1898-1997, Ältester 1959-1975), war wieder ein einfacher, alter und wenig gebildeter Diener. Er hatte nicht die Gabe eines Organisators wie Jewstratenko, war auch bis dahin nie Ältester gewesen. Doch in seiner einfachen Art konnte er Zerstrittene vereinen und zog gerne andere zum Dienst heran. Er gab leicht die eigene Unzulänglichkeit zu und gab anderen die Möglichkeit zu wirken. Als Veteran des Großen Vaterländischen Krieges (so wurde der 2. Weltkrieg in der Sowjetunion benannt) konnte er dem Druck der Staatsorgane einen gewissen Widerstand entgegenbringen. Doch wichtiger war seine einfältige Frömmigkeit, in der er vieles an Druck und Anweisung dieser Staatsorgane überhören oder auch nicht verstehen konnte. Wenn er trotzdem einiges im Staatsinteresse weitergab, dann weil er es für richtig hielt. Er genoss die Liebe der Gemeinde und sein Weggang wurde schmerzlich empfunden. Viele haben heute noch gute Erinnerungen an ihn.

Vereinigungsversuche

M.S. Wastschuk wurde vom WSEChB zum Gehilfen des Starschij Preswiter für die Kasachische SSR ernannt. Er setzte sich aktiv für die Vereinigung der Mennoniten mit der EChB-Gemeinde ein. Die folgenden Dokumente sollen seine Bemühungen verdeutlichen.

Kämpfe um die Gemeindeleitung in der Baptistengemeinde

Im Juli 1957 versuchte Tichonow, Starschij Preswiter für Kasachstan, die Gemeindeleitung in Karaganda zu wechseln. Er schickte seinen Bruder A.D. Tichonow nach Karaganda, um hier ein Orchester zu bilden, wozu dieser sogar einen Flügel mitbrachte. Jewstratenko verhinderte die Bildung eines Orchesters und A.D. Tichonow musste mit seinem Flügel nach Alma-Ata zurückkehren. Die Gemeindeleitung wurde auch nicht umgewählt.

Im Brief des Upolnomotschenyj des Rates für Religionsangelegenheiten für Kasachstan an den Upolnomotschenyj für das Karagandagebiet vom 3.2.1958 wird gutgeheißen, dass dem Ältesten der EChB-Gemeinde Jewstratenko die Fahrten nach Saran und andere Orte des Karagandagebiets untersagt werden, „denn als Ältester der EChB-Gemeinde Karaganda hat er kirchliche Dienste nur im Bethaus der Gemeinde zu vollziehen." Weiter wird der Upolnomotschenyj aufgefordert die wirkliche Ursache des Ausgangs der Mennoniten aus der EChB-Gemeinde zu ermitteln. „Ob es nicht die Verhinderung der deutschen Predigt durch Jewstratenko sei?"

Quellen:

Bericht an den Rat für Religionsangelegenheiten, 2. Halbjahr 1957. SAKG, F.1364, L.1a, A.30, S.163;

Brief an den Upolnomotschenyj vom 3.2.1958. SAKG, F.1364, L.1a, A.30, S.159-160.

Wastschuks Arbeit

Am 3.4.1958 berichtet Jewstratenko über die „Arbeit von Wastschuk M.S. in der Karaganda-Gemeinde zur Vereinigung mit den Mennoniten“: „Nach der Ankunft aus Alma-Ata hatte Wastschuk M.S. mit Morgun M.D. und einem Deutschen ein Treffen mit neun Leitern der abgeteilten Mennoniten in [der Siedlung] der Kohlengrube 33-34. Jene sollen direkt auf falsche Ordnungen in der Karaganda-Gemeinde und Sünden der Mitglieder hingewiesen haben. [...] Nach diesen Gesprächen mit den Mennoniten hat Wastschuk öffentlich bei seinen Auftritten im Bethaus [...] die Gemeinde und ihren Dienst in negatives Licht gesetzt und geschmäht. Ich vermute, dass Wastschuk gleichzeitig, wie auch früher schon, nach Alma-Ata und Moskau falsche übertriebene Berichte über den schlechten Zustand der Gemeinde in Karaganda gab, wie aus den von mir aus Moskau empfangenen Briefen zu ersehen ist.

23.3.58. In dem Schlusswort nach der Morgenversammlung erklärte Wastschuk, dass die Sache der Vereinigung wichtig und ihm für Karaganda aufgetragen sei. Er sagte: ‚Das schaffe ich. Ich lasse davon nicht ab. Das erreiche ich und überwinde alle Hürden und Hindernisse.’ Dann kündigte Wastschuk Sonderversammlungen für den 24., 25. und 26. März an [...]“

Die angekündigten Versammlungen waren dann eher Gebetsversammlungen. Am zweiten und dritten Abend war auch David J. Klassen dabei und am 26. März wurde ihm das Wort angeboten. Am 29. März trug Wastschuk die Leitung der Versammlungen nicht Jewstratenko, sondern einem anderen Bruder auf und schlug am Schluss vor, das Osterfest vom 13. auf den 6. April zu übertragen, um es nach dem westlichen Kalender zu feiern. Die Begründung war, dies sei für die Einheit wichtig als Mittel der Annäherung. Er bekam aber am Sonntag, dem 30. März, heftigen Widerstand aus der Gemeinde und musste die Änderung zurücknehmen.

Quellen: Bericht von Jewstratenko vom 3.4.1958. SAKG, F.1364, L.1a, A.19, S.228-229.
Protokoll des erweiterten Gemeinderats, 21.4.58.
SAKG, F.1364, L.1a, A.19, S.218.

Gespräch des Gemeinderates mit Wastschuk

Das Gespräch des Gemeinderates der Karaganda-Gemeinde [EChB-Gemeinde] mit dem Stellvertreter des Starschij Preswiter der KasSSR Wastschuk M.S. über die Vereinigung mit den Mennoniten [...] am 7. April 1958:

Teilnehmer: Wastschuk M.S., Jewstratenko I.A., Schabanow I.S., Sagajnow A.I., Enns P.A., Spitschak S.A., Petruk A.I., Fadin P.G., Bergmann P.A., Pauls E.I., Scheier E.I.

[...]

Wastschuk bezog sich auf Anweisungen, die er erfüllen will, um die Vereinigung mit den Mennoniten zu erreichen:

1. zusätzliche Versammlungen mit größerem Anteil deutscher Beiträge einführen;
2. den Gemeinderat auf 12 Personen erweitern;
3. die Gründerzahl [„Dwadzadka“, als Bruderrat angesehen] von 20 auf 100 erweitern;
4. die Zahl der Ältesten auf 2 – 3 erhöhen, die Leitung der Versammlungen und das Austeilen des Abendmahls sollte dann abwechselnd geschehen;
5. Einführung von Bibelstunden.

Weiter nannte Wastschuk, was die Deutschen als Hindernisse zur Vereinigung sehen:

1. Die Mennoniten sehen in der EChB-Gemeinde keine Änderungen in Leitung, Ordnung und anderen Versammlungsarten, die ihnen passen.
2. Die Absetztung des [Bruders] Morgun M.D. vom Predigerdienst wieder rückgängig zu machen.
3. Die Einschränkungen der Rechte der Deutschen bei der Zulassung zur Teilnahme an der Predigt in deutscher Sprache.
4. Das uneinsichtige und sture Verhalten des Ältesten Jewstratenko I.A., was seine Absetzung... und Entschuldigung vor den Mennoniten erfordert.

Unterschrift: /Jewstratenko/
Quelle: SAKG, F.1364, L.1a, A.19, S.226-227.

Wastschuks Schlüsse

Der Upolnomotschenyj schreibt über Wastschuks Vorschläge zur Vereinigung:

„Wastschuk schlägt vor zur Vereinigung:

1) zusätzlich deutsche Versammlungen einzuführen;
2) die Zahl der Ältesten bis 2 – 3 erhöhen, das Leiten der Versammlungen und das Austeilen des Abendmahls sollte dann abwechselnd geschehen;
3) den Gemeinderat bis 12 Personen erweitern;
4) die Gründerzahl von 20 auf 100 erweitern;
5) den Ältesten absetzen, was vermeintlich die Deutschen-Mennoniten verlangen.

Quelle: SAKG, F.1364, L.1a, A.19, S.219, 230.

Diese Vorschläge lehnten die Mennoniten in einer Unterredung am 8. April ab. Vom 13. bis zum 21. April war Wastschuk wieder in Karaganda und „hatte viele Treffen, Gespräche mit den Leitern der deutschen Trennung und mit Gläubigen beider Nationen in beiden Gemeinden.

Er kam zu folgenden Schlüssen:

1) die abgeteilten Deutschen wollen die Einheit:
   a. weil es die Heilige Schrift lehrt, die sie eifrig halten;
   b. weil sie mit dem EChB-Bund, seinen Satzungen und allen anderen Bundeseinstellungen ganz einverstanden sind.
2) Sie wollen die Einheit auch wegen der Situation, in die ihre Organisation und das geistliche Leben gekommen ist:
   a. Jemand hatte ihnen in Moskau und Alma-Ata zuerst Hoffnung gegeben, dass ihre mennonitische Frage bald gelöst würde, jetzt aber haben sie sich überzeugt, dass daraus nichts werden würde;
   b. Sie haben keinen Platz für ihre Versammlungen, weil ihr Bethaus geschlossen wurde. Die Gemeinde ist aber groß geworden – 470 Mitglieder. Jetzt versammeln sie sich in sieben Gruppen in verschiedenen Teilen der Stadt in Privaträumen.

Es sind folgende Hindernisse zur Vereinigung klar geworden:

1) Das größte Hindernis ist der Umstand, dass sie keine Erlaubnis haben, die geistlichen Versammlungen in Deutsch durchzuführen. Das war die Hauptursache zur Abteilung und macht bis heute Schwierigkeiten, denn die Russen tun sich schwer mit der deutschen Predigt in den russischen Versammlungen, die sie nicht verstehen. Die zurückgebliebenen Deutschen fühlen mit den Abgeteilten in der Frage der Sprache mit und besuchen gerne ihre Versammlungen.
2) In dem Leben der Gemeinde muss eine gewisse Gesundung geschehen, um die Ursachen der Teilung aufzuräumen.
3) Das Vertrauen zu der Gemeindeleitung ist verloren gegangen und deshalb wollen die Abgeteilten sich nicht sofort vereinigen, sondern wollen erst sehen, ob
   a. die Durchführung deutscher Versammlungen in der EChB-Gemeinde,
   b. die Verbesserung des inneren geistlichen Lebens

   stattfinden würde, dann erst würden sie kommen.

In ihren Versammlungen gebrauchen sie frei ihre Muttersprache und bauen ein gutes geistliches Leben auf. Für sie wäre es nicht schlecht, wenn alles so bliebe, wie es ist.“

21. April 1958 /Unterschrift Wastschuk/

Quelle: Bericht an den Upolnomotschenyj Adikow. SAKG, F.1364, L.1a, A.19, S.214-215.

Diese Vereinigungsversuche von Seiten Wastschuks waren das Thema des erweiterten Rates der EChB-Gemeinde aus 25 Brüdern am 21. April 1958 und wurden von den meisten russischen Brüdern scharf gerügt.

Quelle: SAKG, F.1364, L.1a, A.19, S.216-221

Am 23.4.58 schreibt S.Adikow, der Upolnomotschenyj des Karagandagebiets, über die mehrfachen Verhandlungen der EChB-Gemeinde wegen Vereinigung mit den Mennoniten, „die jedoch ergebnislos verlaufen, da die Mennoniten für so eine Vereinigung Bedingungen stellen. Das ist die Erlaubnis, im Bethaus gesonderte Gottesdienste in deutscher Sprache und Bibelstunden durchzuführen. Um der Vereinigung der Mennonitengruppe mit der registrierten EChB-Gemeinde willen und um die Deutschen (ehemalige Mennoniten) in der Gemeinde festzuhalten, halte ich es für notwendig, der registrierten EChB-Gemeinde gesonderte Gottesdienste in deutscher Sprache und Bibelstunden unter einer gemeinsamen Gemeindeleitung zu gestatten. Dazu wäre zu sagen, dass der Gemeindeälteste Jewstratenko I.A. Deutsch kann und diese deutschen Gottesdienste leiten und für den Inhalt der Predigten verantworten könnte."

Quelle: SAKG, F.1364, L.1a, A.44, S.57-59.

Ein neuer Vereinigungsversuch

Am 8. Juni 1958 gab es eine Unterredung zwischen Brüdern des Baptistenbundes und den Brüdern der MBG.

„Dazu waren gekommen: Iwanow I.G.[1] als Vertreter des WSEChB, Tichonow N.D., Starschij Preswiter für Kasachstan und sein Stellvertreter Wastschuk M.S., der Älteste der Ortsgemeinde Jewstratenko I.A., die Mitglieder des Gemeinderats Schabanow I.S., Sagajnow A.I., Morosowa U.I., Gemeindemitglieder Enns P.A., Wasser P.A., Braun J.D., Nickel J. und Koop I.I. Von den Mennoniten waren zugegen: D.I. Klassen, J.D. Klassen, I.I. Wiebe, F.F. Ediger, P.A. Bergmann, G.P. Harder, Heidebrecht und B.M. Epp.

Iwanow machte die Teilnehmer ausführlich mit den Satzungen des WSEChB bekannt und erläuterte die Bedingungen, auf deren Grund eine gemeinsame geistliche Arbeit zwischen der EChB-Gemeinde und den Mennoniten möglich wäre. Der WSEChB könne helfen, die völlige Einheit im Rahmen der Satzungen des WSEChB zu erreichen. Doch wenn die Arbeit der Mennoniten nicht in organisierter Ordnung und ohne Registrierung verlaufe, und sogar in vielem den Satzungen des WSEChB widerspreche, dann könne der WSEChB den Mennoniten in ihrer Arbeit nicht helfen und sie nicht unterstützen.

In ihren Auftritten meinten die Brüder I.I.Wiebe[2], J.D. Klassen, F.F. Ediger, G.P. Harder, Heidebrecht, sie seien bereit, dem Bund des WSEChB beizutreten mit der Bedingung, dass sie als selbständige Mennonitengemeinde mit den alten mennonitischen Ordnungen und Arbeitsmethoden registriert werden würden. Außerdem drückten alle ihre Zufriedenheit mit dem Austritt aus der EChB-Gemeinde aus. Sie beschuldigten niemanden, sprachen aber mit Stolz über ihre Erfolge in der Arbeit, über das Wachstum ihrer Mitgliederzahl, die guten Ordnungen und das wohlgeordnete geistliche Leben. Dabei warfen sie Schatten auf die EChB-Gemeinde geworfen, in der so vieles schlecht sei.

[An dieser Stelle erkundigte der Upolnomotschenyj sich bei Jewstratenko genauer und schrieb einiges zwischen die Zeilen. Jewstratenko musste erklären was denn schlecht sei:

1) die mangelnde Demokratie (alle Entscheidungen werden von den „20 Gründern" und dem Gemeinderat getroffen und nicht von der gesamten Gemeinde);

2) die strengen Einschränkungen bei Ausfahrten und Anwerbung der Leute und außerdem das Fehlen mennonitischer Ordnungen.*]*

Die anwesenden Mitglieder unsrer Gemeinde, Russen und Deutsche haben den Auftritten der Mennoniten nicht zugestimmt und in ihnen (einen Haufen) hochmütiger Personen erblickt, die nur das Eigene verteidigen. Sie missbilligten diejenigen, die zu den Mennoniten gegangen waren, besonders P.A. Bergmann. Sie erklärten offen, dass sie mit den Mennoniten gar nicht einverstanden seien und nicht zu ihnen gingen. Dieses sagten die deutschen Mitglieder unsrer Gemeinde Iwanow, als sie nach der Unterredung mit ihm allein blieben."

23.6.1958 /Unterschrift von Jewstratenko/

Quelle: Kurzbericht von Jewstratenko. SAKG, F.1364, L.1a, A.19, S.207-208.

---

1 Ilja Grigorjewitsch Iwanow (1898-1985), Mitglied des WSEChB und ab 1966 sein Vorsitzender. Савинский: История евангелских Християн-Баптистов. S.378

2 Ein I.I. Wiebe ist nicht bekannt, damit kann nur Otto P. Wiebe, der Prediger der MBG, gemeint sein.

Mitte 1958 meldet der Upolnomotschenyj zu den Ereignissen von März und April:
„Wie mir bekannt wurde, war das Vorgehen Wastschuks mit keinem abgestimmt. Ich hatte ihn vorgeladen und erklärte ihm die Unzulässigkeit solcher grober Fehlversuche. Er wurde angewiesen, sich nicht in die Leitung der Gemeinde einzumischen und nur praktische Hilfe im Rahmen der Satzungen des WSEChB im Einverständnis mit dem Ältesten zu leisten.

Als Wastschuk M.S. in Karaganda war, hat er, gleichzeitig mit der Frage der Vereinigung mit den Mennoniten, nachhaltig Arbeit zur Absetzung der Leitung der EChB-Gemeinde geleistet. Er meldete den schlechten Zustand der Gemeinde und die Unfähigkeit der Leitung und erreichte dadurch eine Anweisung des Vorsitzenden des WSEChB Shidkow, eine Neuwahl des Ältesten der EChB-Gemeinde durchzuführen, Jewstratenko freizustellen und den ehemaligen Stellvertreter des Starschij Preswiter von Kasachstan, Smirnow, wählen zu lassen.

Diese Anweisung des WSEChB über die Freistellung des Jewstratenko hat Shidkow selbst, dank der Einmischung der Arbeiter des Staatssicherheitskomitees[1], abgeändert.

Als der St. Preswiter von Kasachstan, Tichonow N.D., über das Misslingen der Vereinigung mit den Mennoniten und das taktlose Benehmen seines Stellvertreters Wastschuk erfuhr, kam er selbst nach Karaganda. Während seines Aufenthaltes in Karaganda führte Tichonow am 21. April in der EChB-Gemeinde eine Sitzung des erweiterten Gemeinderats durch. Auf der Tagesordnung stand die Wastschuks Rechenschaftsablegung über seine Arbeit in der Frage der Vereinigung der ausgetretenen Mennoniten mit der EChB-Gemeinde. In dieser Sitzung wurden Wastschuks grobe Fehler verbessert und beschlossen, die Dokumente über seine Arbeit an den WSEChB zu senden.

Wastschuk M.S. hat in allem seine Schuld anerkannt und bat vor allen Teilnehmern der Sitzung um Verzeihung für seine falschen Schritte, die er aus Unerfahrenheit in seinem neuen Amt begangen hatte.

Wegen der Frage der Vereinigung mit den Mennoniten und Pfingstlern (Jedinstwenniki) kamen danach das Mitglied des WSEChB Iwanow I.G. und der St. Preswiter von Kasachstan Tichonow N.D. Nach Karaganda. Diese Vertreter der Geistlichkeit waren in Karaganda vom 5. bis zum 10. Juli und luden die Leiter der Gläubigengruppen der Mennoniten und Pfingstler in die EChB-Gemeinde zu Verhandlungen ein.

Die Teilnehmer der Verhandlungen (zwölf Personen von den Mennoniten und zwei von den Pfingstlern) wurden jeder extra mit den Satzungen des WSEChB und den Bedingungen der gemeinsamen geistlichen Arbeit der EChB-Gemeinde mit den Mennoniten und den Pfingstlern, die ganz von den Letzteren angenommen sein müssen, bekannt gemacht.

Gleichzeitig wurde auf die Unzulässigkeit organisierter Gottesdienste ohne Registrierung hingewiesen, was den Satzungen des WSEChB widerspreche.

Die Leiter der Gläubigengruppe erklärten, dass sie bereit wären, sich dem EChB-Bund anzuschließen, unter der Bedingung ihrer Registrierung unter dem WSEChB als selbständige Mennonitengemeinde mit den unter ihnen bestehenden Ordnungen und Arbeitsmethoden.

Außerdem sprachen sie sich sehr zufrieden über ihren Ausgang aus der EChB-Gemeinde, die guten Erfolge ihrer Arbeit, die wachsende Mitgliederzahlund die guten Ordnungen aus. Die Pfingstler waren in der Frage der Vereinigung unaufrichtig und bestanden darauf, dass ihnen geholfen werde die Erlaubnis zu bekommen, unter dem Namen der EChB eine selbständige Gemeinde zu sein."

Quelle: Bericht des Upolnomotschenyj an den Rat für Religionsangelegenheiten, 1. Halbjahr 1958. SAKG, F.1364, L.1a, A.44, S.34 (28-38).

Das Thema der Vereinigung wird von dem Upolnomotschenyj auch weiter ständig verfolgt:
„Am Sonntag, dem 26.10.58, gab es im Bethaus der EChB einen Gottesdienst zum ‚Tag der Einheit' [...] An diesem Gottesdienst nahmen auch Pfingstler [...] und Mennoniten [...] teil [...]. Die Leiter [dieser] Gruppen [...] traten auch auf und sprachen über das Wort Gottes, verloren aber kein Wort über die Vereinigung der drei evangelischen Bewegungen.[2]

---

1 Eine der ansonsten ganz seltenen Erwähnungen des KGB in den Dokumenten des Upolnomotschenyj. Der KGB versuchte gewiss, alle Fäden in der Hand zu halten, hielt sich aber sehr bedeckt, so dass in den zugänglichen Dokumenten seine Arbeit meistens nicht an den Tag kommt.

2 Mit den drei evangelischen Bewegungen sind die Evangeliumschristen, die Baptisten und die Pfingstler gemeint, die sich im WSEChB 1944 und 1945 zusammenfanden.

Die Zeit der Prüfung:

Verfolgung und Zerstreuung 1960-1964

Teil

III

Ideologischer Druck und Verfolgung

Kapitel 1

Und es wurde ihm ein Maul gegeben, zu reden große Dinge und Lästerungen [...] gegen Gott, zu lästern seinen Namen und sein Haus und die im Himmel wohnen. Und ihm wurde Macht gegeben, zu kämpfen mit den Heiligen [...]

Offenbarung 13,5-7

Anfeindungen des Sowjetstaates gegen die Religion

Chruschtschow ruft zum Kampf gegen die Religion auf

Als Nikita Sergejewitsch Chruschtschow das Steuerruder der Sowjetunion fest in den Händen hatte, rief er auch schon 1954 zur Verstärkung des ideologischen Kampfes gegen die Religion auf. Das ZK der KPdSU erließ am 10. November 1954 eine Verordnung „Über Fehler in der Durchführung der wissenschaftlich-atheistischen Propaganda in der Bevölkerung".[1] Dieser Kampf sollte aber nicht mit administrativen Mitteln, also ohne Nutzung der Staats-

[1] Siehe „Prawda" vom 11.11.54. Kopie aus „Kasachstanskaja prawda" in SAKG, F.1364, L.1a, A.28. S.218.

Demonstration zur Verherrlichung des sowjetischen Systems

Истинное обличье «братьев во Христе»

«СВЯТЫЕ ПРАВЕДНИКИ» С ТЕМНЫМ ПРОШЛЫМ

В основной массе члены незарегистрированных групп баптистов-раскольников — простые и честные труженики. Работают они добросовестно. Но вся беда в том, что среди них немало людей, слепо верящих каждому слову своих «духов

ких номерах газеты «Омская правда» была помещена публикация И. Сапожниковой «История желтой тетради», в результате чего тайное стало явным. (Эти материалы использованы при подготовке данной статьи).

На обложке тетради четким почерком Адриан выведено: «Возврати, господи, пленников наших», а внутри — перечень «мучеников за веру»

считают образцом борца за веру.

В свое время лидером самозванного «совета церквей», объединявшего незарегистрированные общины баптистов-раскольников на Украине, был Анатолий Петренко, также причисленный на Западе к лику истинных христиан и праведников. А личность эта с таким же темным прошлым, как и Миняков. Он рьяно работал в

„Das wahre Gesicht der ‚Brüder in Christus' "
Ein Hetzartikel gegen Gläubige in einer Tageszeitung

gewalt geschehen. Die antireligiöse Propaganda wurde intensiver. In Hochschulenprüfungen wurden Fragen gestellt, die Glaubensüberzeugungen offen legten und mit einem „ungenügend" bewertet oft das weitere Studium unmöglich machten. Doch zur Unzufriedenheit der Parteiführung nahmen die Religiosität der Bevölkerung und das Wachstum der Täufergemeinden durch diese Maßnahmen nicht ab. Das Karagandagebiet gehörte zu den Landstrichen, in denen die Zahl der Gläubigen stark wuchs und bis 1960 eine Vielzahl neuer Gemeinden verschiedener Glaubensrichtungen entstand. Unter denen, die die Lebensnot und Sklavenarbeit in den Land „wo der Mensch so frei atmet"[2] satt hatten, erwachten der Glaube und der Mut, Gemeinden zu gründen. Anstelle der „militanten Gottlosigkeit" der Vorkriegszeit kam 1957 der „wissenschaftliche Atheismus" mit seinen verfeinerten Kampfmethoden.[3]

Die Parteiideologen waren sich aber nie im Klaren, ob man bei richtiger wissenschaftlich-atheistischer Propaganda und Erziehung warten sollte, bis die Religion von selbst abstürbe, oder ob dieser Prozess durch Verbote und Gewalt der Staatsorgane herbeigeführt werden solle. Diese Schwankungen in der antireligiösen Politik spiegeln sich in den verschiedenen Verordnungen, Vorschriften und Anleitungen der Chruschtschow-Ära wieder. Walter Sawatzky zählt elf Umschwünge in der offiziellen Stellung jener Zeit.[4]

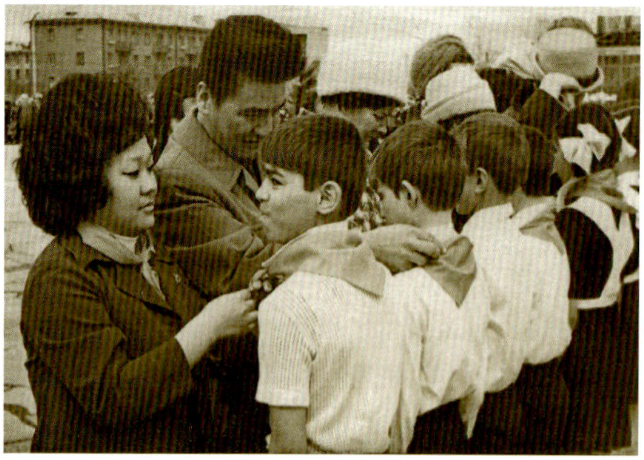

Zehnjährige werden zu Pionieren „geweiht"

Jedoch konnte kaum jemand ohne Unterstützung der Machtstrukturen aufrichtig und engagiert atheistische Propaganda führen. Deshalb sahen die sowjetischen Machthaber des totalitären Staates, die gewohnt waren, in jedem Andersdenkenden einen Feind zu sehen, immer wieder Bedrängnisse und Verfolgungen als einzigen Ausweg gegen das religiöse Übel. Die Chrustschow-Ära ist die Zeit eines solchen Versuchs, die Gemeinden mit allen Mitteln zu vernichten. Erstaunlich ist aber, dass die Machthaber sich dabei immer wieder selber stoppen mussten. Warum? Warum konnte der übermächtige Sowjetstaat, der alle ideologischen Feinde vernichtet hatte und alle Machtinstrumente für eine solche Vernichtung besaß, nicht mit dem Gottesglauben, den Kirchen und den kleinen Gemeinden fertig werden?

Die Verordnung des Karagandiner Gebietsparteikomitees vom 9. Juli 1956 „Über den Stand und die Maßnahmen der Verbesserung der wissenschaftlich-atheistischen Propaganda unter den Werktätigen des Gebiets"[5] ist ein

---

[2] Zitat aus der patriotischen Hymne von Wassili Lebedew-Kumatsch, in der es heißt: «Я другой такой страны не знаю, где так вольно дышит человек».

[3] Сергей Савинский: История евангелских христиан-баптистов Украины, России, Белоруссииб Ч.2 (1917-1967). – «Библия для всех», СПб., S.196.

[4] Вальтер Заватски: Евангелическое движение в СССР после Второй мировой войны. – M., 1995, S.156.

[5] Siehe SAKG, F.1364, L.1a, A.31, S.34-36.

Indiz für die Zweigesichtigkeit des Staates, der einerseits die „Entstalinisierung" von oben durchführte, sich aber andererseits den geistlichen Bedürfnissen eines großen Teiles der Bevölkerung entgegenstellte.

Verstärkung des antireligiösen Kampfes 1957-1959

Als Antwort auf diese Situation von Seiten der lokalen kommunistischen Obrigkeit könnte man die Verordnung des Gebietsparteikomitees vom 25. Mai 1957 „Über Maßnahmen der Verstärkung der antireligiösen, wissenschaftlich-atheistischen Propaganda im Gebiet" verstehen. Den lokalen Sowjets und Vollzugskomitees wurde vorgeschlagen, Maßnahmen zu ergreifen, um der Tätigkeit illegaler religiöser Gruppen und umherziehender Prediger, der Eröffnung nicht registrierter Bethhäuser, Moscheen und Kirchen Einhalt zu gebieten.[6]

Bis 1958 hatte Chruschtschow alle Nebenbuhler abgesetzt und neben dem Posten des Parteiführers im März auch den Posten des Ministerpräsidenten übernommen. Somit vereinigte er alle Gewalt in seiner Hand. Chruschtschow berief den XXI. Parteitag der KPdSU im Januar-Februar 1959 ein, auf dem er den vollständigen und endgültigen Sieg des Sozialismus in der UdSSR erklärte und den Beginn des allgemeinen Aufbaus des Kommunismus ankündigte. Jetzt begann die Entwicklung des Programms zum Übergang vom Sozialismus zum Kommunismus. „Die nächste Generation der Sowjetbürger wird im Kommunismus leben!" Diesem Programm war der XXII. Parteitag der KPdSU im Oktober 1962 gewidmet. Die „theoretische" Begründung und die konkreten Etappen des Aufbaus wurden bis 1980 festgelegt. Für den Kommunismus musste 1). die wirtschaftlich-technische Grundlage geschaffen werden, wozu das Land die Spitzenposition in der Welt in Pro-Kopf-Produktion und das höchste Lebensniveau erreichen sollte; 2). eine kommunistische Selbstverwaltung aufgebaut werden; 3). der neue, allseitig entwickelte Mensch gebildet werden.

Chruschtschow präsentiert stolz eine Maisstaude – Inbegriff seiner eigensinnigen Wirtschaftspolitik

Wieder musste das Volk des großen Landes aufgrund eines ideologisch gedeckten, eigensinnigen Herrscherwahns in den Kampf für die „lichte Zukunft" ziehen. In den primitiven Vorstellungen vom Kommunismus gab es keinen Raum für Religion, die als „Überbleibsel des alten Kapitalismus" galt. Deshalb wurde 1958 eine neue, laute antireligiöse Kampagne entfacht.

Am 25. Januar 1958 wurde in Kasachstan ein Gesetz verabschiedet, das den Verordnungen für die gesamte Union entsprach: „Zur Verstärkung des Kampfes mit antigesellschaftlichen Schmarotzerelementen in der KasSSR." Dieses Gesetz wurde unter anderem dazu genutzt, „Kultusdiener"[7] als „Nichtstuer" aus dem Gebiet zu verbannen.[8]

---

[6] ГАКО, Ф.1364, Оп.1а, Д.30, л.202-205; Д.31, л.34-36
[7] „Kultusdiener" war die kommunistische Bezeichnung für alle Geistlichen.
[8] ГАКО, Ф.1364, Оп.1а, Д.44, л.125.

In dem streng geheimen Protokoll des Sekretariats des ZK der Kommunistischen Partei Kasachstans vom 22. März 1958 wird in Teil 18 „Über die massenpolitische Arbeit unter der deutschen Bevölkerung Kasachstans" festgestellt, dass in dieser Hinsicht zu wenig getan und der ganzen Sache zu wenig Aufmerksamkeit geschenkt würde, unter anderem sei „die wissenschaftlich-atheistische Propaganda vernachlässigt und deshalb die religiösen Sekten viel aktiver geworden." Deshalb verordnete man vermehrt Vorlesungen und Unterhaltungen in deutscher Sprache. Vorbildliche Arbeiter sollten mehr gefördert und propagiert werden und die deutsche Jugend sollte aktiver in den Komsomol und zum aktiven gesellschaftlichen Leben herangezogen werden. Dazu sollten deutsche Konzertgruppen gebildet, die Amateurkunstvereine mit deutschen Texten versorgt werden und auch die Publikation schöner und politischer Literatur in deutscher Sprache sollte gefördert werden. Ab 1957 sollte Deutsch in den Schulen als muttersprachlicher Unterricht angeboten werden und ab Mai 1958 sollten deutsche Radiosendungen organisiert werden. Schließlich sollten alle Partei-, Regierungs-, Gesellschaftsorganisationen und Betriebe alles Mögliche tun, um die Deutschen an ihren jetzigen Wohnorten zu halten.[9]

ГНЕЗДА МРАКОБЕСОВ

от 28 июля 1962 г.

Целиноград! Прошло полтора года, как на карте нашей Родины появилось это гордое имя. Из месяца в месяц, изо дня в день преображается центр покоренной целины, столица героев, чей подвиг будет жить в веках.

А люди, какие замечательные в Целинограде люди! И те, кто здесь родился, и те, кто приехал по зову партии, горячо влюблены в свой город. Они радуются каждому новому дому, каждому километру асфальта, каждому высаженному дереву. Растет Целиноград, хорошеет!

Но есть в городе люди, которых не только не восхищают, а, наоборот, раздражают наши успехи. Таких людей мало, но они есть. Это — баптисты. Им по душе тихая, мутная заводь, а свет и солнце

людей. Десятки свидетелей, выступивших на процессе, показали, какой огромный вред наносит людям, особенно молодежи, школьникам, религиозный фанатизм сектантов. Суд вынес приговор, горячо одобренный целиноградцами.

Но кое-кому захотелось занять вакантные места проповедников и по примеру их наживаться за счет «братьев» и «сестер». Эти новоявленные святоши лезут из кожи вон, чтобы стать достойными преемниками Бабича, Парышева, Соловьева. В дни суда они тайком собирали единоверцев на окраинах города и призывали Христа обрушить свой гнев на безбожников, дать силы «великомученикам». А потом потихоньку стали собирать «братьев» и «сестер» то в доме пенси

Казахсельмаш тов. Брусинский сказал на собрании, на котором присутствовало семьсот машиностроителей:

— Сектанты делают все возможное, чтобы наши дети не учились в школах, не ходили в кино, в клубы, не росли настоящими строителями коммунистического общества, а готовили себя к «загробной жизни». Это безумие, а безумцы, как известно, в средствах не стесняются. Я предлагаю просить городской Совет депутатов трудящихся оградить наших детей от посягательств сектантов.

— На нашем заводе работали баптисты Парышев, Заксель и другие, — говорит бригадир тов. Форр, — которые занимались религиозной пропагандой, пытались вовлечь в свою секту

„Nester der Finstergeister" - Hetzartikel im „Zelinnij Kraj", 28. Juli 1962

Im Oktober 1958 kam wieder eine Erinnerung an den Kampf mit der Religion – die Abteilung für Propaganda und Agitation des ZK der KPdSU versandte ein Schreiben „Über die Mängel der wissenschaftlich-atheistischen Propaganda."[10]

Zuspitzung des antireligiösen Kampfes 1959-1962

Da der ideologische Kampf trotz der Errungenschaften der sowjetischen Wissenschaft und Technik nicht fruchtete, wollten die Machthaber wieder entschiedener eingreifen. Der Kampf gegen die Religion fand seinen Höhepunkt in den Jahren 1959-1964, in denen wieder verstärkt zu Gewaltmaßnahmen gegriffen wurde.[11] In die Ortsgemeinden wurden Informanten eingeschleust. Der KGB wirkte durch den Rat für Religionsangelegenheiten und die registrierten Leiter der Gemeinden und Bünde. Diese manipulierbaren Leiter sollten die Tätigkeit der Gemeinden einschränken und zum Erlahmen bringen , indem sie selbst unter starken Druck gesetzt wurden.

Die Tätigkeit der Kirchspiele der Russisch-Orthodoxen Kirche wurde 1958 unter genauste Kontrolle der lokalen Sowjetorgane gestellt. Alle Teilnehmer der Sakramente wie Taufe und Beichte mussten mit Adresse und Arbeitgeber aufgelistet werden. Diese Listen wurden dem Upolnomotschenyj (Bevollmächtigten) des Rates für Religionsangelegenheiten vorgelegt. Dieser sandte dann Listen der Teilnehmer an „religiösen Riten" an die Betriebe, die alle staatlich und von der Partei geleitet waren, und die Gläubigen wurden dort „bearbeitet". Die Zahl derer, die es trotzdem wagten, an Gottesdiensten teilzunehmen und sich zu den Priestern zu wenden, wurde kleiner. Ein schwerer

[9] Из истории немцев Казахстана 1921-1975. Сб. документов, 1997, S.225-227
[10] ГАКО, Ф.1364, Оп.1а, Д.52, S.1-8
[11] Савинский: История евангелских христиан-баптистов. S.196.

Schlag gegen die Orthodoxe Kirche kam Anfang der 1960er: die neue Welle der Kirchenschließungen und Zerstörungen. Als Ergebnis blieben 1966 von den 22.000 russisch-orthodoxen Kirchen vor 1959 nur noch 7.500 übrig, der Klerus schrumpfte von 30.000 auf 14.500 zusammen.[12]

Kundgebung der Pioniere

In einem Vortrag sagte ein Vertreter des Parteistadtkomitees, dass 1959 von der Regierung die Schließung aller Kultusräume unter jeglichem Vorwand verordnet wurde.[13] Als Vorwand konnte verschiedenes gelten: zu nahe an der Schule gelegen, störend für den Straßenverkehr, neue Stadtbaumaßnahmen, Denkmalschutz, Schließung der „nicht mehr für Gottesdienste benutzten" Gebäude, weil der Pfarrer zwangsweise zur Untersuchung in die Psychiatrie gebracht worden war.[14] Der Allunionsrat der Adventisten wurde 1960 aufgelöst, sämtliche Adventisten-Gemeinden für illegal erklärt und ihre Bethäuser enteignet.[15]

Der Rat für Religionsangelegenheiten versuchte 1959 in Moskau auch die Evangeliumschristen-Baptisten stärker in die Mangel zu nehmen. Zum Ende des Jahres stand der WSEChB am Rande der Auflösung. Um die existierenden Bethäuser und Gemeinden zu erhalten, entschieden sich die Leiter des WSEChB dazu, weitere gravierende Einschränkungen hinzunehmen.[16] Der WSEChB war gezwungen, eine neue Satzung auszuarbeiten und mit einem Weisungsbrief an die Oberältesten zu versenden.

Viele Zeitzeugen erzählen, wenn auch in verschiedenen Varianten, Chruschtschow hätte versprochen, dem Volk den letzten Gläubigen im Fernsehen zu zeigen. Doch weil auch die aufdringliche und allgegenwärtige atheistische Propaganda nicht mit den „religiösen Überbleibseln" fertig werden konnte, mussten härtere Maßnahmen ergriffen werden, von denen Chruschtschow, Iljitschow[17] und andere Genossen sich eine wirksame Ausmerzung der hinderlichen Religion erhofften. Am 13. Januar 1960 gab das ZK der KPdSU die Verordnung „Maßnahmen zur Unterbindung von Überschreitungen der

Leonid Fjodorowitsch Iljitschew, Leiter der Propagandaabteilung und Voritzender der Ideologischen Kommission im ZK

[12] А.А.Данилов, Л.Г.Косулина: История России, XX век. Доп. мат. М., «Дрофа», 1998. S. 82-86.

[13] «Подражайте вере их», Батурин из Шахт, с.77.

[14] Вальтер Заватски: Евангелическое движение в СССР после второй мировой войны. М. 1995. S. 160.

[15] А.В. Горбатов, В.В. Шиллер: Адвентисты седьмого дня в Сибири. История и современность /www.rusoir.ru

[16] Савинский: История евангельских христиан-баптистов. S.196.

[17] Iljitschew, Leonid Fjodor. (*1906), Dr. der Philosophie, seit 1962 Akademiemitglied, Mitglied des ZK der KPdSU 1961 – 1966, Sekretär des ZK 31.10.61 – 26.03.65. Er organisierte Anfang der 1950-er die Propagandakampagnen gegen die „entwurzelten Kosmopoliten" und „Mörderärzte". 1958 machte Chruschtschow ihn zum Leiter der Propagandaabteilung des ZK für die Unionsrepubliken. Seit 1962 war er gleichzeitig Vorsitzender der Ideologischen Kommission des ZK. So war er bis Ende der Chruschtschow-Ära der führende Ideologe der Partei. Er wurde 1965 von seinen hohen Ämtern abgesetzt und als Stellvertreter des Außenministers eingesetzt. http://www.hronos.km.ru/biograf/ilichov_lf.html

sowjetischen Religionsgesetzgebung durch die Geistlichkeit" heraus.[18] Jetzt musste die stalinistische restriktive Religionsgesetzgebung von 1929 ihre Möglichkeiten zur Unterbindung hergeben. „Aufgaben der Parteipropaganda heute" war das Thema aller Parteileitungsinstanzen des Gebiets, der Städte und Rayons. So wurden Papiere hin und her geschickt und ein ganzes Heer von staatlich bezahlten Parteifunktionären, Staatsbeamten, Betriebsvorstehern und

Systematische politischie Erziehung am Arbeitsplatz, hier: Vorlesen des Politikteils der Zeitung dem Personal im Krankenhaus Karaganda

gesellschaftlichen Aktivisten auf diejenigen gehetzt, die ihren Glauben leben wollten und dies auch äußerlich in Leben und Wort bezeugten.

Im Zentrum des ganzen Rummels um die Religion im Gebiet stand der Upolnomotschenyj des Rates für Religionsangelegenheiten. Sitz des Rates für die gesamte UdSSR war in Moskau, für Kasachstan in Alma-Ata. Im Kara-

[18] ГАКО, Ф.1364, Оп.1а, Д.44, л.121; ГАКО, Ф.1364, Оп.1а, Д.52, л.1-8.

Position und Arbeit der Obrigkeiten

„Alle Leiter der nichtregistrierten religiösen Vereinigungen und Gruppen, die eigenmächtig organisierte Gottesdienste durchführten, neue Mitglieder warben, Versammlungen durchführten, Hilfskassen einrichteten und ähnliches taten, wurden von mir mehrmals gewarnt und aufgefordert die Vorgehen, die gegen das sowjetische Religionsgesetz verstoßen, zu lassen. Einige einflussreicheren Prediger wurden auch vom KGB des Gebiets gewarnt. Nach den von mir vorbereiteten Listen haben die Finanzämter Kultusdiener mit Steuern belegt. Listen der Kultusdiener und Gläubigen wurden auch an die Rayon- und Stadtkomitees der Partei und der Sowjets übergeben, um mit den Gläubigen persönliche Arbeit auf ihrem Arbeitsplatz oder am Wohnort zu führen.

Über die Tätigkeit reaktionärer religiöser Sekten und Vereinigungen, deren Mitglieder die Absage vom Armeedienst und von Mitgliedschaft in den Gewerkschaften lehren, wurde im Gebiet gegen 14 Prediger[1] die Kriminaluntersuchung begonnen. Diese Arbeitspraxis mit den Predigern und Gläubigen hat einige Erfolge gebracht. Zurzeit gibt es im Gebiet nicht mehr offene Gottesdienste in extra dazu eingerichteten Räumen, sie werden jetzt sehr versteckt in kleinen Gruppen in Häusern der Gläubigen durchgeführt. [...] Die Klagen der Gläubigen, die uns aus höheren Instanzen zugeschickt wurden, wurden untersucht und aus verschiedenen begründeten Ursachen abgelehnt."

Quelle: Bericht des Upolnomotschenyj vom 9.6.1960. SAKG, F.1364, L.1a, A.44, S.153-160.

[1] In diesem Fall handelte es sich um Zeugen Jehovas.

gandagebiet war seit 1952 Sapar Adikow der Upolnomotschenyj, der in diesen Jahren alle Hände voll zu tun hatte. Verschiedene Beratungen in Moskau, Alma-Ata, Karaganda und an vielen Orten des Gebiets, einschüchternde Gespräche mit den Gemeindeleitern und besonders aufgefallenen Gläubigen und eine Menge Papierkram, Berichte, Erklärungen, Briefe, Anleitungen. Besonders seine ellenlangen Berichte geben sehr viel Stoff her, um uns heute die Situation von damals vorzustellen.

Am 6. Juni 1960 wurde vom Büro des Parteikomitees eine Verordnung verabschiedet: „Über den Stand und die Maßnahmen zur Verbesserung der wissenschaftlich-atheistischen Propaganda in der Stadt Karaganda" mit konkreten Anordnungen zur Unterbindung der Überschreitungen der sowjetischen Religionsgesetzgebung durch die Geistlichkeit.[19]

Palast der Pioniere, Karaganda „Neue Stadt"

Das Gebietsexekutivkomitee forderte von den Rayonexekutivkomitees und vom Upolnomotschenyj „die gravierenden Mängel bei der Zerstörung der religiösen Gemeinschaften und beim Loslösen der Gläubigen aus den Sekten auszubessern, die Kontrolle der Tätigkeit der religiösen Gemeinschaften

[19] ГАКО, Ф.1364, Оп.1а, Д.31, S.46-51; S.52-58

Kampf gegen die Religiösen

In einem Bericht von 1960 schreibt der Upolnomotschenyj über die aktiven Sekten, unter denen die Mennoniten zuerst genannt werden. Das weitere bezieht sich auf Sekten allgemein: „Ihre Leiter organisieren und führen Rottungen durch, verbieten ihren Gliedern Kinos, Theater, Klubs und andere Kulturanstalten zu besuchen, schöne und politische Literatur zu lesen. Einige Sektierergruppen erziehen ihre Glieder im Geiste des Ungehorsams den sowjetischen Gesetzen gegenüber, hindern sie am Dienst in der Sowjetarmee, am Eintritt in die Gewerkschaften und an der Beteiligung bei den Wahlen. [...]

1959-1960 wurden in vielen Betrieben, Klubs der Kohlengruben und Werken in Karaganda, Temirtau und Balchasch verschiedene Formen der Massenarbeit belebt. Das waren Vorlesungen, Versammlungen, Unterhaltungen der Agitatoren in Betrieben und in den Wohngebieten, Abende für Gläubige und Ungläubige oder Fragen und Antworten. Die Öffentlichkeit wurde stärker zur Entlarvung der Religiösen herangezogen. Insgesamt wurden auf Grund von Beschlüssen von Öffentlichkeitsgerichten 1960 aus dem Gebiet 19 Personen ausgewiesen, mit der Auflage am Verbannungsort unbedingt eine Arbeitsstelle aufzunehmen. Dazu wurden noch drei Personen die Elternrechte aberkannt. [...]

Vorschläge

Auf Grund des oben Berichteten halte ich es für notwendig:

a) die Vorsitzenden der Exekutivkomitees [...] auf die unbefriedigende Arbeit zur Aufdeckung und Unterbindung der gesetzlosen Tätigkeit der Kirchenmänner und Sektierer hinzuweisen;

b) die faktisch wirkenden religiösen Vereinigungen und Gruppen aufzudecken, ihre Tätigkeit zu untersuchen und unverzüglich Maßnahmen zu ergreifen um ihrer Tätigkeit ein Ende zu setzen;

c) die Prediger, Wandermullahs und Hodshas in Listen zu erfassen, ihr Einkommen, das sie durch die religiösen Riten beziehen, über die Finanzämter mit einer Einkommenssteuer zu belegen. Bei böswilligen Übertretungen des Religionsgesetzes soll man zur strengen Verantwortung gezogen werden."

Quelle: Bericht von Adikow vom 22.12.1960. SAKG, F.1364, L.1a, A.52, S.4 (1-8).

„Arbeite, lerne und lebe für das Volk, Pionier des sowjetischen Landes!"

zu verschärfen und die Überschreitungen der sowjetischen Religionsgesetzgebung durch die Geistlichkeit zu unterbinden."[20] Eine Flut von Verordnungen und Beschlüssen überrollte die Verwaltungsbeamten und Parteifunktionäre. All das sollte mit noch größerer Wucht die Köpfe der Gläubigen treffen und ihre Widerstandskraft brechen.

Am 16. März 1961 verabschiedete der Ministerrat der UdSSR eine Verordnung „Über die Verstärkung der Kontrolle der Erfüllung der Religionsgesetzgebung", in der es gleich zu Beginn hieß: „Die sowjetischen Ortsbehörden sind verpflichtet, strenge Kontrolle der Erfüllung der Religionsgesetzgebung zu gewährleisten und rechtzeitig notwendige Maßnahmen zur Liquidierung der Verletzungen dieser Gesetzgebung durch die Geistlichkeit und die religiösen Vereinigungen zu unternehmen."[21] Diese schon streng formulierten Sätze der Verordnung waren aber nur eine Beschönigung der damit tatsächlich gemeinten Maßnahmen.

[20] ГАКО, Ф.1364, Оп.1а, Д.44, л.121-122.
[21] Савинский: История евангелских христиан-баптистов. S.196.

Die Öffentlichkeit wird zur Entlarvung der „Religiosniki" herangezogen

„In gegenwärtiger Zeit haben sich in der Lokalpresse [...] Artikel gemehrt, die hässliche Handlungen der Geistlichkeit und der Gläubigen aufdecken. In Verbindung mit diesen Zeitungsartikeln forderte die Öffentlichkeit des Gebiets die Unterbindung der Tätigkeit des einen oder anderen religiösen Vereins und die Bestrafung der Schuldigen, die die gesellschaftliche Ordnung verletzen. [...] Die Öffentlichkeit wurde intensiver zur Entlarvung der Religiosniki herangezogen. Gesellschaftsgerichte in Temirtau, im Kirow-, Stalin- und Shelesnodoroshnyjrayon der Stadt Karaganda zeigten auf, dass viele Gläubige, besonders unter den reaktionären Sekten wie den Zeugen Jehovas, IPZ, Pfingstler, Mennoniten u.a. unter dem Deckmantel der Religion ein Schmarotzerleben führen und das Gesetz des Sowjetstaates nicht einhalten wollen.

1960 in die EChB-Gemeinde aufgenommen: getauft 13, zugezogen 26, von den Pfingstlern aufgenommen 69; ausgeschieden 61 (weggezogen 48, ausgeschlossen 1, gestorben 12), am 1.1.1961 waren es 1193 Mitglieder.

Nach dem Verbot der organisierten Versammlungen [...] begannen ca. 200 Personen der Mennonitensekte Karaganda [...] vom Oktober 1960 regelmäßig die Gottesdienste der EChB-Gemeinde zu besuchen.

Quelle: Aus dem Bericht des Upolnomotschenyj für 1960 – SAKG, F.1364, L.1a, A.44, S.120-132

Am 24. Juli 1961 gaben die Räte für Religionsangelegenheiten in Moskau eine Erklärung „Über die Anwendung des Religionsgesetzes" heraus. In Punkt 8 wird den Exekutivkomitees der Lokalsowjets das Recht gegeben, ein beliebiges Mitglied des Kirchenrats oder der Revisionskommission abzusetzen. Den Kultusdienern und religiösen Zentren dagegen wird das Recht verwehrt, die von den Exekutivkomitees genehmigten Ratsmitglieder abzusetzen. In Punkt 10 wurde es verboten, „Gebetsversammlungen" (gängiger Sammelbegriff für alle Gottesdienste) für Auftritte zu nutzen, die den Interessen der sowjetischen Gesellschaft widersprechen und Gläubige dazu zu bewegen, sich von bürgerlichen Pflichten wie dem Wehrdienst abzusagen und Propaganda zu führen, die Gläubige von der Teilnahme am Staatsleben (z.B. Wahlen), am kulturellen und gesellschaftlich-politischen Leben des Landes abzuhalten. In Punkt 11 wurde jegliche Mildtätigkeit und Hilfe verboten, Punkt 12 schrieb vor, für eine Gemeindestunde unbedingt die Erlaubnis des lokalen Exekutivkomitees einzuholen. In Punkt 13 wurde das Verbot jeglicher Jugend- und Kinderver-

Der Druck wird härter

„1961 hatten 44 Personen beim Ältesten der EChB-Gemeinde beantragt, getauft zu werden. Als [ich] Anfang Juli die Liste der Antragsteller mit ihren vollen Namen, Geburtsjahr, Arbeitsstelle und Wohnort bekam, übergab ich sie an das Gebiets- und Stadtparteikomitee und meldete gleichzeitig Ort und Zeit der Aufnahme neuer Mitglieder. Dank der von den lokalen Partei- und Gesellschaftsorganisationen durchgeführten individuellen Arbeit konnten nur 21 Personen aufgenommen werden, 23 meldeten sich nicht mehr zur Aufnahme als Mitglieder.[1]

Im November 1961 bekamen Mitglieder der EChB-Gemeinde Naplechow Iwan Was. und Klassen David Iw., der frühere Älteste der Mennonitengruppe,[2] auf ihre Hausadresse Briefe „im Namen einer Initiativgruppe" von extremen Baptisten, welche die heutige Lage des Bundes der EChB nicht annehmen. [...] Oben genannte Personen übergaben die Briefe dem Ältesten der EChB-Gemeinde, der diese Briefe im Gemeinderat vorlas und als ungehörig und den bestehenden Satzungen des WSEChB widersprechend verurteilte. Gleichzeitig hatte der Älteste der EChB-Gemeinde über die empfangenen Briefe den WSEChB und den St. Preswiter von Kasachstan, Waschtschuk M.S., benachrichtigt. [...]

Im September 1961 wurden zehn Leiter der Sekte „Jehovas Zeugen" und drei Leiter der Sekte der Pfingstler „Trjasuny" verhaftet.

Nach dem Abschluss der Untersuchung wurde den Leitern der Pfingstler vom 15.-19. Januar im Kulturpalast der Bergbauarbeiter in Karaganda ein offener Schauprozess gemacht. [...] Das Gericht verurteilte Drowkow A.N. und Domanskij G.A. zu fünf, Borowikow F.G. zu drei Jahren Freiheitsentzug. [Das Gericht begann eine Kriminaluntersuchung zwei weitere Pfingstler.] Entsprechend dem Arbeitsplan für 1961 habe ich ständig die Tätigkeit der registrierten und nichtregistrierten religiösen Gemeinden und Gruppen in Karaganda, Temirtau, Saran, Abaj, Uljanowskoje, Kounrad, Tschetsk untersucht. Zurzeit sind im Gebiet, außer den registrierten Gemeinden, keine offenen organisierten Gottesdienste zu beobachten."[3]

Einige Mitglieder der MBG waren bei dem Schauprozess gegen die Pfingstler dabei und David Klassen, der Drowkow aus dem Lager in Dsheskasgan kannte, sprach ihm Mut zu.[4]

Quelle: Bericht an den Rat für Religionsangelegenheiten für 1961. SAKG, F.1364, L.1a, A.44, S.228-238.

1 Ähnliche Meldungen finden sich in den Berichten für 1962 – SAKG, F.1364, L.1a, A.59, S.8 (1-10), für 1964 – SAKG, F.1364, L.1a, A.59, S.143 (134-143), für 1965 – SAKG, F.1364, L.1a, A.71, S.13 (1-14).

2 Tatsächlich war David Klassen nicht Mitglied der Baptistengemeinde, sondern nach wie vor in der MBG. Bei seinen strengen Maßnahmen bekam der Upolnomotschenyj wohl nicht mehr die tatsächliche Lage in der MBG mit, die sich trotz seinem Willen nicht in der Baptistengemeinde aufgelöst hatte.

3 Die letzte Feststellung trifft nicht ganz zu. Einige Gemeinden hatten zwar ihre Versammlungen einstellen müssen, doch andere, wie gerade die MBG, hatten sich in kleinere Gruppen aufgeteilt und arbeiteten unauffällig weiter.

4 Erinnerung von Johann Matthies.

sammlungen und jeglichen Religionsunterrichts wiederholt. In Punkt 16 wurde einerseits die Aktivität jeder Gemeinde bis zur Registrierung durch Staatsorgane streng verboten, andererseits den Gemeinden, die das Religionsgesetz verletzten, der Entzug der Registrierung und somit Verbot jeglicher Tätigkeit angedroht. In Punkt 20 wird der Upolnomotschenyj verpflichtet, im Fall der Verletzung des Religionsgesetzes den Antrag auf Entzug der Registrierung eines Kultusdieners oder einer Gemeinde zu stellen.[22]

Fast bis zum Ende der Sowjetzeit 1991 galt die Verordnung der Sowjetregierung über religiöse Vereinigungen vom 8. März 1929, die am 19. Dezember 1962 durch einen Ukas des Präsidiums des Obersten Sowjets verschärft wurde.[23]

Der kommunistische Druck in der Schule

Gleich ab der ersten Klasse versuchte man in der Schule den Kindern die kommunistische Gesinnung beizubringen. Nach den ersten zwei Monaten in der Schule wurden am 7. November alle Kinder „Oktjabrjata" (Oktoberkinder, in Erinnerung an die Oktoberrevolution 1917). Jedem Kind wurde ein roter Stern mit einem Leninbild an die Brust gesteckt, der das Kind als Lenins kleinen Nachfolger auszeichnete.

[22] ГАКО, Ф.1364, Оп.1а, Д.28, л.68-72.
[23] ГАКО, Ф.1364, Оп.1а, Д.45, л.56.

4. Klasse der Schule „16" in Michajlowka. Die meisten gläubigen Kinder trugen kein Halstuch. Letzte Reihe 2. von links Irma Daiker

Не калечьте детей!

ВМЕШАЙСЯ, КОМСОМОЛЕЦ, ЭТО И ТВОЁ ДЕЛО!

На эту омерзительную картину широко раскрытыми глазами смотрела двенадцатилетняя девочка Валя Ще-

вдруг действительно «бог покарает за грехи».

ла, символически изображена гибель капиталистов от руки рабочего класса.

„Macht Kinder nicht zu Krüppeln! Misch dich ein, Komsomolmitglied, es ist deine Sache!" Hetzartikel aus „Akmolinskaja Prawda",16.10.1960

Im dritten Schuljahr wurden alle Kinder am 22. April, dem Geburtstag von Lenin, in die Pionierorganisation aufgenommen. Sie bekamen rote Halstücher, die sie in der Schule ständig anhaben sollten. In der 7.-8. Klasse wurden Jugendliche in den kommunistischen Jugendverband Komsomol aufgenommen. Viele Gläubige und ihre Kinder verweigerten den Eintritt in diese kommunistische Organisationen. Manche Gläubigen sahen sie jedoch als harmlos an oder hatten einfach Angst, sich dagegen zu wehren.

Die Kinder von Johann und Anna Görzen wurden weder Oktoberkinder noch Pioniere. Ihre Lehrer an der Schule Nr. 87 in Kirsawod drohten den Eltern 1962-1963, die Kinder wegzunehmen und in staatliche Kinderheime zur Erziehung abzugeben. Öfters kamen die Lehrer nach Hause und fragten, wieso die Kinder nicht Pioniere seien. Ab und zu wurden die Eltern zur Schule eingeladen und bedroht. Als Vater Johann einmal wieder in die Schule zur Verantwortung vorgeladen war, knieten alle Kinder mit der Mutter zu Hause und beteten zu Gott um Hilfe. Die Lehrer drohten, ein Gerichtsverfahren gegen die Eltern einzuleiten und ihnen die Kinder abzunehmen. Die Eltern waren geschlagen. Was tun? Sie fragten die alten Geschwister Dietrich und Maria Pauls um Rat, doch deren Vor-

4. Klasse der Schule „87" in Kirsawod. Die Konrektorin (mit grauer Bluse) bekehrte sich später und wurde Mitglied der Baptistengemeinde „Wefiel" in Karaganda. Lydia Mayer (zwischen den Lehrern) und Elisabeth Görzen vorne 7. von links

schlag „Lasst die Kinder das Tuch in der Schule tragen, zu Hause können sie es ablegen", war nicht befriedigend. Die Eltern erzogen die Kinder zur Ehrlichkeit und diese Heuchelei würde dem Herrn nicht gefallen. Sie gingen zu einem anderen alten eingesegneten Bruder mit dieser Frage. Als seine Frau von dieser Lage hörte, sagte sie prompt: „Wenn es so steht, dann sollen unsere Großkinder alle Pioniere werden." Der Bruder blieb stumm. Leider sind diese Großkinder bis heute unbekehrt. Schweren Herzens gingen Johann und Anna zu Johann und Katharina Schellenberg. Bruder Johann betete zuerst, dann schilderten Görzens ihre Lage. Bruder Schellenberg sagte: „Hans, wenn du deinen Platz verlässt, bleibt die Krone für einen anderen." Diese Antwort stärkte sie und getrost auf Gottes Hilfe wartend gingen sie nach Hause. Der Herr half und bewahrte die Familie vor dem schlimmsten. Eine Lehrerin flüsterte den Eltern einmal zu: „Bleibt nur fest! Man wird euch die Kinder doch nicht wegnehmen!" Die Kinder dieser Familie sind heute alle im Glauben. Dem Herrn die Ehre und der Dank![24]

Kindermord und Propaganda

In Nowodolinka sammelte sich 1960 eine kleine Gruppe Gläubiger und begann Versammlungen durchzuführen. Hier ereignete sich etwas Schlimmes. Eines Tages 1962 vermissten die Eltern Klassen ihre Tochter Lena, die kurz ins Geschäft zu einem kleinen Einkauf gegangen war. Die Suche half nicht und musste nach einigen Tagen eingestellt werden. Die Polizei untersuchte den Fall, konnte ihn aber nicht aufklären. Dieser Vorfall wurde für Propaganda ausgenutzt. Bei öffentlichen Kundgebungen und in Lokalzeitungen wurden die Eltern beschuldigt, ihre Tochter im religiösen Fanatismus geopfert zu haben. Die Not der Eltern war groß: sie trugen ohnehin Leid um ihre Tochter, nun wurden sie dazu noch in der Siedlung ständig als Kindermörder und Fanatiker angeschaut und angesprochen.

Erst nach etwa zehn Monaten wurde der Mörder, der inzwischen noch zwei andere Mädchen ermordet hatte, gestellt. Er zeigte auch das Loch, in dem er Lenas Leiche versteckt hatte. Lenas Grab soll das erste auf dem Friedhof der neuen Siedlung gewesen sein. Für die Verunglimpfungen der Eltern hat sich niemand entschuldigt. In jenen Jahren wurden gefälschte Berichte über Kinderopferungen unter den Baptisten im ganzen Lande verbreitet, auch durch die Zentralpresse. Schullehrer fragten noch Anfang der 1990-er bei Gesprächen mit Gemeindedienern nach den berichteten Kinderopferungen.

Kinderzeitungen

Die Kinderzeitungen „Pionerskaja Prawda" und „Drushnyje Rebjata", die fast jeder Schüler abbonieren musste, enthielten viel gottlose Propaganda. Als Gagarin den ersten Raumflug gemacht hatte, verkündigten die Zeitungen, der Kosmonaut habe im All keinen Gott gesehen und damit den letzten Beweis gegen seine Existenz erbracht.

[24] Erinnerungen von Johann und Anna Görzen, Harsewinkel 2006.

Entziehungen der Elternrechte

Am 2. März 1961 hatte das Volksgericht in Balchasch dem Ehepaar Matern und Serkowa die Elternrechte für ihre Tochter Alewtina aberkannt. Alewtina war Schülerin der 2. Klasse und wurde von den Eltern, Siebenten-Tages-Adventisten, christlich erzogen, wurde nicht Oktjabrenok[25], wurde am Samstag nicht zur Schule gelassen usw.[26]

Der Baptistin Alexandra Fedotowa aus Dolgij Most im Krasnojarskgebiet wurden wegen christlicher Kindererziehung Anfang der 1960-er die Elternrechte entzogen und ihre Kinder Galina und Leonid für mehrere Jahre ins staatliche Kinderheim in Minusinsk gesteckt. Die Schwester zog nach Karaganda und die Kinder kamen ihr als 16-jährige nach. Sie war Mitglied der Baptistengemeinde Kopaj und ihre Tochter bekehrte sich auch.

---

25 „Oktoberkinder" war die kommunistische Kinderorganisation der Sowjetzeit, in Erinnerung an die epochemachende Oktoberrevolution.

26 SAKG, F.1364, L.1a, A.26, S.36-37; A.45, S.15-16.

Ein aufschlussreiches Gespräch im Rat für Religionsangelegenheiten

Am 12.9.1961 machten die Leiter des WSEChB Shidkow (Vorsitzender), Karew (Generalseretär) und Iwanow (Kassenwart) eine Visite beim Vorsitzenden des Rates für Religionsangelegenheiten Pusin. Karew stellte im Laufe des Gesprächs einige Fragen, worauf sich folgendes ergab:

1) Auf die Frage nach der Entsendung einer Delegation nach Kanada, um engere Kontakte mit dem Bund der Evangeliumschristen von Kanada zu knüpfen, gab Pusin eine positive Antwort.

2) Auf die Frage nach der Herstellung von Kontakten mit den Mennoniten Kanadas und der Teilnahme an der Mennoniten-Weltkonferenz 1962 antworte Pusin: „Zur Zeit gibt es für solche Kontakte erhebliche Schwierigkeiten. Wie Sie wissen, gehören zu dieser Sekte mehrheitlich Bürger deutscher Volkszugehörigkeit, darüber hinaus wird diese Sekte in unserem Lande nicht registriert [...] deshalb müssen Sie zurzeit von Kontakten mit Mennoniten absehen." Karew entgegnete mit der Information, dass kanadische Mennoniten die Zahl der Mennoniten in der UdSSR auf 40.000 schätzten und deshalb über ein Mennonitenzentrum in der Sowjetunion redeten. Pusin erwiderte: „Da diese Sekte bei uns nicht registriert wird, kann über ein Mennonitenzentrum in der Sowjetunion keine Rede sein."

3) Zur Frage des Beitritts des WSEChB zu dem Weltkirchenrat[1] meinte Pusin, nicht eilen zu müssen und den Vorschlag des Weltkirchenrates besser zu untersuchen. Die Antwort müsste dann positiv sein. Zur Reise der Vertreter des WSEChB als Beobachter auf die Sitzung des Weltkirchenrates nach New-Delhi gab es eine negative Antwort.

4) Zur Statistik der Baptisten in der Sowjetunion meinte Pusin, bei der früheren Angabe (512.000) zu bleiben.

Zum Schluss des Gesprächs kündigte Karew große Schwierigkeiten an, „erstens, wegen der Abneigung der Gläubigen gegen die neuen Satzungen, die mancherorts zu Spaltungen geführt haben. Zweitens hat sich irgendeine Initiativgruppe gemeldet, die von Prokofjew und Krutschkow geleitet wird, die aktiv gegen den WSEChB wirkt, große Anstrengungen für einen Kongress und Abwahl der WSEChB-Mitglieder einsetzt. In ihren Briefen an die Gemeinden wird behauptet, dass der WSEChB sich den Obrigkeiten verkaufe, die Sache Gottes vergessen habe und deshalb abzuwählen sei. Drittens laufen jetzt verstärkt der Entzug von Bethäusern und die Schließung religiöser Gemeinden. All die oben genannten Ursachen beunruhigen uns sehr und [...] wenn es so weiter geht, hat der WSEChB bald keinen Einfluss mehr auf die Gemeinden und damit auch keine Mittel mehr, die wir für Auslandsreisen verbrauchen müssen." In Verbindung damit baten die Vertreter des WSEChB um die Herausgabe der Bibel und eines Sammelbands geistlicher Lieder.

Quelle: Auszug von Sergej Savinski aus dem Protokoll des Gesprächs des Inspektors des RfR Dobrochatow, von Viktor Fast gekürzt und übersetzt.

1 Der Weltkirchenrat ist die Ökumenische Zentrale.

Gegenreaktion unter den Baptisten

Meistens erweckt Druck, wenn er eine gewisse Schwelle übersteigt, Widerstand statt Nachgeben. So war es auch in der Sowjetunion. Die vom WSEChB versandten Dokumente, die die Gemeindearbeit stark einschränkenden Satzungen und der geheime Instruktionsbrief an die Oberältesten, die vom WSEChB nicht ohne Genehmigung des Rates für Religionsangelegenheiten eingesetzt wurden, stießen auf Ablehnung in den Gemeinden. Vorstandsmitglieder des WSEChB und bestimmt auch die Drahtzieher aus dem ZK der KPdSU, KGB und anderen Sowjetorganen rechneten mit Widerstand in den Gemeinden und mit Abspaltungen kompromissloser Brüder. Der WSEChB hoffte auf Verständnis von Seiten der Brüder am Ort. Die Sowjetorgane bereiteten sich darauf vor, die unzufriedenen schnell wegzuräumen und dann freie Hand zu haben, um die organisierten religiösen Gruppen und Gemeinden aufzulösen. Oder war es ein an höchster Stelle ausgeheckter Plan, durch die sich gegenseitig bekämpfenden Parteien die ganze Konfession zu schwächen und zu vernichten?

Gennadij Konstantinowitsch Krjutschkow, Leiter der Initiativgruppe (1961-1962), des Orgkomitees (1962-1965) und des SZEChB von 1965 bis heute

Auch wenn ernste Brüder die geheimen Pläne der Feinde nicht durchschauen konnten, sahen sie doch das Verhängnisvolle an der Verbindung des WSEChB mit dem atheistischen Staat und der falschen Kompromissbereitschaft, die zur Vernichtung des geistlichen Lebens führen würde. Schon in den 1950-ern gingen manche Gemeinden auf Distanz zum WSEChB, so wie die abgespaltene kleine russische Baptistengemeinde mit dem Ältesten Kolesnikow in Karaganda. Auch bei der Entstehung der MBG Karaganda waren die starken Einschränkungen in der legalen Baptistengemeinde eine gewichtige Ursache für den Austritt der Gemeindegründer und vieler späterer Übergänge.

Übrigens wagten und verstanden es einige Älteste der Baptistengemeinden in dieser schlimmen Situation, die neuen Satzungen beiseite liegen zu lassen und die Gemeinde doch weiter zu bauen. Andere ließen sich erpressen und fügten ihren Gemeinden großen Schaden zu.

In der ersten Hälfte des Jahres 1961 bildeten einige entschiedene jüngere Baptistenbrüder eine Initiativgruppe, die zum einen die falschen Kompro-

Pjotr Iwanowitsch Poscharitzkij (links), erster Ältester der EChB-Gemeinde in Karaganda, und Alexander Wassiljewitsch Karew (1894-1971), Generalsekretär des WSEChB

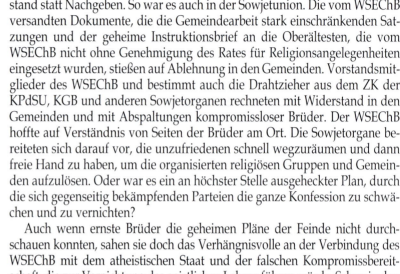

misse des WSEChB anprangerte, und zum anderen zur Einberufung eines Baptistenkongresses aufriefen. Am 13. August besuchten die Mitglieder der Initiativgruppe Krutschkow und Prokofjew die Kanzlei des WSEChB und hatten ein Gespräch mit Karew und Mizkewitsch. Krutschkow und Prokofjew erklärten die Wirksamkeit des WSEChB als zerstörend für die Gemeinden, die Zentrale selbst als nicht von der Bruderschaft gewählt und forderten als Lösung einen Außerordentlichen Kongress der EChB der Sowjetunion. Karew meinte dazu: „Wie kann man in unsrer Zeit solche Illusionen in den Gemeinden verbreiten?! Ich glaube an keinen Kongress, denn in unsrem Land hat man gegen die Religion den härtesten Kurs eingeschlagen. Sie (die Kommunisten) haben beschlossen, in kürzester Zeit mit der organisierten Religion ein Ende zu machen! Sie wollen nicht mit uns in den Kommunismus marschieren!“[27]

Die Brüder von der Initiativgruppe wirkten weiter, schrieben Briefe an den WSEChB, an registrierte und nicht registrierte Ortsgemeinden. Dadurch entstand eine Bewegung, die zu einer Untergrundkirche der Evangeliumschristen-Baptisten wurde. Der WSEChB, aber auch die Sowjetorgane mussten sich jetzt mit dem Phänomen der Initiativgruppe und ihrem Einfluss auf die Ortsgemeinden auseinandersetzen.

[27] Савинский: История евангельских христиан-баптистов, ч.2, с.210.

Auskunft über sektiererische Organisationen mit reaktionärer und antigesellschaftlicher Tätigkeit

1. Der Baptismus wurde zur Zarenzeit verfolgt und existierte halblegal. Volle Freiheit bekamen die Baptisten mit dem Dekret vom 23. Januar 1918 über die Trennung von Kirche und Staat. Der Unterschied des Baptismus zu Katholizismus und Orthodoxie liegt in der Freiheit der Bibelauslegung, sinnbildlichem und nicht buchstäblichem Verständnis der biblischen Mythen, die sich als der Wissenschaft widersprechend erweisen. Die Baptisten erkennen keine Heiligen, Priester, Mönche u.a. an, sehen den Sinn ihres Lebens in der Vorbereitung zum jenseitigen Leben. Das irdische Leben sehen sie als „Schule der Erkenntnis der göttlichen Wahrheiten.“ Das ganze Denken und Fühlen der Gläubigen wollen sie auf die Sorge um die „Seelenrettung“ konzentrieren, dabei erklären sie alles, was außerhalb des Rahmens des religiösen Lebens der Gemeinde geht als „sündig“, „eitel“, raten den Gläubigen, solche „Verführungen“ wie Theater, Kino, Vorlesungen und Konzerte, Radiosendungen usw. zu meiden. Der Baptismus fordert von den Gläubigen aktive Teilnahme an der Ausbreitung des Glaubens, jährlich ein bis zwei Ungläubige „zu Christus“ zu führen, aktive an den Gebetsversammlungen aktiv teilzunehmen, auf den Zustand des Glaubens anderer aufzupassen.

2. Pfingstler [...]

3. Staroobrjadzy (Altgläubige) [...]

4. Mennoniten. Die Sekte der Mennoniten ist unter der deutschstämmigen Bevölkerung verbreitet. Es ist eine der protestantischen Sekten, deren Lehre, der Lehre der Evangeliumschristen-Baptisten ähnlich ist, unter deren Aushängeschild sie sich in der Sowjetunion oft verstecken. Mennoniten sind strikte „Antimilitaristen“, das heißt, sie lehnen den Fahneneid und den Militärdienst, die Verteidigung der Heimat mit der Waffe ab, sprechen aber von diesen Ansichten manchmal nicht und verbergen sie.

5. Die Sekte der Siebenten-Tags-Adventisten (Sabbater) [...]

6. Unter den Jehovisten gibt es zwei Richtungen: Iljinzy (russischer Herkunft) und die von Rutherford (amerikanischen Herkunft), die ja auch „Zeugen Jehovas“ heißen. [...]

Die Sowjetunion verbietet die Propagierung der der Verfassung der UdSSR widersprechenden Glaubenslehren der oben benannten Sekten, die der Gesundheit der Bürger schädigt, sie zur Absage von der Erfüllung ihrer bürgerlichen Pflichten und der gesellschaftlichen Tätigkeit verleitet.

Quelle: S.Adikow, Upolnomotschenyj des Rates für Religionsangelegenheiten am Gebietsexekutivkomitee, 2.3.1962. SAKG, F.1364, L.1a, A.59, S.47-50.

Stepan Gerasimowitsch Dubowoj (1913-2003)

Als 1961 die Initiativgruppe unter den Baptisten ihre ersten Briefe versandte, fand sie mit ihrem Anliegen der Wiederherstellung biblischer Gemeindeordnung unter den Vorstehern der MBG Karaganda große Sympathie. Auf einer allgemeinen Brüderversammlung der Gemeinde wurden die ersten Dokumente der Initiativgruppe vorgelesen und mit Wohlwollen und Verständnis reagiert.[28] Etliche der führenden Brüder dieser Bewegung wie Dubowoj, der Älteste von Dsheskasgan, und andere besuchten auch die MBG und wurden willkommen geheißen. Doch gab es bald auch Handlungsweisen wie lieblose Schmähungen, Herabsetzungen der verantwortlichen Diener, unrechtmäßige Ausschlüsse und Eingriffe in Ortsgemeinden, die dem Wesen der MBG fremd waren.

[28] Nach Angaben von Abram Günter.

Proletarier aller Länder, vereinigt euch!

Neues Leben

HERAUSGEGEBEN VON DER „PRAWDA"

5. Jahrgang, Nr. 114 (687) Sonnabend, 23. September 1961 Einzelpreis 2 Kopeken

Reportage aus dem Gerichtssaal

Verbrechen werden geahndet

Das Kollegium des Tscheljabinsker Gebietsgerichts verhandelt in Sachen des Oberpresbyters der „Fünfziger", Wilhelm Friesen, und der Diakonen Johannes Buller, Erich Schelling und Heinrich Dick.

Das Wort hat der medizinische Experte, Hauptpsychiater des Gebiets, Valentin Morkowkin.

DIE FOLGEN DES FANATISMUS

„In den Jahren 1960 und 1961 sind siebzig Fälle von Infektionskrankheiten in Sektiererfamilien von Tscheljabinsk festgestellt worden", sagt der Arzt, „außerdem müssen wir hier von einer Reihe Geisteskranker berichten. Das sind die Folgen schwerer Vergehen der Angeklagten. Die Versammlungen, Betstunden und fanatischen Zeremonien der Sektierer werden in Räumen abgehalten, die nicht den elementarsten sanitären Forderungen entsprechen. Hier wird dann, nach hysterischem Bitten und Flehen zu den „himmlischen Mächten", die sogenannte Kommunion (Abendmahl) verabreicht, das heißt, Brot geht von Hand zu Hand, Wein wird aus ein und demselben Gefäß getrunken, die Füße werden in ein und demselben Wasser ‚gewaschen' usw. Hier wird auch der bei den Fünfzigern übliche ‚heilige Kuß' von Mund zu Mund und den Kindern der ‚Segen' gegeben. . ."

Man muß nicht Arzt sein, um festzustellen, daß unter solchen Verhältnissen ansteckende Krankheiten verbreitet werden. So leidet z. B. die Tochter des Sektierers A. Eberhardt, Olga, an Tuberkulose, wobei in Eberhardts Wohnung genau dieselben Zeremonien vor sich gehen, von denen V. Morkowkin dem Gericht berichtete. Das gleiche gilt auch für den Sektierer J. Bartuli, in dessen Familie infektiöse Gelbsucht herrschte usw., usf. Der medizinische Experte wies an Hand von unumstößlichen Tatsachen nach, daß viele der Geisteskranken, die in die Gebietsheilanstalt eingeliefert werden, durch religiösen Fanatismus bis zur Hysterie gebracht wurden.

Die 28jährige religiöse Fanatikerin W. wollte ihre zwei Kinder in einen Brunnen werfen, um dem „Allmächtigen Vater" ein „Opfer" darzubringen. W. lag im Verlaufe zweier Jahre mehrere Male wegen Geistesstörung im Krankenhaus. Der Bruder der Jugendlichen K., Juri, erzählt:

„Meine Schwester Rita war ein munteres und lebensfrohes Mädel, bevor sie Sektiererin wurde. Als ich aber aus der Sowjetarmee heimkehrte, war sie kaum wiederzuerkennen. Jetzt befindet sie sich schon zum zweiten Mal in der Heilanstalt für Geisteskranke. Alles, was sie in ihrer geistigen Umnachtung zusammenplappert, ist von Mystik durchdrungen, man hört von ihr kein vernünftiges Wort mehr. Das ist den Männern auf der Anklagebank zuzuschreiben. . ."

Die Ärzte haben in mehr als 30 Sektiererfamilien die Kinder untersucht und gefunden, daß die meisten unterernährt, eingeschüchtert, verschlossen und stumpf sind. Nina Kleinschmidt, elf Jahre alt, fehlen zehn Kilogramm zum Normalgewicht, sie war niemals im Kino, Zirkus, Pionierlager usw. Lida Schelling, zehn Jahre alt, ist bleich und ausgemergelt, weint oft und leidet ständig an Kopfschmerzen.

IHR „WIRKUNGSKREIS"

Die Dunkelmänner, die vor Gericht stehen, werden der Verbrechen angeklagt, die in Artikel 227 des Strafgesetzbuches der RSFSR dargelegt sind. Sie haben 1950—1951 in verschiedenen Städten und Siedlungen eine illegale Sektierergemeinde der sogenannten „Fünfziger" geschaffen, deren Lehre und Treiben einen menschenfeindlichen Charakter trägt. Die Angeklagten zwangen den Gläubigen ein gesundheitsschädliches, fanatisches religiöses Ritual auf. Sie riegelten Jugendliche und Kinder vom gesellschaftlichen Leben ab und hemmten ihre normale geistige und physische Entwicklung.

Der Oberpresbyter Friesen und seine Handlanger entfalteten eine fieberhafte Tätigkeit. Friesen scheute keine Mittel (wozu sollte er das auch, wenn die „Geldspenden", die den Gläubigen abgenommen wurden, mindestens 10 Prozent ihres Gesamtverdienstes ausmachen durften!) und bereiste im Flugzeug das ganze Land. Er besuchte Moskau, die Ukraine, Alma-Ata u. a. Orte, um „vertrauliche" Verbindungen herzustellen, „Anweisungen" zu erhalten oder zu erteilen. Buller und die anderen mußten sich mit einem engeren Betätigungskreis abfinden, sie stellten den Leichtgläubigen im Ural und Nordkasachstan nach, um sie für ihre Zwecke zu mißbrauchen.

ZEUGEN KLAGEN AN

26 Zeugen machten im Verlaufe der fünftägigen Gerichtsverhandlung Aussagen. Das waren ehemalige Sektierer wie M. Enns, R. Reisler, D. Drosdowa, A. Korotenko; die Schullehrer und Ärzte M. Duranow, W. Tokarewa, M. Josefowitsch, G. Kljutschewskaja; die Kumpel aus Kopejsk und Korkino J. Klewzow und Dm. Romantschenko.

Milda Enns, Verputzerin des Trustes Tscheljab-metallurgstroi, eine ehemalige Sektiererin, erzählt aufgeregt:

„Ich war noch ganz jung, als mich die Prediger 1950 in die Sekte hineinzerrten. Vier Jahre lang quälte ich mich dort ab.

Um Geist und Fleisch zu ‚demütigen', mußten wir oft und lange ‚fasten', stundenlang auf den Knien liegen und zu Gott flehen. Und wenn der Augenblick kam, da sich der ‚heilige Geist' in unserer Seele ‚offenbaren' sollte, mußten wir sinnloses Zeug plappern und uns so anstrengen, daß wir nicht selten in Ohnmacht fielen und hysterische Anfälle bekamen.

(Schluß auf S. 2)

Gemeindebau trotz Bedrängnissen

Kapitel 2

Meine Schafe hören meine Stimme und ich kenne sie und sie folgen mir; und ich gebe ihnen das ewige Leben, und sie werden nimmermehr umkommen und niemand wird sie aus meiner Hand reißen.

Johannes 10, 27-28

Die Zeit nach den Gemeindehausschließungen

Versammlungen in Kirsawod-Melkombinat

Nachdem im September 1959 in Kirsawod die Versammlungen in der Erdhütte auf der Rishskaja 27 endgültig verboten wurden, versammelte sich die Gemeinde wieder in den Häusern. Anfänglich wurden Versammlungen in vier Ortsteilen durchgeführt: in Fedorowka, Kirsawod bis zur Wawilowastraße, Kirsawod-Melkombinat bis Gogoljastraße und Melkombinat-Aeroport. In diesen Gemeindeteilen diente der Chor mit den Dirigenten Jakob Friesen und Rudolf Bergmann. An einem Sonntag sangen sie in Kirsawod, am anderen in Kirsawod-Melkombinat. Verantwortliche Leiter in Kirsawod waren anfäng-

Chor in Kirsawod Anfang 1960-er. Sitzend v.l.n.r.: Truda Fast, Maria Rogalsky, Anna Friesen, Maria Wiens, Gredel Bergmann, Valentina Tröster, Rudolf Bergmann (Dirigent), Maria Reimer (Nickel), Käthe Gossen. Stehend v.l.n.r. Justina Bergen, Johann Görzen, Selma Reinich, Herbert Schönke, Fischer, Agnes Thiessen, Heinrich Boger, Susanne Löwen, Heinrich Töws, Abram Bergmann, Jakob Friesen (Dirigent), Adina Bergmann, Friedrich Hertle

lich David Klassen und Peter Bergmann, später auch Johann Strauß. In Kirsawod-Melkombinat trug Peter Regehr die Verantwortung für die Gruppe.[1]

Wirksamkeit von Peter Bergmann

Peter Bergmann hatte in den 1920-er Jahren eine Bibelschule besucht und leitete schon 1960 einen Predigerkurs für die jungen Wortverkündiger, der einmal wöchentlich stattfand, bis es ihm nach zwei Monaten vom KGB strengstens verboten wurde. 1964 führte er wieder einen Kurs mit dem Fach Homiletik durch, den er und andere Brüder in den späteren Jahren mehrmals wiederholten.

Peter Bergmann im Mantel und der Büchertasche bereit zu geistlichen Diensten

Peter Bergmann machte in dieser Zeit seine Besuchsarbeit weiter. Am 7. Januar 1961 kam er zur Gebetsstunde im Stadtteil Finskij. Als man ihn zum Schluss fragte, bei wem er übernachten wolle, antwortete er: „In der größten Familie eures Ortes." So kam er in die Familie Abram Thiessen. Nach dem Gespräch am späten Abend bekehrte sich die älteste Tochter Irene.

Neuer Gemeindeteil in Michajlowka

Anfang der Versammlungen

Im Jahr 1959 kam Jakob Plett mit seiner Familie aus Kimpersaj und zog in Michajlowka in eine Lehmhütte, die so klein war, dass man keine Versammlung einladen konnte. In demselben Jahr kam auch Heinrich Wölk mit seiner Familie nach Michajlowka. Darauf begannen die regelmäßigen Bibelstunden mit anschließenden Gebetstunden, die meistens am Samstag durchgeführt wurden. Für viele ausgehungerte Seelen war diese Gemeinschaft eine besonders wertvolle geistliche Nahrung. Nach 1961 kamen auch Johann Strauß und Jakob Braun zu den Bibelstunden.

Man versammelte sich in Häusern und Erdhütten, aus denen man die Möbel ausräumen musste, Bretter auf zwei Stühlen oder Klötzen waren die Bänke. Die Luft wurde oft eng und stickig, aber das machte nichts aus. Es herrschte eine liebevolle, fast familiäre Atmosphäre. Nach den Versammlungen blieben Jugendliche oft zurück und halfen die „Bänke" aufzuräumen und den Boden zu waschen.

Lehrer und Prediger waren Heinrich Wölk, Jakob Plett und Willi Matthies. Die jüngeren Brüder Paul und Bernhard Bergen waren auch bei Gebet-

[1] Anna Schwarz (Espelkamp), Jakob Penner, Harsewinkel

und Bibelstunden an der Wortverkündigung beteiligt. Es kamen gelegentlich auch Prediger von Schachtinskij, Kirsawod oder aus der Siedlung 33, z. B. Jakob Siebert und Viktor Enns. Manchmal predigte auch Abram Wolf aus Kopaj.[2]

In den Jahren 1959 und 1960 übersetzten Heinrich Wölk und Jakob Plett die Auslegung der Offenbarung von Johann Kargel, ein Buch von über 200 Seiten, aus dem Russischen ins Deutsche. Das Buch wurde von vielen forschenden Brüdern gelesen und für andere von Hand abgeschrieben.[3]

Am 23. März 1962 wurde Heinrich Wölk in Michajlowka in der Versammlung im Hause von Maria Töws von David Klassen und Gerhard Harder zum Predigerdienst eingesegnet. Wilhelm Matthies wurde 1962 aufgenommen und im Juni 1965 eingesegnet.

Der Gemeindechor in Michajlowka

Als 1957 in Kirsawod das Versammlungshaus eröffnet wurde, gingen viele Jugendliche aus Michajlowka in den dort gegründeten Gemeindechor, der von Rudi Bergmann und Johann Friesen geleitet wurde. Als 1959 das Versammlungshaus wieder geschlossen wurde, und die Versammlungen der MBG in den privaten Häusern durchgeführt wurden, wechselten manche Jugendliche in den deutschen Chor in Kopaj. Später, zu Beginn der 1960-er entstand ein Chor in Michajlowka unter der Leitung von Heinrich Wölk.

„Der Chor von Heinrich Wölk wurde unter ‚ungünstig-günstigen' Bedingungen ins Leben gerufen. Es war zu der Zeit, da die Gläubigen von Michajlowka sich zur Andacht in den Häusern versammelten. An einem Sonntag im Winter waren die Wetterverhältnisse sehr schlecht. Man konnte keine An-

In diesen Häusern in der Moskwina-Straße in Michajlowka fanden oft Versammlungen statt

[2] Nach den Erinnerungen von Rita Wall (Neuwied)

[3] Heinrich Wölk: Rückblick auf ein Eheleben von 66 Jahren. S.62

Gemischter Chor auf der Beerdigung von Gertrude Wölk (19.03. 1935-6.1.1962) am 6. Januar 1962 im Hof von Heinrich Wölk in der Dalnjaja-Straße

dacht außerhalb besuchen, z.B. in Kirsawod, Kapai usw. Wir versammelten uns bei Familie Töws (Herta, Maria und Otto). Auch Heinrich Wölk und seine Familie war anwesend, ebenso verschiedene Sänger aus den Chören in Kopai und Kirsawod. Onkel Heinrich brachte dann zur Sprache, was er und andere sich schon lange gewünscht hatten: Einen Chor für den Gemeindeteil in Michajlowka. Er sagte: ‚Normalerweise probt ein Chor eine gewisse Zeit und dann tritt er auf. Wir machen es anders. Wir, das heißt die anwesenden Sänger aus den verschiedenen Chören, treten heute das erste Mal zusammen auf und singen die Lieder, die wir alle in unseren bisherigen Chören gelernt haben. Und in Zukunft werden wir uns wöchentlich zu einer Chorprobe hier in Michajlowka treffen.' Auf diese Weise bildete er schnell einen kleinen Chor, der gleich während der Andacht zum ersten Mal zusammen sang. Die ersten Sänger waren Heinrich Wölk mit dem Sohn Gerhard und Tochter Helli, Erna und Anni Löwen, Lisa und Herbert Schönke und ich. Schon bald hatte der Chor über 20 Sänger. Die Chorproben am Donnerstagabend verstand unser lieber Dirigent Heinrich Wölk wie kleine Feste zu gestalten. Ich weiß noch sehr gut, mit welch großer Freude ich zu denselben eilte, dabei oft leise für mich die Worte summend:

Da wird beim Loben, das Herz erhoben.
Da steht dem Hoffen der Himmel offen.
Da waltet Gott – Ihm sei der Ruhm,
fürwahr: da ist Sein Heiligtum."[4]

Heinrich Wölk übte bei den Proben nicht nur Lieder ein, sondern las oft einiges vor oder erklärte einfach einige Fragen des Glaubenslebens.[5] Es gab guten Kontakt zwischen den Versammlungen im Schachtinskij, Kirsawod, Michajlowka und in der Siedlung „33". Man besuchte einander mit Vor-

[4] Schriftliche Erinnerungen von Valentine Tröster (Tamm)
[5] Erinnerung von Rita Wall (Neuwied)

trägen wie „Der verlorene Sohn", „Bunyans Pilgerreise" und anderen und machte auch Ausfahrten nach Ossakarowka, Temirtau, Tokarewka und besuchte kleinere Gemeinden und Gruppen von Gläubigen.

Kinderstunden im Melkombinat - Kirsawod

Sorge um die Kinder

Die Stimmung der Eltern und Brüder in den 1960-ern war durch den ständigen Druck der Machthaber sehr bedrückend. In den Schulen wurden die Kinder zur Mitgliedschaft bei den Oktoberkindern, den Pionieren, dem Komsomol und zur Teilname an atheistischen AGs gedrängt. Es gab Hetzreden der Schüler und atheistische Vorträge, den Gläubigen wurden die Noten im Unterricht herabgesetzt oder sie bekamen schlechte Verhaltensnoten. Am Arbeitsplatz hatten Gläubige keine Aufstiegsmöglichkeiten, es wurden Betriebsversammlungen mit atheistischen Vorlesungen und Genossenschaftsgerichte abgehalten und manche wurden ihres Glaubens wegen gekündigt.[6] Auch in den Massenmedien wurde sehr starke atheistische Propaganda betrieben. Man ging sogar so weit, einzelne Geschwister zu verhaften und ihnen die Elternrechte zu entziehen.[7] All das lastete schwer auf den Geschwistern. Trotzdem machten sie sich Gedanken, wie sie ihren Kindern den Glauben an Gott weitergeben konnten.

Tante Lena Unruh (1.Reihe 2.v.l.) und Tante Katja Penner (1.Reihe 2.v.r.) mit den älteren Sonntagschülern

Zeit für Kinder

Im April 1960 kam die Familie Jakob und Augustina Penner aus der sibirischen Verbannung nach Karaganda und kauften eine Erdhütte bei Johann Friesen im Melkombinat. Noch in der Verbannung hatten sie die Familie Peter und Helene Unruh kennen gelernt, die in Dolgij Most im Krasnojarskgebiet gelebt hatte und schon 1958 nach Karaganda gekommen war. Jetzt gingen die Kinder Jakob und Käthe Penner ab und zu dahin zum Spielen und nahmen auch die schon etwas älteren Nachbarskinder Johann und Anna Ban-

[6] Zum Beispiel Rudolf Klassen aus Karaganda, Nikolaj Sisow aus Kulunda u.a.
[7] Zum Beispiel Alexandra Fedotowa aus Dolgij Most, Krasnojarskgebiet.

mann, Käthe, Jakob und Lilli Philipsen mit. „Onkel Peter" und „Tante Lena" Unruh nahmen sich Zeit für diese Kinder, bastelten und sangen mit ihnen und erzählten ihnen Geschichten. Im Herbst gesellten sich zu ihnen auch die aus der Komi ASSR gekommenen Waldemar, Richard, Arnold und Oskar Fefler und Wilhelm, Maria und Frieda Dick. Im Spätsommer 1960 kamen Katharina Penner und Elisabeth Janzen aus Isilkul. „Tante Katja" konnte gut singen und liebte Kinder. Sie befreundete sich mit Tante Lena und half ihr bei der Kinderarbeit.[8]

Zu Weihnachten 1960 sagten diese Kinder zum ersten Mal bei Jakob und Augustine Penner einige Gedichte auf und sangen Weihnachtslieder, die Tante Lena und Tante Katja mit ihnen eingeübt hatten. Johann Banmann und Waldemar Fefler begleiteten den Gesang mit einer Mandoline und einer kleinen Ziehharmonika. Der Hausvater Jakob Penner las die Weihnachtsgeschichte vor. Die Kinder wurden mit etwas Süßigkeiten und Bibelversen auf kleinen Kärtchen beschenkt. Die Eltern dieser Kinder waren zugegen und zum ersten Mal waren auch Selma und Walli Reinich mit ihren Eltern dabei, die auch vor kurzem aus der Komi ASSR gekommen waren.[9]

Sonntagschule bei Tante Lena Unruh

Helene Unruh aus der Mennoniten-Brüdergemeinde machte Kinderarbeit (Sonntagschule) in den Stadtteilen Melkombinat und Kirsawod. Sie wurde von allen einfach „Tante Lena" genannt. Diesen Dienst tat sie sehr weise und voller Hingabe. Sie machte keinen Unterschied wegen der Gemeindezugehörigkeit der Eltern und so durften auch die Kinder von der kirchlichen Mennonitengemeinde dazukommen. Die Sonntagschule fand auch öfters in den Häusern von Familien der kirchlichen Mennoniten statt.

Es gab jedes Jahr ein Weihnachtsfest, bei dem jeder ein kleines Geschenk bekam. Das Fest wurde aber erst zur Jahreswende gefeiert, weil das unauffälliger war. Im Sommer machte sie mit den Kindern Ausflüge ins Freie, bei denen auch die Eltern mitfuhren. Bei Spiel und Fröhlichkeit blieb das Wort Gottes doch das Wichtigste. Sie erzählte nicht irgendwelche Geschichten, sondern aus der Heiligen Schrift. Sie hatte die Gabe, die Zuhörer so in die Geschichten hineinzuversetzen, dass man sie richtig miterleben konnte.

8 Erinnerungen von Jakob Penner und Johann Banmann (Harsewinkel).
9 Erinnerungen von Jakob Penner und Johann Banmann (Harsewinkel); Wilhelm Dyck, (Enger).

Sonntagsschulstunden in den 1960-ern in Melkombinat fanden statt bei:

T. Lena Unruh	Kosmonawtowstr.	Julius Siebert	Lugowajastr.
T. Katja Penner	Kosmonawtowstr.	Peter Wall	Kuwskajastr.
Peter Philipsen	Wysokowoljtnajastr.	Johann Fröse	Kuwskajastr.
Jakob Penner	Wysokowoljtnajastr.	Kornelius Siebert	Aljpinistowstr.
Peter Neudorf	Nertschinskajastr.	Jakob Geworsky	Garibaldistr.
Johann Günther	Tscherkasskajastr.	Erich Liebenau	Gogoljastr.
Franz Derksen	Kosmonawtowstr.	Emil Wall	Keramitscheskajastr.
Heinrich Warkentin	Kosmonawtowstr.	Walter Dyck	Rybnajastr.
Peter Ediger	Kiolodesnajastr.	Johann Pauls	Tscherkasskajastr.
Johann Dikan	Keramitscheskajastr.		

Die Sonntagschulgruppe von Melkombinat im Hof von Tante Katja Penner, ca. 1963-1964

Das Auswendiglernen von einzelnen Bibelversen, Palmen und Liedern war ein wichtiger Bestandteil der Sonntagschule. Vieles, was die Kinder von damals noch heute auswendig können, haben sie in der Sonntagschule von „Tante Lena" gelernt. Manch alte Bekanntschaft aus jener Zeit besteht auch heute noch, auch über die Grenzen der Gemeinden hinweg.

Wie viele andere war auch Helene Unruh zu Stalins Zeiten 10 Jahre unschuldig im Gefängnis gewesen. Aber sie liebte Jesus und sie liebte die Kinder und so sah sie es als ihre Aufgabe, das Evangelium weiter zu sagen, obwohl es Gefahren mit sich brachte.

Helene Unruh kam auch nach Deutschland und ist am 10. Oktober 1996 im Alter von 86 Jahren in Mannheim gestorben. Auf ihrer Beerdigung wurde folgendes Zeugnis gesagt: „Bei den Besuchen in ihrem Haus gab es immer ein ausgiebiges Gespräch aus dem Worte Gottes". Es war kennzeichnend für ihr Leben.

Regelmäßige Kinderstunden in Melkombinat

Aus diesen ungeplanten Gemeinschaften wurden regelmäßige Kinderstunden, die erst bei Tante Lena Unruh in der Wohnung auf der Kosmonawtow-Straße und später jeden Sonntagvormittag in verschiedenen Häusern abgehalten wurden. Die Gruppe wurde 1962 durch den Zuzug der Familien Peter Neudorf, Heinrich Warkentin, Johann Günther und Franz Derksen aus dem Omskgebiet und durch das Hinzukommen von Johann Pauls, Hedwig Boschmann und anderen ziemlich groß. Es kamen zwischen fünfzehn und vierzig Kinder im Alter von vier bis siebzehn Jahren, die in einem Zimmer auf Bänken und Stühlen Platz fanden.

Man fing mit Gebet an, sang einige Lieder und dann sagten die Kinder nacheinander die auswendig gelernten Bibelverse auf. Oft wurden neue Lieder eingeübt, meistens hatte Tante Lena sie aus der „Kinderharfe" mit Ziffern. Kinderlieder wie „Ich wäre gern wie Jesus", „Denkt, ich weiß ein Schäfelein" und „Kleine Tröpflein Wasser" und viele andere sind den damaligen Sonntagschülern heute noch im Gedächtnis. Dann folgte die Geschichte aus der Bibel, die Tante Lena oder Tante Katja den Kindern so lebhaft erzählten, das alle, klein und groß, sehr aufmerksam zuhörten. Die Hausaufgaben wurden besprochen und jemand lud zur nächsten Kinderstunde ein. Zwei Regeln galten für alle Besucher der Sonntagsschule: 1. Wer die Bibelverse nicht lernt, kommt nicht zur Sonntagsschule. 2. In der Sonntagsschule sprechen wir nur Hochdeutsch. Diese Regeln hatten keine Ausnahmen und niemand fühlte sich deswegen benachteiligt. So lernten die Fefler-Jungen in kurzer Zeit Deutsch. Helene Günther schwieg einige Monate in der Sonntagschule, weil sie nur Plattdeutsch und Russisch konnte, dann löste sich auch bei ihr die Zunge und sie kam gut mit. Ähnlich ging es auch anderen Kindern.[10]

Jedes Mal bekamen die Kinder Hausaufgaben. Zum Beispiel wurde ihnen nur der Anfang eines Bibelverses gesagt und die Hausaufgabe für die nächste Woche war, die Stelle in der Bibel zu suchen und den Vers ganz auswendig lernen. Es wurde nicht gesagt, in welchem Teil der Bibel oder in welchen Buch man suchen sollte. Mit großer Begeisterung machten die Kinder diese Aufgaben, so dass auch manche Eltern mitgerissen wurden. Zu der Zeit gab es keine Konkordanzen, man wusste nicht mal, dass es so etwas gibt. Auch wurden ganze Psalmen auswendig gelernt, die manchen bis heute im Gedächtnis geblieben sind.[11]

Das Wort Gottes war das wichtigste im Unterricht und die Sonntagsschüler hatten auch Durst danach. Tante Lena verkündete einmal, wer den 119.

[10] Erinnerungen von Jakob Penner (Harsewinkel)
[11] Erinnerungen von Jakob Penner und Johann Banmann (Harsewinkel)

Das rote Halstuch war ein Zeichen der Zugehörigkeit zur Pionier-Organisation. Kinder aus vielen gläubigen Familien weigerten sich in diese Organisation einzutreten. Schule Nr. 39, 4. Schuljahr, 1964

Psalm auswendig lernen würde, bekäme eine Bibel geschenkt. Damals war das ein großer begehrter Schatz! Diese Aufgabe schaffte Maria Warkentin, eine der kleinsten Sonntagsschüler. Sie bekam die Bibel.[12]

Die Sonntagschulgruppe besuchte mit einem Programm aus Gedichten, Liedern und Bibelversen den gelähmten Bruder Jakob Klassen in Tichonowka, das alte Ehepaar Dietrich und Maria Pauls in Kirsawod und August Risto in Temirtau. Öfters bereiteten die Kinder auch ein Programm mit Tante Katja zu Tante Lenas Geburtstag am 29. März und fuhren dann zu ihr in die Neue Stadt. Im Sommer machten die Kinder Ausflüge in den Tichonowskij Les (kleines Wäldchen) oder mit dem Nahverkehrszug zum Fluss Scherubaj-Nura.[13]

Die Altersunterschiede in der Sonntagschulgruppe waren groß, weshalb Tante Lena ab Anfang 1963 den Älteren den Vorschlag gab, sich separat zu versammeln. Zu ihnen gesellten sich noch einige Jugendliche, die nicht zur Sonntagsschule gegangen waren, und damit entstand im Stadtteil Kirsawod 1963 eine Gruppe Halbwüchsiger, die sich schon als Jugendgruppe verstand. Das war die neu herangewachsene Generation der nach dem Krieg geborenen.[14]

Zu der Kinderstunde mit Tante Lena und Tante Katja kamen noch Kinder der Familien Julius und Kornelius Siebert, Peter Wall und Johann Fröse aus der Mennoniten-Kirchengemeinde dazu. 1964 kamen die Kinder aus den Familien Erich Liebenau und Jakob Geworsky aus Melkombinat, und später auch Kinder aus den Familien Jakob und Heinrich Löwen, Krause und Mayer aus der Neuen Stadt dazu. Zu jedem Weihnachtsfest wurde ein Programm für die Eltern vorbereitet, das allen viel Freude bereitete. Zu einem Weihnachtsfest bekam jeder Sonntagschüler als Geschenk ein kleines Natur- oder Blumenölgemälde mit einem Bibelvers, welches Tante Liese Janzen gemahlt hatte.

Liese Janzen durfte 1966 und Katja Penner im März 1967 zu ihren Schwestern nach Kanada auswandern. Ihre Sonntagsschüler vergaßen sie aber nicht. Viele von ihnen bekamen von Tante Katja bis zu ihrem Tod mit fast 96 Jahren am 1. März 2004 aus der Ferne feine Briefe und Karten.[15]

Bedrängnisse der Sonntagschulkinder

Die Kinderarbeit blieb von den Machthabern nicht unbemerkt. In der Schule Nr. 43, in der ein Teil der Sonntagschüler lernte, fingen die Lehrer an, die Kinder über die Sonntagsschule auszufragen. In der Schule wurde eine AG „Junger Freund der Miliz" gegründet mit den starken, aber auch ruchlosesten Jungen aus der ganzen Schule. Sie wurden beauftragt, bei den gläubigen Kindern auszuforschen, wo die nächsten Kinderstunden stattfinden sollen und wer ihre Sonntagsschullehrer waren. Dafür wurden die gläubigen Kinder öfters aus dem Unterricht in einen separaten Raum geholt und verhört. Der Herr aber half auch in solchen Situationen zu schweigen oder eine solche Antwort zu geben, die die Sache des Herrn nicht zerstörte.[16]

Besonders schwierig war das Jahr 1964. In regelmäßigen Abständen, bis zu vier Mal im Jahr, wurde eine „Radiolinejka" anberaumt. Die ganze Schule wurde im Hof versammelt und die Kinder, die keine Pioniere waren, muss-

[12] Jakob Neudorf (Bielefeld)
[13] Erinnerungen von Jakob Penner und Johann Banmann (Harsewinkel), Johann Pauls (Neuwied)
[14] Erinnerungen von Johann Banmann (Harsewinkel).
[15] Erinnerungen von Jakob Penner (Harsewinkel)
[16] Erinnerungen von Jakob Neudorf (Bielefeld)

Heinrich Enns, Sonntagsschulleiter im Melkombinat

ten gesondert stehen. Sie wurden vor allen erniedrigt und verunglimpft und dann wurde das Radio eingeschaltet, aus dem man hörte, wie schlecht es die gläubigen Kinder doch hätten und dass einige von ihnen sogar aus fanatischen Gründen geopfert würden.[17]

Die ältere Klassenlehrerin Uljana Andrejewna Morosowa erzählte ihrer Klasse, in der auch ein gläubiger Junge war, wie eine ehemals gläubige Frau so glücklich geworden wäre, als sie dem Glauben abgesagt hatte, denn nun sei sie endlich frei geworden, dürfe fernsehen und auch sonst tun was sie wolle. „Nikita Sergejewitsch Chruschtschow hat versprochen, in zwanzig Jahren den letzten Gläubigen im Fernsehen zu zeigen und ihr, Sektanten, haltet euch noch immer an den Glauben an Gott!" Solchen Druck mussten einige Kinder bis zum 7. Schuljahr erdulden.[18]

Als nach Sonntagschullehrern gesucht wurde und Tante Lena das hörte, bat sie ihren Neffen Heinrich Enns, in die Sonntagsschularbeit einzusteigen. Er machte dann ungefähr ein Jahr gute Arbeit. Da die Häuser der Gläubigen oft bespitzelt wurden, versammelte sich die Sonntagsschulgruppe öfters im Sommer mit Heinrich Enns im Majkuduk-Wäldchen. Einmal merkte Heinrich, dass ein „rotgesonnener" Arbeitskollege ihn bei der Durchführung der Sonntagsschule im Wald gesehen hatte. Ihm wurde unheimlich. In der nächsten Woche wurde er schon vom KGB verhört und sehr bedroht. Was sollte er tun? Tante Lena gab ihm den Rat, mit seiner Familie nach Estland zu ziehen und von dort wenn möglich nach Deutschland auszuwandern.[19] Nachdem Heinrich Enns weg zog leitete Liese Unruh diese Kinderstunden in Melkombinat weiter und Nadja Neudorf half ihr dabei.

Sonntagschulen in Kirsawod

Auch im Stadtteil Kirsawod gab es in dieser Zeit Kinderstunden. Eine Gruppe leitete Schwester Katharina Gossen. Oft waren die Kinderstunden im Haus bei Johann Penner oder im Hof bei Katharina Gossen, ab und zu auch bei Koops oder Schellenbergs. Katharina leitete die Sonntagsschule bis sie im Juni 1966 zu ihrer Schwester nach Argentinien auswanderte. Sie betete weiter für die Sache des Herrn in Kasachstan und Russland und für viele einzelne Geschwister. Mit Johann Görzen, Johann Koop, Ernst Klassen und mehreren anderen Geschwistern hatte sie noch lange einen regen Briefverkehr.[20]

Katharina Gossen, Leiterin einer Sonntagschule im Stadtteil Kirsawod

Die Schwestern Charlotte Dick und Maria Regehr leiteten parallel von 1965 bis Ende 1968 eine Gruppe mit kleineren

[17] Erinnerungen von Jakob Neudorf (Bielefeld)
[18] Erinnerungen von Jakob Neudorf (Bielefeld)
[19] Erinnerungen von Heinrich Enns (Frankenthal) im November 2006 in Höningen.
[20] Erinnerungen von Katharina Görzen (Bielefeld), Johann Koop (Lemgo), Johann Penner (Detmold)

Kindern.[21] Kurze Zeit wurde in Kirsawod noch eine Kindergruppe von Agatha Enns und Anna Pankratz in der Wolotschajewskaja-Straße geleitet. Auch Johann Koop führte eine Zeitlang Kinderstunden durch und ab und zu sprangen Johann Görzen oder Peter Friesen ein.[22] Einige Familienväter sangen in dieser Zeit einfach zuhause mit ihren Kindern, lasen das Wort und beteten.[23]

„Im Herbst 1961 verschlechterte sich die Lage im Land mit Lebensmitteln. Man konnte nicht mehr Mehl, Grütze, Nudeln und anderes kaufen, auch keine Süßigkeiten, Zucker und Konfekte. Dazu kam noch der Befehl von Chruschtschow, alles Vieh in der Stadt aufzuräumen. Es war ein Schreck zu sehen, wie im September 1961 alle Schweine geschlachtet wurden, und bei vielen Menschen das Fleisch dann schlecht wurde. Die Kühe mußten für einen billigen Preis an den Staat abgeliefert werden. Die Lebensmittel wurden nun auf der Straße in Beutelchen nach der Liste gebracht. Es war eine schwere Zeit und sie dauerte bis 1965, bis der Herrscher des Landes gestürzt wurde."

Thielmann: Lebenserinnerungen. S.37.

Bedrängnisse um des Glaubens willen

Bedrohung der Versammlungen

Der Herr fing an, auf besondere Weise die Unabhängigkeit der Gemeinde, die Treue der Diener und den Glauben aller Mitglieder zu prüfen. Nach der Schließung der Gemeindehäuser versammelte sich die Gemeinde wieder in Privathäusern. Die Versammlungen wurden mittlerweile schon an sechs verschiedenen Orten gleichzeitig durchgeführt.

Die Staatsorgane hatten die Gemeinde seit ihrer Entstehung 1957 ins belästigende Visier genommen. Aufsichtskommissionen von der Obrigkeit besuchten die Versammlungen, stellten Protokolle über illegale Zusammenkünfte auf, schrieben bei Besuchen die Teilnehmer mit ihren Adressen und

[21] Erinnerungen von Katharina Görzen (Bielefeld), Charlotte Regehr (Lage).
[22] Erinnerungen von Elisabeth Penner (Harsewinkel), Lydia Böller (Pohlheim) Hilda Dörksen (Neuwied).
[23] Erinnerungen von Elisabeth Penner (Harsewinkel).

Das Haus von Otto Wiebe, in dem oft Versammlungen statt fanden.

Arbeitsstellen auf, griffen die Leiter an und verboten weitere Versammlungen strengstens. So geschah es beispielsweise am 6. September 1959 als 168 Gottesdienstbesucher in der Versammlung in der Siedlung 33 unter der Leitung von Otto Wiebe erfasst wurden.

Am 6. März 1960 überraschte erneut eine Kommission des Karagandiner Stadtrates die Versammlung, bei der 47 Besucher anwesend waren. Otto Wiebe wurde als Leiter ins Protokoll aufgenommen, ebenso die Tatsache, dass man der Versammlung erläutert habe, dass „sie kein Recht habe, sich illegal zum Gebet zu versammeln." Ungeachtet dieser Verwarnung stellte Wiebe seine „sektiererische mennonitische Tätigkeit und seine Auftritte bei den illegalen Versammlungen nicht ein, die darauf gerichtet waren, sowjetische Bürger von der öffentlichen Tätigkeit loszureißen, ebenso die Jugend und die Kinder von der kommunistischen Erziehung", wie es später im Gerichtsurteil vom 25.-26. März 1963 hieß.[24]

Um die Brüder Otto Wiebe und Heinrich Thiessen nicht in Gefahr zu bringen, wurden die Versammlungen in der Siedlung 33 seitdem wieder bei verschiedenen Geschwistern und in zwei Gruppen durchgeführt. Ähnlich wurde es auch in den anderen Ortsgruppen gehandhabt. Peter Görzen, Peter Giesbrecht und Anna Klassen stellten dazu ihre Häuser zur Verfügung. Peter Friesen sorgte für Bretter und Baumklötze, die leicht transportiert und als Bänke aufgestellt werden konnten. Auch an den anderen Ortsteilen der Gemeinde fanden sich immer wieder gläubige Geschwister, die ihre Wohnungen dazu zur Verfügung stellten, obwohl sie sich damit in Gefahr begaben, bestraft zu werden. Oft wurde der Versammlungsort erst einige Stunden vor Beginn

[24] Wiebe: Ein Leben unter der Gnade.

Erfasste Diener der MBG

Zum 1.7.1960 werden in der Liste der 192 aufgeführten Kultusdiener der nicht registrierter Gemeinden des Karagandagebiets folgende 12 Diener der MBG geführt:

Lenin-Rayon	
5. Klassen David Iwan.	Kirpitschnaja 32
6. Harder Gerhard Petr.	Stachetnyj Pereulok 52
7. Friesen Gerter Petr.	Kirsawod, Projesd 1
8. Enns Iwan Isaakowitsch	Tschetskaja 29
Stalin-Rayon	
30. Wiebe Otto Petr.	Trudowaja 3, Arbeiter d Kohlengrube Nr.42
31. Töws Wasilij David.	Trudowaja 13
32. Klassen Heinrich Iwan.	Majkuduk, Arbeiter im ShKO
33. Epp Bernhard Martin.	Alma-Atinskaja 47
Kirow-Rayon	
52. Klassen Jakob David.	Sortirowotschnaja 10
53. Heidebrecht Abram Heinrich.	Schmidt-Straße 48
54. Friesen Abram Gerhard.	Wyschinskogo 18
Schachtinskij Rayon	
67. Ediger Franz Franz.	Arbeiter der Kohlengrube Nr.47/49

Quelle: SAKG, F.1364, L.1a, A.26, S.73-79.

1960 wurde Otto Petr. Wiebe und Peter Wolf jeweils ein Einkommen für religiöse Riten von13.520 Rubel angelastet und dafür wurden beide jeweils mit 3.615 Rubel Einkommenssteuer belegt.

Quelle: SAKG, F.1364, L.1a, A.47, S.6-7.

der Versammlung bekannt gegeben. Jede Versammlung begann mit dem Gebet: „Herr, bewahre uns heute vor Störungen!" Nach ruhigem Ablauf der Versammlung beteten viele zum Schluss: „Herr, wir danken Dir, dass wir heute ungestört Dein Wort hören durften!"[25]

Viele Hausväter wurden wegen den Versammlungen in ihren Häusern hart bedroht und gezwungen zu unterschreiben, keine Versammlungen mehr in ihren Häusern zuzulassen. Einige waren diesem Druck nicht gewachsen und es wurde schwieriger, Gastgeber für die Versammlungen zu finden. So wurden z. B. Peter Görzen und Peter Giesbrecht erpresst, zu Versprechen Versammlungen nicht mehr aufzunehmen. Doch sie taten darüber Buße und luden die Versammlungen später wieder ein. Trotz des Drucks sind die Versammlungen nie unterlassen worden.

Der KGB sucht Informanten

Etliche Geschwister wurden hart bearbeitet, damit sie bereit wären, Informantendienst für den KGB zu tun. So wurde ein Bruder nach der schweren Arbeit in der Kohlengrube immer wieder in ein Zimmer gebracht, wo ein Ge-

[25] Wölk: Mennoniten-Brüdergemeinde in Rußland. S.109.

Familie Wiebe: 1. Reihe v.l.n.r.: Ida Wiebe (geb. Klassen) mit Anna Rhein, Lilli Rhein, Alexander Rhein, Otto Wiebe mit Neta Wiebe. 2. Reihe v.l.n.r.: Immanuel Rhein, Greta Rhein (geb. Wiebe), Helene Wiebe (geb. Harder), Theo Wiebe

heimdienstoffizier viele Stunden lang auf ihn einredete und mit ihm schimpfte. Dadurch wurde ihm das Leben zur Hölle. Als Otto Wiebe ihm einmal auf der Straße begegnete und merkte, dass der Bruder an etwas Schwerem zu leiden hatte, nahm er ihn in ein Zimmer und der Bruder offenbarte seine Not. Otto Wiebe gab dem Bruder folgenden Rat: „Wenn du frei werden willst, so bitte das nächste Mal gleich ums Wort und sage: ‚Alles, was Sie mir heute sagen, werde ich abends in der Versammlung erzählen.' Pass auf, der KGB-Mann wird wütend werden, du aber halte aus. So wirst du ihn los." Als der Bruder dem Rat folgte, hätte ihn beinahe der Stuhl, mit dem der Offizier nach ihm warf, getroffen. „Raus" - brüllte er wütend, der Bruder ließ es sich nicht zweimal sagen und war seitdem frei. Doch nicht alle hatten den Mut, auf diese Weise zu handeln.[26]

Legalisierungsversuche

Um die Gemeindearbeit zu legalisieren, fuhren David Klassen und Gerhard Harder mit dem Antrag auf Registrierung der deutschen Mennoniten-Brüdergemeinde nach Alma-Ata in den Rat für Religionsangelegenheiten, wo sie jedoch eine scharfe Absage bekamen. Dieses Ereignis wird öfters erwähnt, aber wir haben dazu noch keine genauen Belege gefunden.

Gemeindespenden werden angelastet

Otto Wiebe

Laut den Dokumenten des Upolnomotschenyj wurde 1960 Otto Wiebe und Peter Wolf jeweils ein Einkommen für religiöse Riten von 13.520 Rubel angelastet, wofür beide jeweils mit 3.615 Rubel Einkommenssteuer belegt wurden.[27] Wie kam es dazu und was bedeutete diese Strafe?

Nach der Geldreform von 1961 sank der Wert von 10 Rubeln auf 1 Rubel

Als am 6. September 1959 Regierungsvertreter in der Versammlung in Wiebes Haus erschienen, konfiszierten sie die Sonntagsgeldspende und zeigten Otto Wiebe als Leiter der „Zusammenrottung" an. Ein Gericht im Vorort Maikuduk verurteilte den Angeklagten zu einer Geldstrafe. Die „Bemessungsgrundlage" ergab sich aus der Sonntagsspende, die man auf die Zahl der Versammlungen im Jahr hochrechnete. Die Geldsumme, die sich daraus ergab (10.000 Rubel!), wurde als persönliche Bereicherung von Otto Wiebe angesehen, ihm persönlich vom Finanzamt zur Last gelegt und aus seinem Gehalt an den Staat abgezogen. In diesem schiefen Licht veröffentlichte man dies in der Stadtzeitung. Solche Maßnahmen zeigten Wirkung. Eine sonst wohlmeinende entfernte Verwandte sagte der Schwiegertochter von Otto Wiebe: „Da wird doch was dran sein mit der Bereicherung! Es stand doch in der Zeitung!"[28]

[26] Nach dem Bericht von Jakob Görzen (Karaganda) von Viktor Fast 1997 aufgeschrieben.
[27] SAKG, F.1364, L.1a, A.47, S.6-7.
[28] Wiebe: Ein Leben unter der Gnade

David Klassen

Am 6. September 1959 wurden durch das Finanzamt jegliche weitere Spendenannahmen der Gemeinde verboten. Das Kassenbuch der Gemeinde mit allen Belegen wurde im Herbst 1959 vom KGB eingezogen. Im Kassenbuch waren die einkommenden Spenden und Ausgaben ordentlich vom Kassenwart und Buchhalter Bernhard Bergen geführt. Die Spenden wurden für Hilfeleistungen an alte Gemeindemitglieder, für den Kauf von Lehmhütten, in denen man Versammlungen hielt, für den Lohn der Putzfrauen, für Heizungsbrennstoff, für Abendmahlswein, für Reisen nach Alma-Ata und Moskau in der Frage der Legalisierung der Gemeinde verwendet. Für persönliche Zuwendungen zahlte David Klassen zweimal, 1958 und 1959, freiwillig Einkommenssteuer. Susanne Löwen wurde als Putzfrau von der Gemeinde bezahlt und entrichtete auch regelmäßig die Einkommenssteuer.

Im Kassenbuch erfasste Geldspenden der MBG Karaganda:

Jahr	Betrag in Rubel[1]
1957	46.430
1958	43.481
1959, Jan - Sept	14.786

[1] Der Wert der neuen Geldscheine wurde am 1.1.1961 geändert: 10 Rubel vor 1961 = 1 Rubel nach 1961.

Die Geldumsätze der Gemeinde wurden jetzt vom Finanzamt sehr kritisch überprüft. Der Vorstand der Gemeinde trug, obwohl er keine Rechtsperson war, dafür Sorge, dass über alles Einkommen, das nur aus freiwilligen Spenden bestand, und alle Ausgaben sorgfältig Buch geführt wurde. Man konnte also keine Veruntreuung des Geldes feststellen, weil eben keine vorlag.

Familie Klassen: sitzend v.l.n.r. Frieda mit ?, Sara Klassen mit ?, David Klassen, Anna Bergen mit ?. Stehend v.l.n.r.: David Klassen, Elisabeth Klassen, Ernst Klassen

Dann machte es das Finanzamt einfacher, schrieb das ganze Gemeindeeinkommen, das für drei Jahre auf über 130.000 Rubel berechnet wurde, als unrechtmäßiges Privateinkommen des Ältesten David Klassen an und stellte ihm eine Einkommenssteuer von 56.019 Rubel in Rechnung. In der Zeit arbeitete David Klassen als Hofkehrer für einen Monatslohn von 360 Rubel.

Das Genossenschaftsgericht des Neu-Karagandiner Maschinenbauwerks zog im Frühling 1960 David Klassen als seinen Arbeiter zur Verantwortung und wieder wurden ihm die Gemeindespenden als sein Privateinkommen angelastet.

Klassen war mit der Besteuerung nicht einverstanden und reichte am 24. März.1960 Klage an das Gebietsfinanzamt ein. Weil er die Steuer nicht zahlen wollte, wurde am 11. April 1960 sein Eigentum vom Finanzinspektor inspiziert, um es für die Steuer einzuziehen. Der Inspektor fand es sinnvoll, in der Wohnung nur die Nähmaschine für 400 Rubel und einen Schrank für 300 Rubel einzutragen. David und Sara Klassen wohnten bei ihrem Sohn Ernst und deshalb vermerkte David Klassen, das auch dieses nicht sein Eigentum sei, sondern dem Sohn gehöre. Als sein Eigentum nennt Klassen nur ein Bett, zwei Stühle, eine Gitarre und eine Geige.

Was der Fürst will, das spricht der Richter, ... Die Gewaltigen reden nach ihrem Mutwillen, um Schaden zu tun, und drehen's, wie sie wollen.

(Micha 7,3)

Am 26. August 1960 wurde die Sache durch das Volksgericht des Lenin-Rayon von Karaganda entschieden und dem Finanzamt gestattet, die Steuer aus dem Eigentum und dem Lohn des Angeklagten zu begleichen. Die Prozesskosten in Höhe von 3361 Rubel sollte Klassen auch bezahlen. Etwa hundert Gemeindemitglieder wollten der offenen Gerichtsverhandlung am 26. August 1960 beiwohnen, ihnen wurde jedoch der Eintritt in den Sitzungssaal verwehrt und sie standen während der Gerichtsverhandlung dreieinhalb Stunden vor den Toren des Werkes GSchO. Die weiteren Klagen von David Klassen wurden abgelehnt, nur die Prozesskosten wurden ihm am 16. September 1960 als gesetzwidrig erlassen. Am 2. November 1960 wurde den Klassens die Nähmaschine enteignet und für 400 Rubel verkauft. Die anderen Einwände wegen des Eigentums wurden vom Finanzamt durch eine neue Inspektion am 30. November 1960 akzeptiert. Bis 1966 wurden David Klassen von Lohn und Rente 622 Rubel (vom Wert nach 1961) eingezogen. Nach lan-

David und Sara Klassen (vorne rechts) im Kreis der Freunde in Leninpol, Kirgisien. Hinten 3.v.l. Tante Greta Bartsch

gem Wirken wurde ihm erst am 8. April 1966 die restliche Summe von 5489 Rubel erlassen, als einem der keine Einkünfte hat.[29]

Vorgehen der Atheisten

In der Gebietszeitung „Sozialistitscheskaja Karaganda" (3. April und 10. September 1960) und in anderen lokalen Zeitungen erschienen Schmähartikel. Dort, wo viele Gläubigen arbeiteten, z. B. im Selentrest, wurden gezielt atheistische Vorlesungen gehalten.[30]

So wurden im Klub der Kohlengrube 33-34 die Gläubigen, die in der Nähe wohnten, versammelt. Nach der atheistischen Vorlesung von Archipowa, der Bevollmächtigten für Religionsangelegenheiten des Oktober-Rayons, wurden die Gläubigen aufgefordert zu sagen, ob es einen Gott gäbe und was ihnen „ihr Gott gebe." Heinrich Klassen, der einer schriftlichen Vorladung zu dieser Veranstaltung folgen musste, wurde namentlich aufgefordert zu erzählen, wie Gott ihm bei der SS geholfen habe, Sowjetmenschen zu vernichten.[31]

Die Geschwister hatten untereinander verabredet, dass Gemeindevorsteher nicht nach vorne gehen sollten. Vom Platz aus sagte Heinrich Klassen nur, er wisse eines: Gott sei in seinem Herzen. Ein Kasache sprach sich aus und meinte zum Schluss, es sei notwendig, dass jeder vor etwas Ehrfurcht haben müsse. Da kam Nikolaj Thiessen vor und lud die, die mehr von Gott wissen wollten in das Bethaus der Baptisten, die einzige legale Versammlungsstelle, ein und gab die Adresse an. Der Parteivorsteher der Kohlengrube wollte gleich ungehalten seinen Namen und seine Arbeitsstelle wissen. Dann kam Albert Klassen, der in einer Försterschule gelernt hatte, vor und wies darauf hin, wie wunderbar Gott die Pflanzenwelt geschaffen hatte und wie viele Gelehrte bei ihrem vielen Wissen an Gott glauben. Die Vorsitzende versuchte seine Rede zu unterbrechen, doch Alberts Arbeitskollege, ein Kasache, verhinderte das mit dem Ruf: „Albert, rede nur, und du (zur Vorsitzenden) sei still!" Am nächsten Morgen war dieser Vorfall der Leitung der Schulanstalt, an der Nikolaj Thiessen lernte, schon bekannt.[32]

---

[29] Quellen zu diesem Abschnitt aus dem Privatarchiv von David Klassen: Klage von David Klassen an das Finanzamt des Gebiets vom 24.3.1960; Akte der Eigentumsinspektion vom 11.4.1960; Beschluss des Volksgerichts des Lenin-Rayon von Karaganda vom 26.8.1960; Klage von David Klassen an das Gebietsgericht vom 1.9.1960; Akte der Eigentumsinspektion vom 30.11.1960; Beschluss des Kollegiums des Amtsgerichts des Karagandagebiets vom 16.9.1960; Bescheid des Gebietsfinanzamtes vom 14.9.1966.

[30] Nach Angaben von Johann Matthies (Albisheim).

[31] Heinrich Klassen war seinerzeit trotz Herzkrankheit in die SS eingezogen worden, hatte aber die gesamte Zeit im Krankenhaus verbringen müssen.

[32] Nach Zeitungsartikeln von 1960, nach Angaben von Johann Matthies (Albisheim), Nikolaj Thiessen (Frankenthal), Albert Klassen (Frankentahl).

Божий „промысел" Давида Классена

Уголок атеиста

В нашей стране религия сохранилась как пережиток далекого прошлого. Величайшие достиже-

не делает чести их прошлое.

Какова же теперь у них «программа» и что они проповедуют на своих сборищах?

Главное в программе—вымогать у людей заработанные деньги. За два года, по самым скромным подсче-

ховной мирской, а божественной музыке. Был я на этих вечерах, от их завывания у меня пропала охота ходить туда. Жаль, что не поймут этого некоторые наши ребята, например, Винс Вальтер и другие.

Пеннер, Классен (это сын меннонитского руководителя Д. Классена), Герцен (тот, что получил больше шести тысяч рублей как «престарелый и остронуждающий-

„Gottesgewerbe von David Klassen". Hetzschrift in der Zeitung „Sozialistitscheskaja Karaganda" Nr. 67, 3. April 1960

Eine Hetzschrift gegen David Klassen

Am 10. September 1960 erschien in der örtlichen Gebietszeitschrift „Sozialistitscheskaja Karaganda" ein Artikel, der gut die Atmosphäre der von der Kommunistischen Partei inspirierten Gehässigkeit gegenüber dem christlichen Glauben in der Gesellschaft wiedergibt.

Соц. К-да №187 от 10/IX-1960 г.

МАСКА СОРВАНА

уголок АТЕИСТА

Каждый день нашей действительности полон радостными свершениями. Возводятся новые клубы, школы, больницы, жилые дома, листва новых деревьев одевает города области в пышное убранство. Ключем бьет жизнь. Ее строители ставят трудовые рекорды, упорно, настойчиво и успешно строят коммунизм. Но остались еще, словно по углам плесень, тунеядцы, поедающие чужой труд, чужой хлеб, мракобесы разных мастей, затемняю-

нарушался покой души «наместника божьего», «священного отца» Давида Классена. Он «благовествовал» своей пастве, т. е. «просвещал» ее как только мог, не смущаясь тем, что сам имеет три класса образования, рассказывал сказки о загробном мире, как паук, плел плотную паутину, отгораживающую членов секты от живой жизни, радостного творческого труда, а под напев молитв обеими руками греб деньги, скопленные его слушателями путем кропотливых сбережений. И вот, наконец, у него собралась кругленькая сумма — свыше ста тысяч рублей. Тишь да гладь, и вдруг, как гром среди ясного неба,—тунеядцу Классену райфинотдел предъявил иск на уплату подоходного налога. Но для того ли хищник использовал своих жертв, чтобы добровольно расстаться с добычей? Как и следовало ожидать, Классен категорически отказался от

менонитов, рьяно участвовавших в одурачивании и ограблении доверчивых людей: Б. Эппа, А. Фризена, В. Диргса, А. Гейдебрехта и некоторых других. Странно только, что «почтенный» старец забыл выдвинуть свидетелем еще одного своего помощника—Генриха Классена—матерого фашиста, расстреливавшего в черные годы гитлеровской оккупации невинных советских людей! Здесь, сидящим в зале рабочим, небезынтересно было бы выслушать некоторые факты из биографии этого выродка.

— Церковь в СССР не облагается налогом,—лепечет «наместник божий» заплетающимся языком.

— А мы и не облагаем, — возражает ему народный судья тов. Тэн.—Ваша община не зарегистрирована, проводит свою деятельность нелегально, следовательно, юридически она не существует. Деньги с верующих собираете вы, вы и платите, сколько требуется по закону.

—Мы тратили большие суммы

Die Maske wurde heruntergerissen

Jeder Tag unserer Wirklichkeit ist voll von freudigen Errungenschaften. Es werden neue Klubs, Schulen, Krankenhäuser, Wohnhäuser errichtet, das Laub neu gepflanzter Bäume kleidet die Städte des Gebietes in üppige Pracht. Überall pulsiert das Leben. Deren Erbauer stellen Rekorde der Arbeit auf, und errichten beharrlich, mit Nachdruck und Erfolg, den Kommunismus. Allerdings gibt es in einigen Ecken Schimmel, Tagediebe, die fremdes Brot essen, Obskuranten verschiedener Couleur, die einige gefügige Köpfe durch religiöses Rauschgift irreführen und durch nicht erarbeitetes Einkommen leben. Taugenichtse, Spekulanten, Sektierer - wie Abfall stören sie unter den Füßen! Eine geraume Zeit trieb in Karaganda eine Sekte der so genannten Mennoniten unter der Leitung von David Klassen ihr Unwesen. Ober diese Sekte und die dunklen Taten ihrer Häuptlinge hat die „Sozialistische Karaganda" schon berichtet. Es hätte wohl keinen Sinn, zu diesem Thema zurückzukehren, sollte es nicht neue Vorfälle gegeben haben. Die Seelenruhe des „Stellvertreter Gottes", des „heiligen Vaters" David Klassen blieb ungetrübt. Er „predigte" vor seiner Herde, d. h. „klärte sie auf", wie er nur konnte, unbeirrt dessen, dass er nur drei Jahre in der Schule war, erzählte Märchen über die jenseitige Welt, flocht wie eine Spinne engmaschige Spinngewebe, das die Mitglieder der Sekte von dem lebendigen Leben, von der fröhlichen schöpferischen Arbeit fern hielt, indem er unter den Klang von Gebetsgesängen Geld mit beiden Händen zusammenraffte, das seine Zuhörer mühsam angespart hatten. Endlich ist auf diese Weise eine runde Summe zusammengekommen - mehr als hunderttausend Rubel. Wie aus heiterem Himmel wurde der Tagedieb Klassen plötzlich von der Finanzbehörde aufgefordert, Einkommensteuer zu entrichten. Aber warum sollte der Raffer seine Opfer dazu gebraucht haben, um sich freiwillig von der Beute zu trennen? Wie auch zu erwarten wäre, hat Klassen die Zahlung kategorisch abgelehnt, und nun musste der „heilige Vater" vor ein Mustergericht [...].

Die Rote Ecke des Novo-Karagandindski-Maschinenbaubetriebes ist überfüllt. Erschienen sind Arbeiter aus allen Werkhallen sowie einige Sektenmitglieder. Durch Verdrehen von Tatsachen versuchte Klassen zu beweisen, dass er eigentlich damit nichts zu tun hat, dass der Goldregen wie Manna vom Himmel auf ihn und seine Helfershelfer herabströmte. Sogar Zeugen hat er aufgestellt – aktive Mennoniten, die eifrig bei der Übertölpelung und Ausplünderung von leichtgläubigen Menschen mitgewirkt haben: B. Epp, A. Friesen, W. Dirks, A. Heidebrecht. Merkwürdigerweise hat der „ehrwürdige" Alte vergessen, als einen weiteren Zeugen seinen Helfer Heinrich Klassen zu benennen, einen eingefleischten Faschisten, der in der schwarzen Zeit der Hitlerbesatzung unschuldige sowjetische Menschen erschossen hatte! Den Arbeitern hier im Raum wäre sicherlich nicht uninteressant, einige Tatsachen aus der Biografie dieser Missgeburt zu erfahren.

- Die Kirche in der UdSSR wird nicht besteuert, quasselt mit schwerer Zunge der „Stellvertreter Gottes."

- Wir besteuern ja auch nicht, - erwidert ihm der Volksrichter Genosse Ten. - Eure Gemeinde ist nicht registriert, ist illegal tätig, folglich existiert sie aus der Sicht des Rechtes nicht. Ihr sammelt Geld von den Gläubigen, nun müsst ihr laut Gesetz zahlen.

- Wir haben viel Geld für den Gemeindebedarf verwendet, - versuchen die „Zeugen" ihren Häuptling in Schutz zu nehmen. Sie schweigen sich aber aus über den „Bedarf". Zum Beispiel hat man sechs Tausend Rubel nur für Wein ausgegeben. Mit Verlaub, eine schöne Anwendung für das hart verdiente Geld von den betrogenen Opfern!

Klassen und seine „Zeugen" können ihre Enttäuschung nicht verbergen: ihre unansehnlichen Taten sind ans Tageslicht gefördert worden, als jeder von ihnen mit einer mehr als bescheidenen Arbeitsstelle (mit einem Monatslohn von 300-400 Rubel) sich nicht überanstrengte mit Arbeit und private Häuser baute, in Saus und Braus lebte und dabei Gebete las und auf alles pfiff.

Der Gerichtsbeschluss lautet: „der Finanzabteilung des Lenin-Rayon der Stadt Karaganda sei gestattet, von dem Beklagten D. I. Klassen die Einkommensteuer in der Summe von 56.019 Rubel einzuziehen." Dieser Beschluss stieß bei allen Arbeitern im Saal auf Zustimmung.

Das Gericht über D. Klassen ist zu Ende. Aber der „Stellvertreter Gottes" setzt seine Tätigkeit fort. Er verdeckt vor den Gläubigen das lebendige, freudenvolle Leben, indem er sie mit Strafen im jenseits einschüchtert und ihnen verbietet, gut im Betrieb zu arbeiten, Aufgaben in der Gewerkschaft und in der Gesellschaft zu übernehmen, den Kindern in die Pionierorganisation einzutreten, den jugendlichen die Klubs, Theater und Kinos zu besuchen. Man sollte sich möglichst bald von diesem Spinngewebe befreien, den Leuten helfen, die religiösen Banden abzustreifen und ihnen die Möglichkeit geben, im vollen Umfang die Güter unseres Lebens zu genießen.

W. Malinowskaja

Das einzig Wahre an der Geschichte ist, dass die Gemeinde keinen legalen Status hatte. Erwähnt wird nicht, dass die Gemeinde ein mündliches Einverständnis für ihre Tätigkeit von den Regierungsstellen in Alma-Ata und Moskau hatte. Der Rest ist ein typisches Beispiel von antireligiöser Propaganda mit Verleumdungen, Verdrehung von Tatsachen und Anfeindungen.

Für uns bleibt sicher - sowohl David Klassen als auch die Gemeinde hat die Bewährungsprobe bestanden.

Übersetzung und Publikation von Johannes Dyck, Rückblick, 2/2005. S.22-23

дружным одобрением всех присутствующих в зале рабочих.

Суд над Д. Классеном окончен. Но свои дела «наместник божий» продолжает. По-прежнему пугая ве- ставить им возможность в полной мере пользоваться благами нашей жизни.

В. МАЛИНОВСКАЯ.

НЕ ВЕРЬТЕ КЛИКУШАМ

Возле кинотеатра «Строитель» в поселке Никольском установлена витрина атеиста. Она привлекает всеобщее внимание своими разоблачениями сектантов-баптистов, иеговистов и других «слуг божьих», чьи грязные, антинародные дела заслуживают всеобщего осуждения.

Поликарп Руснак по виду как будто бы добросовестный работник. советские порядки: сами не посещая избирательные участки во время выборов, они отговаривали других выполнить свой гражданский долг.

Вот почему хорошо сделала общественность поселка, что вывела на чистую воду подобных «святош», показала, чем они занимаются под прикрытием религии.

„Glaubt nicht den Schwärmerpropheten!" „Sozialistitscheskaja Karaganda" Nr. 187, 10.9.1960

Diskriminierung in Studium und Beruf

Die Gläubigen wurden nicht nur durch Schmähungen, sondern auch auf andere Weise diskriminiert. So wurden in Lehranstalten den Gläubigen die Noten herabgesetzt. Das Studieren war für Gläubige in den 1950-ger Jahren fast unmöglich. Rita Abrahams, Medizinstudentin, wurde von der Hochschulbehörde angedroht, sie werde wegen ihres Glaubens an Gott von der Hochschule entlassen. Der Drohung wurde in die Tat umgesetzt. Rita und drei andere gläubige Studenten, die aus der Baptistengemeinde kamen, wurden im vierten Studienjahr als „schädliche Elemente, für die die sowjetische Hochschule keinen Platz hat" entlassen. Doch konnte Franz Enns sein Medizinstudium 1955, wenn auch mit viel Hindernissen und Schwierigkeiten, abschließen.

Erna Unruh (geb. Dyck) schloss das Medizinische Technikum 1958 mit Auszeichnung ab; versuchte aber nicht einmal, ein Studium aufzunehmen. Mit 27 Jahren, als sie aus dem Komsomolalter heraus war und an der Hochschule für Medizin ein Abendstudium möglich wurde, ist sie 1964 Medizinstudentin geworden. Tags arbeitete Erna auf einer Station im Krankenhaus, wo sie von Seiten der Leitung auch viel Druck und Hohn hinnehmen musste. Das Studium ging nicht reibungslos, man übte Druck, sie sollte selber die Hochschule verlassen, es sei eines sowjetischen Arztes unwürdig, an Gott zu glauben. Sie wurde von manchen gläubigen Freunden ermutigt, weiter zu machen und nicht von sich aus aufzugeben. So wurde Erna trotz vieler Strapazen und Schikanen 1971 Ärztin und hatte als Augenärztin bald guten Erfolg.

Otto Töws und Harry Tröster mit ihren Kollegen vor der Entwicklungs- und Forschungsstelle „Giprougljegormasch" in Karaganda

Auch aus der Lutherischen Gemeinde gab es einige gläubige Medizinstudenten. Doch sie bekannten damals nicht öffentlich den Glauben an Gott und traten dem Komsomol bei, um dem Druck zu entgehen.

Unter Studenten und Dozenten gab es immer solche, die sich aus diesen Schikanen distanzierten, heimlich Verständnis und Respekt zeigten und den Gläubigen Erfolg wünschten. Im Bergbautechnikum konnten gläubige Jugendliche relativ unbehelligt ihre Ausbildung machen. Das Komsomol-Komitee, das es in jedem Betrieb und jeder Anstalt gab, war natürlich aktiv bemüht, diese „finstere Elemente umzuerziehen." Es ist uns aber nicht bekannt, dass damals jemand wegen des Glaubens das Lernen aufgeben musste.

P.S. Andrijuk: „Die Sicht auf den Sowetskij Prospekt“

Die Absolventen wurden in den Betrieben, in denen sie eingestellt wurden, bald als absolut zuverlässige, intelligente, belastbare, treue Fachkräfte sehr geschätzt. Einige von ihnen wollten weiter studieren. Da gab es Schwierigkeiten mit den Fächern „Marxistische Philosophie“ und „Wissenschaftlicher Atheismus“. An diesen Hürden zerschlugen oft die Hoffnungen der gläubigen Studenten.

„Beim Studium wurden wir vor den Philosophieprofessor Gorochow, den bekannten Fachmann in Religionsfragen und Atheismus in Karaganda, geladen. Er sollte mit uns aufklärende und umerziehende Arbeit

Polytechnisches Institut Karaganda. Hans Plett (Bild) und einige andere Gemeindeglieder studierten hier.

Medizinische Berufsschule Karaganda

durchführen. Nach dem ersten Besuch sind wir einfach nicht mehr zu ihm gegangen."[33]

Auf den gut gemeinten Rat eines Leiters des Instituts wechselten Otto Töws und Harri Tröster vom Abendstudium zum Fernstudium an Hochschulen in verschiedenen Städten der Sowjetunion und absolvierten diese auch erfolgreich. „In der Gesellschaft hat man uns im gewissen Sinne toleriert. Im Betrieb wurden wir zwar zu Gesprächen geladen, oder auch vor der Versammlung der ganzen Abteilung ermahnt von der ‚Dunkelheit des Mittelalters' abzurücken, aber die Drohungen - Einfrieren des Gehaltes und kein Wachstum bei der Qualifikation - wurden nicht eingehalten."[34] In vielen anderen Fällen mussten gläubige Arbeiter oft die Lohnprämien missen, manche haben sie niemals bekommen, wie z. B. Peter Thielmann.

> Wäret ihr von der Welt, so hätte die Welt das ihre lieb. Weil ihr aber nicht von der Welt seid, sondern ich euch aus der Welt erwählt habe, darum hasst euch die Welt.
> *Johannes 15,19*

[33] Erinnerung von Otto Töws (Frankenthal).
[34] Erinnerung von Otto Töws (Frankenthal).

Verfolgung und Prozesse gegen Prediger

Kapitel 3

Sie werden Hand an euch legen und euch verfolgen, und werden euch überantworten den Synagogen und Gefängnissen und euch vor Könige und Statthalter führen um meines Namens willen.
Luk. 21,12

Die Gläubigen in Saran

Anfänge des Gemeindelebens

Südöstlich von Karaganda, fünfzehn Kilometer von der Neuen Stadt gelegen, wurde 1943 die Siedlung Saran angelegt, und die Erschließung der neuen Kohlefelder begann. Diese Siedlung wurde 1951 zur Stadt. Schon 1947 begannen sich in Saran russische Geschwister zu versammeln. Es waren Hauskreise, die nach Möglichkeit die Versammlungen in Kopaj besuchten. Gleichzeitig fingen auch deutsche Geschwister lutherischer und mennonitischer Herkunft an, Versammlungen in deutscher Sprache durchzuführen.[1]

[1] Die Beschreibung der Gemeindefiliale der MBG in Saran folgt dem Artikel: Aus der Geschichte der Gemeinde Saran. Aquila 3/1997, S.13-15.

Im Hof von Heinrich Wiebe. V.l.n.r.: 1. Reihe: Margarethe Warkentin, Frieda (Hildebrant) Peters, Maria (Schartner) Bergen, Katharina (Wiens) Bergen, Larissa Peters, Anna Wiens. 2. Reihe v.l.n.r.: Justina (Block) Klassen, Maria Fisch, Margarethe Wiens, Neta Derksen, Gertruda Derksen, Justina Klassen. 3. Reihe v.l.n.r: Maria Dück, Elisabeth Peters, Helene Görzen, Katharina Peters, Katharina Wiebe. 4. Reihe v.l.n.r.: Heinrich Reimer, Heinrich Zorn, Jakob Bartel, Heinrich Pauls, Johann Klassen, Heinrich Wiebe, Peter Letkemann

Die Versammlungen der Deutschen wie der Russen verliefen sehr einfach und lebendig. Es wurde viel gesungen, die Schrift wurde gelesen, auf einfachste Weise erklärt und auf die Situation der Versammelten angewandt. Die Geschwister waren eifrig dabei, nach den Jahren der Dürre und Einsamkeit die lautere Milch des Evangeliums aufzunehmen, und wandten sich in ihrer Not zu Gott.

Gedenket an das Wort, das ich gesagt habe: Der Knecht ist nicht größer als sein Herr. Haben sie mich verfolgt, so werden sie euch auch verfolgen...
Joh. 15,20

Das Ehepaar Heinrich und Katharina Wiebe wurde 1951 vom Betrieb von Karaganda nach Saran versetzt. Beide hatten sich 1950 bekehrt und besuchten außer der Baptistengemeinde Kopaj die Abendversammlungen in Privathäusern im damaligen Schachtiner Rayon. Der Umzug fiel ihnen schwer, aber nach Gebet und Fasten bekamen sie durch Robert Knauz die Ermunterung dazu. Dann kamen 1952 auch Kornelius und Olga Reimer und Egor und Helena Ewert nach Saran. Diese drei Familien versammelten sich eine geraume Zeit unter sich.

Deutsche Versammlungen

Dann erfuhren sie von den russischen und deutschen Versammlungen in Dubowka und begannen diese Gemeinschaften zu besuchen, die abwechselnd in etlichen Häusern in Saran, Dubowka und bei der 106. Kohlengrube abgehalten wurden. Oft versammelten sich die russischen und deutschen Geschwister zusammen, manchmal auch getrennt, die Deutschen in Saran, die Russen in Dubowka. Weil die christlichen Zusammenkünfte geheim gehalten werden mussten, riskierten die Familien Bartel, Kronhardt und andere, die ihre Häuser für diese Versammlungen zur Verfügung stellten, viel. Manche Geschwister waren sehr kühn im persönlichen Zeugnis. Bemerkenswert war, dass manche schon nach einer kurzen Un-

Die Gastellostraße in Saran. Die Menschen am Ende der Straße stehen beim Haus von Heinrich Wiebe.

terhaltung über Gottes Wort und ihren eigenen Seelenzustand bereit waren, Buße zu tun. Deshalb gab es öfters Bekehrungen. Obwohl die Gruppe keinen offiziellen Leiter hatte, ging doch alles ordnungsgemäß und im Segen vonstatten. Die Versammlungen wurden jeweils von einem anderen Bruder geleitet. In den 1950-ern besuchte oft auch der Prediger Peter Bergmann aus Karaganda diese Gemeinschaft und diente ihr mit Predigt und Belehrung.

Im Frühling 1953 kamen die Eheleute Karl und Anna Götz, die sich 1952 in Karaganda bekehrt hatten, nach Saran und wurden aktive Teilnehmer der Versammlungen. Die Brüder Wiebe und Götz wurden 1954 nach zwei Jahren Wartezeit im Alter von 25 Jahren in Kopaj getauft. Gleich darauf fing Götz an, regelmäßig an den Sonntagen vor der großen Versammlung (etwa 1000 Zuhörer) in Kopaj zu predigen.

Gemeindefiliale der MBG

Im Jahr 1957 kamen die Geschwister Heinrich und Elisabeth Zorn vom Altaj nach Saran und schlossen sich der MBG Karaganda an. Im Sommer taufte Heinrich Penner, Prediger der MBG, vier Personen aus Saran (Peter und Erna Friesen, Margareta Warkentin, Lena Penner) in der Karagandinka. Diese Geschwister besuchten deutsche Versammlungen gemeinsam mit den deutschen Baptisten und kirchlichen Mennoniten.

Zu Weihnachten 1957 sang in dieser Gruppe zum ersten Mal ein Chor aus 12-15 Sängern, den Jakob Thiessen, der spätere Älteste der kirchlichen Mennoniten in Karaganda, anleitete. Unter den ersten Sängern waren Jakob und Agathe Bartel, Frieda Hildebrandt, Elisabeth und Katharina Peters, Jakob, Maria und Katharina Tiessen, Heinrich und Katharina Wiebe, Georg Wiens, Heinrich und Elisabeth Zorn. Später gab Tina Peters die Anleitung zum Gesang.

In dieser Filiale der MBG wurden 1958 einundzwanzig Personen getauft. Im gleichen Jahr am Erntedankfest kam es zu einem Bruch zwischen den deutschen Mitgliedern der Baptistengemeinde Kopaj aus Saran mit ihrer Gemeinde. Wie üblich waren morgens alle in Kopaj zum Festgottesdienst versammelt. Für den Abend war eine Feier in Saran bei Familie Bergmann vorbereitet. Doch der Älteste warnte die Saraner Brüder wieder eindringlich davor, sich in Privathäusern zu versammeln. Ein Teil der Mitglieder gehorchte, aber die meisten deutschen Geschwister versammelten sich trotzdem und empfanden reichen Segen. Das veranlasste die Geschwister Wiebe und etliche andere dazu, aus der Baptistengemeinde auszutreten und sich der MBG in Karaganda anzuschließen. Somit gehörten die meisten Teilnehmer der deutschen Gruppe zur MBG, die dann auch als Filiale der MBG angesehen wurde und auch öfters Besuch von deren Predigern bekam.

Erntedankfest in Saran. V.l.n.r.: Heinrich Wiebe, David Klassen, Heinrich Zorn

Vergeltet nicht Böses mit Bösem oder Scheltwort mit Scheltwort, sondern segnet vielmehr, weil ihr dazu berufen seid, dass ihr den Segen ererbt.
1.Petr.3,9

Der Vorstand der MBG sah es als notwendig an, in Saran Prediger einzusegnen, die dann selbständig die Versammlungen leiten, Abendmahl austeilen, Taufe und Trauhandlungen vollziehen sollten. Nach mehreren Bruderratsversammlungen und Gemeindestunden fiel die Wahl auf die Brüder Zorn und Wiebe. Am 10. Mai 1959 wurden sie von David Klassen und Franz Ediger zum Predigerdienst eingesegnet. Damit wurde die Filiale in Saran in ihrem Dienst weitgehend selbständig. Am 11. Oktober war die Gemeinde ins neu erbaute Haus der Familie Wiebe in der Gastello-Str. 29 eingeladen, wo Erntedankfest und Hauseinweihung zugleich gefeiert wurden. Es sangen drei Chöre: von „33", von Kirsawod und der eigene aus Saran.

Prozess gegen drei Prediger

Viel Segen vom Herrn

Die Gemeindefiliale in Saran führte eine aktive und gesegnete Arbeit unter der Leitung der Prediger Heinrich Zorn und Heinrich Wiebe und zählte 1962 etwa siebzig Mitglieder. Die Störungen vonseiten der sowjetischen Obrigkeit nahmen aber zu. Die Versammlungen wurden von Schullehrern und Deputierten des Stadtrates besucht, die Teilnehmer wurden aufgeschrieben, vor der Durchführung der Versammlungen wurde gewarnt oder sie wurden verboten.

Als David Klassen und Heinrich Wiebe einmal im Bus an dem Teich der Baumschule, in dem schon mehrere Taufen stattgefunden hatten, vorbeifuhren, meinte Klassen: „Der Herr hat uns schon soviel Segen geschenkt, dass wir eigentlich wieder bereit sein sollten zu leiden."

Bald war es soweit.[2] Am 20. August 1962 eröffnete die Gebietsverwaltung des KGB einen Gerichtsprozess[3] gegen drei Prediger der MBG, David Klassen, Heinrich Zorn und Heinrich Wiebe. Sie wurden beschuldigt, gegen den Paragraphen 200, in dem es um Hooliganvorfälle geht, des Kriminalkodex der KasSSR verstoßen zu haben. Konkret wurde ihnen illegale mennonitische Tätigkeit, also christliche Versammlungen, Predigt und Kindererziehung, als „Verbrechen unter dem Deckmantel der Religion" vorgeworfen, um die es in dem Zusatzparagraphen 200/1 Teil 1 geht.[4]

Die beiden Prediger aus Saran wurden am 21. August 1962 verhaftet. Heinrich Wiebe wurde nach der zweiten Schicht in der Kohlengrube um sieben Uhr morgens aus dem Bett geholt und sein Haus durchsucht. Als die Häscher auf das Foto von David Klassen, Heinrich Zorn und Heinrich Wiebe kamen, schauten sie

Die Söhne Heinrich Wiebes vor seiner Haft. V.l.n.r.: Johann, Jakob, Andreas, Peter.

2 Sofern im Einzelnen nicht anders angegeben, erfolgt die Beschreibung des gesamten Prozesses nach dem Artikel von Andreas Wiebe, Johann Matthies (sen.) und Viktor Fast: Gericht über drei Prediger der MBG Karaganda 1962. Aquila 2/1997, S.?
3 Dokumentiert in der Untersuchungsakte des KGB, AZ Nr. 01741.
4 Viktor Fast: Aus der Geschichte der MBG Karaganda (1960-1968). Aquila 1/1998, S.10.

es an und sagten: „Was brauchen wir noch mehr?" Auch Heinrich Zorns Haus wurde durchsucht und er selbst festgenommen. Ältester Klassen war auf Reisen und wurde deshalb erst am 29. September 1962 festgenommen.

In Untersuchungshaft

Die Verhafteten wurden nach Karaganda in das Untersuchungsgefängnis der KGB am Prospekt Sowetskij gebracht. Heinrich Wiebe erinnert sich: „Die erste Nacht hinter Schloss und Riegel war eigentlich eine der schwersten Nächte in meinem Leben. Das eiserne Bettgestell mit einer dünnen Wattenmatratze war derart hart, dass ich mich immer drehen musste. Die verschiedensten Gedanken ließen mich nicht schlafen. Doch war ich innerlich mit dem Herrn im Gebet verbunden und das gab mir Mut und Kraft, wieder zur inneren Ruhe zu kommen."[5]

Heinrich Wiebe saß die ersten neun Tage ohne Verhöre in einer Einzelzelle. Eines Tages hörte er David Klassens Stimme das Lied „Meine Zufriedenheit steht in Vergnüglichkeit" singen und wusste jetzt, dass auch der Älteste der MBG in Untersuchungshaft war. Wiebes Antwort mit dem Lied „Es erglänzt uns von Ferne ein Land" konnte der ältere Bruder leider nicht hören.

Um Mitternacht beteten Paulus und Silas und priesen Gott in Lobgesängen, und die Gefangenen hörten ihnen zu.
Apg. 16,25

Zur gleichen Zeit wurden von den Behörden emsig Zeugen zu dem vorliegenden Fall gesucht. „Wir wurden hauptsächlich dessen beschuldigt, dass wir uns ohne Erlaubnis versammelten und, was noch schlimmer war, dass wir die Kinder in unseren Versammlungen dabei hatten."[6] Die Untersuchungsrichter Darmenow und Sulejmenow verhörten zu diesem Zweck viele

[5] Heinrich und Katharina Wiebe: Das Los ist mir gefallen aufs Lieblichste, Erinnerungen. S.132 [gekürzt].
[6] Wiebe: Das Los ist mir gefallen aufs Lieblichste. S.140.

Unerwartete Haussuchung und Verhaftung

„Am 21. August 1962 um 7 Uhr morgens, bekamen wir seltsamen Besuch. Arbeiter der KGB klopften ungewöhnlich laut an die Tür, kamen gleich bis ins Schlafzimmer und wir mussten uns in ihrer Gegenwart anziehen. Mir wurde gesagt, dass ich arretiert sei, was ich auch unterschreiben musste. Dann ging die Haussuchung los. Wir hatten nicht geahnt, dass es bis zur Verhaftung kommen würde, und so hatten wir auch all' unsere geistliche Literatur zu Hause. Was aus Vorsicht bei Geschwistern verwahrt war, hatten wir vor ein paar Tagen wieder nach Hause geholt. Zudem hatten wir noch Bücher ausgeliehen. Alle Schriften wurden hervorgeholt und im Wohnzimmer auf zwei Tischen ausgebreitet. Ich musste jedes Buch, Heft, Blatt oder auch Foto beschriften mit: ‚Entnommen bei der Festnahme am 21.08.62' und meine Unterschrift setzen.

Die Häscher fanden bei mir eine Bittschrift von einem Teil der Dshambuler-Gemeinde, die vorhatten, aus der registrierten Gemeinde auszutreten. Jetzt suchten sie nach, ob wir nicht auch eine ähnliche Bittschrift geschrieben hätten. Da sie bei uns nichts fanden, schickten sie extra zu Zorns, um dort nach solch einer Bittschrift nachzusuchen. Auch dort fanden sie keine. Nun wurde uns klar, dass zur gleichen Zeit auch bei Zorns Haussuchung war.

Die Durchsuchung dauerte von sieben Uhr bis um zwei Uhr Nachmittag. Ich und auch meine Familie hatten in dieser Zeit kein Frühstück und auch kein Mittag gegessen. Hatten eigentlich auch keinen Hunger. Als die Durchsuchung zu Ende war, bat ich um Erlaubnis mich zu waschen. Bis jetzt hatte es keine Möglichkeit dazu gegeben. Da ging ich mit meiner lieben Tina in die Küche, wusch mich und wir verabschiedeten uns – auf wie lange, wussten wir nicht. Was mir beim Abschied besonders wichtig war, sagte ich ihr: ‚Ich bin so froh, dass wir uns immer einig waren und diesbezüglich kein schlechtes Gewissen zu haben brauchen'. Dann verabschiedete ich mich von den fünf Kindern, die noch wenig von dem verstanden, was da vor sich ging. Das war schwer..."

Quelle: Heinrich und Katharina Wiebe: Das Los ist mir gefallen aufs Lieblichste, Erinnerungen. S.130-131 [gekürzt].

Die Familie des Verhafteten

„Meine liebe Tina wurde von vielen besucht: Jakob Plett, Maria Dick und Luise Peters, die tröstliche Gedichte und Lesestoff brachten. Unerwartet kam Otto Wiebe, der schon unter besonderer Aufsicht des KGB stand. Er besuchte auch die Geschwister Zorn. Von manchen Geschwistern bekamen wir in dieser Zeit materielle Hilfe, besonders von Geschwistern der Siedlung „33".

Es gab manche Schwierigkeit für unsere Kinder in der Schule, aber Gott sei Dank, wir hatten die Gnade, dass niemand von unsern Kindern Oktoberkind, Pionier oder Komsomolmitglied wurde. Bei Übergriffen lehrten wir unsere Kinder, nach dem Wort aus 1.Petr.3,9 oder 1.Thess.5,15 zu handeln".

Quelle: Heinrich und Katharina Wiebe: Das Los ist mir gefallen aufs Lieblichste, Erinnerungen. S.130-131 [gekürzt].

Bibelzitate aus einem Atheistenbuch

„In der Kammer wurden uns Bücher zum Lesen angeboten, da fand ich in der Bücherliste „Die Bibel für Gläubige und Ungläubige" von Jaroslawski. In diesem Buch wird unheimlich über Gott gespottet. Aber in ihm sind viele Bibeltexte zitiert und sie wurden mir ein Trost, denn einen Bibelteil durfte man im Gefängnis nicht bei sich haben."

Quelle: Heinrich und Katharina Wiebe: Das Los ist mir gefallen aufs Lieblichste, Erinnerungen. S.142 [gekürzt].

Das Verhör

„Beim Verhör wollte der Untersuchungsrichter möglichst viele Gründe finden, uns zu beschuldigen, so warf man uns unter anderem vor, wir hätten Agitation gegen die gemeinschaftliche Arbeit der Oktoberkinder, der Pioniere und des Komsomol betrieben.

Er drohte, unseren Haushalt zu konfiszieren, die Kinder abzunehmen und zu verschicken und anderes mehr. Selbstverständlich blieb ich diesen Drohungen gegenüber nicht gleichgültig. Als bei einer Gelegenheit der Untersuchungsrichter und der Staatsanwalt zusammen einen besonderen Druck auf mich ausübten, ging es mir so, wie Johannes dem Täufer, als er seine Jünger zu Jesus sandte, um zu fragen (Matth.11,3): ‚Bist du es, der da kommen soll, oder sollen wir auf einen anderen warten?' Nicht, dass ich an Jesus Christus zweifelte, aber was mir besonders schwer fiel, war der Gedanke daran, dass uns unsere Kinder abgenommen werden sollten. Das konnte ich mir gar nicht vorstellen... Ich betete ernstlich darüber.

Bei jedem Verhör wurde ein Protokoll geschrieben, worin stand, was ich ausgesagt hatte. Nachdem ich es durchgelesen hatte, musste ich das Protokoll unterschreiben. Im Laufe der drei Monate musste ich wohl täglich zum Verhör."

Quelle: Heinrich und Katharina Wiebe: Das Los ist mir gefallen aufs Lieblichste, Erinnerungen. S.143.

Abschluss der Untersuchung

„Die Zeit der Untersuchungshaft ging zu Ende. Jetzt mussten wir das Untersuchungsmaterial von all' den 80 Zeugen studieren, auch unsere eigene Zeugnisse. Bis wir alles durchgelesen hatten, brauchte ein jeder von uns etliche Tage.

Bei vielen Zeugen war der Druck des Untersuchungsrichters zu merken. Sie zeugten so, wie es ihnen befohlen worden war. Es sagten zum Beispiel liebe Geschwister so aus: Wir gingen nur deshalb zur Versammlung, weil wir eingeladen wurden. Oder: Ohne Erlaubnis werden wir nie mehr zur Versammlung gehen. Es gab auch eine Bittschrift, die den Wunsch zum Ausdruck brachte, uns so streng wie möglich zu richten. Den Zeugen war Angst gemacht worden und aus Angst hatten sie dann auch Dinge unterschrieben, die gar nicht stimmten. Anderen Geschwistern wiederum gab der Herr Mut, ganz entschieden nur bei der Wahrheit zu bleiben. Es gab auch ungläubige Zeugen, Lehrer, Nachbarn und andere.

Das Zeugnis von David Klassen fiel mir auf. Sein Zeugnis im Protokoll war sehr entschieden, aber er hatte es nie unterschrieben, in jedem Protokoll schrieb der Untersuchungsrichter: ‚Er verweigert die Unterschrift, um der Untersuchung keine Beschuldigungsbeweise zu liefern'.

Ich schämte mich dann, dass ich alle Papiere unterschrieben hatte. Ich hätte wissen müssen, dass man es nicht tut, aber jetzt war es vorbei".

Quelle: Heinrich und Katharina Wiebe: Das Los ist mir gefallen aufs Lieblichste, Erinnerungen. S.145-146.

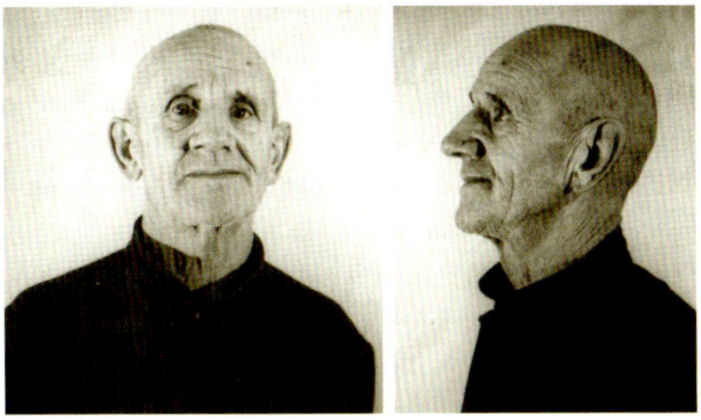

Fotos von David Klassen aus der Untersuchungsakte

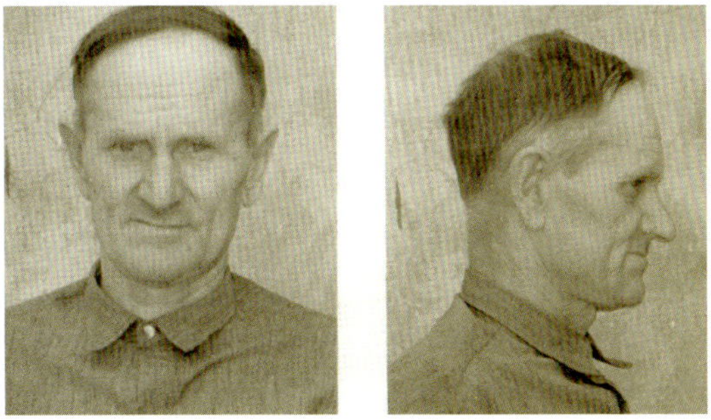

Fotos von Heinrich Zorn aus der Untersuchungsakte

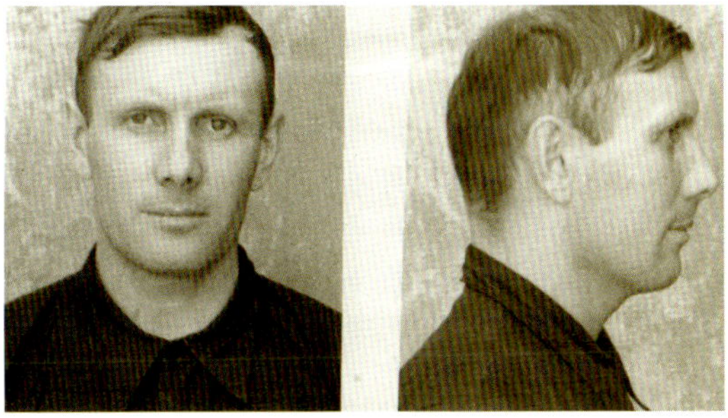

Fotos von Heinrich Wiebe aus der Untersuchungsakte

Gemeindeglieder. Als die Beschuldigten nach etlichen Monaten in ihre Untersuchungsakte einsehen mussten, fanden sie da Aussagen von etwa achtzig Zeugen. Bei den Verhören benutzten die Untersuchungsrichter gefälschte Aussagen der Verhafteten gegeneinander als Druckmittel. David Klassen hatte die ganze Zeit von der Haussuchung an bis zum Gericht nichts unterschrieben, um der Untersuchung keine Beschuldigungsbeweise zu liefern. Der in diesen Dingen noch unerfahrene Heinrich Wiebe dagegen hatte vieles unterschrieben und erkannte zu spät seinen Fehler.

Nach längerer Untersuchungszeit fand das Gericht am 10. und 11. Dezember in Saran statt.[7] Auf dem Weg zum Gericht wurde Heinrich Wiebe davor gewarnt, mit den anderen zu reden. Er wurde als erster in den Warte-

Selig sind, die um Gerechtigkeit willen verfolgt werden; denn ihrer ist das Himmelreich. Selig seid ihr, wenn euch die Menschen um meinetwillen schmähen und verfolgen und reden allerlei Übles gegen euch, wenn sie damit lügen. Seid fröhlich und getrost; es wird euch im Himmel reichlich belohnt werden. Denn ebenso haben sie verfolgt die Propheten, die vor euch gewesen sind.

Matth.5,10-12

[7] Dies ist nach den Dokumenten das richtige Datum, in Aquila 2/1997 war versehentlich ein falsches Datum angegeben.

ПАСПОРТ

Действителен по 12 ноября 1964г.

1. Имя, отчество, фамилия Вибе Андрей Аронович

2. Время и место рождения 1929 Павлодарск Лозовский р-он

3. Национальность Немец

XX-ПХ № 611278

4. Подпись владельца паспорта

5. Социальное положение рабочий

6. Отношение к военной службе В/обяз.

7. Кем выдан паспорт 7 гот. МВД г. Караганда

8. На основании каких документов выдан паспорт В-У № 9385 от 3/XI-53г. п/с 7 гот. Караганда

Начальник милиции

М. П.

Нач. паспортного стола

Дата выдачи 12 ноября 1954г.

XX-ПХ № 611278

Kopie des Passes von Heinrich Wiebe, ausgestellt am 12. November 1954

Kopie der Passes von David Klassen, ausgestellt am 5. Juni 1956

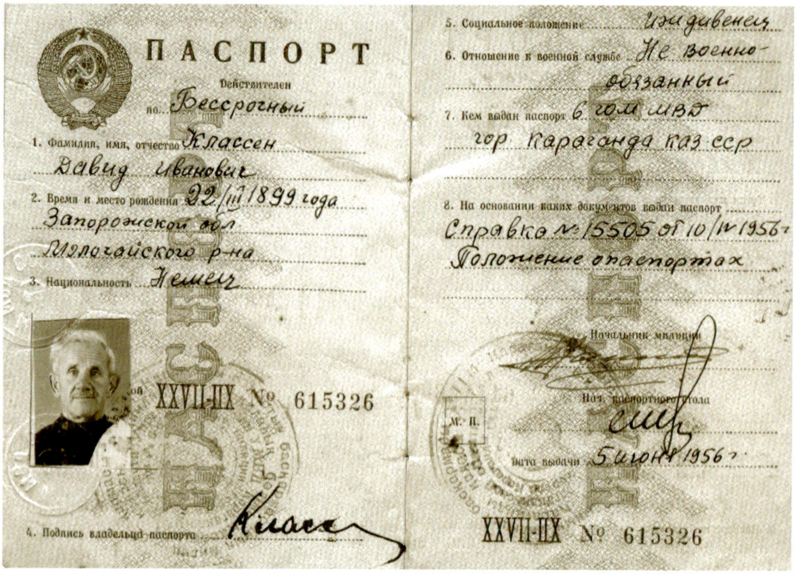

Seht zu, dass keiner dem anderen Böses mit Bösem vergelte, sondern jaget allezeit dem Guten nach untereinander und gegen jedermann.
1.Thess.5,15

raum gebracht. Als Heinrich Zorn hereingeführt wurde, nickten sie einander schweigend zu. David Klassen jedoch begrüßte die Brüder laut und freudig: „O priwetstwuju was, bratja!“[8] Er wurde ermahnt: „Es wurde dir doch gesagt, Großväterchen, kein Wort.“ „Ja, wie kann ich schweigen, es sind ja meine Brüder!“ war Klassens Antwort.

Obwohl die Sowjetbehörden sich sehr bemühten, die Gerichtssitzung

Aufmunterung vor dem Gericht

„Da Heinrich Zorn extra mit einem Auto nach Saran gefahren wurde, fuhren Klassen und ich im Gefangenenauto (Woronok) zu zweit. Ich nutzte die Gelegenheit Bruder Klassen mein Leid zu klagen. Ich sagte zu ihm, es täte mir leid, dass unsere Zeugnisse bei der Untersuchung so unterschiedlich wären und dass ich im Gegensatz zu ihm alles unterschrieben hätte. Da tröstete Bruder Klassen mich väterlich und sagte: ‚Bruder Heinrich, meine erste Untersuchung ist nicht besser als deine gewesen‘. Wir konnten noch manches andere durchsprechen, während wir die 25 km von Karaganda nach Saran gefahren wurden. Das war für mich eine Aufmunterung vor dem Gericht.“

Quelle: Heinrich und Katharina Wiebe: Das Los ist mir gefallen aufs Lieblichste, Erinnerungen. S.147.

möglichst unauffällig durchzuziehen, erfuhren die Gemeindeglieder doch davon und strömten zahlreich zum Gerichtsort, um ihre Brüder durch ihre Anwesenheit zu stärken.[9] Der recht kleine Saal war hauptsächlich mit Gläubigen gefüllt. Auf den vorderen Sitzplätzen durften die Verwandten der Angeklagten sitzen, die anderen standen hinten dicht beieinander. Vorne auf der Anklagebank saßen die Angeklagten.

Der Staatsanwalt klagte in einer langen Rede die Prediger an. Seine Hauptbeschuldigung war, dass ohne staatliche Genehmigung in der Stadt Saran eine Gemeinde gegründet, Gottesdienste abgehalten und sogar Prediger eingesegnet worden waren. Letzteres wurde David Klassen zu Last gelegt, dem man

[8] „O seid gegrüßt, Brüder!“
[9] Wölk: Mennoniten Brüdergemeinde in Russland. S.112.

die größte Schuld an dieser „verbrecherischen" Tätigkeit gab. Heinrich Zorns Schuld war, von David Klassen zum Prediger und Gemeindeleiter eingesegnet worden zu sein, nicht genehmigte Gottesdienste durchgeführt und vor allem Jugendliche und Kinder vom Mitwirken am Aufbau der „hellen Zukunft des Kommunismus" abgehalten zu haben. Das gleiche wurde auch Heinrich Wiebe vorgeworfen, der aber mehr als jüngerer Mitläufer behandelt wurde.

Zuerst wurde Heinrich Zorn öffentlich verhört. Seine physische Krankheit hat wohl viel dazu beigetragen, dass er nicht so standhaft bleiben konnte und auf einige Kompromisse einging.

Dann wurde Heinrich Wiebe vorgenommen. Er konnte den Schmähungen und dem Untersuchungsdruck widerstehen. „Ich weiß, dass ich völlig von meinem Heiland abhängig war. Die vielen Gebete, die im Gerichtssaal und auch an anderen Orten für uns zu Gott emporgestiegen sind, gaben Mut und Kraft, standhaft zu bleiben."[10]

Die Mauer des Gefängnisses „16" in Karaganda

Otto Wiebe legte als Zeuge beim Gericht ein entschiedenes Zeugnis für seinen Herrn ab, was zu seiner Verhaftung beitrug. Heinrich Wiebe erinnert sich: „Während einer Pause verließen wir den Raum in Begleitung der Soldaten. Im Durchgang saßen eine Reihe Brüder, darunter auch Otto Wiebe. Beim Vorbeigehen hörte ich ihn eine Liedzeile ‚den Treuen winket hoher Lohn' zitieren. Die Worte fielen mir tief in mein Herz hinein, und ich höre sie wie heute."[11]

Als letzter musste sich David Klassen verantworten. „Er sprach entschieden und weise. Er wurde beschuldigt, dass die Schwestern bei uns nicht predigen dürften. Er belegte es mit dem Wort Gottes, dann wandte er sich zu den Schwestern im Saal und fragte sie, ob sie darüber beleidigt seien. Da antworteten sie alle im Chor: ‚Nein!' Damit hatte der Richter eine theoretische und auch eine praktische Antwort. Viele andere Fragen wurden ihm gestellt, mehr als mir und Heinrich Zorn, aber er konnte auf alle Fragen entschieden antworten."[12]

Darum, wer meint, er stehe, mag zusehen, dass er nicht falle...
1.Kor.10,12

Das Gebietsgericht verurteilte Klassen zu drei Jahren in Lagern mit besonders strenger Haft, weil er zur Stalinzeit schon zwei Mal, 1936 und 1950, als aktiv zeugender Christ verurteilt gewesen war, Heinrich Wiebe zu einem Jahr in allgemeinen Straflagern und Heinrich Zorn zu zwei Jahren auf Bewährung.[13]

„Heinrich Zorn wurde sofort aus dem Gerichtssaal freigelassen. Dass er weniger Besuch von seiner Frau bekam, separat zum Gericht gefahren und als erster zum öffentlichen Verhör herangezogen wurde, war mit Absicht gemacht, damit er nicht Zeugenmut bekommen sollte."[14]

[10] Wiebe: Das Los ist mir gefallen aufs Lieblichste. S.148.
[11] Wiebe: Das Los ist mir gefallen aufs Lieblichste. S.148.
[12] Wiebe: Das Los ist mir gefallen aufs Lieblichste. S.148-149.
[13] Fast, Viktor: Aus der Geschichte der MBG Karaganda (1960-1968). Aquila 1/1998, S.10.
[14] Wiebe: Das Los ist mir gefallen aufs Lieblichste. S.149.

Klassen und Wiebe im Gefängnis

„Nach dem Gericht wurden wir wieder nach Karaganda gefahren und um etliche Zeit kamen wir zusammen mit Bruder David Klassen in das Gefängnis bei Kirsawod (Nr.16). Wie war ich glücklich und froh, dass ich Bruder David Klassen als einen guten Lehrer bei mir hatte - während des Gerichts und auch jetzt im Gefängnis.

Da wir beide noch etwas Lebensmittel von zu Hause mithatten, sagte er zu mir: ‚Wenn wir jetzt in die Zelle kommen, wo schon viele andere sind, verteilen wir gleich unsere Lebensmittel unter den Gefangenen, weil wir sie sowieso nicht bei uns behalten können'. So machten wir es auch und die Leute waren froh und uns zugeneigt. Man fragte uns, nach welchem Artikel wir verurteilt wären. Bruder David antwortete: ‚200'. Da sagten sie: ‚Gut, der junge Mann (auf mich zeigend) könnte groben Unfug getrieben haben, aber Sie,

Bericht einer Augenzeugin

„Der kleine Saal war voll Menschen, zu 95% Mitglieder der Mennoniten-Brüdergemeinde. Unsere lieben Brüder wurden gerichtet, und wir wollten dabei sein und im stillen Gebet ihnen helfen, standhaft zu bleiben. Wir standen dicht nebeneinander. Bänke waren nur einige, und auf ihnen saßen die Angehörigen. Auf der Anklagebank saßen kurz geschoren unsere Prediger. In einer langen Rede klagte sie der Prokuror (Staatsanwalt) an: Sie verwirren den Menschen die Sinne und hindern dadurch im Aufbau des Kommunismus, sie erlauben nicht die Heirat von Ungläubigen und Gläubigen (Diskriminierung!), sie halten die Kinder vom Eintreten in die kommunistische (= atheistische) Pionierorganisation zurück und widersetzen sich dadurch der kommunistischen Erziehung der heranwachsenden Generation, usw., usw.

Zum öffentlichen Verhör kam als erster Bruder Heinrich Zorn, ein kränklicher Mann mit traurigen Augen. Ihm wurde seine Schuld und die drauffolgende Strafe vorgehalten und gesagt, man würde die Strafe mildern, wenn er versprechen würde, nicht mehr zu predigen, und seine Schuld einsähe. Der arme Mann, der zu Hause eine kinderreiche Familie hatte, konnte nicht standhalten und gab manches zu ...

Dann folgte Bruder Heinrich Wiebe. Er war von Anfang mutig, doch auch er fing an nachzugeben. Von allen Seiten im Saal hörte man ein leises Zurufen: ‚Geschwister, wollen beten. Wollen beten!' – Eine Pause wurde angekündigt und unsere Brüder wurden hinausgeführt. Sie gingen ganz nahe bei uns vorbei, von Flinten begleitet. Da plötzlich erscholl ein deutlicher Hahnenschrei. Der junge Bruder Friedrich Hertle hatte die Hände vor dem Mund zusammengelegt und krähte, wie ein Hahn. Er wollte damit die Brüder an Petri Verleugnung erinnern. Wir sahen, wie Bruder Heinrich Wiebe zusammenzuckte. Ihre Wächter aber hatten nichts gemerkt. Nach der Pause wurde Heinrich Wiebe weiter verhört, doch er blieb jetzt fest und bekannte seinen Herrn.

Als letzter kam unser Ältester, Bruder David Klassen, vor. Er sprach sehr entschieden und blieb standhaft. Immer wieder hörte man ein leises: ‚Betet! Betet!'

Als der Urteilsspruch vorgelesen wurde, wurde Br. H. Zorn, weil er seine Schuld eingesehen habe, freigelassen mit einer Bewährungsfrist,[1] Bruder Heinrich Wiebe wurde zu einem Jahr Freiheitsentzug verurteilt, und Bruder David Klassen bekam als rezidiver Verbrecher (dieses war schon seine dritte Haft!) drei Jahre ‚besonders strenger Haft'."

Quelle: Helene Siebert in Wölk: Mennoniten-Brüdergemeinde in Rußland, S.112-113.

[1] Nachdem Bruder Heinrich Zorn vor Gott Buße getan und bei Ihm Kraft erfleht hatte, ging er ins Gericht, widerrief seine schwankenden Aussagen und erklärte sich bereit, ein härteres Urteil zu empfangen, um wieder Frieden mit Gott zu haben. Dann kam er in die Predigerversammlung der Gemeinde, gestand sein Unrecht und bat um Verzeihung. Die Brüder vergaben ihm. Er blieb frei und verlegte seinen Wohnsitz nach Mittelasien. Einige Jahre später kam er nach Karaganda zu Besuch und kam in die Versammlung. Er wurde eingeladen, ein Wort zu bringen. Es fiel ihm schwer einzuwilligen. Endlich sagte er: „Wenn ihr mir erlaubt, vor der ganzen Versammlung meine Sünde zu bekennen, dann will ich es wagen." Er trat auf die Kanzel. Tränen hinderten seine Sprache; aber fest und entschieden begann er: „Ich bin der Zorn, der vor acht Jahren auf dem Gericht nicht standhaft war und den Herrn verleugnet hat. Könnt ihr mir das verzeihen?" Gerührten Herzens, mit Tränen in den Augen, stand die ca. 700-köpfige Versammlung auf und bewies damit, dass dem Bruder verziehen war. Erst dann brachte er die Botschaft von der Gnade Gottes. Wenige Jahre danach durfte Bruder Heinrich Zorn zur ewigen Ruhe eingehen. In den letzten Jahren hat er noch treu und im Segen gearbeitet.

Das Gefängnis „16" in Karaganda

Die andere Seite – der Bericht des Upolnomotschenyj

In dem Bericht an den Rat für Religionsangelegenheiten für 1962 muss der Upolnomotschenyj wieder sechs Mennonitengruppen (vier in Karaganda und zwei in Dörfern des Gebiets) feststellen.

„Weil im Gebiet noch verschiedener Art Sekten und Gruppen wirken, haben Partei-, Komsomol- und Sowjetorgane des Gebiets 1962 eine Reihe von Maßnahmen zur Hebung des Ideenniveaus und der Wirksamkeit der ideologischen Arbeit durchgeführt. Verschiedene Formen und Methoden der atheistischen Massenarbeit, wie Themenabende, Abende für Gläubige und Ungläubige, Fragen und Antworten, Gruppen- und persönliche Gespräche mit Gläubigen wurden öfter angewandt. In vielen Parteiorganisationen werden den Agitatoren einzelne Gläubige für persönliche Arbeit zugeteilt. In vielen Exekutivkomitees der lokalen Sowjets wurden Gruppen zur Aufspürung der Zusammenrottungen illegaler religiöser Sekten und Unterbindung ihrer Tätigkeit gebildet."

1962 wurden vierzehn Leiter der Zeugen Jehovas und drei Mennoniten gerichtet, von ihnen wurden fünfzehn zu verschiedenen Haftfristen verurteilt und zwei auf Bewährung freigelassen.

„Obwohl Klassen [D.I.] mehrmals verwarnt wurde und ihm die Gesetzesaussagen, welche die Tätigkeit der Sekte der Mennoniten verbieten, erklärt wurden, hat er bis zur Verhaftung aktive Organisationsarbeit betrieben, die auf das Abtrennen und Abreißen von der Sowjetwirklichkeit gerichtet war. Bei den illegalen Zusammenrottungen hat er persönlich und auch durch die von ihm angeleiteten Prediger der Mennoniten-Sektierer die Absage von der Teilnahme an dem gesellschaftlichen Leben des Landes erzwungen. Er verbot den Kindern und Jugendlichen der Gläubigen das Beitreten zur Pionier- und Komsomolorganisation, ließ Ehen zwischen Gläubigen und Ungläubigen nicht zu. Durch Betrug und Heuchelei hat Klassen D.I. die Prediger und Gläubigen der Sekte der Mennoniten irregeführt, als ob er von den Upolnomotschenyj des Gebiets und der Republik eine mündliche Erlaubnis zur Durchführung der organisierten Gottesdienste bekommen hätte. Außerdem beschäftigte sich Klassen mit illegaler Missionsarbeit in den verschiedenen Rayons des Gebiets, wozu er andere aktive Mennoniten heranzog. In dieser Sache wurden Zorn Andrej Andr. (geb. 1912) und Wiebe Andrej Andr. (geb. 1928) verurteilt. Sie waren von Klassen zu Predigern der illegalen Mennonitengruppe in Saran bestimmt und führten auch aktive Arbeit des Abreißens der Leute, besonders der Jugend und Schulkinder, von der Teilnahme an dem gesellschaftlichen Leben, erzogen die Gläubigen und die Nahestehenden im Geiste des religiösen Fanatismus. Als Ergebnis dieser Organisationstätigkeit Klassens und der Prediger Zorn und Wiebe erreichte die Mitgliederzahl der illegalen Mennonitengruppen 1.245 Personen. In den illegalen Zusammenrottungen wurde Geld gesammelt, das zum persönlichen Bedarf von Klassen, Wiebe, Zorn und anderen Predigern verbraucht wurde. Auch wurden frühere Zuwendungen an einzelne ‚bedürftige' Sektenmitglieder gerichtet, was durch beschlagnahmte Belege bestätigt ist. Dank der angeführten Maßnahmen wird die Durchführung organisierter offener Gottesdienste nicht mehr beobachtet; wenn, dann geschehen sie in großer Verborgenheit in Häusern der Glaubensgenossen in unbedeutend kleinen Gruppen."

Quelle: Bericht des Upolnomotschenyj an den Rat für Religionsangelegenheiten für 1962. SAKG, F.1364, L.1a, A.59, S.1-10.

Gelobt sei der Herr, dass Er uns nicht gibt zum Raub in ihre Zähne! Unsere Seele ist entronnen wie ein Vogel dem Netze des Vogelfängers; das Netz ist zerrissen, und wir sind frei. Unsere Hilfe steht im Namen des Herrn, der Himmel und Erde gemacht hat.

Psalm 124, 6-8

als alter Vater, was haben Sie gemacht?'[15] Darauf sagte Bruder David, der Artikel laute 200/1. Das war ihnen dann klar. Die Leute, die schon mehrere Jahre im Gefängnis saßen, kannten sich mit den Artikeln gut aus.

Am Abend war unser neues Heim, die kleine Zelle, voll, ca. 40 Gefangene waren darin. Es gab nur wenige Bettgestelle. Auf einem von ihnen durfte Bruder David, als alter Mann, liegen. Abends sagte er: ‚So Bruder Heinrich, jetzt werden wir Abendsegen halten'. Da dachte ich, wie wird das werden? Umgeben von so vielen Menschen war es natürlich auch laut im Raum. Da zitierte er etliche Bibelstellen auswendig, dann sagte er das Lied ‚Befiehl du deine Wege' von Anfang bis Ende, alle 12 Verse, auswendig auf, und wir knieten beide nieder und beteten. Als die Mitgefangenen das merkten, wurden sie ganz still und wir durften in Ruhe beten. Das war für mein weiteres Leben in Haft eine teure Lehre. Noch etliche Tage waren wir zusammen und konnten uns über manches unterhalten. Das waren für mich Segensstunden."[16]

[15] Der Artikel 200 war jedem Zeitgenossen als „Hooligan-Paragraph" bekannt, weshalb das Erstaunen der Mitgefangenen darüber erklärt, dass der alte David Klassen nach diesem Paragraph verurteilt war.

[16] Heinrich und Katharina Wiebe: Das Los ist mir gefallen aufs Lieblichste, Erinnerungen. S.130-132.

Wie sah es in der Gemeinde aus?

„Seit den Verhaftungen waren in der Gemeindefiliale in Saran die Versammlungen eingestellt. Wer da konnte, fuhr mit dem Taxi nach Karaganda oder nach Kopaj, oder irgendwo anders hin zur Versammlung. Es wunderte mich auch nicht, denn es fehlte jemand, der voranging. Nachdem wir so unerwartet verschwunden waren, übernahm niemand von den Brüdern die Verantwortung.

Nachdem ich schon im Lager war, hatte ich es wohl leichter, als die Brüder zu Hause in der Gemeinde. Ich war hinter Schloss und Riegel und konnte nicht heraus zu den Geschwistern, sondern nur für sie beten, was ich auch tat. Die Brüder aber waren frei, konnten sich bewegen und litten wohl oft unter dem Druck ihres Gewissens, denn sie standen zwischen zwei Feuern. Das erste Feuer war das, das der Herr Jesus brachte (Luk.12,49). Das andere Feuer – ein fremdes (3.Mose 10,1)."

Quelle: Heinrich und Katharina Wiebe: Das Los ist mir gefallen aufs Lieblichste, Erinnerungen. S.152-153.

Meine Beschäftigung im Lager

„In der freien Zeit durfte ich draußen im Lager frei umhergehen, was mir ein Genuss war. David Klassen hatte strengere Haftbedingungen, er wurde gleich nach der Arbeit wieder hinter Schloss eingesperrt. In der freien Zeit beschäftigte ich mich damit, Bibelstellen aus dem Gedächtnis aufzuschreiben, auch Liederverse, soweit ich sie auswendig kannte. Die Briefe von meiner lieben Tina, so auch von den Geschwistern, waren mir willkommene Gäste. Das wichtigste schrieb ich mir aus den Briefen heraus."

Quelle: Heinrich und Katharina Wiebe: Das Los ist mir gefallen aufs Lieblichste, Erinnerungen. S.152-155.

Der Priester und die Bibel

„Im Lager traf ich einen katholischer Priester Saretzki aus Karaganda-Majkuduk, der eine zweijährige Haftzeit abzubüßen hatte. Er war ein gebildeter Mann, außer russisch konnte er noch deutsch, ukrainisch, englisch und französisch. Einmal fragte ich ihn, warum die Katholiken nicht die Bibel lesen dürften. Er sagte, die Bibel sei schwer zu verstehen und wenn ungebildete Menschen darin lesen würden, kämen sie nicht zurecht und verirrten sich. Ich erwiderte, dass es doch in Psalm 119,105 heiße: ‚Dein Wort ist meines Fußes Leuchte und ein Licht auf meinem Wege'. Die Menschen kämen doch durch das Wort aus der Finsternis zum Licht. Aber er blieb bei seiner Meinung. Nach meiner Freilassung starb dieser Priester im Lager."

Quelle: Heinrich und Katharina Wiebe: Das Los ist mir gefallen aufs Lieblichste, Erinnerungen. S.154.

Häftlingskarte

vorne links
1. Name: Klassen
2. Vorname: David
3. Vatersname: Johann (Iwanowitsch)
4. Geboren: 1899
5. Geburtsort: Fürstenwerder, Molotschna, Gebiet Saporoshje
6. Wohnort: Karaganda, Bukpinskaja-Str. 11
7. Beruf: Heizer
8. Arbeitsstelle: Rentner
9. Nationalität: Deutsch
10. Staatszugehörigkeit: UdSSR
11. Verhaftet: 29. September 1962
12. Art des Verbrechens: Anschlag auf das Leben und die Rechte der Bürger unter dem Deckmantel des Erfüllens religiöser Riten
13. Art. des StGB: 200/1 Teil 1 StGB Kas. SSR
14. Karte ausgefüllt in: ITK-37 [Besserungs- Arbeitskolonie]

Datum: 29. Dezember 1962
Unterschrift: Ukrepkowa

vorne rechts
Verhaftet durch: Untersuchungsabteilung der Verwaltung des KGB SM Kas. SSR im Karagandagebiet
Arch. Nr. P-12828

Rückseite
Verurteilt durch: das Kriminalgericht des Karagandagebiets
Wann: 11.12.62
Art.: 200/1 Teil 1
StGB: Kas. SSR
Frist: 3 Jahre
Fristbeginn: ab 29.09.62 Ende der Frist: 29.09.65
Angekommen 29.12.62 aus dem Gefängnis Nr. 16 der Stadt Karaganda
ITK-37 in Karabas

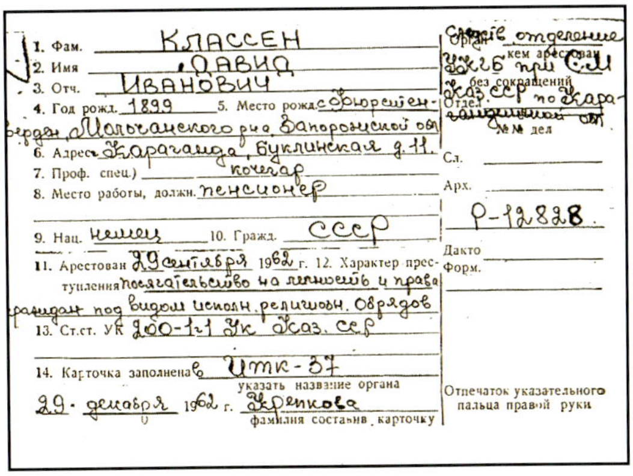

1. Фам. КЛАССЕН
2. Имя ДАВИД
3. Отч. ИВАНОВИЧ
4. Год рожд. 1899 5. Место рожд. с. Фюрстенвердан, Мольчанского р-на Запорожской обл.
6. Адрес Караганда, Букпинская д. 11.
7. Проф. спец.) кочегар
8. Место работы, должн. пенсионер
9. Нац. немец 10. Гражд. СССР
11. Арестован 29 сентября 1962 г. 12. Характер преступления посягательство на личность и права граждан под видом исполн. религиозн. обрядов
13. Ст.ст. УК 200-1 ч.1 УК Каз. ССР
14. Карточка заполнена в ИТК-37
указать название органа
29 декабря 1962 г. Укрепкова
фамилия составив. карточку

Орган кем арестован без сокращений: Следств. отделение УКГБ при СМ Каз. ССР по Карагандинской обл.
Отдел № № дел
Сл.
Арх. Р-12828
Дакто Форм.
Отпечаток указательного пальца правой руки

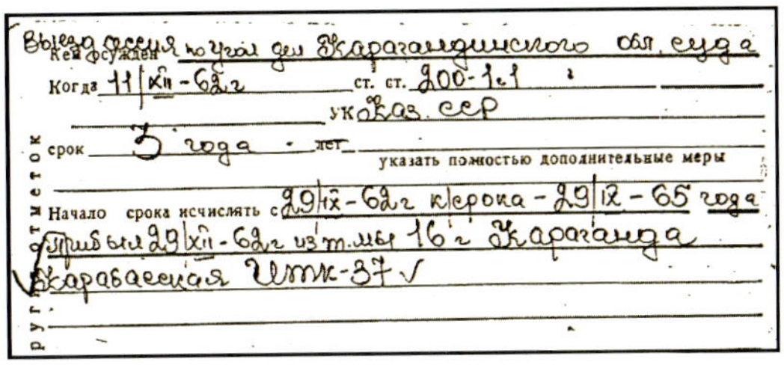

Кем осужден: Выездная сессия по угол. делам Карагандинского обл. суда
Когда 11/XII-62 г. ст. ст. 200-1 ч.1 УК Каз. ССР
срок 3 года лет
указать полностью дополнительные меры
Начало срока исчислять с 29/IX-62 г. к/срока - 29/IX - 65 года
Прибыл 29/XII-62 г. из т. мы 16 г. Караганда Карабасская ИТК-37
Ругп. учеток

Der Wachtposten des Straflagers in Karabas

Mit der Verhaftung der Prediger wurden die Versammlungen in Saran eingestellt und 1963 zogen die Brüder Heinrich Zorn und David Knaus nach Belowodsk in Kirgisien.

Gottes Wege sind vollkommen, die Worte des Herrn sind durchläutert. Er ist ein Schild allen, die ihm vertrauen.
Ps. 18,31

Blick auf das Straflager in Karabas

Die Familie Heinrich und Katharina Wiebe nach Heinrichs Freilassung

Meine Freilassung

„Bei meiner Befreiung am 21. August 1963 warteten meine liebe Tina und Bruder Abram Friesen schon auf mich. Nachdem wir uns herzlich begrüßt hatten, ging es mit dem Motorrad nach Hause. Zu Hause war die Freude übergroß. Unerwartet bekamen wir von Elisabeth Peters eine Einladung für den Abend zu ihrem Geburtstag. So gab es im kleinen Kreis die erste Gemeinschaft, nachdem ein Jahr keine Versammlungen stattfanden. Damit fingen die Versammlungen wieder an, die Sänger kehrten auf ihre Plätze zurück. Wir bekamen wieder geistliche Speise und verherrlichten den Herrn, so gut wir konnten."

Quelle: Heinrich und Katharina Wiebe: Das Los ist mir gefallen aufs Lieblichste, Erinnerungen. S.156-158.

Ein Zeuge bis zum Tod

Am 30. Oktober war Otto Wiebe als Zeuge im Prozess gegen die Brüder Klassen, Wiebe und Zorn vorgeladen. Im Verhörprotokoll finden sich einige persönlichen Daten und Aussagen zu seiner Tätigkeit in der Gemeinde. Der Stil des Protokolls verriet bereits die Absicht der Richter, eine Anklage vorzubereiten.[17]

Am 11. Dezember 1962, dem Tag der Verurteilung der drei Brüder, eröffnete der Staatsanwalt ein Strafverfahren gegen Otto Wiebe und zog seinen Pass ein. Er konnte aber weiterhin arbeiten und wirkte auch wie bisher in der Gemeinde, bereitete sich jedoch gezielt auf eine mögliche Haft vor, indem er z.B. bewusst Bibelverse auswendig lernte.

Eine Gruppe der in der Siedlung 33 lebenden Gläubigen Ende der 1950-er. Otto Wiebe ist der zweite von links in der zweiten Reihe, rechts vor ihm sitzt seine Frau Ida.

„Nach dem Gericht in Saran hatte Otto Wiebe uns so aufgemuntert: ‚Brüder, wir [DMBG Karaganda] hatten jetzt sieben wunderbare Jahre gehabt, sie haben uns drei Brüder gekostet. Wir haben 21 [eingesegnete] Brüder, sie können uns noch für 49 Jahre reichen.'"[18] Dann hatte er noch hinzugefügt: „Die Gemeinde Saran hat die Prüfung gut bestanden, von uns aber wird der Herr mehr fordern." So kam es auch. Der Sturm hatte sich nicht gelegt. Wiederholt

---

[17] Die Beschreibung der ganzen Begebenheit stützt sich auf: Viktor Fast: Aus der Geschichte der Mennoniten-Brüdergemeinde Karaganda (1960-1968), Aquila 1/1998, S.10; Otto Wiebe - ein Leben unter der Gnade, von Otto Wiebe, Frankenthal 2007; Wölk: Mennoniten Brüdergemeinde in Rußland. S.111-121.

[18] Abram Günter, aus dem Protokoll des Erinnerungstreffens im Bibelheim am Klosterberg, Höningen. Siehe auch: Die Entstehungsgeschichte der Gemeinde „33" in Karaganda. Aquila, 1/2002, S.25.

Otto Wiebe wird zum Untersuchungsrichter vorgeladen

	zum Untersuchungsrichter Tolstoschew ins Zi.19
24.1.	10:00 - 12:30
	14:05 - 17:20
	zum Untersuchungsrichter Kowalenko ins Zi.15
3.2.	14:35 - 16:55
20.2.	11:05 - 14:25
21.2.	15:00 - 17:25
26.2.	9:35 - 11:35
27.2.	14:50 - 17:01
28.2.	10:35 - 12:40
	14:50 - 16:35
4.3.	14:35 - 16:35
6.3.	14:10 - 16:05
7.3.	10:50 - 12:20
8.3.	14:45 - 15:15

Quelle: Untersuchungsakte, S.25-36

wurden einige Brüder zu Sondergesprächen herausgerufen. Otto Wiebe entschied sich allen Drohungen zum Trotz, die Gemeindearbeit weiterzuführen. Am 23. Januar 1963 wurde er am Arbeitsplatz von Vertretern des KGB festgenommen. Seine Worte beim Verlassen der Arbeitsstelle waren: „In der Welt habt ihr Angst, aber seid getrost, ich habe die Welt überwunden." Zuerst wurde er nach Hause gebracht und eine Hausdurchsuchung wurde durchgeführt. Nach Ende der Durchsuchung bat Otto Wiebe, noch mit seiner Familie beten zu dürfen. Nach dem Gebet stand er von den Knien auf, umarmte seine Lieben und folgte den Männern ins Polizeiauto.

Noch am gleichen Tag wurde er im KGB-Gefängnis der Stadt Karaganda einem fünfeinhalbstündigen Verhör unterzogen. Anfangs und wohl auch während der ganzen Untersuchungshaft bis zum 26. März 1963 war er in Einzelhaft untergebracht. Dennoch erlebte er diese zwei Monate als große Gnade und berichtete, er sei überhaupt nicht misshandelt worden, habe viel Gemeinschaft mit Gott gehabt und habe auch für jeden seiner Geschwister und viel für seine Familie beten können. „Gottes Allmacht, treue Gnade und Barmherzigkeit ist mir nie zuvor so groß geworden", schrieb er am Sylvesterabend des Jahres 1963.

Der Gerichtstag wurde auf den 25. März 1964 festgelegt. Da die Behörden solch einen Andrang im Gericht nicht erwartet hatten, entließ man kurzerhand alle und vertagte den Prozess auf den nächsten Tag. Am folgenden Tag kamen noch mehr Gläubige, Bekannte und Kollegen zum Gericht, obwohl der Gerichtsort geändert worden war. Otto Wiebe lehnte einen Anwalt ab und verteidigte sich selbst, sagte aber nicht viel zu seiner Verteidigung und war willig, für die Sache des Herrn nicht nur ins Gefängnis, sondern auch in den Tod zu gehen. In seinen Reden kamen keine Beschuldigungen vor. Als Zeugen waren zum Gericht unter anderem Schullehrer geladen worden, die über den schädlichen Einfluss des Angeklagten auf Schüler berichteten. Auf diese Anklage entgegnete Otto Wiebe, dass er noch nie Kinder unterwiesen habe, dass er aber froh wäre, wenn Gott ihm so ein Zeugnis gegeben hätte. Auch sein Vorgesetzter war anfänglich als Zeuge vorgesehen, kam aber nicht zu Wort. Er war viele Male vom KGB angehalten worden, ein negatives Zeugnis über den Angeklagten zu verfassen, konnte sich aber an keinerlei falsche Verhaltensweisen erinnern und hatte nur Gutes zu berichten. Zeugnisse solcher Art konnte das Gericht natürlich nicht verwerten.

Das Gebietsgericht von Karaganda verurteilte Otto Wiebe am 26. März 1963 zu „vier Jahren Freiheitsentzug ohne Konfiszierung des Eigentums." Weil er 1937 schon einmal für „mennonitische Tätigkeit" mit zehn Jahren Straflager bestraft worden war, sollte er die Strafzeit in Lagern strengster Haft abbüßen.

Als ihm das letzte Wort angeboten wurde, stand der alte stille Mann in grauer Gefängniskleidung von der Anklagebank auf, sagte den Psalm 23 in

Urteil

im Namen der Kasachischen Sozialistischen Republik

Das karagandiner Gebietsgericht bestehend aus:
dem Vorsitzenden Genosse Anjuschin
den Volksbeisitzern Kljutscherow und Stepin
der Sekretärin Nefedowa
mit Beteiligung des Staatsanwalts Trischin
eine Verteidigung durch den Anwalt wurde abgelehnt

hat am 25.-26. März 1963 in einer offenen Gerichtsverhandlung in Karaganda die Sache des Angeklagten Wiebe Otto Petrowitsch, geb. 1905 im Rayon Dshankoj, Gebiet Krim, wohnhaft in Karaganda, Sewernajastr. 58, beschäftigt bei Strojuprawlenije[1] Nr. 2 als Schreiner, Bürger der UdSSR, deutscher Nationalität, Schulbildung 8 Klassen, vorbestraft 1937 von der Trojka NKWD[2] für seine antisowjetische Tätigkeit zu 10 Jahren Zwangsarbeit, verheiratet, verhaftet am 23. Januar 1963, wegen Verbrechen laut Art. 200/1 Teil 1 StGB[3] der KasSSR untersucht.

Das Gericht hörte sich den Angeklagten, die Zeugen und den Anwalt an.

Es wurde festgestellt:

Der Angeklagte hat sich im Jahre 1924 der Sekte der Mennoniten angeschossen und wurde im Jahre 1937 für seine sektiererische mennonitische Tätigkeit vorbestraft.

Im Jahre 1957 ist Wiebe nach Abbüßen seiner Strafe nach Karaganda gekommen und hat Kontakte zu der illegalen Mennonitensekte, die von Klassen D.I. geleitet wird, aufgenommen.

Wiebe hat in der oben genannten Sekte bei der Organisation und Durchführung der illegalen Zusammenrottungen und Betversammlungen aktiv mitgewirkt.

1958 wurde Wiebe von Klassen als Prediger und Leiter der Mennonitensektierer, die in dem Stadtteil der 33.-34. Schachte wohnhaft sind, eingesetzt und ist Mitglied des „Rates" der gesamten Sekte in Karaganda geworden.

Als Prediger ist Wiebe bei den illegalen Zusammenrottungen der Sektierer aufgetreten, hat Taufen und Trauungen durchgefürt.

In den Jahren 1958 – 1959 hat Wiebe in seinem Hause regelmäßig illegale Zusammenrottungen der Mennonitensektierer durchgeführt und hat in seinen Predigten dazu aufgerufen, sich im Leben von biblischen Geboten leiten lassen, auch wenn sie den sowjetischen Gesetzen widersprechen.

Er hat den Sektierern eingeschärft, ihre Kinder im religiösen, sektiererischen Sinne zu erziehen.

Am 6. September 1959 haben Vertreter der Öffentlichkeit eine illegale Zusammenrottung der Mennonitensektierer zu Protokoll gebracht, bei der 168 Personen anwesend waren und von Prediger Wiebe angeleitet wurden.

Am 6. März 1960 wurde von der Kommission des Karagandiener Stadtrates erneut eine illegale Zusammenrottung der Sektierer unter der Leitung von Wiebe zu Protokoll gebracht.

Bei dieser Zusammenrottung waren 47 Personen anwesend. Ihnen wurde die Gesetzeswidrigkeit ihrer illegalen Betversammlungen erklärt. Trotz der Vorwarnungen hat Wiebe seine sektiererische mennonitische Tätigkeit nicht eingestellt und fuhr fort, auf den illegalen Zusammenrottungen seine Predigten gezielt darauf auszurichten, die Sowjetbürger von der gesellschaftlichen Tätigkeit loszulösen und Jugend und Kinder der kommunistischen Erziehung zu entfremden, und das bis in die letzte Zeit, d.h. bis zum Tag seiner Verhaftung.

Nach vorgelegter Anklage hat Wiebe sich nicht als schuldig erkannt, hat aber bei seiner Aussage bekannt, dass er bei der Organisation der illegalen Zusammenrottungen der Mennonitensektierer aktiv mitgewirkt und in seinen Predigten auf diesen Veranstaltungen zur Loslösung der Gläubigen, insbesondere der Jugendlichen und Schulkinder, vom Gesellschaftsleben aufgerufen hat.

Die Schuld des Angeklagten wird durch folgende Beweismittel nachgewiesen: Fotos, die man bei ihm sichergestellt hat, und außerdem durch die Aussagen der Zeugen Frolowa, Bauer, Moschko, Shabina, Unruh, Klassen A.P und andere.

---

1 Bauverwaltung

2 Trojka – ein Sondergericht des Innenministeriums (NKWD) in Stalins Zeit, das im Schnellverfahren Prozesse gegen Volksfeinde entschied.

3 StGB – Strafgesetzbuch.

Originaltext des Gerichtsurteils über Otto Wiebe in Russisch vom 25.-26. März 1963

9

ПРИГОВОР

ИМЕНЕМ КАЗАХСКОЙ СОВЕТСКОЙ СОЦИАЛИСТИЧЕСКОЙ РЕСПУБЛИКИ

Карагандинский областной суд в составе:

Председательствующего тов. АНЮШИНА
н/заседателей КЛЮЧЕРОВА и СТЕПИНА
при секретаре НЕФЕДОВОЙ
с участием прокурора ТРИШИНА
от защиты отказался

рассмотрел в открытом судебном заседании в гор. Караганде 25-26 марта 1963г. дело по обвинению Вибе Отто Петровича 1905г. рождения, уроженца Джанкойского р-на Крымской области проживающего в гор. Караганде по ул. Северной дом 58 работавшего плотником в Стройуправлении №2. гр. СССР по национальности немца, имеющего образование 8классов средней школы, судимого тройкой НКВД Крымского АССР от 29 октября 1937г. за антисоветскую сектантскую меннонитскую деятельность на 10 лет ИТЛ, семейного, содержащегося под стражей с 23 января 1963г. в преступлении предусмотренном ст.200 1часть I Ук Каз ССР

Суд выслушав подсудимого, свидетелей, выступление прокурора

Установил:

Подсудимый Вибе в 1924г. примкнул к секте линнонитов, а в 1937г. он был осужден за сектантскую меннонитскую деятельность.

В 1957г. Вибе по отбытию срока наказания прибыл в г. Караганду, где установил связь с нелегально-действовавшей сектой меннонитов, возглавляемой Классеном Д.И.

Вибе в вышеуказанной секте принимал активное участие в организации, проведении сборищ и молении сектантов.

В 1958г. Вибе был утвержден Классеном в качестве проповедника и назначен руководителем секты меннонитов, проживающих в пос. шахты №33/34 г. Караганды и вошел в руководящий "совет" секты действовавшей в целом по городу.

Как проповедник Вибе выступал на нелегальных сборищах сектантов-меннонитов с проповедями, совершал обряды крещения и бракосочетания.

В течение 1958-59г.г. Вибе у себя дома систематически проводил нелегальные сборища сектантов меннонитов, на которых выступал с проповедями, в которых призывал сектантов руководствоваться в своем поведении библейскими заповедями, даже если они расходятся с существующими Советскими законами.

Внушал сектантам воспитывать своих детей в религиозном сектантском духе.

6 сентября 1959г. представители общественности заактировали нелегальные сборища сектантов-меннонитов, на котором присутствовало 168человек, этим сборищем руководил проповедник Вибе.

6

~~стр.2.~~

6 марта 1960г. комиссия Карагандинского Горсовета вновь заактировала нелегальное сборище сектантов-меннонитов, которым руководил Вибе.

На этом сборище присутствовало 47чел. которым было раз"яснено что они не имеют право нелегально собираться на моления. Несмотря на предупреждения Вибе не прекратил своей сектантской-меннонитской деятельности и продолжал выступать на нелегальных сборищах с проповедями, которые были направлены на отрыв советских граждан от общественной деятельности и на отрыв молодежи и детей от коммунистического воспитания до последнего времени т.е. до дня ареста.

В пред"явленном обвинении Вибе виновным себя не признал однако давая суду об"яснения показал, что он действительно принимал активное участие в организации нелегальных сборищ сектантов-меннонитов, на которых проводил проповеди, направленные по отрыву людей, особенно молодежи и детей школьного возраста от участия в общественной жизни.

Виновность Вибе в пред"явленном ему обвинении подтверждается вещественными доказательствами из"ятых у него: фотографиями и показаниями свидетелей Фроловой, Бауэр, Мошко, Жабиной, Унру, Эпис, Классем А.П. и другими.

Большинство свидетелей, допрошенных в судебном заседании не отрицало, что при проведении нелегальных сборищ привлекали детей, где в их присутствии проводили религиозные обряды.

Как правило все дети сектантов-меннонистов не участвуют в общественной жизни и культурно-просветительных мероприятиях, не вступают в пионерские и комсомольские организации. Несмотря на то, что органами власти Вибе неоднократно предупреждался о прекращении деятельности секты меннонитов, однако он это игнорировал и проводил до дня своего ареста.

Следует отметить, что сектанты-меннониты при активном участии Вибе воспитывали верующих и примыкающих к ним в духе религиозного фанатизма.

Исходя из изложенного суд находит, что действия подсудимого Вибе квалифицированы правильно, поэтому руководствуясь ст.ст. 287-290 УПК Каз ССР суд

П Р И Г О В О Р И Л:

Вибе Отто Петровича на основании ст. 200-I часть I Ук Каз ССР подвергну лишению свободы сроком на четыре года без конфискации имущества. Зачесть время содержания под стражей в счет отбывания меры наказания с 23 января 1963г.

~~Вещественные доказательства-печатную и рукописную литературу уничтожить.~~ Наказание отбывать в ИТК усиленного режима.

Приговор суда может быть обжалован в Верховный суд Казахской СССР в течение 7-ми суток с момента вручения копии приговора осужденному.

Пред-щий"- /Анюшин/
Члены:- /Ключеров/
/Степин/
Копия верна:-
Пред-щий"- /ТЕЛЕВЕРА/

Die meisten vorgeladenen Zeugen haben bezeugt, dass zu den illegalen Zusammenrottungen Kinder herbeigezogen und in deren Anwesenheit religiöse Riten durchgeführt wurden.

In der Regel nehmen die Kinder der Mennonitensektierer am öffentlichen Leben und den Kulturaufklärungsveranstaltungen nicht teil und treten den Pionier und Komsomol Organisationen nicht bei. Obwohl Wiebe mehrmals angehalten wurde, die Tätigkeit der Mennonitensekte einzustellen, hat er die Vorwarnungen ignoriert und bis zum Tag seiner Verhaftung weitergemacht.

Es ist erwähnenswert, dass die Mennonitensektierer unter aktiver Teilnahme von Wiebe die Gläubigen und alle, die sich ihnen gesellen, im Sinne des religiösen Fanatismus erzogen haben.

Das Gericht hat nach dem oben Angeführten die Tätigkeit des Angeklagten als sachgemäß dargelegt erfunden und Bezug nehmend auf die Art. 287–290 des StGB der KasSSR
geurteilt:

Wiebe Otto Petrowitsch laut Art. 200/1 Teil 1 StGB der KasSSR zu vier Jahren Freiheitsentzug ohne Beschlagnahmung seines Vermögens zu verurteilen. Die Zeit seit seiner Inhaftierung vom 23. Januar 1963 soll der gesamten Zeit des Freiheitsentzugs angerechnet werden.

Die beschlagnahmten Beweismittel – Druckerzeugnisse und Handschriften – sind zu vernichten. Die Haft soll in Besserungsarbeitslagern mit strengstem Regime abgebüßt werden.

Gegen dieses Urteil kann im Laufe von 7 Tagen ab der Aushändigung der Kopie des Urteils eine Berufung beim Obersten Gerichtshof der Kasachischen SSR vorgelegt werden.

Vorsitzender: Anjuschin
Mitarbeiter: Kljutscherow
Stepin

Die Richtigkeit der Kopie wird bestätigt: Gelewerja
Siegel des Gebietsgerichts Karaganda

russischer Sprache auf und erzählte vor dem Gericht, den bewaffneten Soldaten und vor seinen Glaubensgeschwistern, die zahlreich zum Gericht erschienen waren, seine Bekehrung, pries die Gnade des Herrn und rief die Sünder zu Jesus.

Otto Wiebe hatte seine Haftzeit in Dolinka, dem Zentrum des ehemaligen Karlag, 40 km von Karaganda abzubüßen. Im Lager arbeitete er im Schichtbetrieb bei der Herstellung von Klappbetten. Besuche von nahen Verwandten waren monatlich gestattet, ebenso ein Brief pro Monat. Allerdings erhielt seine Familie bis zu drei Briefen im Monat. Sie sind erfüllt mit tiefer Dankbarkeit für „Gottes Führungen in unserem Leben". Der Briefschreiber muss tiefen Frieden gehabt haben, einen Frieden, den die Welt nicht kennt.

In den Baracken der Gefangenen predigte Otto Wiebe und erzählte aus seinem Leben. Die Mitgefangenen hörten ihn gerne und er scheint mit allen möglichen Insassen Gespräche gehabt zu haben. In seinen Briefen erwähnt er immer wieder seine Mitmenschen: „Es sind viele in dieser Umgebung, die bestätigen, was für eine Armut es ist, ohne einen Glauben an den lebendigen und wahren Gott, ohne Christum zu sein. ... Wie viele nähren sich wie der verlorene Sohn von den Träbern, die die Säue fraßen – trostlos, verzweifelnd!"

Diese Haftzeit saß Otto Wiebe nicht bis zum Ende ab. Am 29. Januar 1964 rief der Herr über alle Gewalten und Richter den treuen Diener zu sich. Gute Menschen berichteten seinen Angehörigen, dass ihr Vater gestorben sei, und es gelang ihnen, seine Leiche aus dem Gefängnis nach Hause zu nehmen

Die Weinenden und die Fröhlichen

„Auf der Beerdigung [von Otto Wiebe] war fast die ganze Gemeinde zusammen. Viele Brüder haben sich beteiligt. Johannes Fast aus Temirtau hatte eine anschauliche und gute Ansprache: ‚Freuet euch mit den Fröhlichen und weinet mit den Weinenden' nach Rom.12,15. Er teilte die Anwesenden in zwei Gruppen und sagte in die Versammlung hinein: ‚Wir brauchen nicht zu fragen, wer die Weinenden sind. Das sind vornehmlich die Frau, Kinder und die ganze Gemeinde. Und wo ist die Gruppe der Fröhlichen? Wir haben vor uns nur die entseelte Hülle. Er aber ist aus dem Gefängnis von den Leiden und Schmerzen in die himmlische Herrlichkeit versetzt. Er schaut jetzt, was er geglaubt hat und würde sich nie zurückwünschen.'

Peter Bergmann sagte: ‚Er sprach und handelte immer in der Gegenwart Gottes. Seine treue Glaubenshandlungen und seine Predigten waren nie oberflächlich, sondern tief durchdacht, erprobt und nun mit dem Tod versiegelt. So war er uns ein ständiges Vorbild [und ist es] auch nach seinem Tod.'

Eine Schwester hatte Schuldgefühle, weil sie gebetet hatte: ‚Herr verkürze ihm die Zeit im Gefängnis', aber so hatte sie es doch nicht gemeint. Er hatte mal zehn Jahre Haft bekommen und musste dreizehn Jahre abbüssen. Jetzt bekam er vier Jahre [Haft] und war nur ein Jahr weg."

Quelle: Schriftliche Erinnerungen von Abram Günter.

und zu beerdigen. In Massen strömten die Leute am 2. Februar 1964 zur Bestattung der Leiche dieses Märtyrers. Trotz des harten Frostes (etwa -30° C) nahmen viele Hunderte an der Beerdigung teil. Seine Briefe aus dem Lager waren ernste Predigten und zeugen noch heute von seiner Glaubens- und Diensttreue.

Die Beerdigung von Otto Wiebe am 2. Februar 1964

Eine große Menschenmenge folgt dem Sarg von Otto Wiebe zum verschneiten Friedhof Dalnij Park

Ein Brief von Otto Wiebe aus der Haft

Montag, den 23. September 1963.

Meine Lieben: Ida, Gretchen, Imanuel, Teo, Lena, Hannchen, Frieda, Heinrich, Kinder und Geschwister im Herrn!

Der Herr segne und behüte Euch dem Leibe und der Seele nach. – Heute sind es 8 Monate, seitdem ich von Euch scheiden mußte. So ist schon manch einer aus unserem einst so trauten Gemeinschaftskreise geschieden. Es ist ganz wahrscheinlich, daß wir uns mit manch einem der Lieben, mit denen wir so teure, gesegnete Stunden der Gemeinschaft gehabt, hienieden auch nicht mehr sehen werden! - Aber wir haben eine lebendige Hoffnung, daß wir allesamt, die wir in Christo erfunden werden, bei Seiner Wiederkunft vereinigt werden, um bei dem Herrn zu sein allezeit. 1.Thess.4,17. Und uns ist verordnet: „So tröstet euch mit diesen Worten". Dies sei auch Euer aller Trost! Wie bin ich doch so hoch erfreut durch Eure Briefe! Kann mir vorstellen, daß Ihr im Natürlichen, in Fragen der Nahrung, manche Schwierigkeiten zu bestehen habt. Aber auch hierin laßt uns nicht außer Acht lassen die vielen Verheißungen, wie: „Trachtet am ersten nach dem Reich Gottes und nach Seiner Gerechtigkeit, so wird euch solches alles zufallen". Matth.6,33. Unsere heilige Pflicht ist, Seine Ehre im Auge zu haben. Er gibt uns das Nötige und Seinen Segen dazu. Und wenn mal weniger auf den Tisch kommt, als wir wünschen, oder geringer, so laßt uns Ihn auch hierin ehren. Der Herr bewahre unsere Herzen und Sinne in Christo Jesu, daß wir ja nicht murren oder uns der Verzagtheit hingeben. „Wer Gott, dem Allerhöchsten traut, der hat auf keinen Sand gebaut". Noch einen Gruß mit Epheser 2,17-18. – „Und Er ist gekommen, hat verkündigt im Evangelium den Frieden euch, die ihr ferne wäret, und denen, die nahe waren. Denn durch Ihn haben wir den Zugang alle beide in einem Geiste zum Vater". Nachdem wir in den vorhergehenden Schriftworten erinnert wurden, daß wir alles empfangen haben durch Jesum Christum, wie: „sind samt Ihm lebendig gemacht, samt Ihm auferweckt, samt Ihm in das himmlische Wesen gesetzt, daß Er unser Friede ist", und anderes mehr, wird in dem hier bezeichneten 17. Vers auf die Tatsache hingewiesen: Und Er ist gekommen ... Dies ist ja eben, was so viele leugnen. Oder auch, man will schon gelten lassen, daß Jesus dagewesen, aber die Gottessohnschaft versucht man, streitig zu machen. O, meine Lieben! Dies ist ja eben die Weihnachtsbotschaft, der Engel auf Bethlehems Fluren. Kann es gar nicht beschreiben, wie mich dieser Gedanke überwältigt, und eben deshalb, weil ich dank der Gnade und Güte Gottes es von ganzem Herzen glaube, ohne daran zu zweifeln. Mein größter Wunsch ist, Ihm zu dienen. Das ist der Wunsch aller Kinder Gottes, die im lebendigen Glauben zu Ihm stehen, aus Dank für den empfangenen Frieden, ihr Leben Ihm zu weihen. Aber wie klein ist diese Zahl Seiner Nachfolger im Vergleich zu der großen Zahl der Menschheit! Wenn alle, die heute dieser Tatsache gegenüber gleichgültig sind, es ganz fest glauben würden, daß es Gottes heiliger Ernst ist, nämlich die Erlösung der Menschheit durch die Dahingabe Seines geliebten Sohnes, der das Opfer für aller Welt Sünde geworden ist und deshalb alle Möglichkeit gibt, die Welt davon in Kenntnis zu setzen durch Schriftwort, Predigt und durch die Arbeit des Heiligen Geistes, und daß Gott uns eine Gnadenzeit gegeben, die aber für einen jeden Menschen eine bestimmte Zeit dauert, daß nach Verlauf dieser Gnadenzeit eine ewige Schmach aller derer wartet, die dieses Heil verschmähen, - so würden die meisten unter das Kreuz kommen, und sich mit Gott versöhnen lassen. Nun sehen wir aber das Gegenteil - den umsichgreifenden Unglauben. Das fühlte auch ein Elia, wenn er sagt: „Herr, ich bin allein übriggeblieben". Was ist nun der Grund, die Ursache dieses Unglaubens dem Schriftwort, der seligmachenden Wahrheit gegenüber?

1. Viele, obwohl sie bekannt sind mit den Heilswahrheiten, nehmen die vorsätzliche Stellung ein, wie diejenigen, die zu den Zeiten des Erdenwandels unseres Meisters und Heilandes Jesus Christus sich so äußerten: „Wir wollen nicht, daß dieser über uns herrsche". Das Wort vom Kreuz ist ihnen ärgerlich. Sie stoßen sich daran.

2. Manchen würde die Lehre gefallen, aber ihnen geht es so wie denen zu den Zeiten Jesu, von denen auch gesagt ist: „Viele glaubten an Ihn, aber kamen nicht, aus Furcht, sie könnten in den Bann getan werden". Die Furcht vor Verfolgung hält manchen zurück.

3. Die meisten sind gleichgültig und achten nicht auf das Bedürfnis ihrer Seele. Würden sie suchen nach der lauteren Wahrheit, fürwahr, der Herr ließe sich von einem jeden finden, der ernstlich sucht. In 1.Kor. I steht: „Und kündlich groß ist das gottselige Geheimnis. Gott ist geoffenbart im Fleische, gerechtfertigt im Geist, gepredigt den Heiden, aufgenommen in die Herrlichkeit". „Wie liegt die Welt so blind und tot, sie schläft in Sicherheit..." Wie schmerzlich! Weiter heißt es in Vers 17: „... hat verkündigt im Evangelium den Frieden..." Erinnert an das oft vorgetragene Lied durch die lieben Sänger: „Wunderbare Botschaft Seiner Liebe bringen wir der schuldbeladnen Welt". Hier ist in wenigen Worten die Bedeutung Seiner Menschwerdung angegeben, nämlich das Neue Evangelium, die frohe Botschaft für die, die einst ferne waren, d.h. die Heiden, und für diejenigen, die nahe waren, d.h. die Juden, und die allzumal Kinder des Zorns waren, und nun für alle ohne Ausnahme den Weg bereitet hat zum Vaterherzen Gottes - für diejenigen, die da wünschen, Frieden für ihre schuldbeladene Seele von Gott zu erlangen. Alle die nun durch die Wiedergeburt das Pfand des Geistes, d.h. den Frieden der Seele erlangt haben und in Seiner Gemeinschaft sich befinden, im Lichte wandeln, wie Er im Lichte ist (siehe 1.Joh. 1,7) und in enger Gemeinschaft der Kinder Gottes sich befinden, bilden den Leib Jesu Christi. „Er das Haupt und wir die Glieder, Er der Meister, das Licht, und wir der Schein" (Zinzendorf). Er sitzet zur Rechten der Kraft in der Höhe und vertritt uns, die wir noch auf Erden wallen. Seine Liebe hat uns zu Seinem Eigentum gemacht. Seine Liebe ist es auch, die uns, Seine Glieder, hier auf Erden verbindet und gar enge zusammenschließt; der Apostel Paulus bezeichnet die Liebe als das Band der Vollkommenheit. Es sollte unsere stete Sorge sein, unsere Sachen allezeit mit Ihm im Reinen zu haben! Wenn Er einst kommt, die Seinen zu sammeln, möchte ja keiner übersehen sein. Alle, die den teuren Frieden im Herzen tragen, sind zu einer hohen Stellung aus Gnaden gekommen. Diese hohe Stellung hat ihre großen Vorrechte. In Hebr.12 steht: „Wir sind gekommen zu der Gemeinde der Erstgeborenen", und sind Erben der ewigen Herrlichkeit, und warten auf unsere Erlösung. Sind selig auch schon hienieden, doch in Hoffnung. Den hohen Wert unseres Reichtums werden wir erst dort völlig verstehen lernen. Diese hohe Stellung als Kinder Gottes hat für uns auch wichtige Pflichten und Aufgaben. Aber leider nennen sich noch sehr viele auch Christen, die nicht im Sinne haben, Ihm treulich nachzufolgen; tragen nur den Namen und beachten nur einiges aus den Worten der Heiligen Schrift, und nur da, wo es ihnen nicht hinderlich ist in ihrem fleischlichen Weltleben. Der Heiland sagt: „Viele sind berufen, aber wenige sind auserwählt". Der Apostel Paulus sagt: „Wer Christi Sinn nicht hat, der ist nicht Sein". Weiter spricht er von denen, die in Seine Nachfolge getreten, aber nicht bereit sind, Ihm ähnlich zu werden im Leiden. Er nennt sie: „Feinde des Kreuzes Christi, welcher Ende ist die Verdammnis, welchen der Bauch ihr Gott ist, deren Ehre zu Schanden wird, derer, die irdisch gesinnt sind" Phil.3,18-19. Der unlautere Wandel derer, die Seinen Namen tragen, es aber nicht sind, gereicht vielfach zum Anstoß, und immer, wenn mit Ungläubigen die Rede ist vom Glauben, gibt man dieses und jenes vor, was solche sich zu Schulden kommen lassen, die sich Christen nennen. Ja, wir sind ein offener Brief, der von der Welt gelesen wird. Laßt uns um Kraft und Beistand flehen, auch in den schwierigsten Lebenslagen so zu wandeln, damit Er durch uns verherrlicht werde. „So wir sagen, daß wir Gemeinschaft mit Ihm haben und wandeln in der Finsternis, so lügen wir und tun nicht die Wahrheit" 1.Joh.1,6. Wie aussichtslos, trostlos und öde wäre das Leben, wenn wir die frohe Botschaft des Evangeliums und den Frieden mit Gott nicht hätten! Öfters will man mich bedauern, daß ich solche

Last auf mich genommen und mich so quäle in diesem Leben und durch den Glauben an Gott keine Vorzüge genieße, daß meine Gebete umsonst wären, da ich doch in gleicher Lage bin mit allen anderen Sträflingen. Und das erinnert an die Worte des Psalmisten „weil man täglich zu mir sagt: wo ist nun dein Gott?“ Versuche es dann durch Seine Gnade deutlich zu machen. Die Liebe dessen, der uns geliebt, der uns den Frieden gebracht, dringet alle Seine Kinder, da wo es Ihm so gefällig ist, auch willig für Ihn zu leiden ohne Murren. Hätte auch noch nie darum gebetet zu Gott, um die Befreiung, sondern viel mehr um Gnade und Kraft, treu und ergeben das zu tun, was vor Ihm gefällig ist. Bin einer von den Glücklichen, denn durch Ihn bin ich reich. Mein größtes Ziel wäre nicht die Freiheit auf Erden, sondern die ewige Seligkeit. Ähnliche Gedanken hatte wohl auch der Dichter: „O wie selig sind die, die in Jesu allhier, die des Erbteils im Himmel gewiß!“ Und unter dem Einfluß dieser teuren Botschaft des Evangeliums heißt es: „Die Finsternis ist vergangen. Das Wahre Licht scheint jetzt“ 1.Joh. 2,8. Ist es nun Sein heiliger Wille, daß Seine Kinder an einsamen Orten hingestellt werden, um Sein Licht weiterzubreiten, das Er aus Gnaden einst auch in unsere Herzen hineinscheinen ließ, so soll Sein Name gepriesen sein. Großes leistet auch die Fürbitte, und Er bekennt sich zu derselben. Wir wollen darin nicht nachlassen und besonders auch für diejenigen, die daheim tätig sind am Gemeindebau und in der Familie. – „Denn durch Ihn haben wir den Zugang alle beide in einem Geiste zum Vater“. Das ist die Erfüllung der Worte unseres Heilandes, die Er sagte zu der Samariterin am Jakobsbrunnen: „Es kommt die Zeit, und ist schon jetzt, daß die wahren Anbeter den Vater anrufen werden im Geist und in der Wahrheit“. Uns ist es darum zu tun, daß wir in unseren Gebeten erhört werden. Darum ist es notwendig, ehe wir vor unseren Meister mit unseren Bitten kommen, uns zu prüfen, ob in unserem Herzen, auf unserem Gewissen nichts lastet, das unsere Gebete verhindern könnte, wie Lieblosigkeit, Unversöhnlichkeit, Zwietracht u.a.m. „Vergib uns unsere Schulden, wie wir unsern Schuldigern vergeben.“ Darum wollen uns immer wieder reinigen, demütigen, bitten um Selbsterkenntnis und Liebe. „Drum wirk in mir, was ich nicht kann, zünd mich zu Deiner Liebe an, und dämpf die Eigenliebe.“

In Liebe Euer Otto Wiebe.

Viktor und Helene Wiebe an der Grabstätte ihres Großvaters Otto Wiebe in Karaganda, Dalnij Park.

17-31.9.1962: XXII. Parteitag. Das Programm zum Aufbau des Kommunismus wird verabschiedet. „Die heutige Generation soll den Kommunismus erleben“, „1980 soll die wirtschaftliche Grundlage für den Kommunismus geschaffen sein“. Zum Abschluss des Parteitags wird Stalins Leiche aus dem Lenin-Mausoleum getragen und beigesetzt.

26.10.1962: Kubakrise. Die Konfrontation zwischen den USA und der UdSSR wegen der auf Kuba stationierten sowjetischen Mittelstreckenraketen, die mit Atombomben bestickt waren, bringt die Welt an den Rand eines Atomkriegs.

November 1962: Publikation von Alexander Solshenizyns Buch „Ein Tag von Iwan Denisowitsch“, in dem Erlebnisse der zur Stalinzeit Inhaftierten offen beschrieben werden.

1963: Karaganda hat 482.000 Einwohner

Am 10. Oktober 1997 hat die Staatsanwaltschaft des Karagandagebiets Otto Wiebe auf Grund des Gesetzes der Republik Kasachstan vom 14.04.1993 (§4b) rehabilitiert (als unschuldig erklärt).

Ein Gesellschaftsgericht

Rudolf Klassen war seit seinem ersten Besuch in Karaganda 1958 und dem Umzug Anfang 1959 hierher aktiv in der Jugendarbeit gewesen.[1] Er wurde ein Anhänger des Orgkomitees, das einen mutigen Kampf gegen die atheistische Politik der Sowjetregierung führte.[2]

Besuchsreisen

Jeden Sommer ab 1960 machte Rudolf Klassen während dem Urlaub längere Reisen durch Sibirien, um gläubige Freunde und Verwandte zu besuchen. Um den Gläubigen in Sibirien Predigten und Chorgesang vorzuspielen, nahm er 1961 das Tonbandgerät seines Schwiegervaters mit.[3]

Er arbeitete in einer Brigade mit einigen Brüdern, unter denen bis zu seiner Verhaftung auch Otto Wiebe war. Im Sommer 1963 wollte er wieder eine Reise nach Sibirien und durch Kasachstan machen. Da Rudolf nur zwölf Arbeitstage Urlaub hatte, seine Frau Talita aber einen ganzen Monat, bat er um einen zusätzlichen unbezahlten Urlaub. Doch sein Abteilungschef, der ihn als tüchtigen Arbeiter kannte, wollte den Papierkram nicht haben, zerriss seine Eingabe und gab ihm für Überstunden noch zwei Wochen frei. Rudolf und Talita besuchten zuerst Freunde in Nowosibirsk und von dort aus verbannte Brüder, unter anderen auch Johann Wedel, der aus Jurga in ein entferntes Dorf im Tomskgebiet verbannt war. Dann ging es nach Leninsk-Kusnezkij, Nowokusnezk und Ossinniki. Von dort fuhren sie noch nach Issyk und Dshambul in Südkasachstan. Hier wartete ein Telegramm von Rudolfs Mama auf sie: „Kommt zurück, auf euch wartet Onkel August." Da am 3. August 1938 Rudolfs Vater verhaftet worden war, verstand Rudolf sofort, was das Telegramm bedeuten sollte.[4]

Rudolf unf Talita Klassen

Probleme am Arbeitsplatz

Nach seiner Rückkehr wurde Rudolf nicht zur Arbeit zugelassen. Der KGB-Offizier Sawin zwang die Betriebsleitung, Rudolf fünfzehn unbegründet versäumte Arbeitstage anzurechnen. Eine Woche später wurde eine Betriebsversammlung anberaumt, auf der die Frage der Arbeitsdisziplin gestellt wurde. Zu der Versammlung waren viele Komsomol- und Parteileute geladen, ebenso Vertreter des Rayon-Exekutivkomitees und des KGB. Von Seiten der Parteileute und Beamten wurde Klassen geschmäht für seinen Glauben und die Gemeinschaften. Besonders giftig schimpfte man über seine Fahrten durchs Land „um eine gesellschaftsfeindliche Ideologie zu verbreiten". Der Vorarbeiter und die Kollegen versuchten, Klassen in Schutz zu nehmen, doch die Versammlung wurde zu einem gesellschaftlichen Gericht umgewandelt. Es kam der Vorschlag, ihn aus Karaganda zu verbannen. Bald nach dieser Betriebsversammlung wurde Rudolf für Ordnungswidrigkeit gekündigt. An dem Tage der Kündigung wurde er öffentlich im Fernsehen geschmäht und man verlangte, dass kein Betrieb so einen wie ihn einstellen sollte.[5]

1 Классен, Рудольф Д.: Мои межи. Автобиографическая повесть. 2004. S.67-69.
2 Классен: Мои межи. S. 79-80.
3 Классен: Мои межи. S. 78-79.
4 Классен: Мои межи. S. 86-89.
5 Классен: Мои межи. S. 89-94.

In den Kaukasus

Daraufhin zog Rudolf in den Kaukasus, nach Tbilisskaja. Dort konnte er eine Arbeitstelle finden und Talita zog ihm nach. In Tbilisskaja wurde er 1964 von Johannes Fast (1896-1981), obwohl seine Beziehungen zu den Predigern der MBG Karaganda nicht gut waren, zum Prediger eingesegnet und wurde Leiter der Gemeinde. Er schloss sich damals an den SZEChB an und wurde 1968 für seine aktive Arbeit verhaftet und zu fünf Jahren Haft verurteilt.[6]

Späterer Dienst in Karaganda

Nach seiner Haft kam Rudolf Klassen im Sommer 1974 wieder nach Karaganda und wurde Ältester der Gemeinde „33" und 1975 auch Mitarbeiter der Vereinigung des SZEChB in Mittelasien.[7] In Karaganda wurde er 1980 noch mal für drei Jahre verhaftet, diese Frist wurde während der Haft verdoppelt. Erst 1986 konnte er zur Gemeinde zurückkehren, in der er heute noch dem Herrn dient. Seine Lebenserinnerungen, die er in Russisch herausgegeben hat,[8] sind sehr interessant, doch viele Ereignisse des Gemeindelebens werden sehr einseitig erzählt, auch sind zeitlich einige Ereignisse verschoben oder umgestellt.

Rudolf Klassen in den Bergen

[6] Классен: Мои межи. S.94-99, 109-120.
[7] Классен: Мои межи. S.142-144.
[8] Классен, Рудольф Д: Мои межи. Автобиографическая повесть. 2004

Gebetsprogramm der Gemeinde Karaganda 1961

Montag, den 2. Januar
Danksagung Ps. 95,1-8
Bitte um allgemeinen Weltfrieden 1.Tim. 2,1-2
Bitte um Liebe, Frieden und Einigkeit in allen Gemeinden Joh. 13,34; Hebr. 12,14; Phil. 2,2

Dienstag, den 3. Januar
Danksagung Ps.106,1
Bitte um mehr Demut und Gottesfurcht und Bewahrung vor Sünde 1.Pet. 5,6; Phil. 2,3; 5.Mose 10,12
Um Stärkung des Glaubens Luk. 17,5

Mittwoch, den 4. Januar
Danksagung Kol. 2,6-7
Bitte um Bewahrung vom Erkalten der ersten Liebe Offb. 2,2-4
Bitte um Bewahrung vor der Gefahr, Feinde des Kreuzes Christi zu werden Phil. 1,29; 3,18

Donnerstag, den 5. Januar
Danksagung Ps.118,28
Bitte um die Einheit aller wahren Kinder Gottes Eph. 4,1-6
Bitte um ein gesundes und geheiligtes Familienleben Jes. 5,16; 1.Kor. 10,24; Ps. 113,1-3

Freitag, den 6. Januar
Danksagung 2.Kor. 2,14
Bitte um Bewahrung aller Gläubigen vor Hochmut und Selbstsucht Joh. 12.43
Bitte für alle geistig Kranken, als abtrünnig Ausgeschlosse, damit sie sich vom Geiste Gottes zur Umkehr bewegen lassen Jer. 3,12-14
Bitte um Bewahrung vor Irrlehren Gal. 1,6-7

Sonnabend, den 7. Januar
Danksagung 1.Thes. 5,12
Fürbitte für alle leiblich Kranken, Trostlosen, Bedürftigen, Witwen, Waisen
Ernste Selbstprüfung Ps. 139,1-24

Sonntag, den 8. Januar
Danksagung Kol. 1,3; Ps. 50,23
Bitte um Erweckungen und Wachstum und Erfolge in der Arbeit für den Herrn Eph. 6,10
Bitte um Stärkung und Festigung der Gläubigen Hebr. 13,9
Bitte um Bereitschaft auf Christi Erscheinen Matth. 24,44
Fürbitte für alle Diener Gottes 2.Thes. 3,1-3

Quelle: Dies Gebetsprogramm wurde 2007 von Johann Schneider (Nümbrecht) im Heft von Aron Lehn aus Shdanowka Nr5 (Orenburg) gefunden und uns zugesandt. Ein Zeugnis der Kontakte der Brüder damals!

Die Reaktion auf die Verfolgung

Kapitel 4

Der Satan hat begehrt euch zu sieben wie den Weizen. Ich aber habe für dich gebeten, dass dein Glaube nicht aufhöre.
Lukas 22,31-32

Verwirrung und Aufteilung

Verwirrung in der MBG

Die Verhaftungen und Gerichte zwischen August 1962 und März 1963 über die Brüder David Klassen, Heinrich Wiebe, Heinrich Zorn und Otto Wiebe lösten Verwirrung und Furcht unter den meisten Gemeindedienern aus. Die Gemeinde war nun ohne ihren furchtlosen Ältesten geblieben. Einige Brüder hielten es aufgrund von Offb. 3,7 [„der zuschließt und niemand tut auf"] für ratsam, die Versammlungen einzustellen, denn der Herr habe zugeschlossen und man könne nun keine Gemeinde mehr sein. Dieser Rat wurde von der Mehrheit der Prediger nicht angenommen, denn sie sahen die Verfolgung als

Verstärkung der antireligiösen Arbeit

„Bei der antireligiösen Propaganda wird die individuelle Arbeit mit den Gläubigen als Hauptsache gesehen. [...] Propagandisten und Agitatoren haben Bethäuser unter Kontrolle gesetzt, haben alle Gläubigen in Listen erfasst, führen unter ihnen eine ständige Aufklärungsarbeit [...] In den Gebietszeitungen[1] [...] erscheinen regelmäßig antireligiöse Artikel. Außer theoretischen Artikeln, wie „Atheismus – unsre Waffe", „Sektiererei – ‚Schutzgebiet des gestrigen Tages'", „Gibt es einen Gott?", erscheinen in den Zeitungen auch Appelle von solchen, die die Religion verlassen haben: „Leute, glaubt den Baptisten nicht", „Religion ist Gift", „Ich habe mit den Sektierern gebrochen." Auch kritische Informationen werden publiziert: „Ein Hochfest in Ossakarowka", „Mit Glockengeläut", „Reißen Sie die Ketten der Sekten", „Fedor Dyschke wetzt das Schwert" und andere.

Mit dem Ziel systematischer Kontrolle und Erforschung der Tätigkeit religiöser Sekten und der strengen Befolgung der sowjetischen Gesetze seitens der Kultusdiener wurden an den Lokalräten Unterstützungskommissionen[2] unter der Leitung von Stellvertretern der Ratsvorsitzenden gebildet. Sie umfassen 153 Personen, jedoch arbeiten diese Kommissionen, mit Ausnahme derer in Dsheskasgan, Saran und Shana-Arka, nicht zufrieden stellend."

Immer wieder wird besonders auf die Notwendigkeit der atheistischen Arbeit unter der stark religiösen deutschstämmigen Bevölkerung hingewiesen.

Bericht des Upolnomotschenyj an den RfR für 1963. SAKG, F.1364, L.1a, A.59, S.65-84.

[1] Der größte Teil der Haushalte musste die Gebietszeitungen abbonieren.

[2] Diese Kommissionen bekamen später größere Bedeutung und wirkten bis an das Ende der Sowjetzeit. Sie hießen „Kommissionen zur Unterstützung der Kontrolle der Erfüllung des Religionsgesetzes." Ihre Aufgabenstellung wird in SAKG, F.1364, L.1a, A.65, S.40-42 beschrieben.

Sichtung, Läuterung und Gelegenheit zu gesunden Entscheidungen. Doch wurden die Gläubigen, um unauffälliger zu sein, in kleinere Gruppen geteilt und die Versammlungen wurden an etwa zehn verschiedenen Orten durchgeführt.[1]

Es wurden oft Brüderversammlungen durchgeführt und verschiedene Meinungen ausgesprochen. Man suchte nach dem besten Weg. „Einem jeden dünkt sein Weg richtig, aber der Herr prüft die Herzen" (Spr. 21,2). Die Geschwister der Siedlung „33" kamen zu dem Entschluss, die Versammlungen in kleinen Gruppen von etwa zehn bis fünfzehn Personen aufzuteilen.[2] In Michajlowka[3] wurden die stärker bespitzelten Sonntagsversammlungen für zwei oder drei Monate unterlassen, aber die Bibel- und Gebetsstunden wurden an drei Stellen mit jeweils zwölf bis fünfzehn Besuchern durchge-

1 Nach Wölk: Die Mennoniten Brüdergemeinde in Rußland. S.122.
2 Zeugnis von der Entstehung und Leben der Gemeinde „33" in Karaganda. Ohne Autor, Jahr und Ort, S.4.
3 Matthies: Mennoniten-Brüdergemeinde Karaganda. S.1.

Mitteilung über die Sektierer-Mennoniten

„Ihr Name wird von ihrem Gründer Menno Simons, der im 16. Jahrhundert in Holland lebte, hergeleitet. Aus Holland ist diese religiöse Lehre nach Preußen gedrungen. Katharina II. wünschte die weiten Steppen Süd-Russlands zu besiedeln und erlaubte deutschen Kolonisten, im Süden des Landes anzusiedeln. Als 1918 die Ukraine von dem deutschen Heer besetzt war, waren die Mennoniten sehr aktiv, den so genannten „Selbstschutz" zum Kampf gegen die revolutionäre Bewegung zu organisieren. Sie unterstützten offen das Österreichisch-Deutsche Militär und rechneten mit den Armen und Knechten, die Anhänger der Sowjetmacht waren, grausam ab. In den folgenden Jahren deckten sie sich mit ihren religiösen Überzeugungen und riefen ihre Glaubensgenossen dazu auf, dem Dienst in der Sowjetarmee abzusagen und nicht am gesellschaftlichen Leben des Landes teilzunehmen. Sie arbeiteten aktiv den Maßnahmen der Kommunistischen Partei und der Sowjetregierung entgegen.

Während des Großen Vaterländischen Krieges[1] haben viele Mennoniten die deutsche Bürgerschaft angenommen, waren aktive Mithelfer des deutsch-faschistischen Militärs, dienten in der SS, waren an der Tätigkeit der Strafkommandos beteiligt. Als die Heere der Faschisten zerschlagen waren, flüchteten die aktiven Angehörigen der Strafkommandos und ihre Helfer nach Deutschland und in die USA. Später kamen viele Mennoniten als Repatriierte zurück in die Sowjetunion.

In der Sowjetunion sammelten einige der mennonitischen Predigerautoritäten die einfachen Gläubigen um sich und organisierten den sowjetischen Gesetzen zuwider gesonderte illegale Gruppen und Gemeinden, verbanden sich mit den ausländischen mennonitischen Zentren in USA, Kanada, BRD, nach deren Anweisung sie eine aktive reaktionäre Tätigkeit unter der deutschen Bevölkerung entfachten, schürten unter ihnen die Auswanderungsstimmung, um alle Deutschen zu einer Nation zu vereinigen und nach Westdeutschland auszureisen.

Mit dem Ziel, die deutsche Bevölkerung, besonders die Jugend, dem immer stärker werdenden Einfluss der sowjetischen Realität und der kommunistischen Ideologie zu entziehen, rufen die mennonitischen Prediger in ihren illegalen Zusammenrottungen die Gläubigen dazu auf, nicht an den gesellschaftlichen Maßnahmen des Landes teilzunehmen, nicht dem Komsomol und den Pionieren beizutreten, keine Zeitungen und Zeitschriften zu lesen, nicht Radio zu hören, nicht Kino, Theater usw. zu besuchen. Dazu gebrauchen die Prediger in ihren Predigten allerlei provokative Hirngespinste, die den Gläubigen religiösen Fanatismus einpfropfen und sie von dem gesellschaftlichen und politischen Leben abreißen.

Wegen ihrer reaktionären Ausrichtung wird die Sekte der Mennoniten in der Sowjetunion nicht registriert. *[Hervorgehoben vom Redakteur]*

Der Upolnomotschenyj für Religionsangelegenheiten des Gebietsexekutivkomitees Karaganda Adikow
12.11.1962

SAKG, F.1364, L.1a, A.59, S.117-118; SAKG, F.1364, L.1a, A.60, S.22-23.

1 So wurde der Krieg gegen Deutschland 1941-1945 in der Sowjetunion genannt.

führt. Doch an den meisten Orten wurden alle Versammlungen in kleineren Gruppen fortgesetzt (so in der Siedlung „33" an vier Stellen, in Kirsawod-Melkombinat an drei Stellen). Die Leitung der einzelnen Gruppen übernahmen die Brüder Peter Regehr (Kirsawod), Jakob Konrad (Schachtiner Rayon), Jakob Siebert („33"), Heinrich Wölk (Michajlowka).

Das Osterfest in dieser Zeit wurde um sechs Uhr morgens gefeiert, und als die Menschen in der Umgebung aufwachten, war die Versammlung schon aus und alle Zuhörer waren auseinander gegangen. Auch der kleine Gesangchor behielt seine Übstunden, auf die anschließend noch eine Bibelbetrachtung folgte. War hier die Menschenfurcht zu groß gewesen? Jedenfalls hatten diese kleinen Versammlungen auch manches Gute. An den Gebet- und Bibelstunden beteiligten sich jetzt fast alle, man wurde einander näher, man fühlte ein innigeres brüderliches Verhältnis unter den Geschwistern.[4]

Johann Koop, Johann Schellenberg und Franz Enns

Zerstreuung

Manche Gemeindeglieder konnten in diesen Verhältnissen nicht an den Versammlungen in Privathäusern teilnehmen, weil sie den Platz nicht immer mitbekamen oder er zu entlegen war, etliche wollten es auch aus Angst nicht. Wie einige es schon früher getan hatten, besuchten jetzt viele die legalen Versammlungen der Baptistengemeinde, weil diese regelmäßig an einem Ort stattfanden und gefahrlos waren. Einige, die keine überzeugten Mitglieder der MBG waren, schlossen sich der Baptistengemeinde an. Es gab aber auch solche, die so stark eingeschüchtert waren, dass sie die Versammlungen ganz verließen.

Kirsawod

Andererseits besuchten auch Geschwister aus der Baptistengemeinde die Versammlungen der MBG in Kirsawod, und Johann Koop und Johann Fröse luden, obwohl sie Mitglieder der Baptistengemeinde waren, die deutschen Versammlungen der MBG in ihre Häuser oft ein.

Zerwürfnisse

Unordnung im Gemeindeteil der Siedlung „33"

In der Siedlung „33" führte die Aufteilung zur Unordnung in der Organisation der Gottesdienste, denn es war schwierig, Versammlungsräume für zehn Stellen zu finden und Verkündiger und Sänger zu bestimmen.

„Jetzt, wo Otto Wiebe genommen war, kamen wir mit den fünf eingesegneten Brüdern Wolf, Siebert, Klassen, Epp und Fenske zusammen, um die Frage zu lösen: was wollen wir jetzt machen? Wir kamen zum Entschluss uns (ca.150 Personen) auf 10-15 Stellen zu versammeln. Das klappte aber nicht.

[4] Nach Wölk: Mennoniten-Brüdergemeinde in Rußland. S.122.

Da kamen z.B. sieben Personen zusammen und der Verantwortliche fehlte. Dann gingen diese sieben zum nächsten Versammlungspunkt. Oder es fand mal auch ein Gottesdienst statt, wo nur gesungen wurde, weil von den 3-4 angesprochenen Brüdern keiner willig war zu predigen. Das brachte auch Spannungen mit sich."[5]

Dann kam noch dazu, dass einige Diener sich zurückzogen, andere als Schichtarbeiter nicht immer dabei sein konnten. Die Verantwortung musste entweder von dem Eigentümer des Versammlungsortes, vom Redner oder auch von den Besuchern übernommen werden. Man fühlte sich wie „Schafe unter den Wölfen" - je kleiner die Herde, je größer die Gefahr. Wer würde der nächste sein, der zur Schlachtbank geführt würde, um den Hunger der Wölfe zu stillen? Einer der eingesegneten Bruder verließ den Ortsteil und zog mit dem Wort „Es ist der Herr" in den Süden. Die Behörden machten das Angebot: um in Frieden und ungehindert den religiösen Bedürfhissen nachzugehen, sollten die Gläubigen in die Baptistengemeinde gehen, was die Mehrheit auch tat.[6] Die anderen, größtenteils jüngere Brüder, verurteilten solche

[5] A. Klassen in: Ein Zeugnis von der Entstehung und Leben der Gemeinde „33" in Karaganda. Ohne Autor, Jahr und Ort. S.5.

[6] Ein Zeugnis von der Entstehung und Leben der Gemeinde „33" in Karaganda. Ohne Autor, Jahr und Ort, S.5.

Jugend von „33" 1963-1964. 1. Reihe v.l.n.r.: Maria Krause (Dück), Frieda Peters (Hildebrandt), Elsa Warkentin, Lena Fröse (Witlew), Maria Letkemann (Epp), 2. Reihe: ?, Anna Rempel (Klassen), Maria Siebert (Dück), Otto Remich, Erich Ebert, Anna Letkemann (Görzen), Ira Sorokina, 3. Reihe: Lena Kornelsen, Erna Töws (Klippenstein), Elsa Bückert (Rempel), Susa Görzen, Klara Sawatzky, Elvira Thiessen (Warkentin), Linda Breitkreuz (Venske), ?, Adina Klassen (Görzen), 4. Reihe: Peter Rempel, ?, Heinrich Klassen (von David), Willi Berg, Johann Sawatzky, Jakob Epp, Heinrich Töws.

Orchester mit Bruder Hoffmann im Schachtinskij Rayon. 1. Reihe sitzend v.l.n.r.: Valentin Kemling, Katharina Neufeld (Epp), Tina Thiessen (Harder), Erna Unruh, Ella Voth (Hoffmann), Hilda Hamm, ?. 2. Reihe v.l.n.r.: Johann Schwarz, Jakob Klassen, Gredel Thiessen (Peters), Peter Letkemann, Hoffmann, ?, David Voth, ?, ?.

Entscheidungen, die aus Menschenfurcht getroffen wurden, und versammelten sich separat.

Diese Verwirrung und Zerwürfnisse wurden zur Ursache der Spaltung in der Gemeindegruppe „33".

Gelassenheit

Ruhige Beständigkeit in Schachtinski-Rayon

In dem Stadtteil Schachtinskij wurden die Versammlungen in den Häusern nie unterbrochen. Unter der Leitung der Brüder Jakob Konrad und Franz Ediger wurde das Gemeindeleben hier aufrechterhalten, so dass dieser Teil der Gemeinde die schmerzlichen Erfahrungen der Verwirrung nicht durchmachen brauchte.[7]

An zwei Abenden in der Woche kam der Chor zu Singstunden zusammen. Der Chor wurde von Viktor Enns aus der Ortschaft 33 geleitet. Diese Singstunden sind den damaligen Sängern ganz besonders im Gedächtnis geblieben. Sie wurden mit einem Wort aus der Bibel und Gebet angefangen, dann fragte Viktor etwa eine halbe Stunde lang auswendig gelernte Bibelverse ab. Jeder Sänger kam dran. Nicht nur der Vers vom letzten Mal wurde abgefragt, sondern auch die schon früher gelernten. Danach wurde Singen nach Ziffern geübt. Viktor hatte vorgefertigte Kartonstreifen mit Ziffernreihen, die dann gesungen wurden. Ein jeder musste einzeln singen. Dann wurden Lieder vierstimmig geübt. Die Lieder wurden von den Sängern zu Hause von Hand abgeschrieben. Zum Sologesang wurde abwechselnd jeder Sänger drangenommen. Die Singstunde wurde mit Gebet abgeschlossen.

[7] Siehe Wölk: Die Mennoniten-Brüdergemeinde in Rußland. Fußnote S.126.

Das Evangelium in der Militärkaserne

Mit 22 Jahren wurde Franz Banmann am 25. Juni 1963 aus dem Gemeindeteil in Kirsawod kurz nach seiner Verlobung in die Armee einberufen. Er beschreibt ein Erlebnis aus seiner Armeezeit:

„Es war ein schwerer Weg, weg von der Gemeinde, der Jugend und von den Lieben und der Geliebten. Da lernte ich die Gegenwart Gottes besonders kennen, das ‚und Gott war mit Josef.' Als junger Rekrut kam ich mit 1500 anderen zusammen in Swerdlowsk an. Zuerst konnte man in der Menge untertauchen, aber nicht lange, sie merkten schon bald, dass ich anders war. Wenn ich ihnen bekannte, dass ich Christ bin, reagierte man kaum, denn jeder hatte erstmal mit sich zu tun, aber ich lernte gut, so dass die Vorgesetzten mit mir zufrieden waren.

Die Grundausbildung sollte drei Monate dauern. Insgeheim konnte ich das Wort Gottes lesen, denn ich hatte ein Johannesevangelium und außerdem einen Block, in den mir die Jugend verschiedene Sprüche zum Andenken geschrieben hatte. Aber nach zwei Monaten wurde bei jemandem Geld gestohlen, worauf alle 1500 Mann sich aufstellen mussten und alle unsere privaten Sachen wurden untersucht, wobei auch bei mir das Evangelium und der Block gefunden wurden. Es wurde mir abgenommen und dem Oberoffizier abgegeben. Dieser Offizier war besonders brutal und streng. Er holte sich den Schuldigen ins Zimmer und da musste man vor ihm stramm stehen und er wütete und prügelte, so dass jeder vor ihm Angst hatte. Nun sollte ich mich am nächsten Tag bei ihm melden. Da freuten sich viele und spotteten über mich, nun würde der Oberst auch aus mir den Glauben an Gott ausprügeln. Ich betete und mir fiel die Begebenheit ein, wo Gott zu Laban im Traum sagte: ‚Hüte dich, dass du freundlich redest zu Jakob', als er ihm nachjagte. Mein Flehen war: ‚Herr, du kannst dem Oberst auch solchen Sinn geben.'

Als ich mich am nächsten Tag bei ihm meldete, zitterte ich im Herzen, was ich wohl sagen würde. ‚Aber der Herr war mit Josef', dachte ich, stellte mich vor und konnte meinen Augen nicht glauben - der Oberst bot mir einen Stuhl an. Vor ihm lagen mein Block und das Johannesevangelium. ‚Sind es deine Sachen?' ‚Ja.' ‚Weißt du nicht, dass man in der Roten Armee keine geistliche Propaganda führen darf?' ‚Das habe ich auch nicht gemacht, Herr Oberst, es ist nur meine persönliche Speise.' Er sprach mit mir etwa eine halbe Stunde.

‚Es steht doch in eurer Bibel geschrieben, dass wenn man einen auf die Wange schlägt, so sollt ihr auch die andere dazu reichen.' Ich dachte: ‚Nun ist es so weit, dass er mich schlagen will, und man muss vor ihm stramm stehen und sich nicht wehren.' Da sagte ich zu ihm spontan: ‚Wenn Sie mich dafür, dass ich das Wort Gottes schätze, schlagen werden, werde ich mich so gut ich kann wehren.' Das hatte er bestimmt nicht erwartet. Eine Minute schwieg er, dann sagte er: ‚Aus dir wird ein guter Soldat werden. Nun geh und hol deinen vorgesetzten Sergeant.' Als ich herauskam, umringten mich mehrere Soldaten, die erwartet hatten, dass der Offizier mich mit blauen Flecken gehen lassen würde, und fragten, ob er mich nicht geschlagen hatte und was ich ihm gesagt hatte. Ich holte den Sergeant und der Offizier befahl ihm, mit mir zur Post zu gehen und das Evangelium und den Block an die Adresse zu senden, die ich ihm angeben würde. So kam alles zu Hause bei meiner Verlobten Selma an. Mir wurde gesagt, dass meine Briefe von nun an öffentlich gelesen werden würden. Das schrieb ich nach Hause, wo es für die Jugend ein großes Anliegen wurde, für mich zu beten. Meine Verlobte arbeitete mit mehreren plattdeutschen Mädchen im Selentrest, so dass sie Plattdeutsch gelernt hatte. Sie kam auf die Idee, mir die Briefe auf Plattdeutsch mit russischen Buchstaben zu schreiben. Man öffnete den ersten Brief und wollte sich nun vor vielen über mich lustig machen. Sie konnten ihn lesen, verstanden aber nichts. ‚Ach ja, er ist ja ein Deutscher', meinten sie dann, suchten jemanden, der Deutsch konnte und fanden auch einen Wolgadeutschen aus Nowosibirsk, aber er konnte es nicht übersetzen, weil er nicht Plattdeutsch konnte. So waren alle ihre Erwartungen getäuscht. Ich verriet ihnen nicht, welche Sprache es war. So gaben sie es auf, meine Briefe zu lesen. Ich hatte nun kein Gotteswort bei mir, da kaufte ich mir einen Block und schrieb mir alle Bibelverse auf, die in den Briefen vorkamen und lernte sie auswendig. Der Oberst hatte auf meine Mappe groß rot geschrieben: ‚Überzeugter Baptist!' Wenn ich versetzt wurde, was oft vorkam, wusste man gleich, wer ich bin. Ich war dreieinhalb Jahre weg und habe es erfahren: ‚Aber der Herr war mit Josef!' Dreimal wurde mir die zehntägige Urlaubszeit verwehrt, weil ich ‚überzeugter Baptist' war. Ich bekam 1965 eine Adresse in Nishni Tagil, wo sich Gläubige versammelten. Drei Monate lang ging ich oft hin, aber die Geschwister, die verfolgt wurden, wollten wegen mir nicht zusätzlichen Ärger haben, so dass ich nicht mehr hinging. Aber der Herr war mit mir, so das ich bei Ihm blieb. Ihm sei die Ehre! Am 4. Dezember 1966 kam ich zurück und am 18. Dezember heirateten Selma und ich. Der Herr hat uns noch in Karaganda fünf Jungs geschenkt, wobei meine Frau jedes Mal, wenn ein Junge geboren wurde, an meine Soldatenzeit denken musste. Ich war zu der Zeit so froh, dass ich eine Gemeinde hatte und viele jugendliche Geschwister, die mich auf betenden Händen getragen haben."

Franz Banmann, Pfivitzheide

Franz Banmann im Urlaub aus dem Dienst mit Selma Reinich, seiner Verlobten

In den Versammlungen wurden auch Vorträge mit Musik gebracht, z. B. über den verlorenen Sohn. Im Orchester spielten Gitarren, Mandolinen, eine Violine und manchmal auch ein Akkordeon. Die Vorträge wurden auch außerhalb des Schachtinskij Rayon gemacht, z. B. in Saran, Schokaj, Osakarowka, Balchasch. Zu jeder Hochzeit wurde ein neues Lied eingeübt. Auf Hochzeiten sang der Chor sowohl vormittags bei der Trauhandlung als auch am Nachmittag. Die Tauffeste und die anschließenden Einsegnungen fanden spät abends, nachts oder früh morgens statt. Das Abendmahl wurde gewöhnlich von Franz Ediger einmal im Monat in der Morgen- und in der Nachmittagsversammlung ausgeteilt. Alten und kranken Geschwistern wurde das Abendmahl nach Hause gebracht (z. B. von Jakob Konrad).[8]

[8] Aus der Sammlung von Zeugnissen, Jakob Konrad, jun, Frankenthal

Militärdienst

„Im Herbst 1963 mussten etliche Brüder aus der Gemeinde, darunter auch ich, in den Militärdienst. Onkel Jakob Konrad gab uns zum Abschied in einem Gottesdienst einen Vers aus Hebr. 6,11-12 mit: ‚Wir wünschen aber, dass jeder von euch denselben Eifer beweise, die Hoffnung festzuhalten bis ans Ende, damit ihr nicht träge werdet, sondern Nachfolger derer, die durch Glauben und Geduld die Verheißungen ererben'.

Der Herr hat uns alle im Glauben erhalten, obwohl wir an verschiedene Orte kamen. Da, wo ich hinkam, war ich als Gläubiger allein. Eine Bibel hatte ich nicht. Ich konnte mich aber an die Bibelverse erinnern, die wir in den Übstunden mit Viktor Enns auswendig gelernt hatten. Dieselbe schrieb ich mir in ein Notizbüchlein auf. Dazu kamen dann die Bibelstellen aus den Briefen von zu Hause. So war ich nicht ohne das Wort Gottes. Und des Nachts, wenn alles ruhig geworden war, konnte ich Gemeinschaft mit meinem Heiland haben. Wie teuer ist es zu wissen, dass der Herr überall gegenwärtig ist. Genau nach drei Jahren kam ich nach Hause."

Erinnerung von Walter Plett, Frankenthal.

Walter Plett

In der Mennoniten-Kirchengemeinde Karaganda

In den Jahren 1961-1962 führten die Prediger Jakob und Bernhard Thiessen die so genannten „Sonnabend-Abende" durch. Unter den Jugendlichen begann eine Erweckung und einige bekehrten sich zum Herrn. In den Jahren 1962-1965, als alle Versammlungen in den Häusern streng verboten wurden und massive Drohungen kamen, beschloss die Gemeinde die eigenen Gottesdienste einzustellen und wieder die Versammlungen der Baptistengemeinde in Kopaj zu besuchen. Der Verlust der Selbstständigkeit der Gemeinde war schmerzlich. Ebenso schmerzlich war der Verlust der kurz nacheinander heimgegangenen Brüder Heinrich Funk, Johann Friesen und Jakob Bergmann.

Quelle: eine knappe Skizze „Die Geschichte der Mennoniten-Kirchengemeinde in Karaganda".

Johann Thiessen

Der Kampf mit den Glauben unter Deutschen ist zu verstärken

Fünf Jahre nach dem oben erwähnten[1] streng geheimen Protokoll des Sekretariats des ZK der Kommunistischen Partei Kasachstans vom 22. März 1958 wird in der streng geheimen Verordnung vom 10. September 1963 „Über die Verstärkung der politischen Arbeit unter den Sowjetbürgern deutscher Nationalität" mit Unterschrift des Sekretärs des ZK M. Solomenzew wieder die Abschwächung der politischen Arbeit unter der deutschen Bevölkerung gerügt. Die Versuche der imperialistischen Kreise des Westens, die Auswanderungsstimmung unter Deutschen zu schüren, was durch Wohltätigkeitsorganisationen und religiöse Gruppen geschehe, werden angeprangert. Dann wird festgestellt, dass es „in der Republik eine Reihe von illegal wirkenden mennonitischen, katholischen, lutherischen Gruppen und Gemeinden gibt, die daran arbeiten, neue Personen, besonders Jugendliche, herein zu ziehen." Das seien hinterlistige ideologische Attacken, die verderblich auf rückständige Sowjetbürger wirken. Unter den vielen Maßnahmen wird in Punkt 4 verordnet: „die verschiedenen Parteikomitees [...] sind verpflichtet, die antireligiöse Propaganda unter der deutschen Bevölkerung zu verstärken und die Aufmerksamkeit besonders der persönlichen Arbeit mit den Gläubigen zu widmen. Es soll entschieden gegen die Ausbreitung der religiösen Benebelung unter Jugendlichen, Halbwüchsigen, Kindern im Schul- und Vorschulalter gekämpft werden."[2]

Seit 1964 gab es in Karaganda monatlich eine Stunde TV-Sendungen in deutscher Sprache.[3]

[1] Siehe Teil III Kapitel 1
[2] Из истории немцев Казахстана 1921-1975. Сб. документов, 1997, с.234-236.
[3] Из истории немцев Казахстана 1921-1975. Сб. документов, 1997, с.281

1962:	Beitritt des WSEChB zum ökumenischen Weltkirchenrat.
Dezember 1962:	Mizkewitsch vom WSEChB spricht mit dem Gehilfen des Vorsitzenden des Rates für Religionsangelegenheiten Rjasanow und bekommt die Genehmigung, eine Konferenz der EChB in den Satzungen vorzusehen.
24.6.1963:	Der WSEChB bekommt vom Rat für Religionsangelegenheiten die Erlaubnis zu einer größeren Beratung der Ältesten.
5.8.1963:	UdSSR, USA und Großbritannien unterschreiben das Verbot von Kernwaffentests in der Luft und unter Wasser.

Der Neuaufbau der Gemeinde 1964-1968

T e i l IV

Legalisierungsversuche und Eigenständigkeit der Gemeinde

Kapitel 1

Tu mir kund den Weg, den ich gehen soll!
Psalm 143,8b

Wende in der sowjetischen Religionspolitik

Das neue Statut der Baptisten

Die Beratung der Ältesten der registrierten Baptistengemeinden in der Zentrale des WSEChB in Moskau vom 15. bis 17. Oktober 1963 wurde am zweiten Tagungstag zum beschlussfähigen Kongress (russ. „Sjesd") erklärt. Das war ein vom ZK der KPdSU genehmigter Schlag des Rats für Religionsangelegen-

Die Sitzung der Evangeliumschristen-Baptisten in Moskau im Oktober 1963, die zu einem Kongress umgewandelt wurde

15.-17.10.1963: Die erste Allunions-Konferenz der Evangeliumschristen-Baptisten nach dem Zweiten Weltkrieg in Moskau.

1963: Lebensmittelkrise in der Sowjetunion infolge einer Missernte. Der Brotverkauf wird eingeschränkt, die Schlangen nach Lebensmitteln werden zum Problem im ganzen Lande. Zum ersten Mal kauft die Sowjetunion Korn im Ausland.[1]

[1] Bis zum Ende der Sowjetzeit reichte die Lebensmittelproduktion in der Sowjetunion nicht aus, um den Bedarf der eigenen Bevölkerung zu decken. Allen Maßnahmen zum Trotz mussten Korn und andere Lebensmittel weiterhin importiert werden.

heiten (oder des hinter ihnen stehenden KGB) gegen das Orgkomitee[1], das ja gerade eine Konferenz aller registrierten und nicht registrierten Baptistengemeinden einforderte. Das Orgkomitee hatte aber auch entschieden die Missstände und Sünden des Vorstandes des EChB-Bundes aufgedeckt, ihre Abhängigkeit und ihre Mitarbeit mit der atheistischen Regierung verurteilt und zu einer Reinigung der Gemeinden aufgerufen. Diese Schuld wurde aber nicht bekannt und die Reinigungsforderungen wurden verschwiegen.

Dass dieser Kongress ein von der Sowjetregierung vorbereiteter Schritt war, geht klar aus dem Brief des Rats für Religionsangelegenheiten am Ministerrat der UdSSR vom 30. August 1963 an alle Bevollmächtigten (Upolnomotschenyj) der Gebietsräte hervor.[2] In diesem Brief werden die Letzteren zur aktiven Vorbereitung dieses Kongresses verpflichtet. Mit dem Brief wurde ihnen eine Liste der „gewünschten" Kandidaturen zugesandt. Sie sollten sich darum bemühen, dass diese Kandidaten gewählt würden. Der Upolno-

[1] Siehe im Anhang: Begriffserklärung zu „Orgkomitee".
[2] SAKG, F.1364, L.1a, A.62, S.6-10.

Neue Leitsätze für die Religionspolitik

„3. [...] Mit dem Ziel der verstärkten Kontrolle über die Tätigkeit der religiösen Vereinigungen und der Unterbindung ihrer illegalen Tätigkeit, soll man:

a) die Gläubigen, die sich von den registrierten EChB-Gemeinden abgeteilt hatten von der Notwendigkeit, ihre illegale Tätigkeit einzustellen und in die registrierten Gemeinden zurückzukehren, überzeugen;

b) die Linie der Vereinigung von Pfingstlern und Mennoniten mit den registrierten Gemeinden der Evangeliumschristen-Baptisten weiterführen (unter Bedingung der Anerkennung der sowjetischen Religionsgesetzgebung), diese Vereinigung soll nicht durch verschiedene unbedeutende Forderungen und Bedingungen erschwert werden;

c) über die Frage der Legalisierung (Registrierung) der faktisch wirkenden nicht registrierten religiösen Vereinigungen der Evangeliumschristen-Baptisten und anderer, die nach der Verfassung der UdSSR das Recht auf freie Durchführung von Gottesdiensten haben, verhandeln.

4. Die administrativen Maßnahmen im Kampf gegen die Religion müssen eingestellt werden, die ungesetzliche Aufhebung der Registrierung und Schließung der Bethäuser sollen gestoppt werden, die begangenen Fehler müssen gutgemacht werden, diejenigen, welche die Linie der Partei und des Staates in Bezug auf Religion verdrehen und die sowjetische Religionsgesetzgebung übertreten,[1] müssen zur strengen Verantwortung gezogen werden.

Bei der Arbeit des Losreißens der Gläubigen von den Sekten und der Unterbindung der illegalen Tätigkeit der baptistischen und anderen religiösen Vereinigungen muss man die aufrichtigen Sowjetmenschen, die wegen ihrer politischen Unreife und mangelnder Bildung unter den Einfluss der Religion und Anstifterelemente gekommen sind, von den unredlichen Personen, die bewusst die Unwissenheit der Gläubigen für ihre ehrgeizigen und unehrliche Ziele missbrauchen, unterscheiden. An diese Weisungen des ZK der KPdSU sollte man ständig denken und ihnen in der praktischen Arbeit genau folgen."

Quelle: Aus dem Brief des RfR an alle Bevollmächtigten des RfR der Gebiete. SAKG, F.1364, L.1a, A.62, S.9.

[1] Gemeint ist hier von Seiten der Staatsbeamten!

motschenyj sollte mit jedem gewählten Kandidaten seines Gebiets sprechen, damit bei der Beratung nichts Unerwartetes geschehe, und das Protokoll dem Rat für Religionsangelegenheiten in Moskau zusenden.

Dieser Kongress durfte die zerstörenden Satzungen und den geheimen Instruktionsbrief an die Ältesten von 1960 aufheben und ein neues Statut annehmen.[3] Dieses Statut war dem vom Orgkomitee vorgeschlagenen sehr ähnlich und deshalb meinte Karew, der Generalsekretär des WSEChB, „das neue Statut würde für alle annehmbar sein."[4] Die Forderungen des Orgkomitee waren damit formal erfüllt, nur gab es keine Änderungen in dem jetzt von den Delegierten der Konferenz gehorsam gewählten Rat (WSEChB) und die Brüder des Orgkomitee und aller nicht registrierten Gemeinden blieben außen vor.[5]

„Es hatte den Anschein, die Arbeit in den EChB-Gemeinden werde wieder in biblische Bahnen gelenkt werden. Auch in der Baptistengemeinde in Karaganda wurde wieder Buße und Bekehrung gepredigt. Dieses schwächte die Vorsicht der Brüder dem EChB-Allunionsrat gegenüber. Gleichzeitig war letzterer bemüht, die Mennoniten-Brüdergemeinde in sich aufzunehmen und hat auch manches versucht, um dieses durchzusetzen."[6]

Der Versuch der Legalisierung 1964

Eine deutsche Baptistengemeinde?

Die Abänderung der schmählichen Dokumente des WSEChB von 1960 und besonders die Annahme des neuen Statuts der EChB-Gemeinden vom Oktober 1963 weckte in vielen Brüdern, auch in der MBG, neue Hoffnungen in Bezug auf die Legalisierung der Gemeinde. Viele glaubten nun

[3] Das war in dem Brief des Rates für Religionsangelegenheiten vom 30. Februar 1963 auch schon vorangekündigt.
[4] Савинский: История евангельских христиан-баптистов Украины, России, Белоруссии (1917-1967). S.229.
[5] Ausführlich bei Савинский: История евангельских христиан-баптистов. S.227-229
[6] Wölk: Mennoniten-Brüdergemeinde in Rußland. S.123.

Dieselbe Politik mit anderen Mitteln

Am selben Tag, als der Kongress des EChB-Bundes abschloss, informierte Pusin, der Chef des Rates für Religionsangelegenheiten, im nächsten Brief die Bevollmächtigten in den Gebieten darüber und mahnte sie, den abtrünnigen Baptisten entschieden zu widerstehen. Er warnte vor solchen, die „versuchen die Entscheidungen der [Baptisten-] Konferenz fälschlicherweise ausweitend zu interpretieren und sie für die Aktivierung ihrer Tätigkeit außerhalb der gesetzlichen Rahmen und ohne Kontrolle der Sowjetorgane zu nutzen. Solche Versuche sollen sofort unterbunden werden."[1]

Der Orgkomitee wirkte entschieden weiter und verwarf trotz der Wahlbestätigung des WSEChB dessen Rechtsmäßigkeit. Um das Orgkomitee sammelte sich eine große Anhängerschaft und es schien fast, dass es die Mehrheit der Baptistenbewegung um sich vereinigen würde. Das zwang die Sowjetorgane dazu, durch Lockerungen des Würgegriffs, mit dem sie den WSEChB und die registrierten Baptistengemeinden umklammert hatten, entgegenzuwirken. Jetzt versuchten die Sowjetorgane, also die Partei, der KGB, die Räte, der Rat für Religionsangelegenheiten und die Bevollmächtigten der Gebiete, die nicht registrierten Gemeinden und Gruppen in die registrierten Gemeinden zu integrieren. Wenn es nicht anders ging, waren die Sowjetorgane jetzt wieder dazu bereit, die größeren nicht registrierten Gemeinden zu registrieren.

[1] Brief Pusins an die Bevollmächtigten, 17. Oktober 1963. SAKG, F.1364, L.1a, A.62, S.13-14.

wieder an eine offene Tür, an mehr Möglichkeiten, das Werk des Herrn voranzutreiben.[7]

Im Februar 1964 kam es auf Wunsch des Upolnomotschenyj des Gebiets zu einem Gespräch mit den dazu von der Gemeinde bevollmächtigten Brüdern Gerhard Harder und Johann Strauß. Diese Brüder stellten mit Einverständ-

Технический рейс на первую оетонку. Год 1962
Ст.инж.управления Алешин,
Шеломков, Батурин, Гарусов и др.

Im Flughafen von Karaganda landete 1962 zum ersten Mal ein viermotoriges Passagierflugzeug IL-18.

nis der meisten Gemeindevorsteher dem Bevollmächtigten den Antrag, eine deutsche Baptistengemeinde organisieren zu dürfen. Das schien den Brüdern der einzig mögliche Ausweg für die Fortsetzung der Gemeindearbeit zu sein. Zum Leiter wurde Gerhard Harder gewählt, zum Gehilfen Johann Strauß.

Doch manche Brüder, darunter Franz Ediger, Jakob Konrad und Abram Friesen, waren gegen einen solchen Seitenweg, da die Gemeinde schon bestand und zwar als MBG. Mit ihnen hielten es auch die Gemeindeglieder aus ihrem Bezirk und auch manche andere. Nur 358 Gemeindeglieder (von über 1000) ließen sich damals in die Liste eintragen.

Gerhard Harder und Johann Strauß machten nun einige Gänge zum Bevollmächtigten. Am 26. Februar 1964 hatte die Gemeindeleitung den Antrag

[7] Dieser Abschnitt stützt sich auf Matthies: Mennoniten-Brüdergemeinde Karaganda. S.1.

zur Registrierung mit der aufgestellten Liste an das Exekutivkomitee des Karagandagebiets eingereicht mit einer Bitte um Erlaubnis, ein Bethaus für ausschließlich deutsche Versammlungen in Kirsawod zu eröffnen. Dabei wurde auf zwei Umstände hingewiesen: 1) dass viele ältere Gemeindeglieder schlecht Russisch können und 2) das Bethaus der Baptisten in einem 20 km entfernten Stadtteil liege.[8]

Am 20. April 1964 bekamen die Brüder eine mündliche Absage vom Upolnomotschenyj des Gebiets, der sich dabei auf eine Erklärung des Ministeriums von Kasachstan berief. Am 23. April 1964 bat die Gemeindeleitung im Namen „der gläubigen Christen der deutschen Gemeinde der Evangeliumschristen-Baptisten der ehemaligen Deutschen Brüdergemeinde" den Rat für Religionsangelegenheiten in Moskau brieflich um die Registrierung als deutsche Gemeinde der EChB.[9] Es waren Schritte der Suchenden, Gott bewahrte die Gemeinde vor dem Gelingen solcher Schritte, die wohl zur Auflösung geführt hätten.

[8] SAKG, F.1364, L.1a, A.69, S.20-29 und umseitig.
[9] SAKG, F.1364, L.1a, A.69, S.125 und umseitig.

20

получено 2/III 64 г.

Список

верующих христиан для регистрации немецкой общины евангельских христиан-баптистов в Ленинском районе г. Караганды из бывшей немецкой братской меннонитской общины.

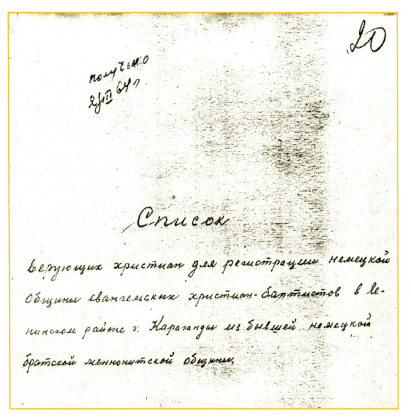

Liste zur Registrierung der MBG Karaganda als einer deutschen EChB-Gemeinde im Lenin-Rayon in Karaganda. Empfangen am 2.3.1964 . Die Liste enthält nur 358 Namen und besteht aus zwei Teilen (von 1-264 und 265-358), die wohl parallel aufgestellt wurden. Hier bringen wir einen Auszug aus der Liste: S. 247-250.

Im März 1957 wurde die erste Gemeindeliste mit 54 Namen an das Exekutivkomitee des Sowjets eingereicht. In dem Archiv des Upolnomotschenyj ist dies die zweite und letzte Gemeindeliste. Später wurden Gemeindelisten nie mehr eingereicht.

In dieser Zeit wirkten auch andere Gemeinden um Registrierung: die Baptistengemeinden in Saran (130 Mitgl., seit Dezember 1963), Dolinka (62 Mitgl.), Osakarowka (seit 1965), die evangelisch-lutherische Gemeinde in Karaganda (348 Mgl.), die Molokaner in Dubowka (55 Mgl.). Später (1965-66) wirkten um Registrierung auch die Baptistengemeinden in Ossakarowka (60 Mitgl.), Agadyr (20 Mitgl.), Kajrakty (34 Mitgl.) und Kusnezkij (15 Mitgl.)

Уполномоченному по религиозным культам по Карагандинской области

От верующих христиан немецкой общины евангельских христиан баптистов из бывшей немецкой братской меннонитской общины Ленинского района гор. Караганды.

Заявление.

Основываясь на Устав союза Евангельских Христиан баптистов, принятом и утвержденном на съезде Евангельских христиан баптистов 16 Октября 1963 года в городе Москве, мы- верующие христиане из немецкой братской меннонитской общины Ленинского района города Караганды обращаемся к Вам с просьбой зарегистрировать нашу общину, согласно приложенному списку в количестве 358 человек, как Общину Евангельских христиан баптистов.

Так как в списке, представляемом нами, записаны исключительно граждане немецкой национальности, среди которых есть многие пожилого и даже преклонного возраста, не понимающие русского языка, или знающие его плохо, мы просим Вас, зарегистрировать общину как немецкую общину Евангельских христиан баптистов, с правом вести все богослужебные обряды, проповеди, пение и молитвы <u>только</u> на родном - немецком языке.

В связи с большой территориальной отдаленностью Ленинского района от молитвенного дома русской общины Евангельских христиан-баптистов в Октябрском районе („Копай"), просим Вашего разрешения зарегистрировать нам в районе Кирзавода № 1-2 здание для проведение богослужебных молитвенных собраний.

Руководителем названной общины является рукоположенный брат Гардер Гергард Петрович, который записан в общем списке под №: 6.

Заявление подписывают по поручению всех членов немецкой общины Евангельских христиан баптистов

Руководитель: [signature] Гардер Г. П.

и члены церкви в количестве двадцати человек:

1.	Зиберт Я. Г.	Зиберт	11.	Каст Г. А.	Каст
2.	Классен Г. И.	Классен	12.	Маттис В. Б.	[signature]
3.	Этт Б. М.	[signature]	13.	Энс М. И.	[signature]
4.	Тиссен Г. Н.	Тиссен	14.	Берман П. А.	Берман.
5.	Гюнтер И. Я.	[signature]	15.	Регер П. А.	Регер.
6.	Штраус И. А.	[signature]	16.	Дик Я. Б.	Дик Я. Б.
7.	Плетт Я. Я.	[signature]	17.	Виль Э. Х.	Виль
8.	Вольф А. А.	[signature]	18.	Фризен Я. Г.	Фризен
9.	Вельк Г. И.	Вельк	19.	Фризен И. Г.	Фризен.
10.	Берген Б. Б.	[signature]	20.	Пеннер Я. Б.	Пеннер

26 февраля 1964.
Ленинский район
гор. Караганда.

№№ п/п.	Фамилия, имя и отчество	Год рожд.	Место жительства	
1	2	3	4	5
			Кирзавод 1-2	
1.	Эрлих Генрих Генрихович	1902	Балхашская 119	пенсионер
2.	Эрлих Мария Андреевна	1906	-"- -"-	домохозяйка
3.	Дикман Анна Ивановна	1894	Смоленская 6	домохозяйка
4.	Каминский Эрих Юлиусович	1927	Оршанская 6	Г.Ш.О.
5.	Каминская Валентина Андреевна	1935	-"- -"-	Ателье № 7
6.	Гардер Гергард Петрович	1891	Оршанская 5	пенсионер
7.	Гардер Елизавета Францевна	1897	-"- -"-	домохозяйка
8.	Лейер Лилия Гергардовна	1927	-"- -"-	домохозяйка
9.	Ведель Елена Францевна	1904	Хвойный пер. 38с	домохозяйка
10.	Тиссен Генрих Абрамович	1931	Хвойный пер. 14	Обувная ф-ка
346.	Унру Агата Ивановна	1911	Северная 61	больница № 3
347.	Гардер Елена Генриховна	1917	Северная 57	домохозяйка
348.	Шенке Таисия Владимировна	1938	Армейская 48а	1-я горбольница
349.	Дик Василий Тобиасович	1912	Цельковского 20-2	ЦОФ.
350.	Дик Екатерина Генриховна	1914	-"- -"-	домохозяйка
351.	Дик Абрам Иванович	1899	Фрунзе 4/3	школа № 20
352.	Дик Елизавета Абрамовна	1900	-"- -"-	домохозяйка
353.	Классен Абрам Абрамович	1914	Фрунзе 8/4	шахта 12
354.	Классен Екатерина Егоровна	1923	-"- -"-	шахта 12
355.	Тевс Генрих Васильевич	1923	Трудовая 9а	Фабрика по ремо мебели
356.	Тевс Лиза Яковлевна	1924	-"- -"-	домохозяйка
357.	Дирксен Иван Корнеевич	1924	Средняя 6	шахта 33/34
358.	Дирксен Амалия Яковлевна	1925	-"- -"-	домохозяйка

ГАКО.Ф.I364.Оп.Iа.Д.69.Л.20-29-29об.Подлинник.Рукопись.

Um die Sache der Legalisierung voranzutreiben und Wege dafür zu suchen, wurden Gerhard Harder und Wilhelm Matthies nach Moskau gesandt, wo sie am 25. Mai 1964[10] im WSEChB und im Rat für Religionsangelegenheiten vorstellig wurden.[11] Im WSEChB hatten es die Brüder hauptsächlich mit Generalsekretär Karew zu tun. Sie wurden äußerst freundlich aufgenommen, doch konnte der Bund keine praktische Hilfe leisten. Im Rat für Religionsangelegenheiten empfing Rjasanow, der stellvertretende Vorsitzende, sie unerwartet einsichtsvoll. Ihm legten die Brüder ihre Bitten vor: 1) um Registrierung der Gemeinde und 2) um die Erlaubnis, im Leninskyj Rayon in Karaganda ein Bethaus zu eröffnen und deutsche Gottesdienste durchführen zu können.

Otto Töws, Herbert Schönke und Harry Tröster (v.l.n.r.) vor einen Rettungswagen der 1960-er, auf dem H. Schönke als Fahrer arbeitete

An beiden Stellen wurden sie ermuntert, ihr Wirken fortzusetzen, und man riet ihnen, den Namen „Mennoniten“ beizubehalten. Karew sagte etwa so: „Bleibt, was ihr wart, also Mennoniten. Wenn ihr euch in Zukunft Baptisten nennen würdet, wäre das nur ein Aushängeschild ...“ Dennoch wäre die Registrierung nur denkbar, wenn man sich dem WSEChB unterstellen würde.[12]

Daraufhin schrieb am 6. Juni 1964 Rjasanow an die Bevollmächtigten von Kasachstan und Karaganda, dass der Rat keine Hindernisse sehe, die Mennonitengemeinde als EChB-Vereinigung zu registrieren. Er riet, dabei die nationale Frage zu beachten, was wohl als ein zusätzliches positives Argument zu betrachten ist. Diesen Brief bekam Rachimow, der neue Upolnomotschenyj von Karaganda, am 11. Juni 1964.[13] Trotz der Fürbitte des Rates aus Moskau lehnten die Ortsbehörden in Karaganda im Juli die Registrierung ab, mit der Begründung, in einer Stadt dürfen nicht zwei Bethäuser erlaubt werden.[14]

[10] So bei W. Matthies. Rjasanow vom RfR schreibt, am 26.5.1964. SAKG, F.1364, L.1a, A.69, S.123.
[11] Matthies: Mennoniten-Brüdergemeinde Karaganda, S.2. Das war der Anfang der Wirksamkeit von Willi Matthies für die Mennoniten-Brüdergemeinde Karaganda.
[12] Das schreibt Rjasanow aus dem RfR an den Upolnomotschenyj in Karaganda. SAKG, F.1364, L.1a, A.69, S.123.
[13] SAKG, F.1364, L.1a, A.69, S.123.
[14] Matthies: Mennoniten-Brüdergemeinde Karaganda. S.2.

Schon sehr bald dankten die Brüder, dass der Herr sie auf diese Art vor einem Irrweg bewahrt hatte und sie nicht in die Abhängigkeit vom WSEChB geraten waren.[15]

Rachimov, der Upolnomotschenyj von Karaganda, vermerkte später auf dem oben erwähnten Brief von Rjasanow: „Im August 1964 an die registrierte Baptistengemeinde Karaganda angeschlossen."[16]

Die MBG im Bethaus der Baptisten

Einführung der deutschen Versammlungen

Die Moskaureise hatte doch einen wichtigen Erfolg. Der Bevollmächtigte und der Baptistenälteste wurden nach Moskau herausgerufen und kehrten mit bestimmten Vorschriften zurück, was bald bemerkbar wurde und dazu beitrug, die gemeinsamen deutschen Versammlungen im örtlichen Gotteshaus der Baptisten ins Leben zu rufen, wenn auch Anfang und Fortgang derselben noch manche ungeahnte Schwierigkeiten mit sich brachten.[17]

Der Älteste der Baptistengemeinde in Karaganda, Pjotr Iwanowitsch Posharizkij, erhielt aus Moskau die Vorschrift der Mennoniten-Brüdergemeinde

Das Wahrzeichen von Karaganda – die „schwarzen Berge" neben den Kohlengruben

die Möglichkeit zu bieten, ihre Versammlungen im Bethaus der Baptisten zu halten. Posharizkij lud zum 7. August Gerhard Harder und Peter Bergmann zu sich ein und überredete sie dazu. Diese beiden Brüder beriefen dann eiligst am selben Abend einen Bruderrat ein und drängten mit großer Eile darauf, schnell persönliche Eingaben der Mitglieder der MBG um Mitgliedschaft bei der Baptistengemeinde einzureichen. Sie überzeugten die anwesenden Prediger von der Richtigkeit dieses Schrittes. Es gebe keinen anderen Weg,

---

15 Wölk: Mennoniten Brüdergemeinde in Rußland. S.123-124.
16 SAKG, F.1364, L.1a, A.69, S.123.
17 Matthies: Mennoniten-Brüdergemeinde Karaganda. S.2.

um deutsche Versammlungen zu bekommen. Dabei war die von Posharizkij vorgegebene Formulierung der Anträge förmlich sinnlos, denn sie wurde an eine nicht existente „Vereinigte Gemeinde der Ev.-Chr.-Baptisten und Mennoniten" gerichtet. Außerdem sollten diese Anträge im Laufe von zwei Tagen vorliegen, zum Anfang wenigstens 200, denn der Älteste gab vor, schon am 11. August mit dem Resultat nach Moskau reisen zu müssen.

Die meisten Mitglieder des Bruderrats ließen sich durch die Eile überrumpeln, doch die Prediger Jakob Konrad, Franz Ediger, Abram Friesen und Johann Strauß gingen nicht auf den Vorschlag ein und schrieben keine Eingaben. Von den drei Ortschaften Kirsawod, Michailowka und „33" kamen aber nur etwa 200 Anträge zusammen, dabei überstieg 1962 die Gesamtmitgliederzahl der MBG 1.200. Auch die späteren Leiter der MBG Ka-

Das Bethaus der EChB-Gemeinde

raganda, Heinrich Wölk und Wilhelm Matthies, ließen sich im August 1964 verwirren, was sie aber später einsahen und gutmachten. Von den verlangten Anträgen wusste man in Moskau nichts, das war eine Erfindung vor Ort. Posharizkij erhielt einen Brief vom WSEChB, der einem Verweis glich, indem ihm die Frage gestellt wurde, womit er sein Vorgehen begründen könne. In diesem Brief wurde ferner betont, dass die genannten Anträge nicht notwendig wären. Schließlich wurden diese unglücklichen Anträge trotz wiederholter Proteste Posharizkijs am 22. November in einer großen Gemeindeversammlung für nichtig erklärt und später vernichtet, denn fast alle 200 Teilnehmer dieser Sache bereuten ihr übereiltes Vorgehen schon bald, nachdem es geschehen war.[18]

Wie sich später herausstellte, war die Erlaubnis zu den Versammlungen in deutscher Sprache schon da. Sowohl der Bevollmächtigte als auch die Leitung der Baptistengemeinde konnten nun nichts mehr dafür oder dagegen tun. Posharizkij drängte jetzt sogar auf die Verwirklichung dieser Versammlung. Bei etwa 1.000 Mennonitenbrüdern, 700 deutschen Baptisten, 300 kirchlichen Mennoniten und vielen lutherischen Gemeinschaften in Karaganda

[18] Diese Sache ist hauptsächlich nach Matthies: Mennoniten-Brüdergemeinde Karaganda (S.2) geschildert. Knapper berichten darüber Wölks in: Mennoniten Brüdergemeinde in Russland. S.124.

war diese deutsche Versammlung neben zwei russischen am Sonntag eine große Notwendigkeit und Gelegenheit.[19]

Es gab schon seit 1959 deutsche Versammlungen in der Baptistengemeinde.[20] Im August 1964 konnten sie unter der Leitung der Prediger der MBG neu organisiert werden, wenn auch mit einigen Schwierigkeiten. Posharizkij konnte sich anfänglich keine rein deutschen Versammlungen vorstellen und wollte alle Ansprachen übersetzen lassen. Außerdem versuchte er, die Versammlungen auf baptistische Art zu moderieren, also Lieder vorzuschlagen, die Einzelteile des Gottesdienstes anzukündigen und zum Gebet aufzufordern. Da er die Sprache nicht verstand und den mennonitischen Ablauf der Versammlung nicht kannte, führte das sofort zu Ungereimtheiten.

Jakob und Ella Neufeld nach der deutschen Traung in Kopai. Sie wurden von Heinrich Wölk getraut.

Neben dem von vielen nicht wahrgenommenen Kampf um die Eigenständigkeit der MBG konnte die Arbeit in den großen deutschen Versammlungen aufgebaut werden. Schon am 9. August wurden die Sonntags- und Mittwochsversammlungen in deutscher Sprache für die Zukunft bekannt gemacht. Auf den Vorschlag von Posharizkij setzte man ohne Gemeindebeschluss Gerhard Harder, Peter Bergmann und Jakob Siebert als provisorische Leitung dieser Versammlungen ein. Zu den meisten Beratungen dieser Leitungsgruppe wurde Wilhelm Matthies als Vertreter von Michailowka herangezogen.

Die Mennoniten- und Baptistenprediger dienten abwechselnd in den deutschen Versammlungen. Von der MBG waren es die Prediger Peter Bergmann, Heinrich Wölk, Gerhard Harder, Jakob Siebert, Johann Strauß, Wilhelm Matthies, Peter Wolf, später auch Abram Friesen. In den ersten drei Monaten beteiligten sich die drei Brüder des Schachtinskij Rayon, Franz Ediger, Jakob Konrad und Abram Friesen, sowie auch viele Gemeindeglieder desselben Ortes nicht an den deutschen Versammlungen. Sie hielten diese Arbeit für einen Anschluss an die Baptistengemeinde, den sie in keiner Weise wünschten.

Die deutschen Versammlungen brachten viel Segen. Ohne Störungen von den Behörden (!) durfte nun in dem großen Saal mit bis zu 2.000 Zuhörern das Wort Gottes in der Muttersprache verkündigt werden. Die Zeit, in der Kindern der Zutritt ins Versammlungshaus verwehrt wurde, war vorbei. Viele Jugendlichen nahmen an den Versammlungen teil. Unter der Leitung von Peter Weyer und Willi Wiebe sang ein großer Chor, in dem auch viele Sänger der kleinen Chöre der MBG mitsangen und mächtige Gesänge erklangen zur Ehre Gottes. Die ernsten Predigten wurden auch ernst genommen

[19] Matthies: Mennoniten-Brüdergemeinde Karaganda. S.2.

[20] Diese deutschen Versammlungen sind gut bezeugt von Johannes Nickel. Wilhelm Matthies und Peter Thielmann schreiben von dem Anfang deutscher Gottesdienste im August 1964, wohl weil sie von den früheren deutschen Versammlungen nicht wussten.

und viele, besonders Jugendliche, bekehrten sich. Einmal in der Woche wurde eine Bibelstunde durchgeführt.[21] In der MBG eingeübt blieb die Bibelstunde auch später ein segensreicher Bestandteil des Gemeindelebens des deutschen Teils der Baptistengemeinde.

Durchsetzung der „ganz deutschen" Versammlungen

Als eine besondere russisch-deutsche Versammlung für Eheleute durchgeführt wurde, was an sich ein wirklich gutes Vorhaben war, wurde vielen klar, dass solche Arbeit nicht gemeinsam getan werden konnte. Posharizkij hatte etwas übernommen, was über sein Vermögen ging und seine Art, ohne die nötige Weisheit und Takt heilige Fragen des Ehelebens zu behandeln, war gefährlich. „Wie litten viele unserer Schwestern damals!"[22]

Einige Brüder der MBG[23] drängten auf Klärung der Ungereimtheiten, andere waren furchtsamer. Das Klärungsgespräch von Willi Matthies mit Posharizkij verlief schwer, jedoch konnten die Brüder sich verständigen und mit dem Bruderkuss auseinander gehen. Als einige der Gehilfen des Ältesten von dem Gespräch erfuhren, stachelten sie ihn wieder gegen die Mennonitenbrüder auf. Der WSEChB und die wirkliche Sachlage verlangten nach Entspannung und der Älteste und seine Umgebung fügten sich dazu, den Mennonitenbrüdern die notwendige Freiheit für die Gemeindearbeit zu gewähren.

Denn ihr sollt nicht in Eile ausziehen und in Hast entfliehen; denn, der HERR wird vor euch herziehen und der Gott Israels euren Zug beschließen.
Jes.52,12

So konnten ab Mitte Oktober 1964 die Nachmittagsversammlungen ganz in Deutsch gehalten werden. „Das war ein wichtiger Sieg und dem Herrn allein sei Dank und Ehre dafür!"[24] Später konnten noch an vielen Orten der Sowjetunion in Baptistengemeinden solche Versammlungen eingeführt werden und Tausende von Deutschen durften das Evangelium in ihrer Muttersprache hören und damit teilweise auch ihre Gemeindesitten beibehalten.

[21] Wölk: Mennoniten Brüdergemeinde in Rußland. S.125.
[22] Matthies: Mennoniten-Brüdergemeinde Karaganda. S.2.
[23] Matthies schreibt: „H. Wölk, W. Matthies und andere". S.4.
[24] Matthies: Mennoniten-Brüdergemeinde Karaganda. S.3

Der Hauptbahnhof in Karaganda

Betrüblich war in dieser Zeit, dass die russischen Gegner der deutschen Versammlungen sich auf die Stellung mancher deutscher Mitglieder der Baptistengemeinde stützen konnten. Das erschwerte den Kampf um die deutschen Versammlungen erheblich. Doch es gab auch andere. „Einsichtsvolle russische Brüder (wie Petrow u.a.) freuten sich mit uns und das wahre Verständnis für die Einheit der Kinder Gottes wurde manchem Christen klar (Eph.4,3 - die Einheit im Geiste)."[25]

Bruderrat der MBG

Anfang November 1964 versammelte sich endlich der Bruderrat der MBG wieder vollzählig, also mit Franz Ediger, Jakob Konrad und Abram Friesen, sowie einigen jungen Brüdern vom Schachtinskij Rayon und es fand eine Einigung der anwesenden Brüder statt. Abram Friesen verurteilte an diesem Abend ziemlich hart all das Hin- und Herschwanken der meisten Brüder und besonders die im August gemachten Eingaben an die Baptistengemeinde. Viele Brüder, darunter auch Heinrich Wölk und Willi Matthies, bereuten die in Eile gemachten Seitenschritte. Die meisten Fehlgriffe waren von der Furcht hervorgerufen und durch Eile geschehen und, wie Rappard sagt, „alle Eile ist vom Teufel."[26] Obwohl viel gebetet wurde, manchmal mit Fasten, so war man doch ab und zu der Wolkensäule vorangeeilt und hatte nicht geduldig auf des Herrn Ruf gewartet.

14. Oktober 1964: N.S. Chruschtschow wird abgesetzt. Die Führung der Sowjetunion übernehmen L.I. Breshnew als Generalsekretär der KPdSU und A.N. Kosygin als Vorsitzender des Ministerrats der UdSSR. Angesichts der wirtschaftlichen Reformen und Nachbesserungen rückt der Kommunismus in die Ferne. Zuerst bemüht sich die Sowjetregierung um Entspannung in den Beziehungen mit den Kirchen und Gemeinden, jedoch ohne ihre atheistischen Ziele aufzugeben.

Erneute Sammlung trotz des Vereinigungsdrucks

Herstellung der Ordnung

Auf der Gemeindestunde am 22. November 1964 konnte endlich ordnungsgemäß eine Leitung der deutschen Versammlungen mit Gerhard Harder, Jakob Siebert und Wilhelm Matthies gewählt werden. Der Bruderrat beschloss, eine neue Mitgliederliste der MBG mit persönlichen Unterschriften aufzustellen, die dann bald fast 700 Namen zählte. Zwar versuchte Posharizkij noch einmal zu steuern, doch gab er sich dann zufrieden und ließ in den folgenden Monaten der gewählten Leitung der deutschen Versammlungen die notwendige Freiheit.[27]

Anschlussversuch des Oberältesten

Doch am 22. Dezember 1964 versuchte Wastschuk, der Oberälteste der Baptistengemeinden Kasachstans, die MBG dazu zu bringen, eine kollektive Eingabe zum Anschluss an die Baptistengemeinde einzureichen. Obwohl er bei einer Reihe russischer und deutscher Baptisten Unterstützung fand, standen

[25] Matthies: Mennoniten-Brüdergemeinde Karaganda. S.4.
[26] Matthies: Mennoniten-Brüdergemeinde Karaganda. S.4
[27] Matthies: Mennoniten-Brüdergemeinde Karaganda. S.4.

die vorstehenden Brüder der MBG einmütig gegen diesen Vorschlag. Der junge Vertreter des WSEChB, Viktor Krieger, brachte damals den Mennonitenbrüdern Verständnis entgegen, konnte aber nicht helfen. In den Ortsgruppen der MBG wurden die Bibel- und Gebetsstunden in Privathäusern weiter gepflegt und in einigen Stadtteilen auch die Sonntagabendversammlungen.[28]

Anschlussversuch des Upolnomotschenyj

Am 8. März 1965 wurden die Leiter der deutschen Versammlungen Gerhard Harder, Jakob Siebert und Willi Matthies zum Bevollmächtigten des Rats für Religionsangelegenheiten herausgerufen, der kategorisch den Anschluss an die EChB-Gemeinde verlangte. Er forderte dazu einen kollektiven Antrag, ansonsten könne er die deutschen Versammlungen im Bethause nicht mehr dulden. Die Leitung blieb insgesamt doch fest und sagte dem Bevollmächtigten ab. „Dieser Tag öffnete den Brüdern einmal recht klar die Augen darüber, welche Rolle die Bevollmächtigten in den registrierten Gemeinden spielen können, wenn letztere nicht mehr unter der Leitung des Geistes stehen."[29]

Die Ansehen haben wollen nach dem Fleisch, die zwingen euch zur Beschneidung, nur damit sie nicht um des Kreuzes Christi willen verfolgt werden.
Gal.6,12

Nachdem die Sache am nächsten Tag in einer Bruderratssitzung beraten worden war, gingen die drei Leiter in die Wohnung des Ältesten Posharizkij, der ihnen auf mildere Weise dieselbe Bedingung des Anschlusses stellte. Gerhard Harder gab nach und der Älteste wandte sich jetzt an Jakob Siebert und Willi Matthies. Das Übereinstimmen und Zusammenwirken des Gemeindeältesten mit den atheistischen Kontrollbeamten war eine niederdrückende Erfahrung.

Übergabe der Leitung der deutschen Versammlungen an die Baptisten

Die drei Versammlungsleiter waren schließlich bereit, die Leitung der deutschen Versammlungen den Predigern der Baptistengemeinde zu überlassen, die Prediger der MBG sollten aber weiter an der Predigt teilnehmen. Diese Arbeitsweise setzte sich schließlich durch, doch nicht ohne Schmerzen.

Am 21. März 1965 wurde eine Versammlung der Mitglieder beider Gemeinden anberaumt, in der die Leitung der MBG verunglimpft wurde. Die

[28] Matthies: Mennoniten-Brüdergemeinde Karaganda. S.4.
[29] Matthies: Mennoniten-Brüdergemeinde Karaganda. S.4.

Vor einer Bushaltestelle im Zentrum der Stadt, Anfang 1960-er

Posharizkij Pjotr Ivanowitsch mit seiner Ehefrau Agafja Grigorjewna

Sache wurde so dargestellt, als hätten sich die Brüder aus Menschenfurcht von der Verantwortung zurückgezogen und sich „von der Kanzel losgesagt". Damit sollte der Widerstand der leitenden Brüder der MBG gebrochen werden und sie gedrängt werden, eine kollektive Eingabe zur Aufnahme in die Baptistengemeinde zu machen. Die Verwirrung wurde noch größer durch die Zustimmung Gerhard Harders, sich der Baptistengemeinde anzuschließen. Jakob Siebert und Willi Matthies lehnten dieses jedoch ab. Zum Schluss sagte Posharizkij: „Ihr Prediger der Mennoniten-Brüder werdet von dieser Kanzel nicht mehr predigen!"[30] Viele Mitglieder konnten diese Vorgehensweise nicht begreifen und beteten für ihre Leiter. Manche waren aber nicht fähig, sich in diesem Durcheinander zurechtzufinden.

Am Abendmahlssonntag zwei Wochen später teilten die Prediger der MBG in der deutschen Versammlung das Abendmahl nicht aus, „da sich viel Gläubige nicht in richtiger Herzensstellung befänden".[31] „Nach der Versammlung taten P.I. Posharizkij, H. Allert und E. Baumbach vor den deutschen Predigern Abbitte für ihr Verhalten am 21. März. Den folgenden Sonntag wiederholte Posharizkij seine Abbitte vor der ganzen deutschen Versammlung. Ihm und auch anderen wurde gern verziehen."[32]

Posharizkij widerrief seine Drohung, dass die Prediger der DMBG nicht mehr von der Kanzel predigen würden. Im Laufe von ein oder zwei Wochen baten auch noch einige Baptistenbrüder, die den Ältesten unterstützt hatten, vor der Gemeinde um Verzeihung. Damit wurde dem Drängen auf Anschluss etwas Einhalt getan, und die Baptistenbrüder bemühten sich, das gute Verhältnis zwischen den Gemeinden wieder herzustellen.[33]

Nach diesen schwierigen Erfahrungen wurde den meisten Brüdern der MBG klar, dass die Pflege der Gemeinde weiterhin unabhängig von der Leitung der Baptistengemeinde gemacht werden musste. An den deutschen Versammlungen änderte sich mit dem Wechsel der Leitung vorerst nicht viel.[34]

Eine große Erhörung vieler Gebete war für alle Kinder Gottes, als David Klassen am 30. April 1965 unerwartet vor dem Fristablauf befreit wurde. Am 1. Mai begrüßte er die große deutsche Versammlung in Kopaj. Seine Befreiung und Predigt ermutigte die Gemeinde.

Briefwechsel mit dem WSEChB im März und April 1965

Die Auseinandersetzungen um die DMBG hatten noch Nachspiele.

Im März und April hatte Willi Matthies zur Klärung und Beilegung der entstandenen Schwierigkeiten einen regen Brief- und Telegrammwechsel und einige Telefongespräche mit dem WSEChB.[35] Das hatte zuerst Abram Friesen dringlich zugeraten und andere Brüder aus der Gemeindeleitung ge-

[30] Wölk: Mennoniten Brüdergemeinde in Rußland. S.125.
[31] Matthies: Mennoniten.Brüdergemeinde Karaganda. S.5.
[32] Matthies: Mennoniten-Brüdergemeinde Karaganda. S.5.
[33] Wölk: Mennoniten Brüdergemeinde in Rußland. S.126.
[34] Matthies: Mennoniten-Brüdergemeinde Karaganda. S.5-6
[35] Matthies: Mennoniten-Brüdergemeinde Karaganda. S.4-6.

wünscht. „Gleich beim ersten Gespräch mit dem Generalsekretär des Baptistenbundes Karew betonte dieser, daß die kollektive Eingabe, die hier verlangt wurde und all die Unruhe nicht von Moskau angeregt worden wäre. Da I.P. Posharizkij uns eigentlich manche Liebe und Freundlichkeit erwiesen hatte und nach seiner demütigen Abbitte im April, sollte auch nichts mehr unser Verhältnis trüben. Dieses wurde von W. Matthies auch zu Karew gesagt, d.h., daß wir keine Klage gegen Posharizki vorbringen wollten. Dennoch musste auf Karews Bitte die Sachlage klargelegt werden und das war schwer... Gewiß werden bei dem regen Briefwechsel der unruhigsten Zeit auch einige unnötige Ausdrücke in den Briefen zu finden sein, obzwar alle (außer einer eiligen Nachricht) von der Leitung gelesen und unterstützt wurden. Immer

Das Karagandiner Postamt (links). Rechts die Parteikomitee-Zentralle des Sowjetischen Rayons

wieder suchte W. Matthies die älteren Brüder auf, wie H. Wölk, J. Siebert; P. Bergmann, P. Regehr u.a., um die weiteren Schritte zu beraten, ehe er selbst handelte oder schrieb."[36]

[36] Matthies: Mennoniten-Brüdergemeinde Karaganda. S.6.

Willi Matthies über das Einssein in Christo, die wahre Einheit der Kinder Gottes

1. Alle Kinder Gottes als Mitglieder verschiedener Gemeinden fühlen sich als ein Organismus und haben gern Geistesgemeinschaft.

2. Das eifrige Streben nach Zusammenschluss oder gar ein gewaltsames Zusammentreiben aller Kinder Gottes in eine Gemeinde hat nur immer mehr Unfriede und Lieblosigkeit hervorgerufen, also das Gegenteil vom Einssein in Christo [bewirkt].

Nicht Drängen, sondern Liebe und gegenseitige Duldung bestimmen unsere Beziehungen.

Solche Ansicht ist auf Gottes Wort gegründet und dieselbe unterstützen auch folgende Gottesmänner.

J. Vetter (Leiter der Zeltmission): „Die Einheit des Volkes Gottes ist im Gekreuzigten vollendet worden und man sollte sie einfach annehmen und bekennen."

J. Töws (Ignatjewka): „Keine andere Grenzlinie als die Grenzlinie von Golgatha."

M. Korf: „Einigkeit ist nicht Einerleiheit."

A.W. Karew (aus „Über die Einheit der Gemeinde"): „Wir, Gläubige, können verschiedene Ansichten haben, verschiedene Begriffe, verschiedene Meinungen und doch eins sein in der Liebe zu Christo... Die Glaubenslehren und Kirchenordnungen werden bis zum Kommen des Herrn verschieden sein..."

Quelle: Matthies: Mennoniten-Brüdergemeinde Karaganda. S. 7.

Abram Friesen kritisierte später diesen Briefwechsel, doch wechselte er selbst in dieser Zeit seine Position in der Gemeindefrage und wurde vom Gegner (1964) zum Befürworter (1966) des Anschlusses an die Baptistengemeinde. Leider belasteten diese Auseinandersetzungen auch später die Arbeit der Brüder. Damals wurden dem WSEChB brieflich vier verschiedene Varianten vorgelegt, auf die die MBG eingehen könnte:

1. Eine registrierte MBG mit eigenem Bethaus.
2. Eine selbständige MBG im Hause der Baptistengemeinde.
3. Versammlungen der Mennonitenbrüder unter eigener Leitung.
4. Zuletzt, wenn keine der ersten drei Varianten verwirklicht werden könnte, dann zumindest die Fortsetzung der Versammlungen der MBG in Privathäusern.

Betont wurde dabei, dass die letzte Variante nicht wünschenswert, doch der einzige Ausweg wäre, wenn die anderen undurchführbar bleiben sollten. Leider kamen vom Baptistenbund nur unbefriedigende Nachrichten und am 12. April 1965 wurde von Wilhelm Matthies der letzte Brief geschrieben mit der Schlussbemerkung, dass ein weiterer Schriftverkehr zwecklos sei, man aber dem Bund dankbar sei für alle verwendete Zeit und Aufmerksamkeit.

Rückblick 1964-1965

Die Zeit zwischen Februar 1964 und April 1965 war für die provisorischen Gemeindeleiter eine schwere Zeit auf der Suche nach dem rechten Weg. Weil man sich vor Verhaftungen fürchtete und in neuen Situationen übereilt handelte, gelang es dem Bösen sie manchmal zu überrumpeln und irrezuführen.

Doch die Brüder suchten aufrichtig mit viel Gebet das Rechte und die Gemeinde betete auch. Der Herr setzte immer wieder zurecht, machte gefährliche Handlungen wirkungslos, führte weiter und schenkte neue Möglichkeiten.

Das Gnadengeschenk dieser Zeit waren die großen Sonntagsversammlungen und Bibelstunden in deutscher Sprache in Kopaj, wo das Evangelium frei und ungehindert in der Muttersprache noch 25 Jahre lang verkündigt wurde. Was unbesonnenen Brüdern anfangs verkehrt erschien, hielten später alle für gut und selbstverständlich. Die deutschen Versammlungen waren sehr wichtig für die Förderung wahren Christenlebens, für Erweckungen und die Erhaltung des von Gott geschenkten geistlichen Erbes für die Nachkommen. Es war die Zeit, in der der die Gläubigen in Karaganda besser lernen sollten, was wahre Einheit der Kinder Gottes ist.

Stellungnahme zur Eingabe der Gründer der Mennonitengemeinde (ohne Datum):

Das anfängliche Gesuch der Mennoniten entstand im Februar 1964, da baten die Gründer um Registrierung als selbständige Gemeinde im Stadtteil Kirsawod Nr. 1-2 des Lenin-Rayons von Karaganda. Nach langem Verhandeln und Erklären haben sie sich im Oktober 1964 freiwillig mit der registrierten WSEChB-Gemeinde vereinigt und ihr eingesegneter Älteste Harder ist dorthin gegangen. Deswegen wurden die Gründerliste, der Exekutivrat und die Revisionskommission [der EChB-Gemeinde] durch die Zahl der sich an diese Gemeinde angeschlossenen Mennoniten erweitert.

Seit der Vereinigung der Mennoniten mit der Gemeinde, wurden und werden die religiösen Versammlungen der deutschstämmigen Mennoniten zwei Mal pro Woche extra durchgeführt.

Die Entfernung von den Wohnorten der meisten Gläubigen zu der registrierten WSEChB-Gemeinde auf der Asphaltstrasse beträgt 10-12 km bei gut geordnetem Verkehr.

Deshalb halte ich das Bittgesuch der Mennoniten für unbegründet. Es besteht keine Notwendigkeit diese Gemeinde zu registrieren.

Upolnomotschenyj des Rats [für Karaganda] /Unterschrift/ Sh. Rachimow

Quelle: SAKG, F.1364, L.1a, A.45, S.34.

Spaltung in der Siedlung „33"

Die Abspaltung

In diesen schweren Jahren musste die MBG die Not einer Spaltung erleben. Wir versuchen sie zu beschreiben, indem wir Zeugen von verschiedenen Seiten reden lassen.

Einerseits die Sicht der Älteren, in der MBG bleibenden Brüder: „Die Verwirrung und Furcht unter den Predigern der Gemeinde rief bei einigen jüngeren Brüdern Widerstand hervor, besonders am Ort „33" und teilweise am Ort Kirsawod. Diese Brüder glaubten, dass man keine Änderungen vorneh-

Alle Brüder sind zusammen. Hochzeit von Albert und Anna Klassen

men sollte, sondern alle Versammlungen ruhig fortsetzen müsse. Weil aber die älteren Brüder darauf bestanden, dass man vorläufig die äußerste Vorsicht gebrauchen solle, gab es eine schmerzliche Trennung, wobei die so genannten „Jüngeren" unter der Leitung von Abraham Günter und Viktor Enns vom Herbst 1962 an eine besondere Gemeinschaft gründeten."[37] „Da, wo die Prediger der Gemeinde nach Wegen und Möglichkeiten suchten, wie dieselbe zu erhalten wäre, und wie sie wieder ihres Glaubens leben könnte, verurteilten einige jüngere Brüder dieses Bemühen der ‚Alten'. Anstatt ihnen zu helfen, aus den Verirrungen herauszukommen und gemeinsam den rechten Weg zu finden, beschuldigten sie ihre Menschenfurcht, und einer dieser Brüder nannte sie sogar ‚Feinde des Kreuzes Christi'."[38]

Andererseits einer der jüngeren Brüder, sie sich abspalteten: „Indem die Leitung immer mehr von der Obrigkeit angegriffen wurde, und Kopai, die registrierte Gemeinde, immer mehr zu sich einlud, entstanden unter den leitenden Brüdern verschiedene Ansichten. Ein Teil meinte: „Wir müssen zurück zum Baptistenbund",

[37] Matthies: Geschichte der Mennoniten-Brüdergemeinde Karaganda. S.1.
[38] Wölk: Mennoniten Brüdergemeinde in Rußland. S.127.

der andere Teil meinte: „Wir können uns als Mennoniten registrieren lassen". Wir wiederum, die „jungen Brüder" von „33", betonten immer wieder: „Wer war es, wenn nicht ihr, die alten Brüder, die uns belehrt habt, was die Registrierung ist und was sie für Bedingungen und Beschränkungen mit sich bringt und daß wir als Mennoniten nie registriert waren". Unterstützt von Bruder Otto Wiebe fühlten wir uns bis zu seinem Tod gestärkt in unserem Vorhaben."[39]

Die Jugend von „33" auf einem Ausflug in die Natur

Eine solche Spaltung betraf nicht nur die MBG in Karaganda. In Bezug auf die obrigkeitlichen Eingriffe und die Frage der Registrierung bildeten sich unter den Christen in der gesamten Sowjetunion verschiedene Standpunkte. Das führte zu der großen Spaltung unter den Baptisten der Sowjetunion und der Bildung des Orgkomitees.[40] Die Brüder von „33" schlossen sich dem Orgkomitee nicht an, waren jedoch spürbar davon beeinflusst. „[Die Brüder von „33"] verurteilten außer der Furcht besonders das Zusammenarbeiten mit der registrierten Baptistengemeinde. Leider ließen sich beide Seiten manchmal zu lieblosen gegenseitigen Verurteilungen hinreißen."[41]

Über die Position des inhaftierten Otto Wiebe in diesem Streit wurde im Nachhinein viel gemutmaßt. Durch seine Frau bekam er einiges über die Verwirrung und den Streit unter den Brüdern mit. Doch hat er das harte Vorgehen des Orgkomitees nicht befürwortet und auch über die Lage in der Gemeinde nur vorsichtig gesprochen.[42]

Da Otto Wiebe in Gefangenschaft war und Peter Wolf im Mai 1963 nach Usun-Agatsch im Alma-Ata-Gebiet zog, war die Gemeindeleitung am Ort ge-

[39] Abram Günter in: Ein Zeugnis von der Entstehung und Leben der Gemeinde „33" in Karaganda. Ohne Autor, Jahr und Ort. S.5.

[40] 1962 hatte die ehemalige Initiativgruppe sich zu einem Orgkomitee, d.h. Organisations komitee eines freien Kongresses der EChB-Gemeinden der Sowjetunion, erklärt.

[41] Matthies: Geschichte der Mennoniten-Brüdergemeinde Karaganda. S.1.

[42] Nach Zeugnissen von Abram Günter, Helene Wiebe; Biographie von Wiebe, Otto (jun.): Ein Leben unter der Gnade.

schwächt. Trotz mehrerer, manchmal recht hoffnungsvoller Versuche, gelang es den leitenden Brüdern nicht, eine gegenseitig annehmbare Lösung zu finden, sich zu verständigen und die Zusammenarbeit wieder herzustellen. Auch wenn ein Teil der Abgeteilten zur Gemeinde zurückkehrte, konnte die Spaltung doch nicht überwunden werden.

Ein Lösungsversuch 1964

Am 2. Februar 1964, gleich nach der Beerdigung von Otto Wiebe, wurden alle Gemeindeglieder, die sich wie bisher in den Häusern versammeln wollten, zu einer Gemeindestunde am 3. Februar 1964 im Hause von Immanuel Rhein eingeladen. Die Mehrheit der Gemeindeglieder aus der Siedlung „33“ hatte sich vorher bei einer Gemeindestunde im September 1963 dafür entschieden, nach Kopaj in das Bethaus der registrierten Baptistengemeinde zu gehen.

Von den anderen Stadtteilen der großen Gemeinde, waren auch einzelne da, die nicht den Schritt nach Kopaj machen wollten. Auch Heinrich Wölk und Peter Wolf, der inzwischen nach Karaganda zurückgekehrt war, kamen zu dieser Gemeindestunde, in der die Versammlungen geordnet werden sollten. Mehr als ein Jahr war die Gruppe „33“ ohne Abendmahl, da kein eingesegneter Prediger der DMBG in den von der Gruppe anberaumten Versammlungen die Leitung übernommen hatte.

Fahrradausflug der Jugend von „33“

Die Arbeit mit dem Chor war schnell geordnet. Heinrich Töws und Viktor Enns waren als vom Herrn berufene Dirigenten eingesetzt. Auch Sonntagschulen waren geordnet. Zur Wortverkündigung sollte der jeweilige Hausbesitzer auffordern. Auf diese Weise bekam die Gemeinde weitere sieben Jahre ihr täglich Brot, wenn auch nicht in Form des Abendmahls. Sie fassten volles Vertrauen und Zuneigung zu Heinrich Wölk. Von seiner Seite lag auch kein Hindernis vor, der Gruppe das Abendmahl auszuteilen. Doch die ‚alten Brüder‘ hatten dies abgelehnt, um sie nicht in ihrer Position zu bestärken. „Weil die Leitung der Gemeinde Listen zur Registrierung anfertigte, dachten wir, die wir nicht zur Registration geneigt waren, wir hätten das volle Recht, separat zusammen zu kommen und uns Gedanken zu machen."[43] „Somit waren wir junge Brüder der Gemeinde ‚ungehorsam' und waren den alten ordinierten Brüdern nicht gefolgt, hatten uns dem Gesetz nicht unterstellt, dem SZ[44] aber auch nicht angeschlossen. ‚Anfechtung lehrt aufs Wort merken' und wir freuten uns über: Die ‚Ratsleute' - V.24, den ‚Schatz' - V.56, das ‚Erbe' - V.57, die große ‚Beute' - V.162 im Ps.119."[45]

Das Mahl bei Hochzeiten wurde meistens im Hof eingenommen.

Der letzte Einigungsversuch 1965

Im Frühjahr 1965 wurde ein weiterer Versuch unternommen, die Spaltung zu überwinden. Auch dies soll aus den verschiedenen Perspektiven geschildert werden:

„Als die MBG nach dem März 1965 sich von dem Bethaus der Baptistengemeinde Kopai zurückzog und wieder die Versammlungen in den Häusern pflegten, da kamen im Stadtteil ‚33' die Geschwister der MBG nicht zu unserer Gruppe zurück, sondern versammelten sich extra. Dies bewegte uns zu Br. H. Wölk zu fahren, um darüber zu sprechen. Es wurde eine Bruderschaft[46] im engerem Kreise bei Br. Funk anberaumt. Wir, etwa fünf Brüder von der Gruppe, wollten das Vorhaben der Gemeinde erfahren: die Stellung zur Registrierung, ob autonom oder unter dem Bund WSEChB. Wir bekamen kein klares Bild, entschlossen uns aber nicht gegeneinander, sondern nebeneinander zu arbeiten."[47]

Abram Günter, einer der „Abgespaltenen": „Auf einer Bruderberatung bei Aaron Funk wurde wieder über die Trennung gesprochen. Nach mancher Beschuldigung sagte Peter Rempel unter Tränen: ‚Als wir, eingesegnete Brüder, nicht ein noch aus wussten und damit rechneten, dass die Miliz zu jeder Zeit mit einem Order zum Arrest eintreffen könnte, habt ihr ‚junge Brüder' uns nicht unter die Arme gegriffen. Jetzt aber, wo wir im Begriff sind, uns registrieren zu lassen, beschuldigt ihr uns.' Diese Aussage hat uns sehr getroffen und es kam von unserer Seite Einsicht und Reue. Dennoch war die Spal-

[43] Abram Günter in: Zeugnis Gemeinde „33". S.7.
[44] Damals das Orgkomitee.
[45] Zeugnis Gemeinde „33". S.7.
[46] Bruderschaft ist eine Versammlung der Brüder der Gemeinde.
[47] Nach: Zeugnis Gemeinde „33". S.10.

tung schon geschehen. Peter Bergmann sagte auf dieser Bruderversammlung: ‚Können wir nicht miteinander arbeiten, so wollen nicht gegeneinander, sondern nebeneinander. Habt ihr die Freudigkeit, euch weiterhin auf eigene Verantwortung in den Häusern zu versammeln, so wollen wir euch dabei nicht hindern. Wir aber sind uns einig geworden, uns registrieren zu lassen.' Damit war schon viel gelöst.“[48]

Die Leitung der MBG verweigerte Viktor Enns und Abram Günter die Wortverkündigung in den Versammlungen der MBG.[49] Das war in der Situation der Spaltung verständlich, aber auch schmerzlich. Im November 1965 gelang die Durchführung einer gemeinsame Gemeindestunde der abgeteilten Gruppe und der anderen Gemeindeglieder der MBG vor Ort bei Peter Janzen, an der von beiden Seiten recht viele teilnahmen. Über scharfes Urteilen, das manchmal in Schmähungen und Verleumdungen ausgeartet war, wurde ge-

Eine Versammlung im Freien. Viktor Enns dirigiert den Chor.

sprochen, Buße getan und gegenseitig um Vergebung gebeten. Dadurch wurde ein wärmeres vertraulicheres Verhältnis hergestellt. Bei einer Bestätigung des gegenseitigen brüderlichen Vertrauens standen außer vier alle Anwesenden auf.[50] Wilhelm Matthies erklärte das von der Leitung ausgearbeitete Statut und das Glaubensbekenntnis der MBG.[51]

Daraufhin wurde am Sonntag das Abendmahl gefeiert, das die Prediger Heinrich Wölk und Jakob Siebert austeilten. Da sich jedoch eine Reihe von Geschwistern (etwa 15) von der Teilnahme am Abendmahl enthielt,[52] blieb die Vereinigung aus. Ein Zusammenschluss wurde von der abgeteilten Gruppe nicht gewünscht, und die älteren Brüder drängten nicht mehr darauf.[53] „Für Onkel Wölk und Siebert war es ein großer Schmerz. Sie meinten, wenn es nun

48 Abram Günter in: Zeugnis Gemeinde „33“. S.10.
49 Albert Klassen in: Zeugnis Gemeinde „33“. S.10.
50 Wölk: Mennoniten Brüdergemeinde in Rußland. S.127.
51 Zeugnis Gemeinde „33“. S.10-11.
52 Zeugnis Gemeinde „33“. S.11.
53 Wölk: Mennoniten Brüdergemeinde in Rußland. S.127.

nicht gewünscht ist, dann werden sie es auch nicht mehr anbieten. Dies war der letzte Versuch zur Vereinigung."[54]

„Kein Kampf ist so hart, wie ein Bruderkampf. Wir waren lange Zeit eine Gemeinde gewesen, geistlich, freundschaftlich und verwandtschaftlich verbunden. Wir waren Geschwister, die einander vielfach zum Segen gewesen sind. Und auf einmal waren wir gegeneinander."[55]

Weitere gegenseitige Beziehungen

Trotz der misslungenen Vereinigung konnte ein Verhältnis gegenseitigen Vertrauens hergestellt werden. Es gab manche Zusammenarbeit, z. B. wurden Jakob Siebert und Jakob Plett eingeladen, in der Gemeinschaft Lehrvorträge zu halten. „Der einzige Unterschied, der schließlich festgestellt wurde, war der, dass die abgeteilte Gruppe gegen Registrierung der Gemeinde war. Übrigens wollten sie auch Mennoniten-Brüdergemeinde bleiben. Beide Gemeinden haben seitdem im Segen nebeneinander gearbeitet. Bruder Viktor Enns wurde der Leitende dieser Gruppe und hat viel daran getan, diese kleine Gemeinde von dem Einfluss des Orgkomitees der Baptisten fernzuhalten. So brachte der Herr auch diese Sache in Ordnung."[56]
Diese Gruppe bildete seitdem eine besondere Gemeinschaft, die 1970 zu einer selbständigen Gemeinde, genant „33", wurde. Zwar schloss diese Gemeinde sich offiziell nicht dem Orgkomitee[57] der Evangeliums-Christen-Baptisten an, hatten aber enge Verbindungen mit ihm. Viktor Enns konnte die Einflüsse im Rahmen halten und die Beziehungen zwischen den Gemeinden entfalteten sich in gegenseitiger Anerkennung und Achtung.[58] Erst als die Gründergeneration nach Deutschland ausgereist war, schloss diese Gemeinde sich im Oktober 1988 dem Bund unter der Leitung des SZEChB an.[59]

[54] Albert Klassen in: Zeugnis Gemeinde „33". S.11.
[55] Hermann Isaak in: Klassen [u.a.]: Die Entstehungsgeschichte der Gemeinde „33" in Karaganda". Aquila (43) 1/2002. S. 24-30. Hier S. S.26; Zeugnis Gemeinde „33". S.11.
[56] Wölk: Mennoniten Brüdergemeinde in Rußland. S.127.
[57] Seit 1965 hieß es „Sowjet Zerkwej" (Gemeinderat).
[58] Wölk: Mennoniten Brüdergemeinde in Rußland. S.127.
[59] Zeugnis von Jakob Bückert. Die Geschichte dieser Gemeinde ist bereits in zwei Schriften dargestellt worden. 1) Klassen, Albert; Klassen, Viktor; Plett, Johann: Die Entstehungsgeschichte der Gemeinde „33" in Karaganda. Aquila (43) 1/2002, S.24-30. 2) „Ein Zeugnis von der Entstehung und Leben der Gemeinde „33" in Karaganda". Ohne Autor, Jahr und Ort.

Einige Statistiken aus der Umgebung

Für 1964 wird für Sortirowka (Shelesnodoroshnyj Rayon) die Zahl der gläubigen Mennoniten mit 14 und Baptisten mit 13 angegeben.[1] 1964-65 wurde in der Kartei des Upolnomotschenyj die Zahl der EChB-Gläubigen in Schokaj mit 50 angegeben.[2] In der Swerdlow-Sowchose steigt diese Zahl von 30 (1964-65) auf 70 (1966), 75 (1967), 90 (1968).[3] Die Mitgliederzahl der großen Baptistengemeinde (Kopaj) wird mit 1400 angegeben.[4]

In Saran wird die Zahl der Mennoniten (es sind kirchliche Mennoniten) für 1964-65 mit 30-35 und der EChB mit 129 geschätzt.[5]

[1] SAKG, F.1364, L.1a, A.68, S.49-52.
[2] SAKG, F.1364, L.1a, A.20, S.23.
[3] SAKG, F.1364, L.1a, A.20, S.34.
[4] SAKG, F.1364, L.1a, A.20, S.1.
[5] SAKG, F.1364, L.1a, A.20, S.12, 21; A.61, S.27.

Neusammlung der Gemeinde

Kapitel 2

Und sie sprachen: Auf, lasst uns bauen!
Und sie nahmen das gute Werk in die Hand.
Nehemia 2,18

Neuorganisation der Gemeindearbeit

Ordnen der selbständigen Arbeit

Nach den schwierigen Erfahrungen der Jahre 1964-65 suchte die MBG wieder entschieden nach Wegen für selbständige Arbeit. Schon am Abend des „schlimmen Sonntags", 21. März 1965,[1] wurde auf der Bruderschaft[2] bei Aron Funk eine neue provisorische Leitung gewählt: Heinrich Wölk, Peter Regehr, Franz Ediger und Jakob Siebert.

Gemeinsam wurde entschieden, dass man sich wieder in Privathäusern versammeln wollte. So fingen wieder regelmäßige Versammlungen am Sonn-

[1] Siehe Teil IV, Kapitel 1.
[2] Bruderschaft: Versammlung aller Brüder in der Gemeinde.

1. Reihe v.l.n.r.: Olga Wiese, Helene Boger (Günther), Selma Banmann (Reinich), Rudolf Bergmann (Dirigent), Sara Pfennenstiel (Friesen), Elisabeth Matthies (Günther), Rita Janzen (Kasper), 2. Reihe: Olga Günther (Boger), Wally Wiebe (Reinich), Anna Bückert (Görzen), Susanne Löwen, Maria Hermann (Wiens), Anna Kasper, Erna Lenz (Dikan), 3. Reihe: Rudolf Böller, Heinrich Töws, Heinrich Boger, Leo Rollof, 4. Reihe: Johann görzen, Johann Penner, Franz Banmann, Johann Wiebe

Der Chor, der 1966-1968 jeden Sonntag in den Versammlungen im Stadtteil Kirsawod gesungen hat. Dirigent ist Rudolf Bergmann

tag und an den Wochentagen in allen Bezirken der Stadt an, auch da, wo sie unterbrochen worden waren. Einige Geschwister der Gemeinde besuchten zwar noch die Versammlungen der Baptistengemeinde, aber nur noch als Gäste, und ein jeder wusste jetzt, dass er wieder ein „Zuhause“ hat. So war die MBG vor der völligen Auflösung und dem Verlust wichtiger biblischer Wahrheiten (Wehrlosigkeit, Fremdlingssinn, Gemeindezucht u.a.) bewahrt geblieben.[3]

Der Älteste kommt aus der Haft frei

Die ganze Zeit während David Klassens Haft betete die Gemeinde unaufhörlich für ihn, sowohl für seine Standhaftigkeit, als auch für sein Leben und seine Gesundheit. Beides hat der Herr erhört und noch mehr: seine Haftfrist sollte im September 1965 ablaufen, doch schon am Abend des 30. April flog durch die gläubigen Kreise aller Stadtteile die Nachricht: „Bruder David Klassen ist zu Hause!“ Gott hatte nach zwei Jahren und sieben Monaten Haft die Gebete vieler Kinder Gottes in Karaganda und anderwärts erhört. Als David Klassen am ersten Sonntag nach seiner Befreiung in die deutsche Versammlung in Kopaj kam, wurde er vor den großen Chor geladen und dirigierte das Lied „Der Herr hat Großes an uns getan, des sind wir fröhlich.“[4]

Es ist gut, auf den Herrn vertrauen und nicht sich verlassen auf Menschen.
Psalm 118,8

Die frühzeitige Freilassung des Ältesten der Gemeinde ließ annehmen, dass sich in der Beziehung der Obrigkeit zu der Gemeinde etwas geändert

[3] Wölk: Mennoniten-Brüdergemeinde in Rußland. S.126.
[4] Wölk: Mennoniten-Brüdergemeinde in Rußland. S.128.

Ausrichtung der Gemeindeleitung

„Im Frühling [1965] war unsere Stellung ungefähr folgende:

1. All unser Tun mit Gottes Wort und Willen vereinbaren! Es ist genug des eigenen Willens und Schwankens gewesen. Der Herr bewahre uns vor weiteren Abwegen!

2. Eine selbständige Mennoniten-Brüdergemeinde sein, d.h.: Wir wollen offen sein, was wir sind, registriert oder nicht, wie die Obrigkeit es wünscht. Dazu gehen wir nur auf solche Registrierung ein, wo wir in keinem Fall jemandem irgendwelche Einmischung in unsere Gemeindearbeit gestatten.

3. Unsere Arbeit:

a) Taufe, Aufnahme, Gemeindestunden, Beratungen und Hausbesuche nur selbständig durchführen;

b) Bibelstunden und Gebetstunden nie unterlassen;

c) An Sonntagabenden allerorten Versammlungen durchführen, bis ein eigenes Bethaus uns die Morgenversammlungen ermöglicht;

d) Bei selbständigen Abendmahlsfeiern dennoch außerdem auch in der Baptistengemeinde solche Gemeinschaft pflegen, doch dürfen unsere Brüder sich an der Austeilung des Mahles dort nicht beteiligen;

e) Gemeindezucht üben, d.h. die Gemeinde von allen in Sünde gefallenen oder abgefallenen Mitgliedern befreien. Unterstützung der Busfertigen und Pflege aller anderen;

f) Das Festhalten an der Gemeinschaft in engeren Kreisen ist uns ein besonderes Anliegen. Wie hoch wir auch die großen Versammlungen stellen, so sind die kleinen Bibel- und Gebetstunden äußerst wichtig für das Wachstum der einzelnen Christen, denn da werden sie mehr zu aktiver Beteiligung an der Reichsgottesarbeit angeregt und tiefer in die Schrift eingeführt. Außerdem wird da der „brüderlich-heimische Ton“ bewahrt, wie der mennonitische Geschichtsschreiber P.M. Friesen schreibt, der es für wünschenswert hält, dass nicht mehr als 50 bis 100 Seelen zusammenkommen. Dazu sagt Pf. Gerber: „Wir bedürfen als Christen zwischen der offiziellen Predigt und der Gebetsandacht im Kämmerlein einer dritten Stärkungsgelegenheit, und das ist die engere Gemeinschaft unter Kindern Gottes [...] Satan sucht jedes Zustandekommen fruchtbarer Gemeinschaft von Christen zu verhindern. Er gestattet volle Kirchen eher, als ein Bündnis von 2 oder 3 demütigen Jüngern Jesu [...]

Nun wollen wir uns der weiteren Führung unseres großen Gottes anvertrauen.

Matthies: Mennoniten-Brüdergemeinde Karaganda. S.7.

Der deutsche Chor in Kopaj 1965. Mehrere Sänger aus der MBG sangen damals auch in diesem Chor

haben musste. Ermutigt hoffte jetzt die Gemeinde, dass mit der Rückkehr des Ältesten manche Schwierigkeiten schneller gelöst werden könnten. Jetzt waren die leitenden Brüder und die Gemeinde gespannt, welche Stellung David Klassen nun zur eigenen Gemeinde, zu den so genannten „jungen Brüdern" und zum Organisationskomitee einnehmen würde.

Johann Koop und David Klassen

Alle sahen in ihm den Ältesten der MBG und wollten sich gern wieder unter seine Leitung stellen. Er zögerte jedoch mit der Entscheidung. Anfänglich brachte er dem Orgkomitee Sympathie entgegen, da er glaubte, es habe zu seiner Befreiung beigetragen. Jedoch erlosch diese Zuneigung bald. Jedenfalls hielt er zur MBG, wollte aber nicht mehr eine leitende Stellung übernehmen.[5] Er bat um die Möglichkeit, etwas von allen Strapazen ausruhen zu dürfen. Ohne ihn ganz freizugeben wollte man ihn jedoch nach dem Erlebten schonen und ihm wurde eine Bedenkzeit gelassen, damit er sich in Ruhe mit den veränderten Umständen gründlich bekannt machen könnte, bevor er seine Stellung in allen diesen Fragen kundtat.[6]

5 Matthies: Mennoniten-Brüdergemeinde Karaganda. S.8.

6 Der Abschnitt nach Matthies: Mennoniten-Brüdergemeinde Karaganda. S.7-8; Wölk: Mennoniten-Brüdergemeinde in Russland. S.128; Fast: Aus der Geschichte der Mennoniten-Brüdergemeinde Karaganda. Aquila (27) 1/1998. S.12-13.

Klare Richtlinien für die weitere Arbeit

Neuorganisation der Gemeinde

Der Bruderrat sah es als notwendig an, die Gemeinde neu zu organisieren, um derselben für weiterhin klare und entschiedene Richtlinien zu geben. Am 28. Mai wurde dazu eine Brüderberatung anberaumt. Etwa fünfzig Brüder aus allen Gemeindeteilen der Stadt kamen zusammen. Die Seitenschritte wurden gerügt und es wurde aufgefordert, entschiedene Stellung einzunehmen, die Gemeinde zu sammeln, einen Vorstand zu wählen und Gemeindeordnungen festzulegen.[7]

„Um die Arbeit im Bau der Gemeinde, die im Laufe von fast drei Jahren Mangel gelitten, wodurch viele Erkenntnisverschiedenheiten entstanden sind, welche Missverständnisse, Misstrauen und sogar Spaltungen zur Folge hatten, wieder in ihr richtiges Geleise zu bringen, hat die Bruderschaft [...], nachdem sie sich nach Eph. 4,1-6 einer ernsten Prüfung unterworfen hatte, einstimmig beschlossen:

1. Die Gemeinde behält weiterhin den Namen Mennoniten-Brüdergemeinde.

2. Die Gottesdienste in den Privathäusern werden nach Möglichkeit weiter gepflegt.

3. Die Teilnahme an den gottesdienstlichen Versammlungen der Baptistengemeinde ist freigestellt.

4. An den Abendmahlsversammlungen der MBG nehmen außer eigenen Mitgliedern Geschwister aus Baptistengemeinden, aus abgeteilten Gemeinschaften (wie „33") und, nach Aussprache, wiedergeborene Mitglieder der kirchlichen Mennonitengemeinde teil." [8]

So ermahne ich euch nun, ich, der Gefangene in dem Herrn, dass ihr der Berufung würdig lebt, mit der ihr berufen seid, in aller Demut und Sanftmut, in Geduld. Ertragt einer den andern in Liebe und seid darauf bedacht, zu wahren die Einigkeit im Geist durch das Band des Friedens: ein Leib und ein Geist, wie ihr auch berufen seid zu einer Hoffnung eurer Berufung; ein Herr, ein Glaube, eine Taufe; ein Gott und Vater aller, der da ist über allen und durch alle und in allen.

Epheser 4,1-6

Die Ordnung der Taufhandlungen, der Aufnahme in die Gemeinde, der Eheschließungen und Dienereinsegnungen wurde festgelegt und eine provisorische Gemeindeleitung gewählt: Franz Ediger (Schachtinskij Rayon und Alte Stadt), Peter Regehr (Kirsawod und Melkombinat), Jakob Siebert („33" und Sortirowka), Heinrich Wölk (Michajlowka).

Um mehr Klarheit in die Stellung der Mennoniten-Brüdergemeinde zu bringen, wurden auf derselben Bruderschaft am 28. Mai 1965 auf den Vorschlag von Willi Matthies folgende Grundsätze bestätigt:

7 Wölk: Mennoniten-Brüdergemeinde in Rußland. S.129.
8 Gekürzt. Ausführlich siehe: Richtlinien der MBG Karaganda, Beschluss der Bruderschaft vom 28. Mai 1965 im Kästchen.

Die Verurteilungen waren unbegründet

Am 30. Juni 1965 erließ das Präsidium des Obersowjets der KasSSR eine Verordnung, in der gerügt wurde, dass „bei der Untersuchung und den Gerichtsprozessen gegen Personen, die wegen Persönlichkeitsübergriffen unter dem Deckmantel der religiösen Tätigkeit zur Verantwortung gezogen wurden, durch die Staatsanwaltschaft und Gerichte der Republik das Recht verletzt wurde, was dazu führte, dass Bürger unbegründet für die Angehörigkeit zur einen oder anderen religiösen Gruppe (Sekte) verurteilt wurden."

Zum Schluss dieser Verordnung wird festgestellt, dass die Gesetzgebung der RSFSR für religiöse Kulte, die in der KasSSR Geltung hat, aus den 1920-er Jahren stammt und offensichtlich veraltet ist. Der „Auftrag an die Rechtskommission des Ministerrats der Kasachischen SSR, in drei Monaten Vorschläge für die Überarbeitung der Gesetzgebung zu machen", der in dieser Verordnung gegeben wurde, bewirkte aber keine positiven Änderungen.

Quelle: SAKG, F.1364, L.1a, A.62. S.140-141.

1. Völlige Trennung der Gemeinde vom Staat.
2. Selbständigkeit der Einzelgemeinde.
3. Freie Verkündigung des ganzen Evangeliums.
4. Regelmäßige Bibel- und Gebetsstunden.
5. Entschiedene christliche Kindererziehung.
6. Priesterliches Christentum.
7. Festhalten an der Muttersprache.

„Diese Auffassung war ein notwendiger und wichtiger Schritt zur Neubefestigung der Gemeinde."[9]

Dieter Weidensdorfer aus der DDR zu Besuch in Karaganda 1971. Hinten: David Klassen, Willhelm Matthies, Dieter Weidensdorfer, Emil Baumbach. Vorne: Heinrich Wölk, Peter Bergmann

'Her zu mir, wer den Herrn fürchtet!'

Nach diesen Beschlüssen musste die Mitgliedschaft der Gemeinde neu festgestellt werden, denn in den zweieinhalb Jahren waren viele in die Baptistengemeinde übergegangen, weggezogen oder hatten sich ganz verloren und gingen nirgends mehr zu Versammlungen. Zuerst meldeten sich 703 Gemeindeglieder und ließen sich in die neue Gemeindeliste eintragen.[10] Ende 1965 zählte die Gemeinde ca. 750 Glieder.[11]

Am 28. Februar 1966 schlossen sich durch Aussprache der Geschwister die Gruppen in Aktau und Schokaj der Gemeinde an.[12] Wann die Gruppen in Pridolinka und der Ersten Sowchose sich der Gemeinde anschlossen, konnte noch nicht festgestellt werden.

Eine der ersten Aufgaben der Prediger wurden nun die Hausbesuche bei allen Geschwistern, eine weitere die Arbeit mit der heranwachsenden Jugend und mit den Kindern. Weil diese Arbeit aber ganz verboten war und unter Strafandrohung stand, wurde sie inoffiziell den Eltern übertragen.[13]

Gemeindeleitung ohne Ältesten

Bei dem Ordnen der Gemeindearbeit war David Klassen nicht immer dabei, so auch bei der sehr wichtigen Bruderschaft am 28. Mai 1965.[14] Nachdem die Gemeindearbeit in vielem geordnet war „schien es an der Zeit zu sein, die

[9] Wölk: Mennoniten-Brüdergemeinde in Rußland. S.133.
[10] Wölk: Mennoniten-Brüdergemeinde in Rußland. S.133-134.
[11] Thielmann: Anfang der MBG, Extrablatt; Thielmann: Lebenserinnerungen. S. 35.
[12] Wölk: Mennoniten-Brüdergemeinde in Rußland. S.134; Aus dem Protokoll vom 14.4.66 – aus den Notizen von Heinrich Wölk.
[13] Wölk: Mennoniten-Brüdergemeinde in Rußland. S.134; Ausführlich in Teil 4, Kap. 3.
[14] Matthies: Mennoniten-Brüdergemeinde in Karaganda. S.8.

Richtlinien der MBG Karaganda, Beschluss der Bruderschaft vom 28. Mai 1965

Eine Niederschrift von der Bruderschaft am 28. Mai 1965, hier wörtlich wiedergegeben:

„Um die Arbeit im Bau der Gemeinde, die im Laufe von fast drei Jahren Mangel gelitten, wodurch viele Erkenntnisverschiedenheiten entstanden sind, welche Mißverständnisse, Mißtrauen und sogar Spaltungen zur Folge hatten, wieder in ihr richtiges Geleise zu bringen, hat sich die Bruderschaft, nachdem sie sich nach Epheser 4,1-6 einer ernsten Prüfung unterzogen hat, einstimmig beschlossen, den Forderungen des angeführten Wortes mit allem Fleiß nachzustreben, und sie durch einen lauteren Wandel in die Tat umzusetzen, nämlich: ‚daß ihr wandelt, wie sich's gebührt eurer Berufung, mit der ihr auch berufen seid auf einerlei Hoffnung eurer Berufung; ein Herr, ein Glaube, eine Taufe, ein Gott und Vater unser aller, der da ist über euch allen und durch euch alle und in euch allen.'

Was die weitere Arbeit betrifft, ist folgendes vollständiges Übereinkommen angenommen:[1]

1) Die Gemeinde behält weiter den Namen, den sie bis da getragen hat: ‚Die Deutsche Mennoniten Brüdergemeinde'.

2 a) Bei dem großen Territorium und der großen Entfernung der einzelnen Gemeindeglieder voneinander, ist den Geschwistern gestattet, an jedem Ort, nach ihrem Gutachten und ihren Möglichkeiten in ihren Häusern Gottesdienste zu pflegen.

2 b) Gleichzeitig wird es allen Gliedern der DMBG freigestellt, die gottesdienstlichen Versammlungen in der Evangelisch-Baptistischen Gemeinde zu besuchen, den Sängern am Chorgesang teilzunehmen, allen – am Abendmahl, und den eingesegneten Brüdern, die von der Leitung der Baptistengemeinde aufgefordert werden, an der Austeilung des heiligen Abendmahls teilzunehmen.

3) Jede Ortsgruppe bedient die Mitglieder am Ort mit dem heiligen Abendmahl in der ersten Woche des Monats, wobei aber so viel wie möglich gleichzeitige Versammlungen mit der Baptistengemeinde vorzubeugen sind.

4) Mitglieder der Baptistengemeinde werden als Teilnehmer an dem heiligen Abendmahl, wie auch bis dahin, herzlich begrüßt.

5) Geschwister, die sich aus Erkenntnisverschiedenheiten zeitweilig von uns ferngehalten haben[2], werden zum heiligen Abendmahl herzlich willkommen geheißen.

6) Mitglieder der Mennoniten Kirchengemeinde, die bekehrt und wiedergeboren sind, werden auf ihren Wunsch nach einer öffentlichen Aussprache als ‚Abendmahlsgäste in der Gemeinde' aufgenommen, wie es auch bis dahin gepflegt wurde.

7) Taufhandlungen werden[3] an jedem Ort, nach Wunsch der Täuflinge, nach einer öffentlichen Aussprache vor den Gemeindegliedern des Orts mit Einverständnis des Vorberats durchgeführt, ebenfalls die darauf folgende Aufnahme in die Gemeinde. Die Gemeinde hält sich auch weiter an der Ordnung, die Taufhandlung an Personen unter 18 Jahren nicht zu vollziehen.[4]

8) Zugereiste Geschwister, die die Flußtaufe empfangen haben, die sich der DMBG anschließen möchten, werden nach einer Aussprache vor der Ortsgruppe in die Gemeinde aufgenommen.

9) Trauhandlungen werden auf Wunsch der Brautleute in den Häusern vollzogen. Die Brautleute werden an allen Ortschaften der Stadt der DMBG zweimal vorgestellt.

10) Es ist biblisch, daß Mitglieder der Gemeinde nicht ein Ehebündnis mit Ungläubigen eingehen (nach 2.Kor.6,14-15). Daher ist jedes Mitglied, das im Begriff steht, in solch ein Verhältnis zu willigen, zu ermahnen, daß es in der großen Gefahr steht, den Herrn Jesus um einen ungläubigen Ehepartner zu vertauschen. Sollte so eine Eheverbindung dennoch stattfinden, so ist solch ein Mitglied unter Kontrolle zu stellen, und, falls es dem weltlichen Einfluß des ungläubigen Teils nachgibt, aus der Gemeinde auszuschließen.

---

1 Dieser Beschluss enthält manche Mängel, zum einen aufgrund der Unerfahrenheit der leitenden Brüder; zum anderen stand die Stellung zu der Baptistengemeinde nicht entschieden fest. In späteren Jahren wurde manches an diesen Ordnungen geändert. Es brauchte seine Zeit, bis man den richtigen Weg gefunden hatte. Siehe Wölk: Mennoniten-Brüdergemeinde in Rußland. Fußnote S.130.

2 Matthies fügt in Klammern hinzu: „die so genannten ‚jungen Brüder'". Mennoniten-Brüdergemeinde Karaganda. S.8.

3 Matthies fügt hinzu: „an Wiedergeborenen". Mennoniten-Brüdergemeinde Karaganda. S.8.

4 Dieses war laut Wölk eine Forderung der Regierung. Wölk: Mennoniten-Brüdergemeinde Karaganda. Fußnote S.130. VF: War das nicht auch eine alte Gepflogenheit der Mennoniten? Bei den Mennonitenbrüdern kamen auch Taufen mit 15-16 Jahren vor.

11) Einsegnungen (Händeauflegen) der Brüder zum Dienste im Weinberge des Herrn werden am Wohnort der betreffenden Brüder im Beisein aller anderen eingesegneten Brüder vollzogen. Ebenfalls beteiligen sich die Geschwister am Ort an der Einsegnung.

12) Zur Durchführung und Aufrechterhaltung der Beschlüsse und der Ordnung in der Gemeinde ist ein zeitweiliger Vorstand zu wählen[5], von jedem Ort [Gemeindeteil] einer, an den sich die Gemeindeglieder mit allen Angelegenheiten wenden können. Es werden vier Brüder gewählt:

Franz Ediger – vom Stadtteil Schachtinskij und der ‚Alten Stadt'.

Peter Regehr – von der Siedlung hinter der Bahnlinie (Kirsawod).

Jakob Siebert – von der Siedlung der ‚33. Schacht' und Sortirowka.

Heinrich Wölk – von der Siedlung Michailowka."

Auf dieser Bruderschaft wurden auch einige Grundsätze unserer Gemeinde bestätigt, in denen hauptsächlich die Punkte beleuchtet wurden, die für jene Verhältnisse besonders aktuell waren. Es ging um das weitere Bestehen der Deutschen Mennoniten Brüdergemeinde in Karaganda.

Wölk: Mennoniten-Brüdergemeinde in Rußland. S.129-132.

Einige Grundsätze der DMBG in Karaganda

„Nach dem Worte Jesu in Joh. 17,21 ‚auf daß sie alle eins seien' lieben wir alle Kinder Gottes und wollen als Glieder eines Leibes Christi mit allen wahrhaft Gläubigen Geistesgemeinschaft pflegen, darunter auch Abendmahlsgemeinschaft. [...] Trotz dieser Bruderliebe, die wir hochhalten wollen, werden Kinder Gottes verschiedener Glaubensrichtungen in manchen Erkenntnisfragen bis zum Kommen des Herrn verschiedene Wege gehen. So wollen auch wir, die Deutsche Mennoniten Brüdergemeinde in Karaganda an den in Jahrhunderten erworbenen Erkenntnissen unserer Glaubensväter, die auf Grund des Wortes Gottes auch die unseren geworden sind, festhalten.[6]

A) Was unterscheidet die DMBG von der Baptistengemeinde des EChB-Bundes?

1) Völlige Trennung der Kirche vom Staat, d.h. durchaus keine Einmischung in unsere Gemeindefragen. Gleichzeitig wollen wir gehorsame Bürger unseres Landes bleiben und betrachten jede Beobachtung und Kontrolle vonseiten der Obrigkeit als ihr Recht.

2) Selbständigkeit der Einzelgemeinde. Konferenzen geben nur beratende Beschlüsse. Also keine zentrale Kirchenherrschaft.

3) Freie Verkündigung des ganzen Evangeliums in unseren Versammlungen nach dem Auftrag unseres Herrn Jesu.

4) Regelmäßige Bibel- und Gebetstunden außer den Sonntagsgottesdiensten.

5) Eine entschieden-christliche Kindererziehung[7], unabhängig von der Meinung der gottlosen Welt.

6) Ein priesterliches Christentum in der Gemeinde, d.h. Laiengemeinde sein, wobei jedes Gemeindeglied aktiv am Gemeindebau und an der Arbeit für den Herrn teilnimmt. Darum finden die Prüfung der Gemeindeglieder, Taufe und Aufnahme[8], Fragen der Gemeindezucht, Wahlen, Einsegnung und dergleichen vor und mit der ganzen Gemeinde statt.

7) Das Festhalten an der deutschen Muttersprache und damit an unseren Sitten und Gebräuchen in Gemeinde und Haus. Zweierlei gilt nur für dieses Leben, soll aber heilig gehalten werden: die Ehe und Volkszugehörigkeit oder die Sprache.

B) Was unterscheidet die DMBG von den Baptistengemeinden des Orgkomitees?

Vom Orgkomitee unterscheiden uns die obengenannten Punkte 2, 4, 7 und teilweise 6. Außerdem sind wir gegen die Schmähungen von Seiten des Orgkomitees gegen den EChB-Bund und die Verurteilung ernster Christen, die am Werke des Herrn stehen. 1.Kor. 4,5: ‚Darum richtet nicht vor der Zeit, bis der Herr komme.'"

Wölk: Mennoniten-Brüdergemeinde in Rußland. S.132-135.

---

5 Dieses war notwendig, weil David Klassen, aus dem Gefängnis zurückgekehrt, um eine Bedenkzeit bat.

6 Außer Wehrlosigkeit und Eidesverweigerung.

7 „In der Baptistengemeinde kamen Meldungen von der Kanzel vor, man solle die Kinder bis zur Volljährigkeit nicht mit geistlicher Erziehung belästigen. Auch sollten die Eltern ihren Kindern nicht wehren, in die kommunistische (= atheistische) Pionierorganisation einzutreten." Wölk: Mennoniten-Brüdergemeinde in Rußland. Fußnote S.133.

8 Bei Wölk heißt es: Abendmahl. Mennoniten-Brüdergemeinde in Rußland. S.133.

Gemeinde wieder dem aus der Haft entlassenen Ältesten, der schon über ein halbes Jahr ausgeruht hatte, zur Betreuung zurückzugeben. Der Vorberat sprach darüber mit David Klassen, doch dieser sagte, er habe dazu keine Freudigkeit und übernehme die Leitung der Gemeinde nicht mehr. Diesen seinen Entschluss äußerte er auch vor einer größeren Bruderschaft am 19. November 1965. Die vorhandene Niederschrift darüber lautet: ‚Er lehnt die Vorschläge, weiter die Leitung in der Gemeinde zu tragen, ganz ab'. Somit blieb die Leitung auch weiterhin Aufgabe des zeitweiligen Vorstandes von vier Brüdern."[15]

Die Arbeit in den verschiedenen Gemeindeteilen

In den meisten Fragen arbeitete jede Ortschaft für sich selbständig. Bald da, bald dort meldeten sich neubekehrte Seelen, die um die Taufe baten. Die Taufe wurde an späten Abenden oder in sehr frühen Morgenstunden vollzogen, um den Verfolgungen auszuweichen. Der Herr segnete die Gemeinde, und sie wuchs und nahm trotz mancher Anfechtungen zu. Es wurde aber manchmal recht schwer, Räume für die Versammlungen zu finden. Die Geschwister stellten zwar ihre Häuser freiwillig dazu zur Verfügung, dies war aber immer mit einem Strafrisiko verbunden. Man versuchte deshalb, Versammlungen am frühen Morgen, etwa um 5, 6 oder 7 Uhr, zu beginnen, und doch war man nie vor Entdeckung sicher.[16] Im Juni 1965 wurde Wilhelm Matthies zum Prediger eingesegnet und 1966 oder 1967 auch Johann Strauß.

Michajlowka

Die Versammlungen in Michajlowka fanden längere Zeit bei Maria Braun statt. Als Jakob Pletts neues Haus 1966 fertig war, fanden die Versammlun-

[15] Wölk: Mennoniten-Brüdergemeinde in Rußland. S.134.
[16] Siehe Wölk: Mennoniten-Brüdergemeinde in Rußland. S.134.

Der Michajlower Chor mit anderen Gästen auf der Hochzeit von Jakob Stobbe und Anna Braun 1964. Links hinten der Dirigent Heinrich Wölk

Der Chor von Schachtinskij nimmt Abschied von Margarete Fast, die 1968 nach Kanada auswanderte. Von links vorne: Anna Görzen (Dyck), Margarete Fast, Margarete Peters, ? Regehr, 2. Reihe: Gerhard Wölk (Dirigent), Hilda Wölk (Siebert), Anna Konrad, Tina Thiessen (Harder), Johann Thiessen, Margarete Thiessen (Peters), 3. Reihe: David Voth, Herbert Bergen, Peter Thielmann, Woldemar Thiessen, Heinrich Wall, Johann Harder, ?, hinten: Willi Konrad, Jakob Thiessen, Peter Konrad, Jakob Konrad

gen oft dort statt. Das Haus war extra so geplant, dass der Prediger durch die Türen aus allen Zimmern zu hören und teilweise zu sehen war.

Außer bei Pletts fanden die Gottesdienste am Sonntag und in der Woche oft bei Heinrich und Helene Wölk, Willi und Lisette Matthies, Hans und Anna Braun, Maria Wölk und ihrer Tochter Erika, bei Familie Neufeld, bei Erna Rehberg, bei Vera und Hanna Fröse, bei den Familien Töws und Tröster statt. „Zu Gebets-, Sing- und Jugendstunden luden auch Tante Lena Ens und ich manchmal zu uns in die Krylowa-Str.76 ein, für Sonntagsgottesdienste waren die zwei Stübchen aber viel zu klein."[17]

Die Versammlungen wurden reich von gläubiger Jugend besucht, die gerne sang.

Heinrich Wölk leiteten den Chor in Michajlowka und verstand es, die Chorproben am Donnerstagabend wie kleine Feste zu gestalten. Die Geschwister der einzelnen Gemeindeteile halfen sich gegenseitig bei der Gottesdienstgestaltung, So besuchte zum Beispiel der Kirsawoder Chor im Mai 1966 den Gottesdienst in Michajlowka mit einem

Das Haus von Jakob und Margarete Plett

[17] Rita Wall (geb. Ens, Neuwied).

Pletts Hausbau

„Die kleinen Lehmhütten wurden bald zu klein für die Versammlungen. Im Jahr 1964 hatte Jakob Plett mit dem Hausbau auf der Str. Sedowa 8 begonnen. Sein Haus sollte der Gemeinde zur Verfügung stehen. Viele Geschwister und Freunde packten mutig an. Im Winter 1966 wurde das Haus eingeweiht. Jetzt waren in Pletts Hause fast jeden Sonntag Versammlungen. [...] In der Nähe von Pletts in der nächsten Straße stand eine russisch-orthodoxe Kirche, und im Gegensatz zu derselben nannten einige Einwohner des Ortes Pletts Haus die ‚deutsche Kirche'."

Rita Wall (geb. Ens)

Vortrag vom verlorenen Sohn und im März 1967 trug die Jugend von Kirsawod ‚Die Pilgerreise' im Gottesdienst in Michajlowka vor. Der Michajlower Chor fuhr manchmal zu den Versammlungen in Schachtinskij.[18]

Kirsawod 1964-1968

Der Wechsel im Gemeindebestand

Nach David Klassens Verhaftung im September 1962 verließen auch in Kirsawod einige die Versammlungen, andere gingen zur Baptistengemeinde nach Kopaj, manche hatten Angst, die Versammlungen zu sich einzuladen. In dieser Zeit änderte sich die Zusammensetzung der Gemeindegruppen. In Melkombinat waren im Februar-März 1962 die Familien Günther, Neudorf, Warkentin und Derksen aus dem Omskgebiet dazugekommen.

Die Versammlungen

Die Versammlungen in den Privathäusern wurden drei Mal in der Woche durchgeführt: am Sonntagabend eine allgemeine Versammlung, am Donnerstag eine Bibelstunde, am Samstag eine Gebetsstunde. Die Versammlungen im Stadtteil Kirsawod-Melkombinat fanden in dieser Zeit bei den Familien Franz Banmann, Peter Philipsen, Peter Neudorf, Johann Günther, Jakob Penner, Anna Herdt, Johann Fröse, Peter Reger, Walter Dick, Franz Derksen,

[18] Rita Wall (geb. Ens, Neuwied).

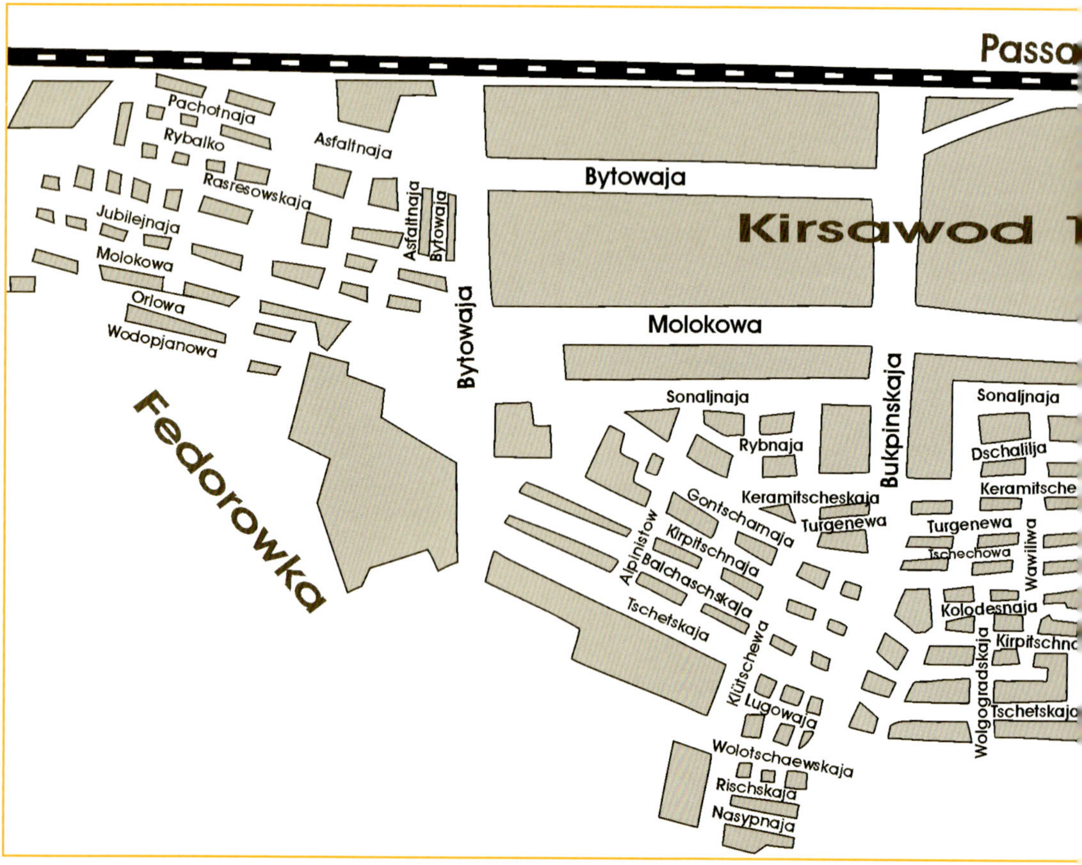

Katharina Penner, Friedrich Hertle, Jonathan Fefler, Johann Dikan statt.

Positiv an diesen kleinen Versammlungen in den Häusern in jener Zeit war, dass man eine gute Übersicht über die Besucher hatte. Wenn jemand ein paar Mal fehlte, fragte man nach ihm. Es herrschte eine familiäre Atmosphäre. Es war auch positiv, dass viele Brüder sich an der Wortverkündigung beteiligen konnten.[19]

Andererseits litt man aber oft unter Platzmangel, besonders sonntags, wenn der Chor sang. Die Häuser waren nur klein und oft musste man die Tische, Bettgestelle und andere Möbel für den Gottesdienst heraustragen. Ein jeder hatte einige Bänke und Stühle oder Bretter, den Rest musste er sich bei anderen Geschwistern ausleihen. In den kalten Winterzeiten wurden die Wände ab und zu so nass, dass das Wasser von innen lief.

Alle Brüder wurden zur Wortverkündigung in der Gebetstunde aufgefordert. Dazu musste jeder immer bereit sein, denn einen Dienstplan gab es nicht. Die Schlussbotschaft hielten gewöhnlich die eingesegneten Diener. Brüder aus anderen Gruppen der Gemeinde besuchten manchmal die Versammlungen, so

[19] Johann Banmann und Jakob Penner (Harsewinkel).

Versammlungen in Kirsawod fanden in folgenden Häusern statt:

Johann Kasper – Keramitscheskaja
Johann Görzen – Keramitscheskaja
Johann Koop – Kirpitschnaja
Johann Schellenberg – Gontscharnaja
Ernst Klassen – Bukpinskaja
Peter Voth – Bukpinskaja
Johann Penner – Kirpitschnaja
Heinrich Penner – Konditerskaja
Heinrich Töws – Konditerskaja
Wilhelm Bechthold – Balchaschskaja
Susanne Löwen – Rishskaja
Heinrich Boger – Nasypnaja
Derks – Tschetskaja
Peter Dridiger – Wolotschajewskaja
2 Schwestern Dridiger – Spasskaja
Jakob Wiens – Orschanskij
Johann Enns – Tschetskaja
Isbrand Friesen – Spasskaja
Peter Friesen – Spasskaja
Jakob Friesen – Balchaschskaja
Erich Kaminskij – Orschanskij
Heinrich Rahn – Rybnaja
Johann Strauß – Tschechowa
Gertrude Fast – Wawilowa
Heinrich Dyck - Wawilowa

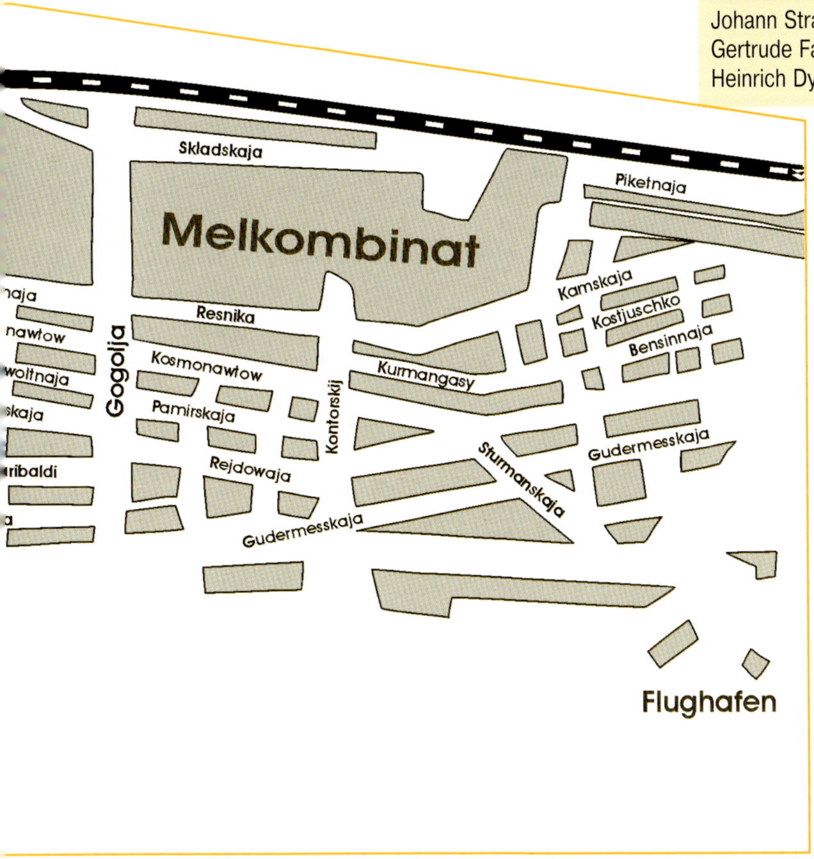

Der Straßenplan von Kirsawod, Melkombinat und Fedorowka

wie Bruder Johann Strauß, Peter Bergmann, David Klassen, Jakob Hildebrandt. Manchmal kam auch Besuch von der Gruppe „33" oder Schachtinskij mit dem Chor und einem Vortrag.

Eine Gruppe Jugendlicher aus Kirsawod ca. 1964. Mit diesen Jugendlichen fing der Kirsawoder Jugendchor mit Heinrich Warkentin als Dirigent an. Vorne: Johann Banmann und Jakob Günther. Schwestern von links: Helene Boger (Günther), Anna Esau (Banmann), Olga Günther (Boger), Katharina Dobler (Philipsen), Katharina Geier (Bückert), Elisabeth Matthies (Günther), Lydia Penner (Derksen), ?, Helene Koslowsky (Rahn). Hinten: Andrej Plett, Johann Pauls, Paul Trippel

Chor

Als Heinrich Warkentin den Jugendchor soweit trainiert hatte, dass sie schon selbständig singen konnten, wurden der Chor von Rudolf Bergmann und der Jugendchor von Heinrich Warkentin zusammengelegt. Dieser Chor wurde für die Verhältnisse zu groß und wurde Ende 1966 wieder aufgeteilt. Rudolf Bergmann nahm die etwas „stärkeren Sänger" nach Kirsawod und Heinrich Warkentin übernahm den Rest und diente in Demut und Segen in dem Stadtteil Kirsawod-Melkombinat. Die Chöre dienten jetzt bei allen Sonntagsversammlungen in diesen beiden Stadtteilen.[20]

Bibelkurse

Im Winter 1966-1967 führte Peter Bergmann mit den Brüdern an einem Abend in der Woche die Kurse „Glaubenslehre", „Homiletik" und „Deutsche Grammatik" durch.[21]

Lehrerbesuch und Geldbuße

Die Behörden waren ständig auf der Lauer und suchten die Versammlungsorte auf. Manchmal verhängte sie bei solchen Besuchen auch Strafen. So war an Ostern 1968 der Gemeindeteil Kirsawod bei der Familie Kasper versammelt. Da erschienen unerwartet Lehrer der Schule Nr. 87, Nina Nikititschna Waschenko[22], Rosalja Alexandrowna Scheina und Theodor Iosifowitsch. Sie störten die Versammlung nicht, schrieben aber zum Schluss alle anwesenden

[20] Johann Banmann (Harsewinkel), Anna Schwarz (Espelkamp).
[21] Johann Banmann (Harsewinkel).
[22] Nina Nikititschna Iwaschenko bekehrte sich in den 1990-er Jahren, ließ sich taufen und war in der Baptistengemeinde „Wefil" aktiv. Zurzeit wohnt bei ihrem Sohn in Omsk und ist Mitglied der Gemeinde in der Swesdowastr. 2.

Der Chor von Kirsawod-Melkombinat 1966-1968. Vorne 1. Reihe: Anna Schwarz (Regehr), Liesa Unruh, Katharina Geier (Bückert), Lydia Penner (Derksen). 2. Reihe Anna Penner (Schellenberg), Katharina Derksen (Koop), Tamara Balko, Sinaida Niessen, Sharlotte Regiehr (Dück), Maria Regehr. 3. Reihe: Gertrude Fast, Elli Warkentin (Derksen), Lilli Bachmann (Will), Anna Esau (Banmann), Sonja Dontschenko, Katharina Dobler (Philipsen), Frieda Dyck. Hinten von links:Johann Banmann, Viktor Voth, Friedrich Hertle, David Koop, Heinrich Warkentin, Johann Pauls

Vor der Gebietsverwaltung

„Es war ungefähr im Jahre 1967. Wir versammelten uns noch in unseren Privathäusern. Nun hatten zu einem Sonntag Gerhard Thiessens eingeladen. Zufällig hatten auch die Geschwister lutherischen Glaubens an diesem Sonntag Versammlung in der Siedlung Finskij, und das gab Aufsehen, als diese Geschwister alle schwarz gekleidet von der Bushaltestelle der Bahnlinie entlang unserem Dorfe zuströmten. Die Komsomolleiterin, daselbst wohnend, machte Alarm und meldete es dem Parteichef der Kohlengrube. Unser Gottesdienst hatte gerade begonnen, wir saßen enge zusammen in drei Stuben als der Parteichef hereinkam und befahl: ‚Auseinander gehen!' ‚Nein,' erwiderte Bruder Ediger, der die Versammlung leitete , ‚wir kennen die Gesetze und haben ein Recht dazu.' Dann hob der Parteimann seine Faust in die Höhe und schrie: ‚Ich werde euch gleich zeigen, was eure Rechte gelten!' Er ließ seine Begleiter als Wache zurück und eilte zum Utschastkowyj – dem für die Siedlung zuständigen Polizisten. ‚Komm,' sagte er zum Milizionär, ‚wir vertreiben die Versammlungen in deinem Bereich!' Der Polizist war ein frecher Kasache mit Namen Ißynbajew, der sagte ganz entschieden: ‚Nein, dort ist Ordnung und für mich nichts zu tun!' Alles Überreden half nichts, er ging nicht mit. Enttäuscht eilte der Parteichef zum Klub, dort gab es ein Telefon und rief das Vollzugskomitee des Rayons an. Inzwischen war die Versammlung zu Ende und die Geschwister auseinander gegangen. Die Schwestern Margarete und Mariechen trugen die Bänke hinaus, als die Kommission aus dem Vollzugskomitee ankam. Es wurde ein Protokoll aufgestellt, die Zahl der Besucher eingetragen und den Wirten des Hauses wurde angeordnet, am Montagmorgen in der Rayonverwaltung zu erscheinen und die Liederbücher, die noch nicht weggeräumt waren, mitzubringen.

Nun kamen wir, wie gewöhnlich, Sonntagabend bei der Mutter unserer Frauen zusammen und das Thema der Unterhaltung war das eben am Vormittag Geschehene. ‚Wenn schon Gerhard hingehen muss, warum auch ich noch?' fragte Margarete etliche mal aufgeregt. Als wir mit unseren Kindern zu Hause waren und zur Ruhe gingen, konnte ich nicht einschlafen: immer wieder hörte ich Margarete: ‚Wenn Gerhard schon hingehen muss, warum auch ich noch?' Dann sagte ich: ‚Herr, ich gehe morgen an Margaretes statt, gib mir jetzt die Ruhe!' Dann konnte ich einschlafen.... Dessen war auch Gerhard froh und meinte: ‚Wenn dir das der Heilige Geist eingegeben hat, dann ist es recht so.' In der Rayonverwaltung angekommen, wurden alle Beamte aus den Büros zusammengerufen: vom Schulamt, der Finanzabteilung, der Sozialabteilung usw. Als Erster wurde Gerhard hereingerufen und es war von hinter der zweifachen Tür zu hören, dass es dort ganz laut herging. Dann kam ich an die Reihe: ‚Bildung?' – ‚8 Klassen.' – ‚Sehen Sie, 8 Jahre hat die Sowjetmacht dich erzogen und du machst so was!' hieß es vorwurfsvoll. ‚Hast du dein eigenes Haus?' – ‚Ja.' ‚Wir werden dir das Haus wegnehmen!' - Da kam es von mir, ohne dass ich vorher daran gedacht hatte, nach Lukas 12,11.12. ‚sorget nicht, wie oder was ihr antworten sollt, es wird euch gegeben werden.' Und ich sagte: ‚Das wird dann schon das dritte Haus sein, welches ihr uns wegnehmt.' Damit war ausgefragt und auch ausgedroht. Im anderen Zimmer musste ich eine Erklärung schreiben und unterschreiben. Im Fall die Sache vors Gerichts käme, drohten nach Warnung und Geldstrafe 3-5 Jahre Haft. Doch der Herr bewahrte davor, Ihm der Dank dafür.“

Peter Dyck

Im Februar 1966 werden die Schriftsteller A. Sinjawsky und J. Daniel für antisowjetische Propaganda für 7 und 5 Jahre Haft verurteilt.

Vom August 1966 Verschärfung der sowjetisch-chinesischen Widersprüche mit dem Beginn der „Kulturrevolution" in China.

Schüler auf. Dann wiesen sie darauf hin, dass solche Versammlungen illegal seien und Kinder schon gar nicht zugegen sein dürften. Dem Hausherrn wurde eine Geldstrafe in Höhe von fünfzig Rubel[23] auferlegt. Da Kaspers erst kurz davor das Haus gekauft und noch viel Schulden hatten, übernahm die Familie Johann Görzen die Auszahlung dieses Betrages.[24]

„Weil die Gemeinde stark herangewachsen war, fand immer mehr der Gedanke Raum, um ein Versammlungshaus zu wirken, welches die ganze Gemeinde und alle Besucher aufnehmen könnte. Dieses war aber, ohne im Rat für Religionswesen beim Ministerrat registriert und als Gemeinde anerkannt zu werden, nicht denkbar. Auch der Allunionsrat der Evangeliumschristen - Baptisten hatte dazu ein Wort zu sagen. Die Sache wurde zu einem ernsten Gebetsanliegen der Gemeinde."[25]

Die Situation in den Nachbargemeinden

Der Upolnomotschenyj meldet 1965, dass Gerhard G. Harder, Mitglied des Gemeinderats [der EChB-Gemeinde], erklärte habe, die deutschen Gläubigen wollten sich von der Hauptgemeinde EChB abteilen und bäten um Registrierung als selbständige Gemeinde.[26] Damit sind vermutlich die Geschwister der MBG gemeint, die sich nun wieder selbstständig organisierten.

Die Reformbewegung und der Sowjet Zerkwej der EChB

Ab 1965 wurde die Reformbewegung vom SZEChB[27] zentral geleitet. Diese Zentrale wurde zum Gegenstück zu dem vom Staat anerkannten WSEChB. Von 1962 bis 1987 wurden Arbeiter und Vorstandsmitglieder dieser Bewegung verfolgt und viele jahrelang in strenger Haft gehalten, ihre Versammlungen standen unter beständiger Kontrolle und wurden oft gestört.

Leider erlaubte sich SZEChB oftmals ein liebloses Richten mancher aufrichtiger Gotteskinder nur deswegen, weil sie zu den Gemeinden des WSEChB gehörten. Auch ihr Widersetzen der Regierung, das sich in Demonstrationen, auffälligen Veranstaltungen und schroffen Forderungen an die Regierung äußerte, stimmte oft nicht mit dem sanftmütigen Wesen des Herrn Jesus überein, „der nicht widerschmähte, als Er geschmäht wurde, nicht drohte, als Er litt, Er stellte es aber dem anheim, der gerecht richtet" (1.Petr. 2,23).

Der WSEChB aber trat von seiner Seite in der Zeitschrift „Bratskij Westnik" (Bruderbote) auf und verklagte seine Brüder aus dem SZEChB des Mangels an Patriotismus, des Widerstreben gegen die Obrigkeit, was der Regierung dann den Anlass gäbe, sie weiter zu verfolgen. So bekämpften sich die beiden Parteien „im Angesichte der Feinde".

Die Situation in der (kirchlichen) Mennonitengemeinde Karaganda

„Anfang Herbst 1965, nach 3 Jahren Unterbrechung, wagte die Gemeinde ihre Gottesdienste wieder in den Häusern zu feiern. Die Chöre schlössen sich unter der Leitung von Heinrich Bergen und Rudolf Quiring zusammen. Am 21. November 1965 wurden Johann Pöttker, Julius Siebert, Heinrich Bergen und Johannes

[23] Der durchschnittliche Monatsverdienst betrug in der Zeit etwa hundert Rubel.
[24] Anna Görzen und Elisabeth Penner (Harsewinkel).
[25] Wölk: Mennoniten-Brüdergemeinde in Rußland. S.134-135.
[26] Bericht an das Gebietsexekutivkomitee für 1965. SAKG, F.1364, L.1a, A.71. S.10-14.
[27] SZEChB: Kirchenrat der Evangeliumschristen-Baptisten.

Tauffest der kirchlichen Mennonitengemeinde 1967. Vorne von links die Prediger Heinrich Bergen, Bernhard Thiessen, Jakob Thiessen, Peter Schönke Die Täuflinge: Franz Hildebrand, Ernst Töws, Steffen, Luzia Steffen, Janzen, Steffen, Steffen

Wiens von der Gemeinde als Prediger und Jakob Fröse zum Diakon gewählt. Johann Penner, der Älteste aus Krassnaja Retschka (Kirgisien), segnete die gewählten Brüder am 29. November 1966 zum Dienst ein. Der schon früher zum Ältesten berufene Jakob Thiessen wurde als Ältester eingesegnet. Die Jahre 1965-1969 wurden zu Jahren des Wachstums der Gemeinde. Es wurde immer enger in den Häusern. Die Wohnungen konnten die Besucher nicht fassen. Auch die heraus getragenen Möbel konnten den mangelnden Platz nicht ersetzen."[28]

Die Vereinigung der Mennoniten und Baptisten in Saran

Registration - dafür und dagegen

Als Karl Götz 1963 den Eckstein zu seinem Haus in der Komsomolskaja-Str.23 legte, sagte er zu seiner Frau: „Dieses Haus wird ein Gotteshaus werden!" Ende des Jahres 1963 wurden Götz und Strigunow als Leiter und Stellvertreter von der Baptistengemeinde Saran gewählt, doch Strigunow starb bald darauf. Danach stellte Karl Götz einen Antrag auf Registrierung der Gemeinde in Saran und begann, um eine Erlaubnis zum Versammlungshausbau zu wirken. Man kaufte ein Haus im Stadtteil Finskij Posjolok, hob das Dach und baute eine gewölbte Decke, so dass der Innenraum bis zu sechseinhalb Metern hoch war. Die Arbeit wurde mit Freuden getan und verband die Geschwister der beiden Baptisten- und der Mennonitengruppe miteinander, so dass sie sich zusammenschlossen. Doch dann griff der Stadtrat ein und eröffnete eine Hetzkampagne gegen die Baptisten. Trotz der für die Gemeinde positiven Reaktion des Rats für Religionsangelegenheiten in Moskau wurde das Haus im Frühling 1965 von der Stadt beschlagnahmt und zu einem Kindergarten umgebaut.[29]

Diese Sache wurde von den Gläubigen mit Bestürzung aufgenommen und ein Teil der Geschwister wollte von der Registrierung nichts mehr wissen.

[28] Mennonitengemeinde Karaganda in Kasachstan im Wandel der Zeiten. Zu beziehen bei Peter Wall oder Werner Janzen, Almersbach im Tal. S.16.

[29] Siehe: Aus der Geschichte der Gemeinde Saran. Aquila (25) 3/1997. S.15-16.

Das Gemeindehaus in Saran auf der Komsomolskaja Straße

Brüder, die das Orgkomitee unterstützten, besuchten die Gemeinde in Saran und warnten vor dem Zusammenschluss mit den Registrierten. Darauf hin wurde eine Gemeindestunde durchgeführt, in welcher die Teilung der Gemeinde vollzogen wurde. Heinrich Wiebe, der gegen die Registrierung war, gab bekannt, dass sie sich in Privathäusern auf Einladung der Hauswirte weiter versammeln würden. Karl Götz meldete, dass sie das Bemühen um die Registrierung trotz allem fortsetzen und die Gottesdienste fortan beständig in seinem Hause in der Komsomolskaja 23 stattfinden würden.

Zu den über siebzig Geschwistern, die sich um Heinrich Wiebe sammelten, gehörten die meisten Sänger, die Wiebe als Dirigent anleitete, und der größere Teil der Wortverkündiger wie Peter Friesen, Johann Pauls[30], Abram Braun, Peter Letkemann, Johann Klassen u.a. Heinrich Wiebe bediente in den Jahren 1964-66 die von der MBG Karaganda abgeteilte Gemeindegruppe „33" mit dem Abendmahl. Mit Hektographen wurden in Blauschrift christliche Schriften und sogar Liederbücher vervielfältigt.

Registrierung der Baptistengemeinde 1965

Karl Götz ließ aber den Mut nicht sinken und begann mit Gottesdiensten in seinem Haus. Eine Kanzel wurde aufgestellt, Bibelsprüche kamen an die Wand. Trotz des Verbots der Stadtverwaltung und der Belästigung durch die Polizei wurden die Versammlungen auch weiterhin regelmäßig

[30] Johann Pauls war der spätere Leiter der Bibelmission der Slawischen Evangeliumsvereinigung.

durchgeführt. Peter Weyer aus Karaganda wurde als Dirigent eingeladen und bald konnte ein Chor zur Freude der Geschwister den Gottesdienst verschönern.

Am 6. (oder 5.) November 1965 wurden Karl Götz die langersehnten Bescheinigungen über die Registration der Evangeliumschristen-Baptistengemeinde in Saran, ihres Exekutivrates und für ihn die Bescheinigung für seinen Ältestendienst eingehändigt. Für ihn war es ein Sieg, aber auch der Anfang einer neuen Phase des Kampfes.

Die Gemeinde wuchs, die Zwischenwände im Haus mussten entfernt werden, und schließlich wurde es ganz zum Bethaus, so dass die Familie Götz in ein anderes Haus umziehen musste. Das Ehepaar Obuchow zog in das kleine Nebenhaus ein, um das neue Bethaus zu bewachen und zu beheizen. Bibel- und Gebetsstunden wurden eingeführt; eine regelmäßige Kinder- und Jugendarbeit wurde begonnen, obwohl Kinder- und Jugendarbeit, sowie jeglicher geistlicher Unterricht (Bibelstunden galten als eine Form davon) vom sowjetischen Gesetz strengstens verboten waren. Die erste Jugendleiterin war Jelena Gargulja.

Im März 1966 wurde Karl Götz als Ältester und Kornelius Reimer, Johann Görzen und Ewald Grundmann als Diakone von Makar Stepanowitsch Waschtschuk, Pjotr Iwanowitsch Posharizkij und Gerhard Harder eingesegnet. 1966 wurden zwölf Geschwister aus Saran von Karl Götz im Taufbecken in Kopaj getauft. Die nichtregistrierte Gemeinde hatte auch eine stattliche Anzahl von Täuflingen.

Die Evangliums-christen-Baptistengemeinde Saran beim Besuch von Klimenko aus Moskau und Fast aus Nowosibirsk Mitte 1970-er

Vereinigung als EChB-Gemeinde

Die Kontakte zwischen den zwei Gemeinden in Saran wurden nie abgerissen, viele besuchten die Versammlungen gegenseitig. Die leitenden Brüder standen auch im guten Verhältnis miteinander und spürten, dass sie zueinander gehören. Sie arbeiteten nebeneinander, aber nicht gegeneinander. So kam es im November 1966 zu einem gemeinsamen Bruderrat. Alle waren sich einig, dass es besser wäre, sich zu einer Gemeinde zusammenzuschließen. Die gegenseitige Aufnahme geschah nach Röm.15,7. Es wurde vereinbart, dass am Sonntagnachmittag im Bethaus zusätzlich deutsche Versammlungen unter der Leitung von Heinrich Wiebe stattfinden sollten. In diesen Versammlungen sang auch der deutsche Chor. In den russischen Versammlungen sang der Gesamtchor, der jetzt größer und leistungsfähiger geworden war. Etwas später wurde Johann Pauls zum Leiter der großen Jugendgruppe. Er gründete ein Saitenorchester und einen Jugendchor. Ende 1967 zählte die Gemeinde 171 Mitglieder.

Die Gemeinde Saran hatte als Baptistengemeinde eine erfolgreiche weitere Geschichte, doch verlor ihre zahlreiche heranwachsende Jugend die mennonitische Identität und die deutsche Sprache. Trotzdem hatte sie auch weiterhin viele Berührungspunkte mit der MBG Karaganda.

„Kommunistischer Sabbattag"

Im Frühling wurde von den Behörden für alle Betriebe und Schulen ein „Kommunistischer Sonntag" und ab 1967 ein „Kommunistischer Sabbattag" anberaumt.[31] An diesem Tag sollten alle unentgeltlich „nach Lenins Beispiel" Aufräumarbeiten verrichten. Gewöhnlich wurden nach dem Winter die Betriebsräume, die Höfe, die Anlagen und die Grünanlagen geputzt, in Ordnung gebracht und die Bäume angestrichen. Dieser „Putztag" wurde extra auf den Ostersonntag oder Ostersamstag gelegt, um den Christen das Osterfest zu verderben. Aber die Gemeinde vor Ort hatte schon den Ostersegen früher genossen. Nachts sangen die Jugendlichen unter den Fenstern. Um 6.00 Uhr am Ostermorgen fand der Gottesdienst statt. Anschließend gingen alle dann noch „dem Kaiser" das Seine abzugeben.

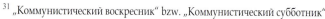

[31] „Коммунистический воскресник" bzw. „Коммунистический субботник"

Beim kommunistischen Sabbattag

Arbeit, die ungesehen blieb

Kapitel 3

Alles, was ihr tut, das tut von Herzen als dem Herrn und nicht den Menschen, und wisset, dass ihr von dem Herrn empfangen werdet die Vergeltung des Erbes; denn ihr dienet dem Herrn Christus.
Kolosser 3,23-24

„Die Kraft der Jugend braucht der Herr"

Seit der Bruderschaft vom 28. Mai 1965 bemühte sich die MBG auch neu um eine gründliche, wohl organisierte innere Arbeit in der Gemeinde. Dabei gab es viele für die Gemeindeleitung schwierigen Fragen, die in jener Kampfeszeit nach Außen nicht immer klar gesehen wurden und Zeit und viel Gnade brauchten, bis sie ruhig und korrekt gelöst werden konnte. Auch die Ausbildung der Diener der Gemeinde und ihre Gründung in der Lehre waren aktuell. Bis dahin lag die Gemeindearbeit hauptsächlich auf Rentnern im Alter von 50 bis 75 Jahren. Es sollte die jüngere Generation, mit den Geburtsjahrgängen 1920-1941 stärker in den Dienst einbezogen werden. Erst später konnten es die meisten merken, wie wichtig diese Bildungsarbeit war. Dabei hatte die ältere Generation durchweg eine viel bessere Bildung in den mennonitischen Schulen bekommen, als die jüngere Generation, die in der stark

Eine Gruppe von Geschwister, die in den 1930-ern geboren sind, mit ihren Kindern Anfang 1970

auf Propaganda reduzierten Sowjetschule gelernt oder in den Kriegsjahren fast ganz ohne Schulbildung geblieben war. Trotz der verschiedenen Kämpfe bemühten sich einige der leitenden Brüder auch um eine gute Gestaltung der vom Sowjetstaat verbotenen Kinder- und Jugendarbeit. Das konnten und sollten nicht alle mitkriegen, es war aber für die weitere Entwicklung der Gemeinde von großer Wichtigkeit. In dieser unruhigen Zeit wurde auch der Reisepredigerdienst an die jüngere Generationen weitergegeben.

Fragen des inneren Aufbaus

Wirksamkeit von Peter Bergmann

„Auch ich durfte - erzählte ein Mädchen - mich mit meiner Freundin bei Bruder Peter Bergmann am 30. Mai 1966 bekehren. Unser Sonntagschullehrer O. Peter Dyck erfuhr, dass wir uns bekehren wollten, und lud ihn zu uns nach Hause ein, wo nach einem erklärendem Gespräch wir den Frieden, den wir nie gekannt hatten, bei unserem himmlischen Vater finden durften."

„Eine Frage, die Bruder Peter Bergmann mir einmal nach einer Abendmahlsgemeinschaft stellte, ob ich gestärkt und ermutigt nach dem Abendmahl wäre, ist mir heute noch immer ein Ansporn zum Nachdenken und zur Selbstprüfung."

Fragen der Abendmahlsgemeinschaft

Peter Bergmann, der bis 1958 viele Jahre Leiter der Arbeit unter den Deutschen in der Baptistengemeinde gewesen ist und auch als Mitglied der MBG öfters die deutschen Versammlungen der Baptisten besuchte und als Prediger dort diente, wurde oft angehalten auch die Austeilung des Abendmahls zu leiten. Bei den immer neuen Versuchen die MBG in die Baptistengemeinde einzugliedern, sahen es einige Brüder aus der MBG-Gemeindeleitung als verhängnisvoll an. Deshalb wurde diese Frage einige Mal im engeren Bruderkreis behandelt, zu einer klaren und gelassenen Lösung konnten die Brüder damals nicht kommen.

Noch einmal zurück zum Abendmahl

Vorberat am 23. August 1965:

„Punkt 1) Die Leitung der EChB Gemeinde hat den Wunsch ausgesprochen, dass die eingesegneten Brüder nicht nur als Helfer beim Austeilen des Heiligen Abendmahls tätig sein möchten, sondern auch abwechselnd mit der Leitung der EChB Gemeinde die ganze Handlung in ihre Hände nehmen wollten. Alle anwesenden Brüder begrüßten das Angebot und wünschten, dass alle eingesegneten Brüder dazu herangezogen werden. Bei allgemeinem Einverständnis von Seiten der Gemeinde und der lehrenden Brüder darf es als ein Beschluss angesehen werden. (Anwesend waren 9 Brüder: D.Klassen, P.Regehr, A.Friesen, W.Matthies, J.Siebert, P.Wolf, A.Wolf, J.Plett, H.Wölk)"

Am 11. Oktober 1965:

„Anwesend 20 Brüder: B.Bergen (jun.), P.Bergmann, Jak.Dück (Kirsawod), J.Dyck (Finskij), Fr.Ediger, A.Friesen, Isbr.Friesen, Joh.Enns, D.Klassen, H.Klassen, Jak.Konrad, B.Epp, W.Matthies, J.Plett, P.Rempel, P.Regehr, J.Siebert, Joh.Strauß, Wol.Thiessen, H.Wölk.

Punkt 4c) Zu Punkt 1 der Beratung des Vorberats am 23. August dieses Jahres erheben sich Stimmen gegen die Teilnahme an der Abendmahlsfeier in der Kopaier Kirche, solange das Abendmahl von der Baptistengemeinde ausgeht. Der Verschiedenheit der Ansichten diesbezüglich wegen ist die Frage aufgeschoben."

Auszüge aus der Bruderberatung am 15. November 1965:

„Anwesend 21 Brüder: Fr.Ediger, P.Bergmann, Jak.Konrad, P.Regehr, W.Matthies, D.Klassen, B.Bergen, J.Strauß, P.Wolf, A.Heidebrecht, G.Fast, J.Plett, J.Dück, A.Friesen, Isbr.Friesen, A.Wolf, H.Klassen, H.Wölk, J.Günther, P.Rempel, Joh.Bergen.

Aus Punkt 3) Die Abendmahlsgäste: Da in letzter Zeit wiederholt die Frage aufgetaucht ist, ‚wie lange man in der Gemeinde ein Gast sein kann', wurde dasselbe zur Besprechung vorgelegt. Nach vielseitiger Beleuchtung derselben einigten sich alle anwesenden Brüder darin: Wir wollen die angenommene Richtung diesbezüglich auch weiterhin einhalten. Und ist der Name ‚Gäste' anstößig, dann nennen wir die Geschwister, die sich nicht durch Untertauchungstaufe der Gemeinde angeschlossen haben, aber am Abendmahl teilnehmen, nachdem sie ihre Bekehrung und Wiedergeburt mitgeteilt haben, nicht mehr ‚Gäste' sondern ‚Teilnehmer an der Abendmahlsgemeinschaft'. Die Grenze für solche Teilnahme ist bei der Großtaufe. Bedingung: Bekehrung und Wiedergeburt."

Ein Generationenwechsel bahnt sich unter Dienern an

„... aus dem Grunde, dass Fr. Ediger fortzieht und J. Konrad schon einige Monate krankt, müssen andere jüngere Brüder herangezogen werden." (Aus dem Protokoll vom 26.4.1966)

„Fr.Ediger möchte seine Vollmachten, die ihm durch die Wahl vom 28. Mai 1965 auferlegt sind, abgeben ... weil er den Wohnort gewechselt hat." „Abr.Friesen meldet, dass er nicht im Vorstand arbeiten wolle." (Zwei Auszüge aus dem Protokoll vom 13.6.1966)

Hausbesuche und Jugendarbeit

Auszüge aus der Bruderberatung am 15. November 1965:

„Anwesend 21 Brüder: Fr.Ediger, P.Bergmann, Jak.Konrad, P.Regehr, W.Matthies, D.Klassen, B.Bergen, J.Strauß, P.Wolf, A.Heidebrecht, G.Fast, J.Plett, J.Dück, A.Friesen, Isbr.Friesen, A.Wolf, H.Klassen, H.Wölk, J.Günther, P.Rempel, Joh.Bergen.

Aus Punkt 2) Jeder Ort macht bei seinen Gemeindegliedern Besuche im Haus. Die Hausbesuche ordnet der Vorstand am Ort.

Der Arbeit mit der heranwachsenden Jugend müsste viel Aufmerksamkeit geschenkt werden. Die Geschwister, welche einen Ruf vom Herrn dafür fühlen, müsste man mit Rat und Tat unterstützen. Bei der Arbeit sind die Altersunterschiede zu berücksichtigen; als beste Zeit für die Arbeit wird der Sonntagvormittag zwischen 8.30 bis 10 Uhr festgesetzt. Alle Arbeiten sind **nur** in der Muttersprache zu führen. Jeder Ort müsste bei sich Arbeiter und Raum finden, damit große Fahrten von den Kindern nicht unternommen werden brauchen."

Größere Bruderschaft am 19. November 1965 (Gebr.Dücks):

„Anwesend 40-50 Brüder: fast alle eingesegnete Brüder und viele andere, darunter Prediger H.Boger, B.Tun, Quapp, H.Becker, J.Harder, W.Thießen, J.Dick (18), J.Dyck (Finskij), Fr.Derksen, Friedrich. Tagesordnung: Bestätigung der Vorbeschlüsse am 15. November 1965."

Lehrvorträge im Brüderkreis

14. Februar 1966: „Ein priesterliches Christentum" (W.Matthies). Anwesend bei 60-70 Brüder aus allen Bezirken der Stadt, auch Sortirowka, W-Dubrowka usw. bei Bruder Abr.Thiessen. Vortrag mit Ergänzungen von 6 Brüdern.

18. April 1966, 50-60 Brüder: „Über den Heiligen Geist und sein Wirken" (P.Bergmann).
Unterthemen: a) Der Geist des Menschen, b) Das Wirken des Heiligen Geistes an uns und an der Gemeinde, c) Über die Fülle des Heiligen Geistes, d) Die Frucht des Geistes. Auch dazu Ergänzungen von einigen Brüdern.

13. Juni 1966 in einer Privatwohnung, anwesend 50-60 Brüder:

a) Vom Dämpfen und betrüben des Heiligen Geistes (P.Regehr);
b) Lästern des Heiligen Geistes (J.Siebert);
c) Pfingstbewegung (J.Strauß).

Gemeindeliste

Am 26. April 1966 wird beschlossen: „Weil wir schon 13 Monate keine von uns organisierten oder von uns geleiteten Versammlungen im Kopaier Bethaus haben, sondern als freie Zuhörer die Gottesdienste besuchen und auch nur als Gäste sprechen, ist das Vorhandensein der Kopie unserer Gemeindeliste bei dem Ältesten der Baptisten überflüssig, daher wollen wir letzteren bitten, uns diese Kopie zurückzugeben."

Quelle: Notizen von Heinrich Wölk

Abgesehen von den inneren und äußeren Schwierigkeiten, übte die Mennoniten-Brüdergemeinde Einfluss auf andere Gemeinden aus. So wurden z. B. David Klassen und Jakob Siebert nach Amankaragaj eingeladen, um mit Nikolaj Reimer (1900-1977) an der Einsegnung dreier Brüder (Nikolaj Quiring, Ernst Dück und Abram Reimer) am 8. März 1966 teilzunehmen.[1]

Allgemeines zur Kinder- und Jugendarbeit

In den unruhigen Jahren 1964-1968 wuchsen viele deutsche Kinder heran. Zunächst war die Zahl der Jugendlichen gering, da in den 1940-ern nur wenige deutsche Familien zusammen waren und deshalb die Geburtenrate in diesen Jahrgängen gering war. Den Eltern, die zur MBG gehörten, waren die geistliche Erziehung und entschieden christliche Prägung ihrer Kinder, und zwar in ihrer deutschen Muttersprache, wichtige Anliegen. Gerade deshalb waren viele nach Karaganda gekommen und hatten ihren Platz in der MBG gefunden.

Neben der Erziehung in den Familien und in der Verwandtschaft wünschten die Eltern auch christliche Kinder- und Jugendarbeit. Das, was fast dreißig Jahre lang unmöglich gewesen war und was viele Eltern entbehren mussten,

Sonntagschüler vom Stadtteil „33“ 1963-1964. V.l.n.r.: Olga, Lida Wiens, Maria Bergen (Wiens), Nelli Reimer, Paulina Fröse (Tun), Liese Tun, Maria Quapp, Rita Riesen (Warkentin), Liese Quapp (Görzen).

sollten ihre Kinder bekommen: Unterweisung in Gottes Wort und Erziehung zu einem Leben für Jesus. Dazu trugen die geheime Sonntagschularbeit und besonders die Arbeit unter der heranwachsenden Jugend aus den gläubigen Familien entscheidend bei.

Sonntagschularbeit war vorerst in Karaganda ähnlich wie an anderen Orten noch keine allgemeine Erscheinung, denn dazu fehlten den meisten der Mut, die Vorbereitung und die Anleitung.

Christliche Kinder- und Jugendarbeit wurde bis Ende der Sowjetzeit mit einem Jahr Freiheitsentzug geahndet und die Organisation der Kinderarbeit

[1] Reimer: Nur aus Gnaden. S.132.

sogar mit bis zu drei Jahren. In den Jahren 1964-68 gab es auch wirklich Verhaftungen aus diesem Grund. Als Beispiele wären Nowopawlowka (Kirgisien) und Omsk zu nennen, wo jeweils zwei Schwestern verhaftet und in Nowopawlowka zu fünf (!) und in Omsk[2] zu drei Jahren Haft verurteilt wurden. In Karaganda jedoch gab es damals keine derartigen Fälle.

In dem Jahr der Neusammlung 1965 wagte die Gemeindeleitung zur aktiven Kinder- und Jugendarbeit aufzurufen. Diese sollte geordnet und unter Aufsicht genommen werden (siehe Kästchen). Sie sollte in der Regel am Sonntagvormittag zwischen 8.30 und 10 Uhr geschehen, weil viele der Gemeindeglieder, der Jugendlichen und manche Kinder die deutschen Versammlungen in Kopaj von 13-15 Uhr besuchten. Am Abend gab es dann die eigenen Versammlungen der MBG in Privathäusern in den verschiedenen Stadtteilen. Besonders wurde betont, dass „alle Arbeiten nur in der Muttersprache zu führen" seien. Diese Arbeit war nach Stadtteilen einzuteilen und die Verantwortlichen der Gemeindeteile sollten um Arbeiter und Raum sorgen.

Die heranwachsende Jugend ca. 1965. V.l.n.r.: Hans Plett, Hans Bergen und Wolli Daiker.

Daraufhin organisierte die Gemeindeleitung auch gesonderte Versammlungen für Jungen und Mädchen, in denen die Prediger Willi Matthies und Jakob Siebert Vorträge hielten und seelsorgerliche Fragen beantworteten.

Kinderarbeit

Der Unterricht, den Geschwister wie Johann Koop und Helene Weyer aus der Baptistengemeinde und Helene Unruh, Katja Penner, Peter Dyck, Heinrich Enns, Bernhard Bergen und andere den Kindern gaben, war für viele zukünftige Mitglieder der MBG eine richtungweisende Hilfe fürs Leben.[3]

Als Peter Dyck von einer Bruderberatung heimkam, begann er nach einer geeigneten Person für die Kinderarbeit in der Siedlung Finskij zu suchen. Da er keinen fand, übernahm er diese Aufgabe selbst.[4] Weil Peter Dyck nicht singen konnte, legte er Schallplatten mit Liedern auf, die sich die Kinder anhörten, mitsangen und so einübten. Wenn die Kinder auf dem Weg zur Sonntagsschule ihre Schullehrer entgegenkommen sahen, machten sie einen Umweg, damit die Lehrer ja nichts von den Kinderversammlungen merkten. Manche Schullehrer mussten auf dem Heimweg aus den Geschäften an dem

---

[2] Agatha und Elisabeth Harms wurden 1966 in Omsk zu drei Jahren Haft verurteilt. Information von Peter Epp (Isilkul).

[3] In diesem Kapitel konnten wir, leider, nicht von allen Gruppen und Gemeindeteilen Berichte sammeln.

[4] Erinnerungen von Peter Dyck (Neuwied).

Peter Dyck, der Sonntagschullehrer

Nach der Kinderstunde im Januar 1968 vor dem Haus von Peter Dyck. Vorne von links: Anni Mook, Lili Root, ein Gast, Helene Rogalsky, Helene und Maria Bergen (waren zu Besuch bei ihren Verwandten und bekehrten sich). Mitte von links: Irene Tschebanko, Anni Thiessen. Hinten von links: Maria Ewert, Margarethe Rogalsky, Helene Dyck, Irene Thiessen.

Ein Auftrag des Herrn

Wir wurden eines Abends zum Bruderrat geladen und uns wurde klargemacht, dass es an der Zeit sei, Kindergottesdienste zu beginnen. Es sollte in kleinen Gruppen angefangen werden, es wurden die Orte genannt und auch diejenigen, die es durchführen sollten. Zum Schluss sagte der Leitende: „Und in eurem Dorfe tust du es, Peter." „Nun ja", dachte ich, „zu solchem Dienst sind wohl Schwestern geeigneter", und fing an solche zu suchen. Solche, die es gerne getan hätten, kamen mir gar nicht in den Sinn, und mit denjenigen, die ich angesprochen hatte, wurde nichts.

So verging ein Monat und ich wusste: Der Herr Jesus will, dass ich es selber tun soll. Es war auch wirklich so des Herrn Wille. Wir fingen dann mit einem Freund, der eine eigene Kinderschar hatte, an. Die Kinder kamen willig, oft mit geröteten Backen bei −30°C Frost, und wir hatten unsere Freude an der Sache.

Eines Tages bekam ich Besuch aus dem Süden und mein Vetter erzählte, dass in ihrer Gegend zwei Schwestern für das Durchführen von Kindergottesdienst zu fünf Jahren Gefängnis verurteilt worden seien. Als er abgereist war und ich eines Tages so allein für mich war, fing der Feind mit mir sein Spiel an: „Du hast sechs Kinder", so flüsterte er, „und es werden noch mindestens zehn Jahre vergehen, bis sie etwas leisten oder helfen können." So ging es weiter, und ich ging in der großen Stube auf und ab und hatte meine Qualen mit diesen Gedanken. Doch dann blieb ich stehen und sagte: „Herr, ich will es weiter tun. Meine Kinder übergebe ich DIR, wie es auch mein Vater tat. Eines aber wünsche ich mir: Wenn ich für fünf Jahre ins Gefängnis soll, gib, dass sich bis dahin fünf Seelen bekehren." Darauf kam die Ruhe.

Es war über Pfingsten, da kam eine Mutter mit ihrer Tochter, die unsere Kinderstunden besuchte, und sagte: „Wir wollen nach dem Süden zu meinem Bruder zu Gast fahren und Ani darf mitfahren, doch sie sagt, sie will sich erst bekehren." Sie tat es mit ihrer guten Freundin zusammen, die auch Ani hieß. In etlichen Wochen taten es Helene und Lili. Sie fielen beim beten in der Kinderstunde auf ihre Knie und baten unter Tränen um Vergebung ihrer Sünden. Dann dauerte es bis Ostern, da tat es Willi, und als er es zu Hause seinen Eltern erzählt hatte, freuten sie sich und knieten mit dem Sohn zusammen nieder und dankten Gott für dieses Wunder. Zusätzlich tat es dann noch Margarethe, Helenes Schwester. So war meinem Wunsch Genüge getan.

Als ich es gelegentlich einem älteren Bruder erzählte, der inzwischen aus der Verbannung zurückgekehrt war, sagte er: „Bitte weiter, der Herr schenkt dir noch Seelen." Und wirklich, bald taten es unsere Sechs während des Abendsegens.

Im Stillen wartete ich auf Verhaftung. Doch sie blieb Jahr für Jahr aus. Schließlich dachte ich: „Der Herr Jesus denkt so: Wozu werde Ich den armen Peter ins Gefängnis stecken lassen? Ich lasse ihn so laufen."

Erinnerungen von Peter Dyck (1924-1995, Neuwied 1994), bearbeitet von Jakob Konrad, Frankenthal, 1999, S.26.

Haus von Peter Dyck vorbeigehen. In der Zeit saßen alle Jungen im Jungenzimmer und sahen sich die zerlegten Radiogeräte an, während die Mädchen in einem anderen Zimmer spielten. Wenn alle Lehrer vorbei waren, konnte die Sonntagschule beginnen.[5]

Bernhard Bergen besuchte Heinrich Wölk und erbat sich die Erlaubnis, eine Kindergruppe in Michajlowka zu übernehmen. Diese Gruppe versammelte sich mindestens zwei Jahre lang in seinem Haus, das mit einem hohen Zaun umgeben war. Es kamen bis zu 28 Kinder zusammen. Beim Singen half Anna Löwen mit.

Zur Sonntagschule kamen hauptsächlich Kinder gläubiger Eltern. Aber es kam auch vor, dass Kinder aus ungläubigen Familien dazukamen und hier zum Glauben fanden, wie zum Beispiel Lydia Liebenau.

Viele segensreiche Erinnerungen sind mit den Naturausflügen der Kindergruppen verbunden.

Bernhard Bergen mit seiner Sonntagschulgruppe

Jugendarbeit

Wie schon in vorherigen Kapiteln beschrieben, konnten sich Versammlungen und verschiedene Veranstaltungen der Jugend schon in den 1950-ern im Stillen entfalten. In den sehr schwierigen und turbulenten 1960-ern wurde die Jugendarbeit teilweise sehr spontan gemacht. Zum Schluss dieser Periode

5 Erinnerungen von Anna Bergen (Neuwied)

kam die Jugendarbeit richtig zur Entfaltung. Damit war eine gute Grundlage für die weitere Entwicklung der gesamten Gemeinde gelegt. Die Jugendlichen in den deutschen Jugendgruppen kamen in dieser Zeit sowohl aus der MBG als auch aus der Baptistengemeinde. Die selbständige Jugendarbeit der Baptistengemeinde wurde in jener Zeit nur in Russisch durchgeführt. Die Jugendarbeit in den Siedlungen „33" und Sortirowka wurde bis in die 1980-er Jahre gemeinsam mit der Gemeinde „33" und großenteils unter der Aufsicht ihrer Brüder gemacht. [6]

Jugendarbeit in den Kinderschuhen

Während Anfang der 1960-er die Gemeindejugend in Kirsawod und Michajlowka ihre regelmäßigen Zusammenkünfte und Aktivitäten noch weiter pflegte, traf sich seit März 1962 eine kleine Gruppe von Kindern im Alter von 9-13 Jahren mit der Absicht, eine „Jugend" zu gründen. Es waren die Sonntagschüler von Tante Lena Weyer: Mascha Bergen, Irma und Lilly Braun, Toni,

[6] In diesem Kapitel konnten wir, leider, nicht von allen Gruppen und Gemeindeteilen Berichte sammeln.

Wie Gottes Güte mich gezogen hat

„Wir wohnten in der Siedlung Melkombinat in der Stadt Karaganda. Es war im Winter 1965-66. Das Wasser des in der Nähe liegenden Teiches war zugefroren. Am Nachmittag trafen sich viele Kinder des Ortes dort, um Schlittschuh zu laufen. Auch meine Freundin Elisabeth Koop (Lisa Geworskaja) war da. Es hat uns große Freude gemacht, sichere Kreise um den Teich zu ziehen oder auch mal unschicklich hinzufallen. Und wie wohl tat es dann noch, wenn Lisa zur Hilfe kam und mir ermutigende Worte zusprach. Und bei so einer Gelegenheit fragte sie eines Tages mich ganz spontan, ob ich nicht zur Sonntagschule gehen würde. ‚Sonntagschule' war für mich ein neues Wort. ‚Schule am Sonntag?', überlegte ich. ‚Sonntag ist doch ein schulfreier Tag. Und jetzt gibt's auch noch am Sonntag Schule? Man muss dann bestimmt auch noch lernen! Und wenn's auch noch Noten gibt?! Wie es in allen Schulen sonst ist...' überlegte ich zögernd. ‚Aber mal sehen, was dort gemacht wird', meinte ich und sagte Lisa zu, dass ich kommen würde.
Am Nächsten Tag ging ich mit Lisa zur Sonntagschule. Ja, es ging aber gar nicht zu einem Schulgebäude, sondern in ein schlichtes Haus, wo eine ältere Schwester Tante Käthy Penner auf alle Kinder wartete. Wie schön und ordentlich sah es hier aus, wie freundlich die Lehrerin war! Sie erzählte uns Geschichten aus der Bibel, sie sang mit den Kindern Lieder. Sehr interessant fand ich die Rundgesänge. Da sangen drei Gruppen so ein Durcheinander, man hat kaum etwas verstanden. Aber zum Ende des Gesangs kamen alle gut an, und alle freuten sich. Nun kam auch das, worüber ich mir ernste Gedanken machte: die Kinder mussten Sprüche auswendig aufsagen, die sie in einer Woche gelernt hatten. Es waren 1-2 Verse aus einem Psalm, das war doch nicht viel für eine Woche, dachte ich. Und Noten wurden auch keine gestellt. Es ist doch nicht so wie in der Schule! Zum Schluss hat man gebetet, auch die Kinder durften beten, wer es wollte. So kam ich zur Sonntagschule und konnte viele Psalme Vers für Vers auswendig lernen. Was mir sehr wichtig geworden ist, dass man den aufgegebenen Spruch gleich am Montag lernen und ihn jeden Tag bis zum kommenden Sonntag wiederholen sollte. So ist manch ein Psalm, oder ein Teil vom Psalm mir auch bis heute im Gedächtnis geblieben.
Die Ausflüge mit der Sonntagschule haben auch viel Freude gemacht. Ein jeder nahm von zuhause was zum Essen und Trinken mit, das wurde alles auf die ausgebreiteten Teppiche gelegt und da gab's so eine Vielfalt zum Essen [...] Wir fuhren mit dem Linienbus zu einer Waldpflanzung, wo wir Sonntagschule hatten, verschiedene Spiele spielten und gute Gemeinschaft miteinander hatten.
Was mir noch sehr auffiel und auch geprägt hat, war das äußere Erscheinen unserer Lehrerin (später noch Tante Lenchen Unruh, Nadja Neudorf). Sie hatten nicht jeden Sonntag ein neues Kleidungsstück, sondern nur ein Sonntagskleid, das ordentlich, schlicht und vorbildlich war.
So lernte ich durch die Sonntagschule, viele Kinder aus gläubigen Familien kennen. Hier habe ich den Unterschied zwischen den Kindern der Welt und den Kindern gläubiger Eltern gesehen. Die Freundlichkeit, die Liebe, das beispielhafte Verhalten dieser Kinder hat in mir den Wunsch gewirkt, auch so zu werden wie sie."
Zeugnis von Lydia Hartmann (geb. Liebenau).

Sonntagschule bei Tante Lena Weyer in Michajlowka, Karaganda. Sitzend v.l.n.r.: Selli Kretzer (Daiker), ?. Stehend v.l.n.r.: Maria Bergen, Helene Weyer, Ani, Irma Plett (Daiker).

Wolli und Irma Daiker, Erna Ungefug, Elli Plett. Einige von ihnen hatte sich kurz vorher bekehrt. Toni Daiker, die Älteste von ihnen, war die „Anführerin", die es verstand, die anderen für ihre guten Ideen zu begeistern. Die Mädchen luden ihre Brüder und Freundinnen zu ihren Zusammenkünften ein. Diese Kleinen wollten so wie die Großen, zusammengehören und etwas Wichtiges miteinander machen. „Das Spielen und Tollen gehört in die Kindheit", meinten sie. Sie begannen und schlossen ihre Zusammenkünfte mit Gebet, lasen eifrig die Bibel, lernten Sprüche auswendig, sangen Lieder, lernten Gedichte und trugen sie vor, also alles wie es sich für eine Jugendversammlung gehört. Dazu hatten sie, besonders Toni, schon vieles von Tante Lena Weyer gelernt und übernommen. Da sie von der „alten" Jugend nicht ernst genommen wurden, weil sie noch „klein" waren, gründeten sie selber einen Jugendverein. Sie lasen christliche Erzählungen, die Tante Lena Weyer für sie auswählte und ihnen zukommen ließ. Im Sommer machte der frisch gebackene „Jugendverein" Ausflüge ins Freie, in den Selentrest oder auch in die Felsen hinter Temirtau. Dabei wurden sie von älteren Geschwistern aus der Gemeinde begleitet: Peter Bergmann, David Klassen, Jakob Plett, Johann Matthies und andere, in Temirtau auch Johannes Fast. Viel Gutes hat diese Kindergruppe, die sich wichtig als „Jugend" bezeichnete, Willi Matthies zu verdanken, der ein offenes Herz für sie hatte und sich lebhaft für alles interessierte, was sie anging. Er sorgte auch dafür, dass sie gute Bücher zu lesen bekamen und legte den Keim der Liebe zur deutschen Sprache und guten christlichen Literatur in sie.

Der wachsende Kreis musste sich etliche Jahre ohne einen Leiter wissen, obwohl immer wieder jemand von den älteren Geschwistern aus der Gemeinde sich gelegentlich um sie kümmerte. Im Winter 1964-1965 wurde die Gruppe aufgeteilt, die etwas älteren Kirsawoder, zu denen sich auch Benno Matthies und Hans Plett aus Michajlowka gesellten, bildeten nun die Kirsawoder Jugend, und die jüngeren die Michajlower Jugend.

Jugendgruppe in Machajlowka im Jahre ca. 1965. V.l.n.r. Heinrich Fast, Toni Ospald (Daiker), Wolli Daiker, Irma Plett (Daiker), Viktor Fast. Vorne Willi Daiker.

Kirsawoder Jugend

Die Nachkriegsgeneration

Als eine Reihe Jugendlicher, die nach dem Krieg geboren waren, wie Willi, Maria und Frieda Dyck, Hedwig Boschmann, Helene und Lisa Günther, Anna und Johann Banmann, Lydia Derksen sich bekehrten, wollten sie auch Gemeinschaft miteinander haben. Sie trafen sich manchmal in den Häusern der Familien Günther, Derksen, Strauß und Rahn und sangen Lieder, erzählten, lasen Geschichten und spielten Spiele. Geburtstage boten oft Anlass zu solchen Treffen. Willi Dyck erinnert sich an eine Geburtstagsfeier bei Maria Bergen in Michajlowka, zu der auch die Kirsawoder Jugendlichen eingeladen waren.[7]

Kirsawoder Jugend bei Rahns

Die Verantwortlichen der Gemeinde sorgten sich um die heranwachsende Jugend. Im Herbst 1963 beauftragten sie Johann Strauß damit, Friedrich Hertle um die Betreuung der Jugendlichen zu bitten. Friedrich war von dieser Bitte überrascht und fühlte sich der Arbeit nicht gewachsen. Außerdem war er jung verheiratet und wusste, dass es nicht ungefährlich war, solchen Dienst zu übernehmen. Er betete mit seiner Frau darüber und der Herr gab ihm Klarheit, Freude und Mut zu diesem Dienst.[8] Später half auch Heinrich Boger bei dieser Arbeit.

Da die Jugendstunden immer in Privathäusern stattfanden, wurde 1964 eine Elternversammlung durchgeführt, in der einige Fragen und Regeln der Jugendarbeit ausgearbeitet wurden. Zum Beispiel wurde das Mindestalter für den Jugendstundenbesuch auf 14 Jahre festgelegt; auch sollten die Jugendlichen nicht zu spät nach Hause kommen.[9]

Die Jugendstunden wurden am Freitagabend und Sonntagmorgen durchgeführt, man traf sich aber oft auch am Sonntagnachmittag. Am Montaga-

[7] Wilhelm Dyck (Enger), Johann Banmann (Harsewinkel), Lydia Penner (Karlsruhe).
[8] Friedrich Hertle und Nadja Nickel (Villingen-Schweningen).
[9] Friedrich Hertle (Villingen-Schweningen).

bend gab es praktische Hilfeeinsätze oder Krankenbesuche. Den Jugendlichen bereitete es viel Freude, einer alten Schwester den Garten umzugraben, Kohlen für den Winter in den Schuppen zu schaufeln oder jemandem beim Bau zu helfen.

Jugendchor

Im Herbst 1963 kamen Lydia Derksen, Helene und Lisa Günther zu Heinrich Warkentin und baten ihn darum, mit ihnen einige Lieder einzuüben. Heinrich erklärte sich dazu bereit und sie trafen sich einmal in der Woche bei ihm zum Singen. Das erste Lied im Liederbuch von Lydia Penner (geb. Derksen) aus der Zeit ist „Es sind der Gaben auf Erden viel", datiert auf den 30. Oktober 1963.[10] Jedes Mal kamen noch einige 14-17 jährige Jugendliche dazu, zum Beispiel im Herbst 1964 Jakob Günter, der aus dem Omskgebiet nach Karaganda gezogen war, um einen Beruf zu erlernen. Er hatte eine besonders hohe Stimme, so dass er zuerst die erste und dann die zweite Stimme sang, bevor er Tenor singen konnte. Zu Weihnachten 1964 konnte dieser Jugendchor schon mit einem Vortrag auftreten.[11]

„Bruder Heinrich Warkentin übte intensiv mit uns die verschiedenen Übungen nach Ziffern ein, damit wir die richtigen Töne zu treffen lernten. So war es, dass man jede Übstunde mit den Ziffern-Treff-Übungen anfing und danach Lieder lernte. Wenn ich jetzt zurückdenke, da staune ich über seine Geduld und Liebe zu uns. Die Verhältnisse zwischen uns waren freundschaftlich. Er hatte Verständnis für die, die trotz der vielen Übungen immer noch ihre eigene Melodie sangen. Der Chor wuchs an der Zahl. Es wurden auch alle aufgenommen, die da wollten, so dass bald die komplette Jugendgruppe dabei war. Man übte Lieder, Gedichte und Deklamationen ein."[12]

[10] Lydia Penner (Karlsruhe).
[11] Lydia Penner (Karlsruhe), Johann Banmann (Harsewinkel).
[12] Johann Banmann (Harsewinkel).

Die Jugend nimmt Abschied von Helli und Maria Rahn (vorne in der Mitte), die mit ihren Eltern nach Estland ziehen.

Wenn Heinrich Warkentin nicht in der Singstunde dabei sein konnte, übernahm Johann Banmann die Leitung. Viktor und Meta Dyck aus Melkombinat hatten auch ein Herz für die Jugendlichen und luden in den Anfängen sie öfters zu sich nach Hause zum Singen und Musizieren ein. Sylvester 1964 feierten sie auch bei ihnen.[13]

Bekehrungen unter den Jugendlichen

Der Heilige Geist wirkte in den Herzen der Jugendlichen. Am Sonntag, den 3. Januar 1965 waren sie bei Familie Strauß versammelt. Als die Gruppe auseinander ging und einige schon draußen waren, blieben Jakob Günter und Lilli Will zurück. Sie brachen unter ihrer Sündenlast zusammen. Jemand von den Jugendlichen lief zu „Onkel Strauß" und sagte ihm, dass die Jugend weint und sich bekehren will. Johann Strauß war in dieser Zeit auf der Gebetsstunde bei Familie Johann Görzen in der Keramitscheskajastr. 58. Er kam eilends auf den Ruf der Jugendlichen. Einige Jugendliche, die schon draußen waren, kamen wieder zurück in den Raum. Außer Jakob Günter und Lilli Will bekehrten sich Alexander Boger, Gustav Bachmann, Olga Boger, Lilli Mantler und Anna Görzen.[14]

Am 10. Januar 1965 waren die Jugendlichen wieder bei Familie Strauß in der Tschechowastr. 21 zusammen. Sie sangen und hatten Gemeinschaft. Onkel Strauß, der im Nachbarzimmer saß, kam zum Schluss herein und schlug

[13] Anna Bückert (Israel).

[14] Alexander Boger (Schwäbisch Gmünd), Olga Günter (Waldbröl), Gustav Bachmann (Augsburg), Lilli Mantler (Beckum).

Jugend von Kirsawod mit verantwortlichen Brüdern und Familie nehmen Abschied von Gustav Bachmann, der zum Militärdienst muss.

Jugendstunden in Kirsawod in den 1960-ern Jahren fanden bei folgenden Familien statt:

Johann Kasper – Keramitscheskaja	Johann Dikan – Keramitscheskaja
Johann Görzen – Keramitscheskaja	Peter Pfillipsen – Kolodesnaja
Johann Koop – Kirpitschnaja	Peter Ediger – Kolodesnaja
Johann Schellenberg – Gontscharnaja	Familie März – Tschetskaja
Ernst Klassen – Bukpinskaja	Familie Enns – Baltijskaja
Wilhelm Bechthold – Balchaschskaja	Familie Zeeb – Melnitschnaja
Heinrich Boger – Nasypnaja	Ewald Will – Kosmonawtow
Familie Derks – Tschetskaja	August Will – Fedorowka
Isbrand Friesen – Spasskaja	Familie Mantler – Konditerskaj
Peter Friesen – Spasskaja	Peter Neudorf – Nertschinskaja
Jakob Friesen – Balchaschskaja	Johann Günther – Tscherkasskaja
Heinrich Rahn – Rybnaja	Franz Banmann – Kosmonawtow
Johann Strauß – Tschechowa	Familie Deer – Fedorowka
Johann Bergmann – Bukpinskaja	Familie Diegel – Kurmangasy
Rudolf Böhler – Garribaldi	Familie Bachmann – Gudermesskaja
Walter Dyck – Rybnaja	Viktor Dyck – Pischewaja

das Lied „Komm zu dem Heiland" vor. Danach fragte er, wer sich noch bekehren möchte. Unter den fünf oder sechs Personen, die sich meldeten, waren auch Richard Fefler und Hedi Boschmann.[15]

Zur Sylvesterfeier 1965 war die Jugend bei Rahns versammelt und hatte gute Gemeinschaft miteinander. Bruder Johann Strauß war auch zugegen und predigte. Mit Gebet gingen sie in das neue Jahr über. Während sie danach die Geschenke verlosten, sprach Johann Strauß mit einem Mädchen über ihr Seelenheil und sie bekehrte sich. Dann kamen sie in das Zimmer zurück und teilten der ganzen Jugendgruppe mit, dass hier jemand das größte Geschenk bekommen habe. Als Johann Strauß fragte, ob nicht noch jemand solch ein Geschenk empfangen will, wurde Karl Penner unruhig. Er sprach Onkel Strauß an und bekehrte sich. In dieser Nacht bekehrte sich noch ein weiteres Mädchen.[16]

Nach einer Versammlung bei Anna Fast in den Weihnachtstagen 1967 bekehrte sich Viktor Voth im Beisein der Brüder Johann Strauß, Johann Günter und Jakob Dick.[17]

Einige Jugendliche konnten ihre Laster nicht sofort nach der Bekehrung loswerden. Rudi Bergmann nahm sich solcher Jünglinge an, ging ihnen mit viel Geduld und Liebe nach und führte sie zur Gemeinde.

Jugendversammlungen und Jugendleiter

Friedrich Hertle und Heinrich Boger leiteten die Jugendgruppe bis etwa 1966. Sie führten die Jugendstunden wie eine Bibelstunde durch. Dabei bekehrten sich manche. Die Jugendlichen übten mehrere Vorträge ein, unter anderem „Der verlorene Sohn" und „Bunyans Pilgerreise", die sie dann in verschiedenen Stadtteilen und in Ortschaften außerhalb von Karaganda vortrugen. Die Dirigenten Rudi Bergmann und Heinrich Warkentin übten dazu die Lieder ein.

Weil Heinrich Boger und Friedrich Hertle ihrer Familienverhältnisse wegen immer seltener den Jugendstunden beiwohnen konnten, mussten Johann Banmann oder jemand von den Jugendlichen oft spontan einspringen.[18]

---

15 Richard Fefler (Rüscheid), Gustav Bachmann (Augsburg), Hedwig Herdt (Kleinniedesheim).
16 Karl und Lydia Penner (Karlsruhe), Maria Jerke (Schwäbisch Gmünd).
17 Viktor Voth (Stemwede-Lever).
18 Johann Banmann (Harsewinkel).

Ernst Klassen (1936-1981)

Johann Banmann arbeitete mit Ernst Klassen zusammen. Er schilderte ihm die Lage der Jugend und vom Frühling 1968 an besuchte Ernst Klassen gelegentlich die Jugendstunden. Er sah die Not und übernahm nach einiger Zeit die Verantwortung für die Jugendarbeit. Er nahm sich viel Zeit für die Jugend und unternahm vieles mit ihnen. Großes Gewicht legte er auf

Die verantwortlichen Brüder für die Jugendarbeit mit ihren Frauen. Heinrich und Elli Warkentin, Johann und Raisa Fröse, Heinrich und Albertina Boger, Friedrich und Adina Hertle im Hof von Friedrich Hertle

die Schriftkenntnis und das Bibellesen. Die Jugendlichen gewannen ihrerseits Ernst sehr lieb. Die Zahl der Jugendlichen wuchs, in der Zeit hatte die Jugendstunde rund vierzig bis fünfzig Besucher.[19]

Der Gemeindeleitung der MBG gefiel es zwar nicht, dass der Verantwortliche für die Jugendarbeit Mitglied der Gemeinde in Kopaj und nicht der MBG war, aber Brüder, die es wagten Jugendarbeit zu machen, waren selten. Da auch ein großer Teil der Jugendlichen aus Familien der Baptistengemeinde kam, wurde noch längere Zeit die Jugendarbeit in Kirsawod unter Beaufsichtigung der MBG Leitung aber in Zusammenarbeit mit den Mitgliedern der Baptistengemeinde vor Ort gemacht.

Musikgruppen

Als Kind hatte Johann Banmann das Mandolinenspielen von seinem Vater gelernt. Einiges schaute er dann später bei seinem älteren Bruder Franz ab, der schon nach Ziffern spielte und sang. Johann nahm seine Mandoline zur Vorbereitung zum Weihnachtsprogramm mit. Nach einer Versammlung spielte Rudolf Bergmann Geige und Johann versuchte auf der Mandoline mitzuspielen. Als seine Freunde Wilhelm Dyck, Richard Fefler und Johann Pauls das sahen, wollten sie auch ein Instrument spielen. So brachten Johann und Franz Banmann ihnen das Mandolinespielen bei.[20]

---

19 Johann Banmann (Harsewinkel).
20 Johann Banmann (Harsewinkel), Wilhelm Dyck (Enger), Richard Fefler (Rüscheid).

Johann und Anna Banmann

Mitte der 1960-er baten einige Eltern von Melkombinat Johann Banmann darum, ihren heranwachsenden Kindern Musikunterricht zu geben. Das war für Johann keine leichte Entscheidung. Er nahm die Sache ernst und kaufte einige Mandolinen und Gitarren. In der ersten Gruppe waren Kinder zwischen neun und vierzehn Jahren: Jakob und Käthe Penner, Jakob und Lilli Philipsen, Richard und Lydia Liebenau, Viktor und Lisa Geworsky, Erna und Richard Dikan, Peter und Nina Wall. Später kamen immer wieder jüngere dazu, die dann die Ausgeschiedenen ablösten.[21]

Johann Banmanns Schwester Anna half am Anfang den Mädchen, die Akkorde auf der Gitarre zu treffen, Johann versuchte den Jungen das Mandolinespielen beizubringen. Die Lieder mit Ziffern wurden von Hand abgeschrieben.

Die Kinder aus der Musikgruppe von Johann Banmann unterwegs nach Karkaralinsk mit einem Vortrag. V.l.n.r.: Johann Fröse, Helene Trippel (Fröse), Elisabeth Koop (Geworsky), Lydia Hartmann (Libenau), Jakob Geworsky, Katharina Schellenberg (Penner), Nina Wall.

Johann lieh ihnen dazu gewöhnlich sein Liederheft und bis zur nächsten Musikprobe eine Woche später hatten schon alle das neue Lied abgeschrieben.[22]

Die Gitarren und Mandolinen wurden jede Woche in ein großes Kopftuch eingewickelt, unterm Arm zur nächsten Übungsstelle getragen und nach dem Üben genau so nach Hause mitgenommen. Eine Mutter berichtet, dass diese Stunden sehr leise abliefen. Zwischen den Liedern waren die Kinder so ruhig und aufmerksam, dass Johann ihnen den Stoff ganz leise erklären konnte.[23] Nach einer gewissen Übungszeit machte die Gruppe einen Vortrag für die Eltern. Zu diesem Anlass waren auch die leitenden Brüder von Kirsawod-Melkombinat dabei. Nach etwa zwei Jahren Übungen machte diese Gruppe schon Vorträge zu verschiedenen Anlässen und besuchte damit die Gemeinden in Uljanowka, Usenka, Karkaralinsk-Karbuschowka, Jessengildy.

Während eines Besuchs in Usenka zum Erntedankfest 1969 kamen die Ortsvorsteher zur Versammlung. Der Vortrag konnte bis Ende durchgeführt werden und Peter Dridiger hielt die Schlussbotschaft. Dann meldeten die Be-

[21] Johann Banmann, Jakob Penner (Harsewinkel).
[22] Augustine Penner, Johann Banmann (Harsewinkel).
[23] Augustine Penner (Harsewinkel).

amten, dass solche Versammlungen verboten seien und schrieben alle Namen, Adressen und Arbeitsstellen der Anwesenden auf.[24]

Etwa 1972 wurde diese Musikgruppe in das Gemeindeorchester aufgenommen.[25]

Im Stadtteil Kirsawod gab Bruder Erich Kaminski ab 1964 zwei Jahre lang etwa zwanzig Jungen Mandolinenunterricht. Johann Görzen brachte einigen Mädchen das Begleiten mit der Gitarre bei. Danach gab Johann Pauls diesen Jungen und Mädchen Musikunterricht.[26]

Jugend in Michajlowka

Geordnete Jugendarbeit

Im September 1965 wurde die Jugendarbeit von der Gemeinde geordnet. Gerhard Wölk übernahm die Leitung der Michajlower Jugendgruppe, zu der auch viele von Schachtinskij und sogar einige von „33" dazukamen. Das Alter der Jugendlichen war jetzt mit einigen Ausnahmen zwischen 13 und 17 Jahren. Sie betrachteten die biblischen Geschichten von der Schöpfung an nach einem Programm. Gerhard Wölk lernte mit ihnen das Singen nach Ziffern.

Zu Weihnachten 1965 brachte die Gruppe ihren ersten Vortrag in der Versammlung. Das Üben der Gedichte und Lieder war für die Jugendlichen ein neues Erlebnis. Helli Wölk (später Siebert) brachte ihnen das schöne Vortragen eines Gedichtes bei. Als Nächstes übten sie den Vortrag „Zachäus" ein und trugen ihn in zwei Versammlungen vor. Die Frucht blieb nicht aus, in beiden Versammlungen bekehrten sich mehrere Personen.

Jeder Sonntag war wie ein Fest. Nach der Jugendversammlung von 9 bis 11 Uhr in Michajlowka eilten fast alle Jugendlichen zur deutschen Versammlung nach Kopaj, die um 13 Uhr begann. Auf dem langen Weg, zuerst eine Stunde mit der polternden Straßenbahn durch die Stadt, dann zwei Kilometer zu Fuß, hatte man genug Zeit, sich gegenseitig besser kennen zu lernen und Freundschaften zu knüpfen. Die Versammlung in dem großen überfüllten Saal, die vollmächtigen Predigten und der herrliche Gesang des großen Chors beeindruckten die Jugendlichen. Auch hier bekehrten sich manche.

Trotz der Hilfe von Paul Bergen musste Gerhard Wölk am 5. August 1966 die Arbeit mit dieser Jugendgruppe aufgeben. Sie blieb wieder ohne Leitung und die Jugendversammlungen wurden eingestellt.

Jugendarbeit ohne ständige Anleitung

Nachdem die Jugendversammlungen in Michajlowka eingestellt worden waren, bildeten die Jugendlichen in Schachtinskij ab Herbst 1966 eine eigene Jugendgruppe.

Nach einigen Sonntagen ohne Jugendversammlungen beschlossen auch die Jugendlichen in Michajlowka, weiterhin Jugendstunden zu machen. Die Initiative übernahm Toni Daiker, die eine besondere Gabe besaß, andere mitzuziehen und zu beeinflussen, weil sie selbst von echten Christen wie Lena Weyer, Willi Matthies und Franz Enns stark beeinflusst und erzogen wurde. Sie lud die Mädchen gerne zu Nacht ein und trotz ihres jungen Alters ver-

[24] Johann Banmann, Jakob Penner (Harsewinkel).
[25] Johann Banmann (Harsewinkel).
[26] Johann und Andreas Schellenberg, Elisabeth Penner (Harsewinkel).

plauderten die Mädchen diese gemeinsame Abende nicht. Manch ein unbekehrtes Mädchen fand in so einer Nacht den Frieden mit Gott. Sie lasen zusammen gute Bücher, die die Mädchen auf ernste Gedanken brachten.

Die Jugend blieb zwar ohne Leiter, bekam aber oft Besuch von älteren Brüdern aus der Gemeinde. Johann Matthies, Otto Töws und Jakob Plett kümmerten sich um die geistliche Entwicklung dieser Gruppe. Wilhelm Matthies war ein aufmerksamer Aufseher über die gesamte Jugendarbeit, steuerte die Organisation der Gruppen, veranstaltete Vorträge für Jugendliche, unter anderem extra für Jungen und Mädchen.

Im Frühling 1967 organisierten die Michajlower einen kleinen Jugendchor. Walter Plett und Otto Töws brachten den Jugendlichen jeden Mittwoch bei Grizmanns das vierstimmige Singen bei.

Beerdigung von Tante Lieschen Tissen, die gerne den Kindern Geschichten erzählte, in Michajlowka im Dezember 1968

Im Herbst 1967 teilte sich die Jugendgruppe für eine gewisse Zeit in zwei Teile: Jungen und Mädchen. Dieser sonderbare Versuch brachte einige positive Veränderungen. In beiden Gruppen versuchte man nun bewusster, ernste Arbeit zu machen. Zu Neujahr 1968 kamen beide Teile wieder zusammen. Jetzt betrachteten sie das Alte Testament nach dem Buch „Biblische Geschichte für die Jugend". Jeden Sonntag musste ein anderer die Geschichte erzählen, was die Jugendarbeit reger werden ließ. Im zweiten Teil der Jugendversammlung lasen sie fortlaufend das Buch von Modersohn „Und Gott war mit Joseph". Als sie damit fertig waren, kam das Buch „Heidi" dran, das viele spannender fanden.

Im Oktober 1968 wurde die Betrachtung des Alten Testaments mit einer Prüfung abgeschlossen. Bei der Prüfung machten nicht alle mit, aber für diejenigen, die teilnahmen, war es eine gute Wiederholung.

In den Jugendlichen erwachte das Bedürfnis nach mehr Gebetsgemeinschaft und im Herbst 1968 begannen sie, jeden Dienstag eine Jugendgebetsstunde zu halten. In diesen Gebetsstunden bekehrten sich Maria Allert (jetzt Scheller), Hans Friesen und Viktor Hildebrandt.

Die Jugendgruppe wuchs im Jahr 1969 stark an. Mittlerweile kamen siebzig bis hundert Jugendliche aus Michajlowka und vielen anderen Stadtteilen zusammen. Ihre Eltern waren Mitglieder in der MBG oder auch in der Baptistengemeinde Kopaj. Als das Bethaus der MBG eröffnet wurde, kam es öfter zu Schwierigkeiten aufgrund der zeitlichen Überlappungen der Versammlungen und anderer Veranstaltungen in den beiden Gemeinden. Diese Ursachen führten im Herbst 1969 zu der Teilung dieser Jugendgruppe hauptsächlich nach der Gemeindezugehörigkeit.

In derselben Zeit (1966-69) versammelten sich einige aus dieser Jugendgruppe (Daikers, Fasts, Dycks) regelmäßig bei Tante Lena Weyer zum Bibelstudium. In diesem Kreis lasen und arbeiteten sie gemeinsam in einigen Jahren das Lukasevangelium, die Apostelgeschichte und dann auch das Johannesevangelium durch. Später wurde diese Art des gründlichen Bibelforschens in den Jugendversammlungen in Michajlowka übernommen.

Orchester

In dieser Zeit gab es ein Musikorchester mit Teilnehmern aus der Alten Stadt und Michajlowka unter der Leitung des alten Bruders Johann Hoffmann. Später leitete Otto Töws das Michajlowka-Orchester der MBG. Anfang der 1960-er Jahre wurde in Kirsawod die Initiative in der Gesang- und Musiklehre unter den Jugendlichen von den Brüdern Heinrich Warkentin und Viktor Dyck übernommen. Das hatte guten Einfluss auf die Jugendlichen. Rudolf Bergmann organisierte später ein Musikorchester. Gleichzeitig gab Johann Banmann den Kindern regelmäßigen Unterricht im Mandoline- und Gitarrenspiel. Das war eine gute Vorbereitung für den späteren Dienst.

Schwierigkeiten in Studium und Ausbildung

Das offene Bekenntnis zum Glauben brachte einigen Jugendliche Nachteile für ihre Ausbildung und Berufswahl. So wurde zum Beispiel 1967 ein Brief von Benno Matthies an Toni Daiker nach Tomsk, in dem er seine Bekehrung erzählte, von den Staatsorganen abgefangen. In einer Schule in Kirsawod wurde dieser Brief als fanatisch zitiert. Benno Matthies wurde 1968 gezwungen, die Technische Hochschule zu verlassen. Toni war allgemein sehr frei im Zeugnis. Sie brach ihr Medizinstudium in Tomsk unter anderem aus Glaubensgründen ab.

Auf dem Foto unten: Irma Plett (Daiker), Rita Wall (Enns) und Lydia Fast (Wiens)

Nicht nur beim Studium, sondern auch bei der Ausbildung mussten Gläubige Schwierigkeiten erleben. Elli Plett (später Matthies) und Lydia Wiens (später Fast) machten ab 1966 eine Ausbildung als Pharmazie-Assistentinen an der Medizinschule. Elli Plett wurde sehr schikaniert und schließlich hinausgeworfen, denn ihr Vater war Prediger und in ihrem Hause wurden Versammlungen durchgeführt. Lydia Wiens kam aus Temirtau und ihre gläubigen Eltern fielen nicht so auf, deshalb durfte sie die Ausbildung abschließen, auch wenn sie dieselben Schikanen wie Elli erleben musste.

In den technischen Berufsschulen und Technikums, später auch an der Technischen Hochschule konnten auch die Gläubigen die gewünschten Berufe erlernen.

Musikorchestr unter der Leitung von Johann Hoffmann auf der Hochzeit von Jakob und Elsa Bückert.

Vorne von links: Anna Letkemann (Görzen), Irma Reimer (Braun), Elsa Bückert (Rempel) Jakob Bückert, Helene Kornelsen, Erna Dück (Ungefug)
Hinten von links: Valentin Kemling, Heinrich Töws, ?, Johann Hoffmann, Jakob Epp, Johann Letkemann, David Voth, Toni Ospald (Daiker), Maria Siebert

Besuchsreisen in andere Gemeinden

Nach seiner letzten Entlassung aus der Haft war David Klassen nicht mehr im aktiven Gemeindedienst tätig. Aber er besuchte auch weiterhin viele Gemeinden und Ortschaften. Seine Herbstbesuche mit seiner Frau Sara im Süden bei den Gemeinden in Leninpol und Talas, in Bergtal und anderen Gemeinden in Kirgisien wurden zur Tradition.

Auch besuchte David Klassen oft mit den Jugendlichen die nah gelegenen Ortschaften Uljanowka, Kijewka, Ossakarowka und ab und zu die Gemeinden im Koktschetawgebiet. Als Jakob und Lena Schulz in Algabas 1970 ihre Goldene Hochzeit feierten, waren Johann Enns und David Klassen aus Karaganda unter den Geladenen.

Besuche in Kijewka

Ernst Klassen und Johann Wiebe organisierten etwa 1964 einen Besuch in die Gemeinde Kijewka mit einem Vortrag. Ernst fuhr schon früher hin und die Gruppe aus elf Personen kam mit dem Linienbus, der durch verschiedene kleine Kasachendörfer fuhr, am Samstag dazu. Sie trugen in den Versammlungen am Samstagabend und am Sonntagvormittag ihr Programm vor. Am Sonntagnachmittag wollte die Gruppe mit dem „AN-2“[27] nach Hause fliegen. Für die Flugtickets wurde im Voraus gesorgt. Die Jugend aus Kijewka begleitete die Gäste bis zum Flughafen, wo die Jugendlichen noch miteinander Spiele auf dem Gelände spielten. Dann kamen irgendwelche Obrigkeitsangestellte, die auch nach Karaganda fliegen wollten, und sich sicher waren, dass sie Plätze kriegen würden. Ihnen wurde aber mitgeteilt, dass es keine freien Plätze mehr gäbe, weil eine „Agitbrigade“[28] die Plätze belegt habe. So kamen die Jugendlichen gut nach Hause.[29]

[27] Das Modell „AN-2“ war ein so genannter „Kukurusnik“, ein Doppeldecker mit 12 Passagierplätzen.
[28] „Agitbrigade“ wurden Propagandagruppen genannt, worunter man gewöhnlich ganz selbstverständlich eine sowjetische Truppe verstand.
[29] Johann Banmann (Harsewinkel).

Nach einem Besuch in Kijewka etwa 1968 hatte die Gruppe ein interessantes Erlebnis. Beim Verlassen des Ortes wurden sie von einer Polizeistreife angehalten. Ernst Klassen stieg aus und redete mit den Polizisten. Währenddessen beteten die Geschwister im Auto. Sie sahen, wie Ernst seine Bibel hervorholte und einem Polizisten etwas darin zeigte. Daraufhin sagte der Polizist: „Entschuldigung für das Aufhalten, glückliche Reise." Als Ernst wieder im Auto saß, fragten die anderen ihn: „Ernst, wie bist du so schnell mit ihnen fertig geworden?" „Der Herr hatte es so geführt", antwortete er. „Ich habe eine Bibel, die in Moskau herausgegeben wurde. Der Herr gab mir ins Herz, was ich antworten sollte. Ich fragte: ‚Unterordnen Sie sich Moskau?' ‚Ja, klar.' ‚Nun, Moskau hat uns befohlen zu fahren.' ‚Wie, Moskau?' ‚Ja.' Dann schlug ich ihnen Mt. 28,19-20 auf: ‚Gehet hin in alle Welt.' Auf ihre Erwiderung ‚Das ist ja die Bibel', zeigte ich ihnen die Titelseite, wo Moskau als Publikationsort angegeben ist. Da musste der Beamte sagen: ‚Dann Entschuldigung. Wir wussten nicht, dass sie so ein wichtiges Dokument haben'." Die Gruppe dankte dem Herrn für diese Bewahrung.

Kontakte zu Jugendlichen in Dsheskasgan

Wilhelm Dyck lernte bei seinem Militärdienst einen Bruder aus Dsheskasgan kennen. Dieser lud ihn ein, die Geschwister in Dsheskasgan zu besuchen. Als er nach Hause zurückkehrte, schlug er den anderen Jugendlichen vor, seinen Dienstkameraden und dessen Jugendgruppe zu besuchen. Mit dem Zug fuhren die jungen Leute nach Dsheskasgan. Doch die Jugendlichen aus Dsheskasgan hatten bereits eine Reise nach Marganez zum Erntedankfest geplant und waren schon alle auf dem Bahnhof. Die Jugendlichen aus Karaganda gesellten sich zu ihnen und sie fuhren gemeinsam mit dem Zug weiter. Am Samstag hatten sie Gemeinschaft mit der Jugend aus Dsheskasgan außerhalb des Dorfes. Sie sangen viel zusammen und jeder war bestrebt, neue Lieder voneinander zu lernen. Sonntagmorgens zum Gottesdienst kam noch ein Blasorchester dazu.[30]

[30] Johann Banmann (Harsewinkel).

Eine Gruppe aus Karaganda besucht die Geschwister in Nura-Taldy.

Unabhängige Legalisierung 1966-1967

Kapitel 4

Und der Herr wird euch in Trübsal Brot und in Ängsten Wasser geben. Und dein Lehrer wird sich nicht mehr verbergen müssen, sondern deine Augen werden deinen Lehrer sehen. Deine Ohren werden hinter dir das Wort hören: „Dies ist der Weg; den geht! Sonst weder zur Rechten noch zur Linken!"

Jesaja 30, 20-21

Im Sommer 1966 erließ die sowjetische Regierung einige neue Verfügungen über die Registrierung von Gemeinden. Nun hofften viele Gemeindeglieder der MBG auf die Möglichkeit, die Gemeinde zu registrieren unter Wahrung der vollen Freiheit in Glaubensangelegenheiten und Gemeindearbeit.[1] Doch wie sollte die Registrierung zustande kommen? Als neue Baptistengemeinde, als Teil der bestehenden Baptistengemeinde mit eigenen Versammlungen, als selbständige MBG im Bethaus der Baptisten oder als selbständige MBG mit eigenem Versammlungshaus innerhalb des Baptistenbundes? In den Jahren 1964-1967 wurde viel über diese Sache gebetet und gefastet. Zu dieser Zeit hatte sich an vielen Orten der Sowjetunion (in Saran, Aktjubinsk, Frunse usw.) der Anschluss der Mennonitenbrüder und ganzer Mennoniten-Brüdergemeinden an den Baptistenbund auf eine Weise vollzogen, die eine weitgehende Aufgabe des Namens, der Eigenart und Lehrbesonderheiten der Mennonitenbrüder bedeutete.

[1] Matthies: Mennoniten-Brüdergemeinde in Karaganda. S.13.

„Giproschacht" – das Forschungsinstitut für Kohlebergbau in Karaganda. Einige Gläubige arbeiteten dort.

Versuche der Lagalisierung über den WSEChB

Vorbereitungen zum Kongress des Baptistenbundes

Im Juli 1966 erhielt die Gemeinde eine Einladung von dem WSEChB zum Baptistenkongress, der im Oktober 1966 in Moskau stattfinden sollte. Die MBG Karaganda durfte, der Zahl ihrer Mitglieder entsprechend, zwei Delegierte schicken. Da die Brüder meinten, nur als Glied des EChB-Bundes die Möglichkeit zu bekommen, von der Sowjetregierung registriert zu werden, wurde die Sache am 2. August 1966 im Bruderrat beraten. Um nicht blind in irgendeine ungewünschte Sache einzuwilligen, beschlossen sie zwei Vertreter (Willi Matthies und Jakob Siebert) nach Moskau zu senden, um sich über die Möglichkeiten der Legalisierung, den Charakter des Kongresses und die Teilnahmebedingungen zu erkundigen.[2]

Die entsandten Brüder fanden am 4.-6. August 1966 im Baptistenbund und dann im Rat für Religionsangelegenheiten ein befriedigendes Verständnis für das Bestreben der Gemeinde.

Der WSEChB hat sich nicht gegen die Registrierung der MBG ausgesprochen, doch ausdrücklich den Wunsch geäußert, die Gemeinde solle dabei „Evangeliumschristen-Baptistengemeinde“ genannt werden und sich in den Bund der EChB eingliedern. Mit dem WSEChB wurde vereinbart, dass die Gemeinde direkt und nicht über die Gebietskonferenz der Baptistengemeinden, wie es sonst bei den Gemeinden des Bundes geschah, Delegierte mit zwei beratenden Stimmen zum Baptistenkongress entsenden sollte. Der Zweck dieser Sonderregelung war, die volle Selbständigkeit der MBG zu erhalten und die Registrierung derselben anzubahnen.[3]

2 Wölk: Mennoniten-Brüdergemeinde in Rußland. S.135; Matthies: Mennoniten-Brüdergemeinde in Karaganda. S.13.
3 Wölk: Mennoniten-Brüdergemeinde in Rußland. S.135; Matthies: Mennoniten-Brüdergemeinde in Karaganda. S.13.

Die deutschen Vertreter auf dem WSEChB-Kongress 1966

Die Brüder sprachen auch im Rat für Religionsangelegenheiten beim Ministerrat über die Möglichkeit des Registrierens vor. Man gab ihnen Hoffnung, deutete aber gleichzeitig auch auf ein längeres Verziehen der Sache hin.[4]

Am 11. August kamen die abgeordneten Brüder Willi Matthies und Jakob Siebert zurück und ihre Arbeit wurde vom ganzen Bruderrat gutgeheißen. Doch führte die Wahl der Delegierten in der darauf folgenden Bruderschaft wegen innerer Spannungen und Meinungsverschiedenheiten über die Frage der Selbständigkeit und der Gemeinschaft mit der Baptistengemeinde zu einer Verwirrung in der Gemeinde. Es kam zu einem Beschluss gegen das selbständige Vorgehen der Gemeinde. Infolge des energischen Vorgehens von Heinrich Wölk und Willi Matthies änderten aber die Gemeindestunden allerorts den unlogischen Beschluss der Bruderschaft ab und bestätigten die Wahl der Delegierten zum Baptistenkongress.[5]

Heinrich Wölk und Wilhelm Matthies wurden als Delegierte der Gemeinde gewählt und David Klassen wurde auf Wunsch etlicher Brüder zusätzlich als Gast zu dem Kongress gesandt.[6]

Ringen um die Eigenständigkeit auf dem Kongress

Am 3. Oktober 1966 wurde der Allunions-EChB-Kongress mit ca. 1.000 Teilnehmern eröffnet und tagte bis zum 7. Oktober. Der ganze Kongress war ein bis dahin unvorstellbares Ereignis und soll der Kongress mit der größten Freiheit von der Kontrolle der Sowjetorgane bis zum Ende der Sowjetzeit gewesen sein. Deshalb machte er vielen Brüdern Mut, mit dem WSEChB und dem Bund mitzuarbeiten. Die drei Delegierten Heinrich Wölk, Wilhelm Matthies und David Klassen stellten eine schriftliche Bitte an den Kongress, die DMBG Karaganda als Mennoniten-Brüdergemeinde mit eigenem Namen, Glaubensbekenntnis und Statut in den Bund aufzunehmen.

4 Wölk: Mennoniten-Brüdergemeinde in Rußland. S.135.
5 Matthies: Mennoniten-Brüdergemeinde in Karaganda. S.13-14.
6 Wölk: Mennoniten -Brüdergemeinde in Rußland. S.135-136; Matthies: Mennoniten-Brüdergemeinde in Karaganda. S.14

Artur I. Mitskewitsch?, Vorsitzender des Baptistenbundes Ilja G. Iwanow, David Klassen, Stellvertretender Vorsitzender Sergej T. Timtschenko, Willi Matthies

Unerwartet für sie hatte aber Abram Friesen, der auch gelegentlich in Moskau war und dem Kongress beiwohnte, schon früher ein Gesuch eingereicht, das der Anerkennung der Eigenständigkeit entgegen ging. Sein Gesuch hatte er von einflussreichen Brüdern mennonitischer Herkunft und Ältesten der Mennoniten-Brüdergemeinden, die sich praktisch dem Baptistenbund schon angeschlossen hatten, unterschreiben lassen. Es sollen u.a. Jakob Fast, Viktor Krieger, Nikolai Götz, Nikolai Reimer[7] gewesen sein. Als dieses zum Vorschein kam, bemühten sich die Brüder, zum Wort zu kommen.[8]

Mit viel Energie und Ausdauer suchte Wilhelm Matthies Gelegenheit, dem Kongress das Anliegen der MBG Karaganda - Name, Selbständigkeit und Eigenart - bei der Registrierung im Rahmen des Bundes nahe zu legen. Er erklärte der großen Versammlung kurz die Geschichte, Eigenart und Stellung der MBG. Auf sein festes Bestehen hin ließ A.W. Karew, der Generalsekretär des WSEChB, eine Abstimmung diesbezüglich zu. Einstimmig billigte der Kongress die Existenz und die Aufnahme einer innerhalb des Bundes selbständigen MB-Gemeinde. Das Gegengesuch war dadurch nichtig geworden.[9]

Gegen die Selbständigkeit

Der konsequenten Linie der Selbständigkeit der Gemeinde stellten sich auch einige Brüder aus dem Bruderrat der Gemeinde, wie Abram Friesen, Peter Wolf und Abram Wolf, entgegen. Andere sorgten sich um die Gemeinschaft mit den Baptisten mehr als um den Erhalt der Eigenständigkeit. Das machte die ganze Sache von Innen her schwierig. Schließlich gingen im Sommer 1967 sieben Brüder zu der Baptistengemeinde über (Abram Friesen, Peter Wolf, Abram Wolf, Heinrich Klassen, Gerhard Fast, Jakob Friesen und ?).[10]

Leider wissen wir nicht, wie Abram Friesen seine Position darstellen würde. Für viele Geschwister war sein Handeln 1966-1967 sehr enttäuschend und unbegreiflich. Er, der 1964 eine entschiedene Eigenständigkeit gefordert hatte, stellte sich jetzt der MBG sogar feindlich gegenüber. Ob das mit seinem veränderten Standpunkt, besseren persönlichen Aussichten und den verschlechterten Beziehungen zu den Brüdern der MBG-Leitung zu erklären ist, wissen wir nicht.

Die deutschen Brüder in der Baptistengemeinde freuten sich aber über ihn und die anderen übergegangenen Brüder und schätzten ihren Dienst. „Sie hatte[n] Brüder mit Kenntnissen der biblischen Gemeindeordnung und Gemeindeverwaltung und einem weiten Herz für Andersdenkende und Anderssprechende gewonnen".[11]

Einige Aussagen von Abram Friesen klangen den Mennonitenbrüdern sehr bitter: „Der Herr hat die Mennoniten-Brüdergemeinde in der Sowjetunion ausgelöscht (oder aufgelöst) und es sollte nicht versucht werden sie wie-

---

[7] Jakob Fast aus der EChB-Gemeinde Nowosibirsk; Viktor Krieger aus Moskau, damals Mitarbeiter des WSEChB; der Älteste Nikolai Götz aus der MBG Aktjubinsk hatte sich nach der Haft der EChB-Gemeinde Aktjubinsk, der seine Gemeinde schon früher beigetreten war, angeschlossen; Nikolai Reimer war Ältester der Gemeinde Amankaragaj, Kustanajgebiet.

[8] Wölk: Mennoniten-Brüdergemeinde in Rußland. S.136.

[9] Wölk: Mennoniten-Brüdergemeinde in Rußland. S.136; Matthies: Mennoniten-Brüdergemeinde in Karaganda. S.14.

[10] Matthies: Mennoniten-Brüdergemeinde in Karaganda. S.15; Gemeindeliste ab 1965.

[11] Johannes Nickel: Sichtung und Wachstum (1959-1976). Aus der Geschichte der Gemeinde der EChB in Karaganda. Aquila, 3/1999, S.15.

derherzustellen"[12]. „Die Leitung der MBG wird mit der Regierung immer Schwierigkeiten haben, da es Kulakensöhne sind." Als Abram Friesen von der Beerdigung Shidkows, der über 20 Jahre der Vorsitzende des WSEChB war und Ende Oktober starb, kam, erzählte er Peter Thielmann, dass im WSEChB alle einig seien, die Nichtregistrierten für Abtrünnige zu halten, und dass ihre Leiter ins Gefängnis gehen würden. Für diese Stellung wurde Abram Friesen von etlichen Gemeindegliedern „Gründer und Hinderer" genannt.[13]

Vereinigungskommission

David Klassen wurde auf dem Baptistenkongress 1966 ohne Zustimmung der Gemeinde in die Vereinigungskommission gewählt. Diese Kommission war spontan, also ohne Genehmigung der Sowjetorgane, zustande gekommen und hatte echte brüderliche Vereinigung im Sinne. Dazu gehörten unter anderen die estnischen Brüder O.A. Tjark und Arpad Arder.[14] Sie sollte die Vereinigung des gespaltenen Baptistenbundes um den WSEChB und der Gläubigen an den Orten in den registrierten Baptistengemeinden bezwecken. Das war eine von vielen gut gemeinte, an einigen Orten auch positive Arbeit, doch war sie auch kirchenpolitisch bestimmt und für die MBG eine fremde Aufgabe. Die neue Gemeindeleitung lehnte diese Vereinigungstätigkeit, als nicht auf echte Einheit im Geiste und Akzeptanz ausgerichtet, ab. David Klassen fiel es aber schwer, die Zusammenarbeit mit Brüdern dieser Kommission zu kündigen. Leider litten dadurch die Beziehungen unter den führenden Brüdern in der Gemeinde.

[12] Bei Wölk: Mennoniten-Brüdergemeinde in Rußland. S.149-150, etwas anders formuliert.
[13] V.Fast und P.Tielmann.
[14] Brief von Johannes Dyck, Aquila, 2/1998. S.18; Савинский: История ЕХБ, Ч.2, с.242-243.

Die Vereinigungskommission des WSEChB von 1966. Vorne ganz links David Klassen, dritter von links Oswald A. Tjark, hinten ganz rechts Arpad Arder.

Der Antrag auf Registrierung

„Ermutigt von Gottes wunderbarer Durchhilfe auf dem Baptistenkongress, wurde die Registrierung der Gemeinde auch in dem Rat für Religionswesen beim Ministerrat in Moskau eingeleitet. Die Mennoniten Kirchengemeinde in Karaganda (ca. 300 Mitglieder) fing zugleich mit der MBG an, um Registrierung zu wirken. Die Vorstände beider Gemeinden halfen einander in dieser Sache, blieben aber selbständig."[15]

Es ist auch zu sagen, dass in all diesen Jahren in der Gemeinde viel und ernstlich gebetet und gerungen wurde. Jeder Gang zur Behörde, jede Reise der verantwortlichen Brüder war ein Gebetsanliegen aller. Der Herr half auch auf eine unerwartete Weise.[16]

Der Antrag im Oktober 1966

Am 20. Oktober 1966 war es dann soweit. Der Antrag auf Registrierung der MBG (798 Mitglieder) wurde von 20 Brüdern unterschrieben und am 21. Oktober 1966 im Exekutivkomitee des Lenin-Rayon eingereicht.[17] Kopien wurden an den Rat für Religionsangelegenheiten nach Alma-Ata und Moskau, an den WSEChB und den Starschij Preswiter von Kasachstan gesandt. In dieser Eingabe (nach der bekannten und unter ernsten Christen sehr umstrittenen Forma 2) gibt es den von den Behörden geforderten Satz: „Mit dem sowjetischen Religionsgesetz sind wir bekannt und verpflichten uns es zu halten"[18]

[15] Wölk: Mennoniten-Brüdergemeinde in Rußland. S.136-137.
[16] Wölk: Mennoniten-Brüdergemeinde in Rußland. S.137.
[17] Matthies: Mennoniten-Brüdergemeinde in Karaganda. S.14; Thielmann, S.??.
[18] SAKG, F.1364, L.1a, A.69, S.11-14.

Am 20. Oktober 1966 wurde eingereicht, um die MBG registrieren zu lassen. Es hat viel Arbeit gekostet, viele Fahrten nach Moskau, und am 28. April 1967 ist die MBG anerkannt und unabhängig vom WSEChB vom Ministerrat registriert worden – autonom.
P.Thielmann

Die Namen der 20 Gründer der ersten offiziellen Mennoniten-Brüdergemeinde in Russland nach 35 Jahren der Verfolgung und Zerstreuung:[1]

1. Bernhard Bergen
2. Peter Bergmann
3. Johann Bergen
4. Heinrich Wölk
5. Abram Heidebrecht
6. Heinrich Dyck
7. Jakob Dyck
8. Jakob Siebert
9. David Klassen
10. Heinrich Klassen
11. Jakob Konrad
12. Wilhelm Matthies
13. Jakob Plett
14. Peter Regehr
15. Isbrand Friesen
16. Johann Strauß
17. Bernhard Epp
18. Johann Enss
19. Johann Günter
20. Jakob Friesen

Drei Brüder des Bruderrats, Abram Friesen, Peter Wolf und Abram Wolf, haben den genannten Antrag nicht unterschrieben. Heinrich Klassen (Nr.10) und Jakob Friesen (Nr.20) gingen bald zur Baptistengemeinde über.[2]

[1] Matthies: Mennoniten-Brüdergemeinde in Karaganda. S.14.
[2] Matthies: Mennoniten-Brüdergemeinde in Karaganda. S.14.

Kopie: Antrag mit der Liste der Gründer der Deutschen Mennoniten-Brüdergemeinde Karaganda (20 Namen) 20.10.1966 [SAKG, F.1364, L.1a, A.68, S.49; A.69, S.12.]

31 - IX.66 г. - Копия.

Копия:
1.) Областной Исполком, уполном. по религиозн. делам.
2.) Уполномоч. по религ. делам при Совете Министров Казахской ССР.
3.) Председат. Совета по делам религии при Сов. Министров СССР. т. Куроедову.
4. Старшему пресвитеру Казахской ССР.
5. Всесоюзн. Совет Еванг. Христиан Баптистов (ВСЕХБ).

вх. № 276. Форма № 1

Заявление о регистрации религиозного общества или группы верующих.

В Исполком Ленинского Райсовета гор. Караганды.

Заявление.

Для совместного удовлетворения религиозных потребностей мы, граждане, в числе 798 человек, принадлежащие к немецко-меннонитскому братству решили образовать немецко-меннонитскую братскую общину.

Район деятельности нашего религиозного объединения будет распространяться на все районы гор. Караганды (в основном верующие проживают в Ленинском районе).

С советским законодательством о религиозных культах ознакомлены и обязуемся его соблюдать.

Просим зарегистрировать нашу общину под названием: немецко-меннонитская братская община, по адресу: г. Караганда.

Приложение: список учредителей по установленной форме.

20 октября 1966.

Подписи всех учредителей

1. Берген Б.Б.	6. Дик Г.Б.	11. Конрад Я.Я.	16. Штраус И.А.
2. Бергман П.А.	7. Дик Я.Б.	12. Маттис В.Б.	17. Эпп Б.И.
3. Берген И.Г.	8. Зиберт Я.Г.	13. Плетт Я.Я.	18. Эннс И.И.
4. Вельк Г.И.	9. Классен Д.И.	14. Регер П.А.	19. Гинтер И.Я.
5. Гейдебрехт Г.Г.	10. Классен Г.И.	15. Фризен И.Г.	20. Фризен Я.Г.

Копия верна: [signature] /Берген/

Копия.

Форма №2

Приложение к заявлению верующих о регистрации немецко-меннонитской братской общины г. Караганды.

Список

учредителей религиозных обществ или членов группы верующих.

№ п/п	Фамилия, имя, отчество	Год и место рождения	Место работы, занимаемая должность, род занятий в наст. время	Адрес	Личная подпись
1.	Берген Бернгард Бернгардович	1902 г. с. Мариенталь Куйбышевская обл.	пенсионер	пер. Федор-Полетаева 5-18	Собственноручные подписи всех учредителей
2.	Бергман Петр Абрамович	1889 г. д. Комышовое Оренбургская обл.	не работает	Спасская 7	
3.	Берген Иван Гергардович	1908 г. дер. Воронзар Крымская обл.	пенсионер	Гоголя 48-60	
4.	Вельк Генрих Исаакович	1906 г. с. Руднервейде Запорожская обл.	пенсионер	Дальняя 70	
5.	Гейдебрехт Абрам Андреевич	1910 г. с. Гамберг Запорожская обл.	пенсионер	Физкультурная 73	
6.	Дик Генрих Бернгардович	1892 с. Александрталь Куйбышевская обл.	пенсионер	Вавилова 64	
7.	Дик Яков Бернгардович	1894 с. Александрталь Куйбышевская обл.	пенсионер	Вавилова 64	
8.	Зиберт Яков Генрихович	1904 с. Шпаррау Запорожская обл.	пенсионер	М. Проезд 21б	
9.	Классен Давид Иванович	1899 с. Фирстенвердер Запорожская обл.	пенсионер	Букпинская 11	
10.	Классен Генрих Иванович	1904 д. Софиевка Днепро-Петровская обл.	трест Октябрь Уголь возчик	Воронежская 4	
11.	Конрад Яков Яковлевич	1907 дер. Воронзар Крымская обл.	Горбольница 9 кочегар	Саранская 16	
12.	Маттис Вильгельм Бернгардов.	1903 с. Александрталь Куйбышевская обл.	пенсионер	Степная 12б	
13.	Пеетт Яков Яковлевич	1914 с. Руднервейде Запорожская обл.	Маш. стр. завод №1 станочник	Седова 8	
14.	Регер Петр Абрамович	1900 с. Александровка Николаевская обл.	пенсионер	Джалиль 4	
15.	Фризен Исбрант Гергардович	1901 с. Черниговка Запорожская обл.	пенсионер	Спасская 12	
16.	Штраус Иван Абрамович	1899 с. Спат Крымская обл.	пенсионер	Чехова 61	
17.	Энн Борис Мартинович	1906 д. Курушан Днепро-Петровская обл.	шахта 33/34 кочегар	Трудовая 9	
18.	Эннс Иван Исаакович	1901 д. Морэ Крымская обл.	пенсионер	Чешская 24	
19.	Гинтер Иван Яковлевич	1914 д. Облановка Омская обл.	ст. Караганда столяр	Черкасская 22	
20.	Фризен Яков Гергардович	1910 д. Морз. Крымская обл.	Федоровск. автобаза кочегар	Луговая 9а	

20 октября 1966.

Копия верна: [signature] /Берген/

Die Gemeindemitglieder und die verantwortlichen Brüder sehnten sich nach ungestörten Versammlungen und einem Bethaus und hofften, dass der Herr es möglich machen würde. Die Unterschriften der 20 Gründer im Registrierungsformular bedeuteten den Brüdern keine Verpflichtung, die Einschränkungen des Gesetzes in der restriktiven Interpretation der Sowjetorgane einzuhalten.

Heinrich Wölk hat später, in den 1990ern, in Frankenthal dazu gesagt: „Wir gingen damals ein Risiko ein." Auf keinen Fall waren die Brüder damals bereit, den Menschen mehr zu gehorchen als Gott. Das bewies die Gemeinde und auch eine Reihe von vorstehenden Brüdern, die alle Arbeit, auch die vom Gesetz verbotene, weiterführten und diese mit der Zeit sogar noch wesentlich ausweiteten.[19]

Ablehnung von den Lokalbehörden

Der Bevollmächtigte des Rates in Karaganda versuchte jetzt wieder sehr dringend, die MBG mit der Baptistengemeinde zusammenzuschließen. Als das von den Brüdern entschieden abgelehnt wurde, machte er einen anderen Versuch: die MBG sollte sich mit der Mennoniten Kirchengemeinde vereinigen. Dies wurde ebenfalls abgelehnt. Auch ein Unterstellen der MBG dem WSEChB, sogar als selbständige Gemeinde, machte vielen Geschwistern großes Bedenken, weil die vorigen Jahre es gezeigt hatten, wie nachgiebig der WSEChB gegenüber den Forderungen der atheistischen Regierung war.[20]

Legalisierung ohne den WSEChB

Fahrten in den Rat für Religionsangelegenheiten 1967

Da schon bald von der lokalen Obrigkeit eine Absage erfolgte, fuhr Wilhelm Matthies im November allein und dann noch mal im Februar 1967 mit Abram Heidebrecht nach Moskau.[21]

Im Rat für Religionsangelegenheiten verlangte der Leiter der zuständigen Abteilung von ihnen das Glaubensbekenntnis und ein Statut der Gemeinde und erklärte daraufhin eine autonome Registrierung unabhängig vom WSEChB als

[19] Viktor Fast, Andreas Warkentin.
[20] Wölk: Mennoniten-Brüdergemeinde in Rußland. S.136-137.
[21] Matthies: Mennoniten-Brüdergemeinde in Karaganda. S.14.

Der Registrierung wird entgegengearbeitet

Der Upolnomotschenyj des Rats für Religionsangelegenheiten am Ministerrat der Kasachischen SSR sandte am 10. November 1966 den Antrag der MBG an S. Rachimow, den Upolnomotschenyj von Karaganda, zurück.
Im Begleitbrief schreibt er:

„Wie bekannt, sind die Mennonitenbrüder in Karaganda mit den EChB vereint und besuchen das Bethaus der Baptisten.

Bitte überprüfen und melden Sie uns, was diesen Antrag hervorgerufen hat. Uns interessieren die Beziehungen zwischen den Mennoniten und Baptisten und wie die gläubigen Mennoniten ihre Anschließung an den Bund der EChB aufnehmen. Bedeutet dieser Antrag nicht einen Bruch der Mennoniten mit den Baptisten?

Gleichzeitig bitten wir Sie, uns zu melden, ob kirchliche Mennoniten um Registrierung baten. Wie bekannt, werden einzelne Mennonitengemeinden nicht registriert."

Upolnomotschenyj des Rats /Unterschrift/ (K. Kulumbetow)
Quelle: SAKG, F.1364, L.1a, A.69, S.11.

andere Glaubensgemeinschaft für möglich. „Über Bitten und Verstehen!" Das sahen die Brüder als einen neuen, von Gott selbst geöffneten Weg. Als die Brüder zurückkamen und der Gemeinde von diesem Angebot berichteten, freute sich die Gemeinde und Dankgebete stiegen zu Gott empor.[22]

Glaubensbekenntnis und Statut

Das Glaubensbekenntnis wurde von Heinrich Wölk als Kurzfassung des „Glaubensbekenntnis der Vereinigten Christlichen Taufgesinnten Mennonitischen Brüdergemeinde in Russland" von 1900 (1902 herausgegeben) ausgearbeitet und von Wilhelm Matthies ins Russische übersetzt. Das Statut arbeitete Wilhelm Matthies ebenfalls zweisprachig aus. Beide Dokumente wurden am 3. März 1967 im Hause von Aron Funk von der Gemeinde bestätigt. Bei dieser Gelegenheit wurde auch das Wort „Deutsche" aus dem Namen der Gemeinde fortgelassen, und die Gemeinde ist zum ursprünglichen Namen „Mennoniten-Brüdergemeinde" zurückgekehrt.[23] Glaubensbekenntnis und Statut sind im Anhang dieses Buches in deutscher Version angeführt.

Abschluss der Legalisierung

Mit den Unterlagen und den grundlegenden Dokumenten flog Willi Matthies nach Moskau. Die Dokumente wurden im Rat für Religionswesen angenommen und es wurde Hoffnung gegeben.[24]

Und Gott, der Allmächtige, hat sich nach den Jahren des Ringens und des Suchens zu der Gemeinde gnädig bekannt. Das große Wunder geschah. Nach 35 Jahren der Verfolgung und Zerstreuung erkannten die sowjetischen Behörden erstmals eine Mennoniten-Brüdergemeinde an.

Am 3. April meldete der Upolnomotschenyj des Karagandagebiets die erfolgte Registrierung der Gemeinde, und am 28. April bestätigte es der Rat für Religionsangelegenheiten in Moskau.

Als der Generalsekretär des Baptistenbundes A.W. Karew das hörte, rief er aus: „Ein Wunder ist geschehen!" Dass eine Gemeinde ohne Unterordnung gegenüber einem religiösen Zentrum registriert wurde, war für das sowjetische System eine ungeheure Neuerung. Später nutzten auch andere freikirchliche Gemeinden diese Gelegenheit.[25] In Karaganda waren es die kirchliche Mennonitengemeinde und die Evangelisch-Lutherische Gemeinde, die diese Gelegenheit sofort wahrnahmen. Interessant ist, dass die Evangelisch-Lutherische Gemeinde sogar das Glaubensbekenntnis der MBG Karaganda, mit geändertem Punkt über die Taufe, übernahm.

Mennoniten in Karaganda im Augenmerk des Upolnomotschenyj

Die MBG zählt 800 Personen. Die Gemeinde wird von dem Bürger Matthies (1903 geboren, Rentner, früher Lehrer, mit Hochschulbildung) geleitet. Nach der Entscheidung über die Registrierung dieser Gemeinde hat die Mennonitengemeinde kirchlicher Richtung sofort eine Eingabe zur Registrierung und Eröffnung eines Bethauses eingereicht. Diese Gemeinde umfasst 300 Gläubige. Der Älteste dieser Gemeinde ist Jakob Georgijewitsch Tiessen (1905 geboren, Rentner, früher Bergbauarbeiter, mit 7 Klassen Bildung).

Quelle: Aus dem Bericht über den Zustand der Religiosität im Karagandagebiet zum 5. April 1967 – SAKG, F.1364, L.1a, A.45, S.43 (40-48).

---

22 Wölk: Mennoniten-Brüdergemeinde in Rußland. S.137; Matthies: Mennoniten-Brüdergemeinde in Karaganda. S.14.
23 Wölk: Mennoniten-Brüdergemeinde in Rußland. S.137; Matthies: Mennoniten-Brüdergemeinde in Karaganda. S.15.
24 Wölk: Mennoniten-Brüdergemeinde in Rußland. S.140.
25 Matthies: Mennoniten-Brüdergemeinde in Karaganda.

Heinrich Wölk (1906-2001)

Wilhelm Matthies (1903-1995)

Jakob Siebert (1904-1990)

David Klassen (1899-1990)

Vorstand

Im April 1967 wurde endlich ein beständiger Vorstand der Mennoniten-Brüdergemeinde gewählt: ein Ältester und - nach den Forderungen der Regierung - ein Gemeinderat. Der Älteste sollte die tägliche Gemeindearbeit leiten, für die Gottesdienste und für die geistliche Erziehung der Gemeindeglieder verantwortlich sein. Der Gemeinderat musste aus drei Personen bestehen, von denen einer der Vorsitzende und die anderen zwei Glieder des Gemeinderates heißen sollten. Die Aufgabe des Gemeinderates sollte die Vertretung der Gemeinde bei der Regierung sein.

Da die Gemeinde über 700 Mitglieder zählte, wurde den Gliedern des Gemeinderates auch geistliche Gemeindearbeit aufgetragen: der Vorsitzende des Gemeinderates war zugleich Mitältester und somit Stellvertreter des Ältesten der Gemeinde, und die beiden Mitglieder des Gemeinderates - Gehilfen des Ältesten.[26]

Am 26. April 1967, nachdem die Wahl in allen Gemeindeteilen an den verschiedenen Stadtteilen abgeschlossen war, ergab es sich, dass folgende Brüder einstimmig gewählt waren: als Ältester der Gemeinde - Heinrich Wölk, als Vorsitzender des Gemeinderats und gleichzeitig Mitältester der Gemeinde - Willi Matthies, als Glieder des Gemeinderates und Gehilfen des Ältesten - Jakob Siebert und David Klassen. Das war der neue Vorstand der Gemeinde.

Damit war die Arbeit der zeitweiligen Leitung bestehend aus den Brüdern: Jakob Konrad, Peter Regehr, Jakob Siebert und Heinrich Wölk, nachdem sie fast zwei Jahre (vom 28. Mai 1965 bis zum 26. April 1967) der Gemeinde gedient hatte, abgeschlossen.[27]

Sitzung des WSEChB mit den Mennonitenbrüdern

In diesen Tagen kam unerwartet eine Einladung vom WSEChB an einer Sitzung von „Vertretern der Mennoniten-Brüdergemeinden Russlands", die am 10. Mai 1967 in Moskau stattfinden sollte, teilzunehmen. Es wurde beschlossen, dass alle vier Brüder aus dem Vorstand hinfahren sollten. Willi Matthies fuhr der Registrierung wegen früher nach Moskau und hatte noch vor der geplanten Sitzung erfahren, dass die Mennoniten-Brüdergemeinde in Karaganda vom Rat für Religionsangelegenheiten beim Ministerrat der UdSSR als eine selbständige, vom WSEChB unabhängige, Gemeinde anerkannt und registriert worden sei. In einem Telegramm teilte Matthies der Gemeinde die freudige Nachricht mit und forderte zum Danken auf.

[26] Wölk: Mennoniten-Brüdergemeinde in Rußland. S.140-141.
[27] Wölk: Mennoniten-Brüdergemeinde in Rußland. S.141.

Als die Vertreter der MBG Karaganda nach Moskau kamen, wurde es ihnen bewusst, dass von den 17 eingeladenen deutschen Brüdern nur sie Vertreter einer Mennoniten-Brüdergemeinde, die an ihrer Identität festhält, waren. Die anderen Brüder vertraten Gemeinden, die von Anfang an Baptistengemeinden oder es in den letzten Jahren geworden waren, oder solche, die noch keine entschiedene Stellung vertraten. Das Ganze war offenbar wieder ein Versuch des WSEChB, die Mennoniten-Brüdergemeinde mit dem EChB-Bund zu vereinigen. Damit aber wäre die Mennoniten-Brüdergemeinde in Russland verschwunden.[28]

„Auf die Tagesordnung wurden von dem WSEChB zwei Fragen zur Besprechung gestellt:

1) Gibt es einen Unterschied zwischen einer Mennoniten-Brüdergemeinde und der Evangeliumschristen-Baptistengemeinde?

2) Ist es nötig, danach zu streben, eine besondere Mennoniten-Brüdergemeinde dort zu gründen, wo schon eine Baptistengemeinde ist?

Zu Beginn kam ein langer historischer Überblick über die Zeiten der Reformation, angefangen von Dr. M. Luther, J. Calvin, U. Zwingli - über die Zeiten der Täuferbewegung, Menno Simons - bis ins 20. Jahrhundert. Das Referat brachte der Generalsekretär des EChB-Bundes Alexander Wassiljewitsch Karew. Seinen Bericht schloss er mit folgenden Worten ab: ‚Bis 1920, wo die Machno-Banden die Mennonitendörfer plünderten, hielten die Mennoniten an ihrer Wehrlosigkeit. Dort, mit der Gründung des Selbstschutzes, ging sie ihnen verloren. Jetzt unterscheidet uns nichts mehr‘. Darauf folgte

[28] Wölk: Mennoniten-Brüdergemeinde in Rußland. S.141-142.

Die „Mennonitensitzung" im WSEChB. Von links Jakob Siebert, Heinrich Wölk, Willi Matthies, Gerhard Harder, Ilja G. Iwanow.

von ihm der Vorschlag, ‚ob wir nun nicht eine Familie bilden wollten, wo der Name ‚Mennonit' fortfalle'.

Entschieden und mutig verteidigten die Mennonitenbrüder von Karaganda ihre auf das Wort gegründeten ‚mennonitischen' Ansichten, bewiesen, dass das Versagen etlicher (so beim Selbstschutz) nichts an den Grundwahrheiten der Bibel, die in das Glaubensbekenntnis der MBG aufgenommen sind, ändern kann. Es wurden auch wesentliche Unterschiede, die heute noch, wie immer, neben der Wehrlosigkeit und Eidesverweigerung zwischen Mennonitenbrüdern und Baptisten bestehen, hervorgehoben. Trotz allen Bemühungen der baptistischen Seite gaben die Mennonitenbrüder nicht ihr Einverständnis zu einer Verschmelzung der beiden Glaubensrichtungen."[29]

Hier hielt Willi Matthies den Vortrag „Die Stellung der Mennoniten-Brüdergemeinde zu anderen Glaubensrichtungen", den man im Anhang dieses Buches finden kann.[30]

„Zudem fügte Willi Matthies hinzu, dass es nicht an der Zeit und am Platz wäre, von der Notwendigkeit der Bildung einer Mennoniten-Brüdergemeinde zu sprechen und zu diskutieren; diese Gemeinde bestehe schon seit 10 Jahren in Karaganda und sei inzwischen von der Regierung registriert und als eine selbständige Gemeinde anerkannt.

Durch diese Auftritte waren beide Fragen der Tagesordnung gegenstandslos gemacht. Drohend klangen nun die Worte des Vorsitzenden des EChB-Bundes Ilja Grigorjewitsch Iwanow: ‚Behaltet die Einigkeit mit dem

[29] Wölk: Mennoniten-Brüdergemeinde in Rußland. S.142-146.
[30] Matthies: Mennoniten-Brüdergemeinde in Karaganda. S.9-13.

August Risto (stehend) spricht auf der „Mennonitensitzung".

WSEChB! Nur mit uns zusammen könnt ihr auf das große Arbeitsfeld gehen! Ohne uns werdet ihr euch wie auf einer Insel fühlen ...'

Doch von der Seite einiger deutscher Brüder kamen auch aufmunternde Worte, wie: ,Eure Glaubensväter haben standhaft für ihren Glauben gekämpft und niemand hat so viel Dornen auf ihrem Wege überwunden, wie die Mennoniten Gemeinden'."[31]

Die Frage der Wehrlosigkeit

In dem 1967 eingereichten gekürzten Glaubensbekenntnis (siehe Anhang) war der Punkt über die Wehrlosigkeit ausgelassen. Dieser Punkt wurde nicht abgeändert, es war kein Übergang auf einen anderen Standpunkt, doch hatten die Brüder es nicht gewagt nach Jahrzehnten der Rechtlosigkeit und Verfolgung diesen Punkt der Mennonitenlehre offen zu bekennen. Heinrich Wölk machte sich später schwer über diese Sache. Willi Matthies und Gerhard Wölk machten den jungen Brüdern Mitte der 1970-er neu Mut die Wehrlosigkeit als Absage von dem Fahneneid und Waffe zu üben.

A.W. Karew erlaubte sich die Wehrlosigkeit der Mennoniten in Russland als „verloren" zu bezeichnen. Doch die Mennonitenbrüder von Karaganda haben das Versagen nicht bekehrter Mennonitensöhne nicht als ein Wegfallen dieser Grundwahrheit der Bibel angesehen.

[31] Wölk: Mennoniten-Brüdergemeinde in Rußland. S.146.

Mennonitische Jünglinge im Ersatzdienst etwa 1930.

Auch Mitarbeiter des RfR behaupteten im Hinblick auf die MBG Karaganda: „Es kommen zwar einzelne Fälle der Absage vom Wehrdienst in der Sowjetarmee vor, doch war, wie bekannt, dies Problem allgemein unter den Mennoniten in den 1950-1960-ern aufgehoben, denn die unbedingte Wehrlosigkeit wurde aus dem mennonitischen Glaubensbekenntnis eliminiert. Hier ist diese Frage ganz dem Gewissen jedes Gläubigen überlassen: jeder muss selber entscheiden, ob er zur Armee geht oder nicht. Die Gemeindeleitung nimmt scheinbar eine neutrale Position ein."[32]

So rächt sich die Geschichte. In der Zeit der Machno-Banden hörten viele der mennonitischen Jünglinge nicht auf die Mahnungen und Entscheidungen der Ältesten und nahmen an dem bewaffneten Selbstschutz teil. Die Jünglinge der Sowjetzeit 1930-1941 und 1956-1990 mussten den Armeedienst leisten, ohne dass die Gemeindehirten helfend eingreifen konnten. Die Absage vom Fahneneid und der Waffe musste von der jungen Generation neu errungen werden. Einzelne haben es nach ihrem durch das Wort Gottes geschärften Gewissen auch in den Jahren 1956-1980 getan. Leider haben wir aber dazu keine Zeugnisse sammeln können. Erst ab 1975 fingen einzelne Gemeindediener der MBG Karaganda an, die Jugend in dieser Angelegenheit aufzuklären. In den 1980-ern war es für bekehrte und entschiedene junge Brüder schon eine klare Sache und die Gemeindeleitung konnte immer mehr diese Last mittragen. Bezeichnend ist, dass auch Offiziere inoffiziell, mindestens ist es die Erfahrung in Karaganda, die Wehrlosigkeit vermehrt akzeptierten.

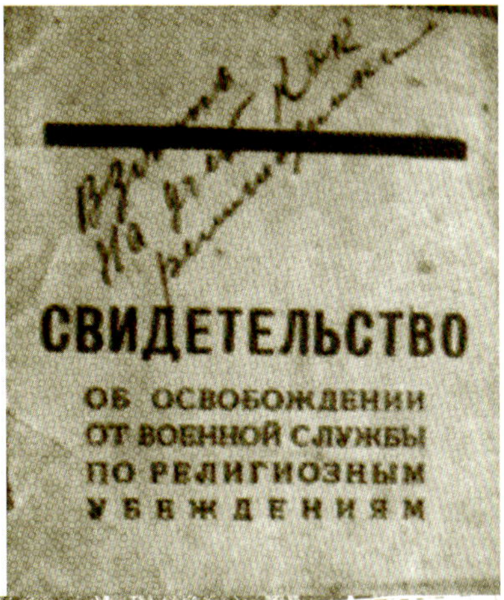

[32] Артемьев А.И.: Социально-политические ориентации меннонитов. Общество «Знание» Казахской ССР, Алма-Ата 1990. S.16.

Oben: Zeugnis über die Befreiung vom Militärdienst aus religiösen Überzeugungen.

Mitte: Mittagessen beim Ersatzdienst im Ural im Juli 1929. Dritter von links ist Heinrich Fast, später Mitglied der MBG Karaganda.

Ersatzdienstleistende sammeln Harze in Fässern für Armeebedarf.

Bibeln und geistliche Bücher aus der DDR

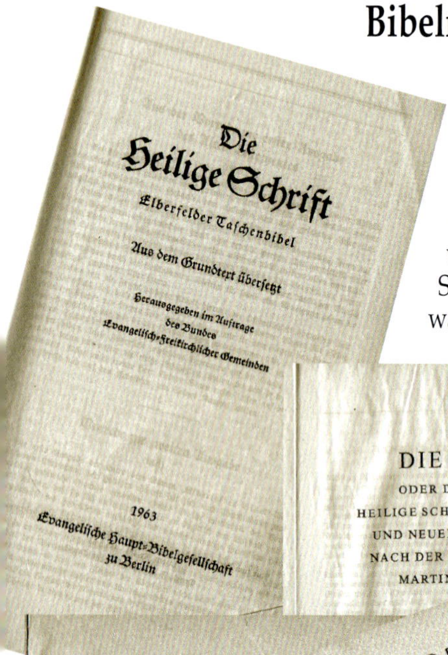

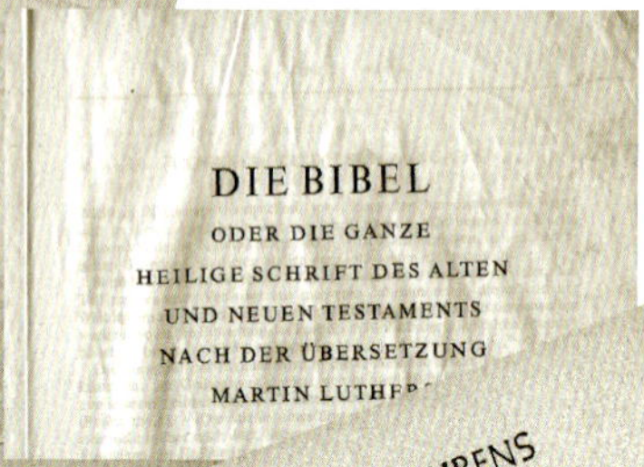

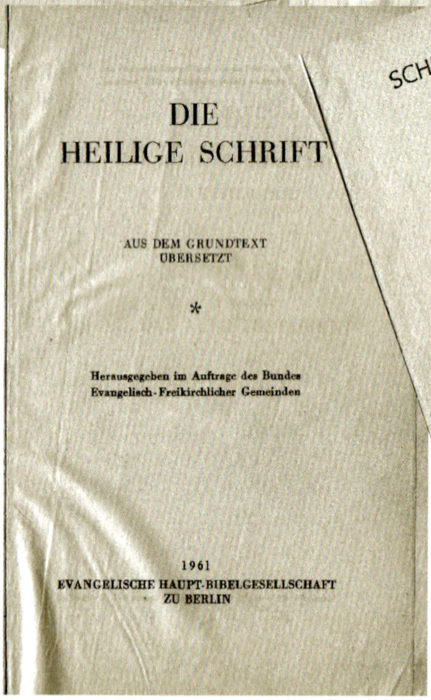

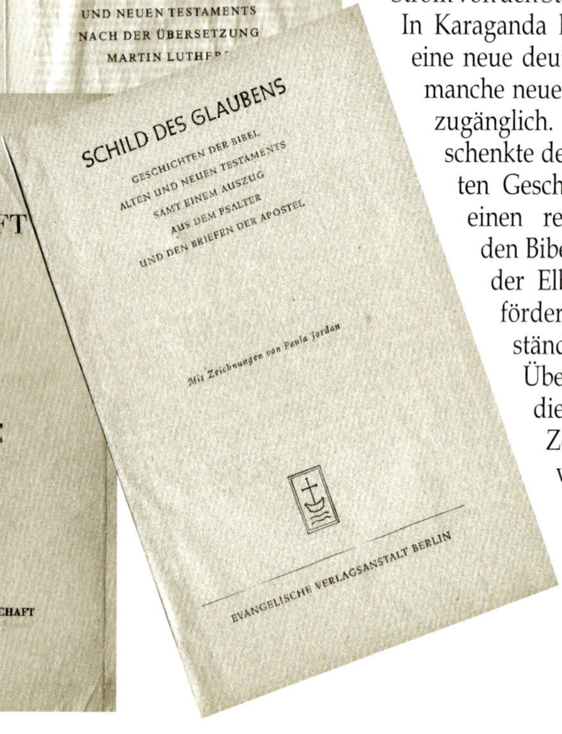

Auf dem Baptistenkongress im Oktober 1966 wurde der von den deutschen Geschwistern hoch geachtete estnische Bruder Arpad Arder zum Vertreter der Deutschen im Vorstand des Baptistenbundes gewählt. Als solcher besuchte er Anfang 1967 die freikirchlichen Gemeinden in der DDR. Seine Berichte lösten einen Strom von Postsendungen mit deutschen Bibeln und anderen geistlichen Schriften an deutsche Geschwister in der Sowjetunion aus. Darunter waren viele Bücher von Ernst Modersohn.

Arpad Arder hatte viele Beziehungen zu den deutschen Brüdern in Karaganda (zu Emil Baumbach, Peter Bergmann, Wilhelm Matthies, Weyers u.a.), deren Adressen er in der DDR weitergegeben hatte. Zwei Jahre wurde dieser Strom von den Staatsorganen kaum gehemmt. In Karaganda konnte bald jeder Gläubige eine neue deutsche Bibel bekommen, und manche neue geistliche Schriften wurden zugänglich. Nach Jahren der Teuerung schenkte der Herr durch die unbekannten Geschwister aus Ostdeutschland einen reichen Segensstrom. Unter den Bibeln waren besonders viele in der Elberfelder Übersetzung. Das förderte unter anderem das Verständnis für die verschiedenen Übersetzungen. Später wurden die Schriften immer öfter vom Zollamt beschlagnahmt, doch versuchten die Geschwister mit liebender Geduld, immer wieder etwas durchzubringen.

August 1966		Verschärfung der sowjetisch-chinesischen Widersprüche mit dem Beginn der „Kulturrevolution“ in China. In den darauf folgenden Jahren kommt es sogar zu Grenzkonflikten, die mit Waffenanwendung entschieden werden.
1967	**14.3.**	Übergang zur Fünftage-Arbeitswoche.
	Juni	Der „Sechstagekrieg“ Israels gegen die arabischen Nachbarstaaten.
		Amnestie vor der Feier des 50-jährigen Jubiläums der Oktoberrevolution.
		Anfang des letzten Vietnamkrieges. Die USA versuchen mit Hilfe eines Armeekorps der kommunistische Invasion aus Nordvietnam Einhalt zu gewähren und das prowestliche Regime in Südvietnam zu stützen.

Das lang erwünschte Bethaus

Kapitel 5

Warum sollen die Heiden sagen: Wo ist denn ihr Gott?
Unser Gott ist im Himmel; er kann schaffen, was er will.

Psalm 115,2-3

Nachdem die Gemeinde nun endlich registriert war, wollte man gleich ein Bethaus bauen, denn auf die Dauer wurde es immer schwieriger, sich in Privathäusern zu versammeln. Sofort nach der Registrierung fingen deshalb die Gänge zur Stadtverwaltung an. Die Gemeinde strebte danach, das Haus möglichst im Mittelpunkt der Wohngebiete der Gemeindeglieder aufzubauen. Das bedeutete aber, dass man das Haus fast in der Stadtmitte errichten müsste.[1] Das genehmigte die Stadtverwaltung aber nicht, denn sie wollte ein Bethaus nicht an einem beliebigen Ort dulden.

Es durfte nicht neben einer Schule oder einem öffentlichen Gebäude stehen, denn Kinder sollten vor dem „Christenunwesen" bewahrt bleiben. Das Bethaus sollte nur privater Befriedigung veralteter religiöser Bedürfnisse dienen und in keinem Fall öffentlichen Charakter tragen. In dieser Hinsicht wa-

[1] Wölk: Mennoniten-Brüdergemeinde in Rußland. S.147.

Der Weg vom Bethaus der Mennoniten-Brüdergemeinde zur Bushaltestelle „38 Schacht"

ren die Einschränkungen viel schärfer als 1956, als die Baptistengemeinde ihr Bethaus anstelle des alten aufbaute. Auch unterlag ein Bethaus den Einschränkungen, die für ein Privathaus galten: Der Dachgiebel durfte nicht höher als 7,5 m sein.

Man gab den Vorschlag, außerhalb der Stadt zu bauen,[2] so wie es zu dieser Zeit mit dem Bethaus der Baptistengemeinde geworden war, das ganz am Rande der weit verworfenen Stadt geblieben war. Auf diese Weise stellte man sicher, dass zu den gottesdienstlichen Versammlungen keine zufälligen Besucher kamen.

Der erste schwierige Versuch

Nach vielem Suchen und Wirken erlaubte man der Gemeinde, ein geeignetes Zweifamilienhaus am Rande der Neuen Stadt zu kaufen und es als Bethaus einzurichten. Am 17. Juli 1967 wurde ein Haus in der Satpajewa-Str. 103 gekauft, und am 18. Juli begann der Umbau.[3] Um aus den vielen kleinen Zimmern einen Versammlungsraum zu machen, mussten die Zwischenwände durch Stützen ersetzt werden; auch war die Decke viel zu niedrig und sollte gehoben werden. Mit großer Begeisterung gingen die Brüder der Gemeinde an die Arbeit.[4]

Doch nach zwei Wochen, am 30. Juli, wurde die Bewilligung der Obrigkeit zurückgezogen. Am gleichen Tag passierte auf dem Bauplatz ein Unfall. Die

2 Siebert, Jakob: Lebenserinnerungen.
3 Matthies: Mennoniten-Brüdergemeinde in Karaganda. S.15.
4 Wölk: Mennoniten-Brüdergemeinde in Russland. S.147.

Die Leitung der MBG Karaganda mit den Teilnehmern der „Mennonitensitzung" am 10. Mai 1967 in Moskau

Decke stürzte unerwartet ein und vier Brüder[5] wurden schwer verletzt. Herbert Bergen brach sich das Bein, Heinrich Reimer, Johann Fröse und Johann Günther wurden ernstlich verletzt und kamen ins Krankenhaus. Darauf verbot die Stadt jegliche weitere Arbeit am Hause und die Sache wurde von der Obrigkeit vor Gericht gebracht.[6]

Der Bevollmächtigte des Rates für Religionswesen enthob Willi Matthies seines Dienstes als Vorsitzender des Gemeinderates und verlangte, einen anderen dafür zu wählen. Die Gemeinde wählte wieder Willi Matthies. Der Bevollmächtigte wollte diese Wahl nicht anerkennen und forderte eine neue. Die Gemeinde bestätigte wieder Willi Matthies. Schließlich wurde die Wahl anerkannt, aber das halbzerstörte Haus musste für einen ganz geringen Preis verkauft und die Arbeit eingestellt werden.[7]

Das Gerichtsverfahren gegen Willi Matthies wurde durch die große Amnestie zum 50-jährigen Jubiläum der Oktoberrevolution (1967) eingestellt.[8]

Bau des Bethauses

Der zweite Versuch

Die Suche nach einer neuen Möglichkeit dauerte mehr als ein Jahr, bis ein Zweifamilienhaus in der Deshnewa-Str. 36-38 gekauft werden konnte. Die eine Haushälfte gehörte Jakob Siebert, der sie der Gemeinde verkaufte, als sein Nachbar seine Hälfte zum Verkauf anbot. Nach vielen Behördengängen und Fahrten nach Moskau war am 3. September 1968 die Erlaubnis zum Umbau da.[9]

Am 5. September wurden alle Brüder der Gemeinde zu einer Beratung eingeladen, bei der die Hauptarbeiten verteilt wurden. Am 6. September 1968 begannen die Bauarbeiten mit Jakob Hildebrandt als Bauleiter und Peter Bergmann, Isbrand Friesen und Heinrich Boger als Vorarbeitern. Die Anschaffung des Baumaterials, in jenen Verhältnissen die schwierigste Arbeit, besorgte Abram Heidebrecht.

Eckstein

„Das Haus wurde fast ganz abgebrochen [...] Der erste Eckstein wurde am Nachmittag des 7. September 1968 in die Erde gesenkt. Darauf versammelten sich alle, die zu der Stunde auf dem Bauplatz anwesend waren. Der Älteste stellte sich auf diesen Stein und las aus Esra 3 die Verse 10-13:

‚Und da die Bauleute den Grund legten am Tempel des Herrn, standen die Priester ... und die Leviten ..., zu loben den Herrn ..., und sangen umeinander und lobten und dankten dem Herrn, daß Er gütig ist und Seine Barmherzigkeit ewig währet ... Und alles Volk jauchzte laut beim Lobe des Herrn, daß der Grund am Hause des Herrn gelegt war.

Aber viele der alten Priester und Leviten und Obersten der Vaterhäuser, die das vorige Haus gesehen hatten, da nun dies Haus vor ihren Augen gegründet ward, weinten sie laut. Viele aber jauchzten mit Freuden ...‘

---

5 Wölk: Mennoniten-Brüdergemeinde in Russland. S.147. Die Namen ermittelte Anna Bergen.
6 Wölk: Mennoniten-Brüdergemeinde in Russland. S.147; Matthies: Mennoniten-Brüdergemeinde in Karaganda. S.15.
7 Wölk: Mennoniten-Brüdergemeinde in Russland. S.147.
8 Auskunft von Bernhard W. Matthies, Frankenthal.
9 Wölk: Mennoniten-Brüdergemeinde in Russland. S.147; Matthies: Mennoniten-Brüdergemeinde in Karaganda. S.16.

Er [H. Wölk] verglich den Tempelbau nach einer 70-jährigen babylonischen Gefangenschaft mit diesem Bau des Bethauses nach ca. 40-jähriger Dürre und Zerstreuung. Dann beteten drei Brüder, dankten Gott für Seine Hilfe bis dahin und baten Ihn um Seinen Segen beim Bau des Hauses. Der Herr ließ es an Seinem Segen nicht fehlen."[10]

Bauarbeiten

„Bis zum Einzug des Winters waren etwa zwei Monate geblieben. Die Meisten der Geschwister hatten ihre Urlaubszeit hinter sich. Trotzdem fehlte es nie an Arbeitern. Am Tage arbeiteten die Rentner und Schichtarbeiter, am Abend kamen junge Kräfte. Jeden Tag wurde bis 10 Uhr abends gearbeitet."[11]

Siehe, ich will sie dazu bringen, dass sie kommen sollen ... und erkennen, dass Ich dich geliebt habe.

Offb. 3,9

Nach vielem Beten wurde in einmütiger hingebender Arbeit das neue Bethaus mit Begeisterung aufgebaut. Niemals fehlte es an Mitteln, Baumaterial und Arbeitern. Geschwister der Gemeinde, aber auch Mitglieder anderer Gemeinden, kamen und boten ihre Hilfe, oder auch die Ausführung der nötigen Facharbeiten, an. Der Herr half sichtbar!

„Der Herr hat sich wunderbar bekannt zu diesem Bau. Es war kein Vorrat an Baumaterial noch an Geld vorhanden, aber zur rechten Zeit war alles Notwendige da: Geld, Ziegeln, Holz, Zement, Arbeitskräfte. Es brauchte kein Rubel geliehen werden."[12]

Mitte November stand das Haus fertig. Darüber staunten die Nachbarn, aber auch der Behörden. Man hätte mit den gottesdienstlichen Versammlungen beginnen können, doch da kam eine neue Forderung, die die Sache verzog.

Wasserbehälter

Aus Feuerwehr-Sicherheitsgründen sollte auf dem Hof ein Wasserbehälter für mindestens 100 Kubikmeter Wasser geschaffen werden. Einen Bagger zu finden, der die Erde ausheben könnte, war unmöglich, weil kein Unternehmen es wagte, beim Bau eines Bethauses behilflich zu sein. Am nächsten Tage erschienen alle mit Spaten und Schaufeln und gingen an die Arbeit. In drei Tagen war die drei Meter tiefe Grube (über 130 Kubikmeter wurden herausgehoben und weggefahren) fertig. In wenigen Tagen war der geforderte Wasserbehälter hergestellt.[13]

Dank

Am 25. November, rund 80 Tage nachdem der erste Stein gelegt worden war, versammelten sich alle, die am Bau teilgenommen hatten, im fertigen Hause, mit Lehnbänken für ca. 500 Personen, und hielten einen kurzen Dankgottesdienst für Gottes wunderbaren Segen, aber auch für die fleißigen Arbeiter. Niemand verlangte eine Belohnung für seine Arbeit. Das Haus stand fertig und die Gemeinde hatte keine Schulden. Verwundert schauten die ringsumher wohnenden Nachbarn, die zunächst gegen den Bau des Bethauses Protest eingelegt hatten, zu, wie einig die Arbeit, oft mit Gesang, vor sich ging. Erstaunt waren auch die Stadtbehörden.[14]

Hausabnahme

Die Abnahme des Neubaus durch die Behörde und die Erteilung der Erlaubnis zu den Gottesdiensten dauerte erstaunlicherweise nur ein paar Wochen.

[10] Wölk: Mennoniten-Brüdergemeinde in Russland. S.148.
[11] Wölk: Mennoniten-Brüdergemeinde in Russland. S.148-149.
[12] Wölk: Mennoniten-Brüdergemeinde in Russland. S.148.
[13] Wölk: Mennoniten-Brüdergemeinde in Russland. S.149.
[14] Wölk: Mennoniten-Brüdergemeinde in Russland. S.149.

Verschiedene Meinungen zum Bethausbau

Heinrich Wölk drückte sich in dieser Zeit vor Geschwistern so aus: „Wenn die Obrigkeiten dies Haus zum Eingriff in die Gemeindearbeit nützen werden, dann versammeln wir uns wieder in eigenen Häusern." Andere Brüder sagten auch: „Wenn nur eine Seele in diesem Haus Frieden mit Gott findet, hat sich diese Arbeit gelohnt."

Doch man konnte auch Ausdrücke, wie „Ich bin kein Patriot dieses Bethauses" hören. Unzufriedenheiten über den Bruderrat wurden von einigen geschürt.

Der Bau des Bethauses

„Wir hatten das Haus auf der 33. Schacht unserm Sohn Nikolai verkauft und uns ein Haus in der Straße Deshnjowa gekauft. Das Haus hatte ein Vater mit seinem Sohn gebaut. Es war ein Zweifamilienhaus. Jeder Teil hatte seinen Hof. Das Haus war groß und schön. Wir fühlten uns darin wohl. Wir hatten dieses Haus gekauft, damit unsere Kinder, Hilda und Jakob leichter zur Arbeitsstelle gelangen konnten. Sie arbeiteten in der Stadt und der Transport nach der 33. Schacht, wo wir wohnten, war unzuverlässig und die Kinder mussten im Winter oft stundenlang auf der Haltestelle frieren. Das neu erworbene Haus befand sich an einem passenden Ort, es war wohl das Zentrum von allen Ortschaften der Stadt.

Erwerb des Zweifamilienhauses

Weil nun der Besitzer der anderen Hälfte des Hauses verkaufen wollte, so willigten wir auch ein, unser Haus zu verkaufen. Wir hatten nur 9 Monate in diesem gewohnt. Da die Behörde hier nichts einzuwenden hatte, wurde uns erlaubt, dieses Haus zu einem Bethaus einzurichten. Es musste doch einiges geändert werden, es musste das Dach gehoben werden, eine Seitenwand wurde abgebrochen und sechs Meter weiter hinausgehoben werden. Dieses war im September 1968.

Nirgends konnten wir Material für unseren Bau kaufen. Der Herr sorgte für uns. Es wurde in der Nähe der 70. Schacht eine große Baracke zum Abbrechen angeboten. Für die geleistete Arbeit durften wir den dritten Teil der Ziegeln, Bretter und Balken für uns behalten. Die Ziegel waren mit Lehm verbunden, und so war es leicht, sie unbeschädigt zu erhalten. Die Baracke war fast neu. Japanische Kriegsgefangene hatten sie während des Krieges gebaut. Es mussten zu allen Materialien Dokumente sein, damit wir aufweisen könnten, wo und wie wir das Material erworben hatten. Es fanden sich nun jeden Tag freiwillige Hände, an dem Bau zu arbeiten. Tags waren nur alte Brüder und Rentner bei der Arbeit, abends, nach der Arbeit kamen die jüngeren Brüder zu Hilfe. Auch Schwestern kamen und halfen Ziegeln reinigen. Meistens wurde bis zehn Uhr abends gearbeitet. Mitte November stand das Haus fertig.

Wasserbehälter

Nun versuchte die Behörde noch einmal zu hemmen. Die Feuerwehr machte Anspruch auf einen Wasserbehälter von 100 Kubikmeter, damit Wasser zum Löschen des Feuers sei. Die Forderung kam aber nicht von der Feuerwehr, sondern sie war für diese ein Auftrag. Nirgends in der Stadt stellte man bei großen Häusern solche Forderungen. Wie war man doch so besorgt um uns!!! Unser Wirtschaftsleiter, Abram Heidebrecht, der in der Stadt gut bekannt war, konnte in keinem Werk einen Bagger dingen, denn man sagte ihm ganz offen: „Man hat uns verboten, euch irgendwie behilflich zu sein." Das Haus war fertig, der Fußboden gestrichen, die Bänke waren fertig. Doch keine Erlaubnis zur Eröffnung der Gottesdienste. Die Feuerwehr erlaubte es nicht, hinter ihnen stand die KGB. Es wurden nun alle Brüder zu einer Beratung gerufen. Es stand die Frage: Wie weiter? Es hatte so den Anschein, dass wir bis zum Frühling unser Haus leer stehen lassen müssten. Indes waren die Tage kalt, es regnete und schneite. Die Brüder wussten einen Rat: „Wir graben die Grube mit den Spaten. Wir werden es schaffen!"

Am nächsten Abend kamen nach der Arbeit über 100 Brüder mit Spaten und Schaufeln. Es war ein Arbeitseifer, das es wirklich Freude machte, zuzuschauen. Sie arbeiteten bis 12 Uhr nachts. Da aber zu dieser Zeit kein Transport mehr war, gingen die Brüder in Wind und Regen zu Fuß nach Hause, denn früh morgens musste jeder auf der Arbeitsstelle sein. Die Brüder von Kirsawod und Schachtinskij hatten ungefähr 8 km und mehr zu gehen, und die von Sortirowka 20 km. Am nächsten Abend erschienen auch etwa 100 Brüder und so auch den dritten Abend.

Hauseinweihung

Am 15. Dezember 1968 konnte das lang ersehnte und erbetene Bethaus mit großer Freude eingeweiht werden. In kurzer Zeit war füllte sich der Raum. Im Saal von 200 m^2 mit kaum 500 Sitzplätzen waren etwa 700 Festteilnehmer zugegen. Zum ersten Mal in ihrer 12-jährigen Geschichte war die Gemeinde gemeinsam in einem Raum versammelt. Außer den Mitgliedern der MBG waren viele Gäste erschienen, um auch an der Feier und der Freude teilzunehmen. Pjotr Iwanowitsch Posharizkij, der Älteste der Baptistengemeinde, kam am Nachmittag auch, nahm als Grußwort Matth. 2,2. und sagte einen Satz, der sich den meisten eingeprägt hat: „In Karaganda ist noch ein Sternlein angezündet worden!“ (Еще одна звездочка зажглась!).

Der Bau des Bethauses Fortzetzung)

Die Grube war fertig! Sie musste aber noch betoniert werden. Bruder Abram Heidebrecht fand einen Ausweg. Ein Baukombinat hatte eine Reihe von reklamierten Betonplatten in der Steppe entsorgt. Bei einigen Platten waren nur die Ecken abgebrochen. Die wären noch zu brauchen. Aber wie sollte man die holen? Niemand durfte uns irgendwelche Technik zur Verfügung stellen. Auch hier hatte der Herr gesorgt und unsere Gebete erhört. Ein Bruder, Heinrich Bechstädt, Mitglied der Baptistengemeinde in Karaganda, arbeitete auf einem Kran, zusammen mit einem russischen Mann. Der bot sich an, uns zu helfen. Spät abends kam er gefahren mit seinem Gehilfen, nahm Bruder Heidebrecht mit und nun fuhren sie aufs Feld und holten Betonplatten, die Heidebrecht sich schon tags zurechtgesucht hatte. Spät abends kamen sie gefahren. Es regnete, gemischt mit großen Schneeflocken, zudem wehte ein starker kalter Wind. Heinrich Bechstädt und sein Gehilfe gingen gleich an die Arbeit und ließen die Betonplatten herab. Von unten musste aber gesteuert werden, damit die Platten richtig gestellt würden. Von uns Brüdern waren nur Heinrich Boger und ich dabei. Es könnte aber bei so einer schwachen Beleuchtung und Glatteis leicht ein Unglück geschehen. Da habe ich sehr gebetet und den Herrn angefleht, er möge uns alle vor Unglück bewahren. Er hat es getan! Hätte von der Behörde jemand erfahren, dass Heinrich Bechstädt diese Arbeit für die Gemeinde getan hatte, so hätte man ihn von der Arbeit entlassen und bestraft. Alles blieb still. Um 12 Uhr nachts waren wir mit der Arbeit fertig. Da habe Ich dem Herrn für die Bewahrung viel gedankt.

Die Betonplatten mussten aber verbunden werden und unten eine Betonplatte gegossen. Das Wetter war ungünstig. Aber auch da war Rat. Über die Grube wurden Balken gelegt, ein Meter Erde hinaufgetragen, ein eiserner Ofen hineingestellt und gut geheizt. Nun konnte man betonieren. Bald war alles gemacht, die Grube war fertig! Doch gibt es in solchen Fällen immer Kleingläubige. Einige Brüder waren der Meinung, das Wasser würde sich nicht halten. Ihnen wurde gesagt: „Wenn wir beten, dann bleibt auch das Wasser in der Grube!“ Nach einigen Wochen wurde Wasser hineingelassen. Im Laufe des ganzen Winters war etwa ein Meter Wasser verschwunden. Es war aber keine schwere Sache, das Wasser nachzufüllen.

Abnahme durch die Feuerwehr

Als wir nun die Feuerwehr einluden, um die Sache zu besichtigen, waren diese ganz erstaunt. Der Leiter der Feuerwehr, ein hoher Beamter, hat sich nicht wenig gewundert, dass wir so etwas geschafft hatten. Er besichtigte unseren Saal und sagte: „Es fehlt noch ein Wasserhahn zu montieren, aber ich sehe, ihr wollt sehr gerne Versammlungen haben. Ich mache mit euch“ – er wandte sich zu mir – „einen Gentlemanvertrag (so nannte er einen mündlichen Vertrag). Im Mai oder Juni macht ihr auch diese Einrichtung. Ich erlaube es euch nun, die Versammlungen abzuhalten!“ Nur eines gefiel ihm nicht – die Kohlen zum Heizen lagen auf dem Hof im Freien. Wir wollten vorher ein Kohlenhäuschen an der Grenze des Hofes errichten, doch man hatte es uns nicht erlaubt. Da bat ich ihn, er solle es uns erlauben. Das gewährte er ohne weiteres.

Dank und Einweihung

Am 25. November fand eine Versammlung statt, wo die Brüder, die am Bau gearbeitet hatten, dem Herrn den Dank brachten. 80 Tage hatten sie dazu gebraucht. Nun konnten wir regelmäßig unsere Versammlungen halten. Am 15. Dezember 1968 fand die feierliche Einweihung des Bethauses statt.

Jakob Siebert: Lebenserinnerungen. S.

Schon vor dem Beginn der Versammlung wurden allgemeine Lieder und Chorlieder gesungen:

Gemeinsames Lied aus Heimatklänge 157: Ein Haus zu Gottes Ehren ist dieses liebe Haus
Chor: Ruh von der Arbeit
Gemeinsames Lied aus Glaubensstimme 41: Dein holder König kommt
Chor: Machet die Tore weit

Der Gemeindeälteste Heinrich Wölk begrüßte die Gemeinde: „Es ist eine tatsächliche Erhörung, dass wir heute diesen Tag feiern dürfen. Dies ist der Tag des Herrn." Zur Eröffnung der Feier erhob sich die ganze Gemeinde. Kräftig und aus tiefstem Herzen erschallte das Lied aus vielen hundert Kehlen:

„Großer Gott, wir loben dich! Herr, wir preisen deine Stärke!
Vor dir neigt der Himmel sich und bewundert deine Werke.
Wie du warst zu aller Zeit, so bleibst du in Ewigkeit!"

Das Bethaus in der Deshnewa-Str. 36-38, das die Gemeinde 26 Jahre (von Dezember 1968 bis Dezember 1994) benutzen durfte.

Weihegebet

Heinrich Wölk betete:

„Herr, unser Gott, der Himmel und Erde geschaffen hat, der Du auch uns Menschen zu Deinem Bilde geschaffen hast, der Du uns durch Deinen Sohn, unsern Herrn und Meister Jesus Christus, von der Macht der Sünde erlöst hast und ein ewiges Leben bei Dir vorgesehen hast – hier stehen wir vor Deinem Angesichte und preisen Deinen hohen, heiligen Namen!
Du, Herr Jesus Christus, bist von Deinem Vater, unserm Großen Gott, zum Grund und Eckstein Deiner Gemeinde gemacht worden, von welcher Du sagst: ‚Die Pforten der Hölle sollen sie nicht überwältigen!' Du hast Dich treu und mächtig erwiesen, und bis heute steht Deine Gemeinde.

Hat es Dir, unserm Herrn und Meister, gefallen, uns die Möglichkeit zu schenken, Dir ein Haus zu bauen, so stehen wir hier jetzt vor Dir und danken Dir aus tiefstem Herzensgrunde für dieses Geschenk. Und weil wir ohne Dich nichts können, breiten wir jetzt unsere Bitten vor Dir aus: Du, O Herr, wollest als Erster in dieses Haus eingegangen sein, damit es heilig wäre! Und, in diesem Hause wohnend, leite Du alle Arbeit, die hier getan werden wird, damit Dein Name geheiligt werde.
Wohne und wirke Du in Deinen Knechten, die Dein Wort in den Mund nehmen werden, damit dasselbe nicht gefälscht werde. Bewahre Deine Knechte vor Hochmut, Selbstsucht, Eigenliebe, aber auch vor Menschenfurcht, Feigheit und Untreue. Verbinde sie alle mit dem Band wahrer Jesusliebe! Erfülle sie alle mit Liebe zu Dir, zu Deinem Werk, zu der verlorenen Sünderwelt, aber auch zu der erlösten Gemeinde!
Sei Du, Herr, weiter der erste Dirigent des Gesangchores. Prüfe und läutere die Herzen aller Sänger und hilf ihnen, nur zu Deines Namens Verherrlichung zu singen.
Segne alle Gäste, die in dieses Haus kommen werden, damit aller Herzen nur auf Dich und Dein Wort gerichtet wären. Lass niemand ungesegnet hinausgehen!
Segne, Herr, diese Kanzel, den Tisch, an dem Dein Mahl gefeiert werden soll, segne den Platz, wo die Sänger sitzen, und von wo aus sie Deinen Namen erheben wollen. Segne alle Bänke, von denen aus man Dein Wort hören will. Segne die Türen des Hauses und die Tore des Hofes, durch die man ein- und ausgehen wird, um hier Dein Wort zu predigen und zu hören. Bewahre sie vor bösen Menschen und das Haus vor Friedensstörern. Mache das Haus zu einem Ruheort für Müde, zur Trostquelle für Verzagte, zum Zufluchtsort für verlorene Sünder. Lass, Herr, so viele Menschen zur Erkenntnis der Wahrheit kommen, wie hier Steine ins Haus gelegt sind, und noch mehr!
Ja, Herr! Segne dieses Haus und behüte es! Lasse Dein Angesicht leuchten über diesem Hause und sei uns gnädig! Hebe, Herr, Dein Angesicht über dieses Haus und gib ihm, und uns darinnen, Frieden! Amen!" [15]

Auf das Gebet folgte die erste Predigt in diesem Hause, vom Ältesten der Gemeinde gehalten.

[15] Das Gebet und die folgende Ansprache sind dem Heft: „Einweihung des Bethauses der MBG in Karaganda" von J. Plett entnommen. Zitiert nach Wölk: Mennoniten Brüdergemeinde in Russland. S.150-155.

Die erste Predigt

„Als erstes Wort, das wir zur Ehre des Herrn von diesem Platze, von dieser Kanzel aus lesen wollen, soll das Gebet Seines Knechtes Jakob in 1. Mose 32, Verse 9 und 10a dienen: ‚Gott meines Vaters Abraham und Gott meines Vaters Isaak, Herr, der Du zu mir gesagt hast: Ziehe wieder in dein Land und zu deiner Freundschaft, ich will dir wohl tun, – ich bin zu gering aller Barmherzigkeit und aller Treue, die Du an deinem Knechte getan hast.'

Dieses Gebet ist heute etwa 4000 Jahre alt. Es wurde gebetet, als Jakob in großer Bedrängnis war, wo er jede Stunde die Begegnung mit seinem Bruder Esau erwartete, der ihm feindlich war und ihm den Tod versprochen hatte, wozu Jakob auch Anlass gegeben hatte. Zeiten solcher Bedrängnis gebraucht der Herr sehr oft für Menschen, wenn Er ihnen ihr Herz zeigen will, damit sie in sich schlagen; so wie auch der verlorene Sohn, der an den Trebertrögen der Schweineherden stand und hungerte. Wie das Gebet Jakobs, so ist auch das Gebet des verlorenen Sohnes zu einem Mustergebet geworden. Wir bleiben heute bei dem einen, bei Jakobs Gebet stehen, um daraus beten zu lernen. Wir unterscheiden bei dieser Gelegenheit zwei Punkte aus Jakobs Gebet:

1) Jakob erkannte in der schweren Lage seinen inneren Wert. Die Worte: Herr, ich bin zu gering usw. hören wir öfter in Gebeten aussprechen, und das, weil wir dieses Gebet Jakobs gelesen haben. Wo hatte aber Jakob so beten gelernt? In der Not! Er dachte einmal zurück an sein ganzes Leben. Er war ja auch schon nicht mehr ganz jung; denn als Jüngling floh er aus dem Elternhause, 20 Jahre diente er bei Laban als Hirte. Da hatte er viel Zeit über sein Leben nachzudenken: Er dachte an den gewissenlosen Betrug seinem Vater gegenüber; der hatte ihn damals so wenig gekostet, so wie auch heute unsere Jünglinge und Mädchen manchmal ganz ohne Scham ihrem Vater oder ihrer Mutter so hart antworten können. Wartet nur, ihr Lieben, diese hartherzigen Worte verklingen zwar im Weltäther, aber auf den Wänden eures Gehirns bleiben sie abgedruckt, und in gelegener Stunde wird euer geängstetes Herz euch an sie erinnern, dass ihr sie ganz deutlich hören werdet. Er gedachte daran, wie er so oft Laban betrogen hatte, denn er hatte gemeint, ein Recht dazu zu haben, weil Laban ihn auch betrogen hatte, usw. Alles dieses zeigte ihm, wie wenig wert er war vor dem großen allmächtigen Gott...

2) Sein eigener ‚Wert' wurde ihm desto klarer, je mehr er die Größe Gottes erkannte. Die 20 Jahre, die er in der Fremde zugebracht hatte, auch die Reise durch unbekannte Gegenden miteingeschlossen, hatten ihm die Güte und Treue Gottes gezeigt. Er wusste, dass Gott zu seinem Vater Abraham und Isaak gesagt hatte: ‚Ich bin der Herr, dein Gott ...' Und wie hatte Er es so treu gehalten. Sogar zu ihm, zu dem so falschen Jakob, hatte Gott geredet und hatte bis da Sein Wort treu gehalten. Und nun stellt er gegenüber Gottes Barmherzigkeit und Treue seine eigene Falschheit – und da sieht er, wer er ist und ruft aus: ‚Herr, ich bin zu gering ...'

Lassen wir jetzt Jakob ruhen und versetzen uns in die Gegenwart. Die Gemeinde Jesu Christi hat im Laufe von fast 2000 Jahren viel Bedrängnis erlebt. Trübe Zeiten wechselten sich mit lichten. Manchmal kam die Gemeinde bis über 100 Jahre nicht aus der Bedrängnis heraus. Und was war die Folge? Die Gemeinde wuchs und stärkte sich. Hörten aber Trübsale auf, und es waren längere Zeiten der Ruhe, dann fing das Leben derselben an abzukühlen und sie selbst zu verweltlichen. Darum führt der Herr die Gemeinde oft durch schwere Jahre, um sie zu bewahren.

Heute schauen wir auf manches Schwere als auf etwas Vergangenes. Doch wollen wir schwere Jahre nicht böse Jahre nennen. Der Herr gab sie, um Seine Kinder aus dem Schlummer zu rütteln und sie vor Untergang zu schützen. Schwere Zeiten waren immer Prüfsteine, woran Kinder Gottes ihre Echtheit messen konnten.

Und heute nun, schlagen wir einmal alle in uns und betrachten wir den Christenmenschen, der in uns wohnt. Sind wir alle sieben Tage in der Woche Christen? Bekennen wir uns zur Herde Christi nur dann, wenn wir von dem Kommen des Herrn hören, oder bleiben wir es auch, wenn die Herde von Wölfen angegriffen wird? Lieben wir unsere Brüder mit dem Munde oder auch von Herzensgrunde? Sind wir Freunde nur der Krone Christi, oder auch Seines Kreuzes?

Ich habe Zeit gehabt, über mein Leben nachzudenken aber auch über Gottes Barmherzigkeit und Treue. Mir ist mein Leben in seiner ganzen Schwachheit und Verderbtheit vorgeführt und Gottes Güte sehr groß geworden. Ich fand keine passendere Worte für mich, als diese: ‚Herr, ich bin zu gering aller Barmherzigkeit und aller Treue, die Du an mir getan hast ...' Und was sagt ihr, liebe Brüder, Diener am Wort? Was sagt ihr, Sänger, und was sagst Du, liebe Gemeinde, und persönlich jedes Gotteskind? Lasst uns immer bei diesem bescheidenen Urteil über uns selbst bleiben! Lasst uns immer die Barmherzigkeit und Treue Gottes erkennen und rühmen, dann dürfen wir nach diesem auch in das folgende Gebet Jakobs einstimmen: ‚Ich lasse Dich nicht, Du segnest mich denn!' Amen."

Danach sang der Chor das Lied: Wer unter dem Schirm des Höchsten sitzet.

Der Gottesdienst am Vormittag

Der ersten Predigt folgten Gedichte, Ansprachen von Predigern der Gemeinde und einigen Gästen und Chorlieder. Der weitere Ablauf war wie folgt:

August Risto (aus Temirtau), 2.Chron. 6,19.20.41: „Wende dich aber, Herr, mein Gott, dass du erhörest das Bitten und Beten deines Knechtes, dass deine Augen offen seien über dieses Haus Tag und Nacht. Und lass deine Priester, Herr, Gott, mit Heil angetan werden und deine Heiligen sich freuen über dem Guten."

Chor: Im Haus des Herrn wo wir vereint.

Viktor Enns (Siedlung „33"), 1.Kön. 8,29 und 9,3-9: „Ich habe dein Gebet und Flehen gehört, das du vor mich gebracht hast und habe dies Haus geheiligt".

Lied: Ich bete an die Macht der Liebe.

Hermann Reimer (Dshambul), Psalm 84, 1-5: „Wohl denen, die in deinem Hause wohnen, die loben dich immerdar".

Chor: Ich ward froh, als sie sagten zu mir.

Jakob Krahn (Nowopawlowka), 1.Mose 18,14: „Sollte dem Herrn etwas unmöglich sein?" Luk. I,37: „Denn bei Gott ist kein Ding unmöglich".

Jakob Siebert, Lied aus Glaubensstimme 476; 1.Kor.3,16: „Wisset ihr nicht, dass ihr Gottes Tempel seid und der Geist Gottes in euch wohnt?" In Galater schreibt Paulus von der Schöne des Tempels, die wir haben sollen, von des Geistes Gaben. Am 15. Dezember 1956, gerade vor 12 Jahren, wurde die Brüdergemeinde in Karaganda gegründet. 1.Chr. 17,27: „So fange nun an zu segnen das Haus deines Knechtes, das es ewiglich vor dir sei, denn was du, Herr, segnest, das ist gesegnet ewiglich".

Chor: O jauchzet dem Herrn alle Welt.

Allgemeines Lied: Tiefer und tiefer, Herr, beug ich.

David Klassen, 2.Chron. 7,12-14: „Ich habe dein Gebet erhört und die Stätte mir zum Opferhaus erwählt – und dann mein Volk, das nach meinem Namen genannt ist, sich demütigt, das sie beten und mein Angesicht suchen und sich von ihren bösen Wegen bekehren, so will ich vom Himmel her hören und ihre Sünden vergeben und ihr Land heilen."

Willi Matthies, Lied: Lobe den Herrn den mächtigen König der Ehren; Psalm 115,1-3; Esra 3,12: „...und viele der alten Priester, die das frühere Haus noch gesehen hatten, weinten laut, als nun dies Haus vor ihren Augen gegründet wurde. Denn das Volk jauchzte laut, so das man den Schall weithin hörte!"

Ein Gruß von Arpad Arder aus Estland mit 1.Mose 28,17: „Wie heilig ist diese Stätte! – Hier ist nichts anderes als Gottes Haus und hier ist die Pforte des Himmels!"

Schluss der 1. Versammlung:

Ps. 115,13: „Er segnete die den Herrn fürchten, die kleinen und die Großen"; Ps. 95,2: „Lasst uns mit Danken vor sein Angesicht kommen, und mit Psalmen ihm jauchzen."

Der Ablauf am Nachmittag

Chor: Grüß Gott euch teure Gäste – Macht auf die Tür – Vereinigt sind wir heute hier.

Allg. Lied: Kommt stimmet alle jubelnd ein; Es lebe Gott allein in mir.

Chor: Dich will ich o Jehova loben – Komm doch zur Quelle des Lebens.

Peter Regehr, Matth. 17,7-8: „Und sie sahen niemand als Jesum allein".

Chor: Alles Leben strömt aus Dir.

Pjotr I. Posharizkij (Presbyter der Baptistengemeinde) russisch, Lied: Auf, denn die Nacht wird kommen; Matth. 2,2: „Wo ist der neugeborene König?" Der Herr hat einen neuen Stern in Karaganda angezündet, welches die Mennoniten-Brüdergemeinde ist; Matth.11:12: „Bis hierher leidet das Himmelreich Gewalt und die Gewalt tun, reißen es an sich".

Jakob Thiessen (Ältester der Kirchengemeinde), Psalm 93,5: „Dein Wort ist wahrhaftig und gewiss. Heiligkeit ist die Zierde deines Hauses, Herr für alle Zeit".

Chor: Ich hebe meine Augen auf zu den Bergen!

Johann Strauß, Lied: Lasst die Herzen immer fröhlich; 2.Mose 25,8: „Und sie sollen mir ein Heiligtum machen, dass ich unter ihnen wohne".

Emil Baumbach (Baptistengemeinde), Lied: Nun danket alle Gott; Jesaja 56,4-7: „Die meinen Bund festhalten, denen will ich in meinem Hause ein Denkmal machen, einen Namen geben, einen ewigen Namen, der nicht vergehen soll. Und will sie erfreuen in meinem Bethaus. Denn mein Haus wird ein Bethaus heißen allen Völkern." Ein Gruß von der russischen Baptistengemeinde Karaganda.

Ps.122, 1-9: „Wünschet Jerusalem Glück! Es möge wohlgehen denen die dich lieben. Es möge Frieden sein in deinen Mauern und Glück in deinen Palästen."

Chor: Brüder lasset uns heute lobsingen.

Peter Bergmann, Ps. 26,8: „Herr ich habe lieb die Stätte deines Hauses und den Ort, da deine Ehre wohnt" – Was ist das: „Haus einweihen?" – Es liegt darin, das wir alles, was wir daran getan haben, auf den Brandaltar legen, das Haus gehört dem Herrn. Wir dürfen das heute von Herzen tun. Im Jahre 1911 wurde das letzte Bethaus für Mennoniten in unserem Vaterlande gebaut. Ist es nicht eine Gnade, dass der Herr uns ein Haus geschenkt hat? –„Ich habe lieb die Stätte deines Hauses! – O das wir es könnten von Herzen sagen – und den Ort, wo deine Ehre wohnt." – Der Segen ist allein davon abhängig, wie wir das Haus lieb haben.

Allgemeines Gebet.

Chor: Auf ans Werk (Wachet auf ihr jungen Helden).

Mit dem Segensspruch aus 2.Kor. 13,13 wurde die Versammlung geschlossen.

Chor: „Der Herr hat großes an uns getan."

Der Innenraum des Bethauses. Über der Kanzel hängt der Spruch: „Wir predigen den gekreuzigten Christus“ 2.Kor. 1,23. Der russische Spruch darunter ist erst in den 1990-ern hinzugekommen. In Hintergrund quer zum Versammlungsraum die Bänke für den Chor.

Im Laufe der folgenden Woche, vom 15. bis zum 22. Dezember gab die Stadtbehörde ihre formelle Genehmigung zur Benutzung des Hauses. So begannen die beständigen gottesdienstlichen Versammlungen der Gemeinde. Ein großes Ereignis für die Gemeinde war das erste Abendmahl im Januar 1969, das jetzt die ganze Gemeinde gemeinsam feiern konnte.[16]

Weiterer Ausblick

In den folgenden acht Jahren arbeitete die Gemeinde in reichem Segen: mehrere Jugendgruppen, bis zu zehn Sonntagsschulgruppen für Kinder, zwei Gemeindechöre mit über 100 Sängern, ein Jugendchor, einige Musikgruppen. Jährlich wurden 20 bis 50 Neugetaufte in die Gemeinde aufgenommen. Rund 40 Brüder dienten der Gemeinde mit dem Wort, davon waren zehn eingesegnete Prediger und sieben Diakone.[17]

Die leitenden Brüder der Gemeinde waren in dieser ganzen Zeit dem beständigen Druck der Regierenden ausgesetzt, doch sie trugen es, litten und siegten mit Gottes Hilfe, die Gemeinde selbst merkte es kaum.
Auch von innen war der Feind bemüht, der Gemeinde zu schaden.

Der Geist Gottes wirkte weiter unter der Gemeinde. Junge Kämpfer stellten sich in die Reihen der Arbeiter, die entschieden den bewährten Weg ihrer Glaubensväter weitergingen, gegründet auf Gottes Wort und aufsehend auf Jesus![18]

Die Entwicklung in der Mennoniten-Kirchengemeinde in Karaganda

Seit 1967 führte Elfriede Bergen (Fröse) die Sonntagschule in Maikuduk. Eine Gruppe von älteren Kindern wurde von Katharina Peters und Agnes Banmann geleitet.

[16] Wölk: Mennoniten-Brüdergemeinde in Russland. S.155.
[17] Wölk: Mennoniten-Brüdergemeinde in Russland. S.155.
[18] Wölk: Mennoniten-Brüdergemeinde in Russland. S.156.

Die Gemeinde rang um die Genehmigung für den Bau eines eigenen Gemeindehauses, aber die Behörden lehnten alle Anträge ab.

Ab Juli 1969 durfte die Gemeinde ihre Gottesdienste, Bibelstunden und Singstunden im Bethaus der Mennoniten-Brüdergemeinde durchführen. Die Gebetsstunden und Jugendstunden, etwas später auch der Kinderchor und Musikstunden, wurden weiter in den Privathäusern durchgeführt.

Bald darauf konnte die kirchliche Mennonitengemeinde nach der Erlaubnis der Obrigkeit und der Einwilligung der MBG in dem neuen Haus am Sonntag von 13 Uhr ihre Gottesdienste abhalten. So konnte auch diese Gemeinde in geordneten Verhältnissen leben.

Abschließendes zu den 1960-er Jahren

Die meiste geistliche Arbeit wurde auch in dieser Periode in Hochdeutsch geführt. Das bedeutete ein energisches Festhalten an der deutschen Sprache in den Familien und in der Gemeindearbeit. Manche, die von Hause aus die Sprache nicht gelernt hatten, konnten sie bei der regen geistlichen Gemeinschaft erlernen. Doch das erforderte Willenskraft und Anstrengung. Es gab auch solche, die sich der Sprache wegen der russischsprachigen Baptistengemeinde anschlossen.

So konsolidierten sich die meisten gläubigen Mennoniten in Karaganda in drei ausgeprägt mennonitischen Gemeinden – in der kirchlichen Mennonitengemeinde, der großen Mennoniten-Brüdergemeinde („38") und in der kleineren nichtregistrierten Gemeinde („33"). Viele waren in der Baptistengemeinde geblieben oder in dieser Zeit der Neusammlung zu ihr übergegangen und bildeten zusammen mit den deutschen Baptisten eine sehr starke deutsche Gemeindegruppe, die mit der Zeit einen großen Teil des öffentlichen Dienstes und der Untergrundarbeit ziemlich selbständig tat. Nur einzelne waren zu der Baptistengemeinde des Sowjet Zerkwej gegangen, deren Ältester bis zu seiner Verhaftung 1968 David Dav. Klassen[19] sein konnte.

Das „Brüderstübchen". Im Vordergrund der abgedeckte Wasserbehälter, der aus Feuerwehr- Sicherheitsgründen gebaut werden musste.

[19] Dieser David Klassen kam ehemals aus Nowosibirsk, zu unterscheiden von David Joh. Klassen aus der MBG.

1968
- „Prager Frühling", ein Versuch von Reformen in der Tschechoslowakei unter dem Motto des „Sozialismus mit menschlichem Gesicht".
- Jugendrevolten in den westlichen Staaten („1968", Jugendrevolution, Sexuelle Revolution)
- 21. August besetzen sowjetische Truppen mit Truppen von vier sozialistischen Nachbarstaaten des Warschauer Vertrags die Tschechoslowakei.
- Verschiedene Dissidentenauftritte in Moskau. Der Physiker A.D. Sacharow, der Erfinder der Wasserstoffbombe, wird zum führenden Dissidenten.
- Der Vietnam-Krieg beginnt.

Familienleben und Lebensläufe 1956-1968

T
e
i
l

V

Familienleben in der Gemeinde 1956-1968

Kapitel 1

Ich aber und mein Haus wollen dem Herrn dienen.
Jos. 24,15b

Mennonitische Familien nach dem Krieg

Die Zeit nach der Aufhebung der Kommandantur war nicht nur von Erweckung und Gemeindebildung geprägt, sondern auch von einer neu möglich gewordenen Pflege des Familienlebens. Man war jahrelang getrennt gewesen, hatte um das Leben seiner Lieben gebangt, oft ohne ihren Aufenthaltsort und ihr Schicksal zu kennen und viele hatten in der schweren Zeit einen Teil ihrer Familie verloren. Ehepaare waren auseinander gerissen, Väter und Mütter

Dietrich und Maria Pauls bei ihrer Goldenen Hochzeit 1956 mit der Familie Görzen. Hinten von links Anna Görzen (geb. Delesky), Maria Pauls, Dietrich Pauls, Johann Görzen, vorne die Kinder Johann, Maria, Elisabeth und Anna.

hatten an verschiedenen Stellen in der Arbeitsarmee gedient, ihre Kinder in fremder Obhut lassen müssen und die Familienzusammenführung nach dem Krieg war schwierig gewesen. Lange hatte man alleine oder nur in zerstückelten Familien gelebt. Nun erfüllte sich endlich die Sehnsucht und ganze Familien konnten wieder zusammenziehen. Nach langen Haftzeiten kamen Männer zu ihren Frauen und Familien zurück. Man lernte einander neu kennen und musste neu zusammenwachsen. Da auch der Glaube jetzt neu erwachte, entdeckte man nun den großen Wert des christlichen Familienlebens.

Das Brautpaar Johann Flaming und Justina Siebert 1956. Sie bekamen fünf Kinder.

Waldemar Boschmann und Helene Enns an ihrer Hochzeit am 22. Juli 1956 im Kreise der Verwandten.

Familie Jakob und Helene Dyck im Jahre 1974. Vorne von links: die Mutter Helene mit dem kleinen Woldemar, Artur, Jakob, Harry, Gerhard, der Vater Jakob. Hinten: Elsa, Anni und Luise. 1978 wurde noch Heinrich geboren. Jakob und Helene (geb. Boschmann) wurden am 12. August 1956 von Bruder Gerhard Tjart getraut. Es war eine der ersten deutschen Trauungen. Am 3. Juni 1979 starb Jakob im Alter von 50 Jahren nach einer schweren Krankheit, seine Frau folgte ihm am 5. November 1987. Im September 1990 kam der Sohn Gerhard um.

Leider waren viele Familien in dieser Zeit von traurigen Erfahrungen geprägt. Viele Männer waren in der Arbeitsarmee oder in Haft gestorben oder erschossen worden und hatten Witwen und vaterlose Kinder zurückgelassen. Es gab nach der Notzeit auch unverheiratete Frauen mit Kindern. Andere hatten in der Meinung, der Ehegatte sei tot, geheiratet und mussten später entdecken, dass der andere doch noch lebte. Außerdem hatten sich viele in den Jahren, die sie abgeschieden von Verwandten und Freunden verbracht hatten, an die russische Kultur angepasst und ihre Muttersprache und auch die deutschen Sitten und Bräuche weitgehend verloren.

Trotzdem lässt sich insgesamt ein Aufschwung feststellen. In vielen Familien gab es nun wieder die Väter, die eine Hausandacht hielten. Mütter und Großmütter erzählten ihren Enkeln biblische Geschichten und sangen mit ihnen geistliche Lieder. Man sang und musizierte gemeinsam, besuchte andere gläubige Familien, Kinder lernten einander kennen und wurden Freunde. Hier und da entstanden durch solche Kontakte auch Kinderstunden. Junge Leute, die noch als halbe Kinder ausgehungert und abgearbeitet in der Arbeitsarmee gedient hatten, erholten sich nun wieder, bildeten Jugendgruppen und viele fanden in dieser Zeit auch ihre Gefährten fürs Leben und gingen den Ehebund ein. In den Jahren 1958-62 gab es viele Hochzeiten.

Vieles musste man in dieser Zeit neu lernen, auch die christliche Art der Verlobungen und Heiraten. Die Elterngeneration hatte zu einem großen Teil schon in einer Zeit geheiratet, als christliche Trauungen nicht mehr möglich waren und auch andere christliche Bräuche und Familientraditionen nur noch heimlich oder gar nicht mehr gepflegt werden konnten. Nun musste man auf die Erfahrungen der Alten zurückgreifen, die sich noch an die „gute Zeit" erinnern konnten und nun gerne aus ihrem Schatz an geistlichen und praktischen Erfahrungen weitergaben. Die Alten gaben den Jungen auch die Liebe zu ihrer Muttersprache weiter und lehrten sie, die oft nur Plattdeutsch und Russisch konnten, Hochdeutsch zu sprechen.

Im Jahr 1958 wurde die Silberhochzeit von Otto und Ida Wiebe gefeiert. Otto Wiebe und Ida Klassen hatten am 2. Februar 1933 auf der Krim geheiratet. Nach vier Ehejahren wurde Otto am 22. November 1936 zusammen mit seinem Vater verhaftet und Ida blieb mit den beiden Kleinkindern Theobald und Margarete zurück. Erst Ende 1950 kam Otto wieder zu seiner Familie.

Immanuel Rhein und Margarete Wiebe, die Tochter von Otto Wiebe, heirateten 1955 in Makinka. Später zog die Familie nach Karaganda. Sie bekamen neun Kinder.

Theobald Wiebe und Helene Harder wurden am 11. Mai 1958 von David Klassen in Karaganda getraut. Hier die Familie Wiebe etwa 1973. Hinten von links Neta, Elsa, Otto, vorne Großmutter Ida Wiebe mit Viktor, die Mutter Helene, Heinrich, der Vater Theo und Jakob.

Die Kinder der Familien Wiebe und Rhein

Die Hochzeitsfeier von Johann Matthies und Katharina Janzen am 27.Juli 1958 in Michajlowka. Das Brautpaar im Kreis der Verwandten, links daneben Johanns Vater Willi Matthies. Johann und Katharina bekamen acht Kinder.

Das Brautpaar Johann Tissen und Anna Epp mit den Verwandten 1958

Das Brautpaar Hermann Isaak und Irina Wiebe am 16. November 1958

Das Brautpaar Heinrich Klassen und Frieda Wiens am 10. August 1958. Ihnen wurden sechs Kinder geboren.

Johann Braun und Anna Regehr am Hochzeitstag 1959

Das Brautpaar Jakob Friesen und Lori Wolf im Kreise der Jugendlichen 1959. Sie wurden mit sechs Kindern gesegnet.

Die Hochzeit von Rudolf Bergmann und Adina Zacharias am 26. Juli 1959. Das Brautpaar wurde von David Klassen mit dem Bibeltext aus 1. Kor. 7,32-35 getraut. Ihnen wurden fünf Kinder geschenkt.

Unten: Rudolf und Adina im Kreise der Jugend

Die Hochzeit von Georg Dick und Valentina Fast fand am 11. Januar 1959 in der Siedlung „33“ statt. Das Brautpaar wurde von Johannes Fast getraut. Die Trautexte waren 1.Mose 22,6 und Epheser 5,22. Die Familie bekam neun Kinder.

Während der Hochzeitsfeier von Theo Klassen und Lora Janzen im Sommer 1959. Theo und Lora bekamen zehn Kinder.

Die Hochzeit von Rudolf Klassen und Talita Dick fand am 18. Oktober 1959 statt. Da im Haus nicht genug Platz für alle Hochzeitsgäste war, wurde im Hof ein Zelt aufgebaut. Die Fenster wurden geöffnet und man konnte im Zelt alles hören. Johannes Fast traute das Brautpaar mit dem Text aus Phil. 4,19.

Die Großfamilie Epp Anfang der 1960-er Jahre. Sitzend v.l.n.r.: Lina Günther (geb. Epp), Liese Epp, Jakob Epp, Liese Töws (geb. Epp). 2. Reihe: Abram Günther, Heinrich Epp, Anna Tissen (geb. Epp), Maria Epp, Tina Dürksen (geb. Epp), Margarete Epp, Alice Regehr (geb. Klassen), Heinrich Töws. 3. Reihe: Johann Tissen, Jakob Epp, Heinrich Dürksen, Johann Regehr

Die Hochzeit von Heinrich Fast und Helene Hamm am 17. März 1935 in Neuhoffnung (Kolonie Alt-Samara) soll die letzte christliche Trauung in der Kolonie gewesen sein. 1936 wurde der Sohn Wilhelm und 1937 die Tochter Helene geboren, danach wurde Heinrich verhaftet und zu zehn Jahren Lagerhaft verurteilt. In dieser Zeit starb die kleine Helene. Nach Heinrichs Freilassung folgten seine Frau und der Sohn ihm in die sibirische Verbannung, wo ihnen drei weitere Söhne geboren wurden, von denen einer gleich verstarb.

Unten: Heinrich und Helene mit ihren Söhnen Wilhelm, Viktor und Heinrich bei ihrer Silberhochzeit 1960 in Ust-Kamenogorsk.

Das Brautpaar Heinrich Unruh und Lydia Wagner am Hochzeitstag 1960. Sie wurden mit vier Kindern gesegnet.

Das Brautpaar Peter Friesen und Lilli Penner an ihrer Hochzeit am 24. April 1960 im Hause von Gertruda Fast. David Klassen sollte das Brautpaar trauen, konnte aber nicht zur Feier erscheinen, weil er vom Atheisten Gorochow verfolgt wurde. Das Brautpaar wurde dann von Gerhard Harder mit dem Text aus Matth. 6,33 getraut. Es waren etwa 80 Hochzeitsgäste zugegen. Die Feier dauerte von 20 bis 23 Uhr. Am Sonntagnachmittag fand zuhause noch eine Nachfeier im Kreise der Verwandten statt. Peter und Lilli bekamen elf Kinder.

Die Hochzeit von Heinrich Pirch und Erna Rempel 1960. Unten das Brautpaar im Kreise der Jugend. Sie bekamen fünf Kinder.

Das Brautpaar Alexander Becker und Anna Ediger mit Peter Wolf. Die Hochzeit fand am 11. September 1960 in Sortirowka in der Wohnung von Abram Wall statt. Peter Wolf vollzog die Trauung mit dem Trautext aus Judas 20-24. Es waren etwa 50 Gäste zugegen. Auf der Feier diente ein kleiner Chor unter der Leitung von Peter Janzen. Franz Ediger, ein Verwandter der Braut, predigte. Die wenigen Geschenke, die die Brautleute bekamen, nahmen sie in Taschen nach Hause mit. Die Familie bekam elf Kinder.

Das Brautpaar Jakob Thiessen und Helena Löwen mit ihren Hochzeitsgeschenken. Die Feier fand im Bethaus der MBG in der Siedlung „33“ im Jahre 1960 statt.

Ernst Klassen und Elisabeth Wiens an ihrem Hochzeitstag am 8. Mai 1960. Das Brautpaar wurde von Posharitzkij getraut. Sie bekamen fünfzehn Kinder. Ernst starb am 7. September 1981 nach einem schweren Autounfall während einer Missionsreise.

Die Familie Klassen im Jahre 1980. Von links: hinten Johann, David, Jakob, Frieda, in der Mitte Rudolf, Maria, Rita, Anna, Klaus, vorne: Peter mit Irene auf dem Schoß, die Mutter Elisabeth mit dem kleinen Viktor, der Vater Ernst mit Olga, Andreas. Im Juni 1980 wurde noch die jüngste Tochter Nelly geboren.

Eine briefliche Hochzeitspredigt von Johann Fast

Dem lieben jungen Ehepaar: J. und V.S. am 24. April 1960

Liebes Ehepaar!

Nehme mir das Recht, an eurem Hochzeitsfeste, auch etliche Gedanken auszusprechen. Die Anleitung dazu möchten uns zwei Bibelworte geben, und zwar:

1. „Ohne Mich könnt ihr nichts tun." Johannes 15,5b
2. „Und wer zu Mir kommt, den werde Ich nicht hinausstoßen." Johannes 6,37b

Da ich persönlich nicht erscheinen kann, so nehmt dies Wen'ge schriftlich von mir an. Du liebes junges Paar! Ihr feiert heute Euern Hochzeitstag. Das Wort „Hochzeit" ist ein zusammengesetztes Wort, es besteht aus den Wörtern: „Hoch" und „Zeit". Ja, Ihr jungen Seelen, Ihr seid heute wirklich an einer „hohen Zeit" in eurem Lebenslauf angelangt: Ihr habt euch das „Jawort" gegeben, von heute an gemeinsam zu zweien das Lebensschifflein zu besteigen, um gemeinsam

Abschiedsfoto vor dem Umzug der Familien von Johann Friesen (sen.) und seinen Söhnen Johann, Heinrich und Peter nach Usun-Agatsch. Am Bahnhof in Karaganda.

Eure Lebensreise zurückzulegen. Ja, ja Ihr Lieben, einen sehr ernsten u. wichtigen Schritt habt Ihr heute gewagt: Ihr habt heute einen; für Euch ganz fremden u. unbekannten Weg betreten. Da dieser Weg Euch beiden ganz fremd u. unbekannt ist, so könnt Ihr Euch untereinander nicht helfen u. Wegweiserdienst leisten. Eine kritische Lage! Also fehlt Euch auf Euerm Lebensschifflein noch ein Steuermann, der des Weges Kündig u. Euch helfen könnte.

Unser erstes angeführtes Bibelwort sagt: „Ohne Mich könnt ihr nichts tun.“ Also Gegensatz: „Mit mir könnt ihr alles tun.“ d.h. mit JESUM! Meine Lieben dies ist der beste und vertrauensvollste Steuermann für euer Lebensschifflein! Ich würde ernstlich raten, ohne Jesum, nicht einen Schritt zu wagen zu tun! Und solltet Ihr bis heute

Heinrich Thiessen und Herta Töws an ihrem Hochzeitstag am 7. August 1960. Ihre Ehe wurde mit drei Kindern gesegnet.

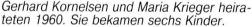

Gerhard Kornelsen und Maria Krieger heirateten 1960. Sie bekamen sechs Kinder.

Euch diesem Jesus, Erretter u. Seligmacher noch nicht ergeben u. zu Eurem Führer erwählt haben, so tut's heute noch u. es wäre dieses dann die größte Freude Eurer ganzen Hochzeitsfeier. Er wäre dann die Krone der Feier. Solltet Ihr bis heute Euch den Herrn Jesus noch nicht als Euren Erlöser u. persönlichen Heiland angenommen haben u. sich in Euch die Frage regen sollte, ob Ihr durch das lange Zögern u. Säumen schon ganz aus die Gnade gefallen wäret, so berufen wir uns auf das zweite angekündigte Wort: „Wer zu mir kommt, den werde ich nicht hinausstoßen." Also unsere Sache ist, kommen; u. Seine, nicht hinausstoßen, sondern annehmen, Vergebung der Sünden zuteil werden lassen u. froh und glücklich im Herrn zu machen.

Das Brautpaar Peter Harder und Larissa Friesen im Sommer 1960. Nach der Hochzeit packten sie ihre Geschenke in eine große Wanne und trugen sie zur Straßenbahn, mit der sie nach Hause fuhren.

Peter und Larissa bekamen acht Kinder. Hier die Familie im Jahr 1980. Von links hinten Maria, Peter, Kornelius, Heinrich, vorne der Vater Peter, Helene, Jakob, Abram, die Mutter Larissa mit dem kleinen Gerhard.

Ich habe Lehrerbildung u. meinte sehr klug zu sein u. ohne den Herrn Jesus fertig zu kommen, doch tief gefehlt: Ich musste mich tief demütigen u. zum lieben Gott bekehren. U. wir nahmen in unseren Ehebund auch den Herrn Jesus, als Führer, mit u. ich kann heute, aus eigener Erfahrung sagen:

„Mit Jesum Hand in Hand,
Ist das beste Eheband."

Wollt ihr also ein glückliches, gesegnetes Eheleben führen, so denkt dran, es geht das nicht ohne Ihn, sondern. nur mit Ihm. Also wollt Ihr nicht lebenslänglich unglücklich, sondern glücklich sein, so habt Ihr noch den wichtigen Schritt der Bekehrung zu tun! Wann wollt ihr's tun? Warum nicht heut? Oder seid Ihr beide vielleicht schon ein Eigentum des Herrn? Wenn ja, o dann wohl Euch!

Es liebt Euch Gottes Knecht Hans Fast.

[Ein Jahr später bekehrte sich die Braut und starb kurz darauf. Der Bräutigam kam einige Jahre später zum Glauben.]

Das Brautpaar Jakob Rempel und Maria Franz mit den Mädchen, die am Tisch bedienten. Die Hochzeit fand am 17. Januar 1960 statt. Der Familie wurden sieben Kinder geschenkt.

Abraham Bergmann und Margarethe Thiessen wurden am 4. Juli 1961 von David Klassen getraut. Gott schenkte ihnen vier Kinder.

Blumenmädchen Anna Klassen und Katharina Schneipel bei der Hochzeit von Albert Klassen und Anna Thiessen im Sommer 1961. Der Familie wurden zehn Kinder geschenkt.

Friedrich Hertle und Adina Pflug am 22. Oktober 1961. Unten: das Brautpaar im Kreise der gläubigen Jugend. Ihnen wurden fünf Kinder geboren.

Willi Konrad und Maria Peters heirateten am 11. Juni 1961. Sie bekamen fünf Kinder.

Das Brautpaar Heinrich Töws und Lidia Bergmann im Mai 1961.

Nikolaj Thiessen und Anita Klassen bei ihrer Hochzeit am 20. August 1961 im Kreise der gläubigen Jugend. Albert und Anita bekamen fünf Kinder.

Abram Sawatzky und Elsa Harder hatten 1961 geheiratet. Sie bekamen drei Töchter: Tina , Walli und Anni.

Das Brautpaar Heinrich Rempel und Alicia Wiens am 18. Juli 1961. Die Familie bekam fünf Kinder. Nach einer schweren und langjährigen Krankheit starb Alicia im November 1999.

Jakob Thiessen und Tina Harder haben am 31. August 1961 geheiratet. Der Herr schenkte ihnen neun Kinder. Hier die Familie 1984. Sitzend von links : Elisabeth, Jakob, Tina mit Klaus auf dem Schoß, Jakob, Lori, Johann, Willi, Harry, Margarete, Katharina.

Das Brautpaar Willi Warkentin und Irma Müller am 29. Januar 1961.

Abram Derksen und Katharina Günther am Hochzeitstag am 8. Juli 1962. Sie wurden von David Klassen getraut. Ihnen wurden sechs Kinder geboren.

Dietrich Kasper und Anna Maschkara heirateten am 11. Februar 1962..

Das Brautpaar Gerhard Wölk und Hilda Siebert mit den Eltern am Hochzeitstag am 15. Juli 1962. Sie wurden mit sieben Kindern beschenkt.

Das Brautpaar Heinrich Töws und Erna Klippenstein mit der Jugendgruppe 1962. Die Familie bekam sieben Kinder. Heinrich verunglückte bei einem schweren Autounfall 1995 tödlich.

Ewald Reimer und Maria Nickel heirateten 1962. Sie bekamen zwei Kinder.

Johann Regehr und Alice Klassen bei ihrer Hochzeit am 25. Februar 1962.

Die Hochzeit von Peter Friesen und Elisabeth Kröcker fand im Bethaus in der Rishskaja Straße im März 1962 statt. Das Brautpaar mit dem Sängerchor von Kirsawod.

Das Brautpaar Paul Bergen und Katharina Neufeld im Kreise der christlichen Jugend im Sommer 1962. Paul und Katharina bekamen drei Kinder.

Das Brautpaar Herbert Schönke und Sigrid Dürksen im August 1962. Herbert und Sigrid bekamen sechs Söhne.

Die Familie Schönke musiziert im Sommer 1975. Von links: Harry mit dem Akkordeon, der Vater Herbert mit den kleinen Söhnen Artur und Herbert, Rudolf mit der Geige, die Mutter Sigrid mit der Gitarre, Eduard mit der Mandoline. Der jüngste Sohn Peter wurde 1980 geboren. Rudolf (geboren 1965) starb im Juni 1987 nach seiner Rückkehr aus der Armee an Krebs.

Familie Jakob und Anna Schönke 1963. Von links: Hedwig, die Mutter Anna, Harry, Elfriede, Jakob, der Vater Jakob mit dem kleinen Rudolf auf dem Schoß. 1964 wurde noch Heinrich geboren. Jakob Schönke und Anna Wiens hatten im September 1954 geheiratet.

Am 2. Mai 1963 feierten Jakob und Augustine Penner mit ihren zwei Kindern Jakob und Katharina ihre Silberhochzeit.

Links ein Hochzeitsbild von Jakob Penner und Augustine Fast. Sie hatten am 24. April 1938 in Sloboda in Weißrussland geheiratet. Nach zweieinhalb Monaten Eheleben wurde Jakob für 15 Jahre und im Mai 1939 Augustine für acht Jahre verhaftet. Sechs Jahre wussten sie nichts voneinander. Erst im Mai 1953 traf sich das Ehepaar in Jakobs Verbannungsort im Dorf Solnetschnij im Krasnojarskgebiet wieder. Im April 1960 zogen sie nach Karaganda.

Das Brautpaar Johann Penner und Maria Rogalski mit Gertruda Fast an ihrer Hochzeit am 27. Januar 1963. Getraut wurde das Brautpaar von Abram Friesen. Johann Strauß predigte auf der Hochzeit über den Bibeltext aus 2. Mose 33, 14-15. Die Familie bekam fünf Kinder.

Das Brautpaar Heinrich Neufeld und Katharina Epp 1963. Sie bekamen vier Töchter. Heinrich starb im Juli 1995.

Unten: Familie Neufeld Mitte der 1980-er Jahre. Von links hinten Helene, Liese, Irene, Larissa, vorne Katharina, Heinrichs Mutter Sara, Heinrich.

Das Brautpaar Jakob Bückert und Elsa Rempel mit den Sängern an ihrer Hochzeit am 23. August 1964. Sie wurden mit sieben Töchtern beschenkt.

Das Brautpaar Heinrich Regehr und Irma Isaak mit den Eltern und Geschwistern des Bräutigams 1963. Ihnen wurden sechs Kinder geboren.

Heinrich Enns und Helene Riesen heirateten am 10. Juli 1962. Sie bekamen acht Kinder.

Die Hochzeit von Jakob Neufeld und Ella Töws fand im Bethaus in Kopaj statt. Sie wurden von Heinrich Wölk in deutscher Sprache getraut. Gott schenkte ihnen sechs Kinder.

Die Hochzeit von Viktor Dyck und Meta Kliever 1964. Sie bekamen fünf Kinder.

Das Brautpaar Heinrich Klassen und Adina Görzen im Kreise der Verwandten 1964. Ihnen wurden zwölf Kinder geboren.

Johann Sawatzky und Klara Schulz haben 1964 geheiratet. Sie bekamen fünf Kinder: Larissa, Helene, Irene, Johann und Nelly

Trauer und Freude im Familienleben

Tod und neues Leben, Trauer und Freude – alles gehört zum Leben dazu. Neben den Versammlungen und verschiedenen Gemeindediensten machte auch das persönliche Erleben der Gemeindeglieder, das gegenseitige Mittragen und Mitfühlen das Gemeindeleben aus. Ein Ausschnitt aus Peter Thielmanns Lebenserinnerungen, in dem er den Tod seiner ersten Frau und seine zweite Heirat beschreibt, ist ein lebendiges, anschauliches Beispiel dafür.

„Dann ging der Herr noch tiefer, am 2. September 1966 nahm der Herr meine Mariechen und den Kindern die Mutter. Es betrug sich so: Anna war bei Mariechen zu Besuch, und es schien auch so, daß es mit der Gesundheit besser geworden sei und sie sagte auch zu ihr, sie werde Morgen nach Hause kommen. Anna hatte ihr eine Wassermelone (Arbus) gebracht, und sie hatte auch gut davon gegessen, draußen auf der Terrasse. Sie begleitete Anna bis zum Tor, und als sie zurück in die Krankenstube kam, stellte sie das Stück Wassermelone auf ihre Tumbotschka, da bekam sie einen Blutsturz und das war das letzte. Es war halb acht Uhr abends am 2.9.66. Anstatt nach Hause zu den Kindern zu kommen, war sie in das Himmlische Zuhause gekommen. Eine Putzfrau aus dem Krankenhaus kam noch am selben Abend und brachte die Nachricht. Mama und Hedi haben die Nachricht übernommen. Anna hatte vor kurzem nur zu den Geschwistern gesagt, daß Mama Morgen nach Hause kommen würde. Es war eine schwere Hiobsbotschaft.

Ich konnte in dieser Nacht vom 2.9. zum 3.9. sehr schlecht schlafen. Um 6 Uhr morgens war ich schon draußen. Es war Sonnenschein, aber das Gras war weiß vom Frost. Da hörte ich auf einmal ein Motorrad kommen. Als

Die Hochzeit von Walter Wedel und Aganeta Klassen fand im Hof der Familie Neufeld am 12. Juli 1965 statt. Das Brautpaar wurde von Jakob Siebert getraut. Sie bekamen fünf Kinder.

ich dahinschaute, sah ich, daß es Schwager Viktor Hübner und mein Bruder Hans waren. Sie erzählten mir nun, wie es gewesen war, ich konnte es fast nicht glauben, aber es war Tatsache. Als sie wegfuhren, ging ich ins Krankenhaus rein, sagte es dem Arzt, der wußte es schon. [...] Im Kopf drehten die verschiedensten Gedanken. Was mußte ich jetzt als erstes tun?
Ich ging zu meiner Arbeitsstelle, um einen Sarg zu bestellen, dann fuhr ich zum Krankenhaus, wo Mariechen war. Der Arzt begegnete mir und sagte: ‚Ja, deine Frau ist tot. Doch so haben wir es nicht erwartet, daß sie durch Blutsturz sterben würde. Nun, dürfen wir sie öffnen und sie beschauen?' Ich sagte: ‚Nein, ich möchte es nicht.' Nun, dann sollte ich die Kleider bringen, sie würden sie anziehen und im Eiskeller lassen bis Montag. Das habe ich dann getan. Ich kam nach Hause und was traf ich an? Die Kinder traurig, Mutter und mehrere Geschwister aus der Gemeinde waren schon beim Zubereiten zum Begräbnis. Etliche räumten auf, etliche haben schon zubereitet zum Backen. Ich bat Mutter um Kleider, nahm das Fahrrad und fuhr zum Krankenhaus. Schwager Willi übernahm es, die Papiere zu ordnen, Bruder Johann und Viktor ordneten es mit dem Grab graben, Mama und Hedi mit dem Gebäck.

Als ich ins Krankenhaus kam, sagten sie mir, zu wem ich mich mit den Kleidern wenden sollte. Die Frau nahm sie dann und um eine halbe Stunde war sie

Familie Thielmann 1965. Hinten Heinrich, Peter, Anna, vorne Peters Mutter Margarethe, Liese, der Vater Peter mit Agathe, die Mutter Maria. Peter Thielmann und Maria Töws hatten 1951 geheiratet. Maria starb 1966.

fertig und ich durfte dann in den Keller kommen, wo Mariechen angezogen lag. Ich beschaute sie, ihr Gesicht war freundlich, als ob sie schlief. Ich betete noch im Keller, und fuhr dann nach Hause. Da kam Jak. Töws, Mariechen ihr Bruder, den bat ich, daß er sollte etliche Kränze besorgen, im ‚Selentrest' konnte man die immer kaufen. Weil aber der morgige Tag Sonntag war, mußte es an diesem Tag so schnell alles gehen. Doch vor Abend kamen alle zusammen, und es war alles geregelt. Die Papiere zum Begraben, das Grab war fertig, Jakob brachte etliche Kränze, es fehlten nur noch die Inschriften zu den Kränzen, die wurden dann Sonntag zubereitet. Den Sarg mußten wir Sonntag nachmittag abholen. Am Sonntag fuhren alle zum Gottesdienst, es war auch noch Abendmahl, die Ansprachen waren vom Leiden Jesu Christi und ich saß auch in einer trauernden Stimmung über mein Los. Dann wurde gemeldet, daß Mariechen gestorben sei, und daß am Montag das Begräbnis stattfindet. Da kamen so viele Bekannte und Geschwister, die alle ihr Beileid brachten.

Nun war auch der 5. September da, der Tag der Beerdigung. Jakob und ich fuhren zum Krankenhaus auf seinem Auto Furgohn, und brachten den Sarg mit Mariechen, stellten ihn in unsere Stube, wo unser Bett stand. Dann haben sie den Sarg geschmückt, mit Seidenband und Grünem. Und so kam auch die Zeit zur Begräbnisfeier, die war auf unserem Hof. Es waren viele Menschen gekommen, der Hof war voll, auf der Straße war auch alles voll. Es sprachen drei Brüder, auch ein Chor sang deutsch und russisch. Dann fuhren wir zum

Das Brautpaar Alexander Unruh und Erna Dück 1965. Sie bekamen vier Kinder.

Johann Dyck trat 1965 in die zweite Ehe mit Gerda Dyck. Gott schenkte ihnen drei gemeinsame Kinder.

Friedhof, es war das letzte Geleit hier auf Erden, der Abschied am Grabe war schwer. Der Sohn Peter hat am lautesten geweint. Dann gab es ein Trauermahl. Es wurden Lieder gesungen, etliche Gedichte wurden aufgesagt, das eine war von Peter Löwen: ‚Einer von uns beiden verläßt zuerst das Haus. Einen von uns beiden trägt man zuerst hinaus.' dann kam das Lied: ‚Einst wirst du sehn, wie Er´s gemeint.' Als letztes ging Onkel Konrad weg. Er sagte nur noch: ‚Ich kann dich nicht trösten, daß muß der Herr tun.' Damit war der Begräbnistag vorbei, und die schweren Tage kamen noch alle nach. [...]

Die Arbeit mit dem kranken Rücken war nicht leicht, aber der Herr hat mir jeden Tag geholfen. Ich hörte auf im Sängerchor zu singen und widmete die freie Zeit den Kindern. Wir lernten zusammen Lieder mit Ziffern zu singen, dann auch zu musizieren und sie haben es auch schnell begriffen. Doch es gab auch viele schlaflose Nächte, mit den verschiedensten Gedanken – Wie soll es bloß weitergehen? Da kam mir ein Vers aus dem Album in den Sinn:

‚Je größer Kreuz, je näher Krone, Himmel, wer ohne Kreuz ist ohne Gott.
Denn bei dem falschen Weltgetümmel, vergißt man Ewigkeit und Tod.
Ja, selig ist der Mann geschätzt, den Gott in Kreuz und Trübsal setzt.'

Also selig ist ein Mensch, der es schwer hat. Ich klammerte mich jetzt fester an diesen Gott und wurde geistlich aufgerichtet auch zum geistlichen Dienst. Im Kreise der Geschwister in den Versammlungen, bekam ich Mut auch zum Weiterleben. Doch Mama ihre Gesundheit wurde immer schwächer, sie konnte die häusliche Arbeit nicht mehr tun, Tochter Anna mußte sehr viel tun, und ich die andere Arbeit.

Peter Rempel und Anna Klassen heirateten 1965 und bekamen elf Kinder.

Johann Thiessen und Margarete Peters traten am 13. Juni 1965 in die Ehe. Sie bekamen fünf lebhafte Söhne. Peter, der Jüngste, verunglückte 1997 mit 22 Jahren tödlich. Zwei Söhne sind im Missionsdienst: Jakob mit seiner Frau Irina im Karagandagebiet in Kasachstan und Andreas mit seiner Frau Olga in Santa Cruz in Bolivien.

Dann sagte Mutter eines Abends zu mir: ‚Peter, du wirst dich müssen umschauen nach einer Gehilfin, ich kann nicht mehr, und für dich ist es zu schwer mit den Kindern.' Von da an fing ich an zu beten zu Gott, um eine Mutter für meine Kinder. Ich dachte, wenn die Kinder eine Mutter bekommen, so wird sie mir auch sehr lieb sein als meine Frau. Dann stellte ich die Frage meinen Kindern: ‚Wie ist es mit Euch? Wollen wir uns eine neue Mama erbeten, die uns in der Familie helfen soll?' Anna sagte: ‚Ja, ohne Mama ist es schwer.' Peter sagte auch ja. Heinrich sagte: ‚Ja, aber nicht solch eine Kranke wie diese war.' Liese und Agathe wollten auch eine Mama. Und so beteten wir alle zusammen für eine Mutter. Der Herr hat dieses alles gehört und gesehen, was wir vor ihn brachten und hat schon an einem Herzen gearbeitet. Ich habe aber auch menschlich gedacht, wer würde das wohl tun? Stellte mir erst eine alleinstehende Schwester vor, dann die andere, aber der Herr hatte es anders beschlossen in seinem Rat, und handelte durch Menschen.

Ich wurde auf Johanna Bergen hingewiesen, die ich aber gar nicht kannte. Ich ließ dann auf einem Blatt anfragen, ob sie ein Photo übergeben wollte mit ihrem Geburtsdatum. Als ich das bekam, schrieb ich einen kleinen Brief an sie, es war der 4. Dezember, gerade an dem Geburtstag ihrer Mutter, die schon vor 20 Jahren gestorben war. Sie gab darauf Antwort, mit der Bitte sich am 18. Dezember zu treffen, um sich irgendwie kennenzulernen und sich darüber auszutauschen. Als ich sie am 18. Dezember nach der ersten Versammlung vor mir stehen sah, und sie willig war, nun alles durchzusprechen, bat sie darum, daß

Johann Wiebe und Valentina Reinich bei ihrer Hochzeit 1966 mit der Jugend.

ich in ihre Wohnung mitfahren sollte, sie lebte noch mit zwei Schwestern, bei ihrem Bruder im Haus auf Rejsowaja 21 zusammen.

Ich willigte ein, wir aßen alle zusammen Mittag, die Geschwister verließen danach das Zimmer und wir konnten ganz in Ruhe alles durchzusprechen. Dann haben wir zusammen gebetet, übergaben es dem Herrn, verabschiedeten uns und ein jeder blieb nun bei seinen Überlegungen. Für Johanna waren es nun schwere Prüfungstage. Sie hatte sich mit dieser Frage dann zu ihrem Onkel David und ihrer Tante Sara Klassen gewandt, auch um Rat gefragt. Diese gaben ihr dann den Rat, alles gründlich zu prüfen, - nicht zu schnell ja sagen, aber auch nicht gleich absagen.

Am 29. Dezember war Johanna ihr 38. Geburtstag, und ich dachte, ihr eine Geburtstagskarte zu übergeben durch ihre Schwägerin Ani. Da stellte es sich heraus, daß sie selber zu Hause war. Sie rief sie und ich überreichte ihr die Karte und wollte nach Hause fahren. Da kam sie mit heraus und erzählte, daß sie über Weihnachten ganz ruhig geworden sei und die Überzeugung bekommen habe, sich zu diesem Schritt einzuwilligen.

Dann erzählte sie ihren Kampf und ihre Erlebnisse mit folgenden Worten. Ihr Gebet war schon von Anfang des Jahres, daß der Herr ihr einen Dienst anvertrauen möchte, eine Arbeit für ihn zu tun. Und der Herr hat ihr geantwortet. Als das Begräbnis am 5. September war, hatte sie in der zweiten Schicht gearbeitet, so daß sie nicht dabei sein konnte, aber gedacht hatte sie daran. Dann war ihr ein Stich durchs Herz gegangen, daß dieses Haus ihr Platz sein würde für den Herrn zu arbeiten als Mutter. Und als sie dann bei Onkel David und Tante Sara war mit der Frage, so hatte Onkel David auch erzählt, daß

Ordner, Köchinnen und Bedienungspersonal auf der Hochzeit von Johann Wiebe und Valentina Reinich.

als er vom Begräbnis am 5. September nach Hause gekommen war, hatte er zu Tante Sara gesagt: ‚Mir ist es so in den Sinn gekommen, ob dieses Haus nicht ein Platz für Johanna sei?' Tante Sara habe gesagt: ‚Aber David, sollte der Herr für Johanna solchen Platz ersehen haben?'

Nun sollte es Tatsache werden. Johanna erzählte es ihren Geschwistern, daß sie sich klar sei, diesen Schritt zu tun. Nach all diesen durchkämpften Tagen und allen Erlebnissen mit ihren Angehörigen bekannte sie nun, daß es vom Herrn kommt, und sie gab mir an diesem Abend, an ihrem Geburtstag die Zusage, den Kindern eine Mutter zu werden. Nun besprachen wir mit Hanni uns am 3. Januar bei ihr im Haus uns zu treffen und alles noch einmal zu prüfen und dann ihren Geschwistern es vorzulegen, den offenen Schritt. So geschah es dann auch. Hanni ihre Geschwister willigten darauf ein, mit einem lauten ‚Ja!', aber sie konnten sie noch gar nicht verstehen, wie sie sich solches übernehmen wollte. Dann legte ich diese Frage meiner Mutter und meinen Geschwistern vor, auch meiner Schwiegermutter und Mariechen ihre Geschwister. Es war niemand dagegen. Und so besprachen wir uns am 22. Januar Verlobung zu machen.

Nun wurden Vorbereitungen gemacht, und ich bat Johanna, sie solle doch vor der Verlobung sich erst die Familie anschauen und sich mit den Kindern bekannt machen. Sie willigte darauf ein und am 19. Januar holte ich sie von zu Hause ab und wir kamen in unser Haus. Die Kinder und Mutter warteten schon auf uns, dann begrüßten sie diese Tante und die Herzen öffneten sich

Harry Dyck und Tina Regehr bei ihrer Hochzeit 1966 mit Freunden.

zueinander. Agathe ging sogar zu Hanni auf den Schoß. Als ich Hanni nach Hause begleitete, sagte sie: ‚Ich bin bereit, ich bräuchte schon gar nicht mehr nach Hause zu gehen!'
Am 22. Januar war die Verlobung bei Bergens zu Hause. Die geladenen Gäste kamen zusammen. Meine Mutter konnte aber wegen der Krankheit nicht dabei sein. Es war am Sonntagnachmittag. Mit Musik, Gesang und drei Ansprachen feierten wir sie. H. Koop sprach über Psalm 118,24-25 und 1. Mose 24, 50-51, E. Klassen über Hohelied 2, 2-3 und Offenbarung 2,7. Dann kam ein Gedicht: ‚Der Weg ist gut, den dich dein Heiland führet', und dann J. Konrad mit Kolosser 3, 17 dann folgte ein Liebesmahl. Meine Kinder unterhielten die Gäste mit Gesang und Musik.
Nach der Verlobung besprachen wir uns die Hochzeit am 19. Februar zu feiern. Am 29. Januar ließen wir uns standesamtlich zusammen schreiben, dann kam Hanni mit zu uns ins Haus, der Sohn Heinrich hatte Geburtstag, er wurde 11 Jahre. Nachmittag machten wir noch ein Besuch bei Hübners und abends bei Hanni ihrer Tante Wiebe. Von da begleiteten wir Hanni nach Hause, und ich und die Kinder fuhren auf der Straßenbahn nach Hause. Agathe fragte nun: ‚Und warum kommt Mama nicht mit?' Ich erklärte den Kindern, daß Mama erst nach der Hochzeit zu uns kommen würde. Dann kamen die Vorbereitungen zur Hochzeit. Am 19. Februar am Sonntag, um 12 Uhr sollte die Hochzeit sein.
Es war ein kalter, sonniger Tag, doch die Hochzeitsgäste waren alle erschienen und wir freuten uns, so viele Zeugen für unsere Eheschließung zu haben. Wir hatten auch unseren Chor eingeladen. Bruder J. Konrad machte Einleitung mit Epheser 5, 18-21, dann sang der Chor: ‚Wo Jesus bei den Seinen

Familie Wilhelm und Lisette Matthies Mitte der 1960-er. Hinten Johann, Elmar, Bernhard, vorne Frieder, die Mutter Lisette, der Vater Wilhelm, Alice.

weilet', Bruder J. Strauß sprach auf russisch über Psalm 16, 6 und Ruth 1, 16 und dann das Lied: ‚Nur mit Jesu will ich ...' auf russisch. Der Chor sang dann ‚Wo du hingehst, will ich auch hingehen.' Dann war die Trauhandlung von David Klassen mit dem Wort Kolosser 3, 12-16 und Epheser 5, 22-25 und Matthäus 19, 6 und Händeauflegen für den Segen. Dann beteten wir, und alle, die noch wollten.
Jetzt kamen unsere Kinder mit dem Gedicht: ‚Du sollst uns willkommen sein, Mutter von dem Herrn. Kehre freundlich bei uns ein, denn wir haben es gern!' und das Lied: ‚Mama', dann begrüßten die Kinder sie mit dem Kuß und der Bund war geschloßen. Dann brachte E. Klassen ein Gedicht zusam-

Der 1966 verwitwete Peter Thielmann heiratete am 19. Februar 1967 Johanna Bergen. Zu den fünf Kindern aus der ersten Ehe bekamen sie noch einen Sohn. Nach 34 glücklichen gemeinsamen Lebensjahren ging Peter Thielmann am 19. August 2001 heim.

Das Brautpaar Franz Banmann und Selma Reinich 1966.

mengestellt von Hanni ihrem Leben bis jetzt. Dann war das Hochzeitsmahl, photographieren, Unterhaltungen und nachmittags noch einmal kurz Versammlung. H. Koop sprach über Psalm 115, 9-15, der Chor sang: ‚Gott grüße Euch!', W. Dürks sprach über 1. Mose 28, 22, K. 32, 31 und Samuel 7, 12 und Bruder Johann Bergen zum Schluß über Psalm 121. Dann kamen noch Gedichte, Chorlieder, Musik, Gesang und Geschenke. Um 20 Uhr wurde der Kranz und der Schleier abgenommen, mit dem Lied: ‚Gib her den Kranz, du brauchst ihn nicht.' Am Schluß stellte der Dirigent an Hanni die Frage, ob sie ihren Mann freilassen würde zum Chorsingen? Sie antwortete mit ja, und somit wurde ich wieder vollständiger Sänger im Chor.
Der Chor und die Verwandten wurden noch einmal zum Essen eingeladen und dann gingen die Gäste nach Hause. Damit war der Hochzeitstag zu Ende, der Herr hatte uns reichlich gesegnet.
Am Montag abend holte ich dann Hanni von Zuhause ab, und sie kam in unser Haus. Hier wurde sie erst von der Mutter begrüßt als Mutter und Hausfrau, denn sie war ja nicht auf der Hochzeit gewesen, wegen ihrer Krankheit. Dann begrüßten sie auch die Kinder und unser gemeinsames Familienleben fing mit Gottes Hilfe an. Mutter wurde immer schwächer und freute sich sehr, daß Hanni jetzt im Hause war. Jetzt konnte sie sich ganz beruhigen, denn sie brauchte nicht mehr für meine Familie sorgen."
Thielmann, Peter: Lebenserinnerungen. S. 38-41.

Das Brautpaar Jakob Dück und Helene Hamm am 26. Februar 1967 mit den Hochzeitsgästen.

Die Bedeutung der Familie

Ein wesentlicher Faktor für die Erweckung in Karaganda und den Gemeindebau war die christliche Familie.[1] Man legte Wert auf intaktes Familienleben, geistliche Gemeinschaft in der Familie und christliche Erziehung. Der Glaube war keine private Angelegenheit, die nur das Innere der Seele berührt, sondern etwas, das jeden Lebensbereich durchdringen sollte. Man versuchte den Kindern von klein auf den Wert des Glaubens zu vermitteln und schon in der Familie ein christliches Miteinander zu erziehen, das dann auch später im Gemeindeleben förderlich war. In der Regel wurden aus diesen Kindern später auch hingegebene Diener und Mitarbeiter im Gemeindebau. Obwohl die Eltern selten höhere Bildung hatten, besaßen sie Lebensweisheit und vor allem einen festen Glauben. Dies befähigte sie dazu, Erziehungsmethoden anzuwenden, nach denen die heutigen Pädagogen, Soziologen und Psychologen immer noch vergeblich suchen.

Soweit vorhanden nahmen beide Elternteile ihre Erziehungspflichten wahr. In der mennonitischen Familie war der Vater unangefochten das Haupt. Er galt als die von Gott in der Familie eingesetzte Autorität. Demzufolge nahm er auch seine Aufgabe als Hauspriester wahr, und trug die Verantwortung für das geistliche Wohl seiner Familie. Man legte Wert auf gemeinsame Bibellese, Hausandachten und Abendsegen in den Familien. Dies war die Aufgabe des Vaters. Da er die Familie zu versorgen hatte und in der Sowjetzeit meistens außerhalb des Haushalts arbeiten musste, fiel ein großer Teil der Erziehungsarbeit der Mutter zu. In Abwesenheit der Väter waren es die Mütter, die die Kinder versorgten und beaufsichtigten, sie fromm und gesittet erzogen, sie lehrten die Heilige Schrift zu achten, zu beten und zu arbeiten. So war es auch die Mutter, die den Kleinen die biblischen Geschichten erzählte, mit ihnen sang und so den Gesang – einen

[1] Dieser Artikel nach Andreas Friesen: Mission der Mennoniten Brüdergemeinde in Karaganda/Kasachstan, Arbeit zur Erlangung des Grades MASTER OF THEOLOGY im Fach MISSIOLOGIE an der University of South Africa. Neuwied 2001. S.129-131. Bearbeitet von Walter Plett.

Jakob und Anna Friesen mit ihren Kindern und Enkeln Mitte der 1960-er. Von links hinten: Jakob, Katharina, Abram, Peter, vorne Lori mit dem kleinen Peter, Anna, Nelly, die Großmutter Anna, Elvira, der Großvater Jakob mit Eduard auf dem Schoß.

wichtigen Teil des Gemeindelebens - förderte. Das christliche Elternhaus war außerdem auch die erste Bildungsstätte der Kinder. Hier lernte und pflegte man die deutsche Sprache, lernte außerdem auch Deutsch lesen und schreiben.

Im Allgemeinen zeichneten sich die mennonitischen Familien durch strenge Erziehungsregeln aus. Es wurden nicht viele Worte gemacht. Werte wie Wahrhaftigkeit, Genügsamkeit, Fleiß und Pflichttreue wurden von den Eltern vorgelebt und mussten deswegen nur selten ausdrücklich behandelt werden.

Die Kinder bekamen bei Verschuldungen möglichst selten Schläge, dann aber reichlich und gründlich. Dahinter stand die Vorstellung, dass nachlässige Strafen nur verärgern und den Menschen schlimmer machen. Im Anschluss an eine Strafe bemühten die Eltern sich, die Kinder zu einer Abbitte zu bewegen.

Der atheistische Forscher Ipatov musste zugeben, dass in mennonitischen Familien „über die Bibel Predigten gehalten und Lieder gesungen wurden", außerdem wurde „ein Vers des Tages ausgewählt, gemeinsam gelesen, diskutiert, in der Stille darüber gebetet, dem Gedächtnis eingeprägt und im Alltag danach gelebt." Er glaubte, in dieser Weise „verkörpert jede gläubige Familie eine religiöse Gemeinde in Kleinformat."[2]

Valeri Regehr und Lotte Dyck bei ihrer Hochzeit 1967.

Jakob Fast und Nelly Herdt am 29. Juni 1968. Ihnen wurden fünf Kinder geboren.

In der Sowjetunion stand jedem Kind ein Platz im Kindergarten zu. Die mennonitischen Familien lehnten dies jedoch in der Regel ab, und zwar aus verschiedenen Gründen:

„a) weil wir wissen, dass wir von Gott die erste Verantwortung für das Seelenheil unserer Kinder tragen, deshalb wollen wir sie so lange wie möglich unter unserem Einfluss und unserer Nähe haben; b) eine Bestätigung finden wir auch in den Büchern über Erziehung, wo Pädagogen sich darin einig sind, dass die Grundprinzipien der Erziehung in den Lebensjahren von 4 bis 6 gelegt werden; c) auch aus eigener Erfahrung stellen wir fest, wenn das Kind erst die Schule besucht, steigern sich die seelischen Probleme. Warum es dann noch früher aus dem Elternhaus schicken?“[3] Diese Haltung hatten auch die gläubigen Mennoniten in der Großstadt Karaganda und sie ist auch in Deutschland bei den meisten so geblieben.

Über Erziehung berichten Heinrich und Gerhard Wölk: „Bei der Schamlosigkeit und Unzucht der gegenwärtigen Welt ist die Keuschheit, Bescheidenheit und Enthaltsamkeit der Kinder Gottes auffällig. Das merkten die anderen am Betragen, an der Kleidung, an der Sprache. Gläubige Mädchen und Frauen erlauben sich nicht, Männerkleidung anzuziehen oder das Haar, das

[2] Ipatov, Alexeij: Wer sind Mennoniten? Almaty: Verlag Kasachstan 1977. S. 99.

[3] Aus dem Brief einer mennonitischen Mutter. Lönecke, Regina: Die „Hiesigen“ und die „Unsrigen“. Wertverständnis mennonitischer Aussiedlerfamilien aus Dörfern der Region Orenburg/Ural. Göttingen: Dissertation 1999. S. 118.

Das Brautpaar Otto Töws und Dora Daiker 1968. Gott schenkte ihnen fünfzehn Kinder.

ihnen zur Decke gegeben ist, abzuschneiden. Gemeinsame Bäder werden vermieden. Die Sommerkleider sind züchtig. Die Christen lenken auf der Straße nicht die Aufmerksamkeit auf sich durch ein lautes Sprechen und übermütiges Lachen. Es werden auch Gesellschaften oder Laster und Angewohnheiten gemieden, die einen schlechten Einfluss auf die Kindererziehung haben könnten oder der Seele schaden. In den Häusern der Gläubigen werden keine Fernseher gebraucht. Kinofilme werden nicht besucht; das Wein-, bzw. Biertrinken sowie das Rauchen kommt nicht in Frage. Die Kinder verlassen erst dann das Elternhaus, wenn sie eine eigene Familie gründen."[4]

Wichtig für das Gemeindeleben war auch, dass man Wert darauf legte, füreinander einzustehen und sich gegenseitig zu unterstützen. Dazu zählte die Pflege von alten und kranken Menschen in der Gemeinde, Hilfe beim Hausbau und Beaufsichtigung der Kinder anderer Familien. Dieser enge Zusammenhalt wurzelt in der gleichen Glaubensgesinnung und auch der gemeinsamen deutschen Volkszugehörigkeit.

Der christlichen Erziehung stand natürlich die atheistische und kommunistische Propaganda in den Schulen entgegen. Hier versuchte man den jungen Menschen eine ganz andere Ideologie einzuimpfen. Ipatov klagt darüber, dass der Feldzug gegen die christliche Erziehung viel zu spät einsetzte und so die gläubigen Eltern ihren Kindern zu viel mit auf den Weg geben konnten.[5] Ob zu spät oder nicht - auf jeden Fall hielt Gott seine schützende Hand über die Familien und ließ in Karaganda eine Jugend heranwachsen, die selbst eine persönliche Beziehung zu ihrem Erlöser bekam und die Arbeit in der Gemeinde weiterführte.

4 Wölk: Mennoniten-Brüdergemeinde in Rußland. S. 211f.
5 Ipatov: Mennoniten. S. 95.

Die Kinder der Familien Jakob und Herbert Schönke im Garten Ende der 1960-er. Von links hinten Harry, Hedwig, Jakob, Elfriede, Gera Peters, vorne Rudolf, Eduard, Harry, Heinrich, Rudolf.

Die Goldene Hochzeit von Heinrich und Kornelia Töws im Sommer 1971. In den 50 Jahren ihrer Ehe waren sie 19 Jahre lang getrennt. Oben: Das Jubelpaar mit den dienenden Brüdern. Unten: Die Eheleute mit der Sängergruppe, mit der sie früher gedient haben.

Kurzbiographien der Diener der MBG 1956-1968

Kapitel 2

Hans Plett

Gedenkt an eure Lehrer, die euch das Wort Gottes gesagt haben; ihr Ende schaut an und folgt ihrem Glauben nach.
Hebräer 13,7

Viele Brüder sind als Prediger, Diakone und Dirigenten in der Mennoniten-Brüdergemeinde Karaganda anderen zum Segen geworden. Wir haben versucht, die meisten Lebensläufe anhand der uns zur Verfügung stehenden Informationen zu rekonstruieren. In einigen Fällen gestaltete sich das schwierig, weil ein Großteil der möglichen Informanten aus Alters- oder Gesundheitsgründen nicht mehr in der Lage dazu sind, Auskunft zu geben, oder schon verstorben sind. Deshalb sind die Biographien unterschiedlich lang und in manchen fehlen Informationen, die eigentlich interessant und wissenswert wären.

Gewiss gab es noch mehr Segensträger, die wir hier nicht darstellen konnten. Wir wären dankbar, wenn jemand uns dabei hilft.

Bernhard Bergen (1902-1981)

Buchhalter und Kassierer

Bernhard Bergen wurde am 4. November 1902 in Rettungstal in der mennonitischen Kolonie Alt-Samara geboren. Seine Eltern waren Bernhard Bergen (1872-1917) und Maria (geb. Penner, 1869-1931). Bernhard wuchs mit fünf weiteren Geschwistern auf einem Bauernhof in einer gläubigen Familie auf und lernte schon ganz früh zu beten und das Wort Gottes zu schätzen.

Nach dem Schulabschluss arbeitete er bei Heinrich Enß in der Gerberei und im Schuhladen als Geschäftsführer. Dort lernte er die Tochter des Hauses kennen und lieben. Am 4. September 1927 heiratete er Aganeta Enß. Beide waren bekehrte Mitglieder einer Kirchengemeinde und vertrauten auf Gott. Vor dem Krieg wurden ihnen sechs Kinder geboren.

Im Dezember 1941 wurde die Familie Bergen nach Kasachstan ins Karagandagebiet verschleppt. Im Frühling 1942 wurde Bernhard in die Arbeitsarmee ins Swerdlowskgebiet eingezogen und im Herbst musste auch Aganeta in die Arbeitsarmee ins Kirowgebiet. Die sechs Kinder blieben allein ohne Eltern im kasachischen Aul[1] Ulguli im Shana-Arka-Rayon. Der älteste Sohn Bernhard arbeitete in der Kolchose. Die anderen wurden von den Kasachen in die Familien zum Arbeiten verteilt. Sie mahlten Getreide, säuberten den Viehstahl, hüteten die Kinder und machten so manches mehr. Wenn alles gut ging, bekamen sie abends etwas zu essen, wenn die Hauseltern aber schlecht gelaunt waren, hieß es: „Kommt morgen." Jakob, der Jüngste, hatte keine Kleider anzuziehen und lief splitternackt durch den Aul. Wenn er bettelte, versuchte er sich hinter einer Tür zu verstecken. Meistens sagten die Angesprochenen dann: „Komm nur herein, wir haben dich sowieso schon gesehen." Die Kasachen ließen die Kinder nicht ganz verhungern, aber satt waren sie auch nicht. Als Aganeta nach Kriegsende 1945 kam, um ihre Kinder nach

Bernhard und Aganeta Bergen mit ihrer Familie. Vorne von links: Justina, Aganeta, Bernhard, Maria; Hinten: Heinrich, Bernhard, Georg, Paul, Jakob

Kirow abzuholen, fragte Bernhard (der Sohn): „Mama, werden wir noch mal wie Menschen leben?" Es war ein großes Wunder, dass die Eltern und alle Kinder am Leben geblieben waren. Gott hatte ihre Gebete erhört. Bernhard selbst durfte 1946 auch zu seiner Familie kommen. Ihnen wurde 1948 das siebte Kind, Maria, geboren.

Nach Aufhebung der Kommandantur zog Familie Bergen im Juni 1956 nach Karaganda, weil es dort deutsche geistliche Gemeinschaft gab. Im Jahre 1957 wurden Bernhard und Aganeta durch die Taufe in die neu gebildete Mennoniten-Brüdergemeinde aufgenommen. Bernhard diente in der Gemeinde als Buchhalter und Kassierer. Außerdem führte er die Listen der Gemeindeglieder, machte Hausbesuche und predigte ab und zu das Wort Gottes.

Am 4. März 1981 erlitt Bernhard im Alter von 78 Jahren einen Herzinfarkt und wurde vom Herrn in die ewige Heimat gerufen. Seine Frau Aganeta, die ihn bei seiner Arbeit immer treu unterstützt hatte, ging am 22. Januar 2003 in Deutschland im Alter von 95 Jahren heim.

Nach den Erinnerungen und Familienarchiv seiner Kinder Maria und Paul Bergen (Recklinghausen, Februar-März 2007).

[1] Aul: Kasachische Siedlung.

Johann Bergen (1908-1984)

Diakon

Familie Bergen. Jeweils von links: Johann Bergen, Neufeld, Klaus Bergen, Peter Bergen; 2. Reihe: Susanne Thiessen, Anna Schröder, Johann Bergen; 3. Reihe: Johann Thiessen, Sara Neufeld, Erna Schröder; 4. Reihe: Jakob Thiessen, Heinrich Neufeld, ?, ?, Sara Bergen (Derksen)

Johann Bergen wurde am 21. September 1908 in dem mennonitischen Dorf Borongar auf der Krim geboren. Er war das dreizehnte von vierzehn Kindern. Seine Eltern Gerhard und Elisabeth Bergen gehörten zu der Mennoniten-Kirchengemeinde. Als seine Mutter sich bekehrte, wechselte sie in die Mennoniten-Brüdergemeinde.

Schon als Kind hörte Johann biblische Geschichten in der deutschen Schule. Als der Bibelunterricht in der Schule nicht mehr erlaubt wurde, versammelten gläubige Lehrer die Kinder manchmal auf einer Wiese und erzählten ihnen dort die biblischen Geschichten und sangen mit ihnen Lieder. Johann war nicht bekehrt, sang aber mit seinen Schwestern im Chor. Nach der Chorprobe übten sie zu Hause vierstimmig weiter. Der älteste Bruder Peter sang Bass, die Schwester Susanne Alt, die anderen Schwestern Sopran und Johann Tenor.

Mit etwa dreißig Jahren heiratete Johann Katharina Wiens, die Tochter des Sekretärs vom Dorfrat. Sein tägliches Brot verdiente er als Vorarbeiter auf den Baumwollfeldern.

Mit vielen deutschen Familien aus der Krim wurde Familie Bergen 1941 nach Kasachstan in das Akmolinskgebiet in den Makinskij Rajon ins Dorf Rastjanutoje ausgesiedelt. Hier wurden sie mit mehreren Familien in einer Quarantänebaracke untergebracht, in der kurz vorher kranke Schafe gewesen waren. In dem kalten Winter 1941/42 verdienten Johann und seine Schwester Susanne ihren Unterhalt, indem sie Holz aus dem Wald holten. Im

Juli 1943 musste Johann in die Trudarmee nach Ural ins Dorf Polowinka. Hier arbeitete er als Zuschläger[2] in der Schmiede mit einem gläubigen Mann aus Borongar mit Namen Peters. Sie waren in einem Lager mit deutschen Kriegsgefangenen zusammen untergebracht.

Seine Frau zog in dieser Zeit mit den zwei Kindern Harry (1939) und Hans (1941) ins Dorf Kistaw-Karagai zu ihren Schwestern. Kurz nach der Geburt und dem baldigen Tod ihrer Tochter Gredel starb auch sie und auch der Sohn Hans verhungerte. Harry sollte zurück nach Rastjanutoje zu seinen Tanten und bekam für den Weg ein Fladenbrot mit, von dem der ausgehungerte Junge zuviel auf einmal aß und daraufhin auch starb, bevor er am Zielort ankam. Die Mutter mit den Kindern wurde dann in einem Bruchhaus bei einer Wand beerdigt. Die traurige Nachricht vom Tod seiner Familie, die ihn 1946 ereichte, bereitete Johann Bergen große innere Not. Er wurde sehr still und auch krank. Doch durch dieses schwere Ereignis und das Zeugnis seines gläubigen Bruders Peter wirkte Gott in Johann Buße. Er bekehrte sich 1946 zu Gott und erlebte die Gnade der Wiedergeburt. Seine Gesundheit wurde nicht besser, aber er hatte nun Mut zum Leben und zum Zeugnis von seinem Herrn.

Im Freundeskreis etwa 1969-1970. Stehend von links: Maria und Jakob Konrad, Sara und Johann Bergen, Anna und Isbrand Friesen.

Anfang 1949 heiratete Johann Sara Derksen. Beide wurden zusammen 1954 von Schländer im Dorf Jaiwa auf den Glauben getauft. Nach Aufhebung der Kommandantur 1956 zogen die Geschwister Bergen aus den verschiedenen Orten wieder zusammen. Deshalb siedelte Johann mit seiner Familie aus dem Uralgebiet nach Nowo-Ischimka im Akmolinskgebiet um. Die dorthin gezogenen Gläubigen versammelten sich in Privathäusern zu Gemeinschaften. Obwohl die Gruppe klein war und der Dienst am Wort in Schwachheit geschah, schenkte Gott auch dort eine Erweckung. Johann wurde von den Brüdern der Baptistengemeinde in Akmolinsk mit der Verantwortung für die Geschwister der kleinen Gruppe beauftragt; er teilte auch das Abendmahl aus.

[2] „Zuschläger" wurde derjenige genannt, der in der Schmiede den Hammer schwang.

Bald hörten Geschwister Bergen von großen Versammlungen in Karaganda. Da es ihnen wichtig war, dass die heranwachsenden Kinder Möglichkeiten zur Gemeinschaft mit gläubigen Kindern und Jugendlichen haben sollten, zog die ganze Verwandschaft Bergen 1960 nach Karaganda. In der Mennoniten-Brüdergemeinde Karaganda wurde Johann am 16. Mai 1962 zum Diakon eingesegnet. Bei der Einsegnung beteiligten sich viele Brüder, um die neu ordinierten Brüder mit Gottes Wort zu ermutigen oder auch auf die Schwerpunkte ihres Dienstes hinzuweisen. Auch die Kinder, die vorne hinter ihren Eltern saßen, wurden unterwiesen, ihre Eltern in diesem Dienst zu unterstützen, damit das ganze Haus dem Herrn dienen könne. Das Segensgebet wurde von Gerhard Harder und David Klassen gesprochen.

Einsegnung von Johann Bergen und Gerhard Fast zu Diakonen am 16. Mai 1962:

Chor: Hebet eure Häupter auf ...

1. Br. Friesen	Johannes 17,18
2. Br. Abraham Wolf	2. Timotheus 2,15
3. Br. Ediger	Philipper 2,5–8

Chor: Herr, lass mich werden, so wie du ...

4. Br. Klassen	Psalm 86,11
5. Br. Peter Wolf	Epheser 3,20–21
6. Br. Jakob Plett	Römer 12,12.15

Chor: Steh für den Herrn ...

7. Br. P. Bergmann	Johannes 9,4
8. Br. Gerhard Harder	1. Timotheus 3,8-13
9. Br. D. Klassen	Apostelgeschichte 6,1

Zu Johann Bergens Diakonengebiet gehörte das Gebiet Schachtinskij, und, als die Familie in der Neuen Stadt wohnte, auch die Geschwister dieses Stadtteiles. Von 1975 bis zu seinem Tod betreute er die Geschwister in Maikuduk. Der Schwerpunkt seiner Arbeit waren sicherlich die vielen Hausbesuche, die oft mit dem Austeilen des Abendmahles verbunden waren. In den Jahren vor dem Kauf des Bethauses gehörte zu seinen Aufgaben auch das Organisieren der Versammlungsorte für die Geschwister in Schachtinskij.

Auch wenn Johann Bergen nicht oft darüber sprach, trug er Sorge um das geistliche Wohl seiner Familie und der Geschwister der Gemeinde. Dazu gehörte auch, dass er viele alte Bibeln reparierte, die in jener Zeit ein besonders wertvoller Besitz waren. Er setzte die einzelne Blätter zusammen, fügte fehlende Seiten ein und gab die Bibeln weiter.

In den Gebets- und Bibelstunden schlug er gerne Lieder vor. Er sang sehr gerne die Lieder „Will ich des Kreuzes Streiter sein und Christi folgen nach" und „Mein ganzes Hoffen ruht allein." Im Familienkreis wurde auf seine Bitte oft das Lied „Vor vielen Jahren einst in meiner Kindheit" gesungen. Es erinnerte ihn an seine Lebensgeschichte, denn seine betende Mutter hatte die Umkehr des verlorenen Sohnes nicht erlebt. Das Lied wurde in Karaganda vom Gemeindechor auf seinen Vorschlag eingeübt und gesungen.

In den Gebetsstunden leitete er zum Gebet an. Auch als er krank war, lud die Familie die Geschwister immer wieder zu der Gebetstunde zu sich nach Hause ein, damit er auch an der Gebetsstunde teilnehmen konnte. Noch in der Gebetswoche 1984 leitete er zum Gebet an, bevor er am 4. Januar 1984 ins Krankenhaus eingeliefert wurde und am 5. Januar 1984 heimgehen durfte. Seine letzten Worte an seine Familie waren: „Der Herr mit Euch!" Die Beerdigungsversammlung fand im Bethaus der MBG-Karaganda am 9. Januar statt. Jakob Bückert, der Älteste der Gemeinde „33", stellte den Söhnen die Frage: „Wer schließt die Lücke in der Gemeinde, die vom Vater entstanden ist?"

Klaus Bergen (Frankenthal), Johann Bergen (Neuwied-Gladbach), Elli Bergen (Neuwied-Torney)

Peter Bergmann (1898-1979)

Prediger 1958-1979

Peter Bergmann wurde 1898 im Dorf Klubnikowo in der mennonitischen Kolonie Orenburg in der Familie von Abram und Maria Bergmann geboren. Aus seiner Kindheit wissen wir sehr wenig. Seine Mutter starb 1910 und sein Vater heiratete wieder. Sein Vater war Zimmermann und weil die Familie arm war, machten alle Söhne erst einmal eine Zimmermannslehre bei ihrem Vater, arbeiteten aber später bei reicheren Bauern als Knechte.

Peter beendete nur etliche Klassen der Dorfschule. Auch er wurde zunächst Zimmermann und später Knecht bei einem reichen, aber gottesfürchtigen Bauer. Dort bekehrte er sich. Der Bauer sagte zu ihm: „In deiner ungläubigen Verwandtschaft brauchst du festen Grund unter den Füßen. Sonst hilft dir die Bekehrung nicht. Gehe zur Bibelschule, ich bezahle den Unterhalt. Danach kommst du wieder zu mir arbeiten." Weil Peter geringe Schulbildung hatte, schlecht hochdeutsch sprach, nur gotisch (altdeutsch) schreiben und lesen konnte und jung im Glauben war, standen die Gemeinde und die Bibelschullehrer diesem Vorhaben skeptisch gegenüber. Doch sein Bauer meinte, er sollte es trotzdem versuchen. So kam er auf die Bibelschule in Kanzerowka in der Kolonie Orenburg[3], wo man in der ersten Zeit beim Abfragen Rücksicht auf ihn nahm. Einmal wurde den Schülern erklärt, dass es sich mit den biblischen Prophezeiungen so verhalte wie mit der Ansicht der Berge in den Alpen: die Bergspitzen sind alle zu sehen, aber die Täler dazwischen bleiben verborgen. Bei der Abfrage meldete sich Peter Bergmann und erklärte halb hochdeutsch, halb platt, dass es sich mit den Prophezeiungen wie mit den Bergen im „Obschi Sirt"[4] verhielte. Die Schüler lachten, aber der Lehrer freute sich: „Er hat's verstanden!"

Silberhochzeit von Peter und Katharina Bergmann. Stehend von links: Abram, Justina (Schwester von Katharina), Rudolf, Anna, Johann, Maria

Seine erste Predigt sollte Peter zu Weihnachten in seinem Dorf halten. Er hatte sich lange und gründlich vorbereitet, aber es schien ihm nicht gelungen zu sein. Wie überrascht war er, als nach der Predigt die Zuhörer für den Segen dankten. „So ist es oft", sagte er manchmal, „wenn man sich seiner Schwäche bewusst ist, sagt man nur das, was Gott in den Mund legt und danach sagt man ‚Amen' und das geht dann zu Herzen."

Peter Bergmann besuchte die Bibelschule von 1924 bis 1926. Als sie im Winter 1926 geschlossen wurde, war sein Bauer schon enteignet. Nun fragte Peter sich, wie er seine Zukunft gestalten sollte. Er war 28 Jahre alt und wollte gerne eine eigene Familie gründen. Auf sein ernstliches Gebet hin zeigte Gott ihm Tina Enns aus dem Dorf Pretoria in der Orenburger Kolonie. Durch eine Erweckung hatten Tinas Eltern Anschluss an eine

---

[3] Diese Bibelschule wurde von Jakob Rempel gegründet, nachdem die Bibelschule der MBG in Tschongraw auf der Krim, in der er gelernt hatte, aufgelöst worden war.

[4] „Obschi Sirt" nennt man ein Gebirge bei Orenburg.

Mennoniten-Brüdergemeinde im Nachbardorf Kamyschowoje gefunden und Tina hatte sich mit etwa zehn Jahren durch die Predigt eines Missionars bekehrt und sich mit fünfzehn Jahren taufen lassen. Sie kannte Peter als Prediger, er hatte Möglichkeit, sie als Solosängerin zu hören. In einem Brief bat er um einen Besuch, und bekam auf seine Anfrage ihr Ja-Wort. „Von dem Herrn und durch den Herrn", beschrieb Peter Bergmann fünfzig Jahre später seine Ehe. Beide Eheleute hatten sich vorher nur wenig gekannt, hatten aber die Überzeugung von Gott, dass sie zusammen gehörten und während der Brautzeit kam auch die Liebe zueinander. Später erzählte Peter, dass er eben nicht einfach eine Frau gesucht hatte, sondern eine Predigerfrau. Am 3. Juni 1926 feierten Peter und Tina Bergmann Hochzeit. Bald darauf wurde Peter von der Gemeinde zum Prediger eingesegnet.

Doch das ungetrübte Glück währte nicht lange. Peter Bergmann und seinen Schwiegereltern wurden die Bürgerrechte entzogen. Im Laufe von etwa einem Jahr wurde er sieben Mal festgenommen, aber jeweils nach einigen Wochen wieder freigelassen, weil in seinen Unterlagen der damals wichtige Eintrag stand: „Soziale Abstammung: Armer, soziale Lage: Knecht." Das letzte Gericht fand in dem ehemaligen Gemeindehaus statt. Noch vor dem Prozess sagte der Richter: „Für Prediger gibt es keinen Platz auf dem sowjetischen Boden. Solche vernichtet man!" Doch auch jetzt wurde Peter Bergmann frei, aber er wurde gewarnt, dass ihm bei der nächsten Verhaftung nichts mehr helfen würde. Daraufhin beschlossen die Geschwister Bergmann, ihren Wohnsitz zu wechseln. Sie brachten die Sache vor den Herrn, der wunderbar half. Schon am nächsten Tage kam ein Käufer für das Haus! Abends wurde der Hausrat versteigert. Familie Bergmann zog 1934 in den Süden der Ukraine und suchte Arbeit in einer Kolchose. Nach etlichen gescheiterten Versuchen gelang es Peter, der Kolchose in Nikolaidorf in der Molotschna-Kolonie beizutreten, weil der Vorsitzende dringend einen Zimmermann brauchte. Doch die Bedingung war hart: er durfte nicht verraten, dass er Prediger war.

Peter Bergmann (vorne links) mit Jakob Voth (hinten links) und Johann Wedel (hinten rechts) in Jurga, Novosibirskgebiet

Der Krieg 1941 brachte für die Familie Bergmann eine fünfjährige Trennung. Peter wurde in die Arbeitsarmee einberufen und kam nach Solikamsk. Dort arbeitete er zunächst drei Monate als Zimmermann, danach weitere drei Monate in der Brigade für Geschwächte und schließlich verbrachte er drei Monate im Krankenhaus, wonach er als Arbeitsunfähiger entlassen und nach Kustanaj geschickt wurde. Der 44-jährige war dermaßen geschwächt, dass er für drei Kilometer Fußweg 14 Stunden brauchte. Sein Gedächtnis konnte die Namen der Verwanden nicht mehr halten. Er sah so schlimm aus, dass jemand im NKWD sein Alter in der Urkunde um zehn Jahre erhöhte, um ihn als alten Mann los zu werden. Doch ein Wunder geschah. Durch Gottes Fürsorge wurde Peter Bergmann Wächter auf einem Melonenfeld. Innerhalb von vierzehn Tagen konnte er laufen. Von den Melonen auf dem Feld durfte er essen, soviel er

wollte, er durfte nur nichts verkaufen. Die Leute brachten ihm hin und wieder Nahrungsmittel. Als die Ernte vorbei war, fand Peter einen Arbeitsplatz als Zimmermann auf dem Getreidespeicher in dem dreißig Kilometer entfernten Togusak. Dort arbeitete er, bis er wieder in die Arbeitsarmee eingezogen und am 31. Dezember 1943 nach Karaganda geschickt wurde, wo er Kutscher eines Richters war. Im Frühling 1944 durfte er nach zehn Jahren zum ersten Mal eine Versammlung in der Alten Stadt besuchen. In dieser russischen Versammlung erzählte er seine Bekehrung. Mehr konnte er in russischer Sprache nicht sagen. Er bekam ein russisches Neues Testament geschenkt, und nachdem er den 32. Psalm[5] auswendig gelernt hatte, predigte er das nächste Mal darüber. Von da an musste er jeden Sonntag predigen.
Peter wurde nach Michajlowka versetzt, von wo aus er sich schon frei bewegen durfte. Diese Freiheit nutzte er, um deutsche Familien aufzusuchen und mit ihnen geistliche Gemeinschaft zu pflegen. Nach Kriegsende kamen sehr viele aus dem Warthegau deportierte Deutsche in Karaganda an. Bald fanden deutsche Versammlungen in den Häusern statt, bei denen Peter Bergmann auch in Deutsch predigen konnte. Der geistliche Hunger war groß und es gab große Erweckungen. Als 1946 die Evangeliumschristen-Baptistengemeinde registriert wurde, schloss sich Peter Bergmann dieser Gemeinde an.

In der Zwischenzeit war Peters Familie mit vielen anderen Deutschen in den Warthegau geflüchtet. Sein Sohn Peter wurde in die deutsche Wehrmacht eingezogen und ist dort bei einem Einsatz verschollen. Etwa 1946 bekam Peter Nachricht von seiner Frau und den fünf noch lebenden Kindern, die in großer Not im hohen Norden lebten. Peter legte die Sache vor den Herrn und bat seinen Vorgesetzten um Erlaubnis, nach Archangelsk zu fahren. „Nicht du musst dahin", sagte der Richter, „sondern deine Familie muss hierher kommen. Dort verhungert ihr alle." Er schickte eine Anforderung nach Archangelsk. Als sich Familie Bergmann nach fünf Jahren Trennung 1946 in Karaganda wieder traf, besaß Peter Bergmann einen halben Eimer Kartoffeln und lebte in einem Zimmer mit vier Männern zusammen, die ihren Platz der Familie freimachten. Das jüngste Kind war sechs Jahre alt, die älteste Tochter konnte schon arbeiten. Im ersten Winter 1946 arbeiteten Vater und Tochter Anna zusammen im Heizwerk in der Neuen Stadt. Die zwei freien Tage nach einer 24-Stunden-Schicht nutzten sie, um Korn in Maikuduk bei Landarbeitern einzukaufen und es auf dem Markt in der Alten Stadt zu verkaufen. Den zehn Kilometer weiten Weg machten sie zu Fuß mit einem Schlittchen. Die Übernachtung bei der Familie Töws wurde für eine Andacht genutzt. Peter Bergmann las dann einen Abschnitt aus der Bibel und erklärte ihn, es wurde viel gesungen und es gab Bekehrungen. Am anderen Tag wurde noch eine Tour gemacht, und dann ging es nach Hause, um am nächsten Tag zur Arbeit zu gehen. Im Frühling konnten sie einen ganzen Sack Hafer-

Peter Bergmann mit Bruder Wall aus Leninpol

[5] Abram Günter meint, nach seiner Erinnerung sei es der 23. Psalm gewesen (Pfungstadt 2007).

grütze kaufen und das Hungern hörte auf. Außerdem kauften sie noch eine Wattenjacke für Peter und ein Kleid für Anna.

Nach einem Jahr erwarben sie ein so genanntes „finnisches Haus", mit einem Zimmer und Küche. In diesem Häuschen wurden auch sofort Versammlungen gehalten. Trotz seiner Berufsarbeit und Tätigkeit in der Gemeinde nahm Peter Bergmann sich noch viel Zeit, um die Gläubigen in ihren Häusern zu besuchen, wo er das Wort Gottes verkündigte. Seine Frau unterstützte ihn voll in dieser Arbeit. Sie war eine schmächtige, aber geistesstarke Frau, die vielen Frauen Trost und Unterstützung gab. Sie sorgte auch dafür, dass die Kinder ihm am Sonntagmorgen saubere Kleider zur Arbeit brachten, damit er gleich zur Andacht gehen konnte. Oft kam er erst ein paar Tage später nach Hause. Bedingt durch die Trennung der Eltern waren die Kinder auch mehr an die Mutter gewohnt, die viel mit ihnen gesungen hat.

Peter besuchte die vielen Jugendlichen, die während des Krieges mit sechzehn oder siebzehn Jahren ohne Eltern nach Karaganda in die Arbeitsarmee kamen. In der Zeit, in der Jugendarbeit strengstens verboten war, machte er mit ihnen Ausflüge in die Parkanlagen Dalnij Park oder Selentrest und führte erbauliche, seelsorgerliche und erzieherische Gespräche. Meistens fing er so an: „Liebe Freunde, wenn ich euch jetzt etwas ganz wichtiges für euer Leben sagen dürfte, dann würde ich sagen: ihr sollt fleißig in der Bibel lesen und das Gebet nicht vernachlässigen." Peter Bergmann war für viele ein geistlicher Vater. Nach einer Bibelstunde in der Siedlung „33" fragte er schon in der Tür eine Jugendliche, ob sie schon bekehrt wäre. „Nein", war die Antwort. „Wann willst du dich denn bekehren?" „Jetzt." Sie gingen zurück ins Zimmer und ihre Seele fand Frieden.

Ein junger Mann suchte immer wieder ein Gespräch mit Peter Bergmann und konnte sich dennoch nicht bekehren, bis Peter ganz streng zu ihm sagte: „Jetzt geh nach Hause und komm nicht mehr zu mir. Du wirst dich niemals bekehren, weil du nicht willst." Da fiel der Mann auf die Knie und bekam Heilsgewissheit.

Peter Thielmann, der öfters bei den Lutherischen predigte, erinnert sich, wie ihn Peter Bergmann besuchte. Nach einer längeren Unterhaltung über vieles aus der Bibel kam Bergmann zum eigentlichen Grund seines Besuchs. Er forderte den Gastgeber auf, mehr in der Gemeinde mitzuarbeiten und wies ihn klar auf die Glaubenstaufe hin, die bei den Lutherischen fehlte. Er war besorgt um die Festigkeit dieses jungen Bruders. Peter Thielmann hatte über vieles nachzudenken, und entschloss sich dann, ganz in der Gemeinde zu arbeiten.

David Klassen und Peter Bergmann

Auch den Geschwistern in Saran war Peter Bergmann gut bekannt. Das frisch bekehrte Ehepaar Heinrich und Tina Wiebe wurde nicht zur Taufe zugelassen, weil sie zwar bürgerlich verheiratet, aber nicht getraut waren. Peter Bergmann kam zu ihnen ins Haus und vollzog die Trauhandlung in Anwesenheit dreier weiterer Ehepaare. Ein Zeugnis von Wiebe: „Br. Bergmann war ein begabter Prediger und auch ein guter Seelsorger. Er hat auch oft unser Haus in Saran besucht. Die Besuche machte er hauptsächlich zu Fuß und mit öffentlichen Verkehrsmitteln. Er nahm sich immer Zeit, wenn ich auch mit einer Liste von Fragen zu ihm kam."

Peter Bergmann machte auch weitere Reisen. So besuchte er z. B. Peter Dyck, seinen Arbeitskollegen vom Getreidespeicher in Togusak. Sofort wurde ein Gottesdienst anberaumt, der hier ansonsten nur selten stattfand. Seine Besuche gingen bis Karabalta in Kirgisien oder Ojasch bei Nowosibirsk. Seine eindrucksvolle Stimme und klare Botschaft beeindruckten die Zuhörer.

Wertvoll waren seine Beiträge in den Bibelstunden. Wenn sich jemand unklar oder zweideutig ausdrückte, rückte es Peter Bergmann wieder zurecht oder korrigierte bei Bedarf. In einer Bibelstunde erklärte er an einem Beispiel das unterschiedliche Verhältnis zur Sünde bei einem Gotteskind und einem Weltmenschen: „An einer Pfütze auf der Straße geht eine Herde Schweine vorbei. Sie rennen zur Pfütze, wälzen sich darin und fühlen sich dort wohl. Ihre Natur entspricht dieser Lage, wie in 2. Petrus 2, 22 steht: ‚Die Sau wälzt sich nach der Schwemme wieder im Dreck.' Dann kommt eine Herde Schafe vorbei. Sie versuchen, die Pfütze zu umgehen. Als aber ein Hund unerwartet bellt, erschrickt ein Schäfchen und fällt in den Dreck. Aber es springt sogleich heraus und schüttelt eifrig den Dreck ab. Die Natur des Schafes ist eine andere. So bemüht sich ein Kind Gottes rein zu bleiben und sucht immer wieder Vergebung der Schuld."

Das goldene Jubelpaar Katharina und Peter Bergmann, Karaganda 1976

Zwei Mal war Peter Bergmann Bauleiter beim Umbau des Versammlungshauses. Außerdem versuchte er, in der Gemeinde Frieden zu stiften, was nicht immer leicht war, und war bereit, Nachteile in Kauf zu nehmen. Er sprach seine Gedanken immer frei und gerade aus, ob es nun angenehm war oder nicht. Meistens war diese Eigenschaft für das geistliche Gespräch vorteilhaft und gut, aber bei der praktischen Arbeit gab es Schwierigkeiten mit einigen Brüdern. Damals setzte ihm auch der KGB längere Zeit zu und er versuchte beim Ältesten Jewstratenko Trost zu finden. Nach dessen ablehnender Reaktion merkte Peter Bergmann, dass er sich an die falsche Adresse gewandt hatte.

Am 14. September 1958 wurde Peter Bergmann in die neu entstandene MBG aufgenommen. Die wachsende Gemeinde brauchte erfahrene Seelsorger, Prediger und Lehrer. Weil Peter früher eine Bibelschule besucht hatte, leitete er 1960 in der Mennoniten Brüdergemeinde einen Predigerkurs für junge Wortverkündiger, der nach zwei Monaten vom KGB strengstens verboten wurde. 1964 veranstaltete er wieder einen Kurs mit Anleitung zum Predigen. Er konnte auch sonst jemandem ohne Hemmungen sagen: „Heute hat deine Predigt nach Papier gerochen", oder: „Heute hast du keine Predigt, sondern einen Vortrag gehalten, - du musst die Leute ansprechen." Er leitete 1976-1977 einen Predigerkurs über Homiletik mit jungen Brüdern aus dem Stadtteil Kirsawod und 1977-78 denselben Kurs mit jungen Brüdern aus Michajlowka. Es war eine einfache, aber gründliche Unterweisung und Anleitung für die zukünftige Predigttätigkeit, an die sich die Brüder bis heute mit Dankbarkeit erinnern.

Im September 1962 wurde der Älteste David Klassen festgenommen. Während der Verhöre wurden auch Zeugen befragt. Dabei bekam Peter Bergmann die Frage: „Wie ist es zu erklären, dass alle alten Prediger zu ihrer Zeit verurteilt wurden, und nur Sie allem entkommen sind?" Darauf gibt es nur eine Antwort: der himmlische Vater hat es so gewollt. Er rief ihn aus der bittersten Armut und bereitete ihn vor. Er stellte ihm gute Leute und Lehrer zur Seite und gab ihm eine Gehilfin mit auf den Weg. Wie durch ein Wunder rettete Er ihn vor dem Tod und brachte ihn zu einer Zeit nach Karaganda, in der es an geistlichen Vätern sehr mangelte. Peter war keine Heldennatur und gab in einem Gespräch mit Jugendlichen zu, dass er schüchtern sei und sich vor körperlichen Leiden sehr fürchte, aber alles dem Herrn überlassen habe, der ihn nicht über seine Kräfte prüfen werde. Gott hat ihn vor dem Gefängnis bewahrt. Peter Bergmann war Evangelist und sagte: „In Karaganda habe ich Geschwister gefunden und in Karaganda war mein Missionsfeld." Diesem Auftrag ist er treu und selbstlos nachgegangen. Er war demütig und bereit, seine Fehler zu bekennen, weil er wusste, dass es nicht sein Werk, sondern das des Herrn war.

Nach dem Tode seiner Frau Tina lebte Peter Bergmann eine Zeitlang allein. In seiner zweiten Ehe mit Maria Klass verlebte er seine zwei letzten Jahre und ging 1979 heim.

Nach Erinnerungen von Abram Bergmann (Frankenthal), Katarina Ens (geb. Bergmann, Bielefeld), Peter Dyck (Hamm/Sieg), Anna Bergen (geb. Thiessen, Neuwied-Gladbach), Viktor Fast (Frankenthal), Isaak und Katharina Boldt (Fulda), Heinrich und Katharina Wiebe (Frankenthal). Einige Daten nach der Gemeindeliste der MBG Karaganda.

1976 durften Peter und Katharina Bergmann ihre Goldene Hochzeit feiern.

Jakob Dyck (1894-1970)

Diakon

Jakob Dyck wurde am 28. März 1894 im Dorf Alexandertal in der Kolonie Altsamara in der Familie von Bernhard Dyck geboren. Er wurde am 9. Dezember 1941 in das Dorf Bogutschan im Karagandagebiet verschleppt. In die Stadt Karaganda zog er 1959. Dort wurde er am 21. Juni 1959 im Sokur getauft und in die DMBG aufgenommen. Wann und von wem er eingesegnet wurde, ist uns nicht bekannt. Er war nie verheiratet. In der Gemeinde fiel er dadurch auf, dass er in den Gottesdiensten lange gute Gedichte auswendig aufsagte. Er besuchte manchmal mit dem Chor und Orchester andere Gemeinden und erzählte dort Gedichte. Während eines Gottesdienstes im Oktober 1970 nahm der Herr ihn zu sich.

Anna Schwarz und Tina Dyck

Jakob Dyck im Kreise der Verwandten. Sitzend von links: der Bruder Heinrich mit Ehefrau, Tante Liese Thiessen und ihre Tochter. Stehend von links: Gerhard Dyck (der Sohn von Heinrich) und Jakob Dyck

Beerdigung von Jakob Dyck auf der Wawilowastraße

Franz Ediger (1898-1982)

Prediger

Franz Ediger kam am 31. Oktober 1898 in Franztal in der Molotschna-Kolonie in der Bauernfamilie Franz und Maria (geb. Klaas Paulsche?) Ediger zur Welt. Er besuchte die Dorfschule und danach die Zentralschule. Schon in seiner Jugendzeit bekehrte er sich und wurde Mitglied einer Mennonitengemeinde (oder Mennoniten-Brüdergemeinde?).

Im Jahr 1923 heiratete er Maria Harms. Von den drei Töchtern, die ihnen geboren wurden, starb die jüngste im frühen Kindesalter, Maria und Anna blieben am Leben.

Bis 1931 war Franz Ediger in der Wirtschaft seines Vaters beschäftigt und eine kurze Zeit als Dorfschulze tätig. Er flüchtete mit seiner Familie 1931 nach

Franz Ediger im Sommer 1954 in Karaganda

Donbass, arbeitete dort zwei Jahre in einer Kohlengrube und dann zwei Jahre in einer Kolchose, bis sie sich 1935 in Starodubka im Nordkaukasus niederließen, wo er auf dem Bau arbeitete.

Im September 1941 wurde die Familie Ediger mit den anderen Deutschen aus dem Nordkaukasus nach Sofiejewka im Kustanajgebiet verschleppt. Die Reise mit dem Zug und mit dem Schiff über das Kaspische Meer und entlang der Wolga, oft unter Bombenangriffen, dauerte fast zwei Monate. Im Februar 1942 wurde Franz Ediger in die Arbeitsarmee eingezogen und kam nach Nishnij Tagil im Swerdlowskgebiet im Ural, wo er Holzfällerarbeiten verrichten musste.

Im Herbst 1943 wurden seine Frau und beide Töchter in die Arbeitsarmee zur Zwangsarbeit eingezogen. Zuerst kamen sie alle nach Karaganda. Im Frühling 1944 wurde die Tochter Maria nach Komsomolsk am Amur geschickt. Die Mutter kam im Juni, zurück nach Semioserka im Kustanajgebiet, weil sie zu schwach zum Arbeiten war. Anna kam im August 1944 zur Untertagearbeit in die Kohlengrube 48. Ihr gelang es 1948 die kranke Mutter und die Schwester, die zur Mutter gekommen war, nach Karaganda zu rufen.

Hochzeit von Heinrich Becker und Anna Ediger 1950

Franz und Maria Ediger

Kurz vor Weihnachten 1948 kam Franz Ediger zu seiner Familie nach Karaganda und fand dort eine Arbeitsstelle in der Kohlengrube 48, erst in der Bauabteilung, später als Lüftungsaufseher.

In Karaganda besuchte Familie Ediger die russischen Versammlungen der Baptisten in Kopaj, wo es geistliche Speise gab, wenn auch nur in Russisch und mit vielen Einschränkungen. Die Tochter Anna wurde dort 1950 getauft. Das stiefmütterliche Verhalten zu den Deutschen veranlasste 1956 das Ehepaar Ediger und 19 weitere Personen zum Weggang aus der Baptistengemeinde und zur Gründung der Deutschen Mennoniten-Brüdergemeinde in Karaganda.

Am 16. Juni 1957 wurde Franz Ediger von Dietrich Pauls zum Prediger der Gemeinde eingesegnet. Als er im August 1957 in der Siedlung 33 taufte, kamen Beamte und nahmen ihn direkt vom Tauffest mit, ließen ihn aber spät abends wieder nach Hause.

Die Familie Ediger erwarb sich ein Haus im Schachtiner Bezirk neben der Kohlengrube 49. Franz wurde für die Gemeindegruppe verantwortlich, die sich in der Erdhütte bei der Kohlengrube 19 versammelte.

Im Mai 1961 starb Maria Ediger. Franz heiratete 1966 die Witwe Aganeta Köhn und zog mit ihr nach Krasnaja Retschka in Kirgisien. Dort predigte er in der Gemeinde. Kurz vor Weihnachten 1977 starb Aganeta. Franz wanderte 1978 nach Deutschland aus und ließ sich in Espelkamp nieder, von wo der Herr ihn am 18. Oktober 1982 im Alter von fast 84 Jahren heimholte.

Viktor Fast und Jakob Penner nach der Autobiographie an den Upolnomotschenyj (3.12.1955, SAKG, F.1364, L.1a, A.19. S.102) und den Erinnerungen von Anna Becker (geb. Ediger)

Johann Enns (1900-1992)

Diakon

Johann Enns wurde am 25. Februar 1900 im Dorf More auf der Krim geboren. Er war einer von acht Söhnen, die Gott Isaak und Justine Enns (geb. Reimer) zusammen mit einer Tochter schenkte. Die Familie war gläubig und gehörte zur Mennoniten-Brüdergemeinde. Die Kinder wurden in Liebe und mit der Unterweisung des Wortes Gottes erzogen. Doch die Eltern starben früh, die Mutter schon 1915 und der Vater 1916.

Mit 17 Jahren bekehrte sich Johann Enns zu Gott, ließ sich mit 18 Jahren taufen und wurde Mitglied der Ortsgemeinde. Er heiratete 1922 Katharina Kröcker. Gott schenkte ihnen zwölf Kinder, außerdem adoptierten sie drei Waisen.

Weil Johann Enns in der Krim den Beruf des Buchhalters erlernt hatte, wurde er nicht in die Arbeitsarmee eingezogen. Doch im Jahre 1941 wurde die Familie Enns nach Nordkasachstan in das Dorf Solotonoscha verschleppt. Dort durfte er als Buchhalter arbeiten und die große Familie ernähren. In den Jahren 1941-1955 hatten sie keine Möglichkeit, in einer Gemeinde zu sein. So zog die Familie 1955 nach Karaganda, wo es zu der Zeit eine Baptistengemeinde gab, der sie sich anschlossen. Im Dezember 1956 war Johann Enns einer der Gründer der Mennoniten-Brüdergemeinde Karaganda, in der er dem Herrn diente. Er wurde 1958 von David Klassen zum Diakon eingesegnet.

Im Jahre 1971 starb Katharina. Nach ihrem Tod lebte Johann bei der Familie seiner Tochter Helene Boschmann, bis sie 1988 gemeinsam nach Deutschland übersiedelten. Am 6. Januar 1992 starb Johann Enns in Augustdorf.

Susanne Wiens

Ergänzungen nach der Autobiographie an den Upolnomotschenyj (20.5.1957, SAKG, F.1364, L.1a, A.43, S.35.)

Johann und Katharina Enns (geb. Kröcker) mit ihrem Sohn Nikolaj und Helene Boschmann

Viktor Enns (1925-1972)

Dirigent

Viktor Enns wurde am 6. September 1925 im mennonitischen Dorf New-York im Donezkgebiet in der Ukraine geboren. Seine Eltern waren Mitglieder der dortigen MBG. Sein Vater Jakob wurde 1937 verhaftet und die Mutter Helene mit fünf Kindern blieb ohne jegliche Nachricht von ihm. 1940 wurde auch die Mutter verhaftet und musste die ersten Monate der Haft in einer Todeszelle verbringen. Die Angehörigen reichten eine Bittschrift an die Obrigkeit ein, daraufhin wurde sie gerichtet und zu zehn Jahren Lagerhaft verurteilt. Diese Haft büßte sie vollständig in Petschora im Komigebiet im Nordural ab. Sie kam 1950 zu ihren Kindern nach Karaganda, wo sie 1972 verstarb.

Nach der Verhaftung der Mutter wurden die drei jüngsten Kinder in ein Kinderheim gebracht. Die älteren mussten selbst sehen, wie sie durchkamen. Im Herbst 1941 wurden Viktor und sein Bruder mit den Verwandten, die sich ihrer annahmen, ins Dorf Tschudnoje im Kustanajgebiet in Kasachstan verschickt, wo Viktor gleich am nächsten Tag arbeiten gehen musste. Er wurde 1942 in die Arbeitsarmee eingezogen und nach Tscheljabinsk ins Arbeitslager geschickt, wo er bis 1947 arbeiten musste. Danach arbeitete er in Kuschmurun im Kustanajgebiet bei der Bahn. Im Mai 1948 zog er zu seinem Bruder nach Karaganda und arbeitete in der Kohlengrube Nr.33/34 bis 1955, wonach er eine Arbeitsstelle bei der Bahn in Schichtarbeit übernahm.

Viktor Enns erlebte am 28. März 1949 bei dem alten Bruder Johann Fast in Kopaj eine wahre Wiedergeburt, wurde im selben Jahr in der Baptistengemeinde getauft und diente dem Herrn als Sänger im Chor, wo Michail Pawlowitsch Fadin Dirigent war. Am 10. Juli 1949 heiratete er die 1921 geborene Margarita Görzen. Die Trauhandlung wurde im Bethaus in Kopaj vollzogen. Bis 1957 waren sie beide Mitglieder in der Gemeinde Kopaj. Dann schlossen sie sich der DMBG an, wo Viktor auch im Chor bei Wilhelm Töws und Jakob Dirks sang. Mit Peter Janzen und Peter Görzen lernte er bei Wilhelm Töws nach Ziffern zu singen und den Gesang zu leiten. Von Otto Wiebe wurde er beauftragt, den Chor im Gemeindeteil Schachtinskij zu übernehmen. Das fiel ihm schwer. Nach ernstem Gebet gab der Herr ihm Kraft und Freudigkeit für diesen Dienst. Seine frische und energische Art machte die Singstunden lebendig. Er sorgte nicht nur für das Wohlklingen der Lieder, sondern auch für eine verständliche

Schachtiner Chor der MBG, 1965. Viktor Enns nimmt Abschied und geht zur Gruppe „33“. 1. Reihe von links: Johann Harder, Jakob Tiessen, Abram Sawadsky, Henrich Becker, Jakob Konrad, Viktor Enns, Peter Harder, Waldemar Tiessen, Herbert Bergen, Willy Konrad; 2. Reihe: Margarethe Thiessen (Peters), ?, Maria Konrad (Peters), Helly Siebert (Wölk), Helene Konrad (Giesbrecht), Anna Görzen (Dück), ?, Maria Peters, ?; 3. Reihe: Katharina Thiessen (Harder), Katharina Neufeld (Epp), Elisabeth Warkentin (Peters), Liese Unruh, Elisabeth Regehr, ?, Hanna Enns, Helene Dück (Hamm), ?

und richtige Aussprache der Worte. Seine Sänger lernten auch Bibelverse auswendig. Als ein junger Sänger bei seinem zweiten Besuch den aufgegebenen Vers nicht aufsagen konnte, wurde er freundlich von Viktor ermahnt.

Viktor versuchte die zweimal wöchentlich stattfindenden Singstunden wenigstens im Frühling und Herbst auf ein Mal zu reduzieren, doch es blieb bei dem Versuch. Die Sänger fanden sogar Zeit, in Viktors Garten zu arbeiten. Wegen der Schichtarbeit konnte er den Dienst im Chor nicht so gut verrichten und wechselte deshalb die Arbeitsstelle. Der Segen blieb nicht aus.

Als eine Gruppe „junger Brüder" aus der Siedlung „33" im Jahr 1964 eine eigene Gemeinschaft bildete, war Viktor Enns dabei. In dieser Gruppe übernahm er immer mehr Verantwortung und wurde schließlich zum Leiter. Im Mai 1970 wurde er als Ältester dieser abgeteilten Mennoniten-Brüdergemeinde „33", die damals 56 Mitglieder zählte, eingesegnet. Er konnte die Gemeinde vor Einseitigkeiten und Auflösung in dem Bund des SZEChB bewahren. Nach einer schweren Krankheit verstarb er am 25. Oktober 1972.

Viktor Fast nach: Die Entstehungsgeschichte der Gemeinde „33" in Karaganda. Aquila 1/2002. S.30; Wölk: Mennoniten-Brüdergemeinde in Rußland. S.128.

Bernhard Epp (1906-1992)

Diakon

Bernhard Epp wurde am 20. Juni 1906 als sechstes Kind von Martin und Susanna (geb. Rempel) Epp in Kuruschan in der Molotschna-Kolonie geboren. Nach dem Tod seines Vaters 1912, dem die Mutter 1910 schon vorangegangen war, wurden die Kinder unter Verwandten aufgeteilt. Bernhard wurde von seinem Vetter Töws aufgenommen. Als auch Töws starb, wurde Bernhard im Waisenhaus von Großweide untergebracht, wo seine Verwandten Abraham und Justina Harder Hauseltern waren. Das christliche Waisenhaus gab ihm eine gute Erziehung, welche ihn sein ganzes Leben lang prägte und welche er auch bemüht war weiterzugeben.

Als der ältere Bruder Jakob die Zentralschule in Halbstadt beendet hatte, wurde er von der mennonitischen Schulbehörde[6] gebeten, die Dorfschule in Kalantarowka zu leiten. Er folgte dem Angebot und seine Geschwister Bernhard und Katharina zogen zu Jakob nach Kalantarowka im Kaukasus. Dort durfte er seinen Herrn annehmen und im Jahre 1928 durch die Taufe einen Bund mit ihm schließen. Der Herr ließ ihn manche Höhen erreichen, führte ihn aber auch durch manche Tiefen.

Im Jahr 1929 heiratete Bernhard Epp Katharina Görzen. Ihnen wurden sechs Kinder geboren, von denen drei ihm im Tode vorangegangen sind.

Nach Kriegsbeginn 1941 wurde Bernhard von seiner Familie gerissen und nach Swerdlowsk in die Arbeitsarmee geschickt. Während er dort war, starben 1942 seine Frau Tina und die jüngste Tochter. Die verwaisten Kinder blieben in der Zeit bis zu seiner Entlassung 1946 bei ihrer verwitweten Tante Liese Regier. Sie war die Schwester von Tina Görzen und wurde später die Frau von Bernhards Bruder Jakob. Bernhard heiratete 1946 Katharina Hübert. Ihnen wurde ein Sohn, Boris, geboren.

[6] Bis 1926 waren die mennonitischen Schulen unter eigener Verwaltung, auch wenn die staatlichen Schulbehörden immer mehr Einfluss zu gewinnen suchten.

Wo es Gelegenheiten gab, verkündigte Bernhard Epp das Wort und er war auch ein treuer Beter. Er war einer der Gründer der MBG im Dezember 1956. Im Mai 1957[7] wurde er zum Diakon eingesegnet. So manch ein Ehepaar wird sich daran erinnern, dass er Hausvater auf ihrer Hochzeit war. Er diente dem Herrn mit allen seinen Kräften. Seit 1979 war er an Herz- und Blutkreislauf leidend. Er wurde wunderlich und störrisch und machte Schwierigkeiten in der Gemeinde. Später wurde er als kranker Mann wieder aufgenommen.

Seine zweite Frau Tina starb 1986. Er kam 1990 mit seinen Kindern Heinrich und Berta Dück nach Deutschland, aber sein Gesundheitszustand war schon so schwach, dass er wahrscheinlich nicht mehr alles erfassen konnte. Er entschlief am 21. März 1992. Am Sarge standen seine vier Kinder Jakob und Liese Epp, Tina und Heinrich Dyck, Berta und Heinrich H. Dück aus Deutschland und sein Sohn Boris aus Karaganda, sowie sieben seiner zehn Enkel und acht seiner zwanzig Urenkel.

Gerhard Bärgen, Ergänzungen von Abram Günter (Bickenbach)

Familie Bernhard und Katharina Epp

Gerhard Fast (1914-2002)

Diakon

Gerhard Fast wurde am 24. Oktober 1914 in der Familie von Gerhard und Helene (geb. Gossen) Fast auf der Krim geboren. 1946 kam er nach der Arbeitsarmee nach Karaganda. Er hat sich 1957 in Karaganda bekehrt und ließ sich im gleichen Jahr in der Mennoniten-Brüdergemeinde taufen. 1962 wurde er zusammen mit Johann Bergen zum Diakon eingesegnet. 1967 wechselte er mit einigen anderen Brüdern von der MBG in die Baptistengemeinde. 1970 zog die Familie Fast nach Frunse und 1990 nach Deutschland. Gerhard Fast verstarb am 23. Oktober 2002.

[7] Siehe Thielmann: Lebenserinnerungen. S.35. Abram Günther meint, die Einsegnung habe Anfang 1958 stattgefunden.

Emil Fenske (1903-1973)

Diakon

Emil Fenske wurde 1903 in Osipowka im Schitomirgebiet in Wolhynien in der Ukraine geboren. Seine Eltern Ludwig und Albertina Fenske waren evangelisch-lutherisch. Emil kam etwa 1922/1923 zum Glauben. Den Anstoß dazu gab ihm ein erschütterndes Erlebnis in seinem Heimatdorf. Bei einer Prügelei zwischen Jugendlichen wurde ein junger Mann tödlich verletzt. Kurz bevor er starb bekehrte er sich und darauf folgte eine Erweckung unter den Jugendlichen, bei der sich auch Emil bekehrte. Nach gründlicher Bibelforschung erkannten die jungen Männer, dass ihnen die biblische Taufe fehlte. Sie ließen sich 1928 in einer Baptistengemeinde taufen. Emil heiratete im selben Jahr Elsa Reiser. Bald darauf entstand auch in ihrem Ort eine Baptistengemeinde, in der Emil aktiv als Chordirigent und Prediger wurde. Der Herr schenkte ihnen sechs Kinder.

Familie Emil und Elsa Fenske. Hinten stehend in der Mitte ihr Sohn Gustav, rechts Tochter Linda

Im Jahre 1936 zog die Familie ins Dorf Luxemburg im Kaukasus. Als der Krieg ausbrach, wurde Emil Fenske 1941 in den Krieg eingezogen und kam als Gefangener nach Deutschland, wo er in einer Metzgerei arbeiten durfte. Nach Kriegsende kam Emil zurück nach Russland und suchte seine Familie, wurde aber als Spion verhaftet und für zehn Jahre ins Gefängnis gesteckt. Während der Gefangenschaft musste er einige Gefängnisse wechseln. Zuletzt war er in Taischet bei Irkutsk.

Im Jahre 1955 wurde er entlassen und kam zu seiner Familie nach Karaganda, wo er sich der Gemeinde in Kopaj anschloss. Als die deutsche MBG gegründet wurde, war Emil Fenske mit seiner Familie auch dabei. In dieser Gemeinde in der Siedlung „33" wurde Emil Mai 1957 zum Diakon gewählt.[8]

In dem Durcheinander der 1960-er Jahre gingen Fenskes zurück in die Baptistengemeinde in Kopaj, wo sie auch blieben. Die letzten Jahre seines Le-

[8] Siehe Thielmann: Lebenserinnerungen. S.35. Abram Günther meint, die Einsegnung habe Anfang 1958 stattgefunden.

bens verbrachte Emil Fenske mit seiner Familie in der deutschen Versammlung der Baptistengemeinde Kopaj. Emil Fenske starb in Karaganda im Juli 1973. Seine Frau überlebte ihn um einige Jahre.

Linda Breitkreuz (Lage)
Ergänzungen von Abram Günter (Bickenbach)

Abram Friesen (1909-1990)

Prediger

Abram Friesen wurde am 1. April 1909 im Dorf More auf der Krim, in einer armen mennonitischen Familie geboren. Sein Vater Gerhard Friesen war am 2. Mai 1867 in Elisabethtal in der Molotschna-Kolonie und die Mutter Katharina (geb. Dyck) am 18. Oktober 1871 im Dorf Konteniusfeld in der Molotschna-Kolonie geboren. Isbrand und Jakob Friesen waren seine Brüder. Am 24. August 1926 starb die Mutter an Typhus und 1927 trat sein Vater in die zweite Ehe mit Maria Klassen. Der Vater starb am 26. Oktober 1930 an Gehirnschlag.

Abram lernte sechs Jahre lang in der Dorfschule. Als er etwa acht Jahre alt war, bekehrte sich seine ganze Klasse mitsamt Abram und seinem Bruder Jakob. Nach der Schulzeit arbeitete er auf dem Bauernhof seines Vaters, bis sie 1930 in die Kolchose mussten. In den Jahren 1932-33 diente er in der Roten Armee. Auf Grund seiner guten Bildung wollte man ihn zum Offizier ausbilden, doch er verweigerte den Fahneneid. Deshalb wurde er sehr bedrängt, musste mehrmals im Karzer sitzen und diente dann als einfacher Soldat. Nach dem Armeedienst war er erst Sekretär im Dorfsowjet, dann Buchhalter und schließlich Steuerbeamter.

In More war Abram Mitglied der Evangelischen Mennonitengemeinde.[9] Im Herbst 1935 heiratete er Maria Konrad. Da es zu der Zeit keine Möglichkeit gab, eine christliche Hochzeit durchzuführen, wurde diese in ganz engem Kreis mit den Verwandten gefeiert.

Am 20. August 1941 wurde Abram mit seiner Frau und zwei Kindern in den Kaukasus und dann am 20. September weiter nach Kasachstan deportiert. Hier in Starobelka, Koktschetawgebiet, wurde er am 10. Januar 1942 in die Arbeitsarmee mobilisiert. Zuerst war er beim Bau der Eisenbahn Akmolinsk-Kartaly eingesetzt, dann am 20. November 1942 wurde er in die Kohlengrube nach Karaganda gebracht. Seine Frau lebte währenddessen in schweren Verhältnissen in Rusajewka, Koktschetawgebiet. 1945 wurde Abram Friesen Abteilungsleiter des Güterverkehrs im Trest „Kirowugol". Seine Familie holte er nach Karaganda. Von 1949 bis mindestens 1957 war er „Dispatcher."[10] Der große Neid seiner Vorgesetzten, der noch größer wurde, weil man wusste, dass er Prediger war, brachte es soweit, dass er von dieser Arbeit entlassen wurde. Er fand aber doch noch eine weitere

[9] Die evangelische Mennonitengemeinde war eine Art Allianzgemeinde. Siehe: Fast, Viktor; Konrad, Jakob: Entstehung und Schicksal der Evangelischen Mennonitengemeinde in More, Krim. Aquila (56) 2/2005, S.21-24.

[10] „Dispatcher" war die berufliche Bezeichnung für Koordinatoren oder Disponenten im Eisenbahnwesen, im Personennahverkehr, im Speditionswesen und in sonstiger Logistik.

Arbeit, allerdings mit geringerem Gehalt. So arbeitete er bis zur Rente. Etwa 1969 erlitt er einen Herzinfarkt, von dem er sich nie richtig erholte.

Familie Abram und Maria Friesen. Vorne links Schwiegermutter Maria Konrad (Wiebe), stehend Tochter Lydia und Sohn Peter

Bei der Gründung der Deutschen Mennoniten-Brüdergemeinde Karaganda 1956 wirkte Abram Friesen maßgeblich mit und war einer der aktivsten in der Leitung. Am 16. Juni 1957 wurde er mit David Klassen und Franz Ediger zum Prediger von Dietrich Pauls eingesegnet. In der Verfolgungszeit, als einige leitende Brüder verhaftet waren, gehörte er zuerst zu den entschiedenen Verfechtern der Eigenständigkeit der MBG gegen den Anschluss an die Baptistengemeinde (1963-64). Dann ging er auf Distanz zu der Leitung der MBG und wirkte auf dem Kongress des Baptistenbundes 1966 gegen die Selbständigkeit der MBG. Er meinte, Gott habe der MBG in Russland keinen Raum mehr gelassen. Abram Friesen wechselte 1967 mit einigen anderen Brüdern von der MBG in die Baptistengemeinde. Er sah jetzt die von der MBG erstrebten deutschen Versammlungen, freie Predigt, Bibelstunden usw. auch in der Baptistengemeinde für gegeben.[11]

In der Baptistengemeinde hatte er von 1969 bis 1976 die Leitung des deutschen Teils der Gemeinde. Er ordnete das Leben und den Dienst dieses Gemeindeteils nach dem Beispiel der MBG. Unter anderem führte er regelmäßige Hausbesuche und Gemeindestunden ein. Diese Neuerungen im deutschen Teil der Gemeinde übten dann weiterhin auch einen großen Einfluss auf den russischen Gemeindeteil aus. Problematisch waren die Vereinigungsversuche, an denen er teilnahm.

Im Jahre 1989 durfte Abram Friesen nach Deutschland auswandern. In Harsewinkel wurde er wieder Mitglied der MBG. Er und seine Frau waren gesundheitlich schwach. Er hatte den Grauen Star und war fast blind. Eine Operation hatte ihm nur für kurze Zeit etwas Augenlicht wiedergegeben. Die Herzkrankheit verschlechterte sich so, dass er am 30. Juli 1990 heimging.

Viktor Fast nach der Autobiographie an den Upolnomotschenyj (20.5.1957, SAKG, F.1364, L.1a, A.43, S.35), den Erinnerungen von Jakob Friesen und Nickel, Johannes: Aus der Geschichte der Gemeinde der Evangeliumschristen-Baptisten in Karaganda. In: Aquila 3/1999, S.15.

[11] Nach Angaben von Abram Günter.

Foto unten links: Abram Friesen mit dienenden Brüdern beim Tauffest in der Baptistengemeinde

Foto unten rechts: Die Erntedankfestfeier im deutschen Gottesdienst in der Gemeinde in Kopaj

Isbrand Friesen (1900-1988)

Diakon

Isbrand Friesen wurde am 12. Juni 1900 in der Ukraine im Dorf Tschernigowski geboren. Er hatte drei Schwestern und sechs Brüder, darunter Abram (siehe oben) und Jakob (siehe unten). Seine Eltern waren arm, deshalb mussten die Kinder oft im Haus, im Stall und auf dem Land mithelfen. Zum Schulunterricht, der vormittags und nachmittags stattfand, konnten nur zwei der Kinder abwechselnd gehen, da sie nur ein Paar Hosen besaßen. Somit überreichte Isbrand nach zwei Jahren Schulbesuch seinen jüngeren Brüdern Jakob und Abraham seine Hose, denn er beschloss, seiner Mutter im Haushalt und mit den Kindern zu helfen. Mit der Zeit wurde aus Isbrand der beste Zwieback-Bäcker und ein gutes „Kindermädchen" für seine jüngeren Geschwister.

Isbrand und seine Geschwister waren sehr musikalisch und konnten auf allen zur damaligen Zeit vorhandenen Instrumenten spielen. Es wurde auch sehr viel gesungen und so entstand unter Isbrands Leitung ein Familienchor. Durch sein heiteres, aber bestimmtes Wesen wurde er von den Geschwistern akzeptiert, auch wenn die Eltern nicht zu Hause waren.

Die Kriegs- und Revolutionsjahre ruinierten die Wirtschaft. Während der großen Hungersnot 1920-1921 entschloss sich Isbrand nach Betanien, Saporoshje, zu gehen, um in der Mennonitischen Heilanstalt dem Herrn zu dienen. Ab 1924 bis Mai 1927, als die Anstalt geschlossen wurde, war er dort Krankenpfleger und fand auch sehr schnell gute Freunde wie David Klassen und H.P. Wiebe. Dort lernte er seine zukünftige Frau Anna Thiessen (geboren am 6. April 1899) kennen, die er dann am 17. November 1927 heiratete und mit ihr zu ihrer Mutter ins Dorf Borongar auf der Krim zog. Sie bekamen zwei Töchter, Anna, geboren am 5.März 1929 und Katharina, geboren am 28. Oktober 1932. Wann und wie er sich bekehrte, wissen wir nicht.

Isbrand Friesen als Friseur

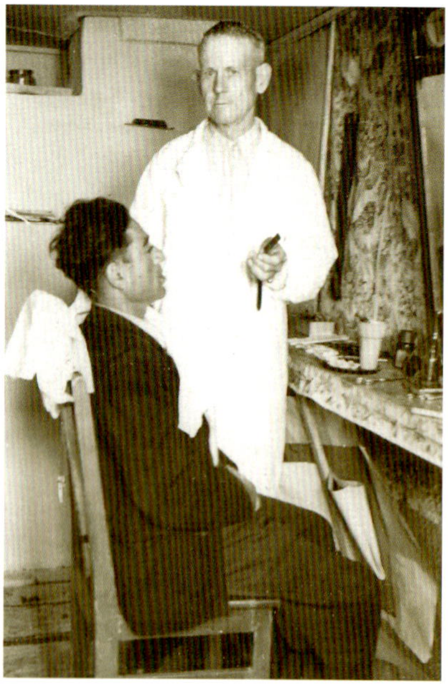

In Borongar arbeitete Isbrand Friesen auf dem Pferdehof „Landwirt" im Krasnogwardejskgebiet als einfacher Stallknecht, seine Frau als Hebamme. Im schrecklichen Jahr 1937, als viele Männer grundlos verhaftet und ins Gefängnis gebracht wurden, kam Isbrand am 28. Juli vor der Nachtschicht wie gewöhnlich noch zum Abendessen nach Hause. Er erzählte seiner Familie, dass die Polizei sich schon den ganzen Nachmittag auf dem Pferdehof aufhielte und meinte, dass auch dieses Mal bestimmt jemand mitgenommen werden würde. Als es dunkel war, kam Isbrand Friesen mit zwei Polizisten nach Hause und sie durchsuchten seine Wohnung. Sie konnten nichts Auffälliges finden, er sollte sich aber von seiner Familie verabschieden, denn er wurde verhaftet. Während seines Gefängnisaufenthaltes besuchte ihn seine Frau mehrmals. Etwa zwei Monate später wurde er zu zehn Jahren Haft verurteilt.

Isbrand kam nach Iwdel, Komi ASSR, wo er in der Taiga arbeiten musste. Für einen ganzen Tag Arbeit bekam er ein Kilo Brot und eine dünne Suppe. Nach anderthalb Jahren verunglückte er. Ein abgesägter Baumstamm fiel auf sein Bein und verletzte die komplette Wadenmuskulatur. Er kam ins Krankenhaus und verbrachte dort ein halbes Jahr. Als er aus

Isbrand und Anna Friesen im Kreise der Familie. Stehend von links: Katharina Becker, Peter Fischer, Rita Fischer, Anna Fischer (Neumann), Heinrich Becker, Katharina Becker (Fischer), Adolf Becker, Anna Becker; vorne Andreas Fischer

dem Krankenhaus entlassen werden sollte, bekam er durch einen bekannten Friseur eine Stelle als Friseurgehilfe und arbeitete bis zum Ende seiner Haftzeit als Friseur. Während seiner Haft durfte er nur einmal im Monat einen Brief und einmal in drei Monaten ein Paket von seiner Familie erhalten.

Während des zweiten Weltkriegs wurde seine Frau mit den zwei Mädchen nach Kasachstan ins Dorf Tschistopolje im Koktschetawgebiet verschleppt und sie verloren jeglichen Kontakt zueinander. Anfang 1946 schickte ihm seine Frau auf die alte Adresse einen Brief und erhielt zu ihrer großen Freude am 16. Juni eine Antwort. Im Juli 1947 wurde er aus seiner Haft entlassen und kam zu seiner Familie nach Tschistopolje. Dort fand er im September 1947 eine Arbeitsstelle als Friseur. Die Töchter Anna und Katharina heirateten.
Am 20. Juli 1958 zog die Familie nach Karaganda. Der Grund dafür waren seine dort lebende Brüder Abram und Peter und die Gemeinde. Im Oktober 1958, nach einer kurzen Zwischentätigkeit, wechselte er die Arbeitsstelle

Bruder Friesen vollzieht Juli1969 die Taufe im Fluß Sokur

„Opa war wieder mit einem Taxi unterwegs nach Hause und mittlerweile kannte er sich bestens mit den Preisen seiner Touren aus. Auf der Fahrt überquerte eine schwarze Katze die Fahrbahn. Da der Taxifahrer abergläubig war, nahm er einen anderen Weg, um seinem Unglück aus dem Weg zu ‚fahren'. Opa erhob keine Einwände. Als sie dann am gewünschten Ziel angekommen waren, zahlte Opa den normalen Preis für die Fahrt. Der Fahrer sagte ihm dann, dass es aber mehr kosten würde. Da erwiderte Opa ganz gelassen: ‚Für die schwarze Katze werde ich nicht aufkommen.' Und ging nach Hause."
Erinnerungen der Enkelin Rita Rahn

Taxidienst von Isbrand Friesen

und wurde Verfrachter auf einem Güterbahnhof. Im Jahre 1959 wurde er rehabilitiert und bekam für die unschuldig abgesessenen zehn Jahre sechzig Rubel Entschädigung.

Am 18. Dezember 1960 starb seine älteste Tochter Anna und hinterließ drei Kinder. Im Juni 1961 ging Isbrand in den Ruhestand. Sein Schwiegersohn war nicht immer in der Lage, für die mutterlosen Kinder zu sorgen und so nahmen die Friesens ihre Enkel zu sich und Isbrand musste auch als Rentner wieder arbeiten gehen.

In Karaganda waren Isbrand und Anna Friesen Mitglieder der Deutschen Mennoniten-Brüdergemeinde. Von den David Klassen und Dietrich Pauls wurde er zum Diakon eingesegnet. Außerdem sang er bis zu seinem siebzigsten Lebensjahr im Gemeindechor. Mit Johann Strauss reiste er sehr viel in die abgelegenen Dörfer zu den einsamen Christen, taufte und teilte das Abendmahl aus. 1964 wurde auch seine Enkelin von ihrem Opa getauft. Seine beständigen Besuche machte er in Dörfern wie Trudowoje, Kornejewka, Schortandi, Nurataldi, Dolinka und Sharyk.

Die Goldene Hochzeit von Isbrand und Anna Friesen 1977

Als das neue Gemeindehaus 1968 fertig war, übernahm Isbrand Friesen die Begleitung des Gemeindegesangs auf dem Fußharmonium. Er sorgte auch dafür, dass alleinstehende alte Frauen aus der Umgebung sonntags zum Gottesdienst kommen konnten. Dazu stand er schon früh morgens auf, um ein Taxi zu bekommen. Die Frauen wurden dann auch wieder mit einem Taxi nach Hause gebracht. Isbrand war bis zum Schluss ein treuer Diener der Gemeinde. Er verstand sich sehr gut mit David Klassen. Als David Klassen ins Gefängnis kam, litt er sehr unter diesem Verlust. Da war es Peter Bergmann, der ihn immer wieder besuchte, und auch tröstete. Im November 1977 feierten Isbrand und Anna Friesen ihre Goldene Hochzeit.

Etwa zwei Jahre lang pflegte Isbrand Friesen seine Frau Anna bis zu ihrem Tod am 22. Oktober 1987. In dieser Zeit konnte er nicht in der Gemeinde tätig sein. Er wurde bald darauf krank und verstarb mit 87 Jahren am 13. Februar 1988.

Rita Rahn und Jakob Friesen

Jakob Friesen (1910-2005)

Dirigent

Jakob Friesen wurde am 22. November 1910 in More auf der Krim geboren. Seine Eltern Gerhard und Katharina waren nicht besonders wohlhabende Bauern. Sie lebten im lebendigen Glauben an Jesus Christus. Abram und Isbrand waren seine Brüder. Mit drei Jahren erkrankte Jakob Friesen an den schwarzen Pocken. Das ganze Leben lang zeugten Narben in seinem Gesicht von dieser Krankheit. Seine Schulzeit endete nach fünf Jahren Unterricht. Auch die Jugendzeit ließ viele Wünsche unerfüllt. „Das Beste aber war, dass ich schon von meiner Schulbank an den lieben Heiland gefunden hatte", wie er selbst bezeugt. Er hatte sich wie sein Bruder Abram mit etwa sieben Jahren mit der ganzen Klasse bekehrt. Sein Verlangen als Jugendlicher war, im Gemeindechor zu singen.

Jakob und Anna Friesen

Im Jahr 1931 musste er als Soldat in Tiflis im Kaukasus in einer Konvoiabteilung dienen. Da er keine stille Zeit fand um sein Neues Testament zu lesen, entschloss er sich, es auch in Anwesenheit der anderen zu tun. Daraufhin wurden ihm sein Testament und Gesangbuch genommen, er durfte nicht mehr Wache stehen, und nach kurzer Zeit wurde er entlassen. Er fasste sich noch einmal Mut und bat den Befehlshaber schriftlich, ihm die Bücher nachzusenden. Eine Woche später waren die Bücher da. Jakob war für diese Glaubensstärkung Gott sehr dankbar.

Jakob Friesen (2. Reihe rechts) im Kreise der Mitarbeiter des Krankenhauses „17. Oktober" in der Kolchose Borba in der Krim, 1936

Am 7. April 1935 heiratete Jakob Friesen Anna Pankraz. In jener Zeit waren alle Prediger verhaftet und die Hochzeit wurde im kleinen Kreis, fast ganz ohne Gesang und Predigt gefeiert. Nur am Kaffeetisch beteten die Brautleute laut mit den Gästen und die Mutter der Braut las einen Bibelabschnitt vor. Im Jahre 1936 wurde ihnen der erste Sohn geboren. Der zweite Sohn, 1939 geboren, starb schon mit zehn Monaten an Meningitis. Anna arbeitete als Krankenschwester und Jakob war im selben Krankenhaus Hausmeister. Danach wurde er Buchführer im Handelsgeschäft.

Nach Kriegsbeginn 1941 wurden die Deutschen nach Kasachstan verschleppt und dort in den Dörfern bei den Leuten einquartiert. Familie Friesen kam nach Kasachstan in eine russische Kolchose Bereslawsk. Bei Schnee und Sturm mussten sie auf den Feldern Getreide dreschen. Zu essen bekamen sie nur bei der Arbeit.

Jakob Friesen mit Frau Anna und Sohn Jakob

Jakob sang beim Arbeiten deutsche geistliche Lieder, worin jemand antisowjetische Agitation vermutete. Eines Tages wurde Jakob Friesen zur NKWD gerufen und wurde unter Drohungen bedrängt, er sollte gestehen, dass er gegen die Sowjetregierung arbeite. Dies lehnte er kategorisch ab, kam ins Gefängnis und nach acht Monaten vor Gericht. Er wurde beschuldigt, Versammlungen veranstaltet zu haben. Da erinnerte er sich, an einem Abend mit seiner Frau, seinem Bruder und dessen Frau, seiner Mutter und noch zwei weiteren Schwestern recht schöne Lieder gesungen zu haben. So wurde ihm dieses und noch etliches andere zur Last gelegt. Das Urteil lautete: Zehn Jahre Haft!

Doch schon nach zwei Jahren wurde Jakob wegen der Folgen der starken Unterernährung entlassen. Mit zwei weiteren Männern zusammen schlugen sie sich mit Betteln zwei Wochen lang durch. Er fand schließlich zu Frau und Kind, die in dem Dorf Dubrowka, 200 km von Koktschetaw, zusammen mit ihren Schwestern und jeweils einem Kind in einer kleinen Hütte mit zwölf Quadratmetern Fläche wohnten. So war er 1945 wieder mit seinen Lieben zusammen und passte auch noch in die kleine Hütte hinein.

Der Herr schenkte Jakob und Anna noch zwei Söhne und eine Tochter. 1946 bauten sie sich ein kleines Haus aus Rasenplatten. In dieser Zeit arbeitete er als Schmied in der Kolchose. Doch die geistliche Einsamkeit bedrückte sie sehr. Nach der Befreiung von der Kommandantur 1956 besuchten Jakob und Anna Friesen ihren Bruder Abram in Karaganda. Sie waren von den Gottesdiensten so beeindruckt, dass die Familie schon im Juni 1957 nach Karaganda zog. Sie schlossen sich auch gleich der neu entstandenen MBG an. Johann Friesen (kein Verwandter) hatte schon einen kleinen Chor organisiert, dem sich Jakob nicht nur als Sänger, sondern auch als Dirigent anschloss. Man wollte ihn gerne zum Diakon einsegnen, doch Jakob lehnte ab. Er meinte, sein Dienst sei der Gesang. Besondere Verantwortung fühlte Jakob für die Beerdigungen, wo er nicht nur als Gesangleiter, sondern auch mit Wortverkündigung diente. Hin und wieder predigte er auch am Sonntag.

Gott schenkte ihnen 1960 noch eine Tochter. Als die MBG sich kurze Zeit im Andachtshaus von Kopaj versammelte, blieben unter anderen auch Jakob und sein Bruder Abram Friesen in Kopaj. Jakob diente hier auch weiter als Dirigent.

Im Jahre 1974 besuchte eine Gruppe aus der MBG Karaganda das Dorf Blagoweschenka im Altajgebiet. Jakob Martens, der Älteste der Gemeinde in Tatjanowka, fragte Johann Penner, ob nicht jemand von den Dirigenten in Karaganda ihnen helfen könnte, den Chorgesang in der Gemeinde einzurichten. Johann Penner sprach seinen Onkel Jakob Friesen diesbezüglich an. Auf diese Einladung besuchte Jakob Friesen im Januar 1975 zum ersten Mal Tatjanowka. Eine Woche lang hatten die Sänger jeden Abend Übstunden. Das ermutigte die ganze Gemeinde, den Herrn in Liedern zu loben. So besuchte Jakob Friesen die Gemeinde in Tatjanowka bis 1987 jedes Jahr eine Woche lang. Die ganze Zeit gab es dann intensiv Chorübstunden. Als Johann Görzen, der Dirigent von Tatjanowka, am 28. September 1980 heiratete, kam Jakob Friesen eine Woche früher und übte mit dem Chor für die Hochzeit. Jakob Friesen hat eine gute Spur in der Gemeinde Tatjanowka und besonders bei den Sängern hinterlassen. Johann Görzen konnte sehr viel bei ihm für seinen Dirigentendienst lernen. Er wies die Sänger immer auch auf ihren geistlichen Zustand hin, was das wichtigste ist. Jakob Friesen war kein besonderer Prediger, aber jedes Mal am Samstag und Sonntag während seines Besuches predigte er auch. Was er sagte, hatte Kraft und wirkte bleibenden Segen für die Gemeinde.

Im Jahr 1985 feierten Jakob und Anna im Beisein aller Kinder, Enkel und Urenkel im Gemeindehaus ihre goldene Hochzeit, die beste Hochzeitsfeier in ihrer Ehezeit. Als er seinen Dirigentendienst schon aufgegeben hatte, wurde er 1988 in Kopaj zum Diakon eingesegnet. Noch im selben Jahr siedelten sie nach Deutschland um. Hier feierten sie 1995 in Harsewinkel ihre Diamantenhochzeit und 2005 sogar noch ihre Eiserne Hochzeit. Kurz danach starb Jakob Friesen an einem plötzlichen Herzinfarkt.

Nach Angaben von Jakob Friesen (jun.), schriftlichen Erinnerungen von Jakob Friesen (sen.) und Johann Görzen (Harsewinkel)

Jakob und Anna Friesen im Kreise der Familie. 1. Reihe von links: Eleonore Friesen (Wolf), Anna und Jakob Friesen, Katharina Banmann (Friesen); 2.Reihe: Jakob Friesen (Lauk), Maria Friesen (Thiessen), Maria Friesen, Anna Ediger (Friesen), Johann Banmann; 3.Reihe: Peter Friesen, Abram Friesen, Johann Ediger

Johann Friesen (1899-1970)

Dirigent

Johann und Katharina Friesen

Johann Friesen wurde am 10. Februar 1899 in Petrowka im Solidowskij Rayon, Dnepropetrowskgebiet als ältester Sohn von Julius und Eva Friesen geboren. Ihm folgten noch sieben weitere Kinder. Seine Kindheit und Jugend waren von Krieg und schwerer Arbeit gekennzeichnet. Sein Vater, der früh starb, bat Johann die Sorge und Verpflegung für die Familie zu übernehmen. Trotz vieler Schwierigkeiten wurde in der Familie gesungen und musiziert.

Am 3. Februar 1925 trat Johann mit Katharina Born, die 1901 in Herzenberg im Dnepropetrowskgebiet geboren war, in die Ehe. Gott schenkte ihnen fünf Kinder. Sie flohen 1939 vor der Geheimpolizei nach Michajlowka im Petropawlowskgebiet in Nordkasachstan. Von dort zogen sie im Dezember 1956 nach Karaganda, weil es dort deutsche geistliche Gemeinschaft. Hier fand eine geistliche Erneuerung bei ihm und seiner Frau statt. Im Februar 1957organisierte er in Kirsawod einen kleinen Chor, der an Ostern zum ersten Mal in der Versammlung der DMBG unter der Leitung der Dirigenten Johann und Jakob Friesen sang.

Am Rande des Stadtteils Kirsawod wurde eine offene Kohlengrube (über Tage) angelegt, deren Gase und Staub die Gesundheit der Einwohner sehr beeinträchtigten. Johanns Atemschwierigkeiten nahmen immer mehr zu, so dass er sich nach einem andern Wohnort umschaute. Johann und Katharina besuchten 1960 ihre Verwandten in Alma-Ata, in Südkasachstan. Schon bei der Busreise in der Nähe des Tjan-Schan Gebirges merkte Johann, dass er wesentlich leichter atmen konnte. Bald darauf entschieden sie, in diese Gegend zu ziehen. Dieser Entscheidung schlossen sich auch die verheirateten Kinder Maria und Peter Fast, Heinrich und Agnes Friesen, Johann und Irina Friesen und Peter und Elisabeth Friesen an. So zogen sie geschlossen im Herbst 1960 nach Usun-Agatsch im Alma-Ata-Gebiet. Zuerst wohnten sie alle in einem kleinen Haus, bis sich nach und nach jede Familie ein eigenes Haus eingerichtet hatte. Johann und Katharina blieben bei ihrem jüngsten Sohn Peter, der noch im gleichen Herbst für drei Jahre in den Wehrdienst eingezogen wurde. In der Gemeinde am Ort gab es keinen Chor und Johann Friesen gründete einen mit etwa zwölf Sängern. Dieser diente zuerst zu besonderen Anlässen, wie zu Weihnachten, Ostern und Erntedankfest, später auch in den Versammlungen am Sonntag. In der Gemeinde gab es

Johann Friesen mit seinen Söhnen Johann, Heinrich und Peter

auch mehrere russische Geschwister, so dass man deutsche und russische Lieder sang und auch am Sonntag Predigten in beiden Sprachen gehalten wurden.

Als 1963 der Sohn Peter aus dem Militärdienst zurückkam, übernahm Johann nach und nach die Dirigentenaufgabe. Die Chorproben fanden in seinem Hause statt, die neuen Lieder wurden oft in der Familie gesungen und anschließend mit den Sängern eingeübt.

Johann hatte ein ausgesprochen gutes Verhältnis zu den Enkelkindern. Wenn er an seiner Schreinerwerkbank arbeitete, setzte er jemanden auf die Bank und brachte ihm nebenbei geistliche Lieder und Bibelverse bei oder erzählte biblische Geschichten. Außer Bänken, Schränken, Tischen und Spinnrädern fertigte er auch manchmal eine Gitarre oder Mandoline an.

Ende der 1960-er Jahre wurde Johanns Gesundheit immer schlechter. Er litt schwer an Asthma und es gab fast keine Medikamente. An einem frühen Sonntagmorgen am 11. Oktober 1970 versammelten sich die Kinder und Enkelkinder zum letzten Mal an seinem Bett. Am Abend davor kam der Chor, sang für ihn im Flur einige Trostlieder und bereitete somit ihrem Dirigenten den Weg nach Hause in die himmlische Heimat vor. Nun standen die Kinder an seinem Bett und versuchten ihm das Sterben leichter zu machen. Um acht Uhr öffnete er noch einmal die Augen, faltete die Hände und sprach ein Gebet. Dann übergab er seinen Geist seinem Herrn und Heiland, der ihn erkauft und zum Dienst berufen hatte. Die zahlreiche Anteilnahme an seiner Bestattung von Seiten der Gemeinde, der Freunde und Nachbarn zeigte, wie er geliebt und geschätzt wurde. Gott konnte Johann Friesen als einen treuen Diener in seinem Werk brauchen. Johann leitete nicht nur zum Gesang an, sondern war eine gute Hilfe beim Bau der Gemeinde. Auf dem Deckel seines Sarges stand sein Lebensmotto: „Der Herr ist mein Gut und mein Teil; du erhältst mir mein Erbteil. Das Los ist mir gefallen auf liebliches Land; mir ist ein schönes Erbteil geworden." (Psalm 16,5-6)

*Nach Erinnerungen und Familienarchiv von Peter (*1938), Andreas (*1961), Katharina (*1986) Friesen*

Familie Johann und Katharina Friesen. Von links sitzend: Katharina, Peter, Johann; stehend: Anna, Maria, Heinrich und Johann

Peter Görzen (1916-2007)

Dirigent

Peter Görzen wurde am 16. Mai 1916 als zweites Kind von Peter und Katharina (geb. Voth) in Konstantinowka in der Kolonie Terek im Nordkaukasus geboren. Die Familie musste 1918 mit der gesamten Kolonie vor den Raubzügen der Tschetschenen flüchten und kam zur Station Suworowka in der Nähe der Stadt Mineralnye Wody. Sie besuchten die Kirchengemeinde in Nikolaifeld in der Ansiedlung Suworowka und der Vater diente dort als Dirigent. Als Peter vier Jahre alt war, starb seine Mutter, und nach einem Jahr heiratete sein Vater Anna Krüger, beiden Kindern eine liebe Mutter wurde. In dieser Ehe wurden noch vier Brüder und eine Schwester geboren.

Im Jahre 1929 (?) wurde die Kolchose gegründet und die Familie Görzen wurde enteignet. Peter brach nach der sechsten Klasse die Schule ab und hütete einen Sommer lang die Kuhherde. Der Herr bewahrte den jungen Hirten und half in Notsituationen. So fuhr einmal ein Zug durch die Kuhherde, aber keine Kuh kam zu Schaden. Im Frühjahr 1930 musste Vater eines Nachts Haus und Familie verlassen, um der Verhaftung zu entkommen. Er floh nach Kalantarowka. Einen Monat später folgte die Familie mit dem Zug, bis auf Peter, der mit seinen 14 Jahren die einzige Kuh am Strick 100 km nach Kalantarowka leiten musste. Es ging durch Russen- und Tatarendörfer. Unterwegs musste er die Kuh melken und für sich etwas zum Essen betteln. In Kalantarowka wurde die Familie in die Kolchose aufgenommen und wurde von seinem Onkel Heinrich Görzen in sein Haus aufgenommen. Dort lebten sie unangemeldet, also illegal zehn Jahre lang. Peter hütete mit seinen Brüdern Jakob und Heinrich die Schweineherden.

Die Kolchose von Kalantarowka war eine wohlhabende Wirtschaft und hatte die Möglichkeit, ein Blasorchester zu kaufen. Der Vater, Peter Görzen, der in der Zeit des Ersatzdienstes im Orchester gespielt hatte, übernahm dann die Leitung dieses Orchesters. Peter durfte Klarinette spielen. Es wurde an manchen Abenden im Kolchosklub für die Dorfbewohner gespielt. Oft wurden sie auch in die Nachbarortschaften eingeladen und wenn bedeutende Personen zu Grabe getragen wurden, dann spielten sie den Trauermarsch. Auch deutsche Volkslieder wurden eingeübt, wie z.B. „Lied eines spanischen Waisenkindes." Weil es zu der Zeit keine geistliche Gemeinschaft gab, sang die Jugend gern deutsche Lieder und spielte verschiedene Spiele. Hier in Kalantarowka lernte Peter Maria Görzen kennen, die später seine Frau wurde. Als 1941 der Krieg ausbrach, wurden alle Einwohner von Kalantarowka nach Kasachstan verschleppt. Die Familie Görzen kam nach Valentinowka im Kustanajgebiet, wo Peter etliche Monate arbeitete. Dann wurde er in die Arbeitsarmee eingezogen und kam nach Karaganda in die Kohlengrube 33/34, wo er bis zu seiner Rente blieb. Er kam 1943 in eine Musiktruppe und konnte zwei bis drei Monate lang Musik für ein Blasorchester lernen.

Nach Kriegsende suchte Peter seine zukünftige Frau Maria Görzen auf, und am 19. August 1945 heiratete er sie. Obwohl sie noch nicht bekehrt waren, knieten sie am Hochzeitstag nieder und beteten gemeinsam.

Peter verdiente gut und hatte die Möglichkeit seiner Mutter und den Geschwistern Pakete mit Hilfsmitteln zu schicken. Zu der Zeit gab es am Ort christliche Versammlungen in den Häusern von Kornej Letkemann und Familie Neufeld und in Kopaj, die er auch besuchte.

Im Jahre 1948 bekehrte sich Peter Görzen in Karaganda im Hause von Peter Bergmann. Bei dem großen Tauffest am 9. August 1948 bezeugte auch Peter seinen Glauben durch die Taufe und diente dann der Gemeinde als Sänger im Chor. Weil sein Vater im Dorf christliche Lieder sang, wurde er am 30. August 1948 verhaftet und zu 25 Jahren Straflager für Propaganda unter den Jugendlichen verurteilt.

Als die Deutsche Mennoniten-Brüdergemeinde gegründet wurde, wechselten Peter und Maria in diese Gemeinde. Peter war kein Prediger, aber er diente der Gemeinde mit Gesang und eine zeitlang als Dirigent zusammen mit Peter Janzen. Er half den Alten und Kranken, beim Bau und der Renovierung der Häuser und beim Umbau des Bethhauses. Seinen Vater im Karlag unterstützte er treu mit Lebensmittelsendungen. Der Vater kam nach einigen Jahren alt und schwach aus dem Karlag zur Familie in dem Kustanajgebiet zurück. Peter war immer bereit, für seinen Bruder Heinrich die Nachtwachen im Gemeindehaus zu halten und viele andere Dienste zu übernehmen, als dieser Gemeindeältester und gleichzeitig Wächter war.

Bis zur Ausreise nach Deutschland am 2. Oktober 1995 blieb Peter Mitglied der Mennoniten-Brüdergemeinde in Karaganda und konnte immer noch den jungen Brüdern helfen. Dann kamen Peter und Maria Görzen zuerst nach Weißenthurm und im Februar 1997 nach Lage. Hier trugen sie die Freuden und Leiden der örtlichen EChB-Gemeinde bis zu ihrem Lebensende mit.

Die Familie Görzen wurde mit acht Kindern beschenkt, von denen heute noch fünf Kinder am Leben sind. Am 31. Dezember 2006 holte der Herr Maria Görzen heim und Peter blieb bei seinem Sohn Johann. Drei Monate später, am 7. März 2007, holte der Herr nach kurzem Leiden auch Peter still und friedlich heim.

Nachruf von Peter Görzen, ergänzt von Jakob und Johann Görzen

Familie Peter und Maria Görzen mit Tante Anna. Von links vorne: Johann, Peter und Heinrich; hinten: Jakob und Anna

Johann Günther (1914-1991)

Diakon

Johann Günther wurde am 26. Februar 1914 im mennonitischen Dorf Borodin im Omskgebiet als zweites Kind von Jakob und Maria (geb. Unruh) Günther geboren. Die Familie galt als wohlhabend, denn sie hatte mit dem Geld des Vaters eine Mühle aufgebaut, die insgesamt vier Personen gehörte. Da es rechtlich aber nur einen Besitzer geben konnte, war Jakob Günther als Besitzer der Mühle eingetragen. So kam es, dass sie als Kulaken enteignet wurden, ohne wirklich selbst wohlhabend gewesen zu sein. Im Jahr 1919 wurde ihnen von der sowjetischen Macht ihr Besitz genommen und das Wahlrecht entzogen. Von da an wurden sie zu Flüchtlingen.

Zuerst ging es nach Slawgorod im Altaj, wo sie etwa vier Jahre bleiben konnten. Im Jahre 1929 versuchte die Familie mit vielen anderen nach Kanada auszuwandern. Nach einem dreimonatigen Aufenthalt in Moskau wurden sie jedoch genötigt, nach Omsk zurückzukehren. Nach einem Jahr im Omskgebiet führte sie 1930 der Fluchtweg in den Kaukasus, und 1932 kam die Familie wieder nach Sibirien zurück. Johann fand 1933 eine Arbeit in der Kolchose in Alexandrowka, wurde aber 1935 als „Kulakensohn" stimmlos erklärt und verlor damit die Arbeitsstelle. Gott selbst sorgte für ihn, immer gab es jemanden, der ihm half. Mit gelegentlichen Arbeiten konnte er sein bescheidenes Brot und eine Bleibe unter einem Dach verdienen. 1936 bekam Johann sein Stimmrecht wieder.

Am 26. Juni 1936 heiratete Johann Günther Helena Isaak. Die äußeren Umstände waren sehr schwer und bis zum Kriegsanfang lebte die junge Familie bei den Eltern Isaak. Im Herbst 1939 verunglückte Johann schwer bei der Heuernte. Er geriet zwischen zwei Pferde und unter einen voll beladenen Wagen. Sein Brustkorb wurde stark beschädigt und er musste ins Krankenhaus gebracht werden. Es war ein Gnadengeschenk, dass er überlebte, denn er war noch nicht bekehrt.

Familie Günther in Issilkulj 1960. Sitzend: Tochter Selma, das Ehepaar Helena und Johann Günther mit Enkeln. Stehend von links: Lisa, Schwiegersohn Kornej Klassen, Katharina und Helena

Mehrmals stand die Familie Günther vor dem Sarg eines ihrer Lieben. Im Juni 1941 starb Helenas Mutter und im Januar 1942 ihr Vater. Sie begruben auch ihre einjährige Tochter Lida.

Im März 1942 wurde Johann mit vielen andern Männern in die Arbeitsarmee nach Swejarsk mobilisiert. Zu Hause blieben seine Frau und zwei Kinder, Woldemar, geboren am 24. Februar 1938 und Selma, geboren am 4. Dezember 1932. Selma war Helenas Nichte und lebte bei ihrer Tante als Familienmitglied. In Swejarsk mussten sie eine Bahnstrecke aufschütten, danach wurde ihre Etappe in den Ural geschickt, wo Johann dreieinhalb Jahre verbrachte. Im Frühling 1946 kam Helena ihn einmal besuchen. Es war eine sehr schwere Zeit, durch schwere Arbeit, Hunger, Kälte, oft unmenschliche Schlafmöglichkeiten, waren die Kräfte und die Gesundheit ausgezehrt.

Als der Krieg zu Ende war, wurde ein ganzer Güterzug mit Menschen in die Ukraine geschickt, um die zerbombten Ortschaften wieder aufzubauen. Johann versprach Gott: „Wenn du mich noch einmal nach Hause bringst, will ich ein neues Leben anfangen." Kurz vor der Abfahrt des Zuges wurde Johann durch eine medizinische Untersuchung als Invalide eingestuft und durfte nicht mitfahren. Nach einem Monat Krankenhausaufenthalt wurde er im Oktober 1946 nach Hause entlassen. Doch zu Hause herrschte vollkommene Armut. In der Küche stand ein Stümpel Weizen, der aber am nächsten Tag schon von der Obrigkeit abgeholt wurde als „Islischki"[12]. So hatte die Familie nichts zu essen. Da hatte Johann das Leben in der Sowchose richtig satt. Ihm wurde zwar eine Arbeitsstelle als Brigadier versprochen, aber obwohl das ein reiches Leben verhieß, lehnte er ab, da er sein Geld nicht unehrlich verdienen wollte, während Frauen und Kinder Hunger und Elend leiden mussten. So erbat er sich eine Bescheinigung und bekam einen Pass, mit dem er jetzt auch das Dorf verlassen durfte. Daraufhin zog seine Familie, die inzwischen um die Tochter Katharina, geboren am 2. November 1942, reicher geworden war,

Das 60-jährige Jubiläum von Johann Günther. Im Kreise der Familie.

[12] „Islischki" war ein kommunistisch angehauchter Begriff für „Überfluss".

nach Kucharewo, wo Johann eine Arbeitsstelle bei „Sagotserno“[13] bekam. Als Lohn erhielt er ein Pud (16 kg) Weizen im Monat, den sie zu Hause auf einer selbst gebastelten Mühle zu Mehl verarbeiten konnten. So ging es dann langsam weiter, aber einen beständigen Wohnort hatten sie nicht. Sie wohnten im Dorf Iwanowka, mal hier mal dort, dann in Kucharewo. Am 12. August 1947 wurden ihnen die Zwillinge Helene und Lisa geboren.[14] Im Jahre 1951 bauten sie sich ein Haus, in dem sie bis 1962 lebten. Johann wechselte seinen Arbeitsplatz und war jetzt bei der Bahn beschäftigt.

Sein Versprechen an Gott, ein neues Leben anzufangen, wenn Er ihn noch einmal nach Hause bringen würde, löste Johann erst vier Jahre nach seiner Heimkehr ein. Es war auf der Arbeit, am 31. Dezember 1950. Johann war verantwortlich für die Beleuchtung auf dem Territorium der Bahn. Als er über seine Vergangenheit nachdachte, wurde er traurig über seinen sündigen Zustand und dachte auch an sein Versprechen Gott gegenüber. Die Last wurde ihm unerträglich und er bat Gott unter Tränen um Vergebung seiner Sünden. Als er von der Arbeit kam, ging er mit Selma nach Iwanowka zu seinem Bruder Jakob, wo er vollkommen durchdrang und seine Wiedergeburt erlebte. Seine Frau Helena bekehrte sich am 13. Februar 1951. Am 17. Juni 1951 ließen sich beide von Bruder Thiessen in Kucharewo taufen.

Die Gläubigen versuchten Gottesdienste durchzuführen, aber bereits vier Monate nach ihrer Taufe wurden acht Brüder aus den umliegenden Dörfern verhaftet.[15]

Erst 1955 erwachte das öffentliche Gemeindeleben in den Omsker Dörfern. Am 21. November 1958 wurde Johann Günther von August Risto zum Diakon für die Gemeinde Iwanowka eingesegnet.

Johann und Helena Günther nehmen Abschied von ihrer Tochter Lisa am 7. November 1983

[13] Staatlicher Betrieb für Korneinkauf- und Lagerung.

[14] Lisa starb am 5. November 1983 in Terek in der Kabardino-Balkarische Republik im Nordkaukasus.

[15] Aus Kucharewo Jakob Regehr, aus Iwanowka Jakob Günther und Peter Thiessen, aus Nikolaifeld Johann Neufeld und Helmut Schröder, aus Nowo-Alexandrowka Peter Dickmann und Johann Ott und aus Putschkowo Bernhard Butt. Die Brüder wurden im Dezember 1951 verhaftet und bis auf Peter Dickmann, der zehn Jahre Haft bekam, zu 25 Jahren Haft verurteilt. Sechs Brüder wurden im April 1956 aber wieder aus der Haft entlassen. Johann Neufeld und Peter Thiessen verstarben in der Haft.

Helena und Johann Günther im Sommer 1983

Als Bahnarbeiter hatte Johann einmal im Jahr ein freies Bahnticket, was sie auch jährlich nutzten. Im Herbst 1961 machten sie eine Rundreise über Karaganda, Alma-Ata und Frunse. Als sie von der Reise zurückkamen, wurde Johann im Zuge eines Stellenabbaus gekündigt, weil er keine richtige Ausbildung hatte.

Weil Johann und Helena sahen, dass ihre Kinder die Welt immer lieber gewannen, beschlossen sie an einen Ort umzuziehen, an dem es eine Gemeinde und Jugend gab. Sie beteten um Gottes Führung in dieser Sache und nach Rücksprache mit den älteren Kindern beschlossen sie, nach Karaganda zu ziehen. Katharina wollte nur nach Karaganda, denn ihr hatte die Jugend dort gefallen. Nach der Gebetswoche 1962 fuhr Johann nach Karaganda, um eine Wohnung und Arbeit zu suchen. Nach drei Monaten kam er zurück, um seine Familie zu holen. Das Geld hatte genau für eine Erdhütte und den Umzug gereicht.

Die Kinder schlossen sich schnell der Jugend an. Am 19. April 1962 bekehrte sich Katharina. Auch wenn der Anfang in Karaganda schwer war, segnete der Herr sie reichlich. Die Gottesdienste und die Jugendstunden wurden in privaten Häusern durchgeführt. Für Johann als Diakon gab es viel Arbeit, die er auch gerne tat. Der Herr schenkte ihm offene Augen für die Not der anderen und Helena war ihm darin eine große Unterstützung, denn auch sie hatte stets ein offenes Herz und Haus. Die Kinder hatten oft Angst vor den Besuchern, die ihre Mutter zu Tisch einlud. Oft waren es Zigeuner oder andere, von denen niemand leer ausgehen musste.

Beim Umbau eines Hauses zum Bethaus 1967 gab es einen Unfall. Ein Teil der Decke stürzte ein und begrub Johann unter sich. Durch die vielen Helfer wurde er jedoch schnell wieder „ausgegraben". Wieder schenkte der Herr Genesung und die Familie durfte noch viele gesegnete Jahre mit ihm verleben und manches von ihm lernen.

Johann Günther gewann das Vertrauen der Gemeindemitglieder und ihm wurden Geheimkassen zur Versorgung von Notdürftigen, der Familien derer die Verhaftet waren, für weitere „Ausfahrten" (Predigtreisen), für Schriftendruck und Schriftenverbreitung. In dem letzten Jahrzehnt seines Dienstes leitete er jüngere Diakone an.

Am 26. Januar 1991 holte der Herr Johann Günther nach schwerer Krankheit in Karaganda heim.

Irene Schönke anhand der Tonbandaufzeichnung von Johann Günther über sein Leben. Ergänzungen von Kornej und Selma Klassen und Maria Görzen.

Gerhard Harder (1891-1971)

Prediger

Gerhard Harder wurde am 13. Dezember 1891 im Dorf Grigorjewka bei Barwenkowon in der Kolonie New York als Sohn von Peter Harder geboren, der Name seiner Mutter ist nicht bekannt. Sein Vater war Dorfschullehrer. Nach Beendigung der Dorfschule 1908 wurde Gerhard Hilfsarbeiter in der Dampfmühle im Dorf Michajlowka, wo er bis zum Krieg 1914 arbeitete. Seine Eltern starben 1911 und 1913.

Während des Ersten Weltkriegs leistete Gerhard den Sanitäterdienst im Sanitätszug ab. Im November 1917 kam er nach Waldheim in der Molotschna-Kolonie zu seinem älteren Bruder. Da fand er eine Anstellung in einer Walzmühle und heiratete 1917 Elisabeth Janzen, die 1914 getauft worden war. Der Herr schenkte ihnen zwei Söhne und eine Tochter. Wann und wo Gerhard zum Glauben gekommen ist und getauft wurde, ist nicht bekannt. Auf der Walzmühle arbeitete er bis November 1930. Dann wurde die Mühle wegen Mangel am Verarbeitungsgut geschlossen. Nach einer kurzen Beschäftigung als „Utschotschik“[16] in Grostokmak, fand Gerhard 1932 eine Anstellung in Waldheim in der neu organisierten MTS[17], erst als „Utschotshik“, dann Rechnungsführer, und 1938 als Buchhalter.

In der Familie Harder wurde viel gelesen. Gerhards Tochter berichtet: „Vater hat uns jeden Abend aus geistlichen Büchern vorgelesen. Wir saßen am Tisch am warmen Kachelofen. Mama hat gestrickt und wir haben zugehört. Es war eine wunderbare Zeit. Jeden Abend haben wir dann mit Gebet abgeschlossen.“[18]

Gerhard und Elisabeth Harder feiern 1942 im Kreise ihrer Verwandten und Freunde ihre Silberhochzeit

[16] Utschotschik: Rechnungsführer.
[17] MTS: „Maschinen-Traktor Station“ zur Instandhaltung und Reparatur der landwirtschaftlichen Maschinen und Traktore.
[18] Aus dem Bericht seiner Tochter Lilie Leier, Augustdorf

Das goldene Jubelpaar Gerhard und Elisabeth-Harder

In den 1930-er Jahren, wurde Gerhard viel durch das NKWD geplagt, aber er blieb der Familie erhalten. Als 1941 der Krieg ausbrach, war der älteste Sohn gerade im Dienst in der Roten Armee. Gerhard und sein zweiter Sohn wurden am 5. September 1941 nach Molotow im Permgebiet in die Arbeitsarmee eingezogen. Seine Frau Elisabeth und die Tochter Lilli kamen unter die deutsche Besatzung, weil man es nicht geschafft hatte, sie zu deportieren. Sie kamen 1943 nach Polen in den Warthegau und wurden 1944 deutsche Bürger. Der älteste Sohn war inzwischen in deutsche Gefangenschaft gekommen und konnte seine Mutter und Schwester in Polen besuchen. Später verschwand er spurlos.

Gerhard Harder wurde am 20. Mai 1942 krankheits- und altershalber aus der Arbeitsarmee entlassen. Zu seiner Familie, die hinter der Frontlinie war, konnte er nicht kommen. So fuhr er zu seiner Schwester nach Martuk im Aktjubinskgebiet in Kasachstan. In der Kolchose Amangeldy konnte er seiner Schwester behilflich sein und sie und ihre Tochter dadurch vom Hungertod retten.

Bei Kriegsende wurden die Russlanddeutschen in Polen von den russischen Truppen erreicht und „zurück in die Heimat" gebracht. So kamen am 16. Mai 1945 Elisabeth Harder und ihre Tochter Lilli zusammen mit der Familie Delesky nach Karaganda. Dort bekamen sie ein Zimmer in der Baracke in dem Stadtteil Kirsawod. Da gab es viel Fragen, Schreiben und Suchen, bis sie den Vater und auch den Sohn ausfindig machten. Nachdem Gerhard Harder 1946 seine Familie kurz besuchen durfte, konnte er am 10. Juni 1947 zu seiner Familie nach Karaganda ziehen. Er fand eine Arbeitsstelle als Buchhalter in der Ziegelfabrik und arbeitete hier, bis er 1957 in Rente ging.

Gerhard Harder hatte sich der Baptistengemeinde in Kopaj angeschlossen. Die Kinder bauten 1953 in Kirsawod ein Haus und seitdem wohnten die Eltern bei ihnen. Geschwister Harder nahmen regen Anteil an Gemeinschaftsstunden in Privatwohnungen. Besondere Freundschaft pflegten sie mit den Geschwistern Tjart und Koop. Elisabeth und Lilli waren tüchtige Sänger und ermunterten und trösteten viele durch den Gesang, Gerhard nahm an der Wortverkündigung teil. Der Leiter der Baptistengemeinde hatte ein brüderliches Vertrauen zu ihm und gab ihm die Aufgabe, die Kranken und Alten im Ortsteil Kirsawod mit dem Abendmahl zu betreuen, obwohl er noch nicht eingesegnet war. Geschwister Harder machten mit den Geschwistern Tjart oft in Karaganda und auswärtig Besuche. Als von Seiten der Obrigkeit die strengen Verbote kamen, und die Leitung der Gemeinde keine entschiedene Stellung dagegen einnahm, waren die Geschwister Harder unter denen, die im Dezember 1956 die Baptistengemeinde verließen und die Mennoniten-Brüdergemeinde gründeten.

Gerhard Harder wurde als erster im Februar 1957 in der neu gegründeten Gemeinde von Dietrich Pauls zum Prediger eingesegnet. Als David Klassen von der Gemeinde im September 1957 zum Ältesten gewählt wurde, wurde Gerhard Harder sein Gehilfe. Später nahm er an der Einsegnung so mancher Brüder teil. Er war einer der führenden Prediger in der MBG und bemühte sich mit den anderen Brüdern um ihre Legalisierung. Dazu war er auch an

den Reisen der Gemeindeleiter nach Alma-Ata und Moskau beteiligt.
Im Ortsteil Kirsawod wurden die Bibel- und Gebetsstunden einige Zeit unter der Leitung von David Klassen und Gerhard Harder durchgeführt. Nach den harten Bedrängnissen, als vom August 1964 bis März 1965 die Mennoniten-Brüdergemeinde mit den deutschen Mitgliedern der EChB-Gemeinde gemeinsame Gottesdienste im Bethaus der Baptistengemeinde hielt, leitete Gerhard Harder mit Jakob Siebert und Wilhelm Matthies diese Versammlungen.

Weil die Lage der MBG schwierig war und die geistliche Lage in der EChB-Gemeinde sich zum Besseren geändert hatte, schloss sich Gerhard Harder wieder dieser Gemeinde an. Nach Peter Enns leitete Gerhard Harder dann die deutschen Gottesdienste in der Baptistengemeinde. Bei der Mennoniten-Brüdergemeinde bat er später öffentlich für seine Schritte gegen ihre Selbständigkeit um Verzeihung.

Gerhard Harder ließ in der Mennoniten-Brüdergemeinde und in der Baptistengemeinde gute Spuren zurück. Er galt als bewährter treuer Diener des Herrn. Die Gemeinden liebten und achteten ihn und als solcher bleibt er auch uns in teurer Erinnerung. Vor seinem Heimgang wohnte er mit seiner Frau in der Nähe des Bethauses in Kopaj. Er wurde am 28. Januar 1971 vom Herrn in die himmlische Heimat gerufen. Mit Apostel Paulus konnte er sagen: „Ich habe den guten Kampf gekämpft, ich habe den Lauf vollendet, ich habe Glauben gehalten; hinfort liegt für mich bereit die Krone der Gerechtigkeit, die mir der Herr, der gerechte Richter an jenem Tag geben wird, nicht aber mir allein, sondern auch allen, die seine Erscheinung lieb haben" (2. Tim. 4,7-8).

Nach der Autobiographie an den Upolnomotschenyj (18.5.57. SAKG, F.1364, L1a, A43. S.9-10) und dem schriftlichen Bericht von Lilie Leier

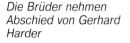

Die Brüder nehmen Abschied von Gerhard Harder

Abram Heidebrecht (1910-1979)

Diakon

Abram Heidebrecht wurde am 6. Dezember 1910 im Dorf Hamberg in der Molotschna-Kolonie geboren. Seine Eltern Heinrich und Anna Heidebrecht (geb. Bergen) zogen 1913 mit drei Kindern, von denen Abram der Zweitältes-te war, nach Sibirien, in die Gljadener Ansiedlung. Hier im Dorf Nr. 4 verlebte Abram seine Kinderjahre und Schulzeit. Sein Vater starb im Januar 1918 an Lungenentzündung und ließ die Mutter mit vier Kindern zurück, die 1919 in die zweite Ehe mit dem Witwer Jakob Friesen trat. Sie zogen 1923 mit sechs Kindern, von denen zwei schon in der zweiten Ehe geboren waren, wieder zurück nach Hamberg.

Hier in Hamberg verlebte Abram seine Jugendzeit, die nicht leicht war. Er musste schon in jungen Jahren sein Brot selbst verdienen, indem er erst bei seinem Onkel, dann bei andern Leuten diente. Schon in der Kolchosezeit, 1930, besuchte er mit einigen anderen den Katechismus-Unterricht und wurde an Pfingsten vom Ältesten A. Ediger in der Schönseer Kirchengemeinde getauft und in die Gemeinde aufgenommen. Das war eine glückliche Zeit für ihn, die aber nicht lange währte. Bald wurden alle Kirchen von den Sowjetbehörden geschlossen und die Ältesten und Prediger in die Verbannung geschickt.

Am 31. August 1931 trat Abram mit Elisabeth Schartner in die Ehe. Die Trauhandlung vollzog Prediger Kornelius Fast in der Landskroner Kirche. Der Herr schenkte ihnen zwei Söhne.

Bei Kriegsausbruch 1941 wurde Abram mit vielen anderen deutschen Männer in den hohen Norden verbannt, wo er viel Schweres durchmachte, Hunger, Kälte, Krankheit. Vier Jahre lang wusste er nichts von seiner Familie. Die Gegend, in der seine Frau mit den beiden Kindern wohnte, wurde von der Deutschen Wehrmacht besetzt und die deutschen Bewohner im September 1943 in den Warthegau umgesiedelt. Auf der Reise dorthin mussten sie auch sehr viel Schweres durchmachen.

Nach Kriegsende wurde die Familie nach Karaganda verschleppt, wo sie ohne Hab und Gut neu anfangen mussten. Der Herr führte es so, dass Abram schon im November 1945 zu seiner Familie kommen konnte und sie zusammen ihr Leben in Karaganda einrichten konnten.

Am 16. September 1949 bekehrte Abram sich zum Herrn Jesus und wurde sehr froh und glücklich im Herrn. Er und seine Frau wurden 1950 auf den Glauben getauft und in die Baptistengemeinde aufgenommen.[19] Am 2. September 1956 durften sie ihre Silberhochzeit feiern.

Abram und Elisabeth Heidebrecht mit ihren Söhnen Erwin (links) und Albert

Als die MBG in Karaganda gegründet wurde, waren Abram und Elisabeth Heidebrecht unter den ersten, die sich ihr anschlossen. Am Versammlungshausbau 1968 nahm Abram sehr aktiv teil.

[19] Die Taufe 1930 in der kirchlichen Mennonitengemeinde, die nicht auf den Glauben erfolgt war, galt in der Baptisten-, so wie auch in der Mennoniten-Brüdergemeinde nicht als biblische Taufe, weshalb die Taufe 1950 nicht als „Wiedertaufe", sondern als einzig gültige biblische Taufe anzusehen ist.

Abram und Elisabeth Heidebrecht feiern am 2. Juli 1956 im Kreise ihrer Verwandten und Freunde ihre Silberhochzeit.

Am 18. September 1970 fiel Abram beim Absteigen vom Dachboden des Versammlungshauses von der Leiter und bekam einen Schädelbruch. Im bewusstlosen Zustand wurde er ins Krankenhaus befördert, wo er längere Zeit zubrachte. Der Herr schenkte aber wieder Gnade und er durfte soweit genesen, dass er wieder auf die Füße kam.

Im Jahr 1975 durfte Familie Heidebrecht in die Bundesrepublik Deutschland ausreisen. Die Kinder Albert und Frieda kamen ihnen im Dezember 1977 nach und später folgte auch der Sohn Erwin mit seiner Familie. Geistliche Gemeinschaft pflegten die Geschwister Heidebrecht in der MBG Lage. Obwohl Abram an den Folgen seines Unfalls litt, war für ihn Psalm 77,11 immer ein großer Trost: „Ich muss das leiden, die rechte Hand des Höchsten kann alles ändern." Abram Heidebrecht verstarb am 15. Mai 1979 in Lage.

Nach autobiografischen Notizen von Abram Heidebrecht

Abram und Elisabeth Heidebrecht

Heidebrechts mit Freunden im Garten

David Klassen (1899-1990)

Prediger

David Klassen wurde am 22. März 1899 in Fürstenwerder in der Molotschna-Kolonie als Sohn von Johann und Anna (geb. Penner) Klassen geboren. Die Familie zog 1908 nach Rosenort.

Mit 18 Jahren bekehrte sich David während einer sehr schweren Krankheit. Im August 1918 wurde er vom Gemeindeleiter Benjamin Janz gegenüber Rosenort im Flüsschen Juschanlee getauft und in die Brüdergemeinde in Tiege aufgenommen. Dort arbeitete David Klassen in der Sonntagsschule mit, übernahm mit der Zeit die Leitung des Jugendchores und sang im Gemeindechor.

David Klassen wollte sehr gerne die Bibelschule auf der Krim zu besuchen, die aber im Frühling 1924 geschlossen wurde. Am 13. Dezember 1924 ging er in die Heilanstalt „Bethania", die von Mennoniten bei Einlage in der Chortitza-Kolonie betrieben wurde und arbeitete dort mit vielen anderen Brüdern und Schwestern unter geisteskranken Menschen. Bis 1927 leitete David den Chor in „Bethania". Als im Mai 1927 Einlage aus dem Stauseegebiet auf einen höheren Ort verlegt wurde, liquidierte das sowjetische Dammbauunternehmen Dnjeprostroj die Anstalt. Stattdessen wurde ein neues Krankenhaus errichtet, in dem David Klassen bis zu seiner ersten Verhaftung 1936 arbeitete.

Am 12. Mai 1929 wurde David Klassen mit Sara Hamm in der Gemeinde in Lichtenau getraut. Sie zogen in das neue Heim, das David in Einlage gebaut hatte. Da die Ehe zunächst kinderlos blieb, adoptierten sie im Januar 1934

David Klassen (rechts) in „Bethania"

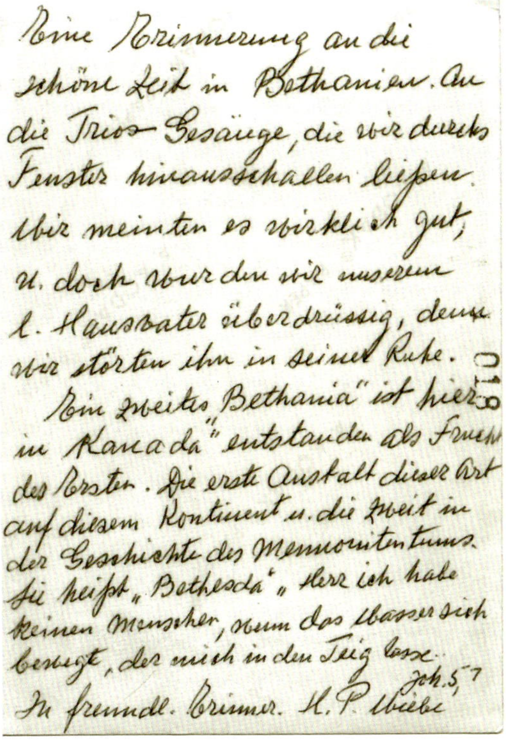

Eine Erinnerung an die schöne Zeit in Bethanien. An die Trios-Gesänge, die wir durchs Fenster hinausschallen ließen. Wir meinten es wirklich gut, u. doch wurden wir unserem l. Hausvater überdrüssig, denn wir störten ihn in seiner Ruhe.
Ein zweites „Bethania" ist hier in „Kanada" entstanden als Frucht des Ersten. Die erste Anstalt dieser Art auf diesem Kontinent u. die zweit in der Geschichte des Mennonitentums. Sie heißt „Bethesda", „Herr ich habe keinen Menschen, wenn das Wasser sich bewegt, der mich in den Teich lasse. Joh. 5,7
In freundl. Erinner. H. P. Wiebe

David und Sara Klassen am Anfang des gemeinsamen Lebensweges, ca. 1928

Anna Wiens, mit deren Eltern sie gut befreundet gewesen waren. Der Herr schenkte ihnen dann doch zwei eigene Söhne, David (1935-1993) und Ernst (1936-1981).

In der Osterwoche in der Nacht vom 7. auf den 8. April 1936 wurde David verhaftet, nach Saporoshje ins Gefängnis gebracht und zu sieben Jahren Erziehungs- und Arbeitslager wegen „antisowjetischer Tätigkeit unter dem Deckmantel der Religion" verurteilt. Der Herr führte es so, dass er anfänglich ein Neues Testament bei sich hatte. Weil er wusste, dass er es nicht lange würde behalten können, lernte er viele Kapitel auswendig. Diese Schriftabschnitte waren ihm im Leben und Dienst oftmals eine große Hilfe. Während der Haft war er die meiste Zeit im Lagerkrankenhaus tätig. Er sollte am 5. April 1943 freigelassen werden, wurde aber wie viele andere so genannten „politische Häftlinge", bis nach Kriegsende festgehalten und erst am 12. Dezember 1946 freigelassen.

Inzwischen war auch seine Frau Sara im Juli 1941 verhaftet und zu zehn Jahren Straflager verurteilt worden. Die verwaisten Kinder blieben in dieser Zeit bei ihren Verwandten und wurden mit ihnen nach Kasachstan deportiert. Nach seiner Entlassung fand David sie wieder in Beloglinowka im Kustanajgebiet in Nordkasachstan. Er fand auch eine Arbeitsstelle als Feldscher (Dorfarzt). Eine Gemeinde gab es hier nicht, aber in verschiedenen Häusern, die er besuchte, unterhielt David sich über das Wort Gottes. Mit der Zeit organisierte er im Dorf einen Chor. Dafür wurde er am 1. September 1949 mit weiteren fünf Geschwistern aus der Gegend verhaftet und alle sechs wurden zu 25 Jahren Straflager verurteilt. Im Laufe der fünfmonatigen Untersuchungshaft wurde David insgesamt 91 Mal, am Tage oder auch nachts, zum Verhör geholt.

Sara Klassen wurde 1952 aus der Haft entlassen, kam zu den Kindern und zog 1955 nach Karaganda, wo sie . Hier fand sie wieder reiche geistliche Ge-

Familie Klassen. Sitzend von links: Sohn Ernst, David, Sohn David. Stehend: seine Frau Sara und Tochter Anna

meinschaft. Im August 1950 wurde David Klassen nach Dsheskasgan in das Steplag[20] verlegt. Dort lernte er viele inhaftierte Brüder kennen, darunter auch den bekannten Jurij S. Gratschew aus Kujbyschew, und sie durften gute Gemeinschaft pflegen. Hier im Lager schrieb David Klassen zu bestimmten Anlässen Gedichte und Lieder, die ihn selbst, seine Leidensgenossen und brieflich auch seine Angehörigen trösteten. Nach Stalins Tod 1953 wurde Davids Frist auf zehn Jahre reduziert, doch schon 1955 wurde er zum Invaliden erklärt und durfte am 18. Oktober zu seiner Familie zurückkehren, die mittlerweile in Karaganda lebte.

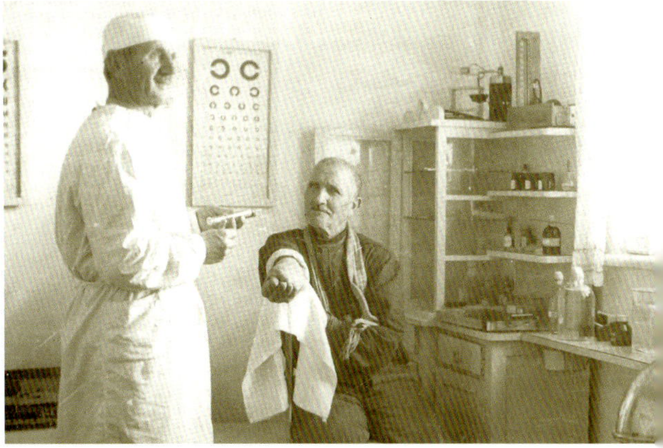

David Klassen 1954 in Haft als Feldscher

In Karaganda suchte und fand David Klassen viele Geschwister und geistliche Gemeinschaft. Doch er zögerte damit, sich der registrierten Baptistengemeinde anzuschließen, vermutlich wegen der verschiedenen Einschränkungen der Gemeindearbeit und des stiefmütterlichen Verhaltens des Gemeindeleiters gegenüber den deutschen Geschwistern. David beteiligte sich trotzdem aktiv am Umbau des Bethauses in Kopaj.

Schon ein halbes Jahr nach der Befreiung aus dem Lager machte David Klassen eine Reise ins Koktschetawgebiet, um Glaubensgeschwister zu besuchen. In den nächsten Jahren besuchte er viele neu entstehenden Gemeinden in Kasachstan, Sibirien und Mittelasien. Er bewegte sich auf verschiedene Weise fort: zu Fuß, mit dem Pferdegespann, mit dem Auto oder dem Zug.

[20] Steplag: Eines der sowjetischen Sonderlager für besonders gefährliche Häftlinge.

Eine Bekehrung bei Onkel David Klassen

„Im Mai 1956 besuchte Onkel David Klassen unsere Dörfer im Koktschetawgebiet. Isbrand Friesen seine Tochter hatte Hochzeit, dazu lud er David Klassen. (Für diese Reise hatte O. Isbrand Friesen ihm Geld rausgeschickt). Die Hochzeit fand in Tschistopolje statt. Anschließend besuchte O. David noch die umliegende Dörfer. So kam er auch an einem Sonntag in unser Dorf Dubrowka. Da versammelten sich viele zu einem Gottesdienst. Ich konnte nicht dabei sein, ich musste mit meiner Freundin Anita Pankratz Kälber hüten. In diesem Gottesdienst bekehrten sich einige Frauen, auch meine Mutter, mit viel Freude wurde uns das mitgeteilt. Ich wollte auch diese Freude und diesen Frieden bekommen, der aus den Augen derer leuchtete, die sich bekehrt hatten. Am nächsten Tag fuhr O. David Klassen weiter. Auf dem Rückweg besuchte er unser Dorf noch einmal. Für den Abend wurde wieder eine Versammlung angesagt. Ich wurde mit meiner Freundin auch zum Gottesdienst eingeladen. So kamen wir beide und setzten uns hinter einem Ofen. O. David sprach über den Vers aus Joh 14,6: ‚Ich bin der Weg, die Wahrheit und das Leben.' Er erklärte uns ganz klar und deutlich, dass wir alle Sünder sind und durch Jesus Vergebung der Sünden bekommen können. Als die Versammlung aus war, sagte er: ‚Wen der Geist Gottes mahnet, der soll zurückbleiben.' Wir wollten aufstehen, aber wir konnten nicht. Einige Besucher gingen schon heim. Wir aber fassten uns an die Hand und blieben auf unserem Platz sitzen. O. David K. sah uns, er kam auf uns zu und fragte: ‚Wie geht es euch Mädchen, drücken euch auch die Sünden?' Wir weinten, denn die Last der Sünde war so groß. Da half er uns und fragte: ‚Wollt ihr dann auch um Vergebung eurer Sünden bitten?' ‚Ja', sagten wir ‚aber wir können nicht deutsch nur plattdeutsch beten.' Er ermutigte uns in der Sprache zu beten, in der wir können. So blieben wir zu dritt zurück. Wir beteten, ich betete Plattdeutsch, dann dankten wir auch sofort. Wie groß war dann die Freude! Heinrich Becker aus Karaganda, der auch dort zu Besuch war (er war zur Hochzeit eingeladen) schlug dann noch ein Lied vor: ‚Wer zieht als Sieger durchs Perlentor?' Die Geschwister, die noch zurückgeblieben waren, freuten sich mit uns und gratulierten uns."

Erinnerungen von Maria Penner (geb. Rogalsky)

David Klassen auf einer Besuchsreise mit Geschwistern

Der Herr segnete seine Reisen dadurch, dass viele zum Glauben kamen oder sich neu aufmachten.

Die im Dezember 1956 entstandene deutsche Gemeinde in Karaganda hatte Schwierigkeiten, sich zu orientieren, denn alle Mitglieder waren zwar bekehrte Christen, hatten aber verschiedene Wurzeln, einige kamen aus der Mennoniten-Brüdergemeinde, andere von den Kirchlichen, Baptisten, Lutherischen oder auch Pfingstlern. So war es Gottes Führung, dass zu diesem Zeitpunkt ein energischer Mann aus der Brüdergemeinde an die Leitung

Lobgesänge in der Nacht

Heinrich Wiebe erinnert sich an eine Begebenheit aus dem Untersuchungsgefängnis der KGB in Karaganda: „Fast zum Schluss meiner Einzelhaft wurde ich unerwartet ganz besonders getröstet. An einem Abend wurde die Stille von lieblichem Gesang gebrochen. Es war Bruder David Klassen, der sang:

‚Meine Zufriedenheit steht in Vergnüglichkeit,
was ich nicht ändern kann, nehm ich geduldig an,
meine Zufriedenheit.
Halte geduldig still! Wie Gott es haben will,
wirf nicht durch Ungeduld selbst dich aus seiner Huld
und sei zufrieden nur.'

Ich freute mich nicht darüber, dass der alte Bruder mit seinen 63 Jahren zum dritten Mal verhaftet worden war, aber dass er mir aus der gegenüberliegenden Einzelzelle solch ein aufmunterndes Lied vorsang. Es berührte mich derart, dass ich auch ein Lied anstimmte um ihm Trost zu spenden und ihn wissen zu lassen, dass ich das von ihm gesungene Lied gehört hatte. Ich sang: ‚Es erglänzt uns von Ferne ein Land.'"

Wiebe: Das Los ist mir gefallen aufs Lieblichste. S.137-138.

In strenger Haft

David Klassen schreibt über seine Haftzeit: „Dort arbeitete ich ein Jahr und 8 Monate als Assenisator[1] im Krankenhaus für Tuberkulosekranke, durfte auf Befehl der Administration aus der Krankenhausküche essen und zudem soviel als ich brauchte, da es eben als schwere Arbeit zählte. Wurde unwillkürlich auf das Wort des Herrn an Elia am Bache Krit erinnert (1.Kön. 19): ‚...Ich habe den Raben geboten, daß sie dich ernähren sollen...' So sorgt der Herr für seine Kinder... Nach einem Jahr und 8 Monaten wurde ich dann für gewissenhafte Arbeit und beispielhafte Führung übergeführt auf das ‚strenge Regime', wo die Kleider gewechselt wurden, ich 3mal im Jahr Pakete bekommen durfte und 2mal im Jahr Wiedersehen mit der Familie auf drei-vier Tage... Das war schon eine Erleichterung: frei auf dem Lagpunkt[2] umherzugehen, in die allgemeine Speisehalle gehen u.s.w., während dort gefängnisartiges Kamersystem war..."

Aus der Autobiographie von David Klassen in: Rückblick. Glaube und Gemeinde im Spiegel der Geschichte. Ausgabe 1/2005.

1 Assenisator: Toilettenputzer.
2 Lagpunkt: Lager-Punkt, eine kleinere Lagerabteilung.

David Klassen vollzieht die Taufe

kam, der aus Erfahrung wusste, was eine Brüdergemeinde ist, und dieses anderen erklären konnte. Im Mai 1957 traten David Klassen und seine Frau Sara der neuen Gemeinde bei. Vielen ist seine Predigt vom Ruder, dass nicht aus Gummi sein darf, wenn das Schiff ans Ziel kommen soll, im Gedächtnis geblieben.

Am 16. Juni 1957 wurden Franz Ediger, Abram Friesen und David Klassen von Dietrich Pauls zu Predigern eingesegnet und am 12. September 1957 wählte die Gemeinde David Klassen zum Ältesten. Zuerst zögerte er, weil er schon zwei Straffristen hinter sich hatte: „Ein verbranntes Kind hat Angst vor dem Feuer". Doch schließlich willigte er mit dem Wort aus Jeremia 20,7 („HERR, du hast mich überredet, und ich habe mich überreden lassen") in diesen Dienst ein. Er war als Ältester in der Gemeinde und unter anderen Gläubigen beliebt und führte die Gemeinde entschieden und tatkräftig durch die Jahre des intensiven Wachstums und auch durch die Bedrängnisse der wieder schärfer werdenden Verfolgungen, die sich in ständigen Schikanen der sowjetischen Behörden, gehässigen Zeitungsartikeln und unmöglich hohen Geldauflagen äußerten.

Ende August 1962 wurden Heinrich Zorn und Heinrich Wiebe und im September 1962 auch David Klassen verhaftet. Man hatte schon lange nach einer Ursache gesucht, ihn zu beseitigen. Während der Verhöre konnte er auch durch Androhung des Erschießens nicht eingeschüchtert werden und war nicht bereit, die Versammlungen einzustellen. Jeder von den Brüdern kam in eine Einzelzelle.

Am 10. und 11. Dezember mussten die drei Prediger sich vor Gericht verantworten. David Klassen vertrat entschieden und unerschrocken die Sache der Gemeinde. Als Gemeindeleiter wurde er zu drei Jahren Strafla-

Familie Klassen. Sitzend von links: Frieda Klassen, Sara Klassen mit David Bergen, David Klassen mit Nikolaj Bergen, Anna Bergen; hinten: David Klassen, Ernst Klassen und Herbert Bergen

ger mit besonders strenger Haft verurteilt. Nach dem Gericht kamen David Klassen und Heinrich Wiebe im Gefängnis Nr. 16 bei Kirsawod in eine Zelle zusammen. Am 29. Dezember wurde David Klassen nach Karabas im Karagandagebiet in die Zone mit „besonders strengem Regime" gebracht. Hier musste er grau und fuchsfarben gestreifte Kleider tragen wie ein Schwerverbrecher, durfte keine Pakete bekommen, nur zwei Mal im Jahr ein drei- bis vierstündiges Treffen mit seiner Familie haben und jeden Monat nur einen Brief schreiben.

Der Herr half David Klassen, auch diese schwere Zeit aus seiner Vaterhand anzunehmen. Oft dachte er über die Wege Gottes mit ihm nach und kam zum Schluss, dass Gott ihn bei all diesem liebte und dabei Seine Absichten hatte. So schrieb er am 13. März 1963 folgendes Gedicht:

Die auswendig gelernten Lieder, Gedichte und Bibelverse spendeten David Klassen in den schweren Zeiten Trost und Freude

Ich hab dich lieb! Drum hab Ich dich genommen
Von Weib und Kind, - und in die Einsamkeit
Versetzt - damit du näher Mir sollst kommen,
Wenn dunkel auch der Pfad und herb das Leid.
Ich hab dich lieb! Kannst du die Sprach verstehen,
Die ich mit dir heut führe, liebes Kind?
Ich hab dich lieb! Es muss also geschehen,
Damit du völliger Mir werdest gleich gesinnt.
Ich hab dich lieb! Geht auch durch enge Kammern,
Durch Felsenbrüche, Spott und Hohn der Pfad. -
Du darfst dich immer fester an mich klammern;
Ich hab dich lieb! O traue meiner Gnad!
Ich hab dich lieb! Drum lass dir nimmer bangen,
Wenn schwere Wetterwolken drohend steh'n, -
Komm armes Kind, komm trockne deine Wangen,
Und glaub's, Ich lass dich niemals untergeh'n.
Nun Herr, ist's also, - dass Du mich so liebest??
Dann fühl auch ich des Herzens innern Trieb,
Zu sagen Dir, den ich so oft betrübet:
„Ich bin's nicht wert! ... Vergib... ich hab Dich lieb!"

Alle Lieder, Gedichte und Bibelverse, die er im Laufe dieser Zeit von den Geschwistern geschickt bekam, lernte er auswendig und sagte sie sich fast täglich auf. Einen Vers sagte er oft zu seinen mitgefangenen Brüdern: „Gott weiß, was für uns Menschen gut, kein Auge schaut so weit. Was jetzt vielleicht so weh dir tut, macht froh dich mit der Zeit!"

Am 30. April 1965 kam die Nachricht aus Alma-Ata, dass David nach einigen Bittschriften von Ernst Klassen rehabilitiert war und unverzüglich aus dem Lager entlassen werden sollte. So kehrte er an demselben Abend in sein Heim zurück. Die Gemeinde bat ihn, die Leitung wieder zu übernehmen. Er lehnte es ab, gehörte aber auch weiterhin zum Vorstand der Gemeinde.

In dieser Zeit der Neuorientierung im Gemeindeleben arbeitete er anfänglich in der „Kommission für Vereinigung"[21] des offiziellen Baptistenbundes mit. Er besuchte z.B. die ihm schon seit Ende der 1950-er bekannte Gemeinde in Balchasch, in der es schwere innere Probleme gab.

[21] Diese Kommission arbeitete 1966-1969.

David (stehend rechts) und Sara (sitzend, zweite von links) Klassen im Kreise der Glaubensgeschwistern

Im Winter 1970-71 machte sich bei David der grüne Star im linken Auge bemerkbar, worauf ihm am 17. Mai 1973 das Auge entfernt wurde. Im Jahre 1979 erblindete auch das rechte Auge. So war er mit 80 Jahren ganz blind. Aber auch jetzt konnte man ihn oft alleine oder mit seiner Frau Sara singen hören: „Meine Zufriedenheit steht in Vergnüglichkeit", oder „An Jesu Hand lässt sich so herrlich gehen", „Wenn Friede mit Gott meine Seele durchdringt" und andere Lieder. Weil das alte Ehepaar Klassen sich nicht mehr so gut versorgen konnte, zogen sie 1980 zu ihrer Pflegetochter Anna Bergen. Nach seiner Erblindung predigte David nun immer seltener, aber immer wieder ka-

Der Orchester von Kirsawod mit David Klassen unterwegs nach Kiewka im Winter 1978

Das Ehepaar David und Sara Klassen

men Geschwister zu Seelsorgegesprächen, zur Beratung oder einfach zu Besuch zu ihm und er konnte noch manches aus seinem Erlebten und dem Wort Gottes mitteilen. Seine eigene Lage schätzte er sehr nüchtern ein. Als Bernhard Bergen ihm eine schwierige Frage aus der Offenbarung stellte, versuchte er nicht mehr eine Antwort zu geben, sondern entgegnete: „Das hättest du mich früher fragen sollen."

Im September 1981 verunglückte sein Sohn Ernst Klassen tödlich und hinterließ seine Frau Elisabeth mit fünfzehn Kindern. Auf der Beerdigungsfeier am 13. September im Bethaus Kopaj wurden den Hinterbliebenen viele Trostworte gegeben. Auch David Klassen wurde zur Kanzel geführt. Tiefe Trauer lag auf seinem Angesicht. Mit zitternder Stimme sprach er: „Ist etwa ein Unglück in der Stadt, das der Herr nicht tut?" (Amos 3,6). Im Wissen, dass Gott nie einen Fehler macht, nahm er dieses Unglück aus der Hand Gottes an und rief dazu auch die Zuhörer auf. Er drückte aber auch seinen Wunsch aus, lieber anstelle seines Sohnes gestorben zu sein.

Am 13. März 1986 nahm der Herr Davids Frau Sara heim. Nun wurde sein Heimweh noch größer. Viele einsame Stunden verbrachte er, aber die vielen Lieder, die er sang, und die Bibelverse, die er auswendig kannte, gaben ihm Freude und Mut, diesen Weg zu gehen. Ab Juli 1989 wohnte er bei seinem Sohn David. Im August 1990 vollendete er im Alter von 91 Jahren seinen Lauf und durfte den sehen, den er liebte und dem er diente.

Helene Bergen und Viktor Fast nach der Autobiographie von David Klassen in: Rückblick. Glaube und Gemeinde im Spiegel der Geschichte. Ausgabe 1/2005 und Wiebe: Das Los ist mir gefallen aufs Lieblichste.

David Klassen und seine Kinder, Enkel und Urenkel nehmen Abschied von der lieben Frau, Mutter, Oma und Uroma im März 1986

Heinrich Klassen (1904-1994)

Diakon

Heinrich Klassen wurde am 2. Februar 1904 in der Familie Johann Klassen in Sofijewka im Dnepropetrowskgebiet in der Ukraine geboren.

Seine Kindheit fiel in die unruhige Zeit der Revolution und dem Treiben der brutalen Banden und war dementsprechend schwer. Bei einem Überfall der Machno-Bande musste Heinrich mit ansehen, wie seine Eltern vor seinen Augen getötet wurden. Er und seine Schwester hatten sich in einem Heuschuppen versteckt. Als die Banditen den Schuppen durchsuchten, stachen sie mit ihren Waffen ins Heu, trafen dabei Heinrichs Auge und stachen es aus, entdeckten aber die beiden Kinder nicht. Das Heu wurde anschließend angezündet, Heinrich und seine Schwester konnten sich aber retten.

Als er heranwuchs, kam Heinrich in die Gemeinde und sang im Chor. Er heiratete Anna Hübert und der Herr schenkte ihnen vier Kinder. Der älteste Sohn Dietrich wurde 1930 geboren. Zwei andere Kinder starben schon in der früheren Kindheit. Vor dem Krieg arbeitete er als Pferdeknecht in der Karl-Marx-Kolchose im Donezkgebiet.

Am 4. September 1941 wurde er verhaftet und befand sich bis zum 15. Juli 1942 in Untersuchungshaft. Am 15. Juli wurde er nach dem §33 des Strafgesetzbuches der Ukrainischen SSR von dem Beschluss der Sonderkommission der NKWD zu fünf Jahren Haft als gefährliches Sozialelement verurteilt.

Am 29. März 1956 wurde Heinrich Klassen von der Kommandanturüberwachung im Gebiet Pawlodar entlassen. Doch mussten seine Kinder Agnes und Dietrich ihre Eltern Heinrich und Anna 1956 erst aus der Kasachenkolchose loskaufen, bevor sie sie nach Karaganda bringen konnten.

In Karaganda arbeitete Heinrich mit Pferden und später als Wächter. Hier schlossen Klassens sich der neu entstandenen Deutschen Mennoniten-Brüdergemeinde an. Heinrich sang im Chor. Er wurde im Mai 1957 zusammen mit Bernhard Epp und Emil Fenske[22] zum Diakon eingesegnet. Manche erinnern sich an einen Zeitungsartikel, in dem Heinrich Klassen beschuldigt wurde, als „Wasserfahrer" mit dem öffentlichem Fuhrwerk das „heilige" Wasser privat zu verkaufen.

In den schweren 1960-er Jahren wechselte er zur Baptistengemeinde in Karaganda, wo er bis zur Ausreise nach Deutschland im Oktober 1993 Mitglied war. Er starb am 24. Dezember 1994 bei seinen Enkeln in Wankendorf in der Nähe von Kiel.

Jakob Penner

Heinrich und Anna Klassen mit ihrer Tochter Agnes und Schwiegersohn David Derksen

[22] Nach Thielmann: Lebenserinnerungen. S.35. Abram Günter meint, dass die Diakone Anfang 1958 eingesegnet wurden.

Jakob Klassen (1899-1981)

Ältester

Jakob Klassen wurde am 1899 im Dorf Naumowka bei Barwenkowo im Charkowgebiet geboren.[23] Sein Vater hieß David Klassen, der Name der Mutter ist nicht bekannt. Er hatte sieben Klassen Schulbildung, unter anderem in der Zentralschule. Als sein Vater starb, musste Jakob als Ältester von sechs Geschwistern mit 14 Jahren bei Bauern arbeiten. Ab 1914 arbeitete er in einer Mühle, wurde mit der Zeit Fachmann für den Mühlenbetrieb und absolvierte auch ein Technikum per Fernstudium.

Er war Mitglied der Kirchengemeinde[24] und heiratete eine Wieler-Tochter, die gläubig war und sich treu an das Wort Gottes hielt.[25] Von 1936 bis 1940 wurde er ins Amurgebiet geschickt, um die Mühlen umzurüsten. Dort wurde er kommunistisch gesonnen, ließ sich von seiner Frau scheiden und heiratete am Amur eine russische Frau. Am 22. Juli 1941 wurde er verhaftet, zu zehn Jahren Haft „für antisowjetische Handlungen" verurteilt. So kam er in das Iwdellag im Nordural, wo er irgendwann seine kommunistische Gesinnung aufgab und sich bekehrte. Seine erste Frau lebte in Krasiwoje im Akmolinskgebiet und starb dort etwa 1943-44.

Jakob Klassen wurde 1951 aus der Haft entlassen und kam mit einer Bibel nach Karaganda zu seiner Tochter Agnes Schellenberg. Er wurde Mitglied der Baptistengemeinde, war ein fleißiger Besucher und nahm regen Anteil am Umbau des Hauses. Noch im selben Jahr wurden Jakob Klassen und die Witwe Helene Enns (geb. Redekopp, 1902) von Jewstratenko getraut. Jakob arbeitete in der Transportabteilung des Kombinats „Karagandaugol".

[23] Nach seiner Gefangenschaft 1941-1951 galt als sein Geburtsjahr 1892. Wie dieser Fehler entstanden ist, ist nicht bekannt. In der Gemeindeliste der MBG von 1957-1959 steht als Geburtsjahr 1892.

[24] In der Gemeindeliste der MBG Karaganda ab 1965 ist ein Jakob D. Klassen (Nr. 592) mit dem Geburtsdatum 1899 eingetragen, dessen Taufe auf 1919 datiert ist.

[25] Bezeugt von Abram Günter (Bickenbach).

Jakob und Elisabeth Klassen im Kreise der Verwandten. Von links: Tina und Abram Görzen, Maria und Peter Görzen, Lydia und Jakob Görzen, Margarita Enns, Anna und Johann Görzen, Elisabeth und Jakob Klassen

Im Dezember 1956 bei der Gründung der MBG Karaganda wurde ihm die provisorische Leitung der kleinen Gemeinde anvertraut. Allerdings war er nur eine vorgeschobene Person, größere Autorität hatten Gerhard Harder, Abram Friesen und Franz Ediger. Die verschiedenen Beratungen konnte er gut leiten. Nachdem sich die Gemeindeleitung etabliert hatte, hatte Jakob Klassen keinen Einfluss in der Gemeinde mehr.

Sein Eheleben war nicht vorbildlich. Im August 1971 starb seine Frau Helene und er heiratete 1974 die Witwe Elisabeth Epp (geb. Görzen, 1909, erste Ehe mit Regehr, zweite Ehe mit Epp), deren Mann 1968 gestorben war. Seine Frau Elisabeth starb 1979 in Moldawien. Jakob Klassen starb am 19. Januar 1981 bei seiner Tochter Agnes und ihrem Mann Peter Schellenberg.

Viktor Fast nach der Autobiographie (18.5.57. SAKG, F.1364, L.1a, A.43, S.37; SAKG, F.1364, L.1a, A.30, S.214) und Angaben von Peter Schellenberg, Abram Günter und Margarete Enns.

Jakob Konrad (1908-1981)

Prediger

Jakob Konrad wurde am 6. Januar 1908[26] in Djurmen auf der Krim geboren. Sein Vater hieß Jakob Konrad. Er war das siebte Kind der Familie, doch vier seiner älteren Geschwister waren schon 1906 innerhalb von drei Wochen verstorben. Jakob hatte noch fünf jüngere Geschwister. Seine Eltern zogen 1915 nach Borongar auf der Krim und wurden Mitglieder der Karassaner Mennonitengemeinde. Als Jakob dreizehn Jahre alt war, starb sein Vater und Jakob musste als ältester „Mann" der Familie (sein älterer Bruder war schon verheiratet) arbeiten gehen, um die Familie zu versorgen. Etwa in der Zeit bekehrte sich Jakob und ließ sich 1924 in der Mennoniten-Brüdergemeinde taufen.

[26] In beiden Gemeindelisten ist als Geburtsjahr 1907 angegeben, wahrscheinlich weil bis 1918 in Russland der julianische Kalender galt, nach dem sein Geburtsdatum noch im Dezember 1907 lag.

Jakob und Maria Konrad 1948 mit ihren Kindern Susanna, Peter, Willi und Jakob

Mit 19 Jahren wurde er schwer krank und litt an unerträglichen Kopfschmerzen. Es wurde so schlimm, dass die jungen Männer aus dem Dorf einander abwechselten, um ihm ständig den Nacken zu massieren. Die meiste Zeit war er besinnungslos und wurde schließlich ins Krankenhaus nach Simferopol gebracht. Nach einigen Wochen wollte ihn sein Bruder Hans besuchen, fand ihn im Krankenhaus jedoch nicht. Auf seine Nachfrage wurde ihm gesagt, sein Bruder sei tot. Als Hans die Ärzte aufforderte, ihn zu zeigen, führten sie ihn in die Totenkammer. Jakob lag ohne Besinnung, aber lebendig unter den Toten, doch die Ärzte weigerten sich, ihn wieder herauszugeben. Als Hans die Miliz verständigte, bekam er seinen Bruder doch heraus und nahm ihn mit nach Hause. Langsam erholte sich Jakob. Als er aufstehen konnte, musste er wieder neu gehen lernen.

Im Jahr 1928 heiratete Jakob Maria Thiessen. Bis zu Beginn des Krieges bekamen sie vier Kinder, Peter, Susanna, Jakob und Willi.

Nach Kriegesausbruch wurden alle Borongarer am 24. August 1941 ausgesiedelt. Der erste Aufenthalt von Jakobs Familie war der Nordkaukasus, wo sie die Ernte einbringen sollten. Dann wurden sie weiter ins Dorf Nowokijewka im Akmolinskgebiet in Kasachstan gebracht und bei einer russischen Frau untergebracht. Sie bekamen 1942 eine Erdhütte mit zwei Zimmern, die sie mit anderen Familien teilen mussten.

Noch Ende 1941 wurden alle arbeitsfähigen Männer in die Arbeitsarmee eingezogen. Jakob kam nach Tula, wo er im Moskauer Kohlegebiet unter Tage Kohle abbauen musste. Die Arbeit war sehr schwer und Jakob wurde krank, außerdem schwoll sein Körper vor Unterernährung an. Deswegen wurde er entlassen und von einem Kasachen mit dem Schlitten nach Hause gefahren.. Es war ein Weihnachtsgeschenk für die ganze Familie, als er an Heiligabend 1943 zu Hause ankam. Doch auch hier gab es fast nichts zu essen. Trotzdem erholte sich Jakob bis zum Frühling 1944. Er arbeitete als Traktorist bei der MTS und musste deswegen nicht mehr in die Arbeitsarmee zurück. Weil die Traktoren in sehr schlechtem Zustand waren und auch im Winter draußen repariert werden mussten, erkältete sich Jakob und bekam Drüsenschwind-

Familie Konrad Ende 1960-er. Vorne von links: Anna (Olfert), Maria, Jakob, Maria (Peters), Susanne. Hinten von links: Peter, Helene (Giesbrecht), Jakob, Willi, Rudolf Repsch

Jakob und Maria Konrad

sucht. Einige Jahre war er krank und wurde in verschiedenen Krankenhäusern behandelt, bis die Ärzte ihn schließlich aufgaben. Aus dieser Zeit stammt sein Gedicht „Mein Pilgerlied". Im Frühling wurde er nach Hause entlassen. Er legte sich regelmäßig in die Sonne, um die Wunden trocknen zu lassen. Und Gott tat ein Wunder! Ein kleiner herrenloser Hund, der sich zu ihm gesellte, fing an, seine Wunden zu lecken und sie sauber zu machen. So wurde Jakob bald wieder gesund. Die Ärzte wollten es nicht glauben und die Dorfbewohner sprachen von einem Wunder. Da er nicht mehr als Traktorist arbeiten konnte, bekam er die Stelle eines Ladenwächters, die er zusammen mit seinem treuen Hund wahrnahm.

Von 1947 an gab es im vier Kilometer von Nowokiewka entfernten Dorf Kowalewka Versammlungen. Weil damals keine Ruhetage gehalten wurden, führte man die Versammlungen immer abends am Sonntag, aber auch in der Woche, durch. Der Weg wurde zu Fuß zurückgelegt und nach der Versammlung war es gewöhnlich schon Nacht, bis man zu Hause war. Rund zwanzig bis dreißig hungrige Seelen versammelten sich da. Die Versammlungen wurden von Jakob Friesen aus Sagradowka geleitet und Jakob Konrad predigte auch. Die Predigt des Wortes Gottes wirkte Glauben und Buße, Kinder und Jugendliche bekehrten sich. Getauft wurde zu der Zeit aber nicht. Da die Deutschen noch bis 1956 unter der Kommandantur standen, und den Wohnort nicht ohne Genehmigung des Kommandanten verlassen durften, kam es bei den Versammlungsbesuchen auch mal zu Verhaftungen, wenn man auf dem Weg ins Nachbardorf oder zurück ertappt wurde.

Ab 1956 wurden die Umstände etwas leichter. Die Brüder, die in der Gegend in den Dörfern Verantwortung für die Versammlungen trugen, hatten auf einer Zusammenkunft einander die Vollmacht gegeben, auch ohne Einsegnung Handlungen, wie Abendmahl, Taufe und Trauung zu vollziehen. Jakob Konrad taufte 1956 auf zwei Tauffesten und predigte auch hin und wieder in Nowokievka in den Versammlungen der lutherischen Gläubigen.[27]

Vor Weihnachten 1957 machten sich Jakob und Maria Konrad mit dem jüngsten Sohn Willi auf den Weg zu ihren Glaubensgeschwistern nach Karaganda. Peter und Susanna waren zu der Zeit schon verheiratet und Jakob studierte in Borowoje im Waldtechnikum. Von zwölf mennonitischen Familien, die 1941 nach Nowokiewka gekommen waren, waren Konrads die letzten, die noch geblieben waren, die anderen waren entweder gestorben oder weggezogen.

An Weihnachten 1957 wurden die Konrads von Marias Cousin Peter Görzen in der Siedlung „33" in der Straße Trudowaja aufgenommen. Nach einigen Tagen bot Viktor Enns ihnen auf der gleichen Straße eine leer stehende Doppelhaushälfte (wenn man zwei Zimmer mit separatem Eingang so nennen darf) an, wo sie dann bis Juni 1958 wohnten. Sie wurden am 12. Januar 1958 in die Mennoniten-Brüdergemeinde aufgenommen.[28] Anfang 1958 wurde Jakob Konrad mit Otto Wiebe zu Predigern und Emil Fenske als Diakon im Hause von Otto Wiebe zum Predigerdienst eingesegnet.

[27] Stschutschinsk, Geschichte einer Gemeinde.

[28] Siehe Gemeindeliste der DMBG von 1957-1959, Nr. 394-395.

Im Juni 1958 kauften Jakob und Maria Konrad ein Haus im Bezirk Schachtinskij und zogen um. Hier diente Jakob Konrad zusammen mit Franz Ediger dem örtlichen Teil der Mennoniten-Brüdergemeinde. Jakob gehörte zum Vorberat der Mennoniten Brüdergemeinde und war somit auch für die gesamte Gemeinde verantwortlich.

Sein aktiver Dienst dauerte bis der Herr ihn für sieben Monate aufs Krankenbett legte. Nachdem er schon elf Tage nichts zu sich genommen hatte und auch nicht mehr reden konnte, dachten seine Angehörigen, dass er heimgehen würde. Aber der Herr tat wieder ein Wunder und schenkte dem Sterbenden das Leben. Noch einige Jahre durfte er im Kreise seiner Kinder, Großkinder und sogar Urgroßkinder verleben. Auch durfte er mit seiner Gattin im Jahre 1978 den Herrn für fünfzig Jahre Ehe danken.

Maria Konrad erkrankte ein Jahr später und ging am 27. November 1979 heim. Jakob trauerte seiner geliebten Gattin sehr nach. Als er einmal allein in Gedanken versunken zu Hause in seinem Lehnstuhl saß, glaubte er mit einmal ein Klopfen am Fenster zu vernehmen und seine Maria draußen zu sehen. Er sagte später, sie rief ihn heim. Genau eineinhalb Jahre nach dem Tod seiner Frau durfte er am 27. Mai 1981 in die ewige Heimat gehen. Beide sind nebeneinander auf dem damals neuen Friedhof in Michajlowka beerdigt.

Jakob Konrad jun (Frankenthal)

Goldene Hochzeit von Jakob und Maria Konrad im Sommer 1978. Das Ehepaar mit den Kindern. Sitzend von links: Maria (Peters), Maria, Jakob, Susanne. 2. Reihe: Helene (Giesbrecht), Anna (Olfert). Hinten: Willi, Jakob, Peter und Rudolf Repsch

Wilhelm Matthies (1903-1995)

Prediger

Wilhelm Matthies, von Kindheit auf bis zum Lebensende Willi, oder Onkel Willi genannt, wurde am 4. März 1903 in Alexandertal in der mennonitischen Kolonie Alt-Samara geboren. Er war das fünfte von zwölf Kindern in der Familie Bernhard und Susanne Matthies und erlebte eine sonnige Kindheit. Doch bald folgten die unruhigen Jahre des Ersten Weltkrieges und des darauf folgenden Bürgerkriegs. Mit 14 Jahren bekehrte er sich und ab dann gehörte sein Leben dem Herrn.

Als begabter Schüler durfte Willi 1917 aufs Gymnasium der Stadt Melekes gehen und nach Abschluss desselben wurde er mit 18 Jahren Dorfschullehrer in Alexandertal. Der Beruf wurde zu seiner Berufung fürs ganze Leben, er musste ihn leider aber immer wieder ruhen lassen.

In Alexandertal und seiner Umgebung gab es in der Zeit des Bürgerkriegs eine Erweckung. Prediger missionierten unter der deutschen, russischen, tatarischen u.a. Bevölkerung in der Nachbarschaft. Dazu trugen Jakob Töws, der Älteste der MBG, und der damals noch junge Prediger Johannes Fast (1886-1981) viel bei. In dem Jugendkreis um Johannes Fast wuchs Willi Matthies im Glauben.[29]

Im Jahre 1925 erwirkte Willi Matthies eine Ausreise nach Deutschland mit dem Ziel, in Berlin zu studieren. Aber der Herr hatte es anders geplant. Bei der Abreise von zu Hause wurden ihm auf dem Bahnhof das Geld, der Reisepass und alle notwendigen Unterlagen gestohlen. Er musste wieder nach Hause und übte weiter seinen Beruf in der Dorfschule aus. Trotz des Drucks der kommunistischen Behörden vermittelte er auch geistliche Werte.

[29] Über die gläubigen Kreise in Alexandertal siehe Fast, Viktor (Hg.): Die Taufe Marzinkowskijs bei den Mennoniten. Aquila (43) 1/2002. S.18-23; Fast, Viktor: „...die nicht die Verfolger, sondern den Herrn sahen". Aquila (46) 4/2002. S.14-17.

Das Ehepaar Wilhelm und Lisette Matthies mit ihren Kindern Elmar, Johann, Frieder und Elsa etwa 1938

Im Januar 1929 heirate er Lisette Peters. Im Sommer desselben Jahres musste Willi den Beruf als Lehrer aufgeben, weil die Arbeit als christlicher Lehrer in der Schule durch die Sowjets unmöglich gemacht war. Er belegte einen Lehrgang als Buchhalter und arbeitete anschließend in der nahe liegenden landwirtschaftlichen Sowchose.

Im Herbst 1929 warteten Willi und Lisette mit vielen Tausend anderen vor den Toren von Moskau darauf, die Sowjetunion in Richtung Kanada oder Deutschland zu verlassen. Schließlich bekamen sie auch das Visum und eine Einreiseerlaubnis nach Deutschland. Aber auch dieses Mal wurde die Ausreise vereitelt und sie mussten zurück nach Alexandertal.

Am Anfang des Jahres 1930 wurden die Eltern Matthies als Kulaken in den hohen Norden deportiert und am 15. Dezember 1930 kam Willi mit zehn anderen Mennoniten ins Gefängnis in Uljanowsk. Nach 18 Monaten Untersuchungshaft kam er frei und konnte drei Jahre in einer russischen Landschule deutsche Sprache unterrichten.

Im Jahr 1935 wurde Willi Matthies wieder verhaftet und kam in Untersuchungshaft nach Kujbyschew (Samara). Das Gericht verurteilte ihn zu drei Jahren Straflager, die er in der Nähe von Uchta (Komi-Gebiet im russischen Norden) abbüßen sollte. Die Ursache dieser Verhaftungen war seine christliche Lehrerarbeit, christliche Vorträge und Schriften. Seine niedergeschriebene Geschichte der Mennoniten Russlands und die Geschichte seiner Heimatkolonie Alt-Samara wurden als Manuskripte bei der Hausdurchsuchung entwendet und dem Gericht als Beweistücke vorgelegt. Während der Gefängnishaft und den schweren Untersuchungsverhören war Gott ihm immer nah. In den drei Jahren fand Willi im Straflager manche treuen Glaubenszeugen, die auch zu seiner Erziehung und Stärkung dienten.

Er wurde 1938 aus der Haft entlassen und ließ sich mit seiner Familie in der kleinen Provinzstadt Bugulma in Tatarien nieder, wo er wieder etliche Jahre als Deutschlehrer arbeiten durfte.

Die Schule in Alexandertal, in der Wilhelm Matthies als Deutsch- und Religionslehrer tätig war

Nach Ausbruch des Krieges kam Willi Matthies 1942 für viereinhalb Jahre in die Arbeitsarmee. Verachtet und verhöhnt, ohne genügend Nahrung mussten die Einberufenen Schwerstarbeit leisten und starben zu Tausenden. Auch Willi war dem Tod durch Unterernährung nahe, aber der Herr half zur rechten Zeit, und verschaffte ihm Erleichterung durch eine Arbeitstelle im Büro, so dass er 1946 wieder zu seiner Familie nach Hause kam.

Den Eheleuten Willi und Lisette Matthies wurden zwischen 1929 und 1947 sieben Kinder geboren, von denen zwei in den Kriegsjahren starben. Heute leben noch Frieder (geb.1929), Johann (geb. 1933), Alice (geb. 1941) und Bernhard (geb. 1947).

Nachdem Willi Matthies 1946 zu seiner Familie zurückgekehrt war, arbeitete er acht Jahre in der Stadt Bugulma in seinem Beruf. Gleichzeitig machte er von 1946 bis 1948 ein Fernstudium der Germanistik an der Fremdsprachenhochschule in Gorki und erweiterte 1949 sein Studium im Bereich der englischen Sprache.

In dieser Zeit der Fremdlingschaft sorgte Willi für das geistliche Wohl seiner Familie. Jeden Sonntag wurde die Gelegenheit zu einem Familiengottesdienst gesucht. Oftmals ging die Familie dazu einfach in den Wald, auch im Winter. Als die Söhne in die Ferne zum Studium zogen, hatten sie den Auftrag, Versammlungen der Gläubigen aufzusuchen und sie auch zu besuchen.

Seine Lehrerarbeit versuchte Willi treu zu erfüllen und genoss auch Liebe und Achtung der Lehrer und Schüler, fand aber darin wenig Befriedigung. Als gläubiger Lehrer hatte er immer wieder Schwierigkeiten in seinem Beruf. Immer mehr überzeugte er sich, dass der Herr für ihn noch andere Aufgaben hatte. In ihm wuchs das Verlangen, dem Herrn zu dienen.

Die Schulklasse von Wilhelm Matthies etwa 1928

Beim 70-jährigen Jubiläum von Heinrich Matthies. Sitzend von links: Bernhard Matthies, Heinrich Matthies, Jakob Matthies, Wilhelm Matthies; hinten: Auguste (Federau), Terese, Mimi Dyck (Matthies), Susanne Matthies

Im Jahre 1953 zog die Familie in die kleine Ortschaft Kstowo an der Wolga, wo Willi bis 1961 an der Abendschule arbeitete. Dort schloss er sich der Baptistengemeinde in der Stadt Gorki als Gastmitglied an. Die Jugend der Baptistengemeinde in Gorki erkannte sehr bald in Willi Matthies einen Bruder, der ein Herz für sie hatte. Oft füllte sich das Haus mit Geschwistern, die bei ihm Antworten auf Fragen des Glaubenslebens suchten, da sie sonst wenige Lehrer hatten, die ihnen weiter helfen konnten.

Nach der Befreiung von der Kommandantur suchte Willi seine Glaubensbrüder auf. Als er sie fand, konnte ihn nichts mehr aufhalten, weder das erbaute schöne Eigenheim, noch die schöne Natur und das angenehme Klima an der Wolga. Er wusste: Sein Platz war bei den Mennoniten-Brüdern. Er bat 1960 um die Entlassung aus dem Lehreramt, obwohl ihm bis zur Altersrente noch drei Jahre blieben. Seine Stimme versagte ihm oft und so beantragte er eine geringe Berufsunfähigkeitsrente. Seine Ehegattin durfte schon 1959 in Rente gehen.

Willi Matthies hatte seinerzeit die Besprengungstaufe auf den Glauben erhalten. Er hatte aber schon lange den Entschluss gefasst, die biblische Untertauchungstaufe zu empfangen. Und so kam im Sommer 1960 auf seine

Ein Treffen der Geschwister Matthies nach der Kommandantur: Bernhard und Auguste, Heinrich, Jakob, Maria, Susanne, Hilda, Käthe, Wilhelm

Einladung Johannes Fast in Begleitung von Wolli Dyck und taufte ihn in dem Nebenfluss der Wolga, Kudjma. Zu seiner großen Freude bekehrte sich neun Monate später auch seine Frau Lisette. Sie wurde im Herbst 1961 in Karaganda getauft.

Das Haus in der Stepnaja Straße, in dem die Familie Matthies von 1961 bis 1975 wohnte

1961 wurde das Haus in Kstowo verkauft und Familie Matthies zog nach Karaganda um. Ihr Leben wurde ganz anders. In dieser großen Industriestadt gab es eine Anzahl christlicher Gemeinden, Sonntagschulen, christliche Jugend und vieles mehr. Sehr bald hatte Willi Matthies seinen Platz in der DMBG gefunden, die zu diesem Zeitpunkt mehr als tausend Mitglieder hatte. Die Versammlungen fanden in Privathäusern an verschieden Orten der Stadt statt und da brauchte man viele Kräfte für die Verkündigung, für die Seelsorge, für die Hausbesuche. Immer mehr entwickelte sich die Arbeit mit der Jugend und Sonntagsschule. In all diesen Bereichen wirkte Willi Matthies mit, war sich aber bewusst, dass seine Tätigkeit für die Gemeinde vom Staat nicht befürwortet wurde und rechnete immer damit, dass er auch zur Verantwortung gezogen werden würde.

Durch einige Verhaftungen 1962 hatten die Sowjetorgane die MBG Karaganda führerlos gemacht. Die in der Freiheit gebliebenen Prediger wussten auch, was Gefängnisstrafe und Straflager bedeuten. Man fragte sich, wie lange die Versammlungen in kleinen Gruppen noch möglich sein würden. Doch schon 1963 gab es Anzeichen dafür, dass die Lage der Gläubigen sich etwas erleichterte und als 1964 eine Wende kam, begann eine lange Suchen nach dem Weg, den die Gemeinde im atheistischen Staat gehen könnte. Das, was in den 1950-ern neu erwacht war, musste nun geordnet, aufgebaut und gepflegt werden. An dieser Suche nach einem Weg hatte Willi Matthies einen wesentlichen Anteil. Beim Kampf für eine Gemeinde, die nach dem Willen der Regierenden nicht bestehen sollte, waren seine Kenntnisse der Gesetzgebung des Landes und seine Entschiedenheit notwendig. So wurde er ab

Gemeinschaft im Hause der Familie Matthies in Karaganda im Oktober 1969. Von links: Valentina (Dickhaut), Ludmila (Kasatkina), Alice, Frieder, Wilhelm, Elmar, Lisette, Johann (stehend), Peter Braun

Das Ehepaar Wilhelm und Lisette Matthies

1964 zu allen wichtigen Beratungen herangezogen und ihm wurden in den folgenden drei Jahren viele schwierige Behördengänge aufgetragen. Hinzu kamen Verhandlungen mit dem Baptistenbund und mit der benachbarten Baptistengemeinde. In seinen Erinnerungen an diese Zeit schreibt Willi Matthies: „Die meisten Fehlgriffe wurden von der Furcht hervorgerufen und waren durch Eile geschehen." Doch der allmächtige Gott bekannte sich wunderbar in den Jahren des Ringens und des Suchens. Nach 35 Jahren der Verfolgung und Zerstreuung erkannten die Behörden am 3. April 1967 in Karaganda die erste Mennoniten-Brüdergemeinde Russlands an.

In dieser heißen Kampfeszeit wurde Heinrich Wölk zum Gemeindeältesten und Willi Matthies zum Mitältestern. Heinrich Wölk sorgte eher für den geistlichen Bau der Gemeinde, Willi Matthies vertrat die Gemeinde nach außen. Diese zwei Brüder arbeiteten sehr eng miteinander und ergänzten und unterstützten sich gegenseitig.

Als nächstes war Wirken um eine Erlaubnis zum Bau eines Bethauses dran. Zunächst hatten die Behörden es gestattet, doch am 30. Juli die Genehmigung wieder zurückgezogen. Gleichzeitig geschah ein Unglück auf der Baustelle, bei dem drei Brüder schwer verletzt wurden. Gegen Willi Matthies, als dem dafür Verantwortlichen, wurde ein Gerichtsverfahren eingeleitet. Doch der Herr erwies Gnade und im Herbst wurde das Verfahren aufgrund einer Amnestie eingestellt. Noch ein Jahr verging, ehe es wirklich zu einem Bethaus kam. Insgesamt erforderte dies Wirken mehr als 200 Behördengänge in verschiedene Regierungsinstanzen, bis hin nach Moskau.

Auch bei dem inneren Bau der Gemeinde war Willi mit ganzem Herzen dabei. Auf seine Initiative wurden Lehrgänge für Prediger angefangen, wo er auch unterrichtete und als Deutschlehrer versuchte, den Brüdern bei der richtigen Ausdrucksweise und Satzbildung zu helfen. Er investierte viel in die Jugendarbeit. Letztendlich kam es soweit, dass in der

Nach der Hochzeit von Alice Matthies und Peter Braun am 9. September 1961 in Karaganda. Von links: Wilhelm, Frieder, Tante Liese, Elmar, Bernhard und Lisette Matthies

Gemeinde eine Untergrundbibelschule gegründet wurde. Die Gemeinde bekam Vorträge aus der Kirchengeschichte zu hören. Man war auf dem Weg zurück zu den Quellen.

Diese Arbeit brachte nicht nur Erfolg, sondern auch Enttäuschungen und sogar Widerstand. Die Beziehungen mit einigen Predigern gestalteten sich schwierig und es kam zu Kämpfen in der Gemeinde. Der Dienst wurde manchmal unerträglich. Aber immer wieder musste er sich sagen: „Es ist der Auftrag des Herrn, den ich tue, darf ich denn zurücktreten? Er helfe mir tragen und ertragen." Willi Matthies war sich seiner eigenen Schwächen bewusst und hatte auch manches falsche oder zu harte Wort in den Gefechten dieser Jahre fallen lassen und musste nicht selten seine Fehler vor Gott und den Brüdern gut machen. Seinerseits vergab er auch gerne, hielt sich aber dabei an eine Regel: Die Vergebung verkündigte er erst dann, wenn er darum gebeten wurde. In diesem Fall war die Sache aber auch erledigt und einer herzlichen Beziehung stand nichts im Wege.

Im Jahre 1975 bekam die Familie Matthies die Ausreisegenehmigung nach Deutschland und nahm Abschied von der Gemeinde. Doch setzte Willi sich in Deutschland nicht zur Ruhe, sondern suchte der MBG in Russland zu helfen, half beim Bau der Gemeinde in Espelkamp und nahm im Juli 1977 teil an der Gründung der Mennoniten-Brüdergemeinde Frankenthal. Diese Gemeinde begleitete er in seinem Wirken noch viele Jahre, bis sie ihren Weg fand und er sie in guten Händen wusste. Dann zog er sich aus der Gemeindearbeit zurück und überließ es der jüngeren Generation, war aber immer für einen weisen Ratschlag da. Der Herr schenkte ihm ein hohes Alter. Mit 92 Jahren durfte er diese Erde verlassen.

Bernhard W. Matthies, bearbeitet von Viktor Fast

Wilhelm und Lisette Matthies mit Kindern und Enkeln im Herbst 1972 in Karaganda

Dietrich Pauls (1886-1966)

Prediger

Dietrich Johann Pauls wurde am 22. Oktober 1886 im Dorf Hochfeld in der Jasykowo-Kolonie nördlich von Chortitza geboren. In Chortitza war er unter der deutschen Besatzung ein Mitarbeiter und Zeitgenosse von Heinrich Winter[30]. Da sie Kinder einer Zeit waren, hatte ihr Lebenslauf vieles gemeinsam: schwere Jugendzeit, Bekehrung, Dienst in der Gemeinde, Verbannung, wie durch ein Wunder wieder Freiheit und dann für paar Jahre eine neue Entfaltung ihres Dienstes unter der deutschen Besatzung. Doch weiter ging es dann unterschiedlich: Heinrich Winter kam durch viel Gebetserhörungen nach Kanada, und Pauls durch viel Verfolgung nach Karaganda. Aus seinem Leben sind uns, im Unterschied zu Winter, nur wenige und unvollkommene Informationen erhalten geblieben.

Ab 1906 befand er sich mit Johannes Fast (1889-1984), einem später sehr bekannten Prediger, in Anadol im Forsteidienst, den die Mennoniten in Russland 1876-1917 als Ersatz für Militärdienst leisteten. Als dort der Typhus ausbrach, überfiel Dietrich Pauls und Johannes Fast die Angst vor dem Sterben. Sie wussten, dass sie nicht bereit waren, dem Herrn zu begegnen. Peter David Penner, der geistliche Betreuer der Forstei, half ihnen, und im Mai 1908 bekehrten sie sich. Dietrich blieb zunächst Mitglied der Kirchengemeinde in Hochfeld. Noch vor 1916 heiratete er Maria Nickel aus dem Nachbardorf Franzfeld, geboren am 9. Dezember 1887. Die Ehe blieb kinderlos. Auf Dietrichs Bestehen adoptierten sie das dreijährige Mariechen Warkentin.

In den schweren Jahren des Bürgerkrieges (1918-1921) musste der Kirchenprediger Dyck (Vorname unbekannt) aus Hochfeld etliche Male in den Gewehrlauf blicken. Das drängte ihn dazu, die persönliche Tauffrage zu überdenken und den biblischen Weg zu gehen. So kam es, dass eines Sonntagnachmittags 1922 drei Familien, darunter auch Geschwister Pauls den fünf Kilometer langen Weg nach Franzfeld machten, um dort hinter dem Dorf in einem Teich vor einer großen Menge Dorfbewohner durch Untertauchen getauft zu werden.

In der Erweckungszeit der 1920-er Jahre diente Pauls der kleinen Gemeinschaft, die anfänglich aus acht Personen bestand. Es war nach unserem Wissen eine Allianzgemeinde, die sich an die Brüdergemeinde anlehnte, aber die Besprengungstaufe der Kirchengemeinde auch anerkannte. Maria Pauls erzählte kurz vor ihrem Tode 1980, dass Dietrich Pauls 1926 von Abram Klassen in einer Allianzgemeinde durch Händeauflegen zum Prediger berufen wurde. Im Winter 1927 besuchte er die Bibelschule bei David Köhn.

Im Frühling 1930 wurde Dietrich Pauls in Hochfeld zum ersten Mal von der GPU verhaftet. Er hatte sich mit etlichen anderen Familien auf den Weg nach Kanada gemacht. Aber auf der Reise nach Moskau wurden sie schon in Jekaterinoslaw aufgehalten und Dietrich Pauls wegen des Verdachts, Anführer einer

[30] Heinrich Winter (1896-1981) war der Prediger der Mennonitengemeinde Chortitza bis 1935 und 1941-1943. Unter seiner Leitung wurden unter der Deutschen Besatzung 1941-1943 die Mennonitengemeinden in den Kolonien Chortitza und Jasykowo wiederhergestellt. Dieser großen Gemeinde stand er dann als Ältester vor. Siehe: Gerlach, Horst: Russlandmennoniten. S.86; Winter, Henry H.: Ein Hirte der Bedrängten. Heinrich Winter, der letzte Älteste von Chortitza. Ontario 1988. Фаст: „Я с вами“. S.124-127.

Emigrantengruppe zu sein, verhaftet. Zudem war er noch Wortverkündiger. Dafür wurde Pauls gemeinsam mit Prediger Dyck zu drei Jahren Strafgefangenschaft verurteilt. Dietrich Pauls kam in ein Lager nach Kotlas (Nordrussland) und wurde, weil er stark hinkte, nicht zur schweren Arbeit genommen, sondern als Krankenpfleger im Krankenhaus angestellt. Trotzdem war es eine sehr harte Zeit für ihn. In dieser Zeit ging Dietrich einmal in den Wald und betete: „Wenn Du, Herr, mich freimachst, so werde ich das Evangelium allen Menschen verkündigen." Gott erhörte das Gebet und nach zweieinhalb Jahren Haft wurde er entlassen. Ob und wie er sein Gelübde von 1933 bis 1941 gehalten hat, wissen wir nicht. Obwohl die Bethäuser geschlossen waren, versammelten sich Gläubige und 1936 kamen die Prediger Franz Pauls (Dietrichs Bruder), Peter Rempel, Hans Dyck und Kornelius Lehn dafür ins Straflager.

Das Ehepaar Dietrich und Maria Pauls am Tag ihrer Goldenen Hochzeit

Im August 1941 kam die Ukraine unter deutsche Besatzung und die Bethäuser durften wieder geöffnet werden. Es fehlte aber an Ältesten und Predigern, die ja von den Kommunisten gezielt ausgemerzt waren. Anfangs 1942 wurde mit der Predigerwahl in Chortitza begonnen und auch Dietrich Pauls wurde von Heinrich Winter zum Prediger eingesegnet. Wir wissen heute nicht genau, ob es eine zweite Einsegnung nach der Zeit der kommunistischen Herrschaft und somit ein neuer Anfang war, oder ob die kirchliche Gemeindeleitung Pauls frühere Einsegnung nicht akzeptierte.

Es kam wieder Leben in die Gemeinden. Die Kirchen und Bethäuser wurden instand gesetzt, Bibelstunden und Chorgesang ins Leben gerufen, auch der Taufunterricht begann. Die Prediger, auch Dietrich Pauls, hatten sehr viel zu tun.

Doch nach zwei Jahren des geistlichen Neuaufbaus ging es im Herbst 1943 mit dem Treck westwärts bis in den Warthegau. Aber auch in Polen gab es viel geistliche Arbeit unter den zerstreuten Glaubensgeschwistern. Dietrich Pauls nahm teil an diesbezüglichen Beratungen und hatte persönliche Begegnungen mit Benjamin Unruh. Im Januar 1945 kam die Front schnell näher, die Volksdeutschen mussten weiter fliehen und Eheleute Pauls verloren einander auf dem Wege. Im Mai 1945 wurde Schwester Pauls mit der Tochter Maria in die Sowjetunion, in ein Dorf in der Nähe von Karaganda verschleppt. Dietrich Pauls wurde auch verschleppt, kam aber nach Solikamsk im Nordural, arbeitete dort als Wächter und predigte das Wort Gottes in der kirchlichen Mennonitengemeinde.

Im Herbst 1946 konnte Dietrich Pauls zu seiner Familie nach Karaganda kommen und sie wohnten in der 1. Sowchose in einer Baracke. Mit einigen Geschwistern versammelten sie sich in den Wohnräumen und pflegten Gemeinschaft im kleinen Kreise. Bald fanden sie auch den Weg zu dem neu eingerichteten Bethaus der russischen Baptistengemeinde in Karaganda.

Am 8. August 1948 empfing Dietrich Pauls mit einem Chor die Gäste und Täuflinge zu dem ersten großen Tauffest der Baptistengemeinde in Karaganda am Fluss Kokpekty. Sie sangen abwechselnd deutsche und russische Lieder, unter anderen auch das deutsche Lied „Am Jordansufer stehe ich", was die deutschen Täuflinge besonders schätzten.

Am 9. Oktober 1950 wurde Dietrich Pauls zum zweiten Mal verhaftet. Zusammen mit Dietrich Siemens (seit 1942 Prediger in Waldheim an der Molotschna), Franz Thiessen (Prediger aus dem Dorf Saporoshje), Anna Görzen (aus Petershagen in Molotschna) und Heinrich Klassen wurden sie als eine Gruppe betrachtet. Ihnen wurde Vaterlandsverrat und antisowjetische Propaganda vorgeworfen. Sie waren alle unter der deutschen Besatzung gewesen und sollten mit dem Naziregime zusammengearbeitet haben. Der eigentliche Anlass zur Verurteilung waren jedoch die geistlichen Gemeinschaften an den Verbannungsorten und briefliche Verbindungen mit dem Ausland.

Eheleute Pauls im Kreise der Familie Görzen. Hinten von links: Maria, Johann, Anna, Johann, Anna. Vorne: Maria und Dietrich Pauls mit Jakob

Während der Verhöre ging es hauptsächlich um die Kontakte mit den Glaubensgeschwistern in der Ukraine während der Besatzungszeit, im Warthegau 1944 und dann in Kasachstan. Intensiv wurden die Kontakte zu Benjamin Unruh erforscht, der seit 1919 von Deutschland aus der Organisator der Hilfebemühungen für die Russlandmennoniten war. Er soll ihnen brieflich den Bibelvers aus Psalm 126,1 („Wenn der Herr die Gefangenen Zions erlösen wird, so werden wir sein wie die Träumenden") zugesandt haben. Während der Untersuchungshaft befanden sich die Beschuldigten in Karaganda im Gefängnis. Am 29. Juni 1951 wurde Dietrich Pauls zu 25 Jahren Haft und zusätzlich zu fünf Jahren Rechtlosigkeit verurteilt. Somit sollte er seine Strafzeit erst 1980, mit 94 Jahren, beenden. Unterwegs zum Straflager war Dietrich Pauls in Nowosibirsk im Stadtgefängnis, wo Juri F. Kuksenko[31] ihn gesehen hat. Zuerst befand sich Dietrich Pauls in Haft im Amurgebiet im Fernen Osten, später im Wologdagebiet im Norden des europäischen Russlands.

[31] Juri Fedor Kuksenko (1930-2003) war ein sehr bekannter Vertreter des russischen Baptistentums, der für seinen Glauben sehr viel leiden musste.

Seine Frau Maria wurde von den Geschwistern Johann und Anna Görzen aus Karaganda im Mai 1951 mit Erlaubnis des zuständigen Kommandanten aufgenommen, mit der Bedingung, sie bis zum Tode zu pflegen. Seitdem galt sie in dieser Familie als Mutter und Großmutter. Sie betete auch für Geschwister Görzen und ihre Kinder wie für eigene Kinder und Großkinder.

Am 21. Mai 1956 wurde Pauls aufgrund einer Verordnung des Gebietsgerichts in Wologda frühzeitig wegen seiner Krankheit aus der Haft entlassen, ohne jedoch als schuldlos erklärt zu werden. Deshalb blieb ihm der Entzug der Bürgerrechte für 5 Jahre als Strafe. Er kam mit siebzig Jahren krank zu seiner Frau zurück, die bei Familie Görzen in Karaganda in der Siedlung der 33/34 Kohlengrube wohnte. Später zogen Görzens mit ihnen innerhalb von Karaganda in den Stadtteil Kirsawod um.

Anfang 1957 wurde Dietrich Pauls in die neu gegründete deutsche Gemeinde aufgenommen. Im Januar 1957 teilte er auf die Bitte der Geschwister das erste Abendmahl in dieser Gemeinde aus. Im Februar 1957 segnete er Gerhard Harder zum Prediger ein und war auch sonst in der Wortverkündigung tätig. Die Gemeindeleitung übernahm er nicht, da er alt und schwach geworden war, so dass er einen Gehstock benutzen musste. Er konnte sich nicht allein in der Stadt zurechtfinden und auch sein Gedächtnis hatte in der Haft sehr gelitten. Am 16. Juni 1957 segnete Dietrich Pauls die Brüder Franz Ediger, Abram Friesen und David Klassen zu Predigern ein.

Dietrich Pauls wurde immer schwächer. In den letzten Jahren lebte das Ehepaar Pauls in der Lehmhütte, in der die Versammlungen durchgeführt wurden. Dann wurden die zwei inneren Türen, die ihr Zimmer vom Versammlungsraum trennten, aufgemacht und so konnten sie an der Andacht teilnehmen. Man bat Bruder Pauls manchmal, zum Abschluss der Versammlung noch etwas zu sagen und dann waren es oft die Worte des Apostel Johannes: „Kindlein, es ist die letzte Stunde“, oder „Kindlein, liebt euch unter-

Abschied von Dietrich Pauls in Juli 1966

einander." Das alte Ehepaar konnte noch ihre goldene Hochzeit im Kreise der Gemeinde feiern. Am 10. Juli 1966 verstarb Dietrich Pauls im Herrn.

Seine Frau zog nach dem Tode ihres Mannes wieder zur Familie Görzen und blieb die letzten vierzehn Jahre ihres Lebens bei ihnen. Zuletzt war sie zwanzig Tage krank und ging im April 1980 mit über 92 Jahren in Karaganda im Frieden heim.

Von Gott durch das lange und ereignisreiche Leben getragen, war Dietrich Pauls auch in Trübsal bewahrt worden, um noch im hohen Alter bei der Entstehung der Mennoniten-Brüdergemeinde Karaganda mitzuwirken.

Viktor Fast nach Fast, Viktor: Dietrich Pauls – für die Gemeinde in Karaganda bewahrt. Aquila (34) 4/1999. S.11-12; Bergen, Ani: Aufzeichnung des Gesprächs mit Maria Pauls (Frau von Dietrich Pauls), 1979 und schriftlichen Zeugnissen von Johann Görzen (Harsewinkel) und Bernhard Dyck (Wolfsburg/Gifhorn) 1999.

Heinrich Penner (1914-1987)

Prediger

Heinrich Penner wurde am 17. Juli 1914 in Rosendorf im Nikolajewgebiet in der Südukraine[32] geboren. Seine Eltern waren Johann und Elisabeth (geb. Dürksen, 27. Februar 1890) Penner aus Kronau/Neuhalbstadt/Tiege/Nr. 8, Sagradowka. Sein Vater war Prediger und wurde am 8. April 1931 verhaftet. Seine Mutter starb erst am 6. März 1969 in Uruguay. Er hatte drei Schwestern und zwei Brüder.

1938 musste Heinrich mit etlichen Jugendlichen seines Alters, darunter Abram Wolf, fliehen, weil der KGB sie verhaften wollte. Sie flohen nach

[32] Vermutlich in der Kolonie Sagradowka. Allerdings gab es da kein Rosendorf. Siehe Mertens, Ulrich: Handbuch Russland-Deutsche. Paderborn 2001 und Mennoniten-Atlas.

Die Gemeinde in Schachtinsk mit Heinrich Penner (in der Mitte) im Jahre 1960

More auf die Krim. Dort heiratete er im selben Jahr Elisabeth Friesen. Ihnen wurden zwei Kinder geschenkt, Elisabeth am 8. Februar 1939 und Johann am 16. Mai 1941.

Wie viele andere wurde auch Familie Penner 1941 verschleppt. Heinrich wurde in die Arbeitsarmee eingezogen und kam nach Tula im Moskaugebiet. Dort arbeitete er unter Tage in der Kohlengrube. Seine Frau wurde mit den Kindern ins Dorf Bereslawka im Koktschetawgebiet in Kasachstan verschleppt. Im Herbst 1947 gelang es Heinrich, seine Familie zu sich nach Tula zu holen. Dort lebten sie in größter Armut. Der Herr schenkte ihnen hier noch vier Kinder: Jakob, Peter, Abram und Helene. Im Jahre 1948 bekehrte Heinrich sich. Wann er getauft wurde, ist uns nicht bekannt. Als Kind Gottes diente er dem Herrn mit den Gaben, die der Herr ihm gegeben hatte.

Nach der Befreiung von der Kommandanturaufsicht 1956 reiste die Familie Penner nach Kasachstan ins Koktschetawgebiet, wo die Brüder von Elisabeth lebten. Sie zogen dann 1957 nach Karaganda und schlossen sich der Mennoniten-Brüdergemeinde an. Heinrich wurde zum Prediger eingesegnet und diente in der Gemeinde Karaganda bis zu seinem Tod. Elisabeth starb am 21. April und Heinrich am 18. November 1987.

Brief von Johann und Maria Penner (Neuwied) und Erinnerungen von Abram Penner (Bielefeld).

Heinrich und Elisabeth Penner im Kreise der Verwandten Friesens

Mit den Täuflingen Elsa Gronau, Hilda Giesbrecht und Frieda Dyck im Herbst 1960

Familie Penner. Vorne von links: Maria (Rogalsky), Elisabeth, Heinrich, Elisabeth, Anna (Schellenberg); hinten: Johann, Marina, Jakob, Helene, Abram, Irma (Ediger), Peter Friesen, Peter

Jakob Plett (1914-2001)

Prediger

Jakob Plett wurde am 23. Februar 1914 in Rudnerweide in der Molotschna-Kolonie geboren. Er war das jüngste Kind von Jakob und Elisabeth Plett und erlebte noch die letzte Zeit eines wohlbehüteten christlichen Gemeindelebens. Mit neunzehn Jahren, als er 1933 als Student außer Haus war, starb ganz unerwartet seine geliebte Mutter, was ihn zur Bekehrung führte. „Nun wußte ich ganz sicher, dass ich meine Mama im Himmel wieder sehen würde", schrieb er in seinen Erinnerungen. „Gott, der Herr, hat mich wiedergeboren zu einer lebendigen Hoffnung."

Als er 1937 nach abgeschlossenem Studium im deutschen Lehrerinstitut in Odessa Mathematiklehrer für die 5.-7. Klassen wurde, bekam er eine Anstellung in Trakehn im Nordkaukasus. Dort heiratete er am 28. November 1937 Margarete Nickel. Getraut wurden sie nicht, nur die Mutter, die Witwe Katarina Nickel betete mit ihnen. Geistliche Gemeinschaft wurde nur im Familienkreis gepflegt. Im Laufe der Zeit wurden ihnen sechs Kinder geschenkt, von denen zwei früh verstarben. Am Leben blieben Walter (geb. 1941), Hans (geb. 1946), Elli (1950-2000) und Ernst (geb. 195?).

Nach Kriegsausbruch 1941 wurde Jakob Plett in die Arbeitsarmee mobilisiert und musste in Kimpersaj in Kasachstan in einem Nickel-Bergwerk arbeiten. In der großen irdischen und seelischen Not suchten manche Männer Halt in Gott und Gemeinschaft in Lied und Wort. Noch während des Krieges konnten sie 1944 eine Gemeinde gründen. Im Sommer 1945 fand die erste Taufe statt. Die ersten Täuflinge waren Jakob Plett und Aron Dick. Jakob Plett durfte auch als einer der ersten im November 1945 seine Familie zu sich nach Kimpersaj holen.

Das Brautpaar Margarete Nickel und Jakob Plett am 28. November 1937

Von 1948 bis 1956 durfte Jakob Plett wieder als Lehrer tätig sein, was aber eine geistliche Vereinsamung mit sich brachte. Anfänglich pflegten sie sonntägliche Gemeinschaften mit zwei Familien aus dem Nachbaraul Dshußa-sai. Dann, fünf Jahre in dem entlegenen Dorf Dshußa, pflegten sie Gemeinschaft zu dritt. Sie suchten Klarheit über einige Fragen, z.B. über die Auferstehung der Toten und dann auch über das prophetische Wort. Dazu besuchte Jakob Plett auch Gerhard und Nikolai Götz in Bertschegur. Gott schenkte ihnen in dieser Zeit die Gelegenheit, viele geistliche Bücher zu lesen, wie z.B. „Das Lied der Schöpfung", „Zweifel" und „Wunder" von Bettex und die Auslegung der Bücher Mose von Makintosch. 1954 oder 1955 bekam Margarete Plett per Post von ihrem Onkel aus Kanada (über Holland) die Stuttgarter Jubiläumsbibel mit Erklärungen, die auch zu Jakobs Reifen beitrug.

Aus Glaubens- und Gewissensgründen gab Jakob Plett 1956 den Lehrerberuf freiwillig auf und zog zurück nach Kimpersaj. Seitdem stellte er sich Gott ganz zur Verfügung und wurde am 7. Dezember 1958 in der Gemeinde Kimpersaj vom Ältesten Franz Voth zum Prediger eingesegnet. Das blieb nicht ohne Folgen. Am 17. Juni 1959 wurde ihm die Arbeitsstelle an einer Pumpstation gekündigt. Um eine neue Existenz aufzubauen, zog er mit seiner Familie nach Karaganda. Hier fand er ein großes geistliches Arbeitsfeld, auf dem er gesegnet und zum Segen wurde. Er trat der Mennoniten-Brüdergemeinde in Karaganda bei, wurde zum Predigerdienst herangezogen und nutzte gern die Möglichkeit, die Jugend mit einem Beitrag zu besuchen.

Jakob Plett beschäftigte sich viel mit der Bibel, besondere Freude hatte er an dem prophetischen Wort. Wie auch die meisten Lehrer der Gemeinde war er von Kargels Auslegung der Offenbarung geprägt, die er ins Deutsche übersetzte.

1959 begann Jakob Plett mit Bibelstunden in Hauskreisen im Stadtteil Michajlowka, aus denen bald regelrechte Versammlungen entstanden. In dem 1961 organisierten Chor waren Jakob Plett (47) und Otto Töws (20) die einzigen Tenorsänger. Hier in Michajlowka befreundete Jakob sich mit Heinrich Wölk und Wilhelm Matthies. Die Freundschaft verband die drei älteren Brüder und Jakob Plett unterstützte sie voll in ihrer Arbeit als Gemeindeleiter.

1976 teilte Jakob Plett mit Heinrich Wölk die schwere Entscheidung, aus Karaganda wegzuziehen. Die Familien Heinrich und Helene Wölk, Gerhard und Hilda Wölk, Jakob und Margarete Plett, Hans und Irma Plett, Jakob und Helene Siebert und Peter und Maria Bergen zogen gemeinsam nach Rasdelnaja in die Ukraine und riefen dort eine kleine MBG ins Leben. Am 14. April 1977 verstarb Margarete Plett. In den sieben Jahren seines Witwerstandes besuchte Jakob viele Gemeinden an verschiedenen Orten, unter anderem auch die Gemeinde in Karaganda, wo er gelegentlich gerne wieder mit der Predigt und Jugendbesuch diente.

Als die Familien Wölk und Siebert 1978 auswandern durften, übernahm Jakob Plett die Gemeindeleitung in Rasdelnaja und Glinnoje. Mit über sechzig Jahren fuhr er noch mit dem Rad die vierzig Kilometer zu Versammlungen und Hausbesuchen nach Glinnoje.

Am 9. September 1984 trat Jakob Plett in die zweite Ehe mit Elisabeth Martens (auch als Schönke bekannt) und zog wieder nach Karaganda. Hier reihte er sich gerne wieder in den aktiven Gemeindedienst ein.

Im August oder September 1987 wurde sein Wunsch und anhaltendes Gebet erfüllt und er durfte mit seiner Frau nach Deutschland auswandern. Hier schenkte Gott ihnen einen schönen unbeschwerten Lebensabend. Auch hier

Jakob und Margarete Plett mit Kindern Walter, Johann, Elli und Ernst

Jakob und Margarete Plett in Kimpersai

konnte er in der Gemeinde noch nach Möglichkeit dienen. Dafür hatte er Gott in seinen Gebeten auch immer wieder herzlich gedankt. Nachdem er bis dahin immer gesund gewesen war, war er seine letzten drei Jahre krank, doch besonderer Pflege bedurfte er nur das letzte halbe Jahr. Sein Leben war gekennzeichnet von einem unerschütterlichen Glauben, von treuem und freudigem Beten und dem Warten auf die Entrückung und die Begegnung mit dem Herrn. Er verstarb am 4. April 2001.

Nach eigenen Erinnerungen, Erinnerungen von Walter und Ernst Plett, Viktor Fast und Plett, Jakob: Lebensgeschichte der Familie Plett.

Heinrich Rahn (1911-1996)

Prediger

Heinrich Rahn wurde am 3. Juni 1911 in Konteniusfeld, Molotschna-Kolonie, in der Familie Peter Rahn geboren. In Konteniusfeld besuchte er die Dorfschule und arbeitete danach in der Kolchose.

Nach Kriegsbeginn 1941 wurde Heinrich zusammen mit seinem Vater in die Arbeitsarmee mobilisiert und ins Lager Iwdel im Nordural gebracht. Dort fand er den Frieden mit Gott.

Bald darauf wurde er von seinem Vater getrennt, den er nie wieder sah, weil er 1942 im Lager starb. Nach seiner Freilassung 1947 kam Heinrich zu seinen Verwandten nach Batamschinsk (Kimpersaj) im Aktjubinskgebiet, wo sie sich nach vielen Jahren Trennung wieder sahen. In Batamschinsk existierte seit 1944 eine kleine Mennoniten-Brüdergemeinde. Am 3. Oktober 1947 wurde Heinrich in dieser Gemeinde von Gerhard Götz in einem Steppenflüsschen getauft. Im April 1948 heiratete er Susanne Klassen (geb. 1911). In Batamschinsk wurden ihnen drei Kinder, Helena, Maria und Heinrich, geboren.

Ein Treffen der ehemaligen Konteniusfeldler in Karaganda Ende 1960-er. 1. Reihe von links: Helene Voth, Sara Thiessen, Agnes Unruh, ? Dickmann, Anna Siebert, ? Schartner, Kornelia Töws; 2. Reihe: Lena Strauß, Walja Siebert, Liese Siebert, Abram Tiessen, ? Schartner, Franz Dürksen, Maria Dürksen, Katarina Fast; 3. Reihe: Walter Siebert, Heinrich Töws, Johann Strauß, Heinrich Siebert, Abram Thiessen, Heinrich Rahn, Susanne Rahn Jakob und Susanne Rahn

Heinrich und Susanne Rahn

Im Sommer 1958 zog die Familie Rahn nach Aktjubinsk in den Stadtteil Shilgorodok. Dort schlossen sie sich der MBG an. In ihrem Hause fanden oft Versammlungen statt. Anfang 1961 wurde Heinrich Rahn zum Predigerdienst eingesegnet. Nach der Verhaftung der leitenden Brüder der Gemeinde wurde Heinrich Rahn ständig von den Behörden unter Druck gesetzt und mit nächtlichen Verhören geplagt, was sich auf seine Gesundheit auswirkte.

Im Sommer 1963 zog die Familie Rahn nach Karaganda, wo Heinrich Rahn in der Mennoniten-Brüdergemeinde als Prediger weiter diente. Heinrich und Susanne zogen im Juli 1968 nach Lettland, kehrten aber nach einigen Jahren wieder nach Karaganda zurück. Sie zogen dann 1988 nach Heubach in Deutschland, wo Heinrich Rahn im April 1996 starb.

Nach Шнайдер, Иван: Евангельские общины в актюбинских степях. S.270.

Peter Regehr (1900-1973)

Prediger

Peter Regehr wurde am 22. Februar 1900 im Dorf Münsterberg in der Kolonie Sagradowka geboren. Seinen Eltern Abram und Helene Regehr schenkte Gott zwölf Kinder, von denen Peter das elfte war. Die Eltern bemühten sich, ihre Kinder nach der Bibel zu erziehen.

Peter wurde schon in jungen Jahren ein Kind Gottes und folgte auch den Schritt des Gehorsams in der Taufe. Er wurde Mitglied der MBG in seinem Heimatdorf. Hier verliefen seine Kindheit und Jugendzeit bis er 19 Jahre alt war.

Im Jahre 1919 kam die Machno-Bande in das Dorf Münsterberg, brachte sehr viele Leute um und verbrannte alles. Unter den Opfern waren auch Peters Eltern und einige seiner Geschwister mit ihren Kindern. Peter

Goldene Hochzeit von Peter und Anna Regehr 1972 in Karaganda. Im Kreise der Verwandten und Freunden

Unterwegs mit der Bahn nach Schokai, um die Glaubensgeschwister zu besuchen. 1. Reihe von links: Tamara Balka, Truda Fast und Elisabeth Unruh; 2. Reihe: Abram Derksen, Johann Pauls, Peter Regehr und Johann Penner

flüchtete mit seinem jüngsten Bruder Heinrich und kam mit Gottes Hilfe davon. Eine seiner Schwestern wohnte im Dorf Alexanderfeld in Sagradowka und nahm die beiden Waisen auf. So wohnte er bei der Schwester und arbeitete.

Am 8. April 1922 heiratete er Anna Klassen (geboren am 23. Juli 1901). Sie wurden heimlich getraut, weil es damals keine Gottesdienste gab, aber Peter und Anna pflegten ihren Glauben in der Familie und blieben dem Herrn treu. Ihre Ehe wurde mit sechs Kindern gesegnet, von denen eines mit drei Jahren starb. (Wie hießen die Kinder? Wann geboren?) Peter und Anna bemühten sich, die Kinder den Weg zu Jesus zu lehren und beteten viel für sie. Peter arbeitete auf dem Land.

Während des Krieges kamen sie unter die deutsche Besatzung und mussten 1943 vor der nahenden Front nach Polen ziehen. Im November 1944 musste Peter seine Familie verlassen und wurde in die deutsche Armee einberufen, wo er Kanäle ausheben und andere Arbeiten verrichten musste. Peter kam in die russische Gefangenschaft und wurde in die Komi ASSR verschleppt. Dort war er fast acht Jahre von seiner Familie getrennt, musste schwer im Wald arbeiten und sehr hungern.

Erst im Herbst 1952 durfte Peter zu seiner Familie kommen, die nach Sibirien in den Golubkowskij Sowchos im Ljubinskij Rayon, Omskgebiet, verschleppt war. Peter wurde von Anfang an wegen des Glaubens sehr bedrängt. In der Sowchose lebten etliche Familien gläubig. Peter predigte ihnen trotz der Gefahr, denn er hielt sich an das Wort: „Man muss Gott mehr gehorchen als den Menschen."

Diener der MBG und der Baptistengemeinde nehmen Abschied von Peter Regehr im Oktober 1973

Im Herbst 1958 zog Familie Regehr nach Karaganda um. Hier diente Peter der Gemeinde mit der Gabe, die Gott ihm gegeben hatte. Er wurde im Mai 1959 von David Klassen und Abram Friesen zum Prediger eingesegnet. Seine Hirtenpflege galt den Geschwistern in dem Stadtteil Kirsawod und Melkombinat und er bemühte sich, seine Aufgabe treu zu erfüllen.

Im Frühling 1973 erkrankte Peter an Lymphdrüsenkrebs. Seine Frau pflegte ihn treu bis er am Morgen des 9. Oktober 1973 friedlich heimging. Viele Verwandte und Glaubensgeschwister nahmen an der Trauer teil. Seine Kinder geben ihm das Zeugnis nach 2.Timotheus 4,7-8: „Ich habe den guten Kampf gekämpft, ich habe den Lauf vollendet, ich habe Glauben gehalten; hinfort liegt für mich bereit die Krone der Gerechtigkeit, die mir der Herr, der gerechte Richter, an jenem Tag geben wird, nicht aber mir allein, sondern auch allen, die seine Erscheinung lieb haben."

Anna Schwarz (Tochter von Peter Regehr, Espelkamp)

Peter Rempel (1914)

Prediger

Peter Rempel wurde am 29. August 1914 in Neu-Rosengart in der Kolonie Chortitza geboren. Er war das achte von neun Kindern in der Familie Heinrich und Helene (geb. Bergmann) Rempel. Seine Eltern gehörten zu der Mennoniten-Kirchengemeinde. Sie waren gottesfürchtig und erzogen auch die Kinder in der Furcht des Herrn. In der Familie wurde viel gesungen und musiziert. Dies ließ gute Spuren in den Herzen der Kinder zurück, die auch alle sehr musikalisch waren.

Der 6. Januar 1922 war der Tag, an dem Gott besonders zu Peters Herzen redete. An diesem Tag übergab er zusammen mit seinem Bruder in der Scheune sein Leben dem Herrn. Der Friede Gottes zog in sein Herz hinein. Wie groß war die Freude für die Eltern und die Geschwister, als sie von ihrer Bekehrung erzählten!

Nach den schweren Jahren des Bürgerkrieges und der Hungersnot zog die Familie 1925 nach Kronsweide in der Kolonie Chortitza. Hier starben 1927 beide Eltern und ließen ihre Kinder als Waisen zurück. Der älteste Sohn Isaak (20 Jahre) übernahm die Verantwortung für seine Geschwister. Sie besuchten die Versammlungen der kleinen Mennoniten-Brüdergemeinde in Kronsweide, die sich in Privathäusern versammelte, unter anderem nach dem Tode der Eltern Rempel auch in ihrem Haus. Dazu wurde ein Zimmer ausgeräumt, das als Versammlungsraum für mehrere Jahre diente. Als das weitere Verbleiben im Dorf für die Familie Rempel gefährlich wurde, flohen sie am 26. Dezember 1932 nach Susanowo in der Kolonie Orenburg, wo es zu dieser Zeit noch Gottesdienste gab. Hier wurden sie von der Familie Heinrich Wiebe freundlich aufgenommen. Als sich die Lage in Kronsweide etwas normalisierte, kehrten die Geschwister im Herbst 1933 wieder zurück.

Die geistliche Dunkelheit wurde zu dieser Zeit immer größer. Man versammelte sich nur in kleinen Gruppen und bald hörten auch diese Zusammenkünfte auf. Im Sommer 1934 fand heimlich in einer dunklen Nacht ein Tauffest statt. Es wurden vier Geschwister getauft, einer davon war Peter Rempel. Der Täufer war Johann Rempel aus Einlage.

Peter und Eugenie Rempel mit den Kindern Erna, Peter und Erwin

Im Februar 1935 erlitt Peter Rempel bei einem Unfall mit der Mähdreschmachine an der Arbeitsstelle einen Schädelbruch. Damals dachte niemand, dass er sich von diesem Unfall erholen würde. Aber Gott tat Wunder und stellte ihn nach langer Krankheit wieder her, wenn auch die Folgen für das ganze Leben zurückblieben.

Am 7. Oktober 1939 durfte Peter Rempel die Ehe mit Eugenie Dyck schließen. Weil zu dieser Zeit alle geistlichen Handlungen verboten waren, wurde die Trauhandlung nachts, heimlich von Prediger Peter Brauer durchgeführt. Ihnen wurden drei Kinder geschenkt: Erna (1941), Peter (1946), Erwin (1954).

Unter der deutschen Besatzung im Zweiten Weltkrieg musste Peter Rempel am 12. September 1943 mit seiner Familie und mit vielen anderen die Heimat verlassen und nach Westen vor den russischen Truppen fliehen. Sie kamen mit dem Treck in den Warthegau. Hier in der Ortschaft Schlusau fanden gesegnete Versammlungen statt und das geistliche Leben wurde gefördert. Am 6. November 1944 wurde Peter Rempel von Heinrich Balau und dem reichsdeutschen Prediger Lippert zum Dienst als Prediger eingesegnet.

Der Aufenthalt in Schlusau war von kurzer Dauer. Bald musste man fliehen, weil die russischen Truppen heranrückten, aber man kam nicht weit. Im Städtchen Argenau wurden die Flüchtlinge am 21. Januar 1945 von den sowjetischen Truppen überrollt. So kam Peter Rempel mit seiner Familie und vielen anderen in die russische Gefangenschaft. Es fing ein unsagbar schwerer Leidensweg an.

Hochzeit von Heinrich Pirch und Erna Rempel am 7. Juli 1960

Ende Oktober 1945 wurde er nach Sibirien verschleppt, wo er mit seiner Familie am 5. Dezember 1945 in Ojasch im Nowosibirskgebiet ankam. Die Not stieg aufs äußerste. Es fehlte an allem, Nahrung, Kleidung, Brennholz usw. Aber wieder tat Gott Wunder und führte sie mit der Zeit aus dieser Not heraus. Wegen seines Schädelbruchs konnte Peter Rempel bald keine Arbeit verrichten. Durch ein medizinisches Attest wurde er für arbeitsunfähig erklärt.

Peter und Eugenie Rempel mit Sohn Erwin

An Gottesdienste konnte man in dieser Zeit nicht denken, aber der Familiengottesdienst wurde gepflegt. Die Familie von Peter Rempel wohnte zu dieser Zeit mit seiner Schwägerin Helena Rempel und ihren drei Kindern in einem kleinen Häuschen zusammen. Als Peter Rempel nicht mehr arbeiten konnte, wurden am Sonntag, wenn die Frauen nicht arbeiten mussten, Hausgottesdienste durchgeführt. Mit der Zeit kamen zwei weitere Personen zu diesem Hausgottesdienst dazu. Nach und nach wuchs die Zahl der Besucher. So wurden ab dem 24. Januar 1954 reguläre Gottesdienste im Hause von Peter Rempel durchgeführt. Es fanden Erweckungen statt und eine kleine Gemeinde entstand.

Als die Kommandanturaufsicht aufgehoben wurde, zog Peter Rempel mit seiner Familie im Februar 1956 nach Solikamsk im Permgebiet. Hier hatte Gott ihm ein großes Arbeitsfeld bereitet. Als er nach Solikamsk kam, fing man auch hier mit den Gottesdiensten an und eine Gemeinde wurde gegründet. Das geistliche Leben blühte auf, es gab Bekehrungen und Tauffeste, Jugendarbeit wurde durchgeführt, ein Chor entstand. Trotz vielen Drohungen von Seiten der Obrigkeit hielt Gott seine schützende Hand über die Gemeinde.

Am 31. Mai 1960 zog die Familie Rempel nach Karaganda, weil die Tochter Erna Heinrich Pirch aus Karaganda heiraten wollte. Da die Kinder sich entschlossen hatten, in Karaganda zu leben, entschloss sich auch Peter Rempel mit der Familie zum Umzug dahin. Sie kamen am 2. Juni dorthin und schlossen sich der Mennoniten-Brüdergemeinde an. Hier diente Peter Rempel als Prediger und Seelsorger und wurde auch bald in den Bruderrat der Gemeinde aufgenommen. Weil er ein eingesegneter Prediger war, tat er auch manche Dienste mit Händeauflegung in der Gemeinde. Aufgrund seiner schwachen Gesundheit hat er aber nie getauft. Die Gemeinde war für die Hausbesuche in einige Teile aufgeteilt und Peter Rempel trug viele Jahre als Seelsorger die Verantwortung für einen Teil der Gemeinde.

Im März 1990 durfte Peter Rempel mit seiner Frau nach Deutschland ausreisen. In Harsewinkel schlossen sie sich der Mennoniten-Brüdergemeinde an, wo er eine Zeit lang noch als Prediger und Seelsorger dienen konnte.

Nach Erinnerungen von Peter Rempel (Sen), Harsewinkel und Rempel, Erwin: Frag deine Eltern, was damals geschah. Lebensgeschichte meiner Eltern Peter und Eugenie Rempel. Harsewinkel: Selbstverlag des Verfassers 2004.

Jakob Siebert (1904-1990)

Prediger

Jakob Siebert wurde am 18. April 1904 in Sparrau in der Molotschna-Kolonie geboren. Seine Eltern Heinrich und Maria (geb. Warkentin) stammten beide aus Sparrau. Im Jahre 1906 kaufte die Familie ein Haus in Danilowka auf der Krim. Sie zogen dann 1917 wieder in die Molotschna-Kolonie, nach Fürstenwerder.

Im September 1918 trat Jakob in die Fortbildungsschule (?) in Rückenau ein und besuchte sie vier Jahre lang. Im Oktober 1918 hielt die Deutsche Mennonitische Z eltmission unter der Leitung von Jakob Dyck und Heinrich Enns Versammlungen im Dorf ab. Sie sprachen sehr ernst über das Kommen des Herrn, was Jakob innerlich sehr ansprach. Nachdem er zu Hause mit den Eltern darüber gesprochen hatte, knieten sie nieder und beteten zusammen. So fand er Frieden mit Gott. Weil seine Kameraden sich nicht bekehrten, trennten sich ihre Wege. Jakob besuchte einen christlichen Jugendverein, der von einem älteren Prediger geleitet wurde.

Weil sein Vater Prediger in der Mennonitengemeinde in Alexanderwohl war, besuchte Jakob dort den Taufunterricht und wurde im Frühling 1922 mit der Besprengungstaufe bedient. Im Frühling 1926 absolvierte er das Pädagogische Technikum in Chortitza und wurde Lehrer einer siebenstufigen Schule.

Jakob heiratete am 30. August 1927 Maria Braun. Schon am nächsten Tag erhielt er eine Anstellung als Lehrer im Dorf Steinfeld. Die Anstellung wurde damals auf Wunsch der Dorfgemeinde vollzogen. Ein Jahr lang arbeitete er in dieser Schule. Da aber die Schülerzahl dort klein war, wurde er als leitender Lehrer der Dorfschule in Hirschau angestellt. In dieser Schule blieb er zwei Jahre, bis er 1930 des Glaubens wegen aus der Schule entlassen wurde. Kurze Zeit danach arbeitete er in einem Betrieb als Rechnungsführer, dann in einem Erdöllager. Sein Gesundheitszustand wurde immer bedenklicher. Er hatte ein Lungenleiden. Ein guter Arzt, Doktor Eisenbraun, gab ihm den Rat, das Klima zu wechseln. So zog er im Jahre 1932 mit seiner ganzen Familie, von ihren drei Kindern war eins bereits gestorben, nach Arkadak im Saratowgebiet. Hier war er Deutschlehrer in den Dorfschulen Nr. 3 und Nr. 5.

Die Familie des Lehrers Jakob Siebert Anfang 1940 in Arkadak: Ehefrau Maria und die fünf Kinder Hans, Elsa, Heinrich, Hilda und Jakob

Die Familie wurde dann mit allen anderen 1941 nach Sibirien ins Tjumengebiet verschickt. Von Januar 1942 bis Oktober 1943 und von August 1944 bis August 1946 diente er in der Arbeitsarmee an verschiedenen Orten (Iwdel, Mias). Immer wieder erlebte er in dieser schweren Zeit Gottes Bewahrung.

Nach seiner Freilassung aus der Arbeitsarmee arbeitete Jakob wieder als Deutschlehrer in Jemurtla. Er traf seine Familie in einem sehr erbärmlichen Zustand an. Seine Gattin hatte mit viel Mühe und Not für die sechs Kinder gesorgt, dazu hatten sie noch die beiden Kinder seines Bruders Nikolai auf-

Ein Erlebnis in der Arbeitsarmee im Sommer 1943

„Oft war man am Verzagen. Hätte ich nicht einen Halt am Herrn gehabt, so wäre ich nicht aus dieser Lage herausgekommen. Ich will einen Fall erzählen, indem ich etwas zurückgreife. Im Laufe des vergangenen Sommers war unsere Lage besonders schwer. Die schwere Arbeit im Walde und die magere Kost wollten uns den Mut nehmen. Ich erhielt eines Tages, es war im Juli, einen Auftrag, in den Wald zu gehen, und daselbst in einer Brigade das gefällte Holz auf Rechnung zu nehmen. Auf einem schmalen Fußsteg ging ich in die Richtung der Brigade. Oftmals lagen quer über den schmalen Fußsteg Baumstämme. Übersteigen konnte ich nicht, denn meine Beine und Füße waren geschwollen vor Hunger. Ich setzte mich auf den Baumstamm, legte einen Fuß über, dann den anderen und ging weiter. Ich war nun ganz verzagt. Ich wünschte mir, daß wenn ich zur Brigade komme und dann in meiner Nähe ein Baum fallen würde, denn es wurden da Bäume gesägt, würde ich keinen Schritt zur Seite gehen. Es schien mir so, ich käme aus diesem Elend nicht heraus. In einiger Entfernung merkte ich, daß die Arbeiter nicht arbeiteten, sie standen alle an einem Platz, hatten alle ihre Kopfbedeckung in den Händen. Als ich ganz in ihre Nähe kam, sah ich, was geschehen war. Ein junger Mann, vielleicht 18 Jahre alt, lag tot. Ein Ast eines fallenden Baumes hatte ihn getroffen und nun lag er tot da. Die Männer standen da und trauerten. Ich hörte in mir die Stimme: ‚Das hast du dir eben gewünscht'. Das strafte mich. Ich ging fort von diesem Ort und ging weit weg in den Wald, wie weit, weiß ich nicht. Ich ging auf keinem Weg oder Steg, immer tiefer in den Wald hinein. Da blieb ich auf einer Lichtung stehen, dachte nach, wie tief ich mich versündigt hatte. Ich fiel auf die Knie und tat tief Buße und bat den Herrn, er solle mir verzeihen. Ich bekam die Überzeugung, daß der Herr mir vergeben hatte. Ich vernahm eine Stimme, die zu mir sagte: ‚Ich werde dich aus diesem Elend herausführen, ich will dich zu deiner Familie zurückführen! Glaube und sei unverzagt!' Dann verlor ich die Besinnung. Als ich zu mir kam, war die Sonne schon untergegangen. Ich wußte aber nicht, wo ich war, kein Weg, kein Steg, kein Mensch in der Gegend. Als ich an diesen Platz kam, war es morgens. Ich kniete nieder und betete. Ich dankte nochmals für die Vergebung und bat den Herrn, er solle mich ins Lager führen. Ich konnte mich nicht orientieren, welche Richtung ich einschlagen sollte. Ich stand auf und ging im Vertrauen auf den Herrn. Es war die rechte Richtung, die ich ohne zu wissen eingeschlagen hatte. Ich kam spät abends ins Lager zurück. Von nun an habe ich nicht mehr an meiner Heimkehr gezweifelt. Ich war sicher, der Herr führt mich und ist mit mir. Auch in den darauffolgenden sehr schweren Zeiten war ich mir bewußt, daß der Herr mit mir war. Er hat mich nicht zu Schanden werden lassen. Ihm die Ehre dafür!"

Jakob Siebert, Lebenserinnerungen

genommen, der schon in Melitopol im Gefängnis gestorben war und dessen Frau während des Zweiten Weltkriegs durch Granatensplitter umkam. Der Hunger war sehr groß, man tauschte fast alle Sachen gegen Nahrungsmittel ein. Doch auch in dieser schweren Zeit erlebten sie die Fürsorge des Herrn. Nach der Aufhebung der Kommandantur zog Familie Siebert im Jahre 1956 nach Slatoust im Ural. Jakob fand eine Lehrerstelle an einer technischen Handelsschule. Er brauchte aber keine ideologischen Aufgaben zu übernehmen, mit denen die Lehrer meistens sehr belastet wurden. Die Direktorin der Schule war ihm wohl gesonnen.

Doch schon 1958 mussten alle Deutschen Slatoust verlassen, weil ein Maschinenbauwerk für militärische Zwecke umgerüstet wurde. Zu Weihnachten 1958 besuchten Sieberts Jakobs Schwester Katharina Klassen in Karaganda und lernten dabei die Gemeinde kennen. „Schon sehr lange hatten wir die Weihnachtstage nicht so feiern können. Wir konnten jetzt die Versammlungen besuchen und Gottes Wort hören und die schönen Weihnachtslieder singen. Wir hatten im Laufe von 28 Jahren nicht die Möglichkeit, eine christliche

Ein Erlebnis aus den Hungerjahren

„Ich begab mich eines Tages ins Nachbardorf Berdjugino, um einige Eltern unserer Schüler zu besuchen. Da erfuhr ich, daß ein Mann seine Kuh verkaufen wollte. Ich beschaute die Kuh. Sie war klein, aber scheinbar eine gute Milchkuh. Der Mann forderte für die Kuh auch nicht teuer. Ich hätte sie gerne gekauft, doch ich hatte kein Geld. Als ich nach Hause kam, erzählte ich es meiner Ehegattin. Am andern Tag meinte sie, sie möchte die Kuh mal beschauen. So machten wir uns auf den Weg, natürlich ohne Geld. Die Kuh gefiel meiner Gattin. Doch kaufen konnte ich sie meiner Gattin nicht. So begaben wir uns auf den Heimweg. Unterwegs fiel mir bei, ich müßte noch unsere Leiterin des Lehrteils besuchen, bezüglich meiner Arbeit in der Schule. Sie war eine alleinstehende Frau. Sie war sehr zuvorkommend und immer bereit zu helfen, wo sie nur konnte. Ich sagte unterwegs zu meiner Ehegattin: ‚Wenn Jekatherina Fjodorowna,' denn so hieß sie, ‚uns fragen wird, woher wir kommen, würde ich es ihr erzählen, und wenn sie uns dann Geld anbieten würde, ohne daß ich darum bat, dann ist das unser Glück!' So kam es. Wir kamen in ihr Haus, ich brachte ihr mein Anliegen vor. Am Schlusse fragte sie, ob wir wo gewesen seien und was wir machten. Ich erzählte ihr von unserem Gang ins Nachbardorf. Da fragte sie, ob uns die Kuh gefallen habe. Warum wir sie nicht gekauft haben? Klar und deutlich, es war kein Geld da. Nun stellte sie die Frage: ‚Würdet ihr die Kuh kaufen, wenn ihr Geld hättet?' Ganz gewiß! Da ging sie ins Nachbarzimmer, holte Geld und gab es uns. Abgeben könnten wir das Geld dann, wenn es möglich sein würde. Der Herr hatte es der Frau eingegeben! Wie wunderbar hatte der Herr wieder gesorgt."

Jakob Siebert, Lebenserinnerungen.

Versammlung zu besuchen. Es war für uns eine Erquickung wie für einen Reisenden in der Wüste, der eine Oase erreicht hatte und nun ausruhte."[33] So trennte Jakob sich von seinem Lehrerberuf und sie zogen nach Karaganda. Hier fing die Zeit des geistlichen Aufbaus an. Am 28. Juni 1959 wurden Jakob und Maria mit den Kindern Hilda und Nikolai nachts mit der Untertauchungstaufe von Franz Ediger getauft und in die MBG Karaganda aufgenommen.

Sehr bald wurde Jakob aufgefordert, an der Wortverkündigung teilzunehmen und er sollte eingesegnet werden. Dagegen sträubte er sich neun

[33] Lebenserinnerungen von Jakob Siebert (1904-1990)

Die gesamte Familie Siebert nach fünfjähriger Trennung in Jemurtla, Tjumengebiet. Vorne von links: Nikolaus, Maria, Jakob, Hilda, Jakob; hinten Abram, Hans, Heinrich, Elsa, Heinrich (zwei Kinder wurden adoptiert)

Ein gläubiger Lehrer

„Es versammelten sich in dieser Stadt am Sonntagvormittag eine kleine Gruppe von Geschwistern, und hielten Gottesdienste in den Wohnungen, wo es möglich war. Es waren noch zwei Schwestern meiner Frau mit Familien hinzugekommen, und am Sonntagnachmittag versammelten wir uns im Geschwisterkreis. Es wurde auch gesungen. Ab und zu besuchte ich auch die Versammlungen. Ich mußte vorsichtig sein, weil die Lehrer doch alle Atheisten sein sollten. Eines Tages erfuhr ich, daß die Direktorin der Anstalt zum Büro des Parteikommitees herausgerufen worden war, und zwar meinethalben. Sie wurde beschuldigt, daß sie einen gläubigen Lehrer in der Anstalt habe und sollte eine Charakteristik über meine Tätigkeit schreiben. Unsere Lehranstalt war direkt Moskau unterstellt. Die Direktorin hatte gesagt, sie werde die Wahrheit schreiben und sie habe nichts gefunden, womit ich beschuldigt wurde. Nun, solche Charakteristik wollten sie nicht haben. Als ich zu der Direktorin ging und mich näher darüber erkundigte, sagte sie zu mir: ‚Diese Sache ist besprochen und abgeschlossen. Arbeitet nur so weiter. Wenn Sie in Ihrem Alter zu so einer Überzeugung gekommen sind und im Glauben stehen, dann bleiben Sie fest in dem!' Das wiederholte sie zweimal. Auch sprach sie mich frei von jeglicher öffentlichen Arbeit. Ich war allein so ein Bevorzugter."

Jakob Siebert, Lebenserinnerungen.

Monate lang, weil ihm die Verantwortung zu groß erschien. „Da dieser Ruf immer wieder an mich erging, willigte ich ein, mit der Bedingung, daß alle Geschwister damit einverstanden seien. Als auf der Gemeindestunde alle dafür stimmten und keine einzige Stimme dagegen war, willigte ich ein. Am 19. März 1962 wurden wir im Haus der jungen Geschwister Abram und Lena Wolf eingesegnet. Die Einsegnung vollzogen die Brüder Franz Ediger und David Klassen."[34]

Sieberts hatten ein geräumiges Haus, in dem oft Versammlungen stattfanden. Im Mai 1965 wurde Jakob zum Verantwortlichen für die Siedlung „33"

[34] Lebenserinnerungen von Jakob Siebert (1904-1990)

Goldene Hochzeit 1977 von Jakob und Maria Siebert. Das Ehepaar im Kreise der Verwandten

gewählt. Im April 1967 wurde er in den Vorberat gewählt. Es war eine sehr angespannte Zeit der Neuorientierung, der Legalisierung und des Bethausbaus. Auch nach dem Bethausbau gab es viel Arbeit im geistlichen Aufbau der Gemeinde. Diesen Dienst tat er bis zu seiner Abreise im Jahre 1977 nach Deutschland. Ab September 1976 bis Oktober 1977 war er Mitältester der Gemeinde und führte den neuen Ältesten Heinrich Görzen in den Dienst ein. Im Oktober 1977 zog das Ehepaar

Im April 1978 nahm er an der Gründung der MBG Neuwied-Torney teil, deren Ältester er bis zum Juli 1983 blieb. Am 17. Oktober 1993 ging Jakob Siebert in Frieden heim.

Nach Lebenserinnerungen von Jakob Siebert (1904-1990) und Angaben von Helene Bergen ergänzt.

Johann Strauß (1899-1971)

Prediger

Johann Strauß wurde am 29. Oktober 1899 in Spat auf der Krim als ältester Sohn von Abram Strauß geboren. Sein Vater war Bauer und Johann musste ihm viel in der Wirtschaft helfen. Er hatte eine ältere und eine jüngere Schwester von der rechten Mutter und noch fünf Geschwister von der zweiten Mutter.

Johann beendete in Spat die Dorfschule. Er hatte auch die Möglichkeit, in den Wintermonaten eine höhere Schule in Simferopol zu besuchen, die ihn dazu berechtigte, als Buchhalter in Spat zu arbeiten.

Erst nach seiner Hochzeit mit Agata Hübert, die in der Mennoniten-Brüdergemeinde war, bekehrte sich Johann Strauß 1926 und wurde im nächsten Jahr in Spat in der Brüdergemeinde getauft.[35] Gott schenkte ihnen drei Kinder: Walter (1928) und die Zwillinge Lili und Irma (1930). Johanns Bekehrung veränderte sein Leben, denn Gerettetsein gibt Rettersinn. Recht bald begann er zu predigen und auch im Alltag zu zeugen.

Vor dem Krieg war Johann Strauß Buchhalter in einer großen Hühnerfabrik in Berdjansk am Nordufer des Asowschen Meeres. Hier erkrankte seine Frau Agata an Schwindsucht und Johanns Schwester Lena Strauß kam, um sie zu pflegen. Als Agata 1941 starb und ihren Mann mit dem dreizehnjährigen Sohn und den zehnjährigen Mädchen hinterließ, blieb Lena Strauß bei ihnen. Als im Juli 1941 der Krieg ausbrach, musste Lena von zu Hause weg, um Schützengräben auszuheben. Dann wurde Johann Strauß mobilisiert und die drei Kinder blieben allein. Als Lena das hörte, floh sie zu den Kindern und kam gerade rechtzeitig, um mit ihnen zusammen nach Kasachstan verschleppt zu werden.

Am 9. September 1941 wurden alle Männer ab 17 Jahren von Berdjansk nach Charkow zu Fuß zu einer NKWD Kommission geschickt. Die „Trojka" meldete jedem einzeln, ohne jegliches Verhör, dass er zu sechs Jahren Haft verurteilt sei. Die Männer wurden in zwei Gruppen eingeteilt, eine für Solikamsk, die andere für Iwdel im Nordural. Zu dieser zweiten Gruppe ge-

[35] In der Gemeindeliste der MBG ab 1965 ist angegeben, er sei 1926 getauft worden.

Das Ehepaar Johann und Agata Strauß

hörte auch Johann Strauß. „Iwdellag" wird oft als Vernichtungslager bezeichnet. Nach zwei Jahren Arbeitsarmee kam auch Johann Strauß für sechs Monate in die Todeskammer. Er wurde zu zehn Jahren Haft verurteilt.

Die Familien in Berdjansk wurden im Oktober 1941 in ein Schiff verladen und über das Asowsche Meer nach Jejsk im Krasnodargebiet gebracht. Auch da mussten einige unter den Bomben ihr Leben lassen. Unterwegs traf Lena Strauß auf ihre Eltern und ihre Schwester Mariechen. Weiter ging es gemeinsam mit der Bahn nach Machatschkala und mit dem Schiff bis Krasnowodsk und wieder mit der Bahn nach Nordkasachstan, so dass am 29. November die Verschleppten in Schortandy, Akmolinskgebiet, ankamen.

Als Johann Strauß 1953 aus der Haft frei kam, fand er seine Schwester und die Kinder im Dorf Nowokubanka, nicht weit von Schortandy. Er bekam eine Arbeitsstelle als Buchhalter in einer MTS. Seine Monatsabrechnungen musste er in Akmolinsk abliefern. Diese Möglichkeit nutzte er, um Gemeinschaft der Gläubigen zu finden und fand auch eine Gruppe Frauen, die sehr froh waren, wenn Reiseprediger sie besuchten. Er war auch bereit, bei Kranken und Alten Hausbesuche zu machen. Die Schwester Helene Boschmann aus der Gruppe zeigte ihm den Weg in der fremden Stadt. Nach 1956, als die Deutschen von der Kommandantur frei wurden, besuchte er solche Gottesdienste öfter.

Als Johann Straus 1959 in Rente ging, widmete er sich verstärkt den Besuchen der zerstreuten Kinder Gottes. Auf diesen Reisen merkte er, dass er für diesen Dienst eine Gehilfin brauchte und dachte an die Witwe Helene Boschmann, die mittlerweile nach Karaganda umgezogen war. Johann Strauß und Helene Boschmann heirateten 1961 in Karaganda und zogen in die Tschechow-Straße in Kirsawod. In ihrem Haus fanden viele Gottesdienste statt, so wie Jugendstunden und viele Besuche. Ob jung oder alt, die Leute kamen

Brüder Johann Strauß, Jakob Siebert und Peter Regehr unter anderen Gästen auf der Verlobung von Jakob Fast und Nelli Herdt am 9. Mai 1968

zu ihm mit ihren Fragen. Er konnte guten Rat geben und Trost spenden. Besondere Sorge trug er um die heranwachsende Jugend. Nachdem sich einige Jugendliche bei ihm bekehrten, bat er Friedrich Hertle im Jahre 1963, sich der Jugendgruppe anzunehmen, was der auch treu erfüllte. Johann Strauß wurde von der Jugend oft eingeladen. Einige Jahre nacheinander fanden nach seinen Predigten an den Silvesterabenden viele Jugendliche den Frieden mit Gott.

Als die Gemeinde nach einem Weg zu Legalisierung suchte, musste Johann Strauß auch Verantwortung übernehmen. Im Februar 1964 kam es zu einem Gespräch zwischen Gerhard Harder und Johann Strauß und dem Gebietsbevollmächtigten des Rates für Religionsangelegenheiten. Diese Brüder stellten mit Einverständnis der meisten Vorsteher der Gemeinde dem Bevollmächtigten den Antrag, eine deutsche Baptistengemeinde organisieren zu dürfen, was den Brüdern damals als einzig reale Möglichkeit erschien. Als der MBG angeboten wurde, ihre Versammlungen im Hause der Baptisten zu halten unterstützten Franz Ediger, Jakob Konrad, Abram Friesen und Johann Strauß diesen Schritt nicht. Da dieser Anfang mit dem Versuch verbunden war, alle Mitglieder der MBG in die bestehende Baptistengemeinde einzugliedern, zogen sich die Brüder zurück. Als die Gemeinde diese Krise, wenn auch mit Verlusten, überstanden hatte, konnte Johann Strauß seinen aktiven Dienst fortsetzen. Er wurde 1966 oder 1967 eingesegnet. In dieser Zeit war er zum Evangelisten geworden. Seine eindringlichen Mahnungen bohrten in den Herzen der Unentschiedenen. Oft wurde er zu Beerdigungen bei Gläubigen und Ungläubigen eingeladen, wo er russisch und deutsch predigen konnte. Er war in diesem Fall bereit, jede Einladung anzunehmen, auch wenn es Orthodoxe, Kommunisten oder Selbstmörder waren. Angesichts von Tod und Leid waren die Menschen, unabhängig von ihrem Glauben und Religi-

Täuflinge der MBG Karaganda 1970

onszugehörigkeit, offener für Gottes Wort und die Obrigkeiten verhinderten die Predigt in diesem Fall auch nicht.

Johann Strauß unternahm viele Besuchsreisen und war oft in Kijewka, Ossakarowka, Sharyk, Balchasch, Schokaj und anderen Orten des Karagandagebiets. Er machte auch weitere Reisen. So besuchte er 1964 die Gegend um Tschistopolje. In Dubrowka bekehrten sich damals zwei Schwestern.[36]

Im Frühjahr 1967 besuchte Johann Strauß wieder mal die Dörfer Nowokubanka, Ugoljnaja, Sholymbet und Schortandy in Akmolinskgebiet. Er erzählte, dass es in Karaganda deutsche Versammlungen und viele christliche Jugendliche gäbe. Einige Geschwister, so wie Familie Johann und Anna Kasper mit ihren fünf Kindern im Mai 1967, zogen auf seinen Rat nach Karaganda.

Johann Strauß war immer sehr besorgt, dass die Verirrten wieder zurück zum Herrn finden. Er war als liebender, treuer Diener ein gutes Vorbild. Er konnte alles stehen und liegen lassen, um den Dienst für den Herrn nicht zu versäumen. Ungefähr drei Wochen vor seinem Tod meinte er aber, viel zu wenig für den Herrn getan zu haben. Er verstarb am 25. Oktober 1971.

Nach Erinnerungen von Maria Penner, Helene Strauß, Jakob Penner, Elsa Gerbrandt.

Wilhelm Töws (1896-1966)

Dirigent

Wilhelm Töws wurde am 16. April 1896 im Dorf Kanzerowka in der Kolonie Orenburg geboren. Seine Eltern waren David und Agatha Töws, die 1892 aus Einlage in der Kolonie Chortitza nach Kanzerowka gekommen waren. Familie Töws siedelte 1918 nach Waldheim im Omskgebiet um.

In den 1920-er Jahren führten die Brüdergemeinden im Omskgebiet Dirigentenkurse durch, die von Bruder Dück geleitet wurden,[37] von dem Wilhelm Töws die Liebe und Freude am Dirigieren lernte, was er später auch weitergab. Im Januar 1922 heiratete Wilhelm Maria (geb. Hildebrandt), die

[36] Zeugnis von Elsa Gerbrandt, heute in Gera, Thüringen.
[37] Das wurde ihm später vom NKWD zur Last gelegt und er wurde dafür erschossen. Über die Dirigentenkurse gibt es Berichte in „Unser Blatt".

Chorgesang im Freien wird von Wilhelm Töws geleitet

Witwe von Wilhelm Thiessen, die ihre beiden Söhne Abram und Willi in die Ehe mitbrachte. Nach der Heirat zog die junge Familie nach Kornejewka im Omskgebiet, wo es eine Brüdergemeinde gab, die ein Versammlungshaus hatte, in dem die Gottesdienste bis 1934/35 stattfanden. Dann wurde Prediger Epp verbannt, das Gebetshaus enteignet und daraus eine Schule gemacht.

Der Herr schenkte Wilhelm und Maria Töws gemeinsam noch die Kinder Heinrich, Maria, Margarete und Johann. Am 25. März 1942 wurde Wilhelm mit seinem Sohn Heinrich in die Arbeitsarmee eingezogen. Nach einem Jahr kam er unterernährt nach Hause zurück.

Im Jahre 1947 zog die Familie Töws aus Kornejewka nach Solonitschka im Karagandagebiet. Sie kamen 1950 dann nach Karaganda in die Siedlung „33". Wilhelm Töws begann 1952 mit etwa zehn Geschwistern in der Siedlung „33" deutsche Lieder einzuüben um Peter und Maria Regehr zur Silberhochzeit eine Überraschung zu bereiten. So entstand ein kleiner deutscher Chor, mit dem Wilhelm Töws kranke Geschwister besuchte, die durch diesen Dienst reich gesegnet wurden. Die Übstunden fanden in Privathäusern statt. Die Lieder wurden abgeschrieben.

Als dann die MBG gegründet wurde gab es in dieser Ortschaft schon einen kleinen Chor, den Wilhelm Töws leitete. Er dirigierte bis zu seinem Tod. Da Mangel an Dirigenten herrschte, leitete er Peter Görzen, Emil Fenske, Viktor Enns, Peter Janzen gleichzeitig zum Dirigieren an. Im Kuban, wo seine Kinder wohnten, hatte er noch seinen Sohn Johann und Johann Janzen im Dirigieren gelehrt.

Abschied von Wilhelm Töws am 6. Januar 1967 im Hof des Bethauses der Baptistengemeinde in Kopai

Am 31 Dezember 1966 durfte Wilhelm Töws in Karaganda in die ewige Heimat eingehen.

Nach Erwin Rempel, Willi Janzen, Maria Janzen, Abram Günter und Heinrich und Elisabeth Töws: „Unsere Lebensgeschichte."

Heinrich Wiebe (1929)

Prediger

Heinrich Wiebe wurde am 15. März 1929 als dreizehntes Kind in der Familie von Aron und Katharina Wiebe in Rebrowka im Pawlodargebiet geboren. Seine frühe Kindheit verfloss zwar in Armut, aber doch sorglos. Doch mit dreizehn Jahren wurde er Vollwaise. Mit vierzehn Jahren verließ er nach der siebten Klasse die Schule und begann, in der Kolchose zu arbeiten. Er sagt über diese Zeit: „Meine Jugendzeit verfloss sinnlos, weil ich nicht bekehrt war und auch keine Versammlungen stattfanden." Hinzu kam noch der Krieg, Hunger und Blöße.

Heinrich und Katharina Wiebe

Am 1. Juli 1948 wurde Heinrich Wiebe nach Karaganda zur Ausbildung und Arbeit in den Kohlengruben geschickt (FSO). Das Jahr 1950 war für ihn in mehrfacher Hinsicht ein besonderes Jahr. Am 5. Mai durfte er mit Katharina Hamm, die sich kurz vor der Hochzeit bekehrt hatte, den Ehebund schließen. Und am 24. September bekehrte er sich und wurde frei von seinem bisher geführten Sündenleben. Als sich das junge Paar zur Taufe in der Baptistengemeinde in Kopaj meldete, sagte Jewstratenko, sie sollten sich erst trauen lassen. Deshalb vollzog 1952 Peter Bergmann die Trauung. Zur Taufe wurde Heinrich Wiebe trotzdem nicht zugelassen, weil es gesetzlich verboten war, vor dem 25. Lebensjahr getauft zu werden. So wurde er erst 1954 von Jewstratenko getauft.

Die Familie Wiebe schloss sich 1958 der MBG an und ließ sich in Kirsawod aufnehmen. Sie wurden regelmäßig von Peter Bergmann, Heinrich Penner, David Klassen, Jakob Plett und vielen anderen besucht.

Der Vorberat beschloss 1959, in Saran Prediger einzusegnen, damit die Gemeinde selbstständig arbeiten könnte. Am 10. Mai 1959 wurden Heinrich Zorn und Heinrich Wiebe von David Klassen und Franz Ediger eingesegnet. Sie predigten, teilten das Abendmahl aus, machten Hausbesuche, vollzogen Taufen und Trauungen. Die Besuche der Brüder aus der MBG blieben aber trotzdem nicht aus. Sie arbeiteten weiterhin in Frieden und Eintracht zusammen.

Am 21. August 1962 wurden Heinrich Wiebe und Heinrich Zorn und im September David Klassen verhaftet. Alle drei kamen am 11. Dezember 1962 vor Gericht. Die Prediger wurden wegen illegalen Versammlungen in denen

Heinrich Wiebe in der Jugendzeit

dazu noch Kinder dabei waren beschuldigt. Heinrich Wiebe kam für ein Jahr in Haft und wurde später rehabilitiert.[38]

Sein Dienst in der Gemeinde ging 1963 weiter, bis sie sich 1966 der registrierten Baptistengemeinde in Saran anschlossen.

Der Herr schenkte der Familie Wiebe neun Kinder, von denen die ersten drei starben, bevor sie ein Jahr alt wurden. Die anderen sechs Kinder, Peter (1955), Andreas (1956), Jakob (1959), Johann (1960), David (1962), Natalia (1965) sind bekehrt und haben eigene Familien.

Nachdem Heinrich Wiebe lange Zeit im Untertagebau in der Kohlengrube als Elektriker gearbeitet hatte, durfte er am 15. März 1979 mit fünfzig Jahren in Rente gehen. Das sah er als besonderes Geschenk vom Herrn an. Gemeindeleben und Gemeindearbeit verliefen in gleicher Weise weiter, bis ihm die Leitung des Gemeindeverbandes der registrierten Baptisten von Kasachstan anbot, die Leitung der Pawlodarer Gemeinde zu übernehmen. Das fiel ihm schwer, aber er folgte dem Ruf des Herrn. Am 15. März 1986 standen er und seine Frau vor der Gemeinde in Pawlodar, wurden ein-

[38] Der Prozess ist ausführlich beschrieben in Teil III, Kapitel 2.

Heinrich Wiebe und Franz Thiessen vollziehen die Taufe in der Baptistengemeinde in Saran

stimmig in die Gemeinde aufgenommen und anschließend wurde er zum Ältesten gewählt. Das war an seinem 57. Geburtstag. Diese Arbeit war schwerer als in Saran, aber mit Gottes Hilfe durfte er sie bewältigen.

Im April 1990 siedelte Heinrich Wiebe mit seiner Frau nach Deutschland in die Stadt Fulda um. Am 7. Juli 1990 wurde er in der dortigen Gemeinde zum Ältesten gewählt. Dieses Amt hatte er bis zum 14. Februar 1993 inne, dann wurde David Boschmann zum Ältesten gewählt. Das Ehepaar Wiebe blieb noch bis 1999 in Fulda in der Gemeinde, zog dann nach Frankenthal und wurde am 27. Juni 1999 in die MBG Frankenthal aufgenommen, wo sie bis jetzt eine segensreiche Gemeinschaft genießen dürfen. Hier feierten sie auch im Jahr 2000 ihre Goldene Hochzeit.

„Wir sind dem Herrn sehr dankbar für alle Tiefen und Höhen, durch die er uns in unserem Leben geführt hat. Jetzt warten wir auf den letzten Abschnitt unseres Lebens, wenn wir den Herrn ewig loben und preisen wollen für alle Segnungen in unserem Leben."

Heinrich Wiebe

Otto Wiebe (1905-1964)

Otto Wiebe wurde am 13. Oktober 1905 in Djurmen, im Norden der Halbinsel Krim, in der Familie von Peter und Dorothea Wiebe geboren. Seine Großeltern Philipp Johann und Elisa Wiebe hatten acht Kinder und waren aus der Molotschna-Kolonie auf die Krim gezogen. Als Peter und Dorothea Wiebe 1900 heirateten, waren sie beide wiedergeboren. Sie erzogen ihre fünf Kinder, von denen zwei schon früh starben, in Gottesfurcht. Otto und seine Geschwister Johannes (geboren 1901) und Johanna (geboren 1914), kamen in den Kinderjahren zum wahren Glauben.

Peter und Dorothea und später auch ihre Kinder waren Mitglieder der Krimer Mennoniten-Brüdergemeinde, die 1869 gegründet worden war. Sie wohnten im Dorf Borongar im zentralen Teil der Halbinsel. Der Vater arbeitete als Lehrer in der Dorfschule, wo auch die beiden Söhne Schüler waren, und diente in der Gemeinde bis 1935 als Prediger. Johannes und später auch Otto beteiligten sich ebenfalls an der Verkündigung und an der Chorleitung. Der Vater blieb Lehrer bis zum Hungerjahr 1921. Danach musste er die Schule wegen der neuen kommunistischen Regierung verlassen, pachtete Land in Borongar und arbeitete mit seinen Söhnen als Bauer.

Otto bekehrte sich mit zwölf Jahren. Getauft wurde er im Fluss Solgyr, wahrscheinlich im Jahre 1924. Mit acht Schulklassen hatte Otto für die damaligen Verhältnisse eine eher überdurchschnittliche Bildung. Als Jugendlicher durfte er rund zehn Jahre lang das Gemeindeleben kennen lernen und mitgestalten. Gnädig sorgte Gott dafür, dass Otto von geistlichen Vorbildern geprägt wurde. Dazu trugen die frommen Eltern und der eifrige treue ältere Bruder Johannes, der die Bibelschule in Tschongraw besuchte, bei.

Als in der zweiten Hälfte der 1920-er Jahre eine Auswanderungswelle nach Amerika begann, lichteten sich die Reihen auch in der Borongarer Gemeinde. Da wurde Otto Wiebe zum Dirigenten berufen. Die Zeiten wurden schwieriger und gefährlicher. „Eines Tages", erinnerte er sich später mit Bedauern, „fürchtete ich mich bei einer Beerdigung ein Lied anzusagen, weil ich mich vor Verhaftung fürchtete."

In den Sommermonaten der Jahre 1929 bis 1931 leistete er den so genannten Forsteidienst, der zu sowjetischer Zeit aus billigem Arbeitsdienst, den man im Straßenbau einsetzte, bestand.

Nach Beendigung dieses Dienstes heiratete Otto seine Braut Ida Klassen. Sie war damals 24 Jahre alt und stammte aus Osterwick in der Altkolonie Chortitza. Die Hochzeit fand am 2. Februar 1933 statt. Schon nach vier Ehejahren wurden sie getrennt. Am 22. November 1936 wurde Otto zusammen mit seinem Vater verhaftet. Im gefürchteten Untersuchungsgefängnis in Simferopol wurden Otto Wiebe und die belastenden Zeugen verhört. Weil sich die Zeugen in Widersprüche verwickelt hatten, ließ man die Häftlinge frei. Der alte Vater und der Bruder kamen jedoch nicht mehr zurück. Der Vater starb am 2. November 1937 im Simferopoler Gefängnis und Johannes wurde am 9. April 1938 erschossen. Zeugen erzählten, dass man ihm zuvor die Augen ausgestochen habe.

Otto und Ida Wiebe mit Kindern

Im Herbst 1937 holte ein Sonderkommando auch Otto Wiebe ab, seine Frau blieb mit den beiden Kleinkindern Theobald und Margarete zurück. Am 29. Oktober 1937 verurteilte ihn die Trojka ohne Gerichtsverhandlung „wegen antisowjetischer mennonitisch-sektiererischer Tätigkeit" zu zehn Jahren Haft. Über Karaganda und Krasnojarsk wurden die Gefangenen zum Bestimmungslager Dudinka bei Norilsk transportiert. Sobald sich die Lebensverhältnisse normalisierten, wich die Sorge ums eigene nackte Überleben der Sorge um die Familie. Bei Kriegsausbruch stellte man den Transport der Briefe zunächst völlig ein. So erfuhr auch Otto Wiebe erst gegen Kriegsende über die Ausweisung seiner Familie ins russische Dorf Jeruslanowka.

Am 14. April 1944 erhielt Otto Wiebe einen Brief seiner Schwester Johanna, in dem stand, dass seine Mutter am 1. März 1943 verstorben war. Am 14. Mai 1944 konnte Otto zum ersten Mal an die Seinen in Kasachstan schreiben. Gegen Ende der Haft wurden die Lagerbedingungen in verschiedener Hinsicht erträglicher. Das Wissen um den Verbleib der Familie war für Otto ein großes Gnadengeschenk. Der Briefverkehr war möglich, auch wenn die einzelnen Briefe manchmal drei bis sechs Monate unterwegs waren.

Auch im Lager gab es Segen und Erbauung. Im Bürozimmer der Ofenzeche Nikolai Reimers trafen sich ab 1943 regelmäßig einige deutsche Brüder und pflegten geistliche Gemeinschaft. Auch Otto Wiebe gehörte zu diesem streng geheimen Kreis. Am 27. Oktober 1947 endete offiziell seine Haftzeit. Die Häftlinge wurden zwar aus der Haft entlassen, niemand durfte jedoch für die kommenden drei Jahre Norilsk verlassen. Trotzdem lehnt Otto einen

Ein Brief aus der Haft

Otto Wiebes Brief vom 14. Mai 1944 erreichte seine Familie tatsächlich und ist bis heute erhalten. Trotz der Trauer atmet er tiefe Frömmigkeit. Wie von der Lagerverwaltung gefordert, ist er russisch geschrieben. An zwei Stellen zitiert Otto eine Liedstrophe und einen Bibelvers, was die Zensoren mit dunkler Tinte unleserlich gemacht hatten. Inzwischen ist diese Tinte so weit ausgeblichen, dass die Schrift darunter wieder lesbar ist. Ausgerechnet der Vers: „Seid fröhlich in Hoffnung, geduldig in Trübsal, haltet an im Gebet!" leuchtet heute noch deutlich hervor, während die gestrenge Maßnahme der ehemals mächtigen Zensur ganz blass darüber liegt.

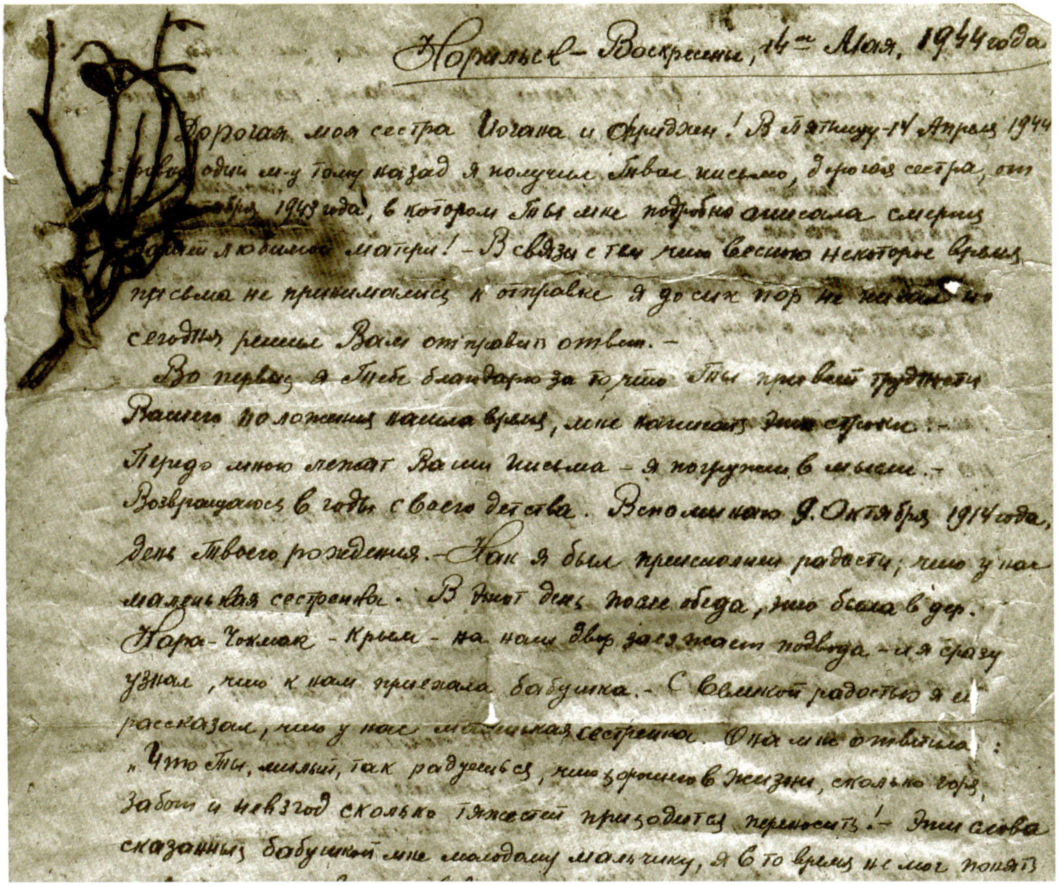

Норильск – Воскресенье, 14го Мая, 1944 года

Дорогая моя сестра Иогана и Фриджен! В пятницу 14 Апреля 1944 [illegible] один м-ц тому назад я получил Твое письмо, дорогая сестра, от [illegible]бря 1943 года, в котором Ты мне подробно описала смерть [illegible] любимой матери! – В связи с тем, что весною некоторое время письма не принимались к отправке я до сих пор не [illegible] и сегодня решил Вам отправить ответ. –

Во первых я Тебе благодарю за то, что Ты при всей трудности Вашего положения нашла время, мне написать эти строки. – Передо мною лежат Ваши письма – я погрузился в мысли. – Возвращаюсь в годы своего детства. Вспоминаю 9. Октября 1914 года, день Твоего рождения. – Как я был преисполнен радости, что у нас маленькая сестренка. В этот день после обеда, что было в дер. Кара-Чокмак – Крым – на наш двор заезжает подвода – и я сразу узнал, что к нам приехала бабушка. – С великой радостью я ей рассказал, что у нас маленькая сестренка. Она мне ответила: „Что Ты, милый, так радуешься, что хорошего в жизни, сколько горя, забот и невзгод сколько тяжестей приходится переносить! – Эти слова сказанные бабушкой мне молодому мальчику, я в то время не мог понять

Umzug seiner Frau mit den Kindern nach Norilsk entschieden ab. Er begründet das damit, dass sie sich wegen fehlender Gemeinschaft ganz einsam fühlen würden und ein Umzug außerdem eine Trennung von Schwester Johanna bedeuten würde.

Ende 1950 durfte Otto Wiebe endlich zur Familie nach Jeruslanowka zurück. Äußere Nöte waren zwar schon überstanden, doch gab es geistlich noch viel ausgedörrtes Land. Die Frauen arbeiteten von früh bis spät, die Kinder wohnten wegen der Schule zum Teil auswärts und keines von beiden hatte sich bisher bekehrt. Seit mehr als fünfzehn Jahren gab es kein Gemeindeleben, keine Gottesdienste und auch keine Sonntagschulen. Als erstes begann der Heimgekehrte nun mit Hausandachten.

Bald zogen sie von Jeruslanowka in den dreißig Kilometer entfernten Ort Makinsk um. Hier fand Otto in der MTS einen Arbeitsplatz als Buchhalter. Die Hausandachten weiteten sich auch hier rasch aus. Es entstanden kleine Versammlungen mit Nachbarn und Bekannten aus den Nachbarorten. Sein Chef und der Parteivorsitzende des Ortes stellte Otto 1955/56 wegen der Hausversammlungen zur Rede. Otto Wiebe setzte die Versammlungen zwar fort, begann sich aber nach einem neuen Wohnort umzuschauen

Der Verbannungsort Karaganda war mittlerweile zum Sammelpunkt für Gläubige geworden und im Dezember 1956 war hier eine deutsche MBG entstanden. Um die Osterzeit 1957 besuchte Otto Wiebe diesen Ort und fand nicht nur Verwandte, sondern auch viele deutsche Glaubensgeschwister. Seine ersten Eindrücke in Karaganda waren überwältigend und waren vielleicht der Anlass zu seinem ersten Predigttext in der Mennoniten-Brüdergemeinde. Er las Hesekiel 47,1ff und über den fort und fort anschwellenden Wasserstrom aus dem Tempel in Jerusalem, dem die beginnende Erweckung in Karaganda glich.

Schon im Juni 1957 zog Otto Wiebe mit der Familie nach Karaganda. Nur fünfeinhalb Jahre sollten ihm hier vergönnt sein. Als ahnte er die Kürze der Zeit, begab er sich sofort und mit Eifer an die Arbeit. Er fand eine Arbeitsstelle am Kohlebergwerk und ein Haus in der Nähe des neuen Versammlungshauses. Am 7. November 1957 wurde das Gemeindehaus jedoch von Regierungsvertretern geschlossen, worauf Otto Wiebe die Geschwister zu Versammlungen

Ein Treffen der Geschwister mit Familien in der Siedlung „33". Bruder Otto Wiebe erster von rechts

zu sich nach Hause einlud. Dies blieb den Behörden natürlich nicht verborgen und Otto Wiebe musste mit Beobachtung und Verfolgung rechnen.

Große Freude hatte er an der Gemeinschaft der Gläubigen im Wort und an einem geraden Lebenswandel. Im Beruf und in der Gemeinde hatte er den Ruf, fromm und bibeltreu zu sein. An manchen Stellen war er auffallend anders als die Mehrheit. Er weigerte sich strikt, in den Versammlungen auf weichen Unterlagen zu sitzen. Nach den Gottesdiensten pflegte er, regelmäßig die Jüngeren nach dem Predigtinhalt und den Bibelstellen zu fragen. Er bereitete sorgfältig seine Predigten vor, machte auf jeden Fall Notizen und heftete sie ordentlich ab. Dies tat er in einer Zeit, in der spontane Predigten durchaus üblich und vielleicht sogar die Regel waren.

Im Sommer 1958 wurden Otto Wiebe, Peter Wolf und Jakob Konrad von David Klassen im Hause von Otto Wiebe eingesegnet. Otto war nun im Vorberat der MBG und trug die Verantwortung der Leitung mit.

Am 6. September 1959 erschienen Regierungsvertreter in der Versammlung in Wiebes Haus. Sie notierten 168 Anwesende, konfiszierten die Sonntagsgeldspende und zeigten Otto Wiebe als Leiter der „Zusammenrottung" an. Ein Gericht verurteilte den Angeklagten zu einer Geldstrafe, die sich aus

der Sonntagsspende ergab, die man auf die Zahl der Versammlungen im Jahr hochrechnete. Die errechnete Geldsumme sah man als persönliche Bereicherung von Otto Wiebe an und veröffentlichte dies in der Stadtzeitung.

Am 6. März 1960 überraschte erneut eine „Kommission des Karagandiner Stadtrates" die Versammlung. Wiebe wurde als Leiter ins Protokoll aufgenommen. Ungeachtet der Verwarnung stellte Wiebe seine „sektiererische mennonitische Tätigkeit und seine Auftritte bei den illegalen Versammlungen nicht ein, die darauf gerichtet waren, sowjetische Bürger von der öffentlichen Tätigkeit loszureißen, ebenso die Jugend und die Kinder von der kommunistischen Erziehung."[39]

Im Laufe des Jahres 1962 spitzte sich die Lage immer mehr zu. Beim Gericht über die Prediger Klassen, Wiebe und Zorn musste Otto Wiebe als Zeuge aussagen. Dabei bewies er Mut und Gottvertrauen. Am 11. Dezember 1962 eröffneten die Behörden ein Strafverfahren gegen Otto Wiebe, am 23. Januar 1963 wurde er festgenommen und beim Gericht am 26. März zu vier Jahren Freiheitsentzug ohne Konfiszierung des Eigentums" verurteilt.

Im Straflager Dolinka verbrachte Otto Wiebe die letzten zehn Monate seines Lebens, schrieb von dort Briefe, die von tiefer Dankbarkeit gegenüber Gott erfüllt sind, und bezeugte Christus vor seinen Mitgefangenen. Der Herr aller Gnade ermöglichte ihm in seinen letzten Lebenstagen einen geordneten Abschied von den Seinen. Am 22. Januar 1964 besuchte ihn sein Sohn Theobald. Ein letzter Brief vom Vater kam am 26. Januar 1964 zum

[39] Gerichtsurteil vom 25.-26.3.1963. Kopie aus dem Familienarchiv.

Die Verwandten nehmen Abschied von Otto Wiebe, am 2. Februar 1964

Geburtstag der Tochter Margarethe: „Es ist ein köstlich Ding, geduldig sein und auf die Hilfe des Herrn hoffen" (Klagelieder 3,26), zitiert er für sie und fährt dann fort: „Befiehl du deine Wege und was dein Herze kränkt der allertreusten Pflege des, der den Himmel lenkt." Am 28. Januar brach Otto Wiebe neben seinem Bett zusammen. Der Sterbende wurde von den Wachen in das Krankenhaus des Straflagers gebracht. Am 29. Januar 1964 war schließlich das irdische Leben des leidgeprüften Otto Wiebe im Alter von 58 Jahren zu Ende. Er starb unerwartet. Die Ärzte diagnostizierten Hirnblutung als Todesursache. Gott bewegte nun die Lagerverwaltung zu einer ungewöhnlichen Tat: Man gestattete die Herausgabe der Leiche des Verstorbenen aus dem Straflager an die Angehörigen. Am 2. Februar 1964 fand die Bestattung unter großer Anteilnahme der Gemeinde und anderer Gläubigen, Nachbarn und Kollegen statt.[40]

Otto T. Wiebe

Abram Wolf (1907-1982)

Prediger

Abram Wolf wurde am 13. Dezember 1907 in der Kolonie Sagradowka in einer Familie mit drei Jungen und drei Mädchen geboren. Seine Eltern waren wohlhabende, gottesfürchtige Leute. Sein Vater war Dorfschulze. Was Abram aus seiner Kindheit immer wieder erzählte, war das Ereignis an seinem 12. Geburtstag 1919. Der Bürgerkrieg wütete im Lande und die Räuberbande Machnos war wieder im Dorf. Sie zogen in jedes Haus, plünderten und mordeten nach links und rechts. Plötzlich stand der Anführer, „Batko Machno", in seinen roten Plüschhosen, hoch zu Pferde, in Wolfs Hof und rief ihn:„Komm her, Junge!" Abram hatte keine Möglichkeit, zu entkommen. So ging er zögernd auf ihn zu und sah, wie er den Säbel zückte. Doch auf einmal durchbrach ein Schuss die Luft, das Pferd erschrak und lief davon. Auf diese wunderbare Weise verschonte Gott sein Leben. Kurz darauf wurden seine Mutter und sein älterer Bruder von der Machno-Bande umgebracht.

Der Vater heiratete zum zweiten Mal und die Familie zog nach Neu-Halbstadt. Wann es Abram gelang, auf die Krim in das Dorf More zu flüchten, ist nicht bekannt. Abrams Berufsleben begann in More, wo er in der Verwaltung der Kolchose beschäftigt war. Die Gemeinde besuchte er nicht, aber eine Braut, Tina Wohlgemut, suchte er sich unter den gläubigen Mädchen. Von seiner Heirat wissen wir nicht viel. Sie fand in der Zeit statt, als die Gläubigen stark verfolgt wurden. Vermutlich gab es März 1934 nur eine standesamtliche Vermählung, wofür es heute eine Urkunde gibt. Als sie nach 25 Ehejahren ihre Silberhochzeit feierten, holten sie ihre kirchliche Trauung nach. Von ihren vier Kindern starben zwei noch in der Krim.

Im Zweiten Weltkrieg wurde Abram in die Arbeitsarmee eingezogen und kam ins Tulagebiet in die Kohlengruben. Seine Frau kam mit ihren zwei Kindern nach Kasachstan. Dort starben das eine wegen der Hungersnot. Nach Kriegsende holte Abram seine Frau und die einzige Tochter Eleonore nach Bolochowo.

---

[40] Der letzte Prozess von Otto Wiebe ist ausfürhlich beschrieben in Teil III, Kapitel 2.

Die Gläubigen begannen sich 1950 wieder zu versammeln. Es entstand eine kleine Gruppe, die sich in den Arbeitersiedlungen in den Häusern versammelten. Abram Wolf bekehrte sich auf dem Weg zur Arbeit.[41] Als er mit seinem jüngeren Bruder unterwegs über den Glauben sprach, bekam er das Verlangen, sich zu bekehren. Zwischen den Kohlengruben fiel er auf die Knie und betete zu Gott, bat um Vergebung und nahm Jesus in sein Leben auf. In einem Gottesdienst bekannte er öffentlich seine Umkehr zu Gott. Sein Freund und Nachbar Willi Löwen erzählt: „Ich hatte ihn noch nie so erlebt, wie nach der Bekehrung. Nun konnte ich mit ihm über tiefe Glaubensfragen reden."[42] Er wurde mit seiner Tochter Eleonore, die sich auch schon bekehrt hatte, an einem Tag getauft. Bald darauf begann er auch zu predigen.

Abram Wolf (rechts) mit seinen Freunden

Eleonore machte nach Beendigung der Schule eine medizinische Ausbildung und lernte Jakob Friesen aus Karaganda kennen. Bei seinem ersten Besuch bei seiner Braut im August 1957 musste er die Frage nach seiner Bekehrung mit „Nein" beantworten. Doch nach einem Monat hatte er Jesus bereits in sein Herz aufgenommen. Auf die Verlobung von Jakob und Eleonore folgte der Umzug der ganzen Familie nach Karaganda, wo sie sich am 18. März 1958 der MBG anschlossen. Im Mai 1959 fand die Hochzeit statt.

Beide Brüder, Peter und Abram Wolf wurden als Prediger eingesegnet. Man erzählt, dass die Predigten von Abram Wolf meistens ziemlich kurz waren. Offensichtlich war es nicht seine Stärke, öffentlich zu reden und seine Erkenntnisse systematisch darzubringen, obwohl er die Heilige Schrift studierte und theologische Wörterbücher besaß, was damals eine große Seltenheit war. Er fand seine Aufgabe darin, Gläubige zu besuchen und sie im Glauben zu stärken. Jeden Tag war er unterwegs, um jemanden zu besuchen und brachte jedem einen Gruß von seiner Frau mit. Oft reiste er weit, um frühere Bekannte aus seinem Dorf aufzusuchen und mit ihnen über den Glauben zu sprechen. Er bekannte seinen Glauben an Jesus Christus offen. Alle seine Nachbarn wussten, dass er ein gläubiger Mann war.

Am 30. Juni 1967 wechselten Abram und Peter Wolf die Gemeinde und wurden Mitglieder der Baptistengemeinde in Kopaj. Seine Enkel hörten über ihren Opa, der unter der Nachbarschaft viel von seinem Glauben zeugte, manchmal spöttische Bemerkungen, manchmal aber auch achtungsvolle Worte.

In Deutschland war er Mitglied der Gemeinde in Lage, wo er am 9. August 1982 selig im Herrn starb und auf dem Friedhof in Lage begraben wurde. Auf seinen Grabstein ließ er schreiben: „Durchs Kreuz zur Krone." Er

[41] Nach Angaben von Peter Wolf (Lemgo).
[42] Willi Löwen (Lemgo).

glaubte und wusste von der ewigen Herrlichkeit bei Gott, die er erleben würde. Doch das war nicht sein Verdienst, sondern seines Herrn, der für ihn am Kreuz gestorben ist.

Nach Angaben von Eduard Friesen, Jakob Friesen und dem persönlichen Erinnerungsbuch von Abram Wolf

Abram und Tina Wolf in ihrer Wohnung in Lage

Aus dem Reisetagebuch vorn Abram Wolf *(angefangen am 24. Dezember 1956).*

Kirejewka, am 10.09.1957, Geringer Bruder im Herrn H.B.,
Rusajewka, am 25.11.1957, ul. Rusajewa 59, Anna Klassen,
Dubrowka, am 18.02.1958,
Konstantinowka, Pawlodargebiet, 15.12.1958, Susanna Schröder,
Abagur, 23.-24.06.1959, Anna Philipsen, Kornelius Warkentin, Lena Schellenberg,
Abagur-Stalinsk, 25.06.1959, Hermann Philipsen,
Stalinsk, Alma Schokenmeier,
Abagur, 28.06.1959, Kornelius und Else Warkentin,
Jelisawetinka, 11.12.1959, Abram und Grete Boschmann, David und Anni Hamm, Kolja und Susa Hildebrandt, Anna Epp, Maria Hamm,
15.12.1959, Helene Teichrüb,
28.12.1959, Kornelius Enns,
David und Elvira Hildebrand,
Neu-Samara, 24.03.1961, Wilhelm und Justina Franz,
Schönwiese, Altajgebiet, 24.01.1962, Johann und Tina Rempening,
Dchetysaj, 21.02.1962, Helene Hooge,
Dchetysaj, 23.02.1962, Anna Warkentin, D. Regehr, Ferdinand und Agnete Hass,
Usun-Agatsch, 9.03.1962, Maria Martens, Anna Voth,
13.08.1962, Heinrich Funk,
Uljanowskoje, 14.11.1963, Michail Pugatschow,
Sortirowka, 25.02.1964, Johann und Maria Mierau,
4.08.1964, Peter Wolf,
Tschapajewa, Tadchikistan, 21.09.1964, Johann und Anna Neufeld,
Kaltan, 13.03.1965, Jakob Gerhard Bärgen,
4.04.1965, Jakob Görzen, Peter Unruh,
17.04.1965, Erna Riesen,
27.10.1965, Heinrich Wiebe,
Schutschinsk, 31.05.1967, L. Ewert, Anna Philipsen,
Kant, 18.08.1967, A. und H. Voth,
Dshetysaj, 11.09.1967, Liese Braun,
Shanteke, 23.10.1967, Gersikorn,
Schutschinsk, 9.11.1967, Abram Wiens,
J. Fast,
30.04.1969, Peter Ens,
2.05.0969,
Usun-Agatsch, 1.04.1970, Larisa Koop,
Karaganda, 22.10.1970, Anna und Hans Dyck,
10.01.1971, Lida Koop,
Karaganda, 1.02.1971, Lena August,
Ligatne, 15.05.1971, Elvira B.,
Dshetysaj, 7.12.1972, Langemann,
Osakarowka, 15.04.1973,
Bracke, 30.01.1977, Renate Hieronymi,
Lage, 15.10.1977, Anna Wiens,
Lage, 18.05.1982, Maria und John N. Klassen.

Peter Wolf (1910-1970)

Prediger

Peter Wolf wurde am 10. September 1910 im Dorf Münsterberg in der Kolonie Sagradowka geboren. Er war der Bruder von Abram Wolf. Mit neun Jahren verlor er seine Mutter, die von der Räuberbande Machnos vor seinen Augen ermordet wurde. Sein Vater heiratete ein zweites Mal und sie zogen nach Neu-Halbstadt. Dort bekehrte Peter sich mit 18 Jahren durch die Predigt von Johann Töws. Noch im selben Jahr wurde er getauft und wurde Mitglied der MBG. Im Jahre 1929 wurde er als Kulakensohn verhaftet und zu vier Jahren Arbeitslager verurteilt, die er im Kotlasgebiet verbrachte. Danach wurde er entlassen und kam halb verhungert zu seiner älteren Schwester Sara Wiebe.

Im Jahre 1934 heiratete er Maria Wall, mit der er am gleichen Tag getauft wurde. Um einer erneuten Verhaftung zu entgehen, zog er mit seiner Frau auf die Krim ins Dorf More. Dort wurden ihnen zwei Kinder geboren, Abram und Maria. Nach Kriegsausbruch wurde die ganze Familie nach Kasachstan ins Dorf Apollonowka im Akmolinskgebiet verschleppt. Im Dezember 1941 wurde Peter in die Arbeitsarmee eingezogen. Zuerst kam er in den Ural, später in das Tulagebiet. Auf Peters Antrag durfte seine Frau mit dem Sohn Abram im Januar 1948 zu ihm nach Bogorodizk im Tulagebiet kommen. Die Tochter Maria war inzwischen gestorben. Wahrscheinlich arbeitete Peter in der Kohlengrube.

Im Jahre 1959 erkrankte Peter schwer und hörte während seiner Krankheit klar eine Stimme: „Geh zurück Elia, denn du hast einen weiten Weg vor dir." Er verstand die Sprache des Herrn, überwand wie Elia die Angst vor Isebel und stellte sich seit dieser Zeit in die Arbeit für seinen Meister.

Peter und Maria waren Mitglieder einer kleinen MBG in Bogorodizk. Er predigte in deutscher und russischer Sprache. Da nach der Befreiung von der Kommandanturaufsicht die meisten Deutschen aus dem Ort wegzogen, zog auch er mit seiner Familie im Jahre 1958 nach Karaganda. Sie kauften sich ein Lehmhäuschen in der Siedlung „33" und schlossen sich der MBG an. Hier wurde Peter 1958 zum Prediger eingesegnet. Als er 1960 wie alle Begrbauarbeiter Frührentner wurde, hatte er noch mehr Zeit für den Dienst am Wort. Er machte viele Reisen und besuchte im Auftrag der Gemeindeleiter die Gemeinde in Balchasch, und mit dem Chor die Gemeinden in Aman-Kargai, Kustanai, Issyk, Ossakarowka und diente am Wort. Später besuchte er auch Shana-Arka mit dem Abendmahl. Er predigte in deutscher und russischer Sprache den Menschen das, was er selbst hatte: Frieden mit Gott.

Peter und Maria Wolf mit Kindern Andreas, Katharina und Peter

Im Jahre 1963 verlegte er seinen Wohnsitz nach Usun-Agatsch im Alma-Atagebiet, kam aber im November wieder zurück nach Karaganda.

Am 30. Juni 1967 wechselte er die Gemeinde und wurde Mitglied der Baptistengemeinde in Kopaj. Auch dort predigte er in deutscher und russischer Sprache.

Im Jahre 1969 stellte man bei Peter Krebs fest. Am 25. Januar 1970 predigte er noch im Gottesdienst, fühlte sich aber nicht gut. Am 29. Januar 1970 kam er ins Krankenhaus und musste sich am 16. Februar 1970 einer schweren Operation unterziehen. Am 25. Februar starb er an den Folgen der Krankheit. Die Beerdigung fand am 28. Februar 1970 auf dem Friedhof in Kirsawod statt.

Peter Wolf (jun.), Lebenslauf des Vaters; Ergänzungen nach der Gemeindeliste

Heinrich Wölk (1906-2001)

Ältester

Heinrich Wölk wurde am 10. April 1906 in der Familie von Isaak und Margarethe Wölk geboren. Sein Heimatdorf Rudnerweide lag etwa 60 km vom Asowschen Meer entfernt in der blühenden mennonitischen Kolonie Molotschna in den südlichen Steppen der Ukraine. Wie die meisten mennonitischen Familien waren auch Isaak und Margarethe Wölk Bauern mit Leib und Seele. Sie waren fleißig und fromm und so erzogen sie auch ihre sechs Söhne. Am Abend bei der täglichen Hausandacht las Vater aus dem „Schatzkästchen" von Johannes Goßner und sang mit seinen Söhnen ein Abendlied. In der Familie wurde gerne gesungen.

Das friedliche Leben der mennonitischen Dörfer ging im Sommer 1914 zu Ende. Politische Unruhen erschütterten das Land: der Erste Weltkrieg, Zarensturz, Revolution, Bürgerkrieg, Kollektivierung, Enteignung, Bandenwesen. Die Schrecken nahmen kein Ende.

Die Täuflinge der MBG im September 1969 mit den Brüdern Jakob Siebert, Heinrich Wölk und Wilhelm Matthies

Heinrich Wölk im Ersatzdienst im Ivanowogebiet 1930-1931

Im Februar 1920 erkrankte Heinrichs Bruder Abram. Am letzten Abend rief er seinen jüngsten Bruder und sagte leise: „Heinrich, ich sterbe, ich gehe zum Heiland. Aber du?! Wenn du auch dahin willst, dann musst du dich bekehren, du musst zum Heiland kommen." Dann schwieg er vor Erschöpfung. Die Sonne ging unter und der Kranke entschlief im festen Glauben an seinen Erlöser, noch keine 17 Jahre alt.

Dienende Brüder der MBG nehmen Abschied von Heinrich Dyck

Brüder Heinrich und Gerhard Wölk mit Freunden vor der Ausreise in die Ukraine 1976

Sein eigenes Wesen und seinen Charakter beschreibt Heinrich Wölk so: „Ich weiß, das in mir, das ist in meinem Fleische, wohnt nichts Gutes" (Röm.7,18), „Ich danke Gott durch Jesus Christus, unsern Herrn" (Röm.7,25), „Durch Gottes Gnade bin ich, was ich bin." (1.Kor.15,10). Er bekehrte sich in der Erweckungszeit 1923, wurde Dorfschullehrer, am 19.August1928 heiratete er Helene Rahn-Flaming. 1929 wurde er seines Glaubens wegen aus dem Schuldienst entlassen. Er verweigerte vor Gericht den Dienst mit der Waffe und wurde in den Ersatzdienst einberufen, den er in den Sommerzeiten 1929 - 1933 in Swerdlowsk, Iwanowo-Wosnessensk, Odessa, Winniza ableistete.

Als er 1933 im April in sein Heimatdorf zurückkam, fand er seinen Vater und die älteren Brüder enteignet und geächtet. Im selben Monat verließen Heinrich und Helene mit ihrem ersten Sohn Rudnerweide und zogen nach Krasnogorowka in das Donezkkohlenbecken ihrem Vater Gerhard Flaming nach, der als Lehrer und Prediger der Mennoniten-Brüdergemeinde nicht länger in der Heimat bleiben konnte und schon vor ihnen über Nacht geflohen war.

Heinrich Wölk zu Besuch in der MBG Bielefeld-Bracke

Hier wurde Heinrich Wölk am 18. Mai 1936 des Glaubens wegen verhaftet und nach 69 Tagen Untersuchungshaft wieder freigelassen. Mit Ausbruch des Krieges 1941 wurde er wieder verhaftet, als Volksdeutscher zu acht Jahren Haft verurteilt und nach Nordural geschickt. Sechs Wochen später wurde seine Familie zwangsausgesiedelt.

Heinrich und Helene Wölk hatten drei Kinder: Heinz, Helene und Gerhard.

Im August 1947 wurde Heinrich bei einer Amnestie frühzeitig aus der Haft entlassen und fuhr nach Bijsk in das Altajgebiet, wo er bis zum Ende der Internierung mit seiner Familie, die er aus Kasachstan holte, blieb.

Im Juli 1956 zog er mit seiner Familie wieder nach Kasachstan zu seinem Bruder Kornelius, der als einziger unter seinen Brüdern die Jahre des Terrors überlebt hatte. Hier wurde er nach zwei Jahren wieder des Dorfes verwiesen, weil er die Mitarbeit bei der Staatssicherheit verweigert hatte. Er zog nach Tadshikistan, kam aber nach zwei Wochen wegen Krankheit am 21. September 1958 nach Karaganda. Noch im selben Jahr wurde er als Gastmitglied in die MBG aufgenommen, weil er nicht mit der Untertauchungstaufe getauft, sondern nach seiner Bekehrung besprengt worden war.

Im Herbst 1961 wurde Heinrich von Johann Enns im Fluss getauft und am 23. März 1962 in einer Versammlung im Hause von Maria Töws im Stadtteil Michajlowka durch Händeauflegung von David Klassen und Gerhard Harder zum Predigerdienst berufen. In der Zeit, als der Älteste David Klassen in Haft war, wurde ihm mit anderen drei Brüdern vorübergehend die Gemeindeleitung übertragen. Nach der Rückkehr des Ältesten und dessen Rücktritt von seinem Dienst, wurde Heinrich Wölk zum Ältesten der Gemeinde eingesetzt.

Im Juni 1976 sah er sich genötigt Karaganda zu verlassen. Die Familie seiner Kinder und einige Freunde zogen ihm nach. Diese Entscheidung kostete ihn sehr viel. Nach zwei Jahren in der Ukraine, wo er die Leitung der kleinen MBG in Rasdelnaja übernahm, durfte er mit den Familien seiner Kinder im Alter von 72 Jahren nach Deutschland ausreisen. 1994 verlor er seine treue Lebensgefährtin, mit der er 66 Jahre in der Ehe geteilt hatte. Er überlebte sie um sieben Jahre und ging am 28. September 2001 in Frankenthal heim.

Gerhard H. Wölk

Heinrich Wölk, Wilhelm Matthies und Gerhard Wölk in Frankenthal

Heinrich Zorn (1912-1975)

Prediger

Heinrich Zorn wurde am 22. Juni 1912 in Omsk (oder in einem mennonitischen Dorf im Omskgebiet?) geboren. Als er ungefähr ein Jahr alt war, gab ihn seine Mutter, die viele Kinder hatte und kurz vorher verwitwet war, zum Entwöhnen in die Familie ihres Bruders an der Wolga. Dort wuchs Heinrich auf. Als seine Mutter ihn nach den Wirren des Ersten Weltkrieges zurück haben wollte, wurde ihr gesagt, dass er gestorben sei. Erst mit 17 Jahren erfuhr Heinrich, dass er nicht bei seinen leiblichen Eltern aufwuchs. Nachdem er geheiratet hatte und verwitwet war, ging er auf die Suche nach seiner echten Familie nach Omsk und dann auch in den Altai, wo er schließlich blieb.

Er wurde in die Armee eingezogen und im Finnischen Krieg (1939-1940) verwundet. Heinrich war eine Zeitlang bei einer deutschen Zeitung tätig, später im Altai auch als Ausbilder bei einer Berufsschule für Mähdrescher- und Traktorführer. Am 15 Oktober 1941 heiratete er Elisabeth Warkentin standesamtlich in Halbstadt im Altai. Kurz darauf wurde er zur Arbeitsarmee nach Krasnojarsk eingezogen, wo er das Massensterben mit Gottes Hilfe überlebte und noch während des Krieges floh und zur Familie zurückkam.

Als die Familie Zorn 1954 im Dorf Silberfeld im Altai wohnte, machte sich Elisabeth Zorn mit drei älteren Schwestern bekannt, die regelmäßig zusammenkamen, um die Bibel zu lesen und geistliche Lieder singen. Es kamen noch andere dazu, etliche bekehrten sich. Männer hatten sie in ihrer Mitte nicht. Mit Heinrich hatte Elisabeth ausgemacht, dass jeder am Sonntag zu seinen Freunden gehen sollte, er zum Trinkgelage, sie zur Andacht, aber in der Familie wollten sie Frieden haben. Nach dem Lesen von Mt.18,19 kam Liese aber auf andere Gedanken. Schwester Spenst sagte zu ihr: „'Wenn zwei unter euch eins werden auf Erden, worum sie bitten so soll es ihnen widerfahren.' Liese, wollen beten, so wie es in der Bibel steht." „Ja", sagte Liese Zorn, „wollen für meinen Mann beten." Sie besprachen, jeden Tag um elf Uhr für Heinrich zu beten. So kam es, dass er auch manches Mal, wenn auch angetrunken, in der Versammlung erschien. Er sang gerne und gut. Dann fing er auch an, mit der Frau abends zu beten. Er betete das „Vater unser" und noch den Satz: „Herr, führe mich auf den rechten Weg." Bald wurde er gebeten, auch die Bibel in den Versammlungen vorzulesen. Er tat es auch immer. Am 17. März 1956 kamen Heinrich und Liese auch zusammen zur Andacht. Das Zimmer war voll Menschen, die Bibel lag vorne auf dem Tisch und Heinrich wurde wieder gebeten, nach vorne zu kommen. Doch er sagte: „Betet für mich, dass ich doch nicht unwürdig dieses Buch lesen muss." Alle knieten sich nieder und Heinrich betete als erster um Vergebung seiner Sünden.

Im gleichen Jahr im Herbst wurden Heinrich und Liese von dem Reiseprediger Becker getauft, der in den umliegenden Dörfern gepredigt hatte. Dieses nächtliche Tauffest am Uspenskij See, bei dem 60 Seelen getauft wurden, war das erste nach dem Krieg. Weil Bruder Becker schon alt war, taufte er zuerst das Ehepaar Zorn und Heinrich Zorn taufte dann die anderen. Bruder Becker segnete sie alle dort am Ufer durch Handauflegung ein. Am Sonntag nach der Taufe ließen sich acht Ehepaare, darunter auch die Zorns, nachträglich trauen. Heinrich Zorn leitete die kleine Gemeinde, bis sie 1957 nach Saran umzogen.

In Saran wohnend, schlossen Geschwister Zorn sich der Mennoniten-Brüdergemeinde Karaganda an. Bald (1957-1958) entstand in Saran eine Gemeindefiliale, wo Heinrich Zorn und Heinrich Wiebe am 10. Mai 1959 von David Klassen und Franz Ediger zu Predigern eingesegnet wurden. Sie arbeiteten im Segen bis beide im August 1962 für die Durchführung nicht registrierter Versammlungen verhaftet wurden. Nach einigen Monaten Haft gelang es dem Richter während der öffentlichen Gerichtsverhandlung Heinrich Zorn zu dem Zugeständnis zu bewegen, nicht mehr zu predigen. Deshalb wurde Heinrich nur zu zwei Jahren auf Bewährung verurteilt.

Darüber tat er später Buße und auf seine Bitte vergaben ihm die Brüder. Acht Jahre später besuchte Heinrich Zorn Karaganda und sprach von der Kanzel: „Ich bin der Zorn, der vor acht Jahren vor dem Gericht nicht standhaft war und den Herrn verleugnet hatte. Könnt ihr mir das verzeihen?" Erst als die 700-köpfige Versammlung ihm durch Aufstehen ihre Vergebung bezeugte, brachte Heinrich Zorn ihnen die Botschaft von der Gnade Gottes.

Die Familie Zorn zog 1963 nach Belowodskoje in Kirgisien und schloss sich der Gemeinde in Karabalta an. Sie blieben dort, bis sie 1969 gebeten wurden, nach Romanowka zu gehen, wo die Gemeinde zur Hälfte aus deutschen Geschwistern bestand, um als Prediger zu dienen. Dort wirkte er im Segen bis zu seinem Tod am 6. Juli 1975.

Elisabeth Zorn, Waldemar Zorn

Das 50-jährige Jubiläum von Heinrich Zorn im Sommer 1962

Abschließende Überlegungen

Die Gemeindelinie und der Kampf darum

Der Mennoniten-Brüdergemeinde ging es um die Predigt in der deutschen Muttersprache, um die Predigt des ganzen Evangeliums, um die Predigt nicht nur in dem einzigen Bethaus der großen Stadt, sondern in allen Stadteilen, um die Predigt aller dazu von Gott begabter Brüder, nicht nur aus einer gekürzten Liste, die Predigt, die in der Bibelstunde durch Bibelstudium ergänzt werde.

Der Gemeinde ging es um Erziehung der Neubekehrten, der Kinder und Jugend, um eine gute Gemeindeordnung und um strenge Gemeindezucht, weil sie allen Forderungen des Herrn nachkommen wollte.

In diesen Fragen rang die Gemeinde um eine klare Linie, wobei es verschiedene Meinungen dazu und auch zu der Art wie die Sache angegangen wurde, gab. Dieser Kampf um die Linie der Gemeinde wurde nicht von allen verstanden und weckte sogar manchmal Widerstand. Das führte bei Ein-

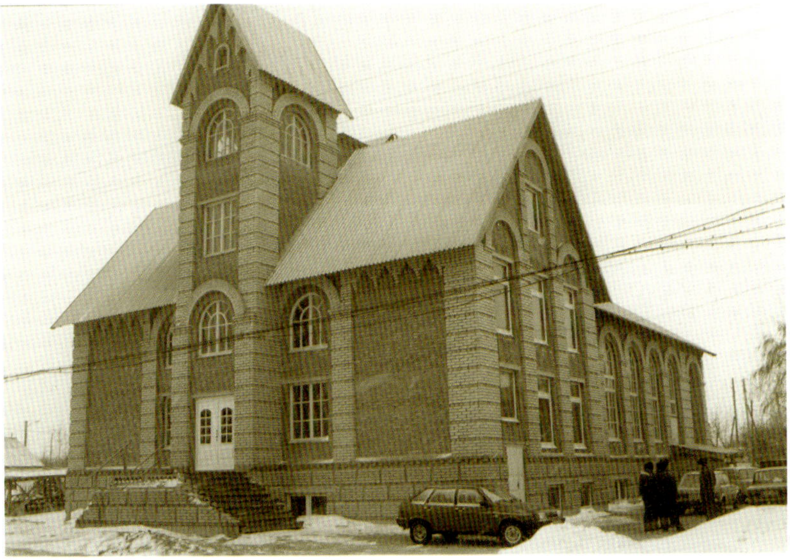

Das Bethaus der MBG wurde auf dem Grundstück der Familie Dyck in der Portowskaja Straße 30 gebaut und im September 1997 eingeweiht

seitigkeiten zu scharfen Worten und Urteilen, zu Verletzungen und Gutmachen, in der zweiten Reihe der Diener zum Schüren von Unzufriedenheit und Widerstehen. Dabei spielten manchmal auch persönliche Ungereimtheiten, schroffe Einseitigkeiten, Angst, feige Unentschlossenheit, Versuche es allen recht zu machen und zu vertuschen mit. Objektiv gesehen wirkten hier die etwas verschiedenen Gemeindevorstellungen aus den 1920-ern nach, außerdem hatten die Brüder erst jetzt in Karaganda die Möglichkeit, Erfahrungen im Gemeindeleben zu sammeln. Der Versuch, Ideale zu verwirklichen, führte manch einen zu Enttäuschungen. Die Herausforderungen der sowjetischen Umgebung forderten oft schnelles und entschiedenes Handeln, wobei man vielleicht auch manchmal versucht war, übereilt zu handeln.

„In einer der schweren Stunden im Kampf für die MBG Karaganda, die Reinheit der Lehre, die Erhaltung des Erbes der Glaubensväter, die Ausrichtung der Gemeinde, ihrer Position unter anderen Nachbargemeinden, sagte Willi Matthies zu seinem jüngsten Sohn: ‚Der Kampf ist so schwer, so erdrückend schwer, das ich mich oft mit dem Gedanken befasse, alles aufzugeben, zurückzutreten. Aber ich habe mir diesen Kampf nicht ausgesucht, sondern der Herr hat mich berufen, mich verpflichtet für die Gemeinde zu kämpfen. Ich will es tun, Gott steh mir bei, gib mir, soweit Du mich brauchen willst, Kraft für Deine Sache da zu stehen.'"

In diesem Kampf versuchte Satan, wo er es nicht anders konnte, Wahrheit und Liebe gegeneinander auszuspielen. Wahrheit konnte zur Schroffheit, Liebe zur Duldsamkeit ungehöriger Dinge werden. Das tat weh, aber ist es nicht auch heilsam gewesen?

Doch das Durchkämpfen dieses Kampfes hat der Gemeinde eine klare Identität gegeben, eine Sicht für den Auftrag als deutsche MBG in Kasachstan und Sibirien. Die Gemeinde konnte schließlich eine gute Position unter den umgebenden Gemeinden einnehmen, Beziehungen erhalten und aufbauen, anderen Gemeinden im Dienst helfen und sie durch ihre Eigenständigkeit von Einseitigkeiten abhalten. Nach der Auswanderungswelle und der neuen Erweckungszeit ab 1989 ist die MBG in Karaganda zu einer rus-

Das Bethaus der Gemeinde „33" in der Sewastopoljskaja Straße ab 1995

sischsprachigen Gemeinde geworden, die aber eine klare Mennonitenbrüder-Identität bewahrt hat, auch wenn sie heute aus Leuten mit einer anderen Mentalität besteht.

Wir bemühten uns, unsre Vorgänger zu zitieren. Ihre unterschiedlichen Meinungen hatten jeweils gewisse Folgen. Wir wollten sehr zurückhaltend sein bei der Bewertung, dennoch könnte die Darstellung möglicherweise bei manch einem Schmerz und Unmut hervorrufen. Als Betrachter „der Wege der Vorzeit" müssen wir uns an 1.Thess.5,21-22 halten.

Wahrheit kann blenden und erschrecken. Soll Liebe davor abschirmen? Liebe kann sich verschieden äußern. Zunächst sollte es wirklich Liebe zu Gott sein. Diese Liebe äußert sich dann für die einen in der Liebe zur eigenständigen Gemeinde, die um eine rechte Linie ringt und auf solche Weise auch den anderen Gemeinden dient. Für andere ist es die Liebe zur gemischten Gemeinde, in der verschiedene Glaubensvorstellungen und Mentalitäten miteinander zu leben lernen. In jedem Fall konnten die echt Liebenden einander ein Ansporn und Mahnung sein.

Sich gegenseitig anzuspornen zur Liebe ist nicht einfach. Wir Menschen können sehr schnell einseitig und verletzend werden. Deshalb vermeidet man es oft lieber, über Unterschiede zu sprechen, denn dass das Liebe sein könnte, nehmen wir nicht gerne an. Deshalb musste in diesem Buch einiges angesprochen werden, nicht um zu verurteilen oder alte Gräben aufzureißen, sondern um einander zu dienen. Wir wollen keinen zu unserer Ansicht bekehren, sondern selber Klarheit bekommen, wohin wir gehen und was unsre Linie ist. Vielleicht wird es dadurch auch anderen klarer, wohin sie gehen.

Wir, die früheren Mitglieder der MBG Karaganda, befinden uns heute in vielen verschiedenen Gemeinden. Einige haben in andere Glaubensrichtungen gewechselt oder befinden sich auf Irrwegen in dieser Welt. Wir leben in einer Zeit neuer Taktiken und Methoden. Könnte dieses Zurückschauen nicht einen Hinweis auf einen besseren Weg sein? Denn „so spricht der HERR: Tretet hin an die Wege und schauet und fragt nach den Wegen der Vorzeit, welches der gute Weg sei, und wandelt darin, so werdet ihr Ruhe finden für eure Seele! Aber sie sprechen: Wir wollen's nicht tun!" (Jer.6,16)

Die Generationen der Gemeindediener und ihre gottgegebenen Eigenarten

Peter Bergmann war der Evangelist, der Buße und Gnade predigte und in allen Situationen Wege für seinen persönlichen Dienst fand. Als Seelsorger konnte er verschiedenste Leute ansprechen und bewegen. Wenn ein wichtiger Arbeitszweig in der großen Gemeinde nicht zugelassen war, konnte er diesen ruhig privat verrichten. Verbotene Arbeit ließ er nur, um sie bei der nächsten Gelegenheit wieder aufzunehmen. So war er einer der am meisten gesegneten Diener in Karaganda in den Jahren 1944-1956. Doch war es nicht seine Aufgabe, klare Linien für das Gemeindeleben zu ziehen. Auch später war sein Dienst als Seelsorger und Lehrer sehr notwendig, aber es war gut, dass die Gemeinde für die Leitung andere begabte Diener von Gott geschenkt bekam.

Den Geist löscht (dämpft) nicht, prophetisches Reden achtet nicht gering, prüft aber alles, das Gute haltet fest, von jeder Gestalt (Art) des Bösen haltet euch fern!
1.Thess.5:19-22

Lasset uns aufeinander achten, uns gegenseitig anzuspornen zur Liebe und zu guten Werken.
Hebr.10,24
(Schlachter Übersetzung)

Denn Gott ist's, der in euch wirkt beides, das Wollen und das Vollbringen, nach seinem Wohlgefallen. Tut alles ohne Murren und Bedenken, damit ihr unsträflich seid und lauter, untadelige Gotteskinder, mitten unter einem verdrehten und verkehrten Geschlecht, unter welchem ihr scheinet als Lichter in der Welt.
Phil.2,13-15

David Klassen war die richtige Leitungsperson für die Anfangsperiode der MBG. Ihm gab Gott Mut und Kraft, die schnell wachsende Gemeinde zu steuern, Diener in den gefährlichen Dienst einzusetzen und sie dazu zu ermutigen. Aufruf zur Bekehrung, mutige Nachfolge, festes Halten an dem Herrn - damit konnte er der Gemeinde dienen. Er sah seine Aufgaben auch außerhalb der Ortsgemeinde in dem ganzen ihm zugänglichen Raum der im Osten der Sowjetunion zerstreuten Gläubigen. Doch für die Erziehung und christliche Bildung der neuen jungen Generation waren wieder andere Gaben notwendig. Auch sie gab uns der Herr in Karaganda.

Heinrich Wölk hatte die Fähigkeit, das erreichte geistliche Leben zu vertiefen und zu läutern, in der Gemütsruhe des Gotteskindes unbeirrt die rechte Straße zu ziehen. Er besaß die väterliche Weisheit, die in der schwierigen Zeit der Neuorientierung so notwendig war.

Willi Matthies hatte die Sicht für die zukünftigen Bedürfnisse der Gemeinde und verfügte über eine große Durchsetzungskraft, um das Notwendige anzusteuern. Das was er ansteuerte hatte sich in der MBG Karaganda durchgesetzt und dem Neuaufbau vieler Gemeinden in Deutschland.

Das Bethaus der EChB-Gemeinde „Wefil“ in der Balchaschskaja Straße 50a ab 1989

Schlüsse

Nach all diesen vielfältigen Berichten aus der Vergangenheit müssten wir zumindest folgende Schlüsse ziehen können.

1) Gott ist gnädig.
2) Menschen fehlen mannigfaltig.
3) Wir sollten Gott mehr vertrauen und könnten Ihm ganz gehorchen.
4) Wir müssen treue Diener in der Gemeinde sehr schätzen.
5) Wir müssen die verschiedenen Gaben in uns und den anderen Dienern sehen und sie richtig einsetzen.
6) Satan versucht immer wieder intensiv, die Verhältnisse unter den Dienern zu zerstören.
7) Gebet ist notwendig! Und Beten hilft!

Warum haben nicht alle Mennoniten sich in klar profilierten Gemeinden gesammelt?

Diese Frage haben schon viele gestellt. Hätten dann die Mennoniten in der Sowjetunion ihr stilles, aber entschiedenes Wesen besser erhalten können? Hätten sie mehr bewirken können, wenn sie sich nicht in die Verschiebungen und Kämpfe der russischen Baptistenbünde hineinziehen lassen hätten.
Das sind Fragen, die sich ein Geschichtsforscher nicht stellen kann, aber denen sich verantwortliche Diener in der Gemeinde nicht entziehen können.
Einige mögliche Antworten zu dieser Frage:

1) Weil viele nur geistliche Gemeinschaft suchten, in der sie sich aufgenommen fühlten, es ihnen gut ging und sie nicht an eine gründliche schriftgemäße Erziehung dachten.

2) Weil für sehr viele die verwandtschaftlichen und freundschaftlichen Beziehungen ihre Gemeindemitgliedschaft bestimmten

3) Weil einige Familien die Arbeit unter Russen als eine von ihren Vätern, die unter Russen evangelisiert hatten, geerbte Aufgabe sahen. Interessanterweise sind gerade diese Familien sehr deutsch und mennonitisch geprägt geblieben und ihre geistlichen Dienste wurden auch von Deutschen gebraucht.

In Karaganda war in allen Gemeinden Platz für konservative, strenge Vorstellungen über das Christenleben. Interessant ist das Bestreben nach Predigt, Gesang und Vorträgen mit höherem Niveau. Trotz der von verhältnismäßig vielen vorgeschobenen „Demut" (in Kleidung, Sprache, Gesang, Gemeinschaft) entwickelte sich in den Gemeinden ein Zug zu anspruchsvollerem Christentum. Doch wurde dies Bestreben nicht immer schriftgemäß von Dienern gelenkt. Allgemein könnten wir wohl sagen, dass Gottes Gnade und Sein gestaltendes Wirken in allen Gemeinden stark zum Ausdruck kam. Andrerseits hatten alle Gemeinden auch innere Probleme. Was wäre das Ergebnis, wenn diese Probleme verglichen werden sollten?

Das neue Gemeindehaus in Saran wurde aus dem ehemaligen Kinogebäude umgebaut und im September 2004 eingeweiht

Sprache

Die meiste geistliche Arbeit der MBG, ebenso wie der Kirchlichen und der „33", wurde in der hier behandelten Zeit in Hochdeutsch geführt. Das bedeutete ein energisches Festhalten an der deutschen Sprache in den Familien und in der Gemeindearbeit. Manche, die von Hause aus die Sprache nicht gelernt hatten, konnten sie bei der regen geistlichen Gemeinschaft erlernen, was aber Willenskraft und Anstrengung erforderte. Manche schlossen sich auch der Sprache wegen dem russischsprachigen Teil der Baptistengemeinde an. Es gab auch solche, die das Festhalten an der deutschen Sprache unnötig fanden. Sie schoben dabei oft die Notwendigkeit des Zeugens und Missionierens in russischer Sprache als Vorwand vor, um die deutsche Sprache aufzugeben. Es hat sich allerdings gezeigt, dass dieser Vorwand nur in seltenen Fällen ernst gemeint war und dass alle, auch diejenigen die das Deutsche nicht mehr beherrschten, nach Deutschland zogen, sobald es möglich wurde. Das Beherrschen der deutschen geistlichen Sprache war dann in Deutschland von großem Vorteil auch für den Gemeindebau.

Die verschiedenen Gemeinden in Karaganda

Baptistengemeinde im Stadtteil Kopaj

Anfang der 1930-er entstand eine lose Vereinigung erweckter russischer Gemeinschaften und Sippen, die sich teilweise kontinuierlich fortsetzten, bis sie 1946 von S.I. Kolesnikow als Evangeliumschristen-Baptistengemeinde (EChB-Gemeinde) registriert wurde und nun legal ein Bethaus eröffnete. Dieser bis dahin einzigen Gemeinde schlossen sich dann ab 1946 viele deutsche Gruppen von Gläubigen und einzelne Bekehrte mennonitischer, baptistischer und lutherischer Herkunft an.

Sie alle waren verbunden durch das Bethaus, die Möglichkeit zum freien Hören des Wortes Gottes und die Gemeindeleitung, die sich stark auf den Presbyter konzentrierte. Die Presbyter waren wiederum in ein stark zentralistisches System des WSEChB eingebunden. Bis in die 1960-er gab es eigentlich keine regelrechten Gemeindestunden. Die Gemeindefragen wurden von der Leitung entschieden, die in manchen Fällen nach der Sonntagsversammlung die anwesenden Gemeindeglieder zu einer Beratung oder Bekanntmachung zurückbehielt. In den schwierigen 1950-ern wurde der Druck der sowjetischen Organe auf die Gemeindeleitung von dieser massiv auf die Gemeinde weitergegeben. Kinder- und Jugendarbeit wurde bis in die 1980-er Jahre nicht von der Gemeindeleitung angeleitet.

Nach Posharizkijs Einsetzung als Presbyter 1959 und der großen Spaltung des Baptistenbundes 1961 stand die Losung „Einheit der Gläubigen" im Vordergrund des Gemeindelebens. Sie wurde mit Jesu Gebet in Johannes 17 und Paulus Ermahnungen in Epheser 4 begründet und zur Bekämpfung jeglicher Abspaltung und Gemeindeneugründung benutzt. Man warb damit auch für die Wiedervereinigung der abgespaltenen Gemeinden. Zwischen 1959 und 1972 kam es zu einer Reihe von Anschlüssen. Beim Werben um Vereinigung wurde jedoch nicht über die Bedingungen gesprochen und diese Frage wurde bewusst umgangen. Der Anschluss an den Baptistenbund unter der Leitung des WSEChB wurde als einziger Ausdruck der

Einigkeit gesehen und andere biblische Grundsätze und Gemeindeunterschiede wurden gerne verschwiegen oder als unwesentlich abgetan.

Schon in den 1950-ern und besonders ab 1961 wurde die Losung der Einheit von den zuständigen sowjetischen Staatsorganen (KGB und Rat für Religionsangelegenheiten) und dem WSEChB instrumentalisiert. Für den WSEChB war es ein Anliegen, stärkeres Gewicht im Tauziehen mit der Sowjetregierung zu bekommen und damit größeren Freiraum für die Arbeit zu gewinnen, weshalb er sich um den Anschluss anderer freikirchlichen Gemeinden bemühte. Die Staatsorgane ihrerseits waren bestrebt, mittels des WSEChB alle evangelischen (freikirchlichen) Gemeinden und Bewegungen unter bessere Kontrolle zu bekommen.

Tiefe Frömmigkeit, verschiedene Prägungen, Vorstellungen und Mentalitäten konnten und mussten hier in der Gemeinde zusammenleben. Es gab keine richtige Gemeindeliste und nicht immer eine klare Gemeindezugehörigkeit. Die Gemeindeleitung war prinzipiell sehr zentralistisch, bestand aber immer aus zwei stark unterschiedlichen Teilen: der russische und der deutsche Gemeindeteil wurden mit der Zeit fast zu zwei verschieden geprägten Gemeinden. Auch der russische Teil war nicht homogen, denn Baptisten und Evangeliumschristen hatten verschiedene Vorstellungen vom Gemeindebau. Der deutsche Teil bestand aus ehemaligen Mennoniten, Baptisten und Lutherischen, die ebenfalls viele Gemeindefragen unterschiedlich sahen. Ab 1964 dominierten hier stark die Prediger der Mennoniten-Brüder (Gerhard Harder, Abram Friesen, Peter Wolf, später Johann Koop) neben dem mehr in Russisch wirkenden energischen und sehr begabten Prediger Emil Baumbach. Doch das Zusammensein in einem Bethaus und einer Großgemeinde führte zu starker gegenseitiger Beeinflussung, die es noch zu untersuchen gilt.

Der deutsche, stark mennonitische Teil der Gemeinde beeinflusste mit der Zeit immer mehr den russischen Teil der Baptistengemeinde. Von 1976 bis 1991 hatte die Gemeinde deutsche Älteste. In den 1970-1980-ern wurden Gemeindestunden geordneter, Ende der 1970-er wurde eine genaue Gemeindeliste erstellt.

Das ehemalige Kinogebäude „Abaj“ in der Starogornjazkaja Straße wurde 1998 zum Bethaus der EChB-Gemeinde „Wiflejemskaja Swesda“

Durch die Auswanderung der deutschen Mitglieder wurde die Gemeinde wieder stark russischstämmig. In der Zeit der Auswanderung und Evangelisation teilte sich die große Gemeinde 1989-1990 in zwei Gemeinden: „Wiflejemskaja Swesda" und „Wefil". Beide Gemeinden hatten großen Zulauf und sind bis heute aktiv in der Evangelisation.

Die Mennoniten-Brüdergemeinde

Die MBG entstand 1957 als deutsche Alternative zur russischen Baptistengemeinde, gleichzeitig auch als eine Alternative im Gemeindebau. Doch auch wenn wir von einer Alternative reden, müssen wir die gewollte Übernahme der positiven geistlichen Werte und Praktiken von der Baptistengemeinde gebührend würdigen.

Auch die MBG setzte sich von Anfang an aus verschiedenen Gemeinschaften und Sippen zusammen. Das Verbindende war aber nicht das Bethaus und die Gemeindeleitung, sondern das Bestreben, das Gemeindeleben nach neutestamentlichen Prinzipien unabhängig von den Staatsorganen aufzubauen. So kann „Gemeinde" als das Losungswort der MBG in Karaganda bezeichnet werden. Dabei wurde immer wieder auf das Vorbild im Neuen Testament zurückgegriffen. Starken Einfluss hatten die Erinnerungen an die Gestalt der Mennonitengemeinden (Brüdergemeinde, Allianzgemeinde und Kirchengemeinde) vor ihrer Zerstörung in den 1930-ern, die bewusst wiederhergestellt wurden. Damit ergab sich ein nicht geringes Problem aufgrund der verschiedenen Gemeindeprägungen unter den Russlandmennoniten und der verschieden selektiven Erinnerungen. Es war sozusagen ein Neuanfang der Mennonitenbrüder nach 25-jähriger Unterbrechung. Man muss mit berücksichtigen, dass dieser Neuanfang von einer Generation von Dienern, die ein Gemeindeleben nur in der Jugendzeit erlebt hatten, getragen wurde, auch wenn es gerade in Karaganda im Unterschied zu vielen anderen Gemeinden einige Diener gab, die schon vor der Zerstörung der Gemeinden aktiv gewesen waren.

Ein wichtiger alternativer Zug in der MBG war der starke Wunsch nach deutscher Ordnung. Das Gemeindeleben war gekennzeichnet von regelmäßigen Gemeindestunden, Wahl der Diener durch die Gesamtgemeinde, trotz gewisser politischer Vorsicht doch freier Predigt aller biblischen Themen. Die Gemeindeleitung sah sich nicht nur für die allgemeinen Versammlungen zuständig, sondern auch für die Kinder- und Jugendarbeit. Auch die Außenarbeit wie Evangelisation und so genannte „Ausfahrten in die Dörfer" wurde seit Ende der 1970-ern von der Gemeindeleitung betreut.

Als Antwort auf die baptistische Losung der „Einheit der Gläubigen" wurde die „Einheit im Geiste", also in der Geistesleitung, im Tun des Willens Gottes und der Heiligung, betont. Trotz der Autonomie der Gemeinde und dem bewussten Fernbleiben von den beiden sich bekämpfenden Baptistenbünden, war die Gemeinde für brüderliche Zusammenarbeit in den notwendigen Fällen bereit.

Trotz des Druckes der Sowjetorgane hat die Gemeindeleitung nie die verbotene Gemeindearbeit reduziert oder ihre Mitglieder darin eingeschränkt. Die Gemeinde wuchs in der Sowjetzeit meistens durch Bekehrungen und Taufen der Kinder aus den Familien der Gläubigen. Die ehemaligen deutschen Mitglieder sind mittlerweile außer einigen Ausnahmen nach Deutschland ausgewandert. Doch ab 1989 kamen Neubekehrte aus der Welt dazu. Seitdem werden die Versammlungen in Russisch gehalten und die Gemeinde besteht heute mit 222 Mitgliedern in fünf größeren Gemeindegruppen (Karaganda, Molodjoshnyj, Sortirowka, Nowodolinka, Mirnyj) und sieben kleineren Gruppen in den Dörfern um Mirnyj und Molodjoshnyj im Karagandagebiet.

Die abgeteilten kleinen Baptistengemeinden in den Siedlungen der 60. und 70. Kohlengrube

Aus einem Kernteil der russischen Baptisten von Kopaj bildete sich nach der Absetzung des Ältesten Kolesnikow 1948, die als ungerecht empfunden wurde, eine kleine Gemeinde. Die Spaltung wurde endgültig durch den Ausschluss ihrer Führung aus der Gemeinde Kopaj 1952.

In den 1950-ern schien diese kleine Gemeinde zu wachsen, doch irgendwelche innere Probleme lähmten jahrzehntelang das Wachstum. Zwischen 1959 und 1970 gingen viele ihrer Gemeindeglieder wieder zurück zur Baptistengemeinde Kopaj.

Anfang der 1960-er schloss sich die Gemeinde dem alternativen Baptistenbund (zunächst Orgkomitee, ab 1965 dann Sowjet Zerkwej) an. In den 1960-ern bis zu seiner Verhaftung 1971 war David Dav. Klassen ihr Ältester, der jedoch trotz intensiver Bemühungen die Gemeinde nicht zur Genesung bringen konnte. Die kleine Gemeinde spaltete sich noch einmal in den Siedlungen der 60. und 70. Kohlengrube. Diese Gemeinden konnten keinen bestimmten geistlichen Einfluss auf die anderen Gemeinden ausüben. Trotzdem bestehen beide Gemeinden bis heute und haben in zwei Nachbarstrassen ihre kleinen Gemeindehäuser.

Die Gemeinde „33"

In der Krisenzeit der MBG 1962-64, welche auch die Zeit der großen Spaltung unter den Baptisten der Sowjetunion war, spaltete sich ein Teil der Mitglieder der MBG in der Siedlung „33" ab und bildete 1965-1970 eine selbständige Gemeinde. Sie war zwar in ihrer Zugehörigkeit nicht immer entschieden, hielt sich jedoch für eine Mennoniten-Brüdergemeinde. Sie lehnte die Registrierung durch die Sowjetbehörden wegen der glaubensfeindlichen Forderungen ab, hatte intensive Gemeinschaft mit den nicht registrierten Baptistengemeinden, schloss sich aber bis 1988 nicht dem Sowjet Zerkwej an.

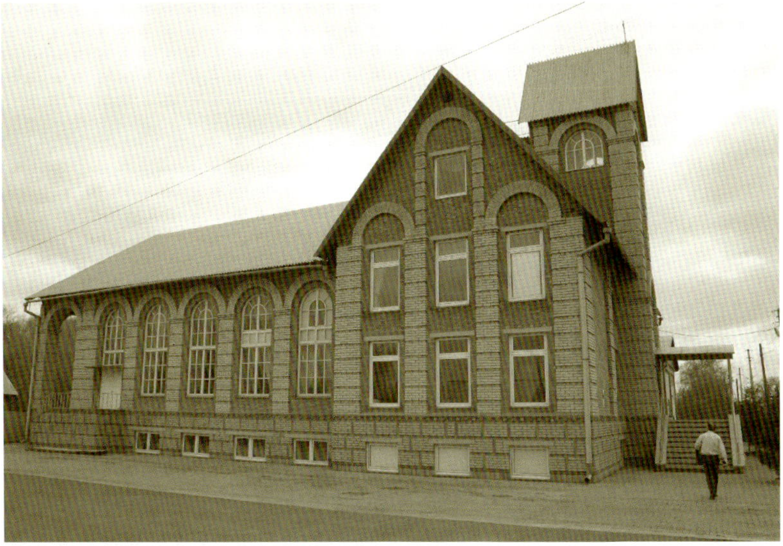

Das Bethaus der MBG öffnet seine Türe für viele, die das Wort Gottes hören und Gemeinschaft mit dem Herrn haben wollen

Fromm, einfach, beeinflusst von den Brüdern aus dem Sowjet Zerkwej und doch mit starker Mennonitenbrüder-Prägung wuchs diese Gemeinde sehr und konnte einen guten Einfluss auf die anderen Gemeinden ausüben. Sie wurde zum Stützpunkt für manche Untergrundaktivitäten, besonders für den Verlag „Christianin". Bis 1990 wurden ihre Versammlungen hauptsächlich in Deutsch durchgeführt, ab dann überwiegend in Russisch. Heute ist es eine starke und aktive Gemeinde, in der die deutschen Familien immer noch die Mehrheit der Gemeindeglieder ausmachen.

Die kirchliche Mennonitengemeinde in Karaganda

Ende 1957 begannen die kirchlichen Mennoniten mit eigenen Versammlungen und bildeten die Gemeinde. Sie war nicht groß und blieb ziemlich im Schatten der größeren Gemeinden, von denen sie sich auch immer absetzen und ihre geistliche Eigenständigkeit rechtfertigen musste. Bei der gemeinsamen Herkunft gab es unübersehbare Unterschiede im Gemeindeleben. Zuerst wurde immer die Besprengungstaufe genannt. Nicht alle ihrer Mitglieder hatten eine klare Bekehrung erlebt, doch setzte sich das Verständnis für die Notwendigkeit einer Bekehrung immer mehr durch. Die bekehrten Geschwister hatten eine sehr angenehme Art einfacher Frömmigkeit.

Trotz dem angestammten Antagonismus zu den Mennonitenbrüdern gestalteten sich die Beziehungen der Gemeindeleitungen freundschaftlich. Nach dreijähriger Unterbrechung der Versammlungen 1962-1965 wuchs die Gemeinde wieder ständig. Ab 1969 durften die kirchlichen Mennoniten ihre Versammlungen im Bethaus der MBG durchführen. Damit hatten sie eine Heimstätte, wenn auch „gastweise", und es begann eine neue Periode des Wachstums. Die Gemeinde konnte 1984 ein eigenes Bethaus bauen, ist dann 1987-1994 ganz nach Deutschland ausgewandert.

ANHANG

Gemeinderegeln der deutschen Brüdergemeinde in Karaganda

I

Gemeinderegeln der deutschen Brüdergemeinde
in Karaganda.

"Jesus, ja Jesus nur allein,
Soll unserer aller Losung sein!"

Jesus Christus – der Grund u. Eckstein der Gemeinde.
Ps. 118,22; Jes. 28,16; Matth. 21,42; 1 Pet. 2,4–9; 1 Kor. 3,11.

Kurze Regeln der Gemeinde.

I. Leitung derselben.

a) Ein Leitender.
b) Gehilfen des Leitenden – 3 Mann lehrende Brüder.
c) Ein Vorberat bestehend aus 11 Brüdern u. zwar: der Leitende, 3 Gehilfen u. 7 lehrende oder erfahrene Brüder. Die Beschlüsse des Vorberats werden der Gemeinde zur Bestätigung vorgelegt u. alsdann in Kürze zur Ausführung gebracht.
d) Diakone – 4 Mann.
e) Ein Kassierer u. Sekretär in einer Person.
f) Eine Revisionskommission bestehend aus 3 Brüdern.
g) Alle obenbenannten Brüder arbeiten unentgeltlich.

II. Aufnahme von neuen Gliedern.

a) Aus andern Gemeinden Kommende, die, nach einer Prüfung vor der Gemeinde das Zeugnis bekommen, daß sie wahre wiedergeborene Kinder Gottes u. mit der bibl. Untertauchungstaufe bedient worden sind, werden ohne nochmaliger Taufe, als berechtigte Mitglieder der Gemeinde aufgenommen.
b) Neubekehrte werden nach einer vorhergehenden Prüfung vor der Gemeinde, durch die Flußtaufe in die Gemeinde aufgenommen.
c) Personen die wiedergeboren u. mit der Besprengungstaufe bedient worden sind, werden, nach einer Aussprache vor der Gemeinde, als Gäste aufgenommen, mit dem Recht, am Abend-

mahl teilnehmen zu dürfen ohne jedoch ihnen das Recht einzuräumen ein verantwortliches Amt in der Gemeinde bekleiden zu dürfen.

d) Ratsam wäre, Seelen, unter 18 Jahren, nicht aufzunehmen.

III. Gemeindeordnung.

a) Alle Gemeindeglieder haben sich den Beschlüssen der Gemeinde zu unterordnen u. solche unter Nichtmitgliedern nicht zu verbreiten da die Gemeinde ein geschlossener Garten ist.

b) Zur Wortverkündigung werden Brüder zugelassen die vom Vorberat dazu vorgeschlagen werden u. von der Gemeinde bestätigt, wobei als Richtschnur dient: 1 Tim. 3 8-12.

c) Gottesdienste werden gehalten: Sonntag Vor- u. Nachmittag-versammlung. Mittwoch: Bibelstunde. Sonnabend: Gebetsstunde. Erbauungsstunden für Gemeindegliedern. Jeden ersten Sonntag des Monats das heil. Abendmahl. unterhalt. Bruderschaft oder Gemeindestunde werden den erforderlichen Bedürfnissen gemäß, abgehalten. Außer Wortverkündigung ⊙

d) Alle Gemeindeglieder pflegen häuslichen Gottesdienst: meistens Morgens u. abends wobei das öffentliche laute Gebet nicht unterlassen wird; ebenso auch das Tischgebet nicht. Das scharenweise Gebet in der Gemeinde wird nicht empfohlen wohl aber ein kurzes inbrünstiges lautes allen vernehmbares Gebet. Das fortlaufende Bibellesen reichlich pflegen.

e) Die Schwestern werden zum öffentlichen Reden u. Lehren in der Gemeinde nicht zugelassen: 1 Kor. 14 34-35; 1 Timot. 2 8-12.

f) Kopfbedeckung der Schwestern.

1 Korint. 11, 5-15: .... Das Haar ist ihr zur Decke gegeben." Da es heißt v. 10: "Darum soll das Weib eine Macht auf dem Haupt haben" – ist bei uns in der Gemeinde jedem freigestellt: Tuch, Haube oder Bandschleife zu tragen.
Anmerkung: Die Kopfbedeckung bei der Frau dient auch zum Unterschied von der Jungfrau.

g) Das Verhalten in der Gemeinde

1. Wandel im Geist: Röm. 8, 1-16; 12, 1-21; 13, 1-14; 14, 1-23;

⊙ werden die Gottesdienste mit Gemeinde= u. Chorgesang bedient, wozu die Leitung des Chores von der Gemeinde bestimmt wird.

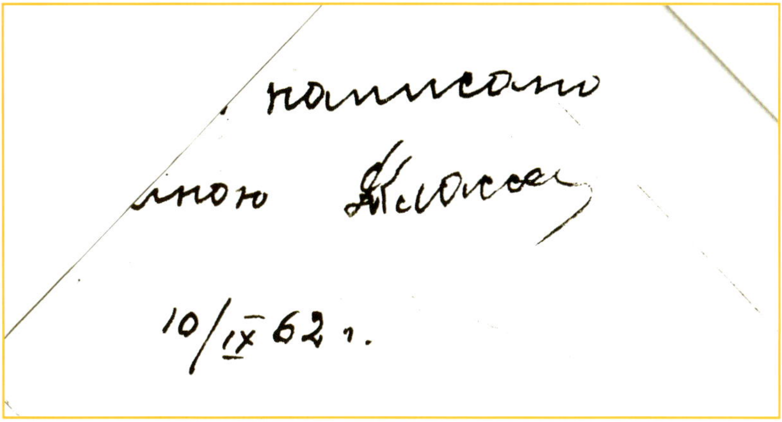
…писано
…иного Классен
10/IX 62 г.

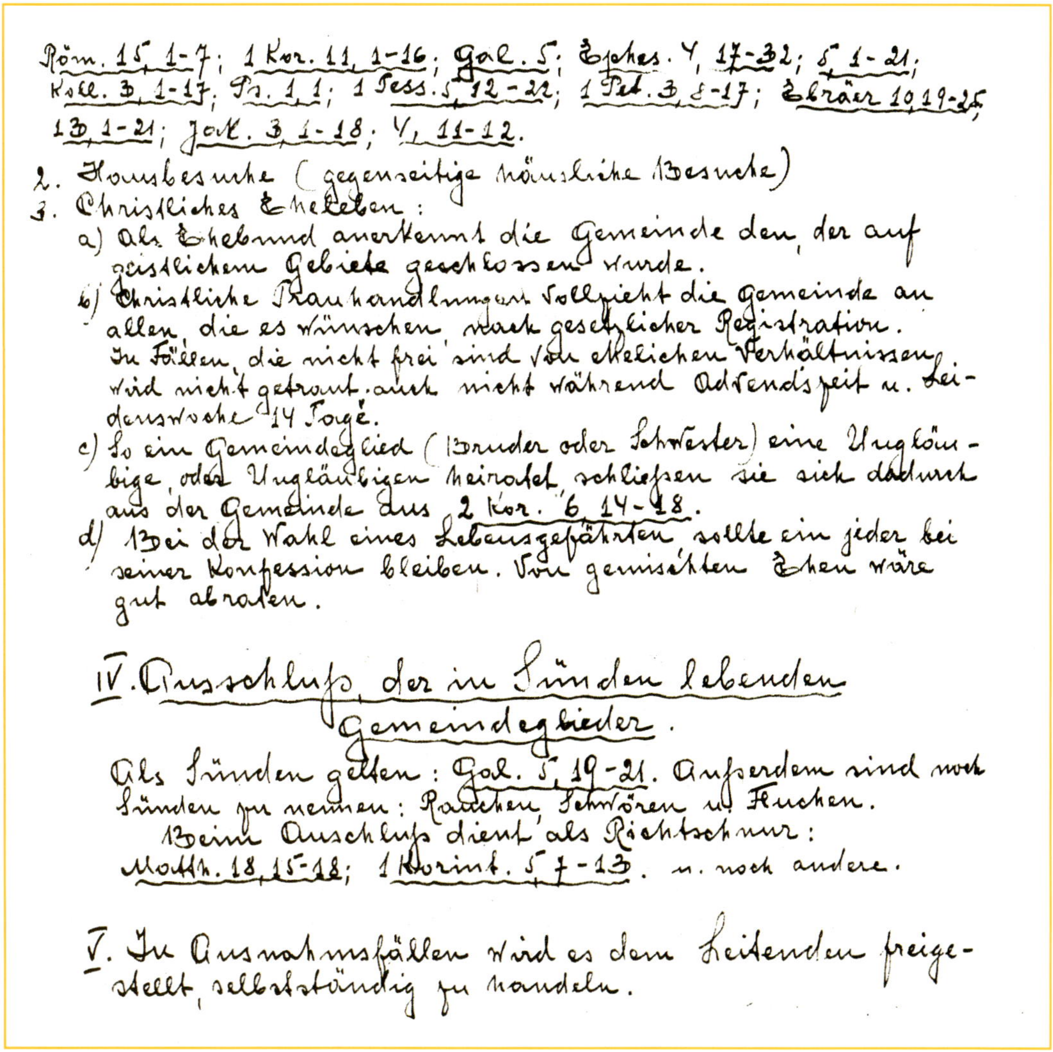
Röm. 15, 1-7; 1 Kor. 11, 1-16; Gal. 5; Ephes. 4, 17-32; 5, 1-21;
Koll. 3, 1-17; Ps. 1, 1; 1 Tess. 5, 12-22; 1 Pet. 3, 8-17; Ebräer 10, 19-25;
13, 1-21; Jak. 3, 1-18; 4, 11-12.

2. Hausbesuche (gegenseitige häusliche Besuche)
3. Christliches Eheleben:
a) Als Ehebund anerkennt die Gemeinde den, der auf geistlichem Gebiete geschlossen wurde.
b) Christliche Trauhandlungen vollzieht die Gemeinde an allen, die es wünschen, nach gesetzlicher Registration. In Fällen, die nicht frei sind von ehelichen Verhältnissen, wird nicht getraut, auch nicht während Advendszeit u. Leidenswoche 14 Tage.
c) So ein Gemeindeglied (Bruder oder Schwester) eine Ungläubige, oder Ungläubigen heiratet, schliessen sie sich dadurch aus der Gemeinde aus 2 Kor. 6, 14-18.
d) Bei der Wahl eines Lebensgefährten sollte ein jeder bei seiner Konfession bleiben. Von gemischten Ehen wäre gut abraten.

IV. Ausschluß der in Sünden lebenden Gemeindeglieder.

Als Sünden gelten: Gal. 5, 19-21. Außerdem sind noch Sünden zu nennen: Rauchen, Schwören u. Fluchen.
Beim Ausschluß dient als Richtschnur:
Matth. 18, 15-18; 1 Korint. 5, 7-13. u. noch andere.

V. In Ausnahmsfällen wird es dem Leitenden freigestellt, selbstständig zu handeln.

Glaubensbekenntnis der Mennoniten-Brüdergemeinde Karaganda 1967

II

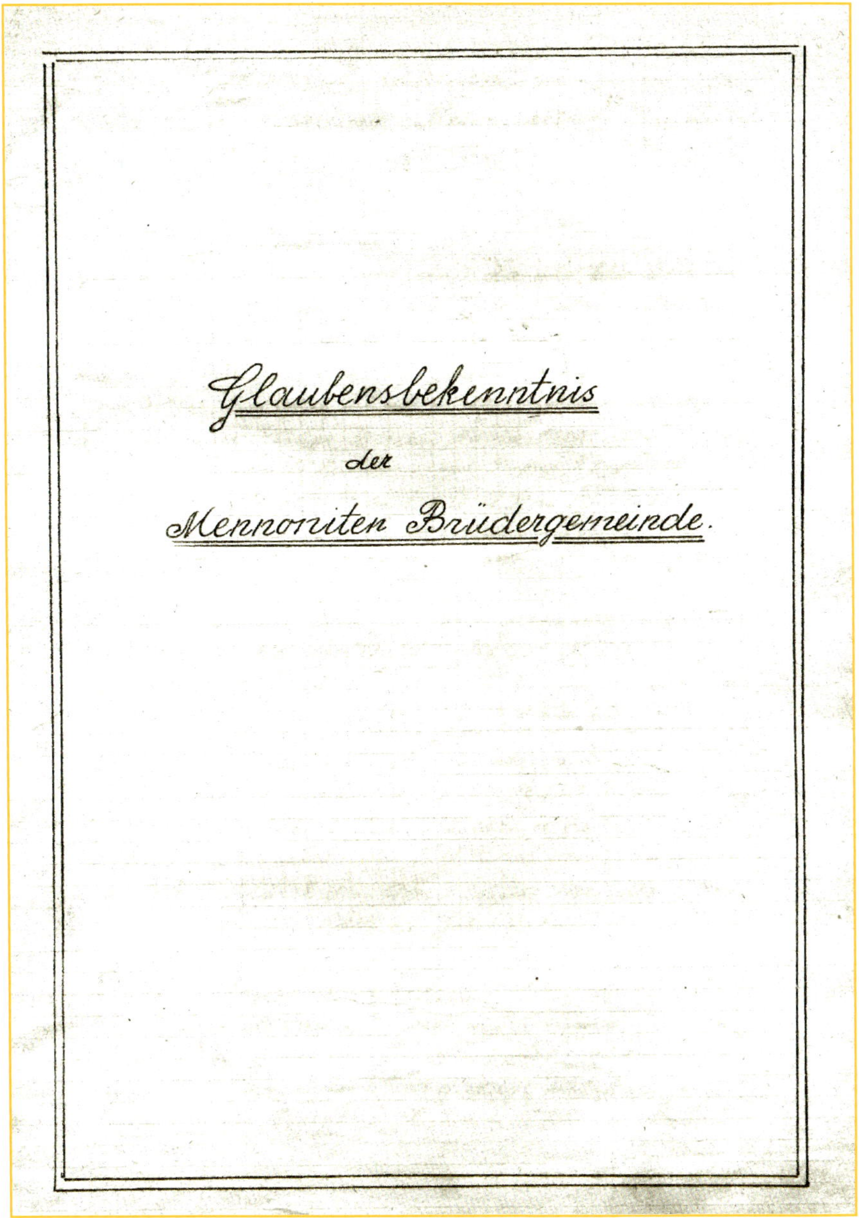
Glaubensbekenntnis

der

Mennoniten Brüdergemeinde.

Glaubensbekenntnis der Karagandiner Mennoniten-Brüdergemeinde.

I. Von Gott.

glauben u. bekennen wir, daß da sei Ein Einiger Gott, Schöpfer Himmels u. der Erde u. aller sichtbaren u. unsichtbaren Dinge; Der da ist ewig, allmächtig, allwissend, alleinweise, heilig, gerecht u. wahrhaftig; die Liebe selber; Der alles erhält u. regiert, HErr aller Herren u. König aller Könige; Dessen Name heißt HErr Zebaoth; die Himmel u. alle Lande sind Seiner Ehre voll. 5. Mose 4,35; Ps. 90,2; Röm. 1,19-20; 1. Mose 17,1; Ps. 139,2-4; Jes. 6,3; Ps. 11,7; Röm 16,27; Ps. 139,7-12; Matth. 5,48; Joh. 1,18; Röm. 11,33; 1. Joh 4,8; Luk. 6,36; Röm. 2,4; 2 Thess. 3,3; 1 Tim. 6,15.

Dieser Einige Gott hat sich geoffenbart als Vater, Sohn und Heiliger Geist. Jes. 6,3a; Matth. 3,16-17; Joh. 16,13-15; 2. Kor. 13,13.

Von Gott dem Vater glauben u. bekennen wir, daß Er der rechte Vater ist über alles, was Kinder heißt im Himmel u. auf Erden; insonderheit, daß Er ist der Vater unseres HErrn Jesu Christi u. aller Seiner Gläubigen, Der alles erschaffen hat durch den Sohn, das ewige Wort, u. durch den Geist Seines Mundes. 1. Kor. 8,6; Eph. 3,15; 2. Kor. 1,3; Matth. 6,9; Joh. 1,3; 1. Mose 1,2; Ps. 33,6; Hiob 33,4.

Von Christo, dem Sohne Gottes – daß Er ist unser HErr u. Heiland, Erlöser u. Seligmacher, der ewiglebende Sohn Gottes, von Ewigkeit auf eine unbegreifliche Weise von dem Vater gezeugt, wahrhaftiger Gott, hochgelobt in Ewigkeit. Luk. 2,11.30; Joh. 4,42; Micha 5,1;

Ebr. 13,8; Ebr. 1,5-10; Matth. 17,5; Joh. 1,14; Römer 9,5.

Dieser ewige Sohn Gottes ist, da die Zeit erfüllt ward, von dem Vater vom Himmel in die Welt gesandt, uns von dem ewigen Fluche zu erlösen. Joh. 3,13.31; 1 Pet. 1.20; Joh. 3,16. Er ist durch die wunderbare Kraft des Vaters u. Wirkung des Heiligen Geistes Mensch geworden, von der gesegneten Jungfrau Maria geboren, u. uns in allem gleich geworden, doch ohne Sünde, u. ist also wahrhaftiger Gott u. wahrhaftiger Mensch, unser Einiger Erlöser Jesus Christus. Gal. 4.4; Matth. 1.18; Luk. 1.28-35; Luk. 2,7.11.21; Ebr. 2,17.18; Joh. 3.5.

Von dem Heiligen Geiste. Wir glauben an den Heiligen Geist, den Tröster, Der vom Vater ausgeht, u. gesandt wird vom Vater u. Sohn, durch Welchen der Vater u. der Sohn wirket; Der in allen Gläubigen ist, Der in der Gemeine Christi lehrend, leitend, strafend, tröstend, erneuernd u. heiligend bleibt u. Christum verklärt. 2. Kor. 3,17.18; Joh. 6,63; 14,26; 1. Kor. 2,10; Matth. 28,19; Ps. 33,6; 1. Pet. 1,11; Matth. 3,16; Apg. 2,1-13; 1. Kor. 3,16; Joh. 14,16.17.26; Joh. 16,14.

Somit glauben wir an Einen, ewigen unbegreiflichen Dreieinigen Gott. Luk. 3,22; Joh. 10,30; Joh. 14.16.26; 1. Kor. 12,11; 2. Kor. 3,17.18.

II. Von der Sünde und Erlösung.

Von der Sünde glauben u. bekennen wir, daß Gott den Menschen nach Seinem Bilde schuf, aufrichtig u. unschuldig, fähig zur seligen Gemeinschaft mit Ihm; doch der Mensch, verführt vom Satan, sündigte, fiel von Gott ab u. verfiel dem leiblichen u. geistlichen Tode samt allen seinen Nachkommen, untüchtig u. unlustig zum göttlich Guten, fähig u. geneigt zum

Bösen. 1. Mose 1.27.31; 2,25; 2,17; Joh. 3,6; Eph. 2,1-3; 1. Mose 8,21; Röm. 3,10-18; 7.22-23.

Von der Erlösung glauben wir, daß der Mensch nur durch das Eine in Ewigkeit giltige Erlösungs- u. Sühnopfer Jesu Christi, des Lammes Gottes, von dem Fluch u. ewigen Tode u. dem Zorne Gottes erlöst werden kann. Aus Seiner Gnade allein werden wir ohne Verdienst gerecht. Joh. 1.29; 14,6; Ebr. 9,11-15; 1. Pet. 1.18.19. 1. Joh. 1.7; 1. Petri 1.3.

Von der Bekehrung, Erneuerung u. Wiedergeburt glauben wir, daß der Mensch durch das Wort Gottes vom Sündenschlaf erweckt wird. Ist er gehorsam, so empfängt er Buße zum Leben, daß er im Gebet seine Zuflucht zu Christo nimmt u. durch den Glauben an Ihn Vergebung der Sünden, Rechtfertigung u. das Zeugnis und die Versiegelung des Heiligen Geistes empfängt, daß er Gottes Kind u. Erbe des ewigen Lebens ist. Ebr. 4.12; Offb. 3.20; Luk. 14.47; Luk. 15,18-21; 18,13; Jes. 55.7; Offb. 16.7; Matth. 11.28; Ap.g. 4,12; 1. Joh. 5,10.11; Tit. 3.5-7.

Von der Heiligung glauben u. bekennen wir, daß ohne dieselbe niemand den HErrn sehen wird. Ebr. 12,14.

Wesen u. Ziel der Heiligung ist eine kindliche Liebe zu Gott u. eine herzliche Bruder- u. Nächstenliebe, geschaffen u. genährt durch den Heiligen Geist; Matth. 7,12; Gal. 5,22; Matth. 5,13.14.

Zweck der Heiligung ist die Verherrlichung Gottes Matth. 5,16; 1 Petri 2,1.2.

Die Kraft der Heiligung ist Christus, durch den Glauben wohnend in den Herzen der Wiedergeborenen. Eph. 3,16-19; Joh. 14.23.

Die wahrnembaren Mittel der Gnade sind: Das Wort (die Predigt) bei der Bekehrung; das Wort, die Heilige Taufe u. das Heilige Abendmahl für die Bekehrten in der Gemeinschaft der Gläubigen, der Kirche Christi; alle begleitet durch das Gebet nach Lehre u. Beispiel des HErrn Jesu u. Seiner Apostel. Mark 16,15; Luk. 24,47; Ap.g. 2,42.46; Ebr. 10,25; - Luk. 3,21; Ebr. 5,7; Matth. 6,5-18; Röm. 8,26.27.

III. Von der Gemeine Gottes, der Kirche oder der Versammlung der Gläubigen.

A. Wir glauben u. bekennen Eine Heilige Allgemeine Christliche Apostolische Kirche, die Gemeinschaft der Heiligen. Diese Gemeine hat unser HErr Jesus Christus durch Sein eigenes Blut erworben. Ap.g. 20,28; Off. 1,5; Eph. 5,25-27. Diese Kirche Christi besteht aus allen denen, die durch den wahren Glauben an Jesum Christum u. durch den Gehorsam des Evangeliums sich abgesondert haben von der Welt (Eph. 1,1; 1. Petri 1,1-2) u. ihre Gemeinschaft haben in dem Heiligen Geist mit Gott dem Vater u. Jesu Christo. Joh. 15,1-5; 1 Joh. 1,3; 1. Tim. 2,5.

Obwohl die Glieder dieser Gemeine aus allerlei Volk in Gemeinden geteilt sind, so sind dieselben doch alle Eins u. untereinander Brüder u. Glieder u. bestehen in einem einigen Leib in Christo, ihrem Haupt. Off. 5,9; Kol. 3,11; Jak. 1,1; Off. 2 u. 3. Joh. 17,21; Eph. 1,22. Matth. 20,25-28; 1. Pet. 2,17; . .

Die Kirche Gottes wird unterhalten durch die Predigt des heiligen Evangeliums u. die Lehre u. Leitung des Heiligen Geistes. Matth. 28,18-20; Ap.g. 2; Joh. 14,26; 16,13; Alle Fragen über Lehre u. Leben in der Gemeine werden entschieden nach dem Beispiel der Apostelkirche, wie wir lesen Ap.g. 15,1-22; 23-28; 1. Kor. 14,40; 2. Kor. 3,17; Eph. 5,21; 2. Tim. 2,14.

Regel u. Richtschnur der Gemeine für alle Zeiten

ist die Heilige Schrift, vornehmlich das Neue Testament. Ps. 119, 105; Matth. 5, 21a, 22a; 17,5; Luk. 10,16; Matth. 23, 8-10; 2. Thess. 2,15; 3,6.

B. Vom Amt der Lehrer oder Diener des Wortes u. der Diakone glauben wir, daß, wie unser HErr Jesus Christus es getan u. Seine Apostel es gepflegt haben, Gott seiner Gemeine Macht gegeben hat, durch Leitung des Heiligen Geistes zu ordnen Lehrer u. Diener, auf daß die Heiligen zugerichtet werden zum Werk des Amtes, dadurch der Leib Christi erbaut werde. Matth. 10. Luk. 10. Ap.g. 13, 1-4; Tit. 1, 5ff; Eph. 4, 11-14. „Ich will euch Hirten geben nach meinem Herzen, die euch weiden mit Lehre u. Weisheit. Jer. 3,15; Ap.g. 1,15-26; 13,1-4; 14,23; 9,15; Römer 1,1-5.

Die erforderlichen Eigenschaften der Diener des Wortes bezeichnet der Heilige Geist im Wort; ebenso ihren Dienst u. ihre Belohnung. 1. Tim. 3,1-7; Tit. 1,5-9; 2,7-8; – Matth. 20,25-28; Apg. 20,28; 1. Pet. 5,1-3; Röm 12,7-8; 1. Pet. 5,4.

Von den Irrlehrern soll sich die Gemeinde abwenden u. sie von sich tun nach der Lehre des HErrn Jesu u. Seiner Apostel. Matth. 7,15.16; Ap.g. 20,29-31; Gal. 1,6-9; 1. Tim 4,1-3; 1. Joh. 4,1-6; 2. Joh. 7-11;.

C. Von der christlichen Ermahnung, Seelsorge und Kirchenzucht lehrt uns der HErr Jesus Christus in Matth. 18,15-20; Ap.g. 20,28.31; Der Apostel Paulus schreibt darüber 1. Thess. 5,11.14; 1. Tim 5.20; 1. Kor. 5,6.7.11.13; 2. Kor. 6.15; 2 Thess. 3,6.14.15; Röm 16,17; 2 Kor. 2,2-11.

IV. Von der christlichen Taufe –

glauben u. bekennen wir, daß sie eine heilige, sichtbare evangelische Handlung u. Ordnung (= Einsetzung) Christi ist, von dem HErrn selber befohlen zu einem heiligen Zeichen der Wiedergeburt u. Einverleibung in Ihn u. Seine Gemeinde. 1. Kor. 12, 27; 1. Pet. 3, 21; Offb. 1, 5. Ihr Gebrauch besteht darin, daß alle die, welche das Evangelium hören u. mit bußfertigem Herzen u. lebendigem Glauben annehmen, auf ihr Bekenntnis zu einem neuen Leben aus Gott (Kol. 2, 12. 13), im Wasser getauft (= getaucht) werden, nach dem Befehl Christi: Matth. 28, 19-20; Mark. 16, 15. 16; Matth. 3, 13; Joh. 3, 22. - Ap. g. 2, 8, 10, 16.

Die Gläubigen sind durch die Taufe verbunden, als der Sünde gestorben, in einem neuen Leben zu wandeln nach der Lehre des Apostels Paulus (Röm. 6, 1-14; Kol. 3, 1-17.).

Die Taufe darf nicht an Kindern vollzogen werden, woran sich auch die ersten Jünger hielten (Apg 8, 12) indem sie nur diejenigen tauften, die das Wort Gottes hörten, es aufnahmen u. an Christus gläubig wurden.

V. Vom Abendmahl des HErrn

glauben u. bekennen wir, daß dasselbe eine heilige sichtbare evangelische Handlung u. Ordnung (= Einsetzung) Christi ist. Diese heilige Handlung ist einfältig und getreu zu üben nach dem Beispiel unseres HErrn 1. Kor 11, 23-32; Matth. 26, 26-30; Luk. 22, 18-20.

Dieses Mahl der heiligen Gemeinschaft der Gläubigen mit Christo, ihrem Haupt, ist zugleich auch der Ausdruck der heiligen Gemeinschaft der Gläubigen untereinander, u. es verbindet sie zu Liebe, Friede u. Einigkeit nach dem Worte der Schrift 1. Kor 10, 16. 17.

VI. Von der Ehe

glauben u. bekennen wir, daß sie eine heilige göttliche Ordnung ist, von Gott selber im Paradiese eingesetzt u. befestigt an unsern ersten Eltern, einem Manne u. einem Weibe, zu gegenseitiger Hilfe zur Seligkeit. 1. Mose 1, 27. 28; 2, 18-24.

Diese Ordnung Gottes hat auch unser HErr Jesus Christus bestätigt. Sie ist also auch geheiligt für die Gläubigen des Neuen Bundes; allein daß die Eheschließung in dem HErrn geschehe nach göttlicher u. menschlicher Ordnung, daß dieser Bund von der Gemeine durch Gottes Wort u. Gebet ~~bestätigt u.~~ geweiht u. die Ehe heilig geführt werde. Matth. 19, 4-6; 1. Kor. 7. 1Pet. 2,13; 1. Tim 4,5; Joh. 2, 1-2; Matth. 22, 1-14.

Über die Heiligkeit u. Festigkeit des Ehebundes lehrt unser HErr u. Heiland: Der im Anfang den Menschen gemacht hat, der machte, daß ein Mann u. ein Weib sein sollte, u. werden die zwei ein Fleisch sein. Was nun Gott zusammen gefügt hat, das soll der Mensch nicht scheiden.

Von der Ehescheidung sagt der HErr, daß solche von Anfang nicht gewesen ist; nur der Tod befreit von der Ehe (Matth. 19, 6-8; Röm. 7, 2;) Matth. 5, 31.32; 19, 3-9; - 1. Kor. 7. 10-15; " 39" - Eph. 5, 22-23. Eine Ausnahme erlaubt der HErr im Falle eines Ehebruchs. Matth. 5, 32.

VII. Vom göttlichen Gesetz

glauben u. bekennen wir, daß der äußerliche Teil desselben (über Opfer, heilige Orte, Zeiten, Gegenstände, Speisen u.s.w.) von Christo erfüllt u. aufgehoben worden sind. Röm. 10, 4; Ebr. 7, 18; Ebr. 9. 10. 1; Röm. 14, 2-6. Nach seinem geistlichen u. sittlichen Sinne aber ist das Gesetz (wesentlich die zehn Gebote) durch Christum erläutert

Das Wort „bestätigt" durchgestrichen laut Beschluß der Gründerversammlung vom 9. September 1974.

u. vertieft (Matth. 5,6..) giltig für immerdar.
Röm. 7,14; Luk. 10,27; Röm. 13,8-10; Matth. 5,17-20. 2. Mose 2,1-17.

VIII. Vom Amt der Obrigkeit

glauben u. bekennen wir, daß keine Obrigkeit ist ohne von Gott; wo aber Obrigkeit ist, die ist von Gott verordnet. Darum sind alle Gläubigen durch das Wort Gottes verpflichtet, ihre Obrigkeiten zu ehren, ihnen Gehorsam zu leisten u. Steuern zu entrichten. Auch sind die Gläubigen schuldig, für die Obrigkeit zu beten. Röm. 13,1-7; Ap.g. 4,19; 1. Tim 2,1-4.

In Beziehung zu Gott aber glauben wir, daß jegliche menschliche Einmischung unzulässig ist, denn wir haben nur Einen Mittler Jesus Christus (1 Tim. 2,5), Einen Lehrer (Matth. 23,8) u. Einen Hohenpriester (Ebr. 4,14), welcher nicht nur gebot, „dem Kaiser zu geben, was des Kaisers ist", sondern auch „Gott zu geben, was Gottes ist" Matth. 22,21.

IX. Von der Wiederkunft Christi, der Auferstehung der Toten u. dem lezten Gericht u. Urteil – glauben u. bekennen wir:

Christus kommt für die Seinen, unsichtbar für die Welt (1. Kor. 15,51-52) wie ein Dieb in der Nacht (Matth. 24,42-44, 1. Thess. 5,2). Doch für die Wartenden wird Er nicht unverhofft kommen (1. Thess. 5,4-10), u. die bereit sind, werden mit Ihm in die Herrlichkeit eingehen (Matth. 25,10); die aber nicht bereit sind, bleiben mit den Ungläubigen für die Zeit der großen Trübsal (Matth. 24,40-41, Matth. 25,11-13; Luk. 12,45-46). Wenn Christus für die Seinen erscheint, wird Er die in Ihm Gestorbenen auferwecken,

u. beide werden entrückt werden, um immer bei dem HErrn zu sein (1. Thess. 4,16-17).

Aber nach diesem kommt Christus mit den Seinen u. allen Engeln (Matth. 16,27; 25,31; Jud. 14; Offb. 19,11-14), sichtbar für jedes Auge (Matth. 24,30; Joh. 19,37; Offb. 1,7). Dann beginnt das Gericht, doch nur für die auf der Erde Lebenden (Matth. 25,31-46; Offb. 19,15-19); von den Gottlosen aber wird niemand auferstehen (Offb. 20,5) solange, bis tausend Jahre der Herrschaft Christi mit den Seinen vergehen (Offb. 20,4). Nach diesen tausend Jahren folgt eine kurze Zwischenzeit, in der der Satan die Völker verführen wird (Offb. 20,7-10); dann findet die Auferstehung der Gottlosen u. das Endgericht statt (Offb. 20,13; 20,11-15).

Schluß

Jedes Glaubensbekenntnis unterliegt der Prüfung u. Beurteilung, unter Leitung des Heiligen Geistes, nach der Heiligen Schrift (den inspirierten kanonischen Büchern Alten u. Neuen Testaments in ihrem Zusammenhang), der einzigen untrüglichen schriftlichen Aufbewahrung der zu unserem Heil notwendigen u. genügenden Offenbarung Gottes an die Menschheit. Ap.g. 15; Joh. 10,35c; Ps. 119,96; Luk. 24,27.44; 2. Petri 1,20.21; 5. Mose 18,15-19; Joh. 12,49-50.

Unterschriften der Gründer

1	B. Berger	B. Berger	6	H. Dyck	J. Dyck
2	J. Berger	Joh. Berger	7	[signature]	Joh. Enns
3	Bergmann	P. Bergmann	8	P. Thielmann	P. Tielmann
4	Rahn	H. Rahn	9	[signature]	Herb. Schönke
5	H. Dyck	H. Dyck	10	A. Heidebrecht	A. Heidebrecht

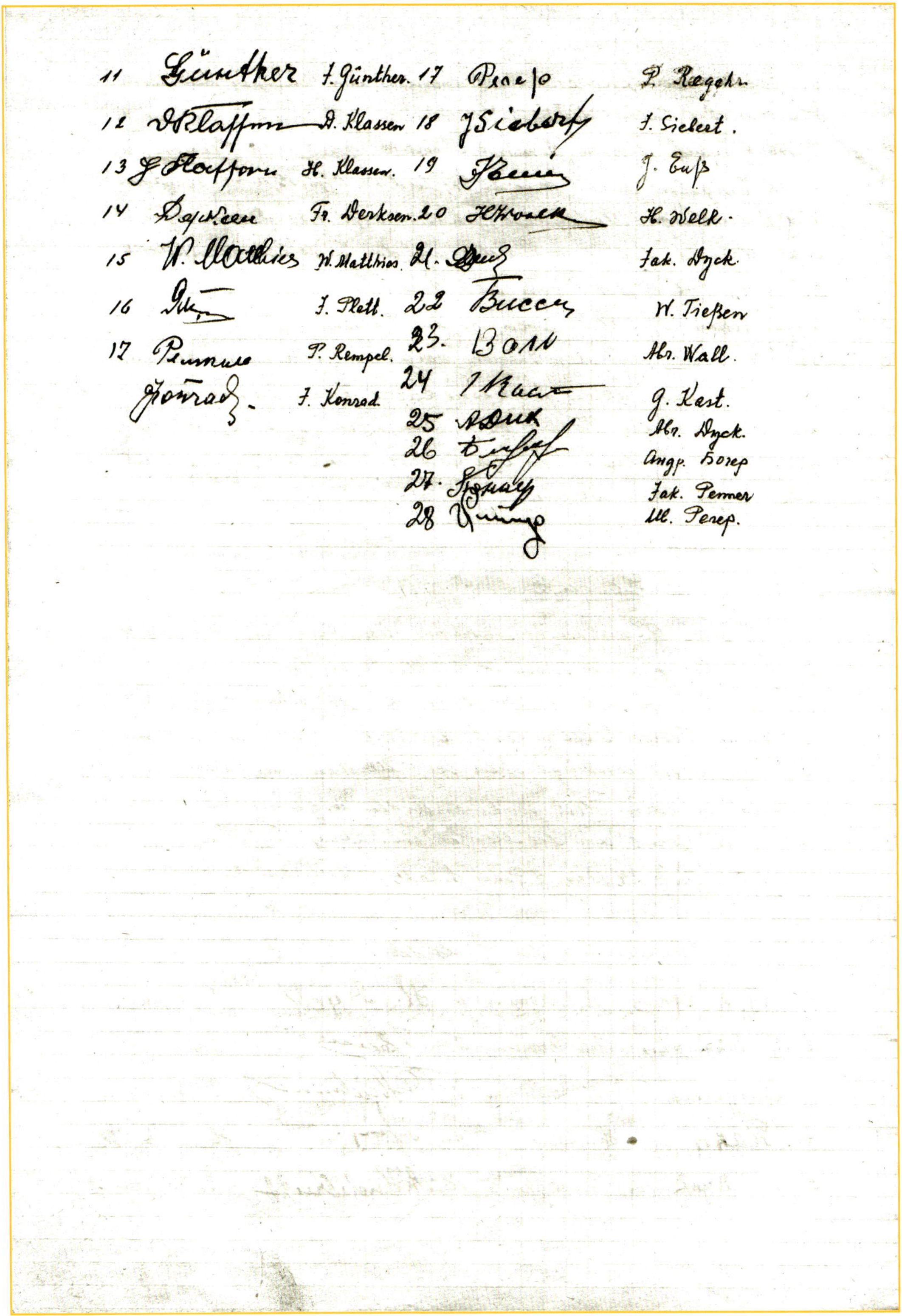

11	J. Günther.	17	P. Regehr
12	D. Klassen	18	J. Siebert.
13	H. Klassen.	19	J. Buß
14	Fr. Derksen.	20	H. Welk.
15	W. Matthies.	21	Jak. Dyck.
16	J. Plett.	22	W. Tießen
17	P. Rempel.	23	Abr. Wall.
	J. Konrad.	24	J. Kast.
		25	Abr. Dyck.
		26	Andr. Borep
		27	Jak. Penner
		28	Ml. Perep.

Das Statut der Mennoniten-Brüdergemeinde von Karaganda 1967

III

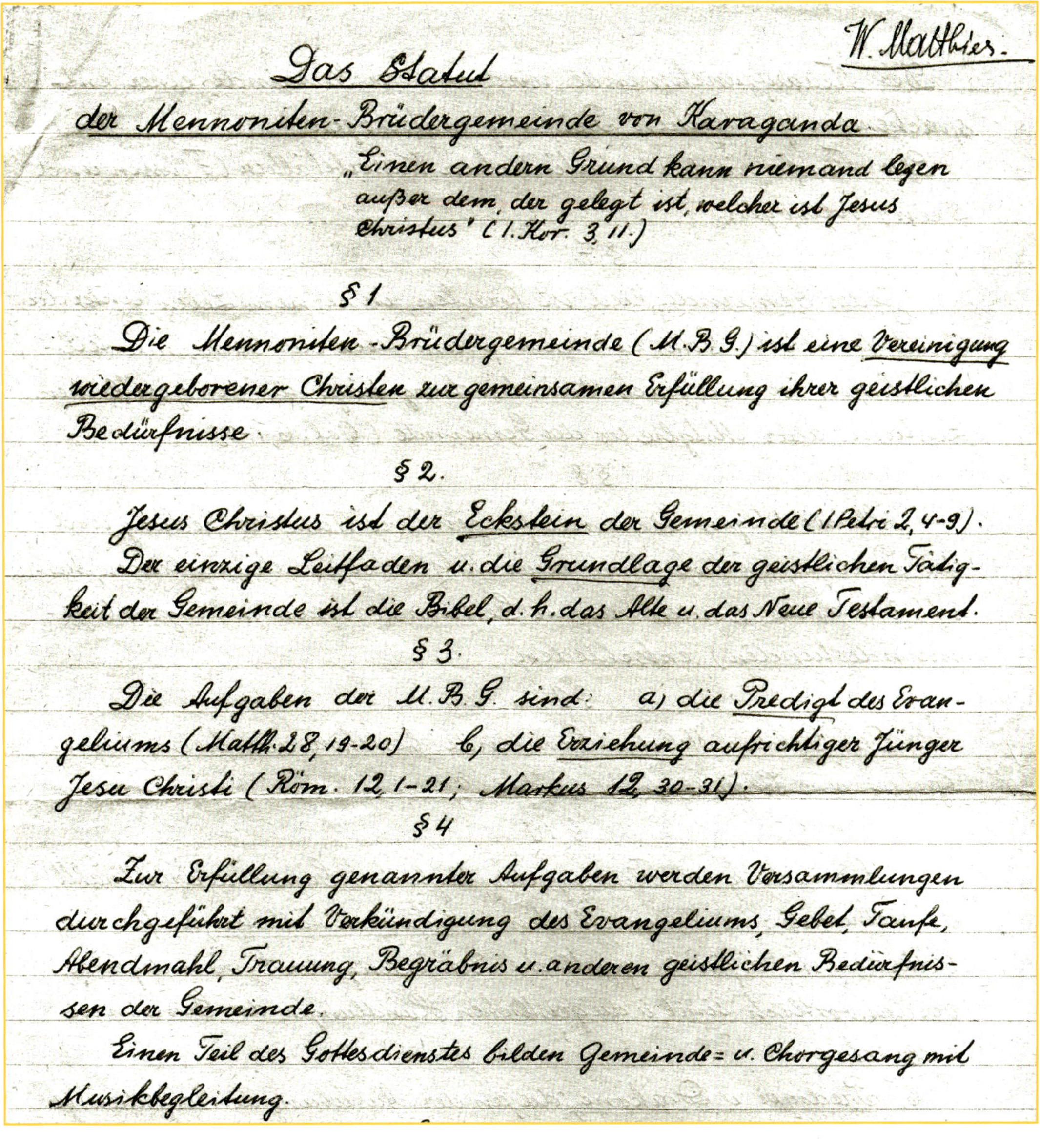
W. Matthies.

Das Statut

der Mennoniten-Brüdergemeinde von Karaganda

„Einen andern Grund kann niemand legen außer dem, der gelegt ist, welcher ist Jesus Christus" (1. Kor. 3, 11.)

§ 1

Die Mennoniten-Brüdergemeinde (M.B.G.) ist eine Vereinigung wiedergeborener Christen zur gemeinsamen Erfüllung ihrer geistlichen Bedürfnisse.

§ 2.

Jesus Christus ist der Eckstein der Gemeinde (1 Petri 2, 4-9).
Der einzige Leitfaden u. die Grundlage der geistlichen Tätigkeit der Gemeinde ist die Bibel, d.h. das Alte u. das Neue Testament.

§ 3.

Die Aufgaben der M.B.G. sind: a) die Predigt des Evangeliums (Matth. 28, 19-20) b) die Erziehung aufrichtiger Jünger Jesu Christi (Röm. 12, 1-21; Markus 12, 30-31).

§ 4

Zur Erfüllung genannter Aufgaben werden Versammlungen durchgeführt mit Verkündigung des Evangeliums, Gebet, Taufe, Abendmahl, Trauung, Begräbnis u. anderen geistlichen Bedürfnissen der Gemeinde.

Einen Teil des Gottesdienstes bilden Gemeinde- u. Chorgesang mit Musikbegleitung.

§ 5.

Die Gottesdienste der M.B.G. werden an Sonntagen durchgeführt, an christlichen Feiertagen u. andern Tagen der Woche nach Ermessen der Gemeinde in Räumen, die von der Regierung oder von Privatpersonen zur Verfügung gestellt werden.

§ 6.

Mitglied der Gemeinde darf jeder sein, der die Wiedergeburt durch den Heiligen Geist erlebt hat, der achtzehnjährig ist u. die Wassertaufe auf den Glauben empfangen hat. (Apg. 2, 41).

Der Neuaufzunehmende wird vor der Gemeinde einer entsprechenden geistlichen Prüfung unterzogen.

Die Taufe wird in natürlichen Wasserbehältern (Flüssen und Seen) vollzogen.

§ 7.

Jedes Gemeindeglied ist berufen, in seinem Leben unter der Zucht des Wortes Gottes zu stehen u. am Leben der Gemeinde teilzunehmen, wobei es auch Verantwortung trägt für den geistlichen Zustand aller Mitglieder der Gemeinde (Gal. 6, 1-2).

§ 8.

Alle wichtigen Gemeindefragen, wie Wahl der Leitung und der Prediger, die Aufnahme neuer Mitglieder, Erziehungsfragen, Ausschluß u. andere werden nur in Gemeindeversammlungen (Gemeindestunden) entschieden.

§ 9

Die Geldmittel der Gemeinde bestehen aus freiwilligen Gaben der Gläubigen (2. Kor. 9, 7).

§ 10

Zur Leitung u. Führung der täglichen Gemeindearbeit wählt die Gemeinde: a, Einen Ältesten u. einen Mitältesten, die für die Gottesdienste u. für die geistliche Erziehung der Gemeindeglieder verantwortlich sind, u. die geistlichen Handlungen der Gemeinde vollziehen.

b, Prediger u. Diakone, die an der Ausübung der Gottesdienste u. der geistlichen Handlungen teilnehmen.

c) Den Gemeinderat aus drei Personen: den Vorsitzenden u. zwei Mitgliedern, als öffentliche Vertretung der Gemeinde. Der Rat entscheidet auch alle Wirtschafts= u. Finanzfragen.

d) Die Revisionskomission aus drei Personen zur Kontrolle über die Sammlung u. Ausgabe der Geldmittel u. über die Erhaltung der materiellen Werte.

Anmerkung: Der Buchhalter-Sekretär u. der Kassierer werden von dem Gemeinderat angestellt.

§ 11.

Dem Worte Gottes gemäß (Römer 13,1-5, Apostelgeschichte 4,19) verwirklicht die Mennoniten-Brüder-Gemeinde ihre Tätigkeit, die nicht mit dem geistlichen Leben der Gläubigen verbunden ist, auf Grund der Landesgesetze.

§ 12.

Die Mennoniten-Brüder-Gemeinde von Karaganda besitzt ihre Siegel und ihre Stampe.

Dieses Statut wurde am 4. März 1967 angenommen, dann mit einigen Verbesserungen von den am Wort arbeitenden Brüdern der Gemeinde am 9. September 1972 bestätigt (28 Unterschriften).

Vorsitzender des Gemeinderates W. Matthies
u. Mitältester

Die Stellung der Mennoniten-Brüdergemeinde zu anderen Glaubensrichtungen

IV

Die Stellung der Mennoniten-Brüdergemeinde zu anderen Glaubensrichtungen

Vortrag, gehalten von Wilhelm B. Matthies auf einer Beratung des Baptistenbundes mit Mennonitenbrüdern aus verschiedenen Teilen Rußlands in Moskau am 10. Mai 1967
(Mit einigen späteren Erweiterungen, 1980)

Liebe Brüder!

Manche von Euch wissen nicht recht, was die Mennoniten-Brüdergemeinde ist, warum sie so heißt und welche Ziele sie hat. Es gibt Gläubige, denen der Name Mennonit anstößig ist. Wir stoßen uns nicht an den Namen Lutheraner, Baptist, Methodist oder gar Waldenser, den Nachkommen des treuen Zeugen Petrus Waldus aus dem 11. Jahrhundert.

Wie sollte ich den Namen Peter oder Jakob verwerfen, weil ich anders heiße? Darum sollte sich niemand seines Namens schämen, wozu auch gar kein Grund ist, wie wir weiter sehen werden. Alle die weiter angeführten Grundsätze sind eben mit dem jahrhundertealten Namen verbunden. M. Luther war einst ein katholischer Mönch und Menno Simons ein katholischer Priester. Nach ihrer Bekehrung und dem Austritt aus ihrer Kirche hießen sie nicht mehr Katholiken. Jeder, der sich heute unserer Gemeinde anschließt, hört auf Katholik, Lutheraner oder Baptist zu sein. Er ist jetzt gerade solcher Mennonit, wie die anderen alten Gemeindeglieder.

Wie verhalten wir uns zu den Gläubigen anderer Richtungen? – Mit allen wahrhaft wiedergeborenen Christen sind wir in der Hauptsache eins und wissen uns als Glieder eines Leibes Jesu Christi mit Ihnen verbunden. Wir glauben alle an einen Erlöser Jesus Christus, der uns selig gemacht hat durch seinen Kreuzestod. „Denn wir sind durch einen Geist alle zu einem Leibe getauft" (1.Kor.12,13). Wir können laut der Schrift nur die Glaubenstaufe anerkennen und die Aufnahme nur wiedergeborener Christen in die Gemeinden, wie es auch manche anderen Richtungen verstehen.

Doch bestehen in sonst nahen Kreisen der Kinder Gottes verschiedene Ansichten über einige christliche Grundsätze und auch über die praktische Anwendung derselben. Wir wollen unsere Stellung nun in 10 Punkten klarlegen.

1. Die Einheit im Geiste und in der Wahrheit (Eph.4,3).

Die Mennonitenbruderschaft ist eine Familie unter anderen lieben Familien, den Baptisten, Methodisten, dem Bunde freier Christen u.a. Diese Familien halten einander hoch, haben viel Gemeinsames, doch bleiben sie eben **selbständige** Familien, deren Vereinigung nur viel Schmerz und Unfrieden hervorrufen würde, wie es ja bei Untreue mancher Familienmitglieder im Leben geschieht.

Seit 450 Jahren bewahren die Mennoniten das teure Erbe ihrer Väter, welches ihre Vorfahren mit Blut, Gut und Leben bezahlen mußten im Laufe von mehr als 100 Jahren von den ersten Märtyrern Eberli Bolt 1525 und Felix Manz 1527 bis zur letzten Hinrichtung am 26. März 1632. Tausende von diesen Taufgesinnten oder Mennoniten, die biblische Christen sein wollten, wurden geköpft, verbrannt und ertränkt, doch hielten sie freudige Treue bis zum Tode. In 2. Mose 20,5b 6 heißt es: „Ich, der Herr, dein Gott bin ein eifriger Gott, der die Verschuldung der Väter heimsucht an den Kinder, an den Enkeln und Urenkeln bei denen, die mich hassen, der aber Gnade erweist bis ins tausendste Geschlecht denen, die mich lieben und meine Gebote halten."

Das Letzte hat sich verwirklicht bei unserem Volk, den Nachkommen der treuen Zeugen des 16. und 17. Jahrhunderts. Warum sollten wir das verwerfen? Jesus allein war der Mittelpunkt des geistlichen Lebens der ersten Täufergemeinden vor 450 Jahren, wie auch der ersten Mennoniten-Brüdergemeinden vor 120 Jahren. **Unserer Statut und unser Glaubensbekenntnis meinen nur Jesus Christus als Grund- und Eckstein.** Auch hoffen wir nur auf das „unbefleckte und unverwelkliche Erbe im Himmel und wissen, daß wir nur aus Gottes Macht bewahrt werden zur Seligkeit"(1.Petri 1,3 5).

Wenn wir von unseren Sonderheiten sprechen, so verstehen wir darunter gerade biblisches Christentum nach unserm Schriftverständnis, also: Völlige Trennung der Gemeinde vom Staat mit voller Selbständigkeit, mit freier Verkündigung des Evangeliums, mit Bibel und Gebetsstunden, einer entschieden christlichen Kindererziehung und einem priesterlichen Christentum.

Der Schreiber des Hebräerbriefes ruft in Kap. 13,7 zu: „Gedenket an eure Lehrer ... und folget ihrem Glauben nach!" Wir brauchen uns unserer Lehrer, wie Luther, Spurgeon, Prochanow, Jakob Kroeker, Joh. Töws und vieler anderer und so auch des treuen Zeugen Menno Simons nicht zu schämen. Wir stellen ja nicht ihn selbst zu hoch, sondern seinen Gemeindebegriff und seinen Kampf für die Reinheit der Gemeinde „ohne Flecken und Runzel" und besonders, **weil er nur Jesus meinte und wollte:** „Einen andern Grund kann niemand legen, außer dem, der gelegt ist, weicher ist Jesus Christus"(1.Kor.3,11).

Dieses war das Motto aller Schriften Mennos. Mit diesem Schriftwort ist uns die Einheit aller Kinder Gottes „im Geiste und in der Wahrheit" bestätigt. Die Einheit der Kinder Gottes braucht nicht erkämpft zu werden, wie viele meinen, sondern sie ist da, wie der Evangelist Jakob Vetter schreibt: „Die Einheit der Gläubigen ist im Gekreuzigten vollendet worden und man sollte sie einfach annehmen und bekennen." Dazu sagt Murray: „Achte sorgfältig darauf, daß es die Einigkeit im Geist ist, die verlangt wird... die Liebe kann die lebendige Einigkeit auch bei äußeren Trennung erhalten..."

Nach dieser Einheit im Geist streben wir, doch sobald das Streben nach äußerer, fast zwangsmäßiger Vereinigung einsetzt oder auch nur bemerkbar wird, da wird der Heilige Geist betrübt, da tut man oft, was nicht gottgewollt ist, bemüht sich Unmögliches herzustellen, verbraucht Zeit und Kraft zu Dingen, die weder das Wort Gottes meint, noch erprobte Gottesmänner für richtig halten (darunter auch F.B. Meyer, M, Korf, Karew u.a.). Ganz unlängst schrieb Karew im „Bruderboten" (Nr.4/1968): „Alle, die aufrichtig, von ganzem Herzen den Herrn Jesus Christus lieben, sind eins im Geiste, wenn sie auch nicht als Organisation vereinigt sind... Unsere Einheit wird nicht durch eine Organisation hergestellt ... sondern durch unser persönliches Verhältnis zu Jesus Christus."

Wir glauben, daß heute ein Kampf für die äußere Einheit der Gläubigen nicht gottgewollt ist, denn dieser würde den Weg zum gefährlichen Laodizeachristentum ebnen. Die volle Einheit erscheint erst mit dem Kommen des Herrn für die Seinen. Viel segensreicher ist jetzt ein Lernen voneinander und gegenseitige Hilfe im Weinberge des Herrn. Hören wir den mennonitischen Geschichtsschreiber P.M. Friesen zu dieser Frage: „Die Existenz von selbständigen Schwesterngemeinden mit manchen Eigenarten bei voller gegenseitiger Anerkennung ist ur- und echt mennonitisch, so Gnadenfeld, Alexanderwohl usw. neben Orloff. – **Eine volle Verschmelzung beider Gemeinden würde nur Zwängen ohne Segen** und noch zwei neue Gemeinden erzeugen. Auf dem gegenwärtigen Wege wird die wahre Einheit des Geistes immer mehr ohne wehetuenden Zwang zum Bewußtsein kommen und sich frei ausgestalten... **Die Mennoniten-Brüdergemeinde** bleibt, will''s Gott, die Freundin und Schwester, **wird aber nie die Magd der mächtigen** (20 Millionen zählenden) **Kirche der Baptisten.** Und das ist und bleibt so, auch wenn wir einander gerne einmal als Prediger aushelfen." Soweit P.M. Friesen.

Sehr treffend sagt Spurgeon: „Unsere Väter hielten sehr genau auf die Aufrechterhaltung von gewissen feststehenden Punkten der geoffenbarten Lehre und hielten zähe daran fest, was sie für schriftgemäß erkannten. Ihre Felder waren durch Hecken und Gräben geschützt aber ihre Söhne haben die Hecken niedergerissen, die Gräben verschüttet und alles gleichgemacht. Der Modernismus lacht über die Bestimmtheiten der Reformatoren, er schreitet mit herrlicher Freigebigkeit einher und wird nächstens eine großartige Allianz zwischen dem Himmel und der Hölle proklamieren, oder vielmehr eine Verschmelzung unter Bedingung gegenseitiger Verträglichkeit, nach welcher die Lüge dicht neben der Wahrheit, gleich, wie der Löwe neben dem Lamm liegen soll!"

Zur Einheit der Gläubigen im Geiste spricht sich Bernstoff auf der Allianzkonferenz 1895 so aus (und das ist mir aus dem Herzen gesprochen): „Wir wollen nicht die Kirchen miteinander verbinden ... Auf diesem Wege erreichen wir vielleicht eine äußere Einförmigkeit, ein Gebäude, wie die römische Kirche, die bei aller inneren Zerrissenheit eine imposante Einheit nach außen darstellt ... Ich glaube nicht, daß dies der richtige Weg ist. **Innere Einheit bei äußerer Verschiedenheit**, gegenseitiger Anerkennung bei verschiedenen Auffassungen, **das ist der Weg Gottes.**"

Unbegründet sind deshalb die Beschuldigungen oder gar Verleumdungen, als wollten wir uns überheben. Wir wollen nur nicht Treulosigkeit oder Verrat an unserer Gemeinde üben, die unsere Familie ist. Wir glauben fest, daß der Herr selbst uns so führt und wollen dem heiligen Geist nicht widerstreben. Die weiteren Grundsätze werden klarlegen, warum wir nicht anders handeln können.

Unsere Vorfahren wurden „die Stillen im Lande" genannt. In Ps. 35, 20 lesen wir: „Sie reden ja nicht, was zum Frieden dient, nein, gegen die Stillen im Lande ersinnen sie Worte des Truges."

Leider sprechen manche von Frieden und Liebe und säen Unfrieden. Es gibt keinen anderen Weg als volle gegenseitige Anerkennung der Schwesterngemeinden. Dann hervorheben, was uns eint und nach Möglichkeit untereinander Gemeinschaft haben. Wir wollen uns auch gegenseitig warnen lassen, wenn jemand in Gefahr ist, auf Abwege zu geraten.

Mehr wahrer Allianzsinn also, und nur so wird die Liebe wachsen und, wenn der Herr kommt, werden alle wahren Kinder Gottes aus allen Völkern und Glaubensrichtungen dem Herrn mit Jauchzen entgegengehen und dann erst wird „eine Herde und ein Hirte" sein. Karl Gerock schreibt:

Und einst an jenem großen Tag der Klarheit,
da werden alle, die im Geist und Wahrheit
den Heiland liebten, sich vereinigt sehn.
Dann kommen sie aus den getrennten Hürden,
befreit von Erdenschwachheit, Schuld und Bürden,
um in die ew'ge Glorie einzugehn!

O, Una Sankta! Heilige Gemein
im Blut gewaschen, auserwählt und rein,
wie leuchtest du in der Verklärung Licht!
Was irdisch war, ist von dir abgefallen,
nun kann der große Lobgesang erschallen
einstimmig vor des Königs Angesicht!

Anmerkung: Halten wir einen Kampf für die Äußere Vereinigung der Gläubigen nicht für richtig, umso mehr sind wir gegen die ökumenische Bewegung, dieser Ausbildung des organisierten Weltchristentums, welches in der großen Hure, die auf dem Tier sitzt, ausmündet nach Offb.17,1-6 und Kap.18,4. Die Ökumene sucht die Freundschaft mit der Welt, was die Verbindung der Weltreligionen mit dem Antichristen mit sich bringt. Jak.4,4: „Wisset ihr nicht, daß der Welt Freundschaft Gottes Feindschaft ist?"

2. Die Trennung der Kirche vom Staat.

„**Welt- und Staatsmeidung**, wie Menno es nennt, ist sein Hauptprinzip"schreibt der nichtmennonitische Professor Werner Wittig. Ich lasse dazu zwei Zeugen Gottes reden. C. Ch. Makintosch (Aus seiner Auslegung der fünf Bücher Mose): „Die Gemeinde hat nichts mit der Weltpolitik zu tun. Ihr Bürgertum ist im Himmel, von wo sie ihren Erlöser erwartet. Indem sie sich in weltliche Dinge einmischt, verleugnet sie ihren Herrn, ihren Beruf, ihre Grundsätze."

H. Großmann (Aus seiner Auslegung der Offenbarung): „Gläubige, die die Schrift Gäste und Fremdlinge nennt, deren Bürgertum im Himmel ist, lassen ihre Finger von der Politik und der Religion der natürlichen Menschen, beteiligen sich in keiner Weise an diesen beiden Dingen, die im Antichristen (Politik) und falschen Propheten (Weltreligion) ausmünden, wie wir aus der Schrift sehen."

Wir streben also nach einer völligen Trennung der Kirche vom Staat, d.h., wir wünschen durchaus keine Einmischung in unsere Gemeindefragen. Gleichzeitig wollen wir treue Bürger unseres Landes sein und betrachten jede Beobachtung oder Kontrolle als ihr Recht (siehe Glaubensbekenntnis: „Von der Obrigkeit").

3. Die Leidsamkeit.

Die Leidsamkeit ist der Grundton von Mennos Schriften. Jesus sagt in Joh.15,20: „Haben sie mich verfolgt, so werden sie euch auch verfolgen." Wir suchen keinen leichteren Weg, als ihn Jesus für uns bestimmt hat. Wir reißen uns nicht nach einem Märtyrertum, doch wollen wir stets „Gott mehr gehorchen als den Menschen" (Apg.4,19).

Anmerkung: Manche heutige Gegner unserer Gemeinde sind aus Menschenfurcht von uns gewichen, denn sie suchten einen leichteren Weg (in den Verhältnissen der Sowjetunion). Daher sind sie innerlich unruhig und lassen die Treugebliebenen nun nicht in Ruhe, damit diese ihnen auch folgen und dadurch die sie innerlich verklagende Stimme zum Schweigen bringen sollen.

4. Das allgemeine Priestertum.

Wir wollen Laiengemeinde bleiben, d.h. alle Mitglieder nehmen aktive Teilnahme an dem Werk des Herrn, auch bei der Prüfung und Aufnahme neuer Mitglieder, sowie bei der Erziehung derselben, an den Wahlen usw.

5. Gemeindezucht.

Gemeindezucht ist ein Grundprinzip des Täufertums. Dieser Punkt, sowie die Untertauchungstaufe auf den Glauben, waren die Hauptursachen des Ausgangs der Brüder aus der Mennonitengemeinde, wo die Gemeindezucht zu wenig beachtet wurde. Hier gilt das Wort aus Eph.5,27: „eine Gemeinde, die herrlich sei, die nicht habe einen Flecken oder Runzel, oder des etwas, sondern, daß sie heilig sei und unsträflich."

6. Eine einfache christliche Lebensweise

hält Menno für wahre Christen notwendig. Darunter verstand er:

a) Ein vorbildliches Familienleben mit christlicher Kindererziehung.

b) Keine Bekleidung hoher Ämter „der Stillen im Lande", wie die Taufgesinnten damals genannt wurden (Psalm 35,20).

c) Brüderliche Fürsorge. Durch Jahrhunderte wurde solches hochgehalten.

d) Wahrhaftigkeit.

7. Die freie Verkündigung des ganzen Evangeliums.

Die Predigt der Buße, der Wiedergeburt und der Glaubensfurcht oder Heiligung stellte Menno in den Mittelpunkt. Wir wollen nie aufhören Seelen für Jesus zu gewinnen. Daß Christus wieder der Herr der Gemeinde und das diese nach apostolischern Vorbild gesammelt werde, ist der Ausgangspunkt Mennos.

Anmerkung: Bis zum 16. August 1964 wurde in der Baptistengemeinde Karaganda, sowie wohl in den meisten Baptistengemeinden der Sowjetunion, infolge der verderblichen Instruktionsbriefe des WSEChB aus dem Jahre 1961, jahrelang sozusagen nicht Buße und Bekehrung, noch das Kommen des Herrn gepredigt.

8. Regelmäßige Bibel- und Gebetsstunden.

Vom Wort „Stunde" kommt der Name Stundisten, den Vorläufern der Baptisten in Rußland. Nach §2 unseres Statuts ist die Bibel die einzige Grundlage unserer Gemeinde. Deshalb ist das tiefe Studium derselben, allein und gemeinsam, unsere Hauptaufgabe.

9. Die Selbständigkeit jeder Einzelgemeinde,

Konferenzen geben nur beratende Beschlüsse in Fragen des inneren Aufbaus der Gemeinde. Die Mennoniten-Brüdergemeinde kennt keine zentrale Kirchenherrschaft.

10. Die Erhaltung der Sprache und des Segens.

„in viel tausend Generationen derer, die mich lieben und meine Gebote halten" (5.Mose 5,10).

Wir können das teure Erbe der Väter nur in einer Mennoniten-Brüdergemeinde bewahren und zwar auf folgende Weise:

a) Durch Erhaltung des Gemeindebegriffs von Menno Simons, wie es oben klargelegt wurde, d.h., **daß nur Jesus Christus allein unser Grundstein ist und bleibt.**

b) Durch Erhaltung der Muttersprache und des Segens, der aus unverdienter Gnade uns schon viele Generationen begleitet. I.St. Prochanow schreibt darüber im Journal „Evangelischer Christ" 1927: „Jeder Mensch wird als Glied seiner Familie geboren und niemand hält eine besondere Anhänglichkeit zu seinen Verwandten für anstößig. So ist es Gottes Wille, ausgedrückt durch das Gebot: ‚Ehre Vater und Mutter.' Gerade so ist auch **die Zugehörigkeit zu seinem Volk: sie ist von Gott gegeben** und ist nicht eigene Wahl... Darum ist es unnatürlich, sein eigenes Volk nicht zu lieben, das widerspricht dem Willen Gottes."

Die Sprache könnte erhalten werden durch persönliches und gemeinsames Bibelforschen, dem Lesen christlich-deutscher Literatur, dem Auswendiglernen christlicher Gedichte, Deklamatorien und der vielen herrlichen Lieder in der Muttersprache.

Uns verbindet mit allen wahren Kindern Gottes aller Richtungen die Gemeinschaft des Leibes Christi.

Wir wollen diese Gemeinschaft unterstützen durch:

a) Teilnahme an der Wortverkündigung in russischen und deutschen Versammlungen anderer Richtungen, wo es gewünscht oder möglich ist.

b) Durch gemeinsame Sängerfeste, gelegentliche gemeinsame Gottesdienste und manchmal auch Abendmahlsgemeinschaften. (Wobei jedoch die arbeitenden Brüder nur in ihrer Gemeinde am Brotbrechen teilnehmen).

c) Durch gelegentlichen persönlichen Verkehr, der von der Liebe Jesu durchdrungen sein sollte.

Warum bleiben wir selbständige Gemeinden?

1. Weil Familien trotz aller Verbundenheit untereinander immer besondere Familien bleiben. Matth. 19,6: „Was Gott zusammengefügt hat, das soll der Mensch nicht scheiden." Bis der Herr erscheint, bleibt Ehe, Volkszugehörigkeit und Gemeindezugehörigkeit bestehen.

2. Weil die in Jahrhunderten erprobten obengenannten Unterschiede, die Schriftgrund haben, uns zu teuer sind, um sie treulos fallen zu lassen. „Wehe dem, der seiner Mutter vergißt", ruft P.M. Friesen aus.

Auch Nichtmennoniten haben zu verschiedenen Zeiten sich sehr anerkennend über die Anhänger unserer Glaubensrichtung ausgesprochen, wie Prof W. Wittich, H. Rappard (Missionsinspektor), Karew u.a.

3. Weil eine Gemeindeordnung festgehalten werden muß, wenn sie nicht dem geistlichen Wachstum hinderlich ist, wie ein Gottesmann sagt.

Da wir aber immer bereit sind unser Gemeindewesen im Lichte des Wortes Gottes auf Grund der Lehre Jesu Christi zu prüfen und zu berichtigen, so kann dasselbe unserm Leben in Christo nie hinderlich werden.

Wichtige Protokolle der Gemeinde

V

Bruderschaft

Bruderschaft am 13. Juni 1966.
Anwesend 50-60 Brüder auch Vertreter von Sortirowka.
Tagesordnung: 1. Einleitung
2. Fortsetzung der Unterhaltung
über das Thema: Der Heilige Geist
a, Dämpfen u. Betrüben des H. Geistes - P. Regehr
b, Lästern des H. Geistes J. Siebert
c. Pfingstbewegung J. Strauß
3. Meldungen zur Bestätigung: a, Die Rechtfertigung der alten eingesegneten Brüder.
b, Der Grund der Teilung in 33, u. das Nichtzulassen etlicher (dreier) Brüder zum Dienst in unsern Versammlungen.
4, Über die russischen Ansprachen in unsern deutschen Versammlungen.
5 Laufendes.

Gemeindestunden

Protokoll №1.

der Gemeindestunde in Michailowka am 16 August 1966.

Anwesend: 55 Mitglieder. Leitender: F. Konrad.

Fragen: 1) Einleitung.
2, Bericht der Gesandten über die Vorsprache im ВСЕХБ u. Rat für Religionswesen in Moskau (W. Matthies) u. die damit verbundenen Wahlen.

1. Einleitung (F. Konrad)

2. Bericht: Br. W. Matthies berichtet über die Unterhaltung mit den leitenden Brüdern im ВСЕХБ: Иванов, Моторин, Радионов, Тимченко, Кригер u.a., u. auch im Rat für Religionswesen – Андреев u. später noch Бу~~мо~~карин.

Man hat Aussicht gegeben eine D.M.B.G. zu registrieren unter dem Statut vom 1963 und unter der Leitung vom ВСЕХБ mit einem selbständigen Haus. Die Sache ist aber mit manchen Beschwerden verbunden u. der Prozeß kann sich verziehen.

Beschlüsse: a) Im Prinzip sind alle einstimmig (55 Stimmen) dafür um die Registration der Gemeinde als D-M.B.G. einzureichen, mit einem selbständigen Haus, unter dem Statut von 1963 u. unter der unmittelbaren Leitung des ВСЕХБ.

b) Am Kongreß, der am 4-7 Oktober in Moskau

stattfinden soll, wollen wir teilnehmen, zudem wir unsere Delegierten Willy Matthies u. Heinrich Wölk einstimmig (55 Stimmen) wählen. Das Protokoll ist unmittelbar in den ВСЕХБ rechtzeitig einzusenden.

c) An der Gebietssitzung wollen wir teilnehmen, soviel man uns Möglichkeit bietet, daran teilzunehmen.

d. Weil die Wahl eines Ältesten u. eines Kirchenrats notwendig wird, beten wir ernstlich um die richtigen Personen.

d. Einstimmig beschlossen, die Brüder F. Konrad u. H. Wölk zu bevollmächtigen, dieses Protokoll zu unterschreiben.

1) Leiter der Gemeindestunde FKonrad

2, Vertreter der Gruppe von Michailowka. HWoelk

Protokoll №2

der Gemeindestunde im Schachtiner Rayon am 17 August 1966. D.M.B.G.

Anwesend 83 Mitglieder der D.M.B. Gemeinde

Leiter der Gemeindestunde: F. Konrad.

Fragen: 1) Einleitung

2. Bericht über die Vorsprache im ВСЕХБ u. im Rat für Religionswesen in Moskau u. die damit verbundenen Wahlen.

Berichterstatter F. Siebert.

1, Einleitung (F. Konrad) mit Gebet, Lied u. Wort.

2, Bericht: Br. F. Siebert berichtet über die Unterhaltung mit den leitenden Brüdern im ВСЕХБ Иванов, Моторин, Фадюшин, Тимченко, Krüger V. u. andern, u. auch im Rat für Religionswesen – Андреев u. später mit Тукарин.

Man hat Aussicht gegeben, eine D.M.B.G. zu registrieren unter dem Statut von 1963 u. unter der Leitung vom ВСЕХБ mit einem selbständigen Haus. Die Sache ist aber mit manchen Beschwerden verbunden u. der Prozeß kann sich verziehen.

Beschlüsse: a) Im Prinzip sind alle einstimmig (83 Stimmen) dafür, um die Registration der Gemeinde als Deutsch-Mennonitische Brüdergemeinde einzureichen, mit einem selbständigen Haus, unter dem Statut von 1963 u. unter der unmittelbaren Leitung des ВСЕХБ.

b) Am Kongreß, der am 4–7 Oktober in Moskau stattfinden soll, wollen wir teilnehmen, zu dem wir unsere Delegierten W. Matthies u. H. Wölk u. als Reserve die Br. D. Klassen u. Jak. Siebert einstimmig (83 Stimmen) wählen.

Das Protokoll ist unmittelbar in den ВСЕХБ rechtzeitig einzusenden (82 Stimmen, 1 dagegen)

c, An der Gebietssitzung in Kopai wollen wir teilnehmen, soviel man uns Möglichkeit bietet, daran teilzunehmen. Dazu 17 Delegierte gewählt:
1. D. Klassen, 2. P. Bergmann, 3. F. Siebert, 4. P. Regehr, 5. H. Wölk, 6. H. Matthies, 7. Joh. Strauß. 8. B. Bergen, 9. Jak. Dück. 10. P. Wolf. 11. A. Wolf. 12. E. Ortlieb, 13. P. Rempel, 14. G. Fast. 15. B. Epp. 16. Jak. Friesen 17 Joh. Enns.

d. Weil die Wahl eines Ältesten u. eines Kirchenrats notwendig wird, beten wir ernstlich um die richtigen Personen dazu.

e) Weil die Frage mit dem Protokoll zum Kongreß auf der Bruderschaft nicht einstimmig durchgekommen ist, nämlich ob direkt nach Moskau oder über Kopai dasselbe einzusenden ist, stimmt die Gemeindestunde einstimmig dafür, daß der Bruderrat auf Grund der Beschlüsse der Gemeindestunden diese Frage endgültig löst.

f. Einstimmig beschlossen, die Brüder F. Konrad u. Joh. Bergen zu bevollmächtigen, dieses Protokoll zu unterschreiben.

Unterschriften Konrad – F. Konrad
Joh. Bergen

Protokoll N 3

der Gemeindestunde der D.M.B.G. im Rajon des Kirsawod am 18. August 1966.

Anwesend 48 Mitglieder der Gemeinde

Leitender der G.-stunde – D. Klassen

Fragen: 1) Einleitung

2, Bericht über die Vorsprache im ВСЕХБ u. im Rat für Religionswesen in Moskau u. die damit verbundenen Wahlen. (Berichterstatter H. Matthies).

1) Einleitung mit Gebet, Lied u. Wort – D. Klassen

2, Bericht (von H. Matthies) – siehe Protokoll von der Gemeindestunde im Schachtiner Rajon am 17. August d. J.

Beschlüsse: a, Im Princip sind alle einstimmig (48 Stimmen) dafür, um die Registration der Gemeinde als Deutsch-Mennonitische Brüdergemeinde einzureichen, mit einem selbständigen Haus, unter dem Statut von 1963 u. unter der unmittelbaren Leitung des ВСЕХБ.

b, Am Kongreß, der am 4–7 Oktober in Moskau stattfinden soll, wollen wir teilnehmen, zu dem wir unsere Delegierten H. Matthies u. H. Wölk u. als Reserven die Br. D. Klassen u. J. Siebert einstimmig (48 Stimmen) wählen.

Das Protokoll ist unmittelbar in den ВСЕХБ rechtzeitig einzusenden.

c, An der Gebietssitzung in Kopai wollen wir teilnehmen, soviel man uns Möglichkeit gibt, daran teilzunehmen. Dazu 17 Delegierte gewählt: 1. D. Klassen, 2. P. Bergmann, 3. J. Liebert, 4. P. Regehr, 5. H. Wölk, 6. H. Matthies, 7. J. Strauß, 8. B. Bergen, 9. J. Dück, 10. P. Wolf, 11. A. Wolf, 12. E. Ortlieb (Aktau) 13. P. Rempel, 14. G. Fast, 15. B. Epp, 16. J. Friesen, 17. Joh. Enns.

d. Weil die Wahl eines Ältesten u. eines Kirchenrats notwendig wird, beten wir ernstlich um die richtigen Personen.

e, Einstimmig beschlossen, die Brüder D. Klassen u. P. Bergmann zu bevollmächtigen, dieses Protokoll zu unterschreiben.

1. Д. Классен
2. Бергман П.

Protokoll N5

der Gemeindestunde der D.M.B.G. im Rajon Mehl-
kombinat am 22. August 1966.

Anwesend 95 Mitglieder der Gemeinde

Leitender der Gemeindestunde: P. Regehr.

Fragen: 1) Einleitung

2. Bericht über die Vorsprache im ВСЕХБ u. im Rat für Religionswesen in Moskau u. die damit verbundenen Wahlen (Berichterstatter H. Matthies).

1. Einleitung mit Gebet, Lied u. Wort - P. Regehr
2. Bericht (von H. Matthies) - siehe Protokoll von der Gemeindestunde im Schachtiner Rajon am 17. August.

Beschlüsse: a, Im Prinzip sind außer einer Stimme (Friedrich   ) alle dafür (94 Stimmen), um die Registration der Gemeinde als Deutsch-Mennonitische Brüdergemeinde einzureichen, mit der Bitte um ein selbständiges Haus unter dem Statut von 1963 u. unter der unmittelbaren Leitung des ВСЕХБ.

b, Am Kongreß, der am 4-7 Oktober in Moskau stattfinden soll, wollen wir teilnehmen, zu dem wir unsere Delegierten H. Matthies u. H. Wölk u. als Reserve die Br. D. Klassen u. J. Siebert mit 94 Stimmen (eine enthalten) wählen.

Das Protokoll ist unmittelbar in den ВСЕХБ rechtzeitig einzusenden.

c, An der Gebietssitzung in Kopai wollen wir teilnehmen, soviel man uns Möglichkeit, daran teilzunehmen. Dazu 17 Delegierte gewählt:
1. D Klassen, 2 P. Bergmann, 3, J. Siebert, 4. P. Regehr, 5. H. Wölk, 6 H. Matthies, 7. J. Strauß. 8. B. Bergen, 9. J. Dück, 10 P. Wolf. 11 A Wolf. 12. E. Ortlieb (Aktau) 13. P. Rempel, 14. J. Fast, 15. B. Epp. 16 Jb. Friesen, 17. J. Enns.

d. Weil die Wahl eines Ältesten u. eines Kirchenrats notwendig wird, beten wir ernstlich um die richtigen Personen dazu.

e, Weil die Frage mit dem Protokoll zum Kongreß nicht einstimmig durchgekommen ist (auf der Bruderschaft) nämlich ob direkt nach Moskau oder über Kopai dasselbe einzusenden ist, stimmt die Gemeindestunde einstimmig dafür, daß der Bruderrat auf Grund der Beschlüsse der Gem. stunden diese Frage endgültig löst.

f. Einstimmig beschlossen, die Br. P. Regehr u. J. Günther zu bevollmächtigen, dieses Protokoll zu unterschreiben

1. Regehr Peter.
2.

Protokoll №6

der Gemeindestunde der D. M. Brüdergemeinde in Sortirowka am August 1966.

Anwesend 28 Mitglieder der Gemeinde.

Leiter der Gemeindestunde:

Fragen: 1. Einleitung

2. Bericht über die Vorsprache im ВСЕХБ u. im Rat für Religionswesen in Moskau u. die damit verbundenen Wahlen. Berichterstatter J. Siebert.

1. Einleitung mit Lied, Gebet u. Wort.

2. Bericht (von J. Siebert) siehe das Protokoll von der Gemeindestunde im Schachtiner Rajon am 17. August 1966.

Beschlüsse: a. Im Prinzip sind alle einstimmig dafür, um die Registration der Gemeinde als Deutsch-Mennonitische Brüdergemeinde einzureichen, mit einem selbständigen Haus, unter dem Statut von 1963 u. unter der unmittelbaren Leitung des ВСЕХБ.

b. Am Kongreß, der am 4-7 Oktober in Moskau stattfinden soll, wollen wir teilnehmen, zu dem wir unsere Delegierten W. Matthies u. H. Wölk u. als Reserve die Brüder D. Klassen u. Jak. Siebert einstimmig (28 Stimmen) wählen.

Das Protokoll ist unmittelbar in den ВСЕХБ rechtzeitig einzusenden.

c) An der Gebietssitzung in Kopai wollen wir teilnehmen, soviel man uns Möglichkeit bietet, daran teilzunehmen. Dazu 17 Delegierte gewählt:

1. D. Klassen 2. P. Bergmann, 3. J. Siebert, 4. P. Regehr, 5. H. Wölk, 6. W. Matthies 7. J. Strauß 8. B. Bergen 9. Jak. Dück 10. P. Wolf 11. A. Wolf 12. E. Ortlieb (Aktau) 13. P. Rempel 14. G. Fast, 15. B. Epp 16. Jl. Friesen, 17 J. Enns.

(s. umseitig!)

d. Weil die Wahl eines Altesten u. eines Kirchenrats notwendig wird, beten wir ernstlich um die richtigen Personen dazu.

e, Wir beschließen einstimmig, die Brüder Alexander Becker u. V. Erdmann zu bevollmächtigen, dieses Protokoll zu unterschreiben.

Unterschriften: 1) [illegible]
2, [illegible]

Protokoll N 7.

der Gemeindestunde der D.M.B.Gemeinde in Aktau u. Schakaj . . . am 27. August 1966.

Anwesend: 35 Mitglieder der Gemeinde

Leiter der Gemeindestunde . . .

Fragen 1) Einleitung

2, Bericht über die Vorsprache im ВСЕХБ u. im Rat für Religionswesen in Moskau u. die damit verbundenen Wahlen. Berichterstatter F. Siebert.

1. Einleitung mit Gebet, Lied u. Wort.
2. Bericht (von Jak. Siebert) – siehe das Protokoll von der Gemeindestunde im Schachtiner Rajon am 17 August d. Jahres.

Beschlüsse: a) Im Prinzip sind alle einstimmig dafür, um die Registration der Gemeinde als Deutsch-Mennonitische Brüdergemeinde einzureichen, mit einem selbständigen Haus, unter dem Statut von 1963 u. unter der unmittelbaren Leitung des ВСЕХБ.

b, Am Kongreß, der am 4-7 Oktober in Moskau stattfinden soll, wollen wir teilnehmen, zu dem wir unsere Delegierten H. Matthies u. H. Wölk u. als Reserve die Brüder D. Klassen u. Jak. Siebert einstimmig (35 Stimmen) wählen.

Das Protokoll ist unmittelbar in den ВСЕХБ rechtzeitig einzusenden.

c, An der Gebietssitzung in Kopai wollen wir teilnehmen, soviel man uns Möglichkeit bietet, daran teilzunehmen. Dazu 17 Delegierte gewählt:

1. D. Klassen, 2 P. Bergmann, 3, Jak. Siebert, 4. P. Regehr, 5. H. Wölk, 6. H. Matthies, 7. J. Strauß, 8, B. Borgen, 9. Jak Dück, 10, P. Wolf, 11. A. Wolf, 12. E. Ortlieb (Aktau) 13, P. Rempel, 14, G. Fast, 15, B. Epp, 16. Jb. Friesen, 17 J. Enns.

d, Weil die Wahl eines Ältesten u. eines Kirchenrats

(siehe umseitig)

notwendig wird, beten wir ernstlich um die richtigen Personen dazu.

e, Weil die Frage mit dem Protokoll zum Kongreß auf der Bruderschaft nicht einstimmig durchgekommen ist, nämlich ob direkt nach Moskau oder über Kopai dasselbe einzusenden ist, stimmt die Gemeindestunde einstimmig dafür, daß der Bruderrat auf Grund der Beschlüsse der Gemeindestunden diese Frage endgültig löst.

f. Einstimmig beschlossen, die Brüder Kebernik u. Krause zu bevollmächtigen, dieses Protokoll zu unterschreiben.

Unterschriften: 1, Кеберник
2, Краузе

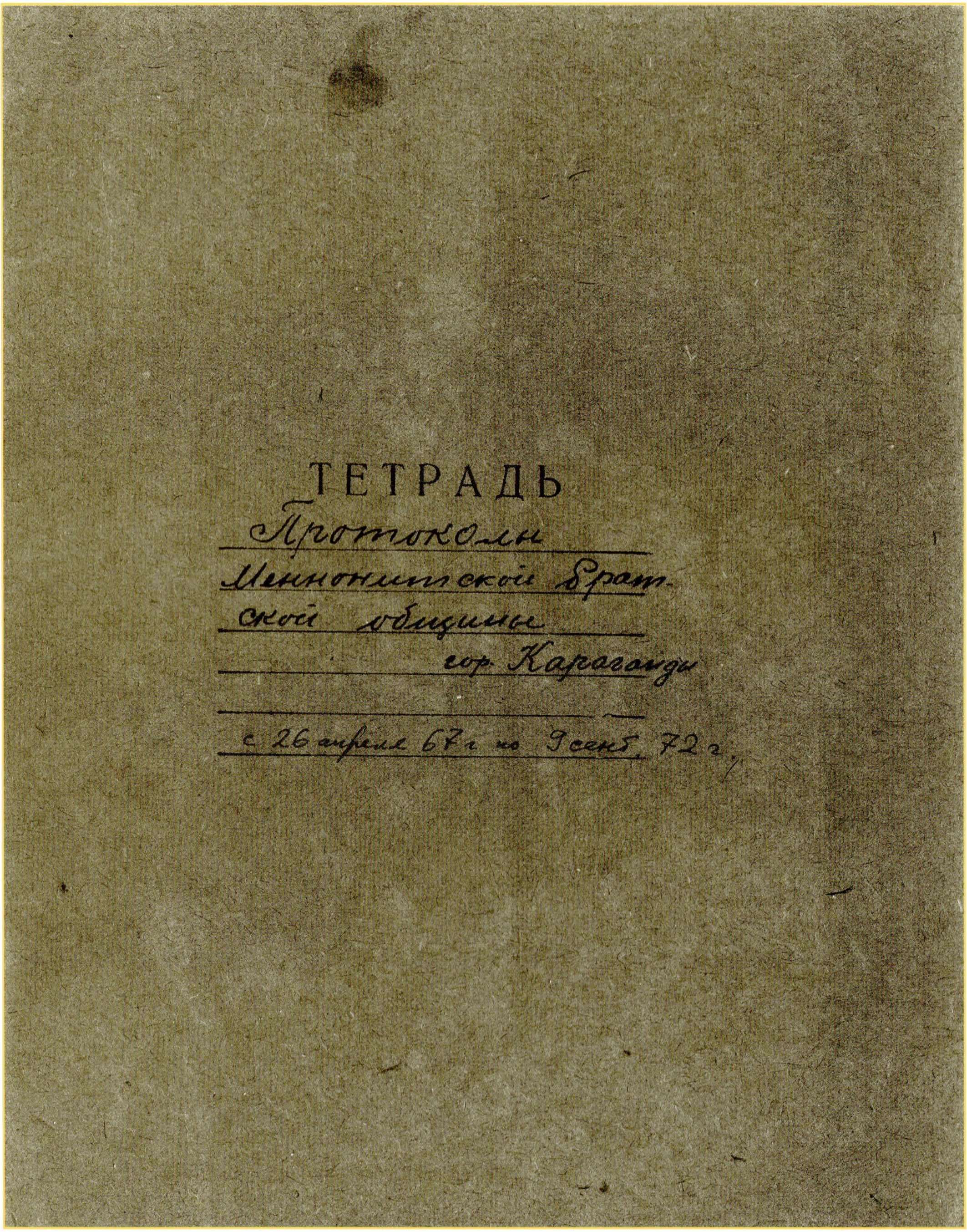
ТЕТРАДЬ

Протоколы

Меннонитской Брат-

ской общины

гор. Карагонды

с 26 апреля 67 г по 9 сент. 72 г.

Протокол №1

собрания членов Карагандинской Меннонитской братской общины от 26 апреля 1967 года

Присутствующих 457 членов.

Председатель собрания: брат Петр Регер
Секретарь: брат Бернгард Берген.

Повестка дня: 1) Выборы старшего проповедника общины
2. Выборы Совета общины
3. Выборы Ревизионной комиссии.
4. Назначение казначея-секретаря.

1. Слушали: Согласно Уставу Меннонитская братская община избирает старшего проповедника, который несет ответственность за богослужебные собрания и за духовное воспитание членов общины.

Выдвинута кандидатура брата Генриха Исааковича Вельк, рукоположенного проповедника.

Постановили: Единогласным голосованием избран старшим проповедником брат Генрих Исаакович Вельк. Начинает свою деятельность с сего числа.

2. Слушали. О выборах Совета общины. Совет общины согласно Уставу общины состоит из трёх человек для внешнего представительства общины, из которых первый - председатель Совета, он

же и заместитель старшего проповедника, и два члена Совета, они же и помощники старшего проповедника. Совет решает все организационные, хозяйственные и финансовые вопросы общины.

Постановили: Единогласно избраны в Совет общины следующие братья:

1, Председателем совета, он же и заместитель старшего проповедника, брата Маттис Вильгельм Бернгардович.

2, Членами Совета, они же и помощники старшего проповедника, брата Классен Давид Иванович и брата Зиберт Яков Генрихович.

Избранный Совет общины начинает свою деятельность с этого 26 числа апреля 1967 года.

3. Слушали: О выборах ревизионной комиссии, которая, согласно Уставу должна состоять из трех человек.

Постановили. Единогласно избрана ревизионная комиссия в составе братьев: Иван Ис. Энис, Иван Штраус и Яков Герг. Фризен.

4. Назначение казначея-секретаря общины.

По предложению нового Совета общины и старшего проповедника назначен казначеем-секретарем брат Бернгард Б. Берген. Против кандидатуры Б. Б. Бергена собрание не возражает.

Председатель собрания:

Секретарь:

Bruderrat und Vorstandssitzungen

Протокол №2

Совещания братского совета от 17 июля 1967.

Присутствовали: Б. Берген. Ш. Берген. П. Бергман. Як. Дик. Г. Дик, Исбр Фризен, А. Фризен, Ш. Гюнтер, А. Гейдебрехт. Д. Классен, Як. Конрад, В. Маттис, Як. Плетт, П. Регер, Ш. Штраус. Г. Вельк.

Председатель совещания. В. Маттис

Повестка дня: 1) Покупка молитвенного дома
2, Текущие вопросы.

1, Слушали: Брат В. Маттис сообщает братскому совету, что дом №119 по ул. Нуркен-Абдирова куплен. Акт покупки оформлен в Нотариальной конторе. Братья встают и приносят в молитве благодарение Господу.

Постановили: а) Так как хозяева дома выселяются в ближайшие дни, необходимо организовать охрану дома. Пока нет еще постоянного сторожа, следует организовать охрану из братьев-членов общины, которые выполняют охрану по очереди. Ответственным за охрану назначить брата Ш. Гюнтера.

б/ Работу по оборудованию молитвенного дома будут выполнять члены общины на добровольных началах. Для организации этой работы в течение недели надо собирать членов общины и согласовать с ними вопрос о работе.

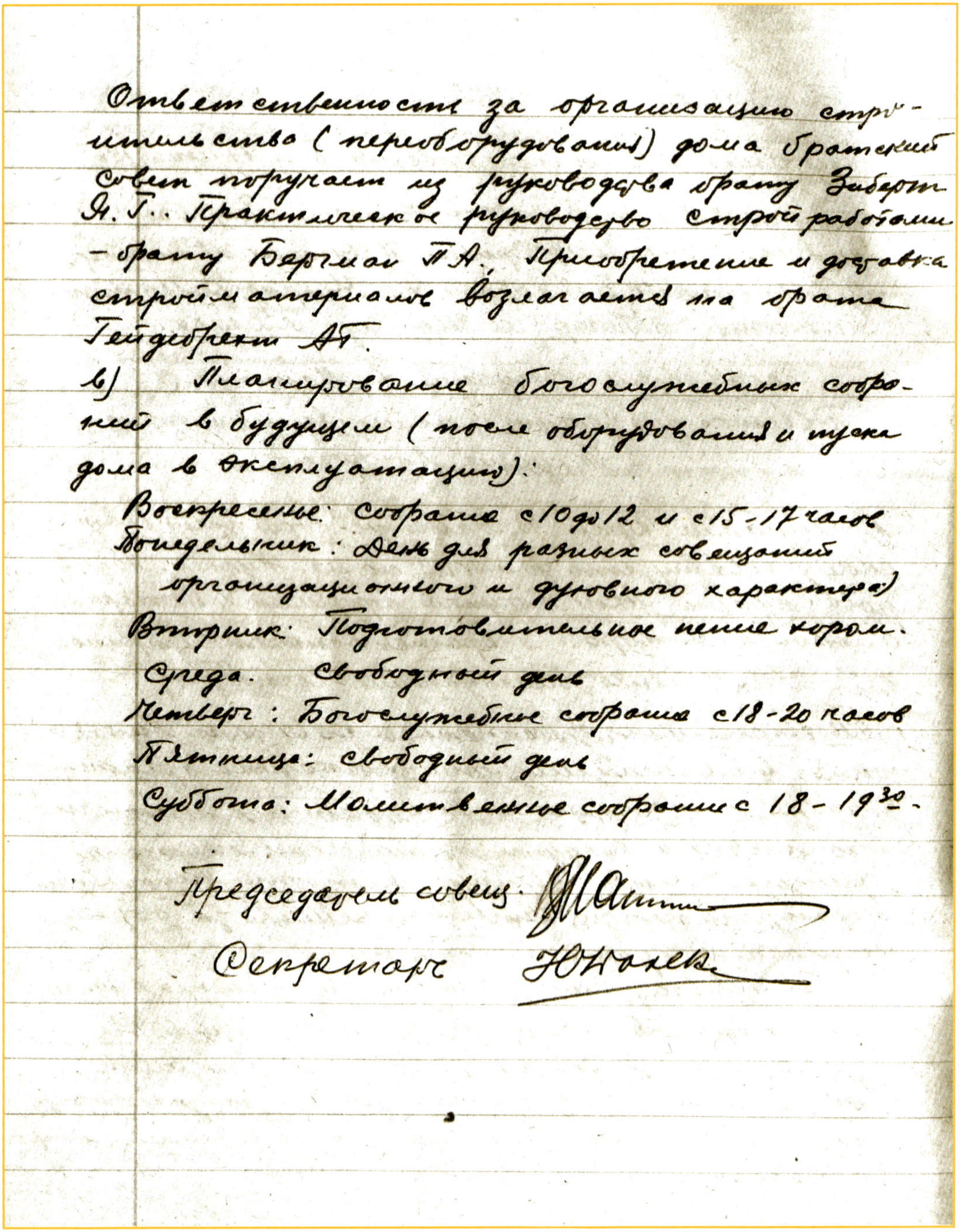

Ответственность за организацию стро-
ительство (переоборудование) дома братский
совет поручает из руководства брату Заберт
Я. Г.. Практическое руководство строй работами
— брату Бергман П. А. Приобретение и доставка
стройматериалов возлагается на брата
Гейдебрехт А. Г.

в) Планирование богослужебных собраний в будущем (после оборудования и пуска
дома в эксплуатацию):

Воскресенье: собрание с 10 до 12 и с 15-17 часов
Понедельник: День для разных совещаний
(организационного и духовного характера)
Вторник: Подготовительное пение хором.
Среда. свободный день
Четверг: Богослужебное собрание с 18-20 часов
Пятница: свободный день
Суббота: Молитвенное собрание с 18 - 19^{30}.

Председатель совета:

Секретарь

Протокол №3

совещания братского совета Меннонитской братской общины от 21 августа 1967 г.

Присутствовало 14 человек.

Повестка дня: 1. Об утверждении проекта по переоборудованию дома под Молитвенный дом (Я. Зиберт)

2. Поездка в Москву для участия на юбилее 100-летнего существования Ев. христ. баптистской общины в нашей стране.

3. Помощь пострадавшим братьям на работе при разборке внутренних перегородок дома

4. Охрана дома

Руководитель совещания. Г. Волк

Секретарь: Я. Плетт

1. Об утверждении проекта по переоборудованию дома под Молитвенный дом (Я. Зиберт)

Брат Я. Зиберт сообщает, что за три недели их ходотайств об утверждении проекта подписала до сегодняшнего дня только санинспекция.

Пожарная охрана ставит все новые и новые требования. На сегодняшний день все эти требования выполнены и Нач. пож. охраны оставил себе все документы для окончательной проверке их, после чего он (будем надеяться) их подпишет.

у архитектора, к которому обращались несколько раз в течение трех недель, утверждение проекта до сего времени не сделано. Что касается переоборудованию дома, то архитектор вначале говорил, что его подписи не требуется, так как размер дома не меняется. Что же касается котельной и перестройки „сарая", то тут утверждение откладывается изо дня на день по непонятным причинам.

2. а) Братский совет единогласно решил, признать брата Маттиса В.П. и в дальнейшем как председателя совета общины, а также и как заместителя старшего проповедника, до получения ответа на наше заявление, поданное Уполномоченному по делам религии при облисполкоме.

б.) Брат Маттис сообщает о своем участие на юбилее 100 летнего существования общины Ев. Хр. баптистов в нашей стране 20 августа в г. Москве.

в.) В Совете по делам религии при Совете Министров брат Маттис беседовал с тов. Букаричевым, который его внимательно выслушал и обещал проверить обстоятельства, почему уполномоченный т. Рахимов вывел брата Маттиса из состава совета общины. Он обещал также сделать все от него зависящее, чтобы ускорить получение нами Молитвенного дома.

3. Братский совет решил уплатить пострадавшим братьям разницу между суммой выплачиваемой им по соц. страху и суммой среднемесячного заработка. братьям: Ив Гюнтеру, Г. Реймеру и Г. Березну.

4. а) Для постоянной охраны в ночное время принять брата Паульса и его супругу Паульс с оплатой их труда по 50 рублей в месяц каждому.

Паульс живет предварительно в двух комнатах, оставшихся невыбранными в Молитвенном доме, до утверждения проекта.

б) Брату Г Дик, который нес ночную охрану дома в течение некоторого времени произвести оплату из расчета 50 руб. в месяц по трудовому соглашению.

Руководитель совещания Г. Вельк

Секретарь: [illegible]

Протокол

собрания расширенного братского совета меннонитской братской общины г. Караганды от 5-го сентября 1968 г.

Председатель собрания: Г.И. Вельк
Секретарь: Я.Я. Плетт.

Повестка дня: 1. Реализация дома, принадлежащего общине, по адресу Сатпаева 103
2. Переоборудование домов Дежнева 36 и 38

Слушали: Председатель Совета общины Матис В.Б. сообщает, что дом по улице Сатпаева 103, купленный 17 июля 1967 года с разрешения властей (Ленинского Райсовета, Горсовета, уполномоченного по делам религии при облисполкоме и Зам. председателя облсуда), не мог быть переоборудован под молитвенный дом, потому что, несмотря на первоначальное разрешение при покупке дома, впоследствии все городские, районные и областные власти отказали нам переоборудовать его, несмотря на многочисленные хождения и поездки по всем соответствующим инстанциям. Отказ мотивировался разными причинами: сначала документом от Управления Угольной промышленности, что дом этот расположен в зоне, где произойдет посадка грунта. В последнее время ссылались на то, что этот дом в связи переконструкцией ул. Сатпаева подлежит сносу. Наконец говорили откровенно: делайте с этим домом всё

что хотите, только не молитвенный дом; это вам никогда не разрешим.
Убедившись в том, что все дальнейшие хлопоты по дому на Сатпаева №103 бесполезные, совет общины начал просить другой дом по ул. Дежнева 36 и 38, на приобретение и перестройку которого мы получили сейчас разрешение из Москвы от Совета по делам религий при Совете Министерств СССР и от Горисполкома г. Караганды. Необходимо решить вопросы:

1) Что делать с домом по ул. Сатпаева №3. и
2. Как организовать перестройку дома по Дежнева 36 и 38 под молитвенный дом.

Постановили: По 1^{му} вопросу:
Ввиду того, что дом по ул. Сатпаева №3 после того, как с общего согласия всей общины, все внутренние перегородки, пол и потолок выброшены, потерял свою цену как жилой дом, и может быть восстановлен только с приложением к нему больших затрат и трудов, на что община сейчас не имеет возможности, т.к. все си-

ли будут заняты на перестройке дома по ул. Дежнева 36 и 38, — реализовать
дом по ул. Сатпаева 103 за любую цену,
желательно кому-нибудь из членов общины, а если нет желающих, то лю-
бому другому покупателю. Реализа-
цию дома поручить совету общины.

<u>По 2му вопросу</u>: Немедленно прис-
тупить к переоборудованию дома по
ул. Дежнева № 36 и 38 под молитвенный
дом. Рабочая сила - добровольная.
Мастером избрать брата Гильдебранд
Якова, бригадирами по работе братьев:
Бергман Я., Фризен И. и Богер Г.; эк-
спедитором - брата А. Гейдебрехт.
Руководство всей работой лежит на
совете общины в лице братьев В. Маттис и. Я Зиберт

Председатель собрания: Вельк /Вельк Г. И./

Секретарь: [signature] /. Плетт Я./

Протокол

Заседания братского совета (двадцатки) Карагандинской Меннонитской братской общины от 3. марта 1969 г.

Председатель заседания: Як. Конрад
Секретарь: Як. Плетт.

Слушали: О восстановлении брата Маттис В. Б. в должности председателя совета общины.

Брат Маттис В. Б. был отведен из состава Совета Меннонитской братской общины предписанием уполномоченного Совета по делам религии при Карагандинском Облисполкоме тов. Рахимова Х. Р. от 9. августа 1967 г.

Постановили: По согласованности с уполномоченным тов. Рахимовым Х. Р. избранного 26-го апреля 1967 г. брата Маттис В. Б. вновь утвердить председателем Совета Карагандинской Меннонитской братской общины.

Председатель заседания: Конрад – / Як. Конрад /
Секретарь: Я. Плетт / Як. Плетт /

Протокол

совещания учредителей Карагандинской Меннонитской братской общины от 9. сентября 1972 г.

Присутствовало 28 человек.

Слушали: О некоторых изменениях в уставе и вероучении общины.

Постановили: 1. По §1 устава следующие слова „возрожденных братских меннонитов" - заменить словами „возрожденных Христиан.

2. По §6 слова ... „достигший совершеннолетного возраста" изменить следующим образом: ... „достигший восемнадцатилетного возраста"...

3. §10 устава утвердить в следующей формулировке:

§ 10

Для руководства и ведения текущих дел община избирает:

а) Старшего проповедника и заместителя старшего проповедника, которые отвечают за богослужебные собрания и духовное воспитание членов общины, и совершают духовные установления общины

б. Проповедников и диаконов, участвующих в проведении богослужений и совершении духовных установлений общины

в. Совет общины из трёх человек, председателя и двух членов совета, для внешнего представительства общины. Совет решает также все хозяйственные и финансовые вопросы.

г. Ревизионную комиссию из трёх человек, для контроля за сбором и расходованием денежных средств и за сохранением материальных ценностей общины.

Примечание: Бухгалтер-секретарь и кассир назначаются советом общины

4. В вероучении: В разделе VI „О браке" в предложении ... „чтобы этот союз утверждался и освящался общиной опустить слово „утверждался" и формулировать предложение следующим образом: ... „чтобы этот союз освящался общиной через Слово Божия и молитву"...

II. Слушали: О заявлении В. П. Дик о включении его в список учредителей общины.

Совещание решило: включить брата Дик В. П. в список учредителей общины.

III. Слушали: О перевыборах руководства и совета общины.

Постановили: Согласно §10 устава общины избираются (единогласно):

а Старшим проповедником Карагандинской меннонитской братской
общины Вельк Генрих Исаакович и
заместителем старшего проповедника общины Маттис Вильгельм
Бернгардович.

в) Председателем совета общины
Регер Иван Генрихович и членами
совета Гейдебрехт Абрам Андреевич
и Дик Владимир Петрович.

г.) Председателем ревизионной комиссии Тиссен Владимир Гергардо-
вич, а членами ревкомиссии Гил-
дебранд Яков Иванович и Дик Петр
Яковлевич.

Примечания:

1. Представить уполномоченному
Совета по делам религии при Карагандинском облисполкоме для
регистрации всех избранных согласно п. III. вышеуказанных братьев.

2. Все указанные изменения, также
выборы руководства и совета общины
представить на утверждение собрания
членов общины.

Председатель совещания учредителей: [signature]
/. Маттис В.Б./

Секретарь: [signature] Плетт Я.Я.

Die Gemeindeliste der DMBG Karaganda 1957-1959

VI

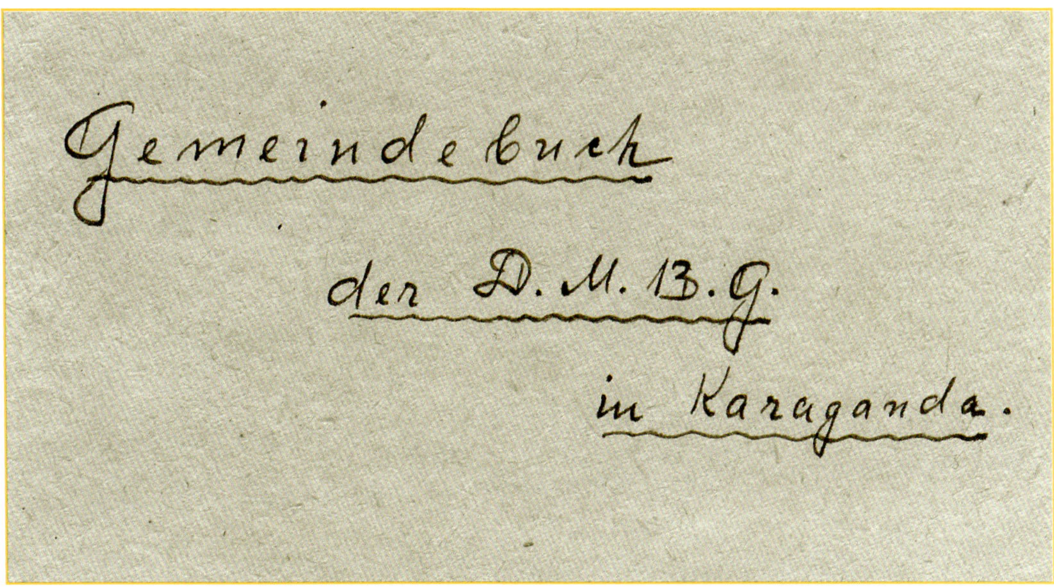

Wenige Monate nach der Gemeindegründung wurde im März 1957 die erste Gemeindeliste mit 54 Namen an das Exekutivkomitee des Sowjets einge¬reicht. Es ist die zweite und letzte Gemeindeliste im Archiv des Upolnomotsche¬nyj, später wurden Gemeindelisten nie mehr eingereicht. Die vorliegende Gemeindeliste wurde nur für interne Zwecke erstellt und ist bisher niemals publiziert worden. Aus der Liste ist ersichtlich, dass sie 1958 neu abgeschrieben wurde und ab dann bis September 1959 weitergeführt wurde.

Sie enthält folgende Spalten: Name (Nachname, Vorname, Vatersname) / Geburtsjahr / Adresse / Bemerkungen (z.B. Tod, Wegzug, Gemeindewechsel). Ab 1958 wird in Klammern dahinter auch noch das Datum der Aufnahme vermerkt.

№ п/п.	Фамилия И. О.	год рожд.	Адрес	Примеч.
1.	Классен Яков Дав.	1892	шахта 33/34, Ильинская	
2.	-"- Елена Генр.	1902	-"- -"-	
3.	Фризен Абрам Герг.	1909	Кировск. р-н, Вышинского 18	
4.	Гердер Гергард Петр.	1891	Кирзавод 2, штахетный пер. 52	
5	-"- Елизавета Франц.	1897	-"- -"- -"-	
6	Левен Сузанна Франц.	1903	-"-, Рижская 27а	
7	Эннс Ева Исаак.	1900	-"- Четская 24	
8	Леер Лили Гергард.	1927	-"- штахетн. пер. 52	
9	Каминский Эрих Юл.	1927	-"- -"- 54	
10	Герцен Иван Яковл.	1925	-"- Керамическая 30	
11	Ведель Елена Франц.	1904	-"- Четская 29	
12	Фот Анна Яковл.	1887	-"- -"- -"-	
13	Эннс Екатерина Як.	1901	-"- -"- 24	
14	Фризен Гертруда Петр.	1914	-"- проезд №1	выбыла
15	Филиппс Юстина Вас.	1889	-"- Колодезная 23	
16	Фот Юстина Як.	1890	-"- Рижская 60	
17	-"- -"- Генр.	1920	-"- -"- -"-	
18	Паульс Дитрих Ив.	1886	-"- -"- 27	
19	-"- Мария Ив	1887	-"- -"- -"-	
20	Герцен Анна Як.	1926	-"- Керамическ. 30	
21	Зейбель Конрадт Ив.	1896	-"- Луговая 41	
22	-"- Екатерина Ив.	1894	-"- -"- -"-	
23	Фризен Иван Юлисов.	1899	Молькомб. Высоковольтн. 118	
24	-"- Екатер. Герг.	1901	-"- -"- -"-	
25	Нейман Анна Ив.	1901	Кирзавод 2, Четская 29	
26	Цигенгаген Маргар. Як.	1928	-"- Стекольная 57	
27	Беккер Генрих Петр.	1928	шахта 49, Южная 26	
28	-"- Анна Франц.	1926	-"- -"- -"-	
29	Паульс Анна Дав.	1893	трансп. цех, ул. Лазо 30	
30	Дик Елена Никол.	1923	Кировск. р-н, Донбасская 1	

31	Вали Агата Генр.	1920	ст. гор., Базарная 28б	
32	Эдигер Франц. Францов.	1898	шахта 49, Южная 26	
33	Эпп Бенргард Март.	1906	-"- 33/34, Трудовая 9	
34	-"- Екатерина Як.	1912	-"- -"- -"-	
35	Гейдебрехт Абрам Андр.	1910	ст. гор., Шмидта 48	
36	-"- Елизавета Дав.	1909	-"- -"- -"-	
37	Шартнер Давид Дав.	1925	-"- -"- 47	
38	Тевс Василий Дав.	1896	шахта 33/34, Илийская	
39	-"- Мария Ив.	1889	-"- -"-	умерла 22/VII 58
40	Фаст Аганета Ив.	1895	-"- мал. проезд 21б	
41	Классен Генрих Ив. I.	1904	-"- Ж.-Дорожная	
42	Гинтер Абрам Абр.	1930	-"- Трудовая 7	
43	Левен Елизавета Генр.	1906	-"- -"-	
44	Классен Анна Ив.	1913	-"- Северная 77	
45	-"- Анна Дмитр.	1903	-"- Ж.-дорожная	
46	Гардер Анна Яковл.	1899	-"- Северная 44а	
47	Пеннер Маргар. Генр.	1899	-"- -"-	
48	Классен Генрих Ив. II.	1910	-"- -"- 77	
49	Дик Елена Ив.	1895	-"- Трудовая 36	
50	Сорокина Елена Андр.	1915	-"- -"- 7	
51	Гинтер Анна Яковл.	1908	-"- -"- -"-	
52	Герцен Петр Яков.	1910	-"- -"- 34	
53	-"- Зузанна Як.	1914	-"- -"- -"-	
54	Варкентин Елизав. Абр.	1891	Кирзавод 2, Кирпичная б. 11	
55	Тевс Иван Вас.	1929	шахт. 33/34, Трудовая 9а	
56	Эдигер Мария Петр.	1903	-"- 49, Южная 26	
57	Янцен Петр Франц.	1922	-"- 33/34, мал. проезд 21а	выбыл. апрель 1959 г.
58	-"- Мария Вас.	1925	-"- -"- -"- -"-	
59	Энгель Анна Вас.	1910	ст. гор. Базарная 239	
60	Эннс Виктор Яков.	1925	шахта 33/34, Трудовая 9	
61	-"- Маргар. Яковл.	1921	-"- -"- -"-	

62	Крекер Маргар. Вас.	1928	шахта 33/34, Мал. проезд 21	выбыли в апр. 1959 г. Ташкент
63	-"- Гергард Герг.	1925	-"- -"- -"-	
64	Валл Аганета Корн.	1900	шахт. р-н,	
65	Лоренс Генрих Генр.	1930	шахт. 33/34, Мал. проезд 23	
66	Остер Розина Христоф.	1892	ст. гор. Макс.-Горького 61	
67	Мартенс Генрих Генр.	1894	-"- Комсомольск. 63	
68	Вибе Ева Исак.	1908	шахт. 33/34,	ausgeschl. X-57
69	Петерс Мария Герг.	1909	шахт. р-н, 2-я Водосточная 22	
70	Молленберг Мария Як.	1903	-"-	
71	Нейфер Елизовета Христ.	1902	ст. гор. 1-я Угольная 97а	
72	Дик Екатерина Як.	1901	шахта 33/34,	
73	Диркс Яков Ив.	1904	шахт. р-н,	
74	Конрадт Мария Ив.	1877	Кир. р-н, Вышинского 18	
75	Классен Давид Ив.	1899	Кирзавод 2, Чешская 67а	
76	-"- Сара Герм.	1899	-"- -"- -"-	
77	Зиберт Генрих Як.	1874	-"- пер. Хвойный 14	
78	-"- Екатер. Як.	1877	-"- -"- -"-	
79	Пеннер Екатер. Петр.	1894	-"- Кирпичная 33	
80	Мантлер Мария Яковл.	1910	-"- Кондитерская 37	
81	Бехтольц Елена Яковл.	1932	-"- Балхашская 111	
82	Гейн Елена Мартынов.	1909	М. К. 2 Молочная 48	
83	Гардер Мария -"-	1916	-"- 1-я -"- 119	
84	Эннс Агата Иван.	1906	ст. Майкодук, Буденного 100	
85	Реммель Анна Ив.	1926	Д.-парк, Сизовая 44	
86	Гиберт Елена Исаак.	1906	шах. 32/34, Иллитская 46	
87	Больт Моника Яков.	1925	шахт. р-н, шахта 53/70	
88	-"- Генрих Генр.	1931	-"- -"- -"-	
89	Тиссен Елизав. Ник.	1929	шахт. 33/34, Трудовая 14	выбыла в мае 1958
90	-"- Генрих Никол.	1910	-"- -"- -"-	
91	-"- Сузанна Дав.	1909	-"- -"- -"-	
92	Лепп Анна Корн.	1905	шахт. р-н, Федорова 28.	

93	Пеннер Гарри Як.	1930	шахт. 33/34, Северная 65	
94	Фенске Эмиль Людв.	1903	-"- Ильинская 47	
95	Фаст Маргар. Корн.	1907	шахта 20, Минская 76	
96	Вибе Мария Як.	1922	ст. Майкудук, Тельмана 106	
97	Фризен Петр Петр.	1929	шах. 33/34, Ильинская 47	
98	Ремпель Агнеса Яков.	1920	б-Мих., Крылова 76	
99	Вибе Отто Петр.	1905	шах. 33/34, Северная 63	
100	-"- Ида Ив.	1908	-"- -"-	
101	Винс Иоганна Петр.	1914	-"- -"-	
102	-"- Фрида Генр.	1938	-"- -"-	
103	Вибе Маргар. Оттовна	1934	-"- -"-	
104	Тевс Вильда Бернгард.	1924	-"- Трудовая 9а	
105	Варкентин Елена Абр.	1908	шах. р-н, Саранская 4	
106	Генш Альвина Вильг.	1897	ст. гор. 2-е Мих. шоссе 90	
107	Фризен Мария Петр.	1915	Кир. р-н, Вишневского 18	
108	Энн Эрна Ив.	1918	ст. гор. 1-я Угольная 28	
109	Тиссен Елена Генр.	1934	шахта 33/34	
110	Гардер Анна Петр.	1934	-"- Северная	
111	Шартнер Эльза Як.	1931	ст. гор. Шмидта 47	
112	-"- Агнеса Франц.	1931	-"- -"- -"-	
113	-"- Иван Дав.	1929	-"- -"- -"-	
114	Ризен Эрна Рудольф.	1936	Н-гор., Панфилова 25	
115	Гейдебрехт Маргар. Абр.	1909	ст. гор., Алма-Атинская 45	
116	Ремпель Мария Ив.	1912	Кир. р-н, Бакимирова 1	
117	Левен Мария Генр.	1924	б-Мих., Крылова 92	
118	Франзен Ирина Ив.	1933	шах. 33/34, Трудовая 9	
119	Бартш Анна Вильг.	1935	-"- -"- -"- 9а	выбыла
120	Пауль Елена Петр.	1927	Трансп. цех, ул. Лазо 30	выбыли
121	Гильдебрандт Елена Петр.	1936	шах. р-н, Стахановская 272	
122	Ремпель Эрна Петр.	1931	шах. 33/34, Ильинская 90	
123	Госсен Генрих Ив.	1929	ст. гор., 3-й Вокзальн. тупик 242	

124	Лоренс Анна Генр.	1926	шах. 33/34, Мал. проезд 23	
125	Фенске Агнеса Адф.	1934	-"- Илитская 47	
126	Клименштейн Мария Як.	1910	-"- Среднуу 6	
127	Тиссен Анна Франц.	1927	-"- 20, Саки-Иванцеша 33	
128	-"- Иван -"-	1930	-"- -"- -"-	
129	-"- Агнеса Адф.	1929	-"- -"- -"-	
130	Дик Вильгельм Тобиас.	1912	Н-Тихоновка, Спартака 18	
131	-"- Екатерина Генр.	1915	-"- -"- -"-	
132	Рецлаф Анна Генр.	1907	-"- -"-	
133	Герцен Сузанна Петр.	1937	шах. 33/34, Трудовая 34	
134	Квиринг Яков Франц.	1928	ст. гор., Базарная 294	
135	-"- Елена -"-	1928	-"- -"- -"-	
136	Цейгер Екатерина Генр.	1914	-"-, Дорожная 308	
137	Янцен Екатерина Генр.	1916	шах. 33/34, Трудовая 7	
138	Доннерстаг Мария Генр.	1931	ст. гор. переул. Кирова 9	
139	Фенске Густав Эмил.	1936	шах. 33/34, Илитская 47	
140	Энц Анна Яков.	1936	-"- Трудовая 1.	
141	Паульс Анна Яковл.	1933	шах. р-н, Карсакпайская 15	ausgen.
142	Варкентин Гергард Герг.	1901	-"- Саранская 4	7/II 5[illegible]
143	Гизбрехт Мария Як.	1928	шахта 20, Керченская 5а	
144	Фот Елена Ив.	1893	-"- 33/34	
145	Фенске Елена Эмил.	1939	-"- Илитская 47	
146	Янцен Мария Петр.	1897	-"- -"- 81	
147	Дерксен Иван Корн.	1924	-"- Среднуу 6	
148	-"- Амалия Як.	1925	-"- -"- -"-	
149	Дирксен Екатер. Корн.	1929	-"- Трудовая 5	выбы.
150	Гинтер Анна Яковл.	1932	-"- -"- 7	
151	Рунге Роман Самуилов.	1930	пос. шах. 38, Пушкина 51	
152	Фот Анна Яков.	1926	Кирзавод 2, Четская 29	
153	Нейман Гильда Генр.	1929	-"- Кирпичная 36	
154	Филипсен Магда Ив.	1925	-"- Колодезная 23	

155	Госсен Екатер. Франц.	1916	Кирзавод 2, Кирпичная 33	
156	Николас Агнеса Алекс.	1932	-"- -"- 71	
157	Эйтензер Эльза Вильг.	1937	-"- Четская 67а	выб. в Ком…
158	Дик. Вальтер Гергард.	1934	-"- Кирпичная 104	
159	Фризен Петр Иванович	1938	М.К., Высоковольтн. 118	
160	Вельк Анна Ив.	1926	-"- -"- -"-	выб. в Луг…
161	Гардер Марещ Петр.	1934	-"- Сарайная 24	✓
162	-"- Эльвира Вильг.	1938	-"- 1я Мельничная 119	✓
163	Дик Виктор Вильг.	1937	-"- 2я -"- 48	
164	Берген Юстина Берн.	1931	Н-гор. 32 кв., Вавилова 30	
165	Бошманн Эльвира Корн.	1927	-"- Дошкольная 27	
166	Берген Бернгард Бернгард	1902	-"- 32 кв., Вавилова 30	
167	-"- Аганета Генр.	1907	-"- -"- -"- -"-	
168	Дик Юстина Петр.	1892	Кирзавод 2, Четская 59	
169	Классен Эрнст Дав.	1936	-"- -"- 67а	
170	Пеннер Екатерина Ив.	1925	-"- Спасская 9а	
171	Энне Марта Петр.	1935	-"- Четская 33	
172	Пеннер Генрих Як.	1929	-"- Кондитерская 14	
173	Теве Фрида Генр.	1930	-"- -"- -"-	
174	Винс Зельма Ив.	1935	-"- Рижская 16	
175	Дик Фрида Герг.	1932	Б-Мих., Степная 34	
176	-"- Герда -"-	1930	-"- -"- -"-	
177	Классен Иван Ив.	1892	Н-гор. Ленина 22	
178	Энне Тамара Ив.	1931	Кирзавод, Четская 33	
179	Мартенс Елизав. Генр.	1919	Б-Мих., Москвина 109	
180	Шенке Герберт Як.	1929	-"- -"- -"-	
181	-"- Яков -"-	1928	-"- 2 1 Нижняя 21	
182	-"- Анна Генр.	1927	-"- -"- -"-	
183	Берген Иоганна Корн.	1928	тр. Ленинуголь, Рейсовая 21	
184	Бекк Готлиб Христ.	1902	ст. гор. 1я Угольная 5	
185	Энн Рената Никол.	1899	шах. 33/34, Северная	

186	Бенц Вольдемар Август.	1933	Б-Мих., Омская 4
187	-"- Ольга Яковл.	1932	-"- -"- -"-
188	Классен Дитрих Дитр.	1930	шах. 33/34, Северная 69а
189	-"- Мария Генрих.	1931	-"- -"- -"-
190	Янцен Корней Генр.	1915	-"- Коллективная 12
191	Дик Яков Яковл.	1929	Финск. пос. 5-я Степная 19
192	-"- Елена Корн.	1933	-"- -"- -"-
193	Фенске Эльза Бертгольд.	1908	шах. 33/34, Ильинская 47
194	Кнельзен Екатер. Ив.	1926	-"- -"- 71а
195	Никкель Яков Яковл.	1925	-"- -"- -"-
196	Гришау Аделя Фридр.	1896	-"- Трудовая 8
197	Кнельзен Сара Генр.	1910	-"- Средняя 33
198	Дик Георгий Вольдем.	1934	-"- Гредерная 37
199	Зиберт Генрих Никол.	1932	шах. р-н, Зап. пос., Телеграфн. 8
200	Фаст Анна Ив.	1926	Н-Майкадук, Белинского 36
201	Мартенс Екатер. Абр.	1926	ст. -"- Октябрьская 30
202	Гейдебрехт Елизав. Як.	1927	-"- -"- 29
203	Борген Эльфрида Герг.	1931	-"- -"- 30
204	Классен Агнеса Арон.	1932	шахт. р-н, Телеграфная 8
205	Дик Агата Петр.	1931	-"- 33/34, Гредерная 37
206	Берген Лидия Корн.	1926	тр. Ленинуголь, Рейсовая 21
207	Лакке Роберт Эдмунд.	1928	Сортировка, Пионерлагер
208	Энн Елизавета Арон.	1930	шахт. р-н, Телеграфная 8
209	Лакке Фрида Иван.	1936	Сортировка, Пионерлагер
210	Петерс Мария Берн.	1938	шахт. р-н, 2-я Водосточная 22
211	Кост Рейнгольд Христ.	1933	Сортировка, 71 км. Казарма
212	Герцен Лидия Ив.	1915	шах. 33/34, Северная 61а
213	Унгер Елена Генр.	1932	3-ий бис, 2-ой угольн. проезд 18
214	Дерксен Зигрид Фридр.	1933	Кирзавод 2, Гончарная 32
215	Абрамс Маргар. Ив.	1933	Б-Мих. Переулок Радио 7
216	Янцен Петр Петр.	1920	шах. 33/34, Трудовая 13

217	Янцен Зельма Генр.	1921	шах. 33/34, Трудовая 13
218	Герц Анна Генр.	1909	ст. гор., Дорожная 333
219	Мартенс Мария Петр.	1905	-"- Комсомольская 306
220	Кругель Маргар. Генр.	1905	Тихонова, Коммуна 13
221	Козловская Екатер. Гергар.	1933	шах. 33, Ильинская 47
222	Тиссен Эрика Абр.	1924	Зелентрест
223	-"- Агнеса -"-	1926	-"-
224	-"- Маргарита -"-	1936	-"-
225	Классен Анна Петр.	1914	ст. гор., Базарная 286
226	Бошман Анна Корн.	1925	шах. р-н, Кольцова 2
227	Шейн Лили Эдвальд.	1925	Б-Мих. Крылова 76
228	Пеннер Ева Корн.	1936	шах. 33/34 Северная 65
229	Классен Генрих Генр.	1938	-"- -"- 77
230	Фаст Петр Яковл.	1922	Кирзавод, Тургенева 47
231	Гардер Петр Андр.	1904	М.К., Сарайная 24
232	-"- Гертруда Март.	1908	-"- -"- -"-
233	Певс Мария Дмитр.	1924	Б-Мих., Москвина 107
234	Лакке Фридерика Фридр.	1897	Сортировка, Пионерлагер.
235	Дерксен Аганета Генр.	1932	шахт. 33/34, Воронежская 4
236	Певс Мария Альберт.	1926	Б-Мих., Степная 71
237	Феммель Ирина Петр.	1932	шахта 17, Федорова 183
238	Реймер Мария Давид.	1931	Б-Мих., Нижняя 27
239	Фридигер Эрна Корн.	1919	Кировск. р-н, Короткая 106
240	Беккер Елизавета Ив.	1923	Шахт. р-н, Шахтинская 46
241	Госсен Елизавета Генр.	1924	-"- Федорова 7
242	Вольк Екатерина Андр.	1937	Кир. р-н, Индивидуальная 56
243	Фаст Анна Ив.	1912	-"- Динамитная 83
244	Винс Андрей Исаак.	1929	шахт. 33/34, Трудовая 15
245	Валл Абрам Ив.	1928	Сортировка Лермонтова 16
246	Баркман Андрей Ив.	1932	-"- П-Морозова 25
247	Функ Анна Петр.	1931	-"- -"- 27

248	Гейд Яков Эмилев.	1929	Сортир. Карл-Маркса 113	
249	Функ Яков Яковл.	1924	-"- П-Морозова 27	
250	Краус Иван Ив.	1939	-"- Пионерлагер	
251	Мирау Ольга Ив.	1938	-"- Серова 29	
252	Нидекс Ольга Абр.	1927	-"- школа 15	
253	Делькер Ольга Ив.	1935	-"- Лермонтова 16	выбыли
254	Фаст Гергард Петр.	1932	-"- Рабочая 24б	
255	Валл Генадий Ив.	1936	-"- Лермонтова 16	
256	-"- Иван Ив.	1936	-"- -"- -"-	
257	-"- Григорий Ив.	1926	-"- -"- -"-	
258	Гильдебрандт Мария Як.	1893	шах. 33/34, Ишимская 90	
259	Энрау Елена Яковл.	1929	Кир. р-н, Динамитн. 84	
260	Фаст Гергард Герг.	1914	-"- -"- 83	
261	Нейфер Гильда Христ.	1931	ст. гор., 1я Угольная 97а	
262	Гиберт Мария Корн.	1918	19 шахта, Иртышская 24	
263	Дирксен Елена Герг.	1915	Кир. р-н, Динамитная 26	
264	Функнер Нелля Филип.	1916	шах. 49, Ишимская 8а	
265	Регер Елизавета Дав.	1917	-"- 47, Полтавская 17	
266	Браун Генрих Ив.	1933	Кир. р-н, Вышинского 18	
267	-"- Лидия Абр.	1936	-"- -"- -"-	
268	Гардер Елизавета Ив.	1936	шахт. 33, Трудовая 3	
269	Янцен Елена Яковл.	1911	Кир. р-н, Тупик Горбачева 36	
270	Фризен Лариса Корн.	1938	ст. гор., Вокзальная 74	
271	Нейфельд Елизав. Яковл.	1923	шахт. р-н, Ишимская	выбыла
272	Кюне Агата Давид.	1932	-"- -"-	
273	Дик Лара Абрам.	1934	-"- Саранская 4	
274	Кас Сария Федор.	1924	Н-Майкадук, Клубная 12	
275	Браун Елизавета Абр.	1919	Кир. р-н, Динамитная 6	
276	Цейгер Лили Адольф.	1938	ст. гор., Дорожная 308	
277	Валл Екатер. Абр.	1929	Сортировка, Лермонтова 16	
278	Энгер Елена Ив.	1913	6-Мих., Нахимова 44	

279	Фраш Амалия Яковл.	1903	шахт. р-н, Шолохова 3	
280	Больт Елена Петр.	1939	Сортировка, П-Морозова 27	
281	Нанк Елена Корн.	1925	Кир. р-н, Чайковского 32	
282	Больт Екатерина Исак.	1898	шах. 48, 1я Колхозная 98	
283	Вельк Елизавета Генр.	1892	-"- -"- -"-	
284	Герасимчук Вас. Павл.	1929	Н-Майкадук, Клубная 12	
285	Классен Мария Яковл.	1921	шах. 33/34, Северная 89	умерла 20/VIII 59
286	Фаст Гертруда Яков.	1935	Кирзавод 2, Керамическ. 71	
287	Цахарис Адина Ив.	1937	-"- Тургенева 54	
288	Эдигер Лидия Ив.	1923	-"- Колодезная 23	
289	Кооп Елизавета Дав.	1894	-"- Балхашская 95	
290	-"- Мария Аф.	1895	-"- Букинская 32	
291	Дикман Аганета Яков.	1926	-"- Гончарная 32а	
292	Ризен Екатерина Петр.	1892	Н-гор., Панфилова 25	
293	Фризен Иван Ив.	1930	М.К., Высоковольтн. 118	
294	-"- Ирина Петр.	1935	-"- -"- -"-	
295	Эннс Генрих Петр.	1931	Зелентрест	
296	Кемминг Эмма Юлиус.	1903	Кир. р-н, Парков. проезд 9	
297	-"- Асаф Ив.	1900	-"- -"- -"-	
298	Больт Анна Исак.	1907	шах. 48, 1я Колх. проезд 98	
299	Классен Марг. Генр.	1901	-"- 33, Северная 89	
300	Фитц Моника Фридр.	1897	Кир. р-н, Доковская 340	
301	Цепп Паулина Симон.	1916	шах. р-н, Акбастовск. 42	
302	Фенц Магдалина Андр.	1895	Кир. р-н, Доковская 339	
303	Гернер Христина -"-	1901	-"- -"- -"-	
304	Освальт Милита Андр.		-"- -"- 341	
305	Бухгольц Берта Ив.	1905	шах. 33/34, Летная 45	
306	Гардер Яков Исааков.	1895	шахт. р-н, Парковая 26	
307	Петерс Анна Ив.	1902	-"- -"- 55	
308	Гофманн Ив. Ив.	1897	дальн. парк, Цветная 48	
309	Фишер Христина Карл.	1902	Кир. р-н, Доковская 332	

310	Тун Бернгард Бернгард.	1922	шахта 33/34, Северная
311	Вибе Василий Петр.	1903	Финск. пос. 2 Степная 45
312	-"- Маргарита Андр.	1903	-"- -"- -"-
313	Кливер Андрей Андр.	1927	-"- -"- 72
314	-"- Елена Вас.	1927	-"- -"- -"-
315	Вернер Яков Яковл.	1930	Дальн. парк, Садовая 11
316	Тун Агата Бернгард.	1914	Кир. р-н, Доковская 333
317	-"- Юстина -"-	1919	-"- -"- -"-
318	-"- Анна -"-	1914	-"- -"- -"-
319	Принц Гульда Фердинанд.	1891	шах. 3 бис, уг. проезд 239
320	Петерс Мария Гергард.	1900	Финск. пос. 2 Степная 45
321	Энн Елизавета Яков.	1909	шах. 33/34, Трудовая 1
322	Альбрехт Анна Яковл.	1907	М.К. Мельничная 51
323	Квиринг Юстина Абр.	1897	-"- -"- -"-
324	Фризен Яков Герг.	1910	Кирзавод 2, Луговая 7
325	-"- Анна Ив.	1913	-"- -"- -"-
326	Николас Анна Христ.	1899	-"- Кирпичная 71
327	Геннер Генрих Ив.	1914	-"- Керамическая 71
328	-"- Елизавета Гер.	1914	-"- -"- -"-
329	Варкентин Екатер. Абр.	1916	-"- Кирпичная б.11
330	Геннер Эдмунд Петр.	1914	-"- Рижская 25
331	-"- Елена Григорьев.	1917	-"- -"- -"-
332	-"- Элла Эдмунд.	1940	-"- -"- -"-
333	Клименштейн Эрна Генр.	1938	шах. 33/34, Средняя 6
334	Герцен Мария Андр.	1924	шах. р-н, Акбастовск. 150
335	Кельм Маргар. Андр.	1926	-"- Стадионная 11
336	Гардер Матильда Ив.	1907	-"- Парковая 26
337	Витлиф Елизав. Як.	1919	ст. Майкодук, Тельмана 106
338	Вибе Анатолий Оттов.	1936	шах. 33/34, Северная 63
339	Фенц Ида Фердинанд.	1929	Кир. р-н, Доковская 339
340	Фишер Ирма Генр.	1939	-"- -"- 332

341	Фризен Мария Аронов.	1928	шах. 47, Автомобильная 12
342	Франц Анна Андр.	1927	шах. р-н, Шахтинская 54
343	Регер Давид Давидов.	1915	-"- 47, Автомобильная 11
344	-"- Сузанна Герг.	1923	-"- -"- -"-
345	Берг Анна Ароновна	1936	-"- -"- 9
346	Энн Яков Яковл.	1937	шах. 33/34, Трудовая 1
347	Балашова Маргар. Генр.	1913	ст. гор. 12-я линия 123
348	Бирминтская Эрна Густ.	1927	шах. 33/34, Летняя 45
349	Ротман Неля Ив.	1933	Сортировка, Лермонтова 1
350	Шнейбель Елена Яковл.	1927	ст. гор., 2-й Вокзальн. тупик 40-а
351	Мерц Зара Ив.	1919	Кирзавод 2, Луговая 56
352	Диркс Василий Вас.	1914	б-Мих., Горноспасательн. 9-д.
353	Франк Эдмунд Яковл.	1931	Кир. р-н, Динамитная 106
354	Ремп Эммануил Фил.	1929	шах. 33/34, Северная 63
355	Гриц Эрна Альбертовна	1928	-"- 3 бис Угольн. проезд 238
356	Горбус Елена Даниил.	1920	Сортировка, Успенская 85
357	Гейдебрехт Гертруда Герг.	1924	шах. р-н, Автомобильн. 13
358	Функ Екатерина Исаак.	1925	-"- 20, Сака-Иванцета 30-а
359	Геннер Нина Вильг.	1938	Д.-парк, Садовая 4
360	Зуккау Яков Яковл.	1931	-"- -"-
361	Энне Петр Петр.	1899	Зеленстрест
362	-"- Юстина Ив.	1898	-"-
363	Дреер Павел Зигисмунд.	1927	Финск. пос. 5-я Степная 6
364	Эбергард Эльза Альберт.	1930	-"- -"- -"-
365	Дерксен Иван Иванович	1931.	Кирзавод, Керамическая 104
366	Нейфельд Давид Давидов.	1930	ст. Михайл., Мостовая 62
367	-"- Эмма Людв.	1936	-"- -"- -"-
368	-"- Петр Никол.	1929	-"- -"-
369	Мартенс Екатер. Абр.	1928	-"- -"-
370	Гроссман Лида Никол.	1927	-"- Карабасская 58
371	Нейфельд Маргар. Никол.	1937	-"- Мостовая 8

372	Винс Сузанна Ив.	1923	Кирзавод 2, Рижская 29	
373	Бошман Елена Ив.	1938	-"- Детская 24	
374	Пеннер Евгения Егор.	1890	-"- Рижская 23	
375	Эрлих Екатерина Егор.	1864	-"- Балхашская 117	умерла 7/VII 58 г.
376	Фризен Петр Гергард.	1898	-"- Луговая 7	
377	Фридигер Елизав. Франц.	1905	-"- -"- -"-	
378	Юст Мария Мих.	1883	ст. Мих., Линейная 12	выбыла в Мае 1958 выб. I-5
379	Краузе Екатер. Ив.	1890	М.К., Сарайная 27	
380	Кливер Зельма Владим.	1930	-"- 2 Мельничная 48	
381	Шмиц Эдуард Фридр.	1933	-"- 4 -"- б/N	
382	-"- Эрна Вильг.	1933	-"- -"-	
383	Гардер Елизав. Бернг.	1926	Кир. р-н, Трудящихся 22	
384	-"- Эльза Яковл.	1938	-"- -"- -"-	
385	Петерс Зара Абр.	1904	Стал. р-н, 1 Угольная 28	
386	Пеннер Маргарита Петр.	1926	-"- -"- -"-	
387	-"- Екатерина Абр.	1891	-"- -"- -"-	
388	Гардер Яков Яковл.	1933	Кир. р-н, Доковская 22	
389	Пеннер Анна Вильг.	1934	Б-Мих. Кирова 3	выбыла
390	Балькова Эрна Генр.	1926	пос. 2 ШО, Горношахтная 92	
391	Нейфельд Анна Франц.	1924	шахта 33/34, Северная 61а	выб. 12/II-58 г. (391–395)
392	Вайс Людвиг Даниил.	1910	Кир. р-н, Пограничная 15	
393	Ведель Анна Петр.	1894	шах. 33/34, Северная 97	
394	Конрад Мария Яковл.	1903	шах. р-н, Саранская 16	
395	-"- Яков Яковл.	1907	-"- -"- -"-	
396	Теве Яков Яковл.	1895	-"- Челюскина 8	Январь 1958 выб. (396–402)
397	-"- Елизав. Эрнст.	1901	-"- -"- -"-	
398	Оллерт Иван Ив.	1929	-"- Коминарова 4а	
399	-"- Мария Абр.	1930	-"- -"- -"-	
400	-"- Мария Абр.	1906	-"- -"- -"-	
401	Дик Петр Яковл.	1924	Кир. р-н, 2я Степная 50	
402	Тиссен Сузанна Гергард.	1901	-"- Национальная 4	

403	Тиссен Володя Герг.	1927	Кир. р-н, Национальн. 4	январь 1958 апрел.	
404	Гардер Екатерина Дав.	1889	шах. р-н, Мир-Труда 35		
405	-"- Елена Генр.	1933	-"- Разведочная 4		
406	-"- Иван Яковл.	1931	-"- -"- -"-		
407	Тильман Маргар. Дав.	1896	-"- Мир-Труда 35		
408	-"- Мария Яков.	1927	-"- -"- -"-		
409	-"- Петр Ив.	1928	-"- -"- -"-		
410	Янцен Анна Ив.	1905	-"- Учительск. б. 4 кв. 16		
411	Эскер Мария Сам.	1894	М. К. Сарайная 4	2/III-58	
412	-"- Ева Иоган.	1903	-"- -"- 10		
413	Крафт Розалия Фридр.	1903	-"- Г. Высоковольт. 28		
414	Гардер Петр Яков.	1936	шах. 18, Трудящихся 26	апр. 20/III 58	
415	Завадская Екатер. Петр.	1932	Кир. р-н, Доковская б. 3		
416	-"- Абрам -"-	1935	-"- -"- 1		
417	Нейфельд Агафия	1909	шах. 33/34, Трудовая 9		
418	Тевс Генрих Вас.	1923	-"- -"- 9а		
419	-"- Елизав. Яковл.	1926	-"- -"- -"-		
420	Фенске Рувим Эмил.	1931	-"- Шмидта 45		
421	Дирксен Яков Яковл.	1935	Кир. р-н, Трудящихся 20		
422	Фризен Елена Дм.	1939	шах. р-н, Хабаровская 43		
423	Винс Екатер. Генр.	1910	-"- Разведочная 4		
424	Классен Екатер. Дав.	1883	ст. Мих., Отвальная 25	18.III.58	умерла 24.10.58
425	Казимир Анна Ив.	1902	-"- Мостовая 51		
426	Нейфельд Елена Дмитр.	1893	-"- -"- 62		
427	Бергман Агата Петр.	1898	-"- -"- -"-		
428	Вольф Абрам Абр.	1907	Кирзавод 2, Луговая 13		
429	-"- Екатер. Генр.	1905	-"- -"- -"-		
430	-"- Элеонора Абр.	1937	-"- -"- 7		
431	Вейс Роза Фил.	1902	Подхоз-Зеленстрест		
432	Цильке Юлиус Готлиб.	1887	М.К., Высоковольтн. 8	29/III-58	
433	Эртман Виктор Яковл.	1932	Сортировка бар. 16		

434	Эртман Вильг. Яковл.	1930	Сортировка, бар. 16	9.IV.58 г.
435	Браун Елена Абр.	1913	Кир. р-н, шах. 7, Динамитн. 11	
436	Конрад Яков Яковл.	1933	шахт. р-н, Саранск. 16	
437	Гильдебрандт Яков Як.	1928	Кир. р-н, Доковская 3	
438	-"- Мария	1927	-"- -"- -"-	
439	Функ Анна Павл.	1885	Сортировка, М.-Мамут. 31а	13.IV.58
440	Герцен Анна Яковл.	1909	-"- -"- -"-	
441	Кост Лидия Алекс.	1932	-"- 711 к/м. Казоузла	
442	Вольф Екатер. Абр.	1894	шах. 33/34, Градерная 62	отред. 8.5.58.
443	-"- Петр -"-	1910	-"- -"- -"-	
444	-"- Екатер. -"-	1912	-"- -"- -"-	
445	Эпп Яков Март.	1900	-"- Трудовая 1	
446	Тиссен Гергард Гергард.	1923	ст. гор., Павленко 74	
447	Фаст Маргар. Корн.	1919	пос. 6 Навал, -"- -"-	
448	-"- Мария -"-	1922	-"- -"- 50	
449	Франзен Гертруда Ив.	1928	п/о 27, Рабкоровская 4	
450	Тиссен Абрам Герг.	1923	Кир. р-н, Шаумяна 69	
451	-"- Сара Дав.	1929	-"- -"- -"-	
452	Фальк Анна Ив.	1904	-"- Попова 11	
453	Завадская Елизав. Ив.	1898	п/о 27, 3я Степная 17	
454	Ремпель Елизав. Абр.	1897	шахт. р-н, Саранская 4	
455	Никкель Петр Петр.	1883	шах. 33/34, Северная 94	7.6.58.
456	Герцен Петр Петр.	1916	-"- Ильинская 30	
457	-"- Мария Як.	1918	-"- -"- -"-	
458	Тиссен Екатерина Ив.	1905	-"- Северная ?	
459	-"- -"- Як.	1933	-"-	
460	-"- Елена -"-	1938	-"-	
461	Реймер Елизав. Петр.	1905	шах. р-н, Федорова 28	
462	Эннс Елена Генр.	1903	Кирзавод, Рижская 29	
463	Гильдебрандт Оган. Як.	1921	Кир. р-н, Трудящихся 26	
464	Янцен Анна Давид.	1909	шах. р-н, Саранская 113	21.6.58.

465	Регер Екатер. Дмитр.	1940	шах. 33, Ильинская 40	
466	-"- Елизав. Генр.	1916	-"- -"- -"-	
467	Кванн Абрам Петр.	1927	-"- -"- 48	
468	Пеннер Елена Корн.	1929	-"- -"- -"-	
469	Шартнер Ира Корн.	1939	ст. гор. Шмидта 38	Дедов
470	Вибе Елена Абр.	1938	шах. 33/34, Северная 56	
471	Цейгер Ирина Адольф.	1939	ст. гор., Дорожная 30б	
472	Герзен Яков Яковл.	1911	шах. 33, Северная 61	Г.Ф.
473	-"- Елена -"-	1921	-"- Ильинская 13	
474	Классен Андрей Як.	1925	-"- Северная 89	
475	Баркман Мария Дав.	1935	шах. р-н, Ромашко 7	
476	Гизбрехт Елена Андр.	1940	-"- Баумана 5	дом
477	Баркман Мартин Дав.	1927	-"- Хабаровская 43	
478	Фризен Елизав. Герг.	1930	-"- -"- -"-	
479	-"- Екатер. -"-	1926	-"- -"- -"-	
480	Петкау Агата Генр.	1889	шах. 18 осн., 12 линия 121	
481	Конрад Вильг. Як.	1939	шах. р-н, Саранская 16	
482	Петерс Елизав. Бор.	1936	-"- Стахановская 14	21.VI.58
483	Реммель Абрам Вильг.	1909	Кир. р-н, Бакимирова 1	
484	Гардер Екатерина Як.	1940	-"- Трудящихся б.26	
485	Дик Елена Яковл.	1940	-"- Доковская 9-2	
486	-"- Яков Петров.	1916	-"- -"- -"-	
487	-"- Елена Ив.	1917	-"- -"- -"-	
488	Никкель Елена Яковл.	1912	шах. 33/34, Северная 94	
489	Вольф Абрам Петр.	1938	-"- Грейдерная 62	
490	Эберт Эрих Леонтьев.	1940	-"- Ильинская	
491	Реймер Генрих Март.	1912	МК., Мельничная 51	
492	-"- Елена Яковл.	1912	-"- -"- -"-	
493	Берген Бернгард Бернг.	1928	б-Мих., Западная 37	28.4.57
494	-"- Эстер Роберт.	1930	-"- -"- -"-	
495	Нейфельд Сузанна Ник.	1940	Ст. Мих., Мостовая 8	Эд.

496	Нейфельд Мария Никол.	1924	Ст. Мих., Мостовая 8	
497	Мартенс Петр. Ив.	1913	-"- -"- 11	
498	-"- Зуза Ив.	1913	-"- -"- -"-	
499	Берген Павел Бернгард.	1934	32 квар., Вавилова 30	[illegible]
500	Бауманн Франц Фр.	1912	М.К., Мельничная 43	
501	-"- Екатер. Ив.	1910	-"- -"- -"-	
502	Фризен Яков Яковл.	1936	Кирзавод, Луговая 7	
503	-"- Иван Герг.	1914	Пивзавод, Фруктов. вода 31	
504	-"- Мария Ив.	1912	-"- -"- -"-	
505	Ризен Тереза Рудольф.	1923	Н-гор. Панфилова 25	
506	Фаст Фрида Петр.	1911	МК. Мельничная 5а	
507	Данкер Августа Корн.	1925	Б-Мих. Нижняя 8	от
508	Шмидт Эльвира Ив.	1935	-"- -"- 133	выбыла 20.7.59
509	Пеннер Лиза Генр.	1939	Кирзавод, Керамич. 71	
510	Рогальская Мария Ал.	1940	-"- Чехова 22	28.6.58
511	Панкрац Анна Ив.	1958	-"- Волочаевск. 6	
512	Гердт Нелли Генр.	1939	М.К. Черкасская 78	
513	Розина Мария Як.	1902	Б-Мих., Омская 4	
514	Дик Елизав. Абр.	1894	Кирзавод, штахетн. 48	
515	Экк Эмилия Корн.	1900	Б-Мих., Западная 37	
516	-"- Рудольф Роберт.	1924	-"- -"- -"-	
517	Шперлинг Франц Ив.	1935	-"- Седова 41	
518	Резвиг Ольга Генр.	1924	Кирзавод, Чехова 37	
519	Гаммер Мария Андр.	1923	-"- Насыпная 12	
520	-"- Элла Феликс.	1918	-"- -"- -"-	
521	Вебер Эмма Андр.	1921	-"- Тургенева 44	
522	Флуг Адина Федор.	1940	-"- Кирпичная 64	
523	Гарш Милия Федор.	1903	Федоровка, Разгуловская 74	
524	Гербрандт Гертруда Ив.	1907	-"- -"- 72	aufg. 7. Juli 58.
525	Дедерер Федор Мих.	1909	-"- Орлова 64	
526	-"- Ольга Ив.	1911	-"- -"- -"-	

527	Гаммер Лилия Ив.	1927	Федоровка, Молокова 16	am [illegible] Juni 58.
528	Балдек Мета Якови.	1909	32 кварт. Вавилова 5	
529	Гаген Лиза Генр.	1909	Зелентрест	
530	Эпп Лео Борис.	1932	–"–	
531	Шнейдер Эмилия Ив.	1934	–"–	
532	Ризен Лена Дмитр.	1937	6-Мих. Музейн. пер. 6	
533	Дайдрих Лиза Карл.	1890	Кирзавод, Керамическ. 42	
534	Фрейтаг Лото Карл.	1895	шахт. р-н,	
535	Эрлих Генрих Генр.	1902	Кирзавод, Балхашск. 119	
536	Коон Зара Ив.	1899	–"– Кирпичная 37	
537	Цимльке Ильна Ив.	1890	МК. Высоковольт. 8	
538	Винниц Ида Фридр.	1905	–"– Мельничная 33	
539	Фаст Иван Генр.	1895	Копай, Чемкентск. 38	
540	Гофманн Элла Ив.	1937	Стал. р-н, Цветная 86	getauft am 29/VII 58
541	Эпп Екатерина Генр.	1940	–"– Угольная 28	
542	Левен Елена Генр.	1937	шах. 33/34, Северная 86	
543	Вибе Ира Ив.	1937	–"– –"– 70	
544	Коок Аганета Ив.	1919	–"– –"– 57	
545	Эберт Иоганна Людв.	1910	–"– Ильинская 23	
546	Вибе Елизавета Ив.	1941	–"– Северная 70	
547	Изаак Герман Дав.	1936	–"– Коллективная 12	
548	Ризбрехт Мария Петр.	1936	–"– Северная 86	
549	Винс Алице Ив.	1938	–"– –"– 61	
550	Берген Мария Корн.	1938	тр. Ленинуголь, Рейсовая 21	
551	Вольф Леа Густаф.	1921	Г-Майкадук Клубная 9	
552	Янцен Елена Гергард.	1932	шах. 33/34, Ильинская 32	
553	Бальцер Лаура Абр.	1910	Кир. р-н, Каркасная 10а-5	
554	Гамм Анна Корн.	1911	–"– Турбинная 22	
555	Ран Мария Корн.	1912	–"– –"– –"–	
556	Янцен Елена Якови.	1938	–"– пер. Горбачева 36	
557	Руппель Эрнст Ал-др.	1929	–"– Волховская 49	

558	Дирксен Петр Яковл.	1936	Кир. р-н, Трудящихся 20	get. den	
559	-"- Анна Роберт.	1935	-"- -"- -"-		
560	Освальд Эвальд Фридр.	1938	-"- Доковская 127		
561	Завацкий Ив. Петр.	1938	-"- -"- б. 3		
562	-"- Никол. -"-	1941	-"- -"- -"-		
563	Фишер Эрна Генр.	1941	-"- -"- 115		
564	Герцен Генрих Генр.	1940	Фортир., М-Мамедова 53	19/VII 58	ausgen. 2/VIII 59
565	Бец Екатерина Петр.	1931	-"- Деповская 3		
566	Эртман Елизав. Ив.	1928	-"- Лермонтова 3		
567	Шекк Елизав. Як.	1924	-"- Электростанц. 22		
568	Беккер Иван Фед.	1930	-"- Победа 26		
569	Корнельзен Елена Як.	1932	шах. 33/34, Ильинская 29	17/VII 58	
570	Гибнер Эдвига Ив.	1932	-"- 19, Мир-Труда 33		
571	-"- Виктор Петр.	1930	-"- -"- -"-		
572	Буллер Анна Ив.	1916	Кир. р-н, 8е Марта 51		
573	Рогальская Екатер. Фр.	1913	Кирзавод, Чехова 22	getauft d. 1/VIII 58	
574	Гуман Рудольф Генр.	1925	МК. Мельничная 174		
575	Панкрац Анна Ив.	1910	Кирзав. Волочаевск. 6		
576	Цитцер Леа Ал-др.	1938	МК, Мельничная 33		
577	Франзен Елизав. Ив.	1911	-"- -"- -"-		
578	Герт Анна Ив.	1908	-"- Черкасская 78		
579	Богер Генрих Матв.	1926	Кирзавод, Насыпная 39		
580	Ширлинг Альбертина Ив.	1926	-"- -"- -"-		
581	Жиру Сузанна Яковл.	1913	-"- Луговая 13		
582	Дикман Анна Ив.	1894	-"- Смоленская 6		
583	Фризен Изобрандт Герг.	1900	-"- Хоровая 101		
584	-"- Анна Франц.	1899	-"- -"- -"-		
585	Штенгер Роза Готлиб.	1930	МК. Мельничная 174		
586	Здоровец Маргар. Ив.	1918	Кирзавод, Ленина 23		
587	Янцен Лора Генр.	1941	шах. 33/34, Средняя 1 (get. 21/VI 58)		
588	Цильке Эрвин Юлиус.	1929	пос. 2 ШО, Новоселова (get. 3/VIII 58)		

589	Шиве Арнольд Юлиус.	1902	Б-Мих., Горностас. 99	aufgenommen 1/VII 58
590	-"- Адина Карл.	1902	-"- -"- -"-	
591	Берген Герберт Корн.	1930	тр. Ленинуг., Рейсовая 21	
592	-"- Анна Никол.	1931	-"- -"- -"-	
593	Ширлинг Марта Генр.	1910	Кирзавод, Насыпная 39	
594	Левен Юстина Ив.	1906	-"- Луговая 13	
595	Штенгер Тамара Готлиб.	1927	МК., Мельничная 174	
596	Виль Эвальд Христ.	1931	-"- -"- -"-	
597	-"- Август. Августов.	1931	-"- -"- 191	
598	Корнельзен Екатер. Генр.	1900	шах. 33/34, Илиток. 15	3/VII 58
599	Дик Екатерина Яков.	1893	трансп. цех, Лозо 25-6	
600	Классен Екатер. Франц.	1922	Кир. р-н, пришах., Фрунзе 8	
601	Янцен Екатер. Яков.	1905	шахт. 33/34, Илийская 32	
602	Фальк Анна Як.	1927	шахта 6, Попова 11	
603	Нейфельд Иван Ив.	1922	-"- 33/34, Реверная 61	
604	Фрезе Гертруда Абр.	1901	шах. р-н, Минина 86	getauft 4 d.
605	Госсен Юстина Ив.	1891	-"- Федорова 7	
606	Фризен Мария Генр.	1912	ст. гор., Вокзальная 74	
607	Михель Виктор Яковл.	1930	привокз. пос., Дорожная 352	
608	Приб Аганета Абр.	1922	Н-Узенка, Узенская 25	
609	Розенфельд Екатер. Як.	1920	-"- -"- 37	
610	Штейнбреннер Эмилия Фр.	1901	шахт. р-н, Сака-Ванцетти 15	
611	Гиберт Аганета Герг.	1897	ст. Майкадук, Тельмана 11	2.8.58.
612	-"- Анна Дмитр.	1928	-"- -"- -"-	
613	Фаст Анна Гергард.	1938	Кир. р-н, Динамитная 31	
614	Классен Абрам Абр.	1914	-"- пришах. пос., Фрунзе 8	
615	Панкрац Андрей Петр.	1934	шахт. р-н, Колх. проезд 73	
616	Франц Матильда Август.	1881	Кир. р-н, Каркасная 10а	
617	Энс Ира Бернгард.	1940	шах. 33/34, Трудовая 9	30.4.57
618	Варкентин Иван Генр.	1908	-"- -"- 37	
619	-"- Екатер. Дмитр.	1911	-"- -"- -"-	

620	Краус Элла Ив.	1941	Сортировка, Пионерлагер (2.8.57)		
621	Классен Анна Генр.	1940	шах. 33/34, Северная 77 (30.VI.57)		
622	Тиссен Николай Генр.	1941	-"- Трудовая 14 (8/IX 57		
623	Фот Сузанна Ив.	1894	шах. р-н, 2я К-хозная 172	20.8.58	
624	Корнельзен Сузанна Як.	1927	-"- 33/34, Ильинская 15		
625	Каст Готлиб Адамов.	1895	Федоровка, Водопьянова 26	10.8.58	
626	Гнру Генрих Генр.	1929	ст. Мил. Отвальная 25		
627	-"- Гильда Яковл.	1936	-"- -"- -"-		
628	Гардер Василий Ив.	1927	шахта 33/34, Трудовая 3	2.8.58	
629	-"- Эрна Ив.	1928	-"- -"- -"-		
630	Гильдебрант Иван Ив.	1926	-"- -"- 11		
631	-"- Елена Ив.	1925	-"- -"- -"-		
632	Дирксен Андрей Корн.	1926	-"- -"- 5		
633	-"- Екатер. Як.	1929	-"- -"- -"-		
634	Пеннер Елена Андр.	1880	-"- Северная 94		Умерла 8/II 59.
635	Казимир Генрих Ив.	1927	ст. Мил., Мостовая 51	get. 10.9.58	
636	-"- Марта Як.	1931	-"- -"- -"-		
637	Мартенс Давид Абр.	1940	-"- -"- 71		
638	Гнру А-др Генр.	1935	-"- Отвальн. 25		
639	-"- Юстина Ив.	1918	Н.-гор. Ленина 29		
640	Эпп Елена Абр.	1924	ст. гор., Макарова 65	get. 12.9.58	
641	Гнру Агата Ив.	1911	шах. 33/34, Северная 61		
642	Янзен Иван Франц.	1938	-"- Ильинская 38		
643	-"- Элла Христ.	1915	-"- Коллективн. 12а		
644	-"- Элеонора Корн.	1940	-"- -"- -"-		
645	Гамм Елена Дав.	1927	ст. гор., Макарова 59	aufg. 11.9.58	
646	-"- Гильда -"-	1931	-"- -"- -"-		
647	Корнельзен Анна Як.	1925	шах. 33/34 Ильинская 15		
648	Гардер Елена Генр.	1917	-"- Северная (get. 12/IX 58).		
649	Бергманн Петр Абр.	1899	Кирзавод, Спасская 7	aufg. 14.9.58	
650	-"- Екатер.	1896	-"- -"- -"-		

651	Бергманн Рудольф Петр.	1932	Кирзавод, Тургенева 54	14.9.58
652	Матис Бернгард Берн.	1899	М.К., Черкасская 8	
653	-"- Августа Як.	1900	-"- -"- -"-	
654	Тиссен Абрам Абр.	1928	Кирзавод, Луговая 40	
655	Никкель Петр	1884	Б-Мих., Крылова 95	
656	Фрезе Иоганна Ив.	1928	шахт. р-н, Минина 86 (gel. 12.9.58)	
657	Реймер Марта Ив.	1924	-"- Колх. проезд 61	aufg. 24.9.58
658	Гамм Елена Абр.	1894	Стал. р-н, Макарова 59	
659	Фризен Екатер. Петр.	1901	Д-парк, Кольцевая 22	
660	Фот Генрих Генр.	1900	Б-Мих., Нахимова 26	25.10.58
661	-"- Агнеса Як.	1898	-"- -"- -"-	
662	Дедер Мария Карл.	1901	ст. Мих., Мостовая 15	
663	Шванке Мария Ив.	1921	Конопл., Песочная 25 (13.11.58)	
664	Корнельзен Яков Як.	1929	шахт. 33/34, Трудовая 36	25.11.58
665	-"- Сара Петр.	1928	-"- -"- -"-	
666	Виннер Эмилия Дан.	1917	МК. Гарибальди 22	6.12.58
667	Шенке Елизав. Як.	1894	Б-Мих., Москвина 109	
668	Ризен Мария Петр.	1912	-"- Речная 26	
669	-"- Валентина Дав.	1939	-"- -"- -"-	
670	Реймер Екатер. Петр.	1912	-"- Туринская 13	
671	-"- Фрида Вильг.	1935	-"- -"- -"-	
672	Гильдебрандт Петр Як.	1927	Кирзавод, Ключевая 27-10	
673	-"- Анна Генр.	1930	-"- -"- -"-	
674	Винс Анна Вас.	1900	-"- -"- б.8-10	
675	-"- Мария Генр.	1932	-"- -"- -"-	
676	-"- Лида -"-	1934	-"- -"- -"-	
677	Матис Иван Вильг.	1933	Землетрест	
678	-"- Котя Франц.	1935	-"-	
679	Янцен Элла Петр.	1904	-"-	
680	Регер Петр ~~Абр.~~	1900	Кирзавод, Хоровая 100	31.1.59
681	-"- Анна Генр.	1901	-"- -"- -"-	

682	Тиссен Генрих Абр.	1931	Кирзавод, пер. Хвойный 14	31.1.59
682	Фаст Анна Як.	1914	-"- , Керамическ. 71	
684	Варкентин Избрандт Як.	1904	Федоровка, Юбилейная 34	
685	-"- Екатер. Генр.	1904	-"- -"- -"-	
686	Левен Петр Абр.	1901	шах. р-н, Комм. проезд 104	7.2.59
687	-"- Елизав. Ив.	1908	-"- -"- -"-	
688	Сепп Мария Готлиб.	1883	ст. гор., М-Горького 77	
689	Гемнинг Ренатa Ив.	1900	Кир. р-н, Трудящихся 20	
690	Тиссен Гильда Як.	1932	шах. 33/34, Мал. проезд 21а	
691	Классен Альберт Дов.	1936	-"- Северная 88	
692	-"- Генрих -"-	1943	-"- -"- -"-	
693	Вагнер Элла Август.	1907	Б-Мих., Крылова 92	21.2.59
694	-"- Лилли Генр.	1930	-"- -"- -"-	
695	Классен Маргар. Як.	1908	-"- -"- -"-	
696	Регер Екатерина Герг.	1920	Мк., Мельничная 43	
697	Ротман Мария Генр.	1896	Кирзав. 2, Спасская 7	28.2.59
698	Коон Анна Ив.	1898	-"- пер. Хвойный б. 38	
699	Дерксен Елена Ив.	1903	-"- Керамическ. 104	
700	Теве Елена Петр.	1927	Мк., Черкасская 8	
701	Фаст Елена Петр.	1914	-"- Мельничная 5а	
702	-"- Катя -"-	1923	-"- -"- -"-	
703	Лиски Рихард Рудольф.	1929	Кирзавод, Керамическ. 124	21.3.59
704	Дикан Иван Адольф.	1929	-"- -"- -"-	
705	-"- Ирма Руд.	1925	-"- -"- -"-	
706	Петерс Виктор Вас.	1933	Кир. р-н, Павленко 72	14.3.59
707	Реймер Зара Ив.	1911	шахт. р-н, Комм. проезд 76а	
708	Кригер Франц Франц.	1890	шах. 33/34, Северная 83	19.3.59
709	-"- Луиза Ив.	1912	-"- -"- -"-	
710	Завадская Екатер. Франц.		-"- Мал. проезд 25а	
711	Альберт Берта Ив.	1888	Сортировка, М-Мамедова 41	24/III-59
712	Ротман Мария Никод.	1909	-"- Лермонтова 1	

713	Вали Екатерина Абр.	1928	Сортировка, П-Морозова 13 (21.3.59)	
714	Виль Эва Рейнгард.	1874	МК., Мельничная 191 (13.4.59)	
715	Фойгт Иван Фридр.	1900	-"- -"- 191	18.4.59
716	-"- Розина Як.	1899	-"- -"- -"-	
717	Миллер Марта Георг.	1886	-"- -"- 195	
718	Классен Анна Март.	1906	шах. 33/34, Северная 92	aufgenommen 25.4.59
719	-"- Анита Дав.	1938	-"- -"- -"-	
720	-"- Алице -"-	1940	-"- -"- -"-	
721	-"- Гельмут -"-	1934	-"- -"- -"-	
722	Ремпель Елена Як.	1911	-"- -"- 88	
723	-"- Эльза -"-	1943	-"- -"- -"-	
724	-"- Андрей -"-	1940	-"- -"- -"-	
725	Тиссен Яков Яковл.	1936	-"- Ишийская 36/6	
726	Гох Мария Федор.	1937	-"- -"- 45	
727	Бетхер Ольга Мих.	1919	-"- Средняя 1	
728	Штейгер Лидия Ив.	1933	-"- -"- -"-	
729	Штейнерт Екатер. Ром.	1928	-"- Ишитская 53	
730	Пирх Андрей Роман.	1938	-"- Северная 84	
731	Тевс Елена Абр.	1902	-"- Ишитская 23	
732	Реймер Мария Никол.	1900	шах. р-и, Ком. проезд 73	
733	Шейбле Эльвина Ив.	1913	-"- Библиот бар. кв. 17	
734	Маер Амалия Ив.	1905	-"- д. ЖКО, 70 шахта	
735	Дик Елена Вильг.	1904	20 шах. Минская 53	
736	Больт Екатер. Петр.	1925	Сортировка, П-Морозова 38	
737	Шлихтер Яков Карл.	1905	Федоровка, Водопьянова 39	2.5.59
738	-"- Ирма Як.	1935	-"- -"- -"-	
739	Каст Ида Як.	1932	-"- -"- -"-	
740	Тиссен Екатер. Франц.	1900	Кирзавод, Керамич. 40	
741	Нейфельд Агата Руд.	1914	Б-Мих., Верхняя 21	
742	-"- Эльза Вильг.	1937	-"- -"- -"-	
743	Шульц Анна Франц.	1899	Н-гор. 27 кв. Утрен. проезд 25	

744	Кнопп Эдуард Семен.	1889	Нефтеб. Бензинная 25 (2.5.59)	
745	Кучерова-Шейн Агата Герм.	1905	Б-Мих. Крылова 76 (12.5.59)	умерл 22/VIII 59
746	Шульц Бернгард Фридр.	1929	М.К., Гудермесск. 99	6. 6. 59
747	-"- Мария Андр.	1929	-"- -"- -"-	
748	Крекер Екатер. Ив.	1902	Кирзавод, Чеченская 29	
749	-"- Елизав. Як.	1926	-"- -"- -"-	
750	Лиски Марта Август.	1887	-"- Керамическ. 124	
751	Дик Генрих Берн.	1892	-"- Кондитерск. 99а	
752	-"- Луиза Гергард.	1898	-"- -"- -"-	
753	Кнопп Луиза Генр.	1893	Нефтеб. Бензинная 25	20/V 59
754	Матис Фридрих Вильг.	1929	М.К. Черкасск. 10	
755	-"- Валентина Як.	1933	-"- -"- -"-	getauft den 21. 6. 59
756	Фаст Мария Ив.	1928	-"- Высоковольт. 118	
757	Козловская Каролина Христ.	1929	-"- Сарайная 81	
758	Гиру Иван Ив.	1940	Кирзавод, Волочаевск. 3	
759	Лиски Ангела Эдуард.	1931	-"- Керамическ. 124	
760	Триппель Алиса Фридр.	1926	-"- Чеченская 33	
761	Регер Анна Петр.	1931	-"- Хоровая 100	
762	-"- Екатер. -"-	1935	-"- -"- -"-	
763	Никкель Мария Абр.	1940	-"- Рыбная	
764	Бергманн Иван Петр.	1939	-"- Спасская 7	
765	Тиссен Мария Петр.	1915	-"- Хоровая 100	
766	-"- Эльвира Як.	1938	-"- -"- -"-	
767	Кооп Анита Ив.	1933	-"- пер. Хвойный б.38	
768	Дик Яков Бернгард.	1894	-"- Кондитерск. 99а	
769	-"- Гергард Генр.	1931	-"- -"- -"-	
770	Тевс Анна Петр.	1939	-"- Черкасская 8	
771	Пеннер Иван Генр.	1941	-"- Керамическ. 71	
772	Винс Елена Генр.	1938	-"- Ключевая б.8	
773	Гильдебрандт (Тиссен) Лилли Эд.	1933	-"- Луговая 42	
774	Эрлих Мария Генр.	1906	-"- Балхашская 119	

775	Петерс Эдуард Як.	1928	ст. Мих., Углесбор 29	g.t. am 21.6.59
776	-"- Анна Петр.	1918	-"- -"- -"-	
777	Франц Яков Як.	1932	Б.-Мих. Красноарм. 12	
778	Браун Петр Ив.	1937	-"- Строительн. 60а	
779	Маттис Алице Вильг.	1941	-"- Степная 34	
780	Филиппсен Петр. Ив.	1922	МК, Высоковольтн. 47	
781	Дичель Эрна Ив.	1931	-"- Мельничная 191	
782	Фризен Генрих Ив.	1932	-"- Высоковольт. 118	
783	Биллер Берта Вильг.	1940	-"- Гарибальди 22	
784	Франц Эльза Яковл.	1938	Н-гор. 27 кв. Этр. проезд 27/2	
785	Вильмс Нина Як.	1938	шах. 33/34, Северная 90	getauft am 28.6.59
786	Варкентин Эльвира Ив.	1938	-"- Трудовая 37а	
787	Дик Паулина Влад.	1938	-"- Грейдерная 40	
788	Зиберт Яков Генр.	1904	-"- Мол. проезд 21б	
789	-"- Мария Ив.	1903	-"- -"- -"-	
790	-"- Гильда Як.	1938	-"- -"- -"-	
791	-"- Николай -"-	1941	-"- -"- -"-	
792	Пирх Мария Яковл.	1901	-"- Северная 84	
793	-"- -"- Ром.	1926	-"- -"- -"-	
794	Тиссен Анна Ив.	1939	-"- -"- 62	
795	Фаст Екатер. Петр.	1939	-"- Ишимская 39	
796	Эверт Иоганн Фридр.	1917	-"- -"- 23	
797	-"- Мария Як.	1915	-"- -"- -"-	
798	Эннс Иоганна -"-	1921	-"- -"- 16	
799	Делески Яков Герг.	1932	-"- -"- 36/8	
800	Эрдман Ольга Август.	1938	Сортировка, Макаренко 7	
801	Беккер Владимир Фед.	1939	-"- -"- 19	
802	-"- А-др -"-	1936	-"- -"- -"-	
803	Люу Роза Як.	1887	-"- раб.пос. Деповская	
804	Вайл Анна Абр.	1904	-"- П.-Морозова 13	
805	Дотерман Фрида Арт.	1940	-"- -"- 34	

806	Дотерман Лиля Арт.	1935	Сорбигр., П-Морозова 34	Ges. am 28/4. 59.
807	Шлихен-Маер Як. Як.	1934	-"- Макаренко 82	
808	Мокк Анна Петр.	1925	Кир. р-н, Рабкоровск. 11	
809	Байер Герберт	1929	-"- Пушкинская 8	
810	Шварц Иван Ив.	1929	-"- Парк. проезд 9	
811	Шторц Роза Самуил.	1898	Сологичка	
812	Классен Николай Ив.	1907	Стал. р-н, Базарная 90	
813	Функ Арон Дав.	1923	Шах. р-н, Саки-Ванц. 8а	
814	-"- Екатерина	1919	-"- -"- -"-	
815	-"- Абрам Дав.	1931	-"- -"- 6а	
816	Дирксен Петр Юлисов.	1915	Кир. р-н, Динамитн. 25/1	
817	Янцен Петр Ив.	1934	-"- Тупик Горбач. 27	
818	Рафф Эмма Як.	1914	ст. гор., Дорожная 29б	aufg. 28/4 59
819	Классен Рудольф Дав.	1930	шах. 33/34, Северная 92	
820	Корнельзен Яков Ив.	1935	-"- -"- 86	aufg.
821	-"- Елена Герг.	1937	-"- -"- -"-	
822	Пирх Елизав. Ром.	1930	-"- -"- 84	
823	Ремпель Яков Як.	1933	-"- -"- 88	
824	-"- Юстина Петр.	1928	-"- Ильинская 36	16.7.59
825	Тиссен Екатер. Ив.	1909	-"- Северная 62	
826	Плетт Анна Герг.	1910	ст. р-н з-д Металлоиздел. б. 1	
827	-"- Екатер. -"-	1914	-"- -"- -"-	
828	Валл Елена Корн.	1900	-"- Алма-Атинск. 45	
829	-"- Елизав. Ив.	1934	Сортир., Лермонтова 18	aufg. 27/4 59
830	Шварц Линда Асаф.	1931	Кир. р-н, Парк. проезд 9	
831	Шлихенмаер Елизав. Ив.	1911	Узенка Ангарская 7а	aufg. 14.7.59
832	Цейб Софья Григор.	1886	-"- Тбилисская 11	
833	Дик Сусанна Як.	1915	Кир. р-н, Нов.-Сибирск. 6	
834	Вельк Елена Герг.	1907	Б-Мих., Дальняя 92	
835	-"- -"- Генр.	1934	-"- -"- -"-	
836	-"- Гергард -"-	1941	-"- -"- -"-	

837	Тиссен Юстина Генр.	1898	Н-гор., Джамбула 35/3	aufg. 5/VIII 59
838	Декан Линда Руд.	1927	-"- 80 кварт. Бобруйск. 7	
839	Бахман Густав Христ.	1913	Мк. Гудермесская 107	
840	-"- Элла Густ.	1939	-"- -"- -"-	
841	Шлихтер Эрна Фридр.	1931	-"- Мельничная 77а	aufg. 8/VIII 59
842	Шульц Иоганна Вильг.	1906	-"- Гудермесск. 99	
843	Дридигер Петр Як.	1923	Кирзав., Волочаевск. 3	getauft am 9/VIII 59
844	-"- Елена Герг.	1923	-"- -"- -"-	
845	Дик Мария Як.	1914	-"- Рижская 27а	
846	-"- Шарлота Петр.	1941	-"- -"- -"-	
847	Фишер Анна Изр.	1929	-"- Хоровая 100	
848	Реймер Эвальд Арт.	1937	Мк. Сарайная 34	
849	Винс Петр Петр.	1908	-"- Высоковольт. 118	
850	-"- Анна Абр.	1912	-"- -"- -"-	
851	Виль Фрида Генр.	1925	Федоровка, Юбилейн. 53	
852	Нейфельд Яков Вильг.	1938	Б-Мих., Верхняя 21	
853	Плетт Вальтер Як.	1941	Н-гор. пер. Хрустальн. 13	
854	Дик Мария Корн.	1939	Шахт. 33/34, Северная 90	(get. 2/VIII 59
855	Франц Гильда Герб.	1929	-"- р-н, Братская 4	getauft 5/VIII 59
856	-"- Цицилия Христ.	1933	-"- Репина 20	
857	Изаак Нелли Ив.	1923	-"- Медицинск. 35	
858	Лепп Лиза Петр.	1929	-"- Стахановск. 153	
859	Классен Иван Як.	1924	-"- Третякова 33	
860	Нейфельд Лиза Петр.	1923	-"- -"- -"-	
861	Франк Лида Вильг.	1937	Кир. р-н, 8ое Марта 10	
862	Зименс Сузанна Ив.	1898	-"- Ново-Стройка 15	aufg. 5/VIII 59
863	Набер Елена Мих.	1884	шахт. р-н, шахта 46	
864	Эпп Маргарита Ив.	1908	Сортир., Сарова 31	
865	Ризен Эрна Рудольф.	1927	Н-гор. Панфилова 25	(get. 15/VIII 59
866	Браун Иван Дмитр.	1903	Б-Мих., Строительн. 60а	aufg. 2/IX 59
867	-"- Анна Абр.	1902	-"- -"- -"-	

868	Браун Иван Ив.	1928	Б-Мих., Строительн. 60а	[illegible] 6/IV 49
869	Ризен Мария Ив.	1906	-"- Нижняя 133	
870	Шмидт Элла Петр.	1911	-"- -"- -"-	
871	Чан Нина Фридр.	1939	-"- Речная 12	
872	Рейтель Елизав. Вильг.	1913	ст. гор., М-Горького 6	
873	Франц Иван Яковл.	1939	Н-гор., 31 кв., Зеленая 32/14	
874	-"- Анна Вильг.	1939	-"- -"- -"- -"-	
875	Зальцзейлер Агапита Як.	1916	Кирзавод, 2-ой проезд 30 ([illegible] 68)	
876				
877				
878				
879				
880				
881				
882				
883				
884				
885				
886				
887				
888				
889				
890				
891				
892				
893				
894				
895				
896				
897				
898				

NN п/п	Фамилия И. О.	год рожд.	Адрес	Вступил.	Выбыли.
1	Вине Сузанна Як.	1934	Сарань, Нижняя 19		
2.	Бошман Сара Петр.	1912	-"- Вольная проезд 19	30/VII 57	5/VIII 57
3	Варкентин Петр Вильг.	1923	Токаревка	-"-	
4	-"- Ольга Петр.	1927	-"-	-"-	
5	Энн Эльза Берн.	1924	Темир-Тау, Госплодопитомн.	-"-	
6	Цорн Генрих Генр.	1912	Сарань, Больная, Арычная 1	21.VII 57	
7	-"- Елизав. Петр.	1922	-"- -"- -"-	-"-	
8	Гильдебрант Анна Абр.	1912	-"- Осипенко 2	-"-	
9	Фаст Валентина Дав.	1939	Темир-Тау, Набережная 28	2/VIII 57	
10	Пеннер Лилли Самуил.	1925	Актас	-"-	
11	Блок Анна Петр.	1938	-"-	-"-	
12	Браун Елена Петр.	1931	-"-	-"-	
13	Кольбе Фридрих Ив.	1903	-"-	30/VI 59	17/II 59
14	-"- Татьяна Федор.	1913	-"-	-"-	17/II-59
15	Нейман Эльза Гудольф.	1914	-"- Раб. гор. бар. 15	-"-	ausgeschl. 21/VI 59
16	-"- Артур Ив.	1908	-"- -"- -"-	-"-	
17	Бергман Елена Як.	1938	Сарань, Гастелло 24	14/VIII 57	
18	-"- Зара Петр.	1928	-"- Чкалова 79	-"-	
19	-"- Гарри Як.	1926	-"- -"-	-"-	
20	Вине Маргар. Як.	1914	-"- Раскова 31	-"-	
21	Петерс Елена Дмитр.	1913	-"- -"- -"-	-"-	
22	Тиссен Фрида Як.	1924	-"- Доковская 7	-"-	
23	Петерс Екатер. Герг.	1919	-"- Раскова 31	-"-	
24	Крюгер Оскар Христ.	1909	Ризаенка	-"-	
25	Герцен Елена Ив.	1918	—	30/VI 57	
26	Регер Тереза Герг.	1918	Токаревка	-"-	
27	Гаупт Ида	1929	-"-	-"-	
28	Бекк Марта Эман.	1926	-"-	-"-	
29	Заводская Сусана Ив.	1917	Елизаветинка	8/IX 57	
30	Ваккер Елизав. Ив.	1932	—	-"-	

31	Савенко Валентина Серг.	1934	Ворош. р-н, к-з Пушкин	8/II 57
32	Винс Лидия Як.	1905	Елизаветинка	-"-
33	Кеберник Надя Корн.	1936	Актау	-"-
34	-"- Роза Готфр.	1919	-"-	-"-
35	Берг Маргарита Генр.	1916	-"-	20.9.57
36	Блокк Петр Генр.	1909	Актас, Ковыльная 19	12/I 58
37	-"- Елена	1908	-"- -"-	
38	Бергманн Сара Ив.	1928	Тельм. р-н, к-з Каганович	28.6.58
39	Кригер Мария Франц.	1934	Чел. обл., Златоуст (Faats Nichte)	5.7.58
40	Коон Екатерина Исаак.	1933	с/х Жура-Талды	-"-
41	Герцен Юстина Петр.	1918	Актау	3.8.58
42	Дик Елизавета Як.	1895	Волын. Дубовка	28.6.58
43	Изаак Мария Генр.	1914	-"- -"-	-"-
44	-"- Иван Як.	1914	-"- -"-	-"-
45	Пеннер Елена Герг.	1914	-"- -"-	-"-
46	Фризен Петр Ив.	1926	Дубовка	10.8.58
47	-"- Эрна Корн.	1927	-"-	-"-
48	Варкентин Маргар. Герг.	1928	Сарань, Матросова 15	-"-
49	Дик Юстина	1924	-"- Советская 3а	-"-
50	Вибе Генрих Аронов.	1929	Дубовка, Амангельды 22	25.10.58
51	-"- Екатерина Генр.	1926	-"- -"- -"-	-"-
52	Тиссен -"- Як.	1929	Сарань, Карагандинская	-"-
53	Петерс Елизав. Генр.	1918	-"- Солнечная 20	1.11.58
54	Колерт Анна Герг.	1927	Волын. Дубовка	6.7.58
55	Реймер Генр. Генр.	1914	Сарань, План. пос., Лермонт. 53	5.12.58
56	-"- Анна Петр.	1917	-"- -"- -"-	-"-
57	Мартенс Мария Як.	1893	Дубовка, Красноарм. 20	-"-
58	Гаамм Сара Генр.	1895	-"- Амангельды 22	-"-
59	Вибе Мария Арон.	1917	-"- -"- -"-	-"-
60	Штеммлер Регина Як.	1901	-"- Ватутина 27	31.1.59
61	Кнаус Давид Давидович	1923	Сарань, Угольная, Станционн. 5	7.3.59

62	Кнаус Екатер. Петр.	1924	Сарань, Колон. Стационн. 5	7.3.59	
63	Гизбрехт Мария Ив.	1938	Т-Тау, 113 кварт. №17 get.	21.V.59	
64	Блокк Сузана Петр.	1907	Актас, Городская 44		
65	Нейман Адина Фридр.	1905	-"- Ковыльная 39		
66	Пеннер Иван Ив.	1929	-"- Привольная 16а	6.58	
67	Маер Фридрих Фридр.	1913	-"- I кв. б. 4	6.57	
68	-"- Мария Генр.	1913	-"- -"-	-"-	
69	-"- Лидия Фридр.	1938	-"- -"-	6.58.	
70	-"- Иван -"-	1932	-"- -"- б. 6	-"-	
71	-"- Екатер. Ник.	1932	-"- -"- -"-	-"-	
72	-"- Фридрих Фридр.	1934	-"- раб. гор. б. 1	-"-	
73	-"- Элла Дав.	1933	-"- -"- -"-	-"-	
74	-"- Эдуард Фридр.	1936	-"- -"- б. 10	-"-	
75	-"- Валентина Павл.	1941	-"- -"- б. 10	-"-	
76	-"- Петр Фридр.	1918	-"- -"- б. 13	-"-	
77	-"- Лидия Генр.	1920	-"- -"- -"-	-"-	
78	Квиринг Гельмут Франц.	1933	-"- -"- -"-	-"-	
79	-"- Ольвина Петр.	1936	-"- -"- -"-	-"-	
80	-"- А-др Франц.	1935	-"- -"- -"-	-"-	
81	-"- Эльза	1935	-"- -"- -"-	-"-	
82	-"- Екатерина Фридр.	1901	-"- -"- -"-	-"-	
83	Шульц Софья Петр.	1929	-"- -"- -"-	-"-	
84	Гидбрехт Наталья Фридр.	1908	-"- -"- -"-	-"-	
85	Вибе Сусанна Ив.	1908	-"- Гражданск. 73	-"-	
86	Вестфатер Ив. Дав.	1918	-"- Привольн. 26	-"-	
87	-"- Анна Генр.	1920	-"- -"- -"-	-"-	
88	Нейман Давид Артур.	1935	-"- 21 кв. №64 get. Juli 58		ausgem. 2/III 59.
89	Гильдебрандт Фрида Адф.	1938	Сарань, Осипенко 2/7 (get.)	9.8.59	
90	Винс Катя Генр.	1940	-"- Госкова 31	-"-	
91	-"- Анна -"-	1941	-"- -"- -"-	-"-	
92	Кливер Мета Генр.	1888	ст. Жарык, Шетск. с/хоз	-"-	

93	Вибе Мария Яковл.	1895	Усть-Каменогорск (gest. 2/VII 59)	
94	Герцен Елена Генр.	1919	Сарань, Жданова 46	29.8.59
95	-"- Иван Корн.	1918	-"- -"- -"- gest.	6.9.59
96	Гольцвард Розалия Рейнг.	1929	-"- Угольная	-"-
97	Царенко Анна Карл.	1902	Волын.-Дубовка, ~~Казахст. 1~~ Сокурная 4/а	-"-
98	Штелле Елена Корн.	1925	Дубовка, Казахстанская 1а	-"-
99	Изаак Елизавета Як.	1917	-"- Асфальтная 3	-"-
100	Фризен Абрам Петр.	1926	шахта 9 (Долинка)	-"-
101	-"- Генрих -"-	1935	-"- -"- -"-	-"-
102	Браун Адольфина Сам.	1894	Сарань, (Омск. обл.)	-"-
103	Вибе Елизавета Ник.	1895	Волын. Дубовка angezeigt.	6.9.59
104				
105				
106				
107				
108				
109				
110				

Gäste zum Ab-mahl.

NN п/п	Фамилия И. О.	год рожд.	Адресс	[illegible]	Выбыли
1.	Энн Генрих Корн.	1914	ст. гор., 1ᵃ Угольная 28	5.57	
2.	Классен Анна Петр.	1900	Н.-гор., Ленина 22	-"-	
3	Квиринг Зара Як.	1894	ст. гор., Базарная 294	-"-	
4.	Носкенко Маргар. Генр.	1911	-"- Динамовская 59	-"-	
5.	Дик Елена Як.	1886	шахт. р-н, 2ᵃ Водосточная 22		
6.	-"- Анна Ив.	1897	шах. 33/34,		
7.	Фаст Юстина Петр.	1895	-"-, Ильинская 89		
8	Тиссен Маргар. Генр.	1907	ст. Майкудук, Линейная 2		
9	Винс Гертруда Ив.	1899	шах. 33/34, Ильинская 34		
10	-"- Маргарита Ив.	1894	Дубовка, Амангельды 20		
11	Фризен -"- Яковл.	1904	шахта 47, Автомобильн. 12		
12	Винс Сузанна Герг.	1893	Дубовка,		умерла 28.I.59
13	Дик Мария Бернг.	1897	Б-Мих., Степная 34		
14	Шартнер Давид Ив.	1883	ст. гор., Шмидта 47		
15	-"- Елизав. Петр.	1887	-"- -"- -"-		
16	Завадская Аганетта Ис.	1901	Кир. р-н, Доковская б. 3		
17	Тун Агафия Никол.	1892	-"- -"- б. 22		
18	Унру Сара Ив.	1893	ст. Мих. Отвальная 25		
19	Нейфельд Никол. Дмитр.	1901	-"- Мостовая 8		
20	-"- Екатер. Ив.	1903	-"- -"- -"-		
21	Тевс Генрих Як.	1900	Кирзавод, Кондитерск. 14		
22	-"- Корнелия Абр.	1900	-"- -"- -"-		
23	Плетт Анна Як.	1904	ст. гор., Шмидта 158		
24	Винс Мария Генр.	1890	шахта 33/34, Трудовая 15		
25	Гильдебрант Мар. Петр.	1894	Кир. р-н, Трудящихся 26	7.6.58	
26	Тиссен Абрам Як.	1898	Зелентрест	5.VI.58	
27	-"- Маргар. Веньям.	1900	-"-	-"-	
28	Унру Аганета -"-	1896	-"-	-"-	
29	Тиссен Мар. Ив.	1911	Б-Мих. Путевая 16	1.8.58	
30	Шенке Иоганн Абр.	1907	-"- -"- 113/3	14.9.58	

31	Шенке Елена Петр.	1902	Б-Мих. Путевая 113/3	14.9.58
32	Гардер Анна Ив.	1908	Кир. р-н, Трудящихся 26	24.9.58
33	Фот Елена Ив.	1898	Кирзавод, Стасская 9а	6.12.58
34	Фриц Мария Ив.	1902	Сарань, Солнечная 20	9.11.58.
35	Буллер Зара	1906	Кир. р-н, 8го Марта 10	7.2.59.
36	Реймер Анна Як.	1888	шахт. р-н, Медицинская 8	-"-
37	Мартенс Мария Ив.	1906	ст. Мих., Мостовая 11	28.2.59
38	-"- Елена -"-	1904	-"- -"- -"-	7.3.59.
39	Изаак Гертруда Леонард.	1878	Кирзавод, Тургенева 54	5.3.59
40	Завадская Елена	1882	Н-гор., Станционная 10/2	7.4.59
41	Тиссен Елена Петр.	1906	Б-Мих., Баженова 66	2.5.59
42	Петерс Сузанна Абр.	1898	ст. Мих., Углесбор 20	6.6.59
43	Вельк Генрих Исаак.	1906	Б-Мих., Дальняя 92	15.7.59
44	Вильмс Мария Корн.	1893	Шахт. р-н, Парковая 90	5.8.59

Die Gemeindeliste der MBG in Karaganda 1965-1968

VII

Im März 1964 reichte die MBG Karaganda eine Liste mit 358 Namen zur Regist¬rierung als deutsche EChB-Gemeinde im Lenin-Rayon in Ka¬raganda ein. Später erkannten die Brüder das als einen Fehler und zogen diese Liste zurück, weshalb wir sie hier auch nicht mehr veröffentlichen. Bei der Neusammlung der Gemeinde 1965 legte man eine neue Liste an, weil es nun nicht mehr klar war, wer weiterhin Mitglied der MBG Karaganda sein wollte. Diese Liste war streng intern und wurde nie bei irgendwelchen Behörden eingereicht. Sie ist im Original immer noch in der MBG Karaganda vorhanden und wird dort in diesem Originalheft bis heute weitergeführt. Zum 1. April 2007 enthielt sie 2572 Einträge. Wir veröffentlichen hier nur den Teil der Liste, der für den in diesem Buch behandelten Zeitraum relevant ist, also bis zum Jahre 1968 einschließlich. Viele Personen aus der ersten Liste finden sich hier wieder. Anhand dieser Liste könnten viele interessante Statistiken erstellt werden, wozu wir leider nicht gekommen sind. Interessant wäre auch, zu wissen, wie viele Menschen insgesamt jemals Mitglieder in der MBG Karaganda gewesen sind. Allerdings sind die Personen, die ab September 1959 in der Gemeinde waren und vor 1965 wieder ausschieden, in keiner Liste erfasst.

Die Liste hat folgende Spalten: Name (Nachname, Vorname, Vatersname) / Geburtsjahr / Taufdatum / Stadtteil / Straße und Hausnummer / leere Spalte / Bemerkungen (z.B. Tod, Wegzug, Gemeindewechsel). Wozu die leere Spalte gedacht war, ist uns nicht bekannt.

Für manch einen Leser mag diese Gemeindeliste interessant sein, weil man darin genaue Angaben über seine Angehörigen oder sich selbst finden kann, die vielleicht nicht so im Gedächtnis geblieben sind. Eine Schwierigkeit ist dabei, dass die Liste nicht alphabetisch geordnet ist, sondern einfach in der Reihenfolge, wie sich die Mitglieder gemeldet hatten.

№№ п/п	Фамилия, имя и отчество	Год рожд.	Дата крещения	Домашний	адрес		Выбытие
1	Гардер Гергард Петрович	1891		Кирзавод	Орианский пер. 5		в общ. Е.Х.Б. 1965
2	Гардер Елизавета Францевна	1897		" "	" " "		в общ. Е.Х.Б. 1965
3	Лейер Лиля Григорьевна	1927		" "	" " "		в общ. Е.Х.Б. 1965
4	Бергман Петр Абрамович	1889		" "	Спасская 7		умер 8 XI 1979
5	Бергман Екатерина Гергардовна	1896		" "	" "		умерла 20.XII.1976
6	Бергман Иван Петрович	1939	28.VI 1959	" "	Четская 105а		выб. на Кубань VII 1977
7	Ротман Мария Генриховна	1896		" "	Спасская 7		умерла 28.VI.1975
8	Тиссен Екатерина Францевна	1900	1926	" "	Луговая 9а		умерла 5/IX-1985
9	Энне Елена Генриховна	1903	1923	" "	Рижская 27а		умерла 20.IV 1968
10	Ведель Мария Яковлевна	1892	1914	" "	" " "		умерла 26.VIII 1971
11	Паулс Мария Ивановна	1887	1912	" "	" " "		умерла 5.4.1980
12	Паулс Дитрих Иванович	1886		" "	" " "		умер 11.VII 1966
13	Фризен Петр Гергардович	1892		" "	Спасская 12		умер 24.X 1974
14	Фридигер Елизавета Францевна	1905		" "	" " "		Выб в ФРГ апр. 1988
15	Эрлих Генрих Генрихович	1902		" "	Балхашская 119		выб. в общин Е.Х.Б. 1965
16	Эрлих Мария Генриховна	1906	21.VI 1959	" "	" " "		умерла в 1966.
17	Фризен Яков Гергардович	1910		" "	Луговая 9а		выб. в общ. Е.Х.Б. 26.VII 1968
18	Фризен Анна Ивановна	1913		" "	" "		выб. в общ. Е.Х.Б. 26.VII 1968
19	Фризен Исбрандт Гергардович	1900	1.VIII 1958	" "	Спасская 12		выб. в Анапу 28.IX-1976
20	Фризен Анна Францевна	1899	1.VIII 1958	" "	" "		" " " "
21	Левен Юстина Ивановна	1906	1923	Нов. город	Бульвар. Мира 63		умерла 15.8.89
22	Райних Лидия Адольфовна	1905		Кирзавод	Кондитерская 12		выб. в общ. Е.Х.Б. 1965
23	Райних Зелма Эвальдовна	1939	3.IX 1960	" "	" " "		выб. в Ф.Р.Г. VI-1977
24	Райних Валентина Эвальдовна	1946		" "	" " "		выб. в общ. Е.Х.Б. 1965.
25	Бехтгольд Елена Яковлевна	1923		" "	Балхашская 111		выб. на Кавказ 1979
26	Пашина Гильда Андреевна	1929	30.VI 1957	" "	Кирпичная 38		выб. в ФРГ 06. 2001
27	Гинтер Иван Яковлевич	1914	1951	Мелькомбинат	Черкасская 23		Умер 26 янв 91 г.
28	Гинтер Елена Ивановна	1910	1951	" "	" " "		Выб в ФРГ апр. 91 г.
29	Штраус Иван Абрамович	1899	1926	Кирзавод	Чехова 61		умер 25.VIII.1971
30	Штраус Елена Генриховна	1911	1962	"	" "		Выб в ФРГ 21/VIII-88
31	Регер Петр Абрамович	1900	1917		Джамбул 4		умер 9.X.1973

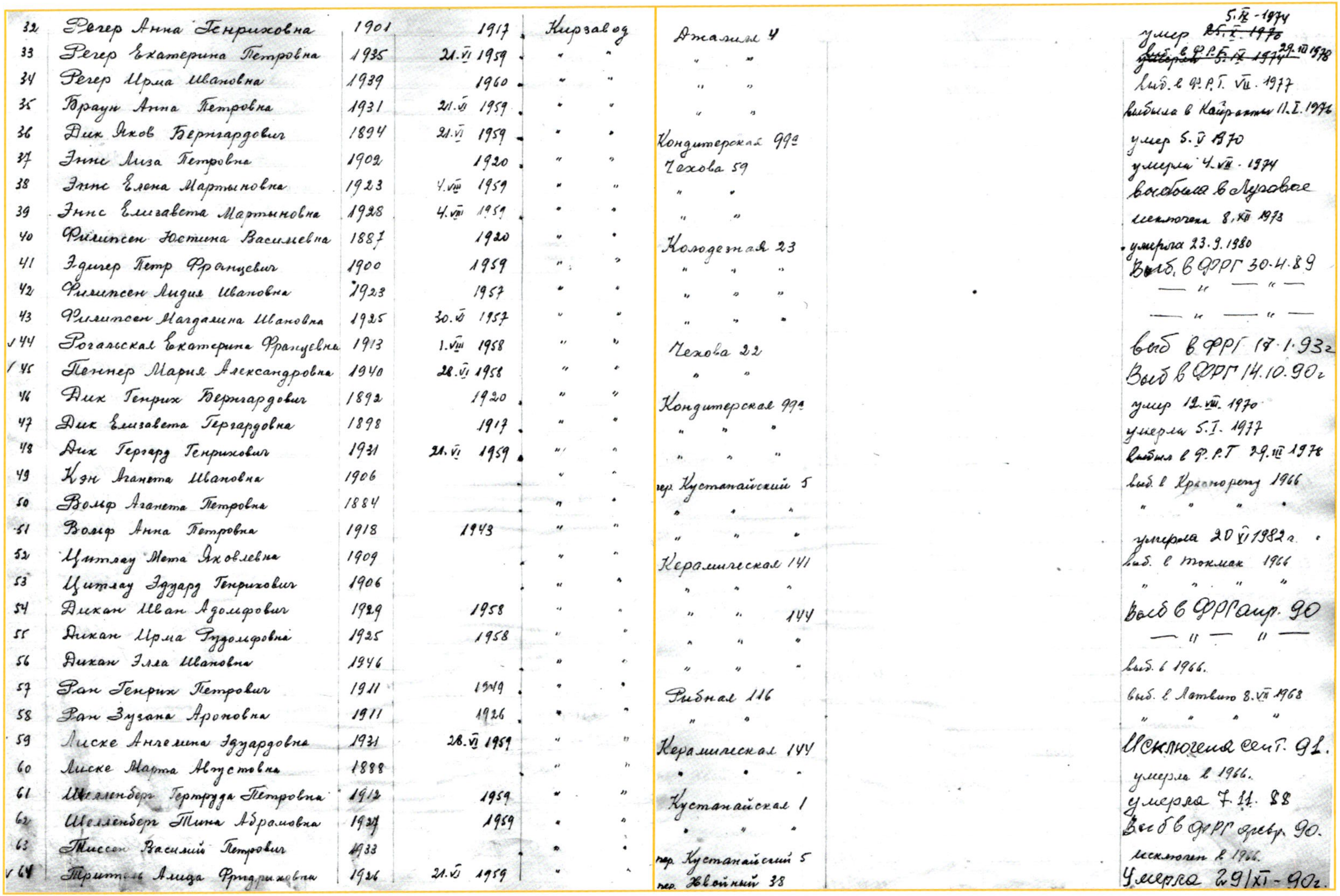

32	Регер Анна Генриховна	1901	1917	Кирзавод	Джамбул 4	умер ~~25.X.1970~~ 5.IX-1974
33	Регер Екатерина Петровна	1935	21.VI 1959	" "	" "	~~умерла 5.IX 1974~~ выб. в Ф.Р.Г. 29.XII 1978
34	Регер Ирма Ивановна	1939	1960	" "	" "	выб. в Ф.Р.Г. VII. 1977
35	Браун Анна Петровна	1931	21.VI 1959	" "	" "	выбыла в Кайраклы 11.I.1976
36	Дик Яков Бернгардович	1894	21.VI 1959	" "	Кондитерская 99а	умер 5.V 1970
37	Энс Лиза Петровна	1902	1920	" "	Чехова 59	умерла 4.VII. 1974
38	Энс Елена Мартыновна	1923	4.VIII 1959	" "	" "	выбыла в Луговое
39	Энс Елизавета Мартыновна	1928	4.VIII 1959	" "	" "	исключена 8.XII 1973
40	Филиппсен Юстина Васильевна	1887	1920	" "	Колодезная 23	умерла 23.9.1980
41	Эдигер Петр Францевич	1900	1959	" "	" " "	Выб. в ФРГ 30.4.89
42	Филиппсен Лидия Ивановна	1923	1957	" "	" " "	— " — " —
43	Филиппсен Магдалина Ивановна	1925	30.VI 1957	" "	" " "	— " — " —
✓44	Рогальская Екатерина Францевна	1913	1.VIII 1958	" "	Чехова 22	выб в ФРГ 17.1.93г
✓45	Пеннер Мария Александровна	1940	28.VI 1958	" "	" "	Выб в ФРГ 14.10.90г
46	Дик Генрих Бернгардович	1892	1920	" "	Кондитерская 99а	умер 12.VIII. 1970
47	Дик Елизавета Гергардовна	1898	1917	" "	" " "	умерла 5.I. 1977
48	Дик Гергард Генрихович	1931	21.VI 1959	" "	" " "	выбыл в Ф.Р.Г 29.III 1978
49	Кэн Аганета Ивановна	1906		" "	пер. Кустанайский 5	выб. в Краснорецку 1966
50	Вольф Аганета Петровна	1884		" "	" " "	" " " "
51	Вольф Анна Петровна	1918	1943	" "	" " "	умерла 20 XI 1982г.
52	Цитцау Мета Яковлевна	1909		" "	Керамическая 141	выб. в Токмак 1966
53	Цитцау Эдуард Генрихович	1906		" "	" " "	" " " "
54	Дикан Иван Адольфович	1929	1958	" "	" " 144	Выб в ФРГ апр. 90
55	Дикан Ирма Рудольфовна	1925	1958	" "	" " "	— " — " —
56	Дикан Элла Ивановна	1946		" "	" "	выб. в 1966.
57	Ран Генрих Петрович	1911	1949	" "	Рыбная 116	выб. в Латвию 8.VII 1968
58	Ран Зузана Ароновна	1911	1926	" "	" "	" " " "
59	Лиске Ангелина Эдуардовна	1931	28.VI 1959	" "	Керамическая 144	Исключена сент. 91.
60	Лиске Марта Августовна	1888		" "	" " "	умерла в 1966.
61	Шелленберг Гертруда Петровна	1912	1959	" "	Кустанайская 1	умерла 7.11. 88
62	Шелленберг Тина Абрамовна	1924	1959	" "	" " "	Выб в ФРГ февр. 90.
63	Тиссен Василий Петрович	1933		" "	пер. Кустанайский 5	исключен в 1966.
✓64	Триттель Алида Фридриховна	1926	21.VI 1959	" "	пер. Хвойный 38	Умерла 29/XI-90г.

65	Тиссен Мария Давидовна	1930	1960	Кирзавод	пер. Кустанайский 5		выб. в Красноярск 1.I.1969
66	Гаф Нина Андреевна	1927	1962	Мелькомбинат	Гарибальди 34		умерла 26.X 1977
67	Фот Юстина Андреевна	1920		" "	" " "		Выб. в ФРГ авг. 90
68	Фот Юстина Яковлевна	1890		" "	" " "		умерла 21.VI-1974
69	Дерксен Екатерина Ивановна	1943		" "	Черкасская 23		Выб в ФРГ апр. 91
70	Фаст Анна Яковлевна	1914	1949	Кирзавод	Керамическая 107		Выб в ФРГ июнь 90
71	Фаст Гертруда Яковлевна	1935	1958	" "	" " "		— " — " — " —
72	Фаст Екатерина Николаевна	1900	V. 1918	Нов. город	Гоголя 46		выб. в Ф.Р.Г. 15.I.1978
73	Реймер Эвальд Артурович	1937	9.VIII 1959	Кирзавод	Кондитерская 49		Выб в ФРГ 5.11.88
74	Реймер Мария Абрамовна	1940	28.VI 1959	" "	" " "		— " — " —
75	Валл Зузана Бернгардовна	1914		"	пер. Альпинистов 5		умерла 25.V.1975
76	Францен Елизавета Ивановна	1911	1.VIII 1958	Мелькомбинат	Зональная 31		выб. в Молдавию 1.XI. 1973
77	Бергман Рудольф Петрович	1932	1955	Кирзавод	Балхашская 15б		выб. в Нальчик IV 1974
78	Бергман Адина Ивановна	1937	1957	" "	" " "		выб. в Нальчик IV 1974.
79	Энс Иван Исакович	1900	1921	" "	Четская 24		Выб в ФРГ 10/IV-88
80	Энс Екатерина Яковлевна	1901	V. 1923	" "	" "		умерла 20.II-1971
81	Панкрац Анна Ивановна	1910	1.VIII 1958	" "	Волочаевская 6		выбыла на Кавказ 1979
82	Панкрац Талита Ивановна	1932		" "	Четская 24		выб. на Кубань X. 1966
83	Пеннер Эдмунд Петрович	1914		" "	Рижская 21а		выб. к Е.Х.Б. 1965
84	Пеннер Елена Григорьевна	1917		" "	" "		" " "
85	Пеннер Элла Эдмундовна	1940		" "	" "		" " "
86	Берген Мария Петровна	1910	4.VIII 1959	" "	Рижская 29б		умерла 22/IV-86 г
87	Пеннер Маргарита Абрамовна	1923		" "	Спасская 16		Выб в ФРГ март 90
88	Пеннер Мария Абрамовна	1928		" "	" "		— " — " —
89	Энс Агафия Ивановна	1906	30.VI 1957	" "	Керамическая 14		выб. на Кубань X 1966
90	Энс Марта Петровна	1936	30.VI 1957	" "	" " "		" " "
91	Зейбель Кондрат Иванович	1896		" "	Луговая 47		умер 12.III 1974 г.
92	Зейбель Екатерина Ивановна	1894		" "	" "		выб. 1975 г.
93	Зиберт Екатерина Яковлевна	1877		" "	пер. Хвойный 14		умерла 5.VII. 1966
94	Габбе Екатерина Борисовна	1896		" "	Альпинистов 5		умерла 11.VIII. 1969
95	Каминский Эрих Юлиусович	1927	1952	" "	пер. Орошаемый 6		выб в ФРГ 20.11.94.
96	Каминская Валентина Андреевна	1935	1954	" "	" " "		выб в ФРГ 20.11.94.
97	Дик Елизавета Абрамовна	1894	28.VII 1958	" "	" " 3		умерла 4.3.87

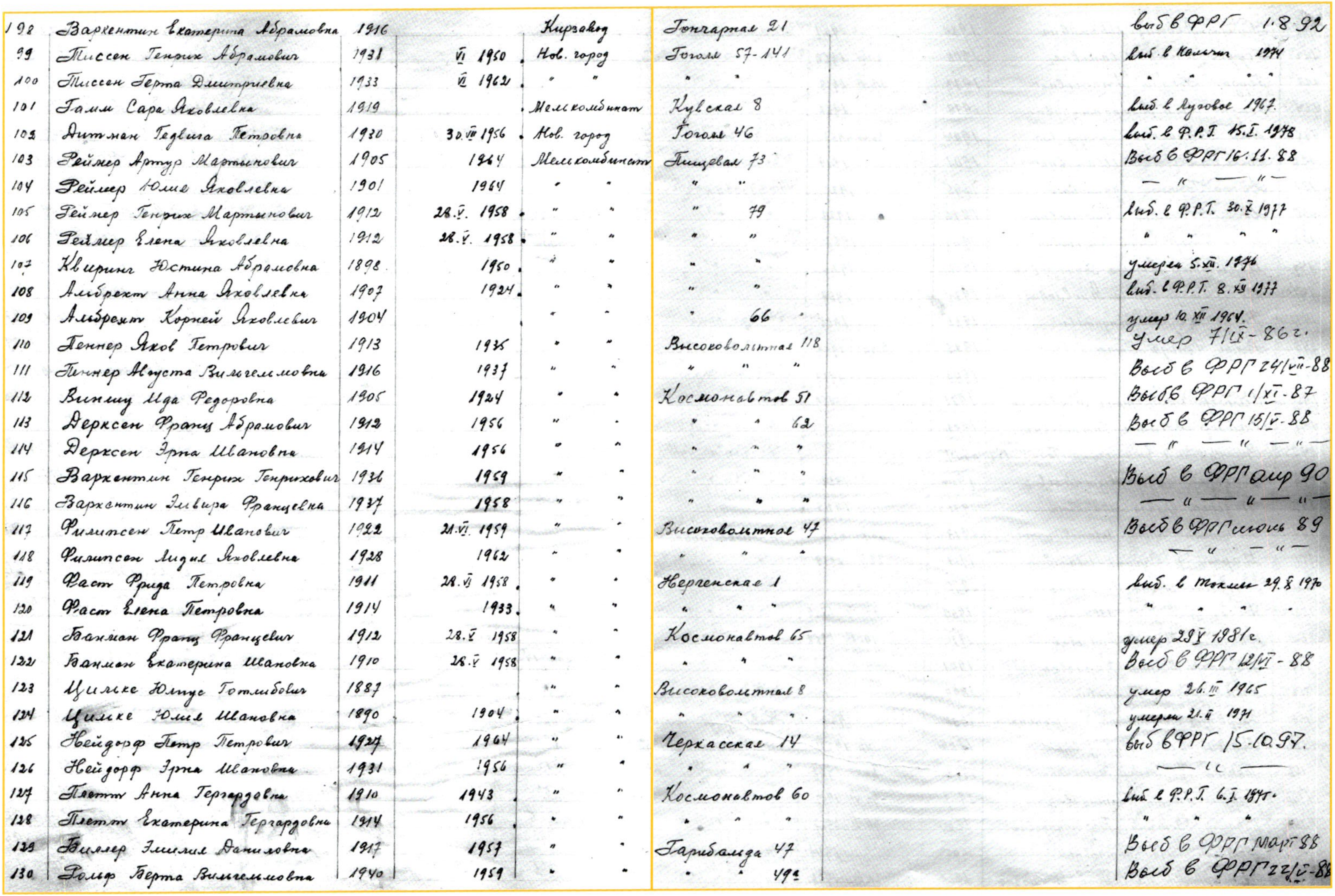

98	Варкентин Екатерина Абрамовна	1916		Кирзавод	Гончарная 21	выб в ФРГ 1.8.92
99	Тиссен Генрих Абрамович	1931	VI 1950	Нов. город	Гоголя 57-141	выб. в Калинин 1974
100	Тиссен Герта Дмитриевна	1933	VI 1962	" "	" "	" " " "
101	Гамм Сара Яковлевна	1919		Мелькомбинат	Кубская 8	выб. в Луговое 1967
102	Дитман Гедвига Петровна	1930	30.VII 1956	Нов. город	Гоголя 46	выб. в Ф.Р.Г. 15.I. 1978
103	Реймер Артур Мартынович	1905	1964	Мелькомбинат	Пищевая 73	Выб в ФРГ 16.11.88
104	Реймер Юлия Яковлевна	1901	1964	" "	" "	— " — " —
105	Реймер Генрих Мартынович	1912	28.V. 1958	" "	" 79	выб. в Ф.Р.Г. 30.X 1977
106	Реймер Елена Яковлевна	1912	28.V. 1958	" "	" "	" " " "
107	Квиринг Юстина Абрамовна	1898	1950	" "	" "	умерла 5.XII. 1976
108	Альбрехт Анна Яковлевна	1907	1924	" "	" "	выб. в Ф.Р.Г. 8.XII 1977
109	Альбрехт Корней Яковлевич	1904		" "	" 66	умер 10. XII 1964.
110	Геннер Яков Петрович	1913	1935	" "	Высоковольтная 118	умер 7/IX-86г.
111	Геннер Августа Вильгельмовна	1916	1937	" "	" " "	Выб в ФРГ 24/VII-88
112	Винниц Ида Федоровна	1905	1924	" "	Космонавтов 51	Выб в ФРГ 1/XI-87
113	Дерксен Франц Абрамович	1912	1956	" "	" " 62	Выб в ФРГ 15/V-88
114	Дерксен Эрна Ивановна	1914	1956	" "	" " "	— " — " — " —
115	Варкентин Генрих Генрихович	1936	1959	" "	" " "	Выб в ФРГ апр 90
116	Варкентин Эльвира Францевна	1937	1958	" "	" " "	— " — " — " —
117	Филипсен Петр Иванович	1922	21.VI. 1959	" "	Высоковольтное 47	Выб в ФРГ июнь 89
118	Филипсен Лидия Яковлевна	1928	1962	" "	" " "	— " — " —
119	Фаст Фрида Петровна	1911	28.VI 1958	" "	Нерченская 1	выб. в Токмак 29.X 1970
120	Фаст Елена Петровна	1914	1933	" "	" " "	" " "
121	Бахман Франц Францевич	1912	28.V 1958	" "	Космонавтов 65	умер 29.V 1981г.
122	Бахман Екатерина Ивановна	1910	28.V 1958	" "	" " "	Выб в ФРГ 12/VII-88
123	Цимке Юлиус Готлибович	1887		" "	Высоковольтная 8	умер 26.III 1965
124	Цимке Юлия Ивановна	1890	1904	" "	" " "	умерла 21.II 1971
125	Нейдорф Петр Петрович	1927	1964	" "	Черкасская 14	выб в ФРГ 15.10.97.
126	Нейдорф Эрна Ивановна	1931	1956	" "	" " "	— " —
127	Плетт Анна Гергардовна	1910	1943	" "	Космонавтов 60	выб. в Ф.Р.Г. 6.I. 1975.
128	Плетт Екатерина Гергардовна	1914	1956	" "	" " "	" " "
129	Виллер Эмилия Даниловна	1917	1957	" "	Гарибальди 47	Выб в ФРГ март 88
130	Ролф Берта Вильгельмовна	1940	1959	" "	" " 49а	Выб в ФРГ 22/V-88

131	Ромф Леонид Иванович	1930	1959	Мелькомбинат	Гарибальди 49а	Выб в ФРГ 22/V-88
132	Гердт Анна Ивановна	1908	1.VIII 1958	" "	Черкасская 78	выб. в Молдавию XI. 1973.
133	Гердт Нелли Андреевна	1932	28.VI 1958	" "	" " "	" " " "
134	Гердт Лия Александровна	1938	1956	" "	" " "	" " " IV 1974
135	Дик Вальтер Гергардович	1924	30.VI 1957	" "	Рыбная 113	умер 20.VIII 1968.
136	Нейман Анна Ивановна	1901	1918	" "	Зональная 89	умерла 23.X.1984 г
137	Каст Готлиб Адамович	1895	1924	Федоровка	Водопьянова 26	умер 4.I 1972.
138	Каст Розалие Георгиевна	1896	1924	" "	" "	умерла 11.II. 1970.
139	Шлихтер Яков Карлович	1905	1957	" "	" " 39	выб. VII 1968.
140	Шлихтер Агнеса Яковлевна	1911	1928	" "	" " "	" "
141	Шлихтер Ирма Яковлевна	1935	1957	" "	" " "	выб. в Ф.Р.Г. 20.V. 1975
142	Виль Август Августович	1931	1956	" "	Юбилейная 43	Выбыл на Кавказ
143	Виль Фрида Генриховна	1925	9.VIII 1959	" "	" "	" "
144	Гари Эмилие Фридриховна	1903	1939	" "	Разрезов 98	Умерла 14. 10. 91 г
145	Сайлер Екатерина Яковлевна	1911	1959	" "	" " 66	умерла 16.II. 1977
146	Сайлер Эмилие Готлибовна	1932		" "	" " "	умерла
147	Варкентин Екатерина Генриховна	1904		" "	Юбилейная 46	выб. в Эстонию 1966
148	Дедерер Федор Михайлович	1909	1927	" "	Орлова 64	выб. в Саранск. обл. 1977
149	Дедерер Ольга Ивановна	1911	1927	" "	" "	" " "
150	Мартинс Петр Иванович	1913	28.V 1958	Ст. Михайловка	Мостовая 11	умер 5 VIII 1983 г.
151	Мартинс Сусана Ивановна	1913	28.V 1958	" "	" "	Выб в ФРГ ноябрь 89
152	Каземир Анна Ивановна	1895		" "	" " 51	умерла 15.9.1980
153	Каземир Андрей Иванович	1924	10.IX 1958	" "	" "	исключен 4.V 1978
154	Каземир Марта Яковлевна	1931	10.IX 1958	" "	" "	Выб в ФРГ февр. 90 г
155	Дедерер Марта Карловна	1901		" "	" " 55	умерла 5.8.1980
156	Эннс Петр Петрович	1898		" "	Садоводов 4-2	умер 25.9.1980
157	Зиберт Елизавета Давидовна	1931	1963	Нов. город	проезд Волжский 16	Выб в ФРГ 21/VII-88
158	Магель Елена Давидовна	1932	VII 1962	" "	Кузнецова 16	исключена 5.X.1981 г.
159	Берген Бернгард Бернгардович	1902	30.VI. 1957	" "	пер. Федор. Полтавск. 18	умер 4.3.1981
√160	Берген Агнета Генриховна	1907	30.VI 1957	" "	" " "	выб в ФРГ 19.1.92
√161	Берген Юстина Бернгардовна	1931	30.VI 1957	" "	" " "	выб в ФРГ 19.1.92
/162	Реймер Лиза Петровна	1905	1924	" "	Можайская 3-64	Выб в ФРГ июль 91 г.
163	Гейдибрехт Маргарита Абрамовна	1909	30.VI 1957	" "	" "	Выб в ФРГ дек. 89

164	Шмидт Элла Петровна	1911	6.IX 1959	Нов. город	Дворцовый проезд 37-5	выб в ФРГ 22.2.92
165	Ризен Мария Ивановна	1906	6.IX 1959	" "	" " 37-3	выб. в Ф.Р.Г. 4.X.1978
166	Ризен Эрна Рудольфовна	1927	15.VIII 1959	" "	Панфилова 25	умерла 22.7.1980
167	Ризен Екатерина Петровна	1892	2.VIII 1957	" "	" "	умерла 13.V.1976
168	Унгер Елена Генриховна	1932	2.VIII 1957	" "	Горношахтная 27-33	вышла за муж, перешв кона 1988
169	Каст Ида Яковлевна	1932	2.VIII 1957	" "	пер. Ботанический 14-2	выб. в Ф.Р.Г. 7.II.1977
170	Янцен Элла Петровна	1904	1956	" "	Шекспира 13	выб. в Нальчик III-1974
171	Маттис Иоган Вильгельмович	1933	18.VIII 1958	" "	" "	" " " "
172	Маттис Екатерина Францевна	1935	IV 1957	" "	" "	" " " "
173	Унгер Елена Ивановна	1913	VIII 1957	" "	" 11	умерла 4 II 1985 г.
174	Маттис Валентина Яковлевна	1933	21.VI 1959	" "	" 13	выб. в Нальчик III 1974
175	Гейдебрехт Абрам Андреевич	1910	4.VI 1950	" "	Физкультурная 13	выб. в Ф.Р.Г. 17.III 1975
176	Гейдебрехт Елизавета Давидовна	1909	4.VI 1950	" "	" "	" " " "
177	Темпел Анна Ивановна	1926		" "	Федеративная 50	Выб в ФРГ окт. 90
178	Темпел Елена Ивановна	1922	1942	" "	" "	умерла 9.10.1980
179	Фризен Яков Яковлевич	1936	28.V 1958	" "	пер. Ю. Фучика 5а	выб. к Е.Х.Б. 3.III 1969
180	Фризен Элеонора Абрамовна	1937	1954	" "	" "	" "
181	Варкентин Иван Петрович	1904	VI 1924	" "	Олег Кошевого 11	умер 9.4.92
182	Варкентин Рената Ивановна	1910	VI 1963	" "	" "	умерла 30.12.91 г.
183	Герц Анна Андреевна	1909	1957	" "	Гоголя 35-23	выб. в Ф.Р.Г. VII-1977
184	Вольф Абрам Абрамович	1907		" "	пер. Ю. Фучика 5а	выб. к Е.Х.Б. 30.VI.1967
185	Вольф Екатерина Генриховна	1905	1928	" "	" "	выб. к Е.Х.Б. 3.III 1968
186	Унру Александр Генрихович	1935	1958	" "	пер. Волжский 2	Выб в ФРГ март 9[illegible]
187	Классен Аганета Ароновна	1932	1958	" "	" "	Выб в ФРГ 26/II-89
188	Берген Генрих Бернгардович	1929	1959	" "	Новгородская 25	выб в ФРГ 25.10.92
189	Балько Эрна Андреевна	1926		" "	Горношахтная 92-2	выб в ФРГ 06.05.95
190	Шиве Арнольд Юлиусович	1922		Г. Михайловка	Олимпийская 49	выб. к Е.Х.Б. 1966
191	Шиве Адина Карловна	1902		" "	" "	" " " "
192	Берген Павел Бернгардович	1934	21.VI 1958	" "	Крылова 13	выб в ФРГ 9.2.92
193	Берген Екатерина Петровна	1939	1960	" "	" "	выб в ФРГ 9.2.92
194	Маттис Вильгельм Бернгард	1903	1960	" "	Степная 125	выб. в Ф.Р.Г. 3.XI.1975
195	Маттис Лизетта Гергардовна	1909	1961	" "	" "	" "
196	Браун Алиса Вильгельмовна	1941	21.VI 1959	" "	Седова 8	выб. на Кавказ V 1974

197	Ризен Мария Петровна	1912		Б. Михайловка	Речная 26	выб. к [illegible] 1966
198	Берман Абрам Петрович	1937	IX 1960	" "	Крылова 76	выб в ФРГ 23.8.87
199	Берман Маргарита Абрамовна	1936	2.VIII 1957	" "	" "	— " — " —
200	Тиссен Эрика Абрамовна	1924	2.VIII 1957	" "	" "	Выб в ФРГ 21.1.90
201	Тиссен Агнеса Абрамовна	1926	2.VIII 1957	" "	" "	Выб в ФРГ 28.87 г
202	Насс Гарри Густавович	1930	IX 1960	" "	" "	Выб в ФРГ 4/IV-89
203	Абрагамс Маргарита Ивановна	1933	VIII 1957	" "	" "	— " — " —
204	Шейн Лиля Эвальдовна	1925		" "	" "	выб. в Алма-Ата 1966
205	Ризен Валентина Давидовна	1939	1956	" "	Речная 26	Выб в ФРГ авг. 1990
206	Диркс Василий Васильевич	1914		" "	Горноспасательная 23	выб. к [illegible] 1965
207	Берген Бернгард Бернгардович	1928	21.VI 1958	" "	Западная 37	Выб в ФРГ июнь 91 г
208	Берген Эсфира Робертовна	1930	21.VI 1958	" "	" "	— " — " —
209	Пяст Яков Яковлевич	1914	1944	" "	Седова 8	выб. в Приютное VIII 1976
210	Пяст Маргарита Абрамовна	1914	1941	" "	" "	" "
211	Экк Рудольф Робертович	1924	21.VI 1958	" "	Западная 37	Умер 2 VI-88.
212	Реймер Екатерина Петровна	1912		" "	Куринская 13	Выб в ФРГ июль 89
213	Шенке Герберт Яковлевич	1929	30.VI 1957	" "	Крылова 20-6	Выб в ФРГ 29/V-88
214	Шенке Зигрид Францевич	1933		" "	" "	— " — " —
215	Тевс Мария Альбертовна	1926		" "	Западная 93-5	выб. к церковникам 1975
216	Нейфельд Мария Георгиевна	1895		" "	Степная 71	умерла 20 X 1983 г.
217	Форат Минна Андреевна	1898	IX 1949	" "	" "	умерла сент. 1988
218	Каспер Лина Луевна	1900	1956	" "	Строительная 124	умерла 7/V-88
219	Петерс Екатерина Гергардовна	1930		" "	Жанибекова 59а 10	выб. в г. Рига 1967
220	Велк Генрих Исакович	1906	IX 1961	" "	Дальная 92	выб. в Приютное 7.VI.1976
221	Велк Елена Гергардовна	1907	1925	" "	" "	" " " "
222	Велк Елена Генриховна	1934		" "	" "	" " " "
223	Велк Гергард Генрихович	1941	1958	" "	" "	" " " "
224	Велк Гильда Яковлевна	1938	28.VI 1959	" "	" "	" " " "
225	Петерс Мария Гергардовна	1909	1928	" "	Жанибекова 59а	выб. в Ф.Р.Г. 24.IX-1976
226	Петерс Елизавета Борисовна	1936	21.VI 1958	" "	" " "	" " " "
227	Петерс Маргарита Борисовна	1942	VII 1960	" "	" " "	выб. в Херсонск обл. IX 1979 г
228	Велк Эрика Францевна	1938	IX 1961	" "	Дальная 90	выб. в Ф.Р.Г. VI.1977
229	Браун Иван Димитриевич	1903		" "	Западная 53	умер 1. IX 1966.

230	Браун Анна Абрамовна	1902	1921	Б. Михайлов.	Западная 53	Выб. в Ф.Р.Г. 14.I 1979
231	Тевс Мария Дмитриевна	1924	2.VIII 1957	"	Москвина 107	Выб в ФРГ 1993
232	Браун Мария Абрамовна	1906		"	Строительная 112	Выб. в Ф.Р.Г. 18.V. 1976
233	Шацшнейдер Лидия Генриховна	1904		"	Крылова 60	выб. в Целиноград 1969
234	Левен Анна Генриховна	1930		"	Строительная 60а	выб. в Романовка
235	Мартенс Елизавета Генриховна	1919	30.VI 1957	"	Москвина 109	Выб в ФРГ 11.10.87г
236	Шенке Елизавета Яковлевна	1894	1913	"	" "	умерла 11.V 1973
237	Ведель Эльвира Генриховна	1941	1962	"	Крылова 11	выб. к Е.Х.Б. VII 1969
238	Нейфельд Яков Вильгельмович	1938	9.VII 1959	"	Джанибекова 21	Выб в ФРГ 7/III-88
239	Вольф Петр Абрамович	1910		"	Дальная 92	выб. к Е.Х.Б. 30.VI 1967
240	Вольф Мария Абрамовна	1912		"	" "	" " "
241	Шенке Яков Яковлевич	1928	30.VI 1957	"	Баженова 74	Выб в ФРГ 30.10.88
242	Шенке Анна Генриховна	1928	30.VI 1957	"	" "	– " – – " –
243	Экк Эмилия Корнеевна	1900	30.VI 1958	Нов. город	Горношахтная 8а 4	gest. умерла в [illegible]
244	Фризен Иван Гергардович	1914	21.VI 1958	"	Зыряновская 14	выб. в общ. Е.Х.Б. 1966
245	Фризен Мария Ивановна	1912	21.VI 1958	"	" "	" "
246	Больдт Анна Исааковна	1907	1926	"	40 лет Казахстана 22-64	выб. в Ф.Р.Г. 18.II 1979
247	Вельк Елизавета Генриховна	1892	1957	"	" " "	умерла 12.V 1978
248	Фризен Екатерина Гергардовна	1926	21.VI 1958	"	Балтийская 15а	выб. в общ. Е.Х.Б. 1966
249	Берген Иван Гергардович	1908	3.VII 1955	"	Гоголя 48-60	умер 5.I 1984г.
250	Дерксен Сара Давидовна	1920	3.VII 1955	"	" "	Выб в ФРГ 21/VIII-88
251	Штоббе Елена Генриховна	1921	1958	"	Гоголя 58-34	умерла 7.8.1980
252	Логина Елена Готлибовна	1928		Кирзавод	Гончарная 70	Выб в ФРГ 1.3.92
253	Логина Валентина Готлибовна	1930		" "	Гончарная 21-17	Выб в ФРГ 10/III-89
254	Шартнер Эльза Яковлевна	1930	1954	Н. Майкудук	Открытая 7	выб в Кокчи 1980
255	Классен Генрих Иванович	1904	1922	33/34 шахта	Воронежская 4	выб. в общ. Е.Х.Б. III 1968
256	Классен Анна Дитриховна	1904	1921	" " "	" " "	" "
257	Дерксен Аганета Генриховна	1932	1957	" " "	" " "	" " "
258	Ремпель Петр Генрихович	1914	1934	" " "	Северная 83	Выб в ФРГ март 90
259	Ремпель Евгения Ивановна	1919	17.VII 1936	" " "	" "	– " – " –
260	Ремпель Петр Петрович	1943	28.VII 1964	" " "	" "	Выб в ФРГ июнь 89
261	Кригер Франц Францевич	1899	1922	" " "	" "	выб. в Ленинполь 15.IX 1973
262	Кригер Луиза Ивановна	1912	1929	" " "	" "	" " " "

263	Корнельзен Егор Иванович	1937	1957	33/34 шахта	Северная 83	выб. в Молдавию XI. 1973
264	Корнельзен Мария Францевна	1934	1958	" "	" "	" " " "
265	Корнельзен Маргарита Егоровна	1908	1959	" "	Северная 86	выб. в Калининское 1973
266	Реймер Елизавета Генриховна	1918	1943	" "	Северная 29	выб. в Молдавию 7.VIII 1974
267	Корнельзен Елена Яковлевна	1932	1957	" "	Свердлова 92	Выб в ФРГ июнь 91 г
268	Корнельзен Анна Яковлевна	1925	1956	" "	" "	— " — " —
269	Корнельзен Зузана Яковлевна	1927	1956	" "	" "	— " — " —
270	Корнельзен Екатерина Генрих.	1900	1921	" "	" "	умерла 1974
271	Пирх Мария Яковлевна	1901	28.V 1959	" "	Северная 84	умерла 26.II 1971
272	Пирх Елизавета Романовна	1930	1957	" "	" "	исключена 15.V. 1976
273	Пирх Мария Романовна	1926	28.VI 1959	" "	Северная 82	исключена 22.VIII 1970
274	Пирх Екатерина Романовна	1928		" "	" " 77	Выб в ФРГ 14/II-90 г.
275	Делеске Яков Гергардович	1932	18.VII 1959	" "	Ильийская 36	выб. в Эстонию 8.VII.1970
276	Делеске Елена Гергардовна	1932	1958	" "	" "	" " " "
277	Гейдебрехт Елизавета Яковлевна	1927		" "	Бабушкина 122	выб. к церковникам 1967
278	Фаст Анна Ивановна	1926	22.VIII 1954	" "	Белинского 36-15	Выб в ФРГ 8.12-1977 г
279	Гиберт Елена Исааковна	1906		" "	Ильийская 15-17	выб. в Канаду V 1966
280	Гиберт Агнеста Гергардовна	1894	1959	" "	Ильийская 4	умерла 29. XI. 1970
281	Гиберт Маргарита Исааковна	1924	1961	" "	" "	выб. в Алма-Ату III. 1972 г.
282	Ведель Анна Петровна	1894	1908	" "	Северная 94	выб. в Киргизию Фрунзе VI. 1972
283	Классен Маргарита Генриховна	1901	1920	" "	" " 89	умерла 16.VI. 1971
284	Классен Маргарита Петровна	1929	1958	" "	" "	выб. в Херсонск. обл. IX 1973 г.
285	Тиссен Екатерина Ивановна	1909	1932	" "	Северная 61	умерла 9. VII. 1970
286	Регер Елизавета Генриховна	1916	2.VI 1958	" "	Северная 91	выбыла в ФРГ 22.II 87
287	Герцен Петр Петрович	1916	1948	" "	Ильийская 30	выб в ФРГ 10.09.95 г
288	Герцен Мария Яковлевна	1918	1948	" "	" "	выб в ФРГ 10.09.95 г
289	Классен Анна Ивановна	1913	1934	" "	Северная 88	Выб в ФРГ июнь 89
290	Классен Анна Генриховна	1940	VIII 1957	" "	" "	— " — " —
291	Гардер Елена Генриховна	1917	12.IX 1958	" "	Северная 57	выб. в Молдавию V. 1974
292	Коон Аганета Ивановна	1919	19.VII 1958	" "	" "	Выб в ФРГ 13/VIII - 89 г
293	Фаст Аганета Ивановна	1917	1950	" "	Грейдерная 9	Выб в ФРГ июль 90
294	Никкель Елена Яковлевна	1926	1965	" "	Грейдерная 20	выб. в Р.Г.Г. VI. 1977
295	Тиссен Иван Иванович	1933	1965	" "	Северная 57	Выб в ФРГ 3.12.88

296	Тиссен Анна Яковлевна	1936	1957	33/34 шахта	Северная 57		Выб. в ФРГ 3.12.88
297	Герцен Яков Яковлевич	1911	21.VII 1958	" "	Северная 61		Выб в ФРГ 22.01.89
298	Герцен Лидия Ивановна	1915	1957	" "	" "		умерла 24.7.1980
299	Унру Агата Ивановна	1911		" "	" "		Выб в ФРГ ноябрь 89
300	Герцен Елена Яковлевна	1921	21.VI 1958	" "	Ильинская 13		1974.XII перешла в общ. ЕХБ
301	Шварце Марте Ивановна	1921	1957	" "	Грейдерная 20		выб в ФРГ 15.8.93
302	Дик Агата Петровна	1931	1957	" "	Грейдерная 40	? замуж. А. И. Баркман	выб в ФРГ 5.10.92
303	Дик Валентина Давыдовна	1939	1957	" "	Грейдерная 16		Выб. в ФРГ май 90
304	Дик Георгий Владимирович	1934	1957	" "	" "		— " — " — " —
305	Варкентин Эльвира Ивановна	1938	28.VI 1959	" "	Трудовая 37а		Выб в ФРГ 26/II-89
306	Фенске Эльза Бертгольдовна	1907		" "	Большой проезд 32		выб. в общ. ЕХБ 1968
307	Фенске Линда Эмилевна	1939		" "	" " "		" " " "
308	Фенске Рубин Эмилевич	1931		" "	Большой проезд 34		выбыл в Токмак 1967
309	Фенске Агнеса Абрамовна	1934		" "	" " "		" " "
310	Эберт Иогана Людвиговна	1910	19.VII 1958	" "	Большой проезд 38		" " "
311	Зиберт Яков Генрихович	1904	28.VI 1959	" "	Малый проезд 21		выб. в Ф.Р.Г. 12.X 1979
312	Зиберт Мария Ивановна	1903	28.VI 1959	" "	" " "		" " " "
313	Корнельсен Яков Яковлевич	1929	1954	" "	Трудовая 36		Выб в ФРГ май 90
314	Корнельсен Зара Петровна	1928	1955	" "	" "		— " — " —
315	Винс Мария Генриховна	1890		" "	Трудовая 15		как гость
316	Винс Генрих Исаакович	1929		" "	" "		не считать
317	Варкентин Иван Генрихович	1908	1957	" "	Трудовая 37а		умер 11.III 1970
318	Берман Иван Петрович	1923		Кирзавод	Букетинская [?] 48а		выб. в Латвию 30.VII.1976
319	Берман Зара Ивановна	1928		" "	" "		" " "
320	Дик Елена Ивановна	1895		Майкудук	26 квартал 62-55		умерла 9.XII-1972
321	Лоренц Андрей Андреевич	1930	1951	33/34 шахта	Малый проезд 23а		выб. в Калинина 2.I 1970
322	Тиссен Елена Генриховна	1934	30.VI 1957	" "	" " "		" " "
323	Нейфельд Анна Францевна	1925		" "	Коллективная 4		выб. на Кавказ 12.XI 1978
324	Зуккау Яков Яковлевич	1931	1957	" "	Садовая 10		Выб в ФРГ сент. 1990
325	Зуккау Нина Вильгельмовна	1938	1957	" "	" "		— " — " —
326	Левен Маргарита Ивановна	1939	1958	" "	Летняя 3		выб. в общ. 33/34 шахты
327	Гильдебрандт Яков Иванович	1919	1954	" "	Ташкентская 30		выб. в Ансетский [?] 28.V.1976
328	Гильдебрандт Елена Петровна	1925	1954	" "	" " "		" " " "

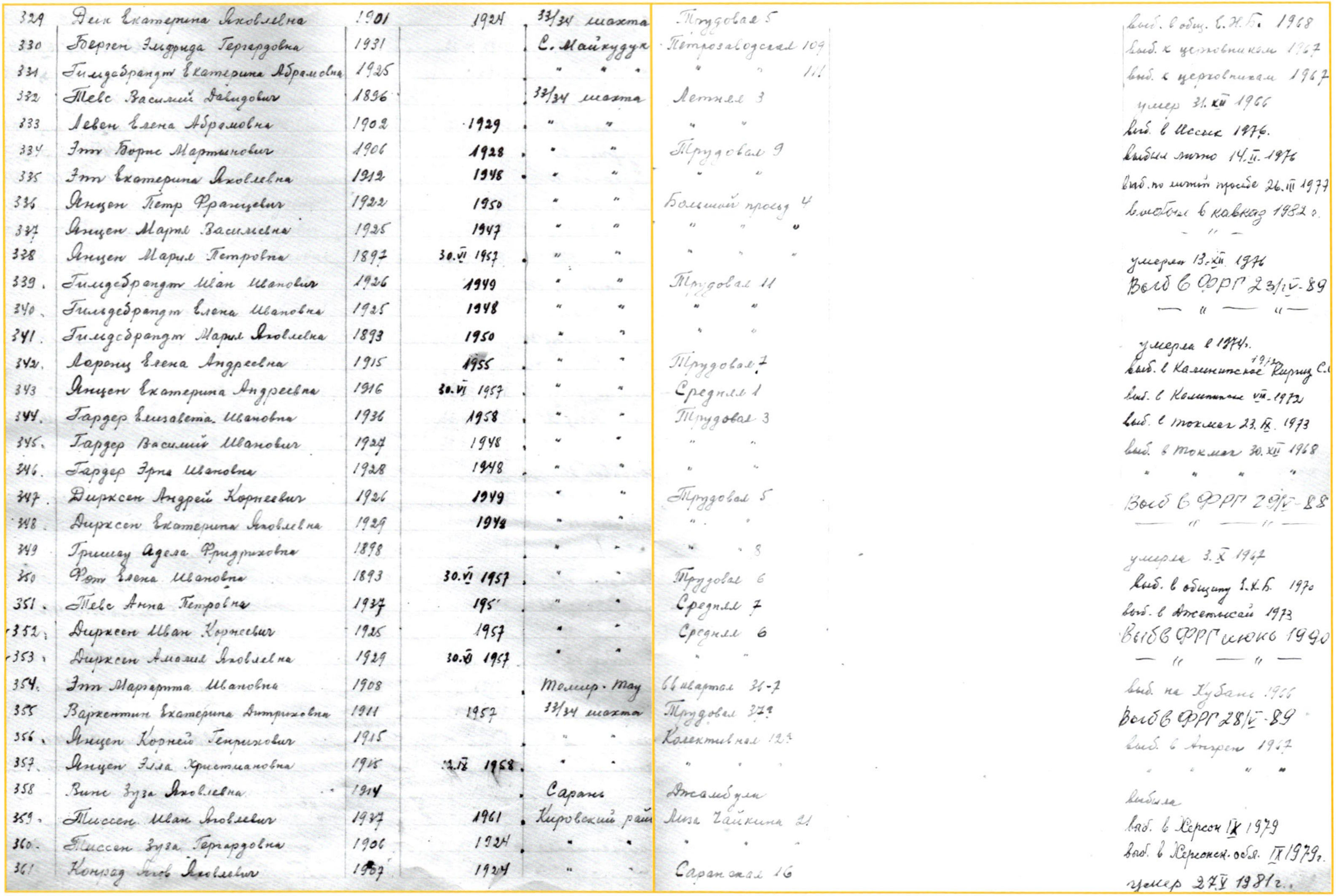

329	Фех Екатерина Яковлевна	1901	1924	33/34 шахта	Трудовая 5	выб. в общ. Е.Х.Б. 1968
330	Берген Эльфрида Гергардовна	1931		С. Майкудук	Петрозаводская 109	выб. к церковникам 1967
331	Гильдебрандт Екатерина Абрамовна	1925		〃 〃	〃 111	выб. к церковникам 1967
332	Тевс Василий Давидович	1896		33/34 шахта	Летняя 3	умер 31.XII 1966
333	Левен Елена Абрамовна	1902	1929	〃 〃	〃 〃	выб. в Иссык 1976.
334	Этт Борис Мартынович	1906	1928	〃 〃	Трудовая 9	выбыл лично 14.II.1976
335	Этт Екатерина Яковлевна	1912	1948	〃 〃	〃 〃	выб. по личной просьбе 26.III 1977
336	Янцен Петр Францевич	1922	1950	〃 〃	Большой проезд 4	выбыли в кавказ 1982 г.
337	Янцен Марта Васильевна	1925	1947	〃 〃	〃 〃 〃	— 〃 —
338	Янцен Мария Петровна	1897	30.VI 1957	〃 〃	〃 〃 〃	умерла 13.XII 1976
339.	Гильдебрандт Иван Иванович	1926	1949	〃 〃	Трудовая 11	Выб в ФРГ 23/IV-89
340.	Гильдебрандт Елена Ивановна	1925	1948	〃 〃	〃 〃	— 〃 — 〃 —
341.	Гильдебрандт Мария Яковлевна	1893	1950	〃 〃	〃 〃	умерла в 1974.
342.	Лоренц Елена Андреевна	1915	1955	〃 〃	Трудовая 7	выб. в Калининское Кирг. С. 1974
343	Янцен Екатерина Андреевна	1916	30.VI 1957	〃 〃	Средняя 1	выб. в Калининское VIII-1972
344.	Гардер Елизавета Ивановна	1936	1958	〃 〃	Трудовая 3	выб. в Токмак 23.IX. 1973
345.	Гардер Василий Иванович	1927	1948	〃 〃	〃 〃	выб. в Токмак 30.XII 1968
346.	Гардер Эрна Ивановна	1928	1948	〃 〃	〃 〃	〃 〃 〃 〃
347.	Дирксен Андрей Корнеевич	1926	1949	〃 〃	Трудовая 5	Выб в ФРГ 29/IV-88
348.	Дирксен Екатерина Яковлевна	1929	1948	〃 〃	〃 〃	— 〃 — 〃 —
349	Гриниц Адель Фридриховна	1898		〃 〃	〃 8	умерла 3.X 1967
350	Фот Елена Ивановна	1893	30.VI 1957	〃 〃	Трудовая 6	выб. в общину Е.Х.Б. 1970
351.	Тевс Анна Петровна	1937	195	〃 〃	Средняя 7	выб. в Джетысай 1973
352.	Дирксен Иван Корнеевич	1925	1957	〃 〃	Средняя 6	Выб в ФРГ июнь 1990
353.	Дирксен Амалия Яковлевна	1929	30.VI 1957	〃 〃	〃 〃	— 〃 — 〃 —
354.	Этт Маргарита Ивановна	1908		Темир-Тау	6 квартал 31-7	выб. на Кубань 1966
355	Варкентин Екатерина Дмитриевна	1911	1957	33/34 шахта	Трудовая 37?	Выб в ФРГ 28/V-89
356.	Янцен Корней Генрихович	1915		〃 〃	Колективная 12?	выб. в Ангрен 1967
357.	Янцен Элла Христиановна	1915	12.IX 1958.	〃 〃	〃 〃	〃 〃 〃 〃
358	Винс Зуза Яковлевна	1914		Сарань	Джамбул	выбыла
359.	Тиссен Иван Яковлевич	1937	1961	Кировский рай	Лиза Чайкина 21	выб. в Херсон IX 1979
360.	Тиссен Зуза Гергардовна	1906	1924	〃 〃	〃 〃	выб. в Херсонск. обл. IX 1979 г.
361	Конрад Яков Яковлевич	1907	1924	〃 〃	Саранская 16	умер 27.V 1981 г.

362.	Конрад Мария Яковлевна	1903	1923	Кировский р-	Саранская 16	умерла 27 XI 1979г.
363	Реги Луза Яковлевна	1929	12.VIII 1963	" "	Саранская 59	Выб в ФРГ 15/V-88
364	Валь Лида Генриховна	1933		" "	Пожарского 11	выб. в 1966г.
365.	Конрад Петр Яковлевич	1934	8.VI 1956	" "	Парковая 152	Выб в ФРГ 6/III-88
366.	Конрад Анна Андреевна	1931	12.VI 1949	" "	" "	— " — " —
367	Фрезе Гертруда Абрамовна	1901	2.VIII 1958	" "	Минина 35	умерла 11.IX 1972
368.	Валь Елизавета Исаковна	1893		" "	Пожарская 8	как гость
369.	Вильмс Мария Корнеевна	1893	6.IX 1959	" "	Парковая 47	умерла 6.XII 1972
370	Вильмс Аганета Яковлевна	1933	24.VIII 1962	" "	" "	выбыл. 28 VI 1981г. в Оренбург.
371	Изаак Корнелий Иванович	1923	6.VIII 1959	" "	Медицинская 35-8	выбыла в ФРГ 28.01.96г
372.	Вине Екатерина Генриховна	1910	1926	" "	Лиза Чайкина 32	уехала 1988г.
373	Нейфельд Зара Гергардовна	1911	1959	" "	" " 21	выб. в Херсонск. обл. IX 1979
374	Нейфельд Екатерина Генриховна	1940	1958	" "	" " "	выб. в Херсонск. обл. IX 1979г.
375	Больдт Генрих Генрихович	1931	24.V 1956	" "	Саранская 6	Выб в ФРГ июль 89
376	Больдт Моника Яковлевна	1924	VIII 1956	" "	" "	— " — " —
377	Эннс Корней Исакович	1898	12.VIII 1963	" "	Дунаевская 11-9	умер 18.XII-1973
378.	Ремпель Мария Вильгельмовна	1911	12.VIII 1963	" "	" "	умерла 15.IV. 1973
379.	Конрад Яков Яковлевич	1932	VI 1956	" "	Баумана 5	Выб в ФРГ сент 87
380.	Конрад Елена Генриховна	1941	19.VI 1959	" "	" "	исключена 13.VII 1967
381.	Герцен Маргарита Андреевна	1926	8.IX 1957	" "	Стадионная 11	смерть 1.III 1979
382	Герцен Мария Андреевна	1924	18.IX 1957	" "	" "	Выб в ФРГ сент 89г.
383	Госсен Юстина Ивановна	1891	2.VIII 1958	Нов. город	40 лет Казахстана 30/2-73	умерла 24.I. 1971
384	Госсен Лиза Генриховна	1924	1957	" "	" "	Выб в ФРГ февр. 1991г.
385.	Конрад Вильгельм Яковлевич	1939	21.VI 1958	Кировский р-н	Саранская 16	выбыл в Ф.Р.Г. 5 XII 1983г
386.	Конрад Мария Борисовна	1938	2.VII 1957	" "	" "	выбыла в Ф.Р.Г. 5 XII 1983г
387.	Фаст Маргарита Корнеевна	1907	24.VI 1924	" "	Парковая 152	выб. в Канаду III 1968
388.	Мартенс Екатерина Петровна	1911		" "	Галерийная 14	как гость
389.	Янцен Зара Петровна	1914		" "	" "	как гость
390.	Рей Карл Карлович	1903	1952	" "	Первого мая 18а	умер 28.08.90г.
391.	Рей Ольга Корнеевна	1907	1952	" "	" "	умерла март 88
392.	Функ Елена Генриховна	1908	1928	" "	Братская 2	умерла 3/I-87г
393.	Унру Екатерина Ивановна	1914		" "	Боткина 25а	выб. в общ. Е.Х.Б. 1966
394.	Нейфельд Генрих Генрихович	1939	1962	" "	Лиза Чайкина 21	выб. в Херсонск. обл. IX 1979г.

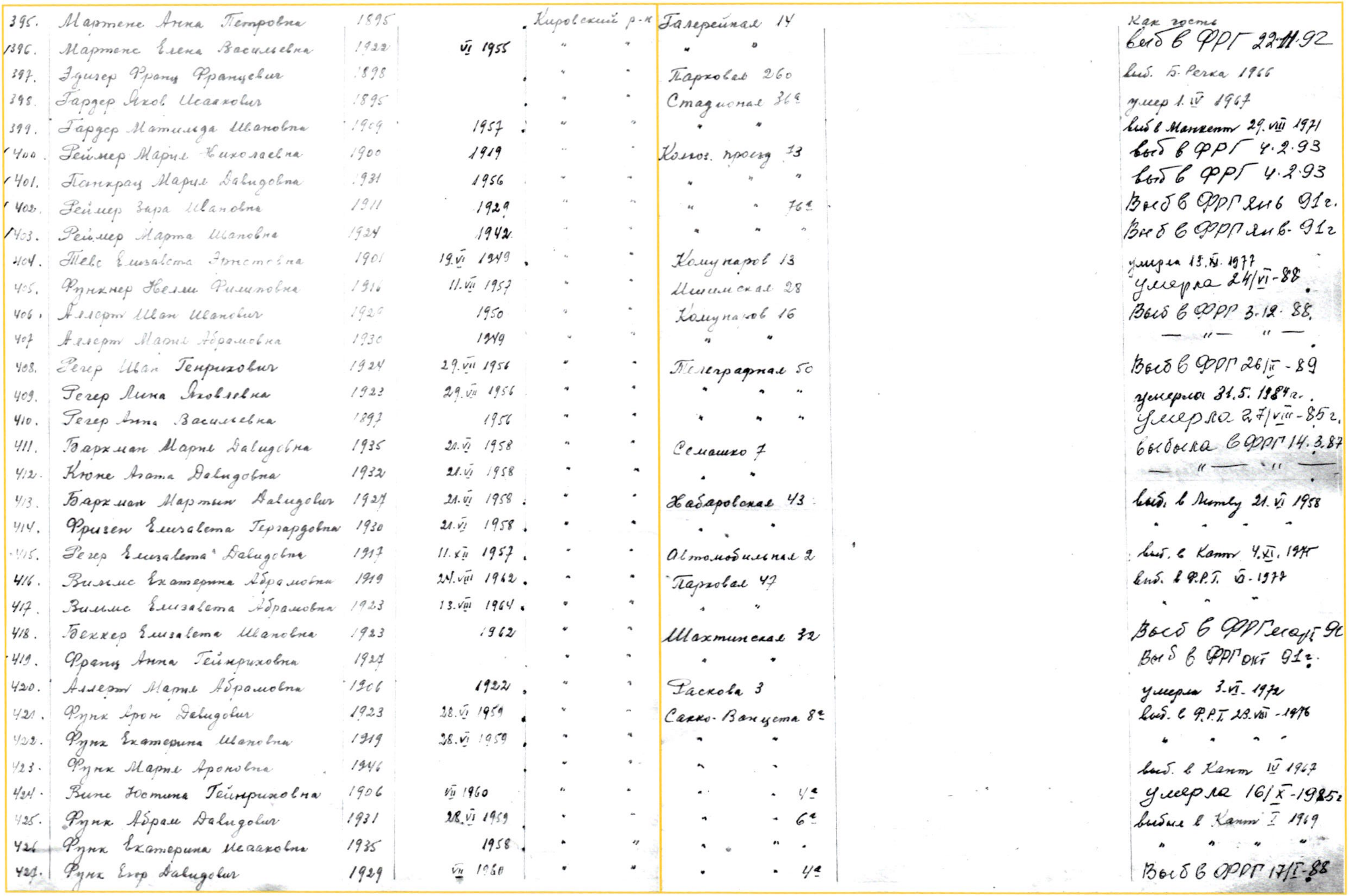

395.	Мартенс Анна Петровна	1895		Кировский р-н	Галерейная 14	Как гость
396.	Мартенс Елена Васильевна	1922	VI 1955	" "	" "	выб в ФРГ 22.XI.92
397.	Эдигер Франц Францевич	1898		" "	Парковая 260	выб. Б. Речка 1966
398.	Гардер Яков Исаакович	1895		" "	Стадионная 36а	умер 1.IV 1967
399.	Гардер Матильда Ивановна	1909	1957	" "	" "	выб в Манкент 29.VIII 1971
400.	Реймер Мария Николаевна	1900	1919	" "	Колхоз. проезд 13	выб в ФРГ 4.2.93
401.	Панкрац Мария Давидовна	1931	1956	" "	" " "	выб в ФРГ 4.2.93
402.	Реймер Зара Ивановна	1911	1929	" "	" " 76а	Выб в ФРГ янв 91г.
403.	Реймер Марта Ивановна	1924	1942	" "	" " "	Выб в ФРГ янв. 91г
404.	Тевс Елизавета Эрнстовна	1901	19.VI 1949	" "	Комунаров 13	умерла 13.XI.1977
405.	Функнер Нелли Филиповна	1916	11.VIII 1957	" "	Ишимская 28	умерла 24/VI-88
406.	Аллерт Иван Иванович	1920	1950	" "	Комунаров 16	Выб в ФРГ 3.12.88
407	Аллерт Мария Абрамовна	1930	1949	" "	" "	— " — " —
408.	Регер Иван Генрихович	1924	29.VIII 1956	" "	Телеграфная 50	Выб в ФРГ 26/IX-89
409.	Регер Анна Яковлевна	1923	29.VIII 1956	" "	" " "	умерла 31.5.1984г.
410.	Регер Анна Васильевна	1897	1956	" "	" " "	умерла 27/VIII-85г.
411.	Бархман Мария Давидовна	1935	21.VI 1958	" "	Семашко 7	выбыла в ФРГ 14.3.87
412.	Кюне Агата Давидовна	1932	21.VI 1958	" "	" "	— " — " —
413.	Бархман Мартин Давидович	1927	21.VI 1958	" "	Хабаровская 43	выб. в Литву 21.VI 1958
414.	Фризен Елизавета Гергардовна	1930	21.VI 1958	" "	" "	" " " "
415.	Регер Елизавета Давидовна	1917	11.XII 1957	" "	Автомобильная 2	выб. в Кант 4.XI.1975
416.	Виммс Екатерина Абрамовна	1919	24.VIII 1962	" "	Парковая 47	выб. в Ф.Р.Г. V-1977
417.	Виммс Елизавета Абрамовна	1923	13.VIII 1964	" "	" "	" " "
418.	Беккер Елизавета Ивановна	1923	1962	" "	Шахтинская 32	Выб в ФРГ январь 9[illegible]
419.	Франц Анна Генриховна	1927		" "	" "	Выб в ФРГ окт 91г.
420.	Аллерт Марта Абрамовна	1906	1922	" "	Раскова 3	умерла 3.VI.1972
421.	Функ Арон Давидович	1923	28.VI 1959	" "	Сакко-Ванцета 8а	выб. в Ф.Р.Г. 23.VIII-1976
422.	Функ Екатерина Ивановна	1919	28.VI 1959	" "	" "	" " " "
423.	Функ Мария Ароновна	1946		" "	" "	выб. в Кант IV 1967
424.	Винс Юстина Генриховна	1906	VII 1960	" "	" " 4а	умерла 16/X-1985г
425.	Функ Абрам Давидович	1931	28.VI 1959	" "	" " 6а	выбыл в Кант I 1969
426.	Функ Екатерина Исааковна	1935	1958	" "	" " "	" " " "
427.	Функ Егор Давидович	1929	VII 1960	" "	" " 4а	Выб в ФРГ 17/I-88

428.	Функ Мария Ароновна	1937	VII 1960	Кировский р-н	Сакко-Ванцетти 42	Выб. в ФРГ 17/I-88
429.	Фаст Мария Вильгельмовна	1906	1928	"	Минская 38	Умерла 18.IX.86г.
430.	Фризен Маргарита Яковлевна	1914		"	Автомобильная 13а	как гость
431.	Фризен Мария Ароновна	1928	IX 1957	"	" "	Выб. в ФРГ 26/VI-88
432.	Энт Елизавета Ароновна	1930	1957	"	" " 13	Выб в ФРГ 3.12.88
433.	Тиссен Анна Францевна	1927	30.VI 1957	"	Сакко-Ванцетти 33	умерла 5.VI 1978
434.	Унрау Елена Яковлевна	1898	1957	"	Динамитная 43	умерла 30.XI.1977
435.	Фаст Гергард Гергардович	1914		"	Рабкоровская 37	выб. в общ. Е.Х.Б. 30.VI 1967
436.	Фаст Анна Ивановна	1912		"	" " "	" " " "
437.	Фаст Анна Гергардовна	1938	2.VIII 1958	"	" " 24	исключена 13.III 1972
438.	Залатски Лиза Ивановна	1898		"	Шаумяна 17	умерла 3.IX.1972
439.	Дик Яков Яковлевич	1929	11.VI 1950	"	Новосибирская 19	умер 3.VI 1979
440.	Дик Елена Корнеевна	1933	IX 1956	"	" " "	умерла 4/XI-87г.
441.	Бошман Анна Корнеевна	1925	1957	"	Лиза-Чайкина 94	Выб в ФРГ 24/I-88
442.	Тиссен Гергард Гергардович	1923		"	Павленко 74	выб. в Юрьевку 1965
443.	Фаст Маргарита Корнеевна	1919		"	" "	" " " "
444.	Гибнер Виктор Петрович	1930	23.VIII 1955	"	Мир. труда 33	выб. в Латвию 8.VI 1976
445.	Гибнер Гедвига Ивановна	1932	18.VI 1950	"	" "	" " " "
446.	Зименс Зузана Ивановна	1898	1948	"	Шота-Руставели 15-2	умерла 17.IX.1974
447.	Дирксен Петр Юлиусович	1915	28.VI 1959	"	Динамитная 25	умер 2 VII 1985г.
448.	Дирксен Елена Гергардовна	1915	14.VIII 1957	"	" " "	выб в ФРГ 11.2.93
449.	Фрезе Элиза Давидовна	1913		"	Зелинского 24-61	выбыла в 1968.
450.	Лиурау Анна Давидовна	1920	1962	"	Динамитная 25	исключена 22.VIII.1970
451.	Дик Василий Тобиасович	1912	30.VI 1957	"	Циолковского 20-2	Выб в ФРГ 17/I-88
452.	Дик Екатерина Генриховна	1914	30.VI 1957	"	" " "	— " — " —
453.	Варкентин Эрвин Петрович	1940	1961	"	Чайковского 19-17	выбыл в IX 1982 Фрунзе
454.	Варкентин Лариса Васильевна	1940	1961	"	" " "	— " —
455.	Кливер Андрей Андреевич	1927	VIII 1949	"	Павленко 72	Выб в ФРГ (?) 90
456.	Кливер Елена Васильевна	1927	VIII 1949	"	" "	— " — " —
457.	Петерс Мария Гергардовна	1900	20.VI 1914?	"	" "	умерла 18.IV 1979
458.	Жокк? Анна Петровна	1925	28.VI 1959	"	Рабкоровская 11	выб. в Юрьевку 1968
459.	Баламова Маргарита Генриховна	1913	8.IX 1956	"	Читинская 4-1	исключена 28.IV 1979
460.	Аллерт Корней Корнеевич	1890		"	Короленко 21	умер 15.VI 1965

461	Вибе Василий Петрович	1903		Кировский р-н	Павленко 45	выб. в общ. Х.Б. 1967
462	Вибе Маргарита Андреевна	1903		" "	" "	" " " "
463.	Фальк Анна Яковлевна	1927	4.VI 1942	" "	Попова 11	выб. вышла замуж 1969
464.	Фальк Анна Ивановна	1904	VII 1923	" "	" "	выб. в Тюмень X 1974
465.	Тиссен Володя Гергардович	1927	VI 1955	" "	Рабкоровская 4	Выб в ФРГ 6/III-88.
466.	Тиссен Гертруда Ивановна	1928	VI 1955	" "	" "	— " — " —
467.	Тиссен Сусанна Гергардовна	1901	VI 1955	" "	" "	— " — " —
468.	Тиллман Петр Иванович	1928	4.VI 1950	" "	Мир. труда 35	Выб в ФРГ 30.10.88
469.	Тиллман Мария Яковлевна	1927		" "	" "	умерла 2.IX 1966
470.	Тиллман Маргарита Давидовна	1896		" "	" "	умерла 19.XI 1967
471.	Дик Петр Яковлевич	1924	11.VI 1950	" "	Павленко 50	Выб в ФРГ 5.11.8[illegible]
472.	Фаст Мария Корнеевна	1922	2.VI 1949	" "	" "	— " — " —
473.	Кругель Маргарита Генриховна	1905		Темир-Тау	квартал В IV-1	выб. X 1969 г. темир тауск. общ.
474.	Рецлав Анна Генриховна	1903		" "	" " "	Выб в ФРГ 1/XI-87
475.	Браун Елизавета Абрамовна	1919	14.VIII 1957	Кировский р-н	Реконструкция 44	выб. в Ф.Р.Г. 3.X 1976
476.	Рот Давид Давидович	1941	24.VIII 1961	" "	" " "	Выб в ФРГ март 90
477.	Фридигер Елизавета Яковлевна	1897	7.VII 1959	" "	" " "	выб. в Ф.Р.Г. 3.X 1976
478.	Бухер Анна Ивановна	1916	4.VIII 1951	" "	8го марта 51	Выб. в ФРГ 22.01.89
479.	Бальцер Лаура Абрамовна	1910	19.VII 1958	" "	Короткая 6	Выб в ФРГ 16/IV-89
480.	Ран Мария Корнеевна	1912	19.VII 1958	" "	Турбинная 29	умерла 28.II 1978
481.	Гамм Анна Корнеевна	1911	19.VII 1958	" "	" "	выб. в общ. Х.Б. 1969
482.	Франц Матильда Августовна	1881	19.VII 1958	" "	Короткая 6	умерла 26.XI-1970
483.	Руппель Эрнст Александрович	1929	19.VII 1958	" "	Глинки 9	Выб в ФРГ март 90
484.	Вайс Людвиг Данилович	1910		" "	Бакунина 57	выб. в Ташкент
485.	Шварц Иван Иванович	1929	28.VI 1959	" "	проезд Парковый 9	выб. в общ. Х.Б. 1968
486.	Шварц Лидия Асафовна	1931	1958	" "	" " "	" " "
487.	Кемлинг Асаф Иванович	1900	1951	" "	" " "	" " "
488.	Кемлинг Эмма Юлиусовна	1903	1922	" "	" " "	" " "
489.	Классен Николай Иванович	1907	28.VI 1959	" "	Восточная 22	умер 26/V-87 г
490.	Классен Анна Петровна	1914	VIII 1957	" "	" "	выб в ФРГ 27.9.92
491.	Конрад Мария Ивановна	1887		Нов. город	Хрустальная 16	умерла 20. IX. 1970
492.	Летт Анна Корнеевна	1905	24.V 1922	" "	Можайская 3-64	умерла 1998
493.	Бекк Готлиб Христианович	1902		" "	Силовая 96а	выб. в общ. Х.Б. 1966

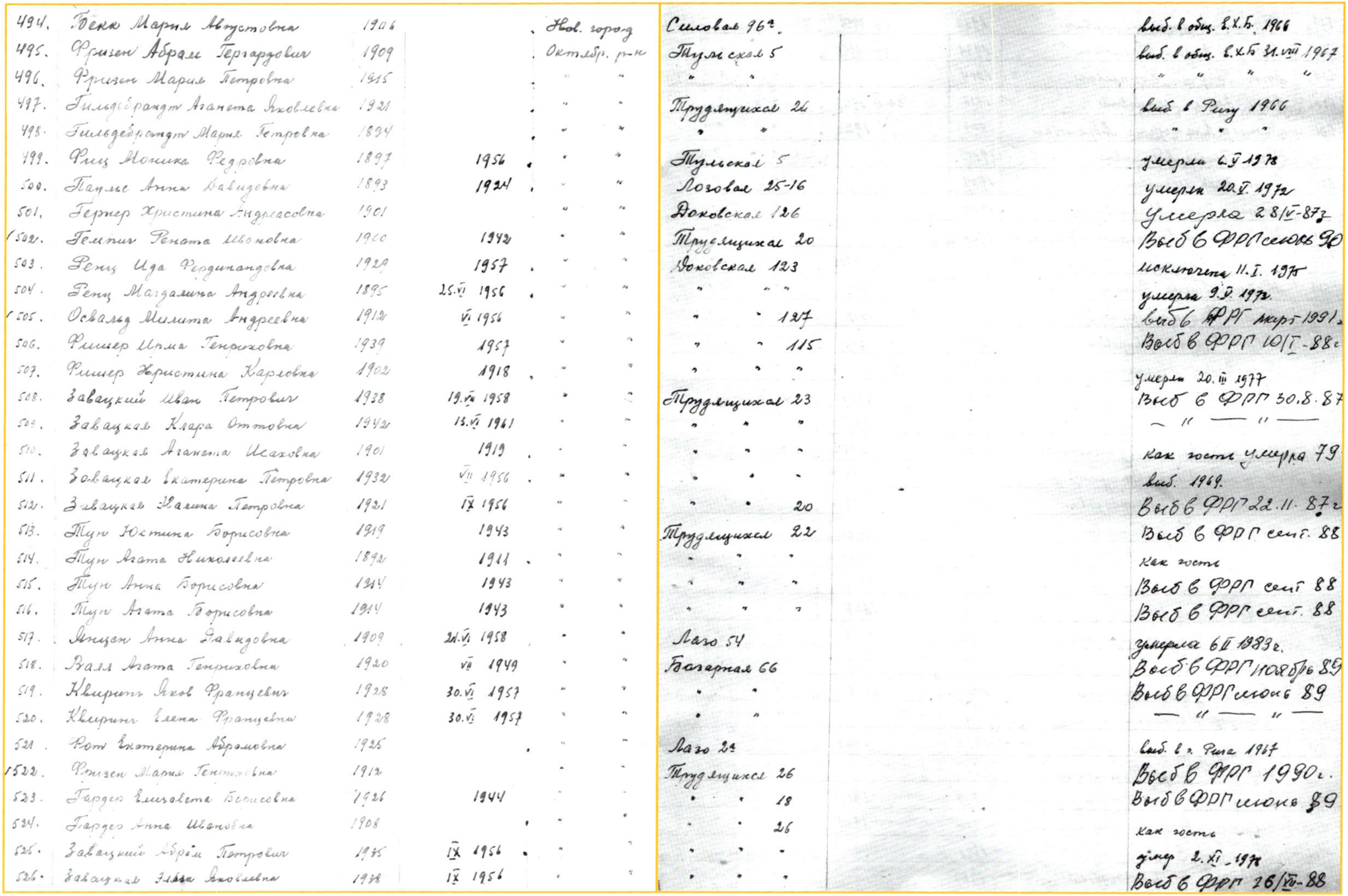

494.	Бекк Мария Августовна	1906		Нов. город	Силовая 96а.	выб. в общ. Е.Х.Б. 1966
495.	Фризен Абрам Гергардович	1909		Октябр. р-н	Тульская 5	выб. в общ. Е.Х.Б. 31.VIII 1967
496.	Фризен Мария Петровна	1915		" "	" "	" " " "
497.	Гильдебрандт Аганета Яковлевна	1921		" "	Трудящихся 24	выб. в Ригу 1966
498.	Гильдебрандт Мария Петровна	1894		" "	" "	" "
499.	Фиц Моника Федровна	1897	1956	" "	Тульская 5	умерла 6.V 1978
500.	Паулс Анна Давидовна	1893	1924	" "	Лозовая 25-16	умерла 20.V. 1972
501.	Гернер Христина Андреасовна	1901		" "	Доковская 126	Умерла 28/IV-87г
502.	Гемпин Рената Ивановна	1900	1942	" "	Трудящихся 20	Выб в ФРГ сент. 90
503.	Ренц Ида Фердинандовна	1929	1957	" "	Доковская 123	исключена 11.I. 1975
504.	Ренц Магдалина Андреевна	1895	25.VI 1956	" "	" "	умерла 9.V. 1972
505.	Освальд Мелита Андреевна	1912	VI 1956	" "	" " 127	выб в ФРГ март 1991 г.
506.	Фишер Ирма Генриховна	1939	1957	" "	" " 115	Выб в ФРГ 10/I-88 г
507.	Фишер Христина Карловна	1902	1918	" "	" " "	умерла 20.III 1977
508.	Завацкий Иван Петрович	1938	19.VII 1958	" "	Трудящихся 23	Выб в ФРГ 30.8.87
509.	Завацкая Клара Оттовна	1942	13.VI 1961	" "	" " "	— " — " —
510.	Завацкая Аганета Исаковна	1901	1919	" "	" " "	как гость умерла 79
511.	Завацкая Екатерина Петровна	1932	VII 1956	" "	" " "	выб. 1969.
512.	Завацкая Нагина Петровна	1921	IX 1956	" "	" " 20	Выб в ФРГ 22.11.87г
513.	Тун Юстина Борисовна	1919	1943	" "	Трудящихся 22	Выб в ФРГ сент. 88
514.	Тун Агата Николаевна	1892	1911	" "	" " "	как гость
515.	Тун Анна Борисовна	1914	1943	" "	" " "	Выб в ФРГ сент 88
516.	Тун Агата Борисовна	1914	1943	" "	" " "	Выб в ФРГ сент. 88
517.	Янцен Анна Давидовна	1909	21.VI 1958	" "	Лазо 54	умерла 6 II 1983г.
518.	Валл Агата Генриховна	1920	VII 1949	" "	Базарная 66	Выб в ФРГ ноябрь 89
519.	Квиринг Яков Францевич	1928	30.VI 1957	" "	" "	Выб в ФРГ июнь 89
520.	Квиринг Елена Францевна	1928	30.VI 1957	" "	" "	— " — " —
521.	Рот Екатерина Абрамовна	1925		" "	Лазо 2а	выб. в г. Рига 1967
522.	Фризен Мария Генриховна	1912		" "	Трудящихся 26	Выб в ФРГ 1990г.
523.	Гардер Елизавета Борисовна	1926	1944	" "	" " 18	Выб в ФРГ июнь 89
524.	Гардер Анна Ивановна	1908		" "	" " 26	как гость
525.	Завацкий Абрам Петрович	1935	IX 1956	" "	" " "	умер 2.XI-1978
526.	Завацкая Эльза Яковлевна	1938	IX 1956	" "	" " "	Выб в ФРГ 26/VII-88

527.	Браун Андрей Иванович	1933	VIII 1958	Октябрьск. р-н	Тульская 3	выб. в общ. Е.Х.Б. 1969
528.	Браун Лидия Абрамовна	1936	VIII 1958	" "	" "	" " "
529.	Этт Генрих Корнеевич	1914		" "	Угольная 36	как гость
530.	Этт Эрна Ивановна	1918	30.VII 1957	" "	" "	выб. в Ф.Р.Г. 18.III.1975
531.	Пеннер Екатерина Абрамовна	1892	1920	" "	" "	выб. в Ф.Р.Г. 18.III.1975.
532.	Фот Гергард Абрамович	1935		" "	Цветная 86	выб. в г. Рига 1967
533.	Фот Элла Ивановна	1937		" "	" "	" " "
534.	Петерс Сара Абрамовна	1904		" "	Макарова 59	выб. в Канаду 3.X 1967
535.	Нейштетер Екатерина Францевна	1905		" "	Угольная 40	выб. в Павлодар обл. 1968
536.	Нейфер Елизавета Христиановна	1902	26.IV 1918	" "	" " 55	умерла 15.II.1975
537.	Нейфер Гильда Христиановна	1931	1956	" "	" " "	Выб в ФРГ 20/III-89
538.	Галл Елена Абрамовна	1894	1919	" "	Макарова 54	выб. в Канаду 14.V.1970
539.	Галл Елена Давидовна	1924	1956	" "	" " "	выб. в Канаду 31.V.1976
540.	Этт Елена Абрамовна	1924	12.IX 1958	" "	" " 65	Выб в ФРГ 29/I-89
541.	Кеберних Эмануил Адольфович	1919	1953	пос. Актау	Восточная 36	выб. в общ. Е.Х.Б. 1970
542.	Кеберних Роза Готфридовна	1919	1957	" "	" " "	" " " "
543.	Ортлиб Эмиль Густавович	1937	1964	" "	Спартака 12	выб. в Прохладное XII 1967
544.	Ортлиб Элла Самуиловна	1938	1959	" "	" "	" " "
545.	Гуман Дора Альфредовна	1894	1916	" "	" "	" " "
546.	Ремпель Петр Петрович	1929	1962	" "	Новая 63	" " IV 1968
547.	Зигмунд Лидия Давидовна	1905	1923	" "	" " 41	выбыла в
548.	Теске Элла Альфредовна	1904	1925	" "	Крупская 4	выб. в Прохладное 1968
549.	Графф Элла Иосифовна	1899	1928	" "	26 квартал 8-8	выб. в Ф.Р.Г. VI. 1976
550.	Бирхле Фрида Самуиловна	1930	1958	" "	Лумумбы 10	выб. в Прохладное 1968
551.	Рогнер Марта Самуиловна	1925	1958	" "	Шевченко 18	" " "
552.	Гокс Паулина Егоровна	1900	1949	" "	25 квартал 5-2	умерла 5.X 1978
553.	Найфер Каролина Христиановна	1910		" "	Карл Маркса 14	выбыла
554.	Нибель Луиза Давидовна	1897	1923	" "	Новая 41	умерла 22.IX 1970
555.	Мерлинг Гильда Рудольфовна	1915		" "	Почтовая 13	не считать
556.	Шмидт Эккерт Фердинандович	1937	1955	" "	Пушкина 10	Выбыл 29/I-89 в Кзыл-Та
557.	Шмидт Аделина Эмильяновна	1902	1924	" "	" "	умерла 14/II-87
558.	Нейфельд Елена Дитриховна	1893		ст. Калагир	Максима Горького 11-3	выбыл в общину Е.Х.Б.
559.	Нейфельд Давид Давидович	1929		" "	" " "	" " "

560.	Нейфельд Элла Людвиговна	1936		ст. Калапыр	Максим Горького 11-3	выб. в общину Е.Х.Б.
561.	Нейфельд Петр Николаевич	1929		" "	" " " 9-8	выб. в Саранскую общ. 16.II 19
562.	Мартенс Екатерина Абрамовна	1928		" "	" " " "	" " " "
563.	Мартенс Маргарита Николаевна	1937		" "	Привокзальная 14-5	выбыла в Сарань 1979
564.	Гроссман Лида Николаевна	1927		" "	" " 16-6	выбыла в Сарань
565.	Дик Елизавета Яковлевна	1895		Дубовка		умерла в 1975.
566.	Коллерт Анна Германовна	1927		" "		выб. в Джамбул 1977
567.	Пеннер Елена Гергардовна	1914		" "		Выб. в ФРГ 22.12.
568.	Изаак Иван Яковлевич	1914		" "		выб. в Фрунзе
569.	Изаак Мария Генриховна	1914		" "		" "
570.	Валл Иван Иванович	1936	2.VIII 1957	Сортировка	Молдогулова 45	выб. на ст. Тбилисская 5.IV 19
571.	Валл Елизавета Ивановна	1934		" "	" " "	" " " "
572.	Гамм Зузана Гергардовна	1902	1961	" "	Связи 4-7	умерла 5.IV 1979
573.	Доберман Марта Фридриховна	1912		" "	Павлик. Морозова 34	Выб в ФРГ 22.01.89
574.	Валл Анна Абрамовна	1904	28.VI 1958	" "	Молдогулова 45	выб. на ст. Тбилисская 5.IV 196
575.	Валл Генрих Иванович	1936	2.VIII 1957	" "	" "	Выб в ФРГ март 90
576.	Валл Фрида Артуровна	1940	28.VI 1958	" "	" "	— " — " —
577.	Эртман Лиза Ивановна	1929	2.VIII 1957	" "	" " 47	выб. в Ладожское X 1968
578.	Герцен Анна Яковлевна	1909		" "	Ман. Мамедова 53	Выб в Свердл. обл. 90 умерла 26.3.93 вернулась 1991
579.	Этт Мария Яковлевна	1895			Анкова 13	выб. в Иссык 14.XII. 1966
580.	Фефлер Элза Юлиусовна	1918	1962	Мелькомбинат	Высоковольтная 55	умерла 19.5.92 г
581.	Доненко Софья Васильевна	1938	1963	" "	" " "	выб в ФРГ 96 г
582.	Вибе Иван Генрихович	1942	1960	Кирзавод	Керамическая 107	выб. в Молдавию I. 1974
583.	Никлас Анна Христиановна	1899		" "	Букпинская 48а	выб. в 1967
584.	Ау Герта Эмильевна	1908	1.VII 1930	" "	Балхашская 131	выб. в пятидесят. общ. 1969
585.	Кооп Мария Абрамовна	1895		" "	" " 60а	умерла 1965
586.	Тиссен Екатерина Ивановна	1905	1942	33/34 шахта	Северная 83	выб. в Эстонскую ССР. 1973
587.	Герцен Елена Яковлевна	1938	28.VIII 1955	" "	Ильийская 44	Выб в ФРГ 10.4.88
588.	Никкель Яков Яковлевич	1925	1956	" "	Трейдерная 14	выб в Джетысай 5.X.197
589.	Кнельзен Екатерина Ивановна	1926	1956	" "	" "	" " " "
590.	Фаст Генрих Абрамович	1905	1925	" "	Островского 8	умер 12.10.92
591.	Фаст Елена Корнелиусовна	1914	1933	" "	" "	умерла 7.10.91 г.
592.	Классен Яков Давидович	1899	1919	" "	Ильийская 16	выб. в Целиноград. об. Красивое

593.	Мартенс Генрих Генрихович	1894		33/34 шахта	Северная 449	умер 10.IX 1966
594.	Мартенс Мария Петровна	1905		" "	" "	исключена 20.V 1971
595.	Шнайдер Елена Яковлевна	1929	1958	" "	" " 89	Выб в ФРГ 16.11.88
596	Зиберт Николай Яковлевич	1941		" "	Малый проезд 21б	не считать
597	Вибе Теобольд Оттович	1936		" "	Северная 57	не считать
598	Вибе Елена Абрамовна	1938		" "	" "	не считать
599	Кват Абрам Петрович	1928	21.VI 1958	" "	Батарейная 23	не считать
600	Пеннер Елена Корнеевна	1930	21.VI 1958	" "	" " "	не считать
601	Тун Бернгард Бернгардович	1922	1956	" "	" " 18	не считать 1974
602	Классен Альберт Давидович	1936		" "	Малый проезд 29	не считать
603	Классен Анна Ивановна	1939		" "	" " "	не считать
604	Классен Елизавета Вильгельмовна	1932		" "	Северная 91	не считать
605	Михель Виктор Яковлевич	1930		Нов. Майкудук	Крупская 21	не считать
606.	Левен Анна Бернгардовна	1930	1958	Кировский р-н	Парковая 131	Выб. в Петропавл. 25.IX.-
607.	Розенфельд Екатерина Яковлевна	1920	2.VIII 1958	Узенка	Узенская 35	Выб в ФРГ декабр. 90г
608.	Гамм Гильда Давидовна	1931	1956	Кировский р-н	Макарова 54	выб. в Канаду 14.V 1970
609.	Шлихенмайер Елизавета Ивановна	1911	1951	Узенка	Ангарская 12	Выб в ФРГ IX.87
610.	Цейд София Григорьевна	1886	1905	" "	" "	умерла в 1976.
611.	Гири Роза Яковлевна	1906	VII 1945	" "	" "	выб. в Душанбе 1969
612.	Гофман Иван Иванович	1897	1921	Кировский р-н	Цветная 36	умер в 11 VIII 1981 г.
613.	Петерс Анна Ивановна	1902	1920	" "	Парковая 63	умерла 9.IV-88
614.	Петкау Агата Андреевна	1889	21.VI 1958	Нов. город	Гоголя 46/3-6	умерла 1966
615.	Гардер Иван Яковлевич	1931	24.VI 1956	Кировский р-н	Разведочная 4	Выб в ФРГ май 90
616.	Гардер Елена Генриховна	1933	21.VI 1956	" "	" "	— " — " —
617.	Дик Яков Петрович	1916	21.VI 1958	Октябрьский р-н	Красина 2	выб. в Канаду 31.V 1976
618.	Дик Елена Ивановна	1919	21.VI 1958	" "	" "	умерла 1966
619.	Завецкий Николай Николаевич	1941	19.VI 1958	" "	" "	выб. в Щучинск 4.VI 1968
620.	Завацкая Елена Яковлевна	1941	21.VI 1958	" "	" "	" " "
621.	Плетт Вальтер Яковлевич	1941	9.VIII 1959	Б. Михайловка	Седова 8	выб 9.VIII 1968
622.	Гильдебрандт Елена Петровна	1936	30.VI 1957	Кировский р-н	Стадионная 22	исключена 20.XII 1969
623.	Беккер Генрих Петрович	1928		" "	Парковая 260	исключен 17.X 1968
624.	Беккер Анна Францевна	1926		" "	" "	выбыла 18.VII 1974
625.	Классен Иван Яковлевич	1924	2.VIII 1958	" "	Третьякова 33	выбыл в Калининскую III.1976

626.	Нейфельд Елизавета Петровна	1923	2.VIII 1958	Кировский р-н	Третьякова 33	выбыла III.1976 в Калининск
627.	Реммель Елизавета Абрамовна	1897	5.VI 1910		Медицинская	умерла 6.V. 1971
628.	Летт Елизавета Петровна	1929	5.VIII 1959		Профсоюзная 12	Выб в ФРГ 28/V - 90 г
629.	Энгель Анна Васильевна	1910	1928	Нов. Майкудук	3-ий м. район 11-19	умерла 24.III 1978
630.	Шартнер Иван Давидович	1929	30.VI 1957	" "	Открытая 17-8	Выб в ФРГ июнь 89
631.	Шартнер Агнеса Францевна	1931	30.VI 1957	" "	" "	— " — " —
632.	Сивкова Гильда Давидовна	1929	9.VII 1960	" "	3-ий м. район 36-13	Выб в ФРГ март 91 г
633.	Винс Гергард Николаевич	1930	1950		Амангильды 20	выб в ФРГ 26.1.92
634.	Винс Ира Петровна	1932	2.VII 1957		" " "	выб в ФРГ 26.1.92
635.	Гардер Петр Яковлевич	1936		Октябрьский р-н	Трудящихся 26	не считать с 7.VII 1967
636.	Гардер Элеонора Корнеевна	1935		" "	" " "	" " " "
637.	Классен Давид Иванович	1899	VIII 1918	Кирзавод	Букпинская 11	умер 30.08.90 г
638.	Классен Зара Германовна	1899	1930	" "	" "	умерла 13/III-86 г.
639.	Госсен Екатерина Францевна	1916	30.VI 1957	" "	Кирпичная 33	выб. в Аргентину 1966
640.	Пеннер Екатерина Петровна	1891		" "	" "	умерла 18.I 1976
641.	Энне Юстина Ивановна	1898		Зелентрест	Садовод 4-2	Выбыла в ФРГ янв. 89
642.	Вейс Роза Филипповна	1902		" "		умер 13.V. 1981 г.
643.	Сабецкая Елена Яковлевна	1934		Кирзавод	Четская 28а	выб. в Кант 1962
644.	Дик Мария Яковлевна	1914	9.VIII 1959	" "	Насыпная 37	Выб в ФРГ 30.10.88
645.	Дик Шарлотта Петровна	1941	9.VIII 1959	" "	" "	Выб в ФРГ 30.10.88
646.	Герцен Иван Яковлевич	1925	1948	" "	Керамическая 58	выбыл в Токмак 23.IX.1984
647.	Герцен Анна Яковлевна	1926	1948	" "	" "	— " — " —
648.	Левен Зузана Францевна	1903	1921	" "	Рижская 27б	умерла 22.V 1983 г
649.	Тиссен Мария Петровна	1915	28.VI 1959	Зелентрест	Опытная 4-3	выб. в Кант 1968
650.	Дайкер Августа Корнелиусовна	1925	28.VI 1958	Б. Михайловка	пер. Проектный 24	выб. в Ф.Р.Г. 24.VII 1978
651.	Дирксен Елена Ивановна	1903	1919	Кирзавод	Керамическая 100	выб в ФРГ 17.11.92
652.	Винс Елена Генриховна	1938	28.VI 1959	" "	Четская 67а	исключена 15.V. 1976
653.	Винс Анна Васильевна	1900	VI. 1926	" "	" "	умерла 2.XI. 1970
654.	Винс Мария Генриховна	1932	24.VII 1956	" "	" "	выб. в Конай 1980
655.	Классен Елизавета Генриховна	1934	24.VII 1956	" "	Букпинская 11	Выб в ФРГ 18/VIII-88
656.	Валл Агнета Корнеевна	1900		Мелькомбинат	Космонавтов 6	умерла V 1968
657.	Дакман Анна Ивановна	1894	1.VIII 1958	Кирзавод	Смоленская 6	умерла 11.X 1984 г.
658.	Дикман Агнета Яковлевна	1926		" "	Гончарная 38	Выб в ФРГ дек. 89

659.	Пеннер Екатерина Ивановна	1925	30.VI 1957	Кирзавод	Спасская 9а	Выб в ФРГ июнь 89
660.	Мерц Зара Ивановна	1919		" "	Луговая 56	Выб в ФРГ апр. 90
661.	Бальке Тамара Ароновна	1935	29.IX 1958	Нов. город	Горношахтная 23-8	выб. в Алма Ата VIII. 1975
662.	Унру Елизавета Вениаминовна	1934	1960	Мелькомбинат	Космонавтов 62	умерла 14.IV. 1977
663.	Пеннер Андрей Яковлевич	1929	30.VI 1957	Кирзавод	Кондитерская 34	умер 5/X - 85 г.
664.	Тевс Фрида Генриховна	1930	30.VI 1957	" "	" " "	умерла 3/III 1985 г.
665.	Гертле Фридрих Фридрихович	1935	1960	Мелькомбинат	Гарибальди 34	выб в ФРГ 7.11.1980
666.	Гертле Адина Фридриховна	1940	28.VI 1958	" "	" "	" " " "
667.	Унру Иван Иванович	1940	28.VI 1959	Кирзавод	Насыпная 39а	выб. в Кант 1968
668.	Унру Эльвира Яковлевна	1938	28.VI 1959	" "	" "	" " "
669.	Унру Сузана Яковлевна	1913	1.VIII 1958	" "	" "	" " "
670.	Богер Андрей Матвеевич	1926	1.VIII 1958	" "	Насыпная 39	умер 5/XII - 85 г.
671.	Ширминг Альбертина Ивановна	1926	1.VIII 1958	" "	" "	Выб в ФРГ 6/IV-89
672.	Янцен Елизавета Исааковна	1906		Мелькомбинат	Космонавтов 60	выб. в Канаду 1966
673.	Фальк Анна Давидовна	1908	6.VII 1965	Кирзавод	Оршанская 11	выб. в Канаду VII 1974
674.	Вине Рита Давидовна	1924	21.VI 1962	" "	" "	умерла 18I 1984 года
675.	Фридгер Петр Яковлевич	1923	9.VIII 1959	" "	Волочаевская 3	выб. 7.IV 1967
676.	Фридгер Елена Гергардовна	1922	9.VIII 1959	" "	" "	" " "
677.	Вине Сузанна Ивановна	1923		Сараны	Строительная 27	выб. на Кубань 1966
678.	Янц Елена Францевна	1891	1957	Федоровка	Пахотная 44	умерла 17.8.1981 г умерла 17 VIII 1981 года
679.	Янц Алиса Яковлевна	1923	1954	" "	" "	
680.	Майснер Елена Яковлевна	1921	1955	" "	" "	умерла 3/IV - 89
681.	Дик Зелма Ивановна	1935	30.VI. 1957	Кирзавод	Рижская 2	Выб в ФРГ апр. 88
682.	[illegible] Елизавета Генриховна	1909	25.VI 1927	Зелентрест	Ботанический	умерла 23.3.93 г
683.	Кнопп Эдуард Семенович	1889	1921	Мелькомбинат	Бензиновая 24	выбыл 14.X.1969 в ФРГ
684.	Кнопп Луиза Генриховна	1893	1921	" "	" "	" "
685.	Унру Елена Корнеевна	1910		Нов. город	Ленина 78-6	выб. в ФРГ 17.XI. 1975
686.	Унру Мария Петровна	1940		" "	" "	выб. XI. 1975
687.	Пеннер Екатерина Давидовна	1906		Мелькомбинат	Космонавтов 60	выб. в Канаду VIII 1967
688.	Фрезе Давид Иванович	1922	1.VIII 1965	Нов. Майкудук	1ый мик. район 57-27	Выб. в ФРГ янв. 91
689.	Фрезе Аганета Абрамовна	1925	1.VIII 1965	" "	" " "	умерла 8.IV 1977
690.	Бошман Гедвига Давидовна	1947	1965	Кирзавод	Чехова 61	выб. в Молдавию I 1974
691.	Гинтер Елена Ивановна	1947	1965	Мелькомбинат	Черкасская 23	Выб в ФРГ апр. 90

692.	Гинтер Елизавета Ивановна	1947	1965	Мелькомбинат	Черкасская 23	выб. на Кавказ 29.IX 1976
693.	Гамм Анна Ивановна	1938	1965	" "	Кубская 8	исключена 3.III 1984 г.
694.	Густ Вильгельм Яковлевич	1911	1964	" "	Пехотная 32	выб в ФРГ 24.01.93 г
695.	Энс Генрих Петрович	1931		Зеленстрест	Садовая 4	выб. в Латвию 26.I.1968
696.	Энс Елена Дитриховна	1937	28.VI 1958	" "	" "	" " " "
697.	Берген Мария Корнеевна	1938	19.VII 1958	Б. Михайловка	Рейсовая 21	выб. в Кустанайск. об. 1971
698.	Берген Лидия Корнеевна	1926		" "	" "	Выб в ФРГ июнь 89
699.	Берген Иоганна Корнеевна	1928	30.VI 1957	" "	" "	Выб в ФРГ 30.10.88
700.	Берген Герберт Корнеевич	1930		" "	" "	Выб в ФРГ июнь 89
701.	Берген Анна Николаевна	1931		" "	" "	— " — " —
702.	Зиберт Генрих Николаевич	1932	1957	Нов. город	Волжский 19	выб. в Молдавию 25.III 1974
703.	Зиберт Эльза Давидовна	1931	1959	" "	" "	" " " "
704.	Тиссен Лина Дитриховна	1940	VIII 1968	Б. Михайловка	Седова 8	" " " "
705.	Тиссен Яков Яковлевич	1936	1957	" "	Ровенская 69	Выб в ФРГ 3/IV-88
706.	Тиссен Екатерина Яковлевна	1940	1958	" "	" "	Выб в ФРГ 3/IV-88
707.	Тевс Вильгельм Яковлевич	1936	VII 1958	" "	Нуринская 33	Выб в ФРГ июнь 89
708.	Тевс Фрида Вильгельмовна	1935	VII 1958	" "	" "	— " — " —
709.	Катт Нина Фридриховна	1939	6.IX 1959	" "	Речная 12	Выб в ФРГ июнь 90
710.	Плетт Иван Яковлевич	1946	1965	" "	Седова 8	выб. в VIII-1976
711.	Вегель Вальтер Генрихович	1935	1965	Нов. город	пер. Волжский 2	Выб в ФРГ 26/II-89
712.	Реймер Вильгельм Петрович	1909	1965	Б. Михайловка	Нуринская 13	умер 20.V.1974
713.	Лахенмаер Матильда			" "	Баженова	умерла 1965.
714.	Энк Фрида Робертовна	1928	1965	Топар	5-й квартал 12-16	выб. в Каскелен VI-197
715.	Бошман Эльза Корнеевна	1927	30.VI 1957	Нов. город	Лобина 24-70	Выб в ФРГ 12/VI-88
716.	Вольф Абрам Петрович	1938	21.VII 1958	Б. Михайловка	Баженова 135	выб. в Эстонию IX 1969
717.	Вольф Елена Петровна	1939		" "	" "	" " "
718.	Дамзен Тильда Генриховна	1908	1928	" "	Строительная 78	умерла 19.1.92 г.
719.	Гейдебрехт Давид Петрович	1896	1960	Нов. город	Волжский 19	умер 3.IX 1970
720.	Гейдебрехт Мария Яковлевна	1900	1960	" "	" "	выб. в Молдавию III. 1974
721.	Берг Елена Яковлевна	1913	1949	" "	" "	выб. в Фрунзе 1974
722.	Классен Мария Ивановна	1878		Петровка	Ленина 28	умерла 26.VI 1971
723.	Беккер Анна Абрамовна	1936	28.VI 1959	Сортировка	Киевская 49	Выб в ФРГ 14/V-89
724.	Беккер Александр Федорович	1937	27.VI 1957	" "	" "	— " — " —

725.	Ваал Абрам Иванович	1927	2.VIII 1957	Сортировка	Павл. Морозова 13	Выб в ФРГ 14/VIII-88
726.	Ваал Екатерина Ивановна	1929	2.VIII 1957	" "	" " "	— " — " —
727.	Баркман Андрей Иванович	1932	2.VIII 1957	" "	" " 36	выб в ФРГ 5.10-92
728.	Гиттер Александр Александрович	1932		. Совх. им. Свердлова	Средняя 54	выб. на Кубань 1966
729.	Каспер Мария Дитриховна	1913	VII 1931	" .	Верхняя 9	Умерла июнь 89г
730.	Гейде Яков Эмильянович	1929	2.VIII 1957	. Сортировка	М. Мамедова 127	исключен 27.X 1972
731.	Каспер Дитрих Петрович	1935	10.VII 1965	совх. Свердлова	Верхняя 9	выб. в ФРГ
732.	Каспер Анна Николаевна	1941	10.VII 1965	" "	" "	— " — " —
733.	Фризен Елизавета Дитриховна	1907	10.VII 1965	" .	Нижняя 14	выб в ФРГ 6/IX-87
734.	Фризен Елизавета Генриховна	1930	10.VII 1965	" "	" "	выб в ФРГ 6/IX-87
735.	Надан Мария Александровна	1909	VI 1929	" .	Средняя 16	умерла 1993г
736.	Эртман Виктор Яковлевич	1932	VI 1956	. Сортировка	Молдагулова 49	выб. в Ладожское V 1968
737.	Эртман Ольга Августовна	1937	28.VI 1957	. " "	" "	" " " "
738.	Эртман Василий Яковлевич	1930	VII 1956	. " "	" " 47	" " " "
739.	Кост Христоф Филиппович	1903	1962	. "	7 Шелм. казарма	умер 5.I 1985 г.
740.	Лакке Роберт Эдмундович	1928	2.VIII 1957	" .	Макаренко 100	умер 19.10.88.
741.	Лакке Фрида Ивановна	1936	2.VIII 1957	" "	" "	Выб в ФРГ 14/V-89
742.	Шекк Елизавета Яковлевна	1923	VI 1960	" "	Победа 114	Выб в ФРГ март-91г
743.	Шмихенмаер Яков Яковлевич	1934	2.VIII 1953	. "	Достоевского 23	Выб в ФРГ июнь-91г
744.	Шмихенмаер Ольга Абрамовна	1937	2.VIII 1957	" "	" "	— " — " —
745.	Гиттер Фрида Юлиусовна	1935		. совх. Свердлова	Средняя 54	выб. на Кубань 1966
746.	Луц Роза Яковлевна	1887	28.VI 1958	. Сортировка	Дружба 123-2	умерла 6.VIII. 1973
747.	Штоц Роза Самуиловна	1898	28.VI 1958	" "	ст. Солонички	умерла 20.11.87г
748.	Мирау Мария Яковлевна	1907		" "	П. Морозова 30	Выб в ФРГ 15/IV-89
749.	Мирау Ольга Ивановна	1938		. " "	" "	исключена 18.XII. 1971
750.	Функ Анна Павловна	1885		: " "	"	умерла 3.X 1968
751.	Берг Маргарита Генриховна	1916	1942	п. Актау	25 квартал 12-5	умерла 14/V-88
752.	Брайтрайц Гелмида Альбертовна	1941	1965	. " "	Лумумбы 21	выб. в Прохладное 1968
753.	Брайткрайц Ольга Густавовна	1910	1957	. " "	Школьная 3-5	выб. в г. Караганду
754.	Краузе Корнелиус Давидович	1915	VI 1963	ст. Шокай	Станционная 22	выб в ФРГ декабрь 95.
755.	Краузе Елена Петровна	1920	VI 1963	" "	" "	— " —
756.	Меркель Иоган Андреевич	1911	20.VI 1965	. " "	Школьная 28	выб. в Акбасар 1976
757.	Меркель Христина Иосифовна	1915	20.VI 1965	. " "	" "	" "

758.	Майнард Альвина Ивановна	1936	11.IX 1966	п. Шокай	Школьная 28	выб. в Акбасар 1971
759.	Кем Екатерина Федоровна	1897	3.VI 1950	" "	" " 64	умерла 23.XI 1969
760.	Циммерман Роза Ивановна	1909	20.VI 1965	" "	Станционная 4	Выб в ФРГ апр. 91г
761.	Майер Анна Мартыновна	1904	1924	" "	Школьная 16	умерла 12.4 87
762.	Зайферт Мартин Адамович	1900	20.VII 1964	" "	Школьная 8	умер 26 VIII 1983 г
763.	Зайферт Берта Мартыновна	1914	VI 1963	" "	" "	выб в ФРГ 1993 г
764.	Краузе Елизавета Давидовна	1918	14.VII 1962	" "	Больничная 35	Выб в ФРГ март 90
765.	Шелленберг Маргарита Давидовна	1913	14.VII 1963	" "	" "	— " — " — " —
766.	Сантимина Лидия Александровна	1932	11.IX 1965	" "	Школьная 36	Выбыла в ФРГ 0[illegible]
767.	Май Эмилия Яковлевна	1907	VII 1951	" "	" " 27	умерла 11.V 1975
768.	Классен Маргарита Яковлевна	1908		Б. Михайловка	Крылова 92	выб. в Славгород 1992 VII
769.	Вайс Иоганн Юлиусович	1919	1966	г. Актау	Энгельс 86	Выб в ФРГ апр. 88
770.	Вайс Катя Андреевна	1914	1966	" "	" "	умерла 11/XI-86г
771.	Вайс Алма Юлиусовна	1921			" "	выб. в Прохладное 1968
772.	Тиссен Иван Францевич	1930	23.VI 1957	Кировский р-н	Керченская 68	Выб. в ФРГ ноябрь 90г
773.	Тиссен Агнеса Абрамовна	1929		" "	" "	— " — " — " —
774.	Краузе Яков Давидович	1920	10.VII 1966	ст. Шокай	Больничная 55	исключен 11.III 1978
775.	Андерс Роза Андреевна	1930	10.VII 1966	" "	Станционная 4	Выб в ФРГ апр. 91г.
776.	Гамм Петр Петрович	1933	3.VII 1966	г. Абай	Зеленый переулок 18	выб. в Саранскую общ. 1967
777.	Гамм Елена Корнелиусовна	1933	3.VII 1966	" "	" "	" "
778.	Банман Иван Францевич	1947	3.VII 1966	Мелькомбинат	Космонавтов 65	Выб в ФРГ 12/VI-88
779.	Банман Анна Францевна	1946	3.VII 1966	" "	" "	— " — " —
780.	Пеннер Карл Давидович	1948	3.VII 1966	Кирзавод	Спасская 93	Выб в ФРГ 15/III-89
781.	Энс Николай Иванович	1944	3.VII 1966	" "	Четекая 24	Выб в ФРГ 10.4.88
782.	Регер Мария Яковлевна	1940	" "	" "	Кирпичная 27	выб. в ~~Ленин~~ Осакаровку 9.IX. 1971
783.	Цахарнас Мария	1901	" "	" "	Чехова 20	выб. в Щучинск 1966
784.	Герт Бруно Генрихович	1941	3.VII 1966	Мелькомбинат	Черкасская 78	выб. в Молдавию I 1974
785.	Гейде Гертруда Вильгельмовна	1930	17.VII 1966	Сортировка	Сочинская 28	Выб в Вобиз. кл. 33 июнь 89
786.	Никкель Генрих Яковлевич	1923	1966	33/34 шахта	Гредерная 26	выб. в Ф.Р.Г. VI. 1977
787.	Гинтер Александр Христианович	1911	26.VII 1966	сов. Свердлова	Средняя 54	выб. на Кавказ 30.III 1971
788.	Гинтер Эмма Давидовна	1911	26.VII 1966	" "	" "	выб. на Кавказ 30.III 1971
789.	Тиссен Петр Петрович	1940	1966	33/34 Шахта	Трудовая 37	Выб в ФРГ 26/II - 89
790.	Реймер Вильгельм Аронович	1919	1966	" "	Северная 79	выб. в Молдавию 7.VIII 1974

791.	Зудерман Маргарита Яковлевна	1922	1966	33/34 шахта	Северная 84	выбыла в Ф.Р.Г. 9.I.1976
792.	Градер Фридрих Фридрихович	1905	1926	мелькомбинат	Огородная 11	умер 15/II 1984 г.
793.	Градер Анна Вильгельмовна	1907	1926	" "	" "	Выб в ФРГ апр. 90
794.	Кнейзлер Анна Михайловна	1886	1907	" "	" "	умерла 9/IV 1984 г.
795.	Шокенмайер Готлиб Готлибович	1885	1924	" "	Космонавтов 293	умер 9.V 1969
796.	Шокенмайер Паулина Генриховна	1888	1966	" "	" "	умерла 10.III.1976
797.	Густ Роза Вильгельмовна	1915	1965	" "	Пихтовая 32	Умерла 22.12.91
798.	Тильман Магдалина Г.	1900	1918	Б. Михайловка	Горно. Спасательная 38.	выб в ФРГ 28.6.92
	На день подачи на регистрации общины 20 октября 1966 года. —					—
799.	Унгер Екатерина Ивановна	1894		Нов. город	Серпуховская 52	умерла 26.II 1968
800.	Штраус Мария Абрамовна	1910	2.VI 1957	" "	Ленина 24-1	выехала в ФРГ. ?
801.	Штраус Елена Абрамовна	1911	2.VI 1957	" "	" "	умерла 18.01.1994 г.
802.	Нессен Маргарита Францевна	1903	1923	Кирзавод	Вавилова 13	выб. в Прохладное 9.VI 1970
803.	Прибе Дора Ивановна	1907	17.VII 1926	совх. Свердлова	Водительская 22	выб. в Душанбе 31.V 1971
804.	Прибе Мария Рудольфовна	1890	26.VII 1926	" "	Автобаза	умерла 10.VI 1978
805.	Банман Исаак Францевич	1941	4.VIII 1960	Кирзавод	Кондитерская 12	выб. в Ф.Р.Г. - VI.1977
806.	Тиссен Лилия Эдуардовна	1911	15.IX 1957	Нов. город	Советский просп. 63-92	выб. в Молдавию 10.IV.1974
807.	Герц Мария Генриховна	1934		Б. Михайловка	Нахимова 73а	умерла 25.XI.1976
808.	Газенауэр Клара Францевна	1898		" "	Баженова 104	умерла 20 II 1983 г.
809.	Герц Генрих Иванович	1941	3.VII 1966	" "	Седова 8	выб. в Молдавию 10.IV.1974
810.	Маттис Бернгард Вильгельм.	1947	3.VII 1966	" "	Степная 125	выб. на Кавказ 28.IX.1976
811.	Дайкер Антонина Робертовна	1949	3.VII 1966	" "	пер. Проезжный 24	выб. в Ф.Р.Г. 17.VIII 1978
812.	Шенке Таисия Владимировна	1938	1963	Нов. город	4-ый м. район 17-26	выб. в Джамбул 1971 г.
813.	Бошман Елена Ивановна	1938	IX 1957	" "	" " 17-69	Выб в ФРГ 16.8.87
814.	Вибе Ева Исааковна	1908	1925	33/34 шахта	Летняя 29	выб. в Фрунзе IV.1977
815.	Богер Александр Андреевич	1947	3.VII 1966	Кирзавод	Насыпная 39	Выб в ФРГ апр. 90
816.	Никкель Ида Генриховна	1908		" "	Альпинистов 5	умерла 3 XII 1983 г.
817.	Геннер Иван Генрихович	1941	28.VI 1959	" "	Чехова 22	Выб в ФРГ 14.10.90 г.
818.	Прибе Марта Яковлевна	1918	28.VI 1959	совх. Свердлов.	Средняя 54	Выб в ФРГ 22.10.88
819.	Дерксен Абрам Францевич	1941	1961	Мелькомбинат	Черкасская 30	Выб в ФРГ апр. 91 г.
820.	Цейгер Екатерина Генриховна	1914	1958	Нов. город	Айвазовского 8	Выб в ФРГ 20/III-89
821.	Баркентин Луиза Корнелиусовна	1914		Ильинка	Володарская	умерла 18 I 1984 г.
822.	Фаст Екатерина Яковлевна	1888	23.VII 1963	Кировский р.	Стадионная 61а	умерла 10.VI.1974

823.	Вилль Лили Эвальдовна	1948	23.VII 1967	Мелькомбинат	Космонавтов 268	не считать 1969
824.	Дерксен Лида Францевна	1949	23.VII 1967	" "	" 62	Выб в ФРГ 15/III-89
825.	Ран Елена Генриховна	1949	23.VII 1967	" "	Рыбная 116	выб. в Латвию 8.VII 1968
826.	Плетт Елизавета Генриховна	1949	23.VII 1967	" "	Омская область	выб. в 1967 г.
827.	Мантлер Лилие Ивановна	1948	23.VII 1967	Кирзавод	Кондитерская 53	выб. в Токмак 1973
828.	Герцен Анна Ивановна	1949	23.VII 1967	" "	Керамическая 58	выб. в Сочи 27.VIII 1974
829.	Кренер Екатерина Абрамовна	1899	23.VII 1967	" "	Чешская 41	выб. на Кавказ VI. 1976
830.	Энне Елена Генриховна	1942	23.VII 1967	" "	Чешская 24	Выб в ФРГ 10.4.88
831.	Циммерман Эрна Павловна	1933	23.VII 1967	свх. Свердлова	Племстанция барак 3	выб. в Ашхабад II 1970
832.	Каспер Анна Петровна	1933	23.VII 1967	" "	Средняя 8	выб в ФРГ 1993 г
833.	Вейтельсбахер Эмма Генриховна	1910	23.VII 1967	Туздинский совх.	бригада 6	умерла 11.III 1970
834.	Берген Марие Бернгардовна	1948	23.VII 1967	Нов. город	Ф? Полетаева 5-18	исключена 19.IV.1975
835.	Зиберт Яков Яковлевич	1939	23.VII 1967	33/34 шахта	Мал. проезд 21а	выб. в Приятное VIII.1976
836.	Кэн Марие Ивановна	1918	23.VII 1967	Кировский р-н	Парковая 63	выб в ФРГ 2.2.92
837.	Фрезе Гертруда Ивановна	1922	23.VII 1967	" "	Лиза Чайкина 111	Умерла 16.11.88.
838.	Герцен Эльза Генриховна	1921	23.VII 1967	Узына?		выб в ФРГ 25.10.92
839.	Валл Эрна Генриховна	1925	23.VII 1967	Кировский р-н	Пожарская 11	Выб в ФРГ окт. 90 г.
840.	Гринвалд Маргарита Петровна	1932	23.VII 1967	" "	Разведочная 24	выбыла в Ново-Узенск. общ.
841.	Ран Генрих Яковлевич	1905	23.VII 1967	Б. Михайловк.	Дальная 72	выбыла в Белград 28.1.1979
842.	Ран Марие Францевна	1927	23.VII 1967	" "	" "	выб " " "
843.	Герц Франц Иванович	1932	23.VII 1967	" "	Нахимова 73а	Выб в ФРГ 10.5.89
844.	Аккерман Ирма Генриховна	1931	23.VII 1967	Шокай	Школьная 40	Выб в ФРГ апр. 91
845.	Этт Яков Мартинович	1900	1925	33/34 шахта	Трудова 2	умер 14.X 1968
846.	Этт Елизавета Яковлевна	1909	6.VIII 1967	" "	" "	умерла 21.XI 1979
847.	Этт Марие Яковлевна	1946	1966	" "	" "	исключены 20.X 1973
848.	Каспер Иван Генрихович	1921	2.VI 1957	Кирзавод	Керамическая 36	Выб в ФРГ 26/III-89
849.	Каспер Анна Давидовна	1921	2.VI 1957	" "	" "	— " — " —
850.	Энне Елена Яковлевна	1914	IX 1957	Б. Михайловка 7	Крылова 76	Выб в ФРГ 11/IX-88
851.	Домбек Иван Вильгельмович	1891	1914	Солонички		умер 4.VIII.1973
852.	Унру Елена Петровна	1929	1958	Кирзавод	Керамическая 28	Выб в ФРГ июнь 90
853.	Тиссен Марие Бернгардовна	1891	1910	" "	Насыпная 39	выб. в Гурьев 23.V 1974
854.	Ниссен Зина Вениаминовна	1928	3.VII 1956	Мелькомбинат	Космонавтов 10	Выб в ФРГ 28/V-89
855.	Ведель Елена Францевна	1904	1955	Кирзавод	пер. Хвойный барак 38	умерла 23.VI 1974

856.	Дик Абрам Иванович	1898	24.VII 1926	Ст. Тихоновка	Демьян Бедного 19	выб. в Ригу 4.V 1970
857.	Дик Лиза Абрамовна	1900	24.VII 1926	" "	" "	" " " "
858.	Паулс Яков Исаакович	1902	1926	Нов. город	Сатпаева 103	выб. в Алма-Ата 15.IX 1968
859.	Паулс Екатерина Петровна	1906	1926	" "	" "	" " " "
860.	Фаст Зузана Яковлевна	1908	1961	" "	Физкультурная 73	Выб в ФРГ Окт. 89
861.	Фаст Яков Яковлевич	1939	1959	" "	" " "	выб. в Молдавию 1.XI 1973
862.	Мантлер Марта Яковлевна	1910	1928	Кирзавод	Кондитерская 53	выб. в Токмак 1973
863.	Даудрих Лиза Карловна	1890	1907	" "	Керамическая 70	умерла 20.XI. 1976
864.	Реннер Абрам Вильгельмович	1909	1957	Н. Майкудук	3-й м.район 23-88	умер 15.I 1972.
865.	Энгель Юстина Рудольфовна	1898	15.VI 1916	сов. Свердлова	Средняя 54	умерла 15.IV. 1975
866.	Грибе Яков Яковлевич	1909	26.VI 1927	" "	" "	выб. в Фрунзе 11.III 1978
867.	Грибе Ольга Фридриховна	1910	19.VI 1927	" "	" "	умерла 8.V. 1976
868.	Фаст Луиза Ивановна	1913	6.VII 1961	Нов. город	Физкультурная 73	Выб. в ФРГ окт. 89
869.	Унру Анна Францевна	1897	1922	" "	Цикличный проезд 45-2	выбыла в ФРГ 2.XII 1979г.
870	Цеев Эльза Эмануиловна	1914	VII 1966	Узенка	Узенская 11	Выб в ФРГ март 91г.
	1968 год.		—			—
871.	Кобер Александр Романович	1910	1955	Кир. район	Симферопольская 7	выб. в Токмак 18.VIII 1970
872.	Кобер Ирма Германовна	1912	1964	" "	" " "	" " " "
873.	Энне Екатерина Ивановна	1896	1916	" "	Заславская 14-7	умерла 23/IV-87
874.	Зименс Лидия Гергардовна	1909	10.VIII 1955	с. Ульяновск	Кирова 4	выб. в с. Ульяновское IV. 1975
875.	Шелленберг Мария Гергардовна	1909	1921	Б. Михайловка	Сборный переулок 8	Выб в ФРГ июнь 89
876.	Герц Август Самуилович	1907	1931	Сортировка	М. Мамедова 41	умер 23.6. 1980
877.	Дик Юстина Петровна	1892	30.VI 1957	Кир. район	Красина 2 кв. 18	выб. в Канаду 31.V. 1976
878.	Дик Юстина Петровна	1920	1958	" "	" "	выб. в Канаду 31.V. 1976
879.	Дирксен Яков Яковлевич	1935	1957	" "	Трудящихся 2	Выб в ФРГ 19/XI-89.
880.	Дирксен Лина Робертовна	1935	1958	" "	" "	— " — " —.
881.	Штерлинг Франц Иванович	1935	28.VI 1958	Актас	Ковыльная 41-2	Выб в ФРГ дек. 89
882.	Штерлинг Анна Петровна	1938	1958	" "	" "	— " — " —
883.	Тевс Отто Дмитриевич	1941	1961	Б. Михайловка	Москвина 107	выб. в Чарташ VI.1977
884.	Петерс Анна Генриховна	1916	24.IX 1957	" "	Баженова 60	умерла 13.XI.1977
885.	Гильдебрандт Даниил Даниилович	1909	30.VI 1968	сов. Свердлова	Верхняя 36	Выб в ФРГ июнь 89
886.	Эйзенкрейн Эльза Яковлевна	1929	30.VI 1968	" "	Луговая 26	Выб. в ФРГ ноябрь 90г
887.	Этт Мария Даниловна	1912	30.VI 1968	" "	Средняя 46	~~Выб. в ФРГ ноябрь 90г~~

888.	Циммерман Адам Иосифович	1933	30.VI 1968	Сортировка	Госплемстанция 3		исключен 15.II 1969
889.	Циммерман Эльза Генриховна	1935	30.VI 1968	" "	Торговая 13		выб. в Ашхабад II 1970
890.	Циммерман Иосиф Иосифович	1938	30.VI 1968	" "	" "		исключен 15.II. 1969
891.	Штраус Август Августович	1903	30.VI 1968	Кир. район	Земинского 26-116		умер 16.X 1983 года
892.	Валл Иван Иванович	1926	30.VI 1968	" "	Широкая 50		Выб в ФРГ 4/III-89
893.	Валл Анна Давидовна	1922	30.VI 1968	" "	" "		умерла 30.VI. 1968
894.	Берг Маргарита Яковлевна	1916	30.VI 1968	"	Говорова 30-4		умерла 1 V 1982
895.	Богер Ольга Андреевна	1950	30.VI 1968	Кирзавод	Насыпная 39		выб. в Алма-Ата 11.X 19
896.	Мерц Анна Готлибовна	1950	30.VI 1968	" "	Лузовая 56		Выб в ФРГ июнь 9
897.	Паулс Иван Корнеевич	1949	30.VI 1968	Мелькомбинат	Черкасская 14а		выб в ФРГ 30.11.97
898.	Предигер Александр Адамович	1943	30.VI 1968	" " "	пер. Краснодарский 10		исключен 22.VIII. 1970
899.	Берген Тина Алексеевна	1935	30.VI 1968	Нов. город	Новгородская 25		выб в ФРГ 25-10-92
900.	Фаст Анита Яковлевна	1945	30.VI 1968	" "	Физкультурная 73		Выб в ФРГ окт. 89
901.	Ран Анна Генриховна	1950	30.VI 1968	Б. Михайловка	Дальняя 72		выбыла в Белгород 28.I 1979 г.
902.	Мерц Фрида Яковлевна	1936	30.VI 1968	Кир. район	Парковая 152		выб. в Ф.Р.Г. 18.III. 1975
903.	Энне Маргарита Генриховна	1950	30.VI 1968	Б. Михайловка	Крылова 76		Выб в ФРГ 13/VIII-89
904.	Плетт Элла Яковлевна	1950	30.VI 1968	" "	Седова 8		выб. в Раздельная Приютное VII. 1976
905.	Шмидт Иван Иванович	1912	30.VI 1968	Сортировка	Серова 105		умер 20.VII 1969
906.	Шмидт Регина Яковлевна	1915	30.VI 1968	" "	" "	на замечании	уехала в ФРГ 26.6.92
907.	Фогель Герта Фридриховна	1926	30.VI 1968	" " Солонич	Центральная 85		умерла 9.VI 1977
908.	Герц Нелли Александровна	1910	30.VI 1968	" "	М. Мамедова 41		умерла 6/III-91 г.
909.	Лахне Роза Христиановна	1906	30.VI 1968	" "	" " 37		умерла 20/V-88
910.	Гертер Отто Иванович	1912	30.VI 1968	" "	Герцена 42		? умер 05.03.1999
911.	Шлихенмайер Христина Вильгельм.	1903	30.VI 1968	" "	Достоевского 23		умерла 1.V. 87
912.	Бейтельсбахер Эмма Вильгельмовна	1932	30.VI 1968	" "	Молдогулова 49		умерла
913.	Нейфельд Николай Дмитриевич	1901	30.VI 1968	ст. Колагир			умер 31.I. 1973
914.	Нейфельд Екатерина Ивановна	1903	30.VI 1968	" "			выбыла в Саран 1979
915.	Триппель Павел Павлович	1950	30.VI 1968	Кирзавод	Хвойный переул. 38-12		выбыл в ФРГ 18.11.91
916.	Пеннер Елена Ивановна	1909	1958	Нов. город	Хрустальная 7		умерла 5.XII 1978
917.	Пеннер Инна Робертовна	1938	1968	" "	" "		Выб в ФРГ дек. 90
918.	Пеннер Эльза Робертовна	1947	1965	" "	" "		— " — " —
919.	Тевс Доротея Давидовна	1949	31.VIII 1968	Б. Михайловка	Москвина 107		выб. в Нарман VI. 1977
920.	Зейферт Ольга Абрамовна	1940	31.VIII 1968	Кирзавод	Гончарная 13		исключена 22.VIII. 1970

921.	Берген Петр Иванович	1949	31.VIII 1968 Нов. город	Новый город	Гоголя 48-60	выб. в Украину XI 1976
922.	Тиссен Елизавета Яковлевна	1915	31.VIII 1968	Кир. район	Саранская 16	выб. в г. Киров 1980.
923.	Гекман Александр Иванович	1926	31.VIII 1968	совх. Свердлова	2е отделение	выб. в Фрунзе 1969
924.	Этт Маргарита Яковлевна	1949	31.VIII 1968	шахта 33/34	Трудовая 2	перешла в общину 33/34 ш
925.	Варкентин Эльза Ивановна	1948	31.VIII 1968	" "	" " 37а	Выб в ФРГ 28/V-89
926.	Пеннер Генрих Иванович	1914	1954	Н. Дубовка		умер 18.11.87г.
927.	Пеннер Елизавета Герхардовна	1914	1954	" "		умерла 23.4.87г.
928.	Вильмс Анна Андреевна	1948	1967	Кирзавод	Керамическая 107	Выб в ФРГ 20.11.88
929.	Янбе Валентина Эвальдовна	1946	1964	" "	Кондитерская 12	выб. в Молдавию 25.I 1974
930.	Пеннер Агнеса Робертовна	1939	1959	Нов. город	Хрустальная 7	Выб в ФРГ дек. 90г.
931.	Тевс Генрих Васильевич	1923	1948	шахта 33/34	Трудовая 3	выб. в Прохладное IX. 1977
932.	Тевс Елизавета Яковлевна	1926	1948	" "	" "	" " " "
933.	Унгер Иван Генрихович	1918	1.VIII 1961	Кирзавод	Гончарная 13-7	Выб в ФРГ дек. 89
934.	Унгер Мария Дмитриевна	1918	1.VIII 1961	" "	" "	—"— "—
935.	Гильдебрандт Анна Генриховна	1930	1960	" "	Ключевая 10а	умерла 9.4/X-85г.
	1969 год.					
936.	Классен Абрам Абрамович	1914	1958	г. Шахтинск	Линейная 59а. 34	умер 29.7.87.
937.	Классен Екатерина Францевна	1922	1951	" "	" "	Выб в ФРГ дек. 89.
938.	Дик Вольдемар Петрович	1906	1953	шахта 33/34	Грейдерная 40	умер 6.VIII 1977
939.	Дик Магдалена Робертовна	1907	1927	" "	" "	умерла 9.IV 1976
940.	Штобе Елена Абрамовна	1913	1950	Кир. район	Реконструкция 44	выб. в ФРГ 3.X. 1976
941.	Дерксен Петр Яковлевич	1936	1959	" "	Трудящихся 22	исключен 5 VI 1982г.
942.	Дерксен Элла Альбертовна	1935	1957	" "	" "	Выб в ФРГ март 90
943.	Классен Корней Корнеевич	1932	1957	Сортировка	Макаренко 1	Выб в ФРГ ноябрь 91г
944.	Классен Зелма Генриховна	1932	1957	" "	" "	— " — " — "
945.	Дерксен Иван Францевич	1939	1957	" "	" "	выб. в Джамбул 5.VI. 1975
946.	Дерксен Ольга Корнеевна	1938	1956	" "	" "	" " " "
947.	Фламминг Мария Яковлевна	1929	1960	шахта 33/34	Березовая 11	Выб в ФРГ 14/V-89
948.	Янцен Эмма Яковлевна	1940	1966	Нов. город	Сарсенова 35-1	выб. в Иссык I 1970
949.	Цеев Алма Готлибовна	1924	1959	мелькомбинат	Мельничная 3	Выб в ФРГ сент 89
950.	Теймер Мария Абрамовна	1898	1963	" "	Космонавтов 62	умерла 9.I.1975
951.	Фризен Зузана Дмитриевна	1900	1914	Нов. город	Университетская 37-2	выб. в Молдавию 18.VI. 1970
952.	Маттис Гильдегард Бернгардовна	1914	1957	Б. Михайловка	Степная 125	~~Выбыла~~ в ФРГ 14.10.90.

Namensregister

VIII

Benutzte Literatur

IX

1. Dokumenten- und Zeugnissammlungen

Из истории немцев Казахстана 1921-1975. Сб. Документов. Архив Президента Республики Казахстан 1997. (Publikation des Archivs des Präsidenten der Republik Kasachstan)

Archiv der MBG Karaganda:
- Gemeindebuch der D.M.B.G. in Karaganda. Ausführliche Gemeindeliste 1957-1959.
- Gemeindeliste der MBG Karaganda ab 1965.

Государственный архив Карагандинской области (Staatliches Archiv des Karagandagebiets – SAKG)
- Фонд 3п: Партархив (Parteiarchiv)
- Фонд 1364: Уполномоченный Совета по делам религиозных культов. (Archiv des Bevollmächtigten des Rats für Religionsangelegenheiten)

Архив КНБ РК по Карагандинской области (KNB-Archiv des Karagandagebiets)

Архив личных дел заключенных Карлага ЦПСиИ при Прокуратуре Карагандинской области (Archiv der Personalakten der Häftlinge des Karlag)

Архив личных дел выселенцев ЦПСиИ при Прокуратуре Карагандинской области (Archiv der Sondersiedler des Karagandagebiets)

Archiv des Hilfskomitee Aquila e.V.

Privatarchive von Helene Bergen, Viktor Fast, David Klassen, Jakob Konrad, Jakob Penner, Johann Plett, Erwin Rempel, Otto Wiebe

2. Unveröffentlichte und privat veröffentlichte Manuskripte

Darstellungen

Bergen, Gerhard: Schriftliche Erinnerungen an die Entstehung der Mennonitengemeinde.

Friesen, Andreas: Mission der Mennoniten Brüdergemeinde in Karaganda/Kasachstan. Arbeit zur Erlangung des Grades Master of Theology im Fach Missiologie an der University of South Africa. Neuwied 2001.

Matthies, Wilhelm: Kurze Geschichte der Mennoniten-Brüdergemeinde Karaganda (1957   1975). Frankenthal 1980.

Penner, Jakob: Missionsreisen der Geschwister aus der MBG-Karaganda. Sammlung von Zeugnissen. Archiv des Hilfskomitee Aquila e.V.

Wiebe, Otto T.: Ein Leben unter der Gnade. Frankenthal 2007.

Die Geschichte unserer Jugend. Heft zur Silberhochzeit von Johann und Irma Plett. Frankenthal 1999.

o.V.: Mennonitengemeinde Karaganda in Kasachstan im Wandel der Zeiten. CPF Digitaldruck Backnang 2006.

o.V.: Zeugnis von der Entstehung und Leben der Gemeinde „33“ in Karaganda. O.J.

o.V.: Geschichte der Gemeinde Nadarowka. Sammlung von Zeugnissen. Privatarchiv von Viktor Fast.

Журавлев, Вячеслав М.: История Карагандинской церкви к 75-летнему юбилею. Караганда 2006.

Persönliche Erinnerungen

Fast, Helene: Erinnerungen. Karaganda 1980.
Friesen, Jakob: Erinnerungen.
Heidebrecht, Abram: Erinnerungen.
Hertle, Friedrich: Ein neuer Anfang. Eine Zeitlang zuhause in einem fremden Land. Erinnerungen.
Matthies, Elli (geb. Plett): Erinnerungen. Frankenthal.
Plett, Jakob: Lebensgeschichte der Familie Plett. Frankenthal.
Siebert, Jakob: Lebenserinnerungen (1904-1990). Neuwied.
Thielmann, Peter: Lebenserinnerungen. Bielefeld 1994.
Töws, Heinrich und Elisabeth: Unsere Lebensgeschichte. Erinnerungen.
Wiebe, Heinrich und Katharina: Das Los ist mir gefallen aufs Lieblichste. Erinnerungen. Frankenthal 2000.
Wolf, Abram: Persönliches Erinnerungsbuch, angefangen am 24. Dezember 1956.
Wölk, Heinrich: Rückblick auf ein Eheleben von 66 Jahren. Frankenthal 1995.
Вибе, Корней Корнеевич: Воспоминания. 2002.

3. Selbständige Publikationen

Fast, Johannes: Er gibt dem Müden Kraft. 63 Predigten 1973-78. Steinhagen: Samenkorn 2004.
Fast, Viktor (Hg.): „Я с вами во все дни до скончания века." Karaganda/Steinhagen 2001.
Friesen, Peter M.: Geschichte der Alt-Evangelischen Mennoniten Brüderschaft in Russland, Halbstadt, Taurien 1911. Reprint: Verein zur Erforschung und Pflege des Kulturerbes des rußlanddeutschen Mennonitentums e. V. (Hrsg.), Göttingen 1991.
Gerlach, Horst: Die Rußlandmennoniten. Kirchheimbolanden 1992.
Glaubensbekenntnis der Vereinigten Christlichen Taufgesinnten Mennonitischen Brüdergemeinde in Rußland. Halbstadt 1902.
Ipatov, Alexej: Wer sind Mennoniten? Almaty: Verlag Kasachstan 1977.
Kappeler, Andreas (Hg.): Die Russen. Ihr Nationalbewußtsein in Geschichte und Gegenwart.
Köln 1990.
Klein, E.F.: Russische Reisetage. Berlin 1909.
Löneke, Regina: Die „Hiesigen" und die „Unsrigen". Wertverständnis mennonitischer Aussiedlerfamilien aus Dörfern der Region Orenburg/Ural. Göttingen: Dissertation 1999.
Löwen, Heinrich: In Vergessenheit geratene Beziehungen: Frühe Begegnungen der Mennoniten-Brüdergemeinde mit dem Baptismus in Russland. Ein Überblick. Beiträge zur osteuropäischen Kirchengeschichte. Bielefeld: Logos 1989.
Mertens, Ulrich: Handbuch Russland-Deutsche. Paderborn 2001.
Pritzkau, Johann: Geschichte der Baptisten in Südrussland. Lage: Logos 1999.
Reimer, Nikolai: Nur aus Gnaden, Lemgo 1996.
Rempel, Erwin: Frag deine Eltern, was damals geschah. Lebensgeschichte meiner Eltern Peter und Eugenie Rempel. Harsewinkel: Selbstverlag des Verfassers 2004.
Stefanowitsch, A. I.: Die Maljowanzi. Hefte zum christlichen Orient. Nr. 5. Berlin 1904.
Unruh, Abraham H.: Die Geschichte der Mennoniten-Brüdergemeinde, 1860-1954. Winnipeg, Manitoba: Christian Press 1956.
Winter, Henry H.: Ein Hirte der Bedrängten. Heinrich Winter, der letzte Älteste von Chortitza. Ontario 1988.

Wölk, Heinrich; Wölk, Gerhard: Die Mennoniten-Brüdergemeinde in Rußland 1925 -1980. Ein Beitrag zur Geschichte. Historical Commission of The General Conference of Mennonite Brethern Churches of North America. Winnipeg 1981.
o.V.: Stschutschinsk, Geschichte einer Gemeinde.

Артемьев, А.И.: Социально-политические ориентации меннонитов. Общество «Знание» Казахской ССР, Алма-Ата 1990.
Данилов, А.А.; Косулина, Л.Г.: История России, XX век. Доп. мат. М., Дрофа, 1998.
Заватски, Вальтер: Евангелическое движение в СССР после Второй мировой войны. М., 1995.
Крестянинов, В.Ф.: Меннониты. М., ИПЛ, 1967.
Савинский, Сергей: История евангелских христиан-баптистов Украины, России, Белоруссии (1917-1967). „Библия для всех", Санкт-Петербург 2001.
Шнайдер, Иван: Евангельские общины в актюбинской степи. Steinhagen: Samenkorn 2006.
o.V.: „Подражайте вере их." 40 лет пробужденному братству. Sammelband von Zeugnissen. Friedensstimme 2002.

4. Unselbstständige Publikationen

Dyck, Johannes; Nickel, Johannes: Aus der Geschichte der Gemeinde der Evangeliumschristen-Baptisten in Karaganda. In: Aquila (31) 1/1999. S. 8-14.
Dyck, Johannes: Ergänzungen. Aquila (28) 2/1998. S.18.
Ens, Peter; Fast, Viktor; Hamm, Peter; Wiebe, Andreas: Aus der Geschichte der Gemeinden in Kasachstan. Saran. In: Aquila (25) 3/1997. S.13-19.
Epp, Peter: 50 Jahre der großen Erweckung im Osten der Sowjetunion. Entstehung und Geschichte der Gemeinde in Isilkul (Westsibirien). Teil 1 und Teil 2 in: Aquila (60) 2/2006, S. 20-28 und Aquila (61) 3/2006, S. 24-32.
Fast, Viktor: 50 Jahre Befreiung von der Kommandantur und Beginn der großen Erweckung im Osten der Sowjetunion. In: Aquila (57) 3/2005. S. 18-21.
Fast, Viktor: 50 Jahre Befreiung von der Kommandantur und Beginn der großen Erweckung im Osten der Sowjetunion. Entstehung und Geschichte der Gemeinden in Dsheskasgan. In: Aquila (59) 1/2006. S. 16-30.
Fast, Viktor: Temirtau wurde zum Verklärungsberg. In: Aquila (36) 2/2000, S.12-14.
Fast, Viktor; Matthies, Johann; Wiebe, Andreas: Gedenket der früheren Tage.... In: Aquila (24) 2/1997, S. 11.
Fast, Viktor: Aus der Geschichte der MBG Karaganda. I. Aus der Zeit der Leiden: Vorgeschichte (bis 1956). II. Erweckungszeit und Entstehung der Mennoniten-Brüdergemeinde (1956-1960). In: Aquila (26) 4/1997. S. 9-15.
Fast, Viktor: Aus der Geschichte der MBG Karaganda. III. Die Zeit der Prüfung: Verfolgung, Zerstreuung und Neusammlung (1960-1968). In: Aquila (27) 1/1998, S. 9-15.
Fast, Viktor: Die Taufe Marzinkowskijs bei den Mennoniten. In: Aquila (43) 1/2002. S.18-23;
Fast, Viktor: „...die nicht die Verfolger, sondern den Herrn sahen". In: Aquila (46) 4/2002. S.14-17.
Fast, Viktor; Konrad, Jakob: Entstehung und Schicksal der Evangelischen Mennonitengemeinde in More, Krim. In: Aquila (56) 2/2005. S.21-24.
Fast, Viktor: Dietrich Pauls – für die Gemeinde in Karaganda bewahrt. Aquila (34) 4/1999. S.11-12.
Karew, A. W.: Der Christ und die Heimat. In: Bratskij Westnik 3/1970.
Klassen, Albert; Klassen, Viktor; Plett, Johann: Die Entstehungsgeschichte der Gemeinde „33" in Karaganda. In: Aquila (43) 1/2002, S.24-30.

Letkemann, Peter: Das Ziffernsystem der Mennoniten in Russland. In: Rückblick 1/2005, S. 8-12.
Nachrufe in: „Der Bote", 27.1.1982.
Nickel, Johannes: Sichtung und Wachstum (1959-1976). Aus der Geschichte der Gemeinde der Evangeliumschristen-Baptisten in Karaganda. In: Aquila (33) 3/1999. S. 12-17.
Plett, Jakob: Einweihung des Bethauses der MBG in Karaganda. Zitiert in Wölk: Mennoniten Brüdergemeinde in Russland. S.150-155.
Plett, Johann: Der Anfang der Mennoniten-Brüdergemeinde Kimpersai (Batamschinsk). In: Aquila 2/2005. S.24-32.
Töws, Gerhard (u.a.): Entstehung und Geschichte der Gemeinde in Uljanowka. In: Aquila (57) 3/2005. S. 22-31.

5. Internetartikel:

„Казахстан" in Wikipedia am 15.2.2007, http://ru.wikipedia.org/wiki/
http://www.hronos.km.ru/biograf/ilichov_lf.html
А.В. Горбатов, В.В. Шиллер: Адвентисты седьмого дня в Сибири. История и современность /www.rusoir.ru

6. Mündliche und schriftliche Informanten

Angegeben sind Name und sofern bekannt (Geburtsjahr-ggf. Todesjahr, ggf. Geburtsname), Wohnort zum Zeitpunkt des Interviews.

Bachmann, Gustav (1948), Augsburg
Banmann Johann (1947), Harsewinkel
Banmann Franz (1912), Pivizheide
Barkmann, Heinrich (1932), Bielefeld
Bärgen, Gerhard
Becker, Anna (1926, geb. Ediger), Soest
Bergen, Anna (1952, geb. Thiessen), Neuwied
Bergen Elli, Neuwied
Bergen, Helene (1961), Weißenturm
Bergen, Johann (1951), Neuwied
Bergen, Klaus (1953), Lambsheim
Bergen, Maria (1948), Recklinghausen
Bergen, Paul (1934)
Bergmann Abraham (1937), Beindersheim
Bergmann Johannes (1915), Welzheim
Bergmann, Margarethe (1936, geb. Tiessen), Beindersheim
Boger, Alexander (1947), Schwäbisch Gmünd
Böhler Lydia (1953), Pohlheim
Boldt, Isaak (1928), Fulda
Boldt, Katharina (1932, geb. Becker), Fulda
Breitkreuz, Linda (1939, geb. Fenske), Lage
Bückert, Anna (1949), Haifa
Bückert, Jakob (1938), Harsewinkel
Dörksen Hilda (1952), Neuwied
Dyck, Bernhard (Wolfsburg/Gifhorn)
Dyck, Peter (Hamm/Sieg)
Dyck Wilhelm (1947), Enger
Dyck, Tina

Enns, Heinrich (1931), Frankenthal
Enns, Margarete (1921, geb. Görzen), Bielefeld
Ens, Katharina (geb. Bergmann), Bielefeld
Fast, Lydia (1951, geb. Wiens), Frankenthal
Fefler, Richard (1949), Rüscheid
Friesen, Eduard (1962), Bielefeld
Friesen, Jakob (1936), Schwäbisch Gmünd.
Friesen, Peter (1938), Neuwied
Gerbrandt, Elsa, (1924) Gera
Görzen, Anna (1926, geb. Delesky), Harsewinkel
Görzen Jakob (1957), Bielefeld
Görzen, Johann (1925-2006), Harsewinkel
Görzen, Johann (???), Harsewinkel
Görzen, Katharina (1952, geb. Schellenberg), Bielefeld.
Görzen, Maria (1918, geb. Günther)
Günter, Abram (1930), Bickenbach
Günter, Olga (1950, geb. Boger) Waldbröl
Hartmann, Lydia (1954, geb. Liebenau), Frankenthal
Herdt, Hedwig (1956, geb. Strauß), Kleinniedesheim
Hertle, Friedrich, Villingen-Schweningen
Hübner, Viktor (1929), Bielefeld
Janzen, Maria (geb. Töws), Detmold
Jerke, Maria (1951, geb. Rahn), Schwäbisch Gmünd
Klassen, Albert (1936), Heßheim
Klassen, Kornej, Bad Salzuflen
Klassen, Selma (geb. Günther), Bad Salzuflen
Konrad Jakob (1961), Frankenthal
Koop, Johann (1956), Lemgo
Kornelsen, Helene (1932), Harsewinkel
Krahn, Jakob, Lemgo
Leier, Lilie (1927, geb. Harder), Augustdorf
Löwen, Willi, Lemgo
Matthies, Bernhard W. (1947), Frankenthal
Matthies, Johann W. (1933), Albisheim
Matthies, Wilhelm (1903-1995), Frankenthal
Matthies, Willi B. (1974), Frankenthal
Neudorf, Jakob (1953), Bielefeld
Nickel, Nadja (1951, geb. Neudorf), Villingen-Schwenningen
Pauls, Johann (1949), Neuwied
Pauls, Maria (1887-1980, geb. Nickel), Karaganda 1979
Penner, Abram (1953), Bielefeld
Penner, Augustine (1916, geb. Fast), Harsewinkel)
Penner, Elisabeth (1952, geb. Görzen), Harsewinkel
Penner Johann (1927), Detmold
Penner, Johann (1941), Bendorf
Penner, Karl (1948), Karlsruhe
Penner, Lydia (1949, geb. Derksen), Karlsruhe
Penner, Maria, (1940, geb. Rogalsky), Bendorf
Plett, Ernst (1957), Neuwied
Plett, Johann (1946), Frankenthal
Plett, Irma, (1953, geb. Daiker), Frankenthal
Plett, Walter (1941), Frankenthal
Rahn, Rita (1955, geb. Fischer), Heubach
Regier, Charlotte (1941, geb. Dyck), Lage

Reimer, Elisabeth (1905-2004), Harsewinkel
Rempel, Erwin (1954), Harsewinkel
Schellenberg, Peter
Schellenberg, Johann (1956), Harsewinkel
Schellenberg, Andreas (1958), Harsewinkel
Schiefer, Waldemar, Altenkirchen
Schiefer, Robert, Heidelberg
Schönke, Anna (1928, geb. Wiens), Bielefeld
Schönke, Herbert (1929), Frankenthal
Schönke, Irene (1963, geb. Derksen), Neuwied
Schönke, Sigrid (1931, geb. Dürksen), Frankenthal
Schwarz, Anna (geb. Regehr), Espelkamp
Siebert, Jakob (1939), Beindersheim
Siebert, Helene (1934, geb. Wölk), Beindersheim
Strauß, Helene (1912), Kleinniedesheim
Thielmann, Peter (1928-2001), Frankenthal
Thiessen, Nikolaj (1941), Frankenthal
Tiessen, Agnes (1926), Frankenthal
Töws, Otto (1941), Frankenthal
Tröster, Harry (1939), Tamm
Tröster, Valentine, Tamm
Voth, Viktor (1951), Stemwede-Lever
Wall, Abram (1927), Harsewinkel
Wall, Rita (1950, geb. Ens), Neuwied
Wiebe, Heinrich (1929), Frankenthal
Wiebe, Katharina (1926, geb. Hamm), Frankenthal
Wiebe Otto T. (1960), Frankenthal
Wiens, Susanne (geb. Enns)
Wolf, Peter, Lemgo
Zorn, Elisabeth (1922, geb. Warkentin), Korntal
Zorn, Waldemar, Korntal

Quellen

X

Quellenverzeichnis der Fotos

Die meisten Fotos stammen aus privaten Archiven der unten aufgelisteten Familien. In den letzten zehn Jahren sind viele Fotos gesammelt, gescannt und in einer digitalen Datenbank zusammengestellt worden. In den Zusammenkünften mit den Geschwistern im Bibelheim Höningen wurden Informationen wie Name der Personen, Ereignis und Zeitpunkt zu den Fotos erfasst. In diesem Buch werden 525 Bilder und Dokumente veröffentlicht.

Folgenden Personen und Organisationen möchten wir unseren Dank aussprechen:

1. Staatsarchiv des Karagandagebiets in Karaganda (Umschlagbild; Bild auf Seite 205)
2. Archiv des Bergbautechnikums in Karaganda
3. Museum der bildenden Kunst in Karaganda
4. Braun, Jakob, Darmstadt
5. Banmann, Johann und Katharina, Harsewinkel
6. Barkmann Heinrich und Lilli, St. Katharinen
7. Barkmann Martin und Luisa, Bielefeld
8. Becker, Alexander und Anna, Dierdorf
9. Bergen, Helene, Weißenturm
10. Bergen, Johann und Anna, Neuwied-Gladbach
11. Bergen, Maria, Recklinghausen
12. Bergmann, Rudolf und Adina, Bielefeld
13. Böhler, Rudolf und Lydia, Pohlheim
14. Braun, Alice, Frankenthal
15. Daiker, Woldemar und Anna, Bielefeld
16. Derksen, Abram und Katharina, Salzwedel
17. Dick, Georg und Valentina, Fulda
18. Dück, Abraham und Frieda, Büchenbach
19. Dück, Anna, Bielefeld
20. Dück, Elsa, Frankenthal

21. Dück, Johann (verstorben 2007) und Frieda, Öhringen
22. Dyck, Johannes und Eva, Oerlinghausen
23. Enns, Johann und Anna, Bielefeld
24. Enns, Nikolai und Helene, Bielefeld
25. Enns, Margarete, Bielefeld
26. Epp, Jakob und Liese, Bielefeld
27. Fast, Viktor und Lydia, Frankenthal
28. Fast, Truda, Soest
29. Friesen, Anna, Harsewinkel (verstorben 2005)
30. Friesen, Peter und Elisabeth, Neuwied
31. Görzen, Jakob und Elisabeth, Karaganda
32. Görzen, Johann (verstorben 2006) und Anna, Harsewinkel
33. Görzen, Peter und Maria (beide verstorben 2007), Lage
34. Hein, Eduard und Katharina, Versmold
35. Hertle, Friedrich, Mönchweiler/Villingen
36. Hildebrant, Johann und Helene, Harsewinkel
37. Hübner, Viktor und Frieda, Bielefeld
38. Isaak, Hermann und Ira, Kierspe
39. Kaminski, Erich und Valentina, Reichenbach an der Filz
40. Klassen, Peter und Maria, Bielefeld
41. Klassen, Rudolf und Talita, Karaganda
42. Konrad, Jakob und Luise, Frankenthal
43. Kornelsen, Peter und Maria, Bielefeld
44. Matthies, Johann und Käthe, Albisheim
45. Matthies, Bernhard und Ella, Frankenthal
46. Neufeld, Jakob und Ella, Bielefeld
47. Nickel, Johannes und Esther, Albisheim
48. Ospald, Martin und Toni, Lübeck
49. Penner, Abraham und Ella, Bielefeld
50. Penner, Jakob und Elisabeth, Harsewinkel
51. Penner, Karl und Lydia, Bruchsal
52. Penner, Wilhelm und Nelli, Bielefeld
53. Plett, Johann und Irma, Frankenthal
54. Plotnikow, Georgij, Karaganda
55. Rahn, Heinrich und Rita, Heubach
56. Rempel, Peter und Anna, Harsewinkel
57. Saizew, Anatolij und Veronika, Karaganda
58. Sawatzky, Elsa, Harsewinkel
59. Schellenberg, Johann und Katharina, Harsewinkel
60. Schönke, Herbert und Sigrid, Frankenthal
61. Sudermann, Selma, Bielefeld
62. Thielmann, Peter (verstorben 2001) und Hanna, Frankenthal
63. Thiessen, Agnes, Frankenthal
64. Thiessen, Johann und Margarete, Frankenthal
65. Töws, Friedrich (gestorben 2006) und Frieda, Espelkamp
66. Tröster, Harry, Tamm
67. Wall, Abraham und Katharina, Harsewinkel
68. Warkentin, Heinrich (verstorben 2006) und Elli, Schieder-Schwalenberg
69. Wedel, Johann und Margarete, Espelkamp
70. Wiebe, Andreas und Katharina, Frankenthal
71. Wiebe, Otto und Helene, Frankenthal
72. Wiebe, Theobald und Helene, Frankenthal
73. Willms, Elisabeth, Kalletal

Abkürzungen und Worterklärungen

XI

Abkürzungen

EChB – Ewangelskije Christiane-Baptisty – Evangeliumschristen-Baptisten
FSO – Fabritschno-Sawodskoje Obutschenije – Fabrikausbildung
GPU – Gosudarstwennoje Polititscheskoje Uprawlenije – Staatliche politische Verwaltung
GUGB – Glawnoje Uprawlenije Gosudarstwennoj Besopasnosti – Hauptverwaltung der Staatssicherheit
Gulag – Glawnoje Uprawlenije Isprawitelno-trudowych Lagerej – Hauptverwaltung der Besserungsarbeitslager
KGB – Komitet Gosudarstwennoj Besopasnosti – Komitee für Staatssicherheit
KPdSU – Kommunistische Partei der Sowjetunion
MGB – Ministerstwo Gosudarstwennoj Besopasnosti – Ministerium für Staatssicherheit
MTS – Maschino-Traktornaja Stanzija – staatlich zentralisierte Auto- und Traktorenwerkstatt
MWD – Ministerstwo Wnutrennich Del – Ministerium des Inneren
NKGB –Narodny Komitet Gosudarstwennoj Besopasnosti – Volkskomitee für Staatssicherheit
NKWD – Narodny Komitet Wnutrennich Del – Volkskomitee des Inneren
OGPU – Objedinennoje Gosudarstwennoje Polititscheskoje Uprawlenije – Vereinigte staatliche politische Verwaltung
OWIR – Otdel Wis i Rasreschenij – Abteilung für Visa und Ausreiseerlaubnisse
RfR – Rat für Religionsangelegenheiten
SAKG – Staatsarchiv des Karagandagebietes
SZ EChB – Sowjet Zerkwej Ewangelskich Christian-Baptistow – Rat der Gemeinden der Evangeliumschristen-Baptisten
Tscheka – Tschreswytschajnaja Kommissia – Außerordentliche Kommission
WSEChB - Wsesojusnyi Sowet Ewangelskich Christian-Baptistow – Allunionsrat der Evangeliumschristen-Baptisten
ZK der KPdSU – Zentralkommitee der KPdSU

Worterklärungen

Adventisten (von lat. advenere – ankommen): Anhänger einer Glaubenslehre, die in den 1830-er Jahren in den USA entstanden ist und die zweite Wiederkunft Christi im Zentrum ihrer Lehre hat, meist im Zusammenhang mit dem Sabbat als Ruhetag und einer besonderen Auslegung der „Danielprophezeihungen".

Baptisten (von gr. „baptizo" – eintauchen, untertauchen, taufen): Anhänger der evangelischen Glaubenslehre von dem erlösenden Opfer Jesu Christi zur Rettung der Sünder, der Notwendigkeit einer persönlichen Bekehrung, der gläubigen Annahme Jesu als persönlichem Heiland und der ausschließlichen Taufe Erwachsener auf den Glauben nach der Bekehrung.

Bolschewiken (russ. Bolschewiki – Mehrheitler): Eine Fraktion der Sozialdemokratischen Arbeiterpartei Russlands, deren Ziel im Gegensatz zur Fraktion der Menschewiken ein Sozialismus war, der sich in einer Revolution als Diktatur des Proletariats verwirklichen sollte. Diese Fraktion wurde von Lenin angeführt, der sie zu einer Partei neuen Typus als Gruppe von Berufsrevolutionären umwandeln wollte. Die Bolschewiken setzten sich 1918 letztendlich unter allen anderen revolutionären Bewegungen durch und wurden zur führenden Partei der Sowjetunion.

Diakon (von gr. Diener): Gemeindedienst, der schon in der Urgemeinde in der apostolischen Zeit eingesetzt wurde. Zum Aufgabengebiet des Diakons gehört die Fürsorge für Arme und Kranke, Unterstützung der Ältesten in ihrem Dienst und Predigt des Evangeliums.

Entkulakisierung: Die Enteignung der reichen Bauern in den 1930-er Jahren. Die Kommunisten teilten die Landbevölkerung in drei Kategorien ein: die Reichen (Kulaki), die Mittelbauern (Serednjaki) und die Armen (Bednjaki). Im Zuge der 1929 einsetzenden Zwangskollektivierung wurden die Kulaken enteignet und die meisten von ihnen nach Sibirien oder Kasachstan deportiert, wobei sehr viele umkamen. Dieser Vorgang wurde russisch mit „Raskulatschiwanije" bezeichnet, was in der deutschen Dierktübertragung „Entkulakisierung" heißt.

Gulag (russ. Glawnoje Uprawlenije Isprawitelno-trudowych Lagerej – Hauptverwaltung der Besserungsarbeitslager): Diese Bezeichnung ist zum Synonym für das umfassende Repressionssystem der Sowjetunion, bestehend aus Zwangsarbeitslagern, Straflagern, Gefängnissen und Verbannungsorten geworden.

KGB: siehe „Sowjetischer Geheimdienst"

Kommunistische Partei der Sowjetunion (KPdSU) (russ. Kommunistitscheskaja Partija Sowjetskogo Sojusa – KPSS): Die Partei wurde 1918 nach der Oktoberrevolution in Russland als „Kommunistische Partei Russlands" gegründet, 1922 in „Kommunistische Partei der Sowjetunion" umbenannt. Erster Vorsitzender der Partei war bis 1924 Wladimir Iljitsch Lenin. 1922 übernahm Josef Stalin das neu geschaffene Amt des Generalsekretärs der Partei, das dieser nach dem Tod Lenins 1924 zunehmend mit einer auf seine Person zugeschnittenen diktatorischen Machtbefugnis ausstattete. Nach Ende der Ära Stalin 1953 setzte sich bei den folgenden parteiinternen Machtkämpfen Nikita Chruschtschow als Erster Parteisekretär durch. 1964 wurde Chruschtschow gestürzt, neuer zunächst noch Erster Sekretär wurde Leonid Breschnew, ab 1966 dann Generalsekretär. Dieser vereinigte 1977 die Ämter des Generalsekretärs der KPdSU und des Staatsoberhauptes auf sich. Nach dem Tode Breschnews trat Juri Wladimirowitsch Andropow 1982 dessen Nachfolge an. Seine Herrschaft blieb ein kurzes Intermezzo, genau wie die von Konstantin Tschernenko, der 1984 und 1985 die Partei- und Staatsgeschäfte leitete. Seine Nachfolge trat Michail Gorbatschow an, der durch Reformen versuchte, die Sowjetunion unter Beibehaltung von sozialistischen Strukturen zu modernisieren, damit aber scheiterte. Von etwa 1920 bis 1990 war die KPdSU die einzige relevante politische Macht in der Sowjetunion, da sie die Staatspartei in dem sowjetischen Einparteisystem war. Die Politik der KPdSU war geprägt durch die Ideologie des Marxismus-Leninismus. Die sowjetische Jugendorganisation Komsomol galt als die Nachwuchsorganisation der Partei. In der zentralen Parteihochschule „W. I. Lenin" in Moskau studierten auch viele Kader aus den kommunistischen Parteien der „befreundeten" sozialistischen Länder und sogenannter Volksdemokratien.

Komsomol (sozialistisches Kurzwort für „Kommunistitscheskij Sojus Molodjoschy" – kommunistischer Jugendbund): Organisation für Jugendliche ab 14 Jahren, die als Vorstufe zur Partei dienen sollte.

Kolchose (russ. kolchos – sozialistisches Kurzwort für „kollektiwnoje chosajstwo" – Kollektivwirtschaft): Landwirtschaftlicher Großbetrieb in der Sowjetunion, der genossenschaftlich organisiert war und dessen Bewirtschaftung durch das „sozialistische Kollektiv" der Mitglieder erfolgte. Die ersten Kolchose entstanden nach 1917 auf freiwilliger Basis, ab etwa 1929 selbst verwaltete Zwangskollektive (Kollektivierung) der bäuerlichen Einzelwirtschaften. Die Mitglieder einer Kolchose waren formal auch die gemeinsamen Eigentümer der Produktionsmittel, nicht aber des Bodens, der dem Staat gehörte. Die Kolchose wurde stark staatlich beeinflusst durch die von der Partei eingesetzte Kolchosleitung. Den Kolchosen wurde ein Produktionssoll auferlegt, das sie zu staatlich festgesetzten Preisen abzuliefern hatten.

Kollektivierung: Zusammenschluss landwirtschaftlicher Betriebe zu genossenschaftlichen oder staatlichen Betrieben. Ab 1928 wurde in der Sowjetunion die Kollektivierung von staatlicher Seite auf der Grundlage von Gesetzen, teilweise mit polizeilicher Gewalt durchgesetzt, wobei durch diese Zwangskollektivierungen Millionen von Menschen ums Leben kamen.

Oberpresbyter (russ. Starschij Preswiter): Vom WSEChB eingesetzter Ältester über eine bestimmte Region (z.B. Oberpresbyter von Kasachstan).

Orgkomitee: Ein Komitee, das 1962 aus der Initiativgruppe entstand und unabhängig vom WSEChB einen Kongress der EChB der Sowjetunion organisieren wollte. Das führte zur Spaltung des Baptistenbundes und 1965 zur Gründung des SZ EChB.

Oktoberkinder: Kommunistische Kinderorganisation für Schüler zwischen sieben und zehn Jahren, benannt zum Gedenken an die Oktoberrevolution. Offiziell galt die Mitgliedschaft als freiwillig, aber wer nicht Oktoberkind wurde, musste mit Druck und Verfolgung rechnen.

Parteitag der Allrussischen Kommunistischen Partei: Parteitag aller gewählter Parteifunktionäre.

Pioniere: Kommunistische Kinderorganisation für Schüler zwischen 10 und 14 Jahren. Offiziell galt die Mitgliedschaft als freiwillig, aber wer nicht Pionier wurde, musste mit Druck und Verfolgung rechnen.

Presbyter, Preswiter (von gr. Alter, Ältester): In den russischen Baptistengemeinden übliche Bezeichnung für den Gemeindeältesten. Damit ist auch ein anderes Verständnis von Gemeindeleitung verbunden, als die Deutschen es hatten. Ein russischer Presbyter war meistens sehr autoritär und leitete die Gemeinde zentralistisch.

Rat für Religionsangelegenheiten (RfR): Dem Ministerrat der Sowjetunion unterstellte Behörde zur Überwachung der religiösen Aktivitäten der Bevölkerung.

Sowchose (russ. Sowchos, sozialistisches Kurzwort für „sowetzkoje chosajstwo“ - Sowjetwirtschaft): Landwirtschaftlicher Großbetrieb in der Sowjetunion. Im Gegensatz zu den kollektiv bewirtschafteten Kolchosen war eine Sowchose ein Großbetrieb im Staatsbesitz mit angestellten Lohnarbeitern. Ursprünglich wurden sie seit 1919 aus staatlichen und privaten landwirtschaftlichen Gütern gebildet, um den Bauern die Vorzüge der gemeinschaftlichen Wirtschaft zu demonstrieren. Später waren sie meist spezialisierte Betriebe, die Saatgut und Zuchtvieh an die Kolchosen lieferten. Häufig wurden Sowchosen auch in naturräumlich benachteiligten Gebieten errichtet, in denen das Ernterisiko recht hoch war. Außerdem gab es feste Löhne. Die Sowchose war ein Teil der Planwirtschaft.

Sowjetischer Geheimdienst: Wie jeder diktatorisch regierte Staat hatte auch die Sowjetunion von Anfang an einen intensiv tätigen Geheimdienst, der mehrmals umbenannt wurde: Tscheka (1917-1922), GPU (1922-1923), OGPU (1923-1934), GUGB (innerhalb des NKWD, 1934-1941), NKGB (Februar-Juli 1941), GUGB (1941-1943), NKGB (1943-1946), MGB (1946-1953), MWD (1953-1954), KGB (1954-1991). Die Hauptaufgaben des KGB waren Auslandsspionage, Gegenspionage, Kontrolle und Liquidation von Regimegegnern, zu denen unter anderem die Gläubigen zählten, innerhalb der Sowjetunion sowie die Bewachung von Mitgliedern der Partei- und Staatsführung.

SZ EChB (Sowjet Zerkwej Ewangelskich Christian-Baptistow, „Gemeinderat“): nicht registrierter Bund der Evangeliumschristen-Baptisten der Sowjetunion, entstanden aus der Initiativgruppe der Baptisten, die später zum Orgkomitee wurde und sich dann zu einem Bund zusammenschloss. Die dazugehörigen Gemeinden ließen sich nicht registrieren, um der staatlichen Kontrolle zu entgehen.

Trojka (wörtlich: Dreiergruppe): Eine zum Gerichtssystem zusätzliche außergerichtliche Kommission von drei Leuten (meistens Gebietsvorsteher der Partei, Vorsteher des Gebietsexekutivrats, Vorsteher der NKWD-Behörde des Gebiets) zur schnellen Bestrafung antisowjetischer Elemente in der Stalinzeit. Sie wurde ursprünglich von der Tscheka eingerichtet, und später wieder bedeutsam in der NKWD, als sie während der großen stalinistischen „Säuberungen“ 1936-38 aktiv genutzt wurde.

Upolnomotschenyj: Bevollmächtigter für bestimmte politische Angelegenheiten. In unserem Buch handelt es sich dabei immer um den Bevollmächtigten des Rats für Religionsangelegenheiten für ein bestimmtes Gebiet.

WSEChB (Wsesojusnyi Sowet Ewangelskich Christian-Baptistow, „Allunionsrat“): Der staatlich iniziierte Bund der Evangeliumschristen-Baptisten der Sowjetunion. (registrierter Baptistenbund). Der WSEChB hatte eine feste Hierarchie: an der Spitze standen Vorsitzender und Generalsekretär – danach das Präsidium – WSEChB – Oberpresbyter – Gemeinden.

Иван Шнайдер

Евангельские общины в Актюбинской области

Сто лет первой общине баптистов в Актюбинске

(320с., 393 илл., 7 карт, твердый переплет)

Адрес издательства:
«Samenkorn», Liebigstr. 8,
33803 Steinhagen, Germany

ISBN 3-936894-19-1

В монографии собрана история общин баптистов и меннонитов в Актюбинской области за последнее столетие. Читатель узнает как в условиях тяжелых притеснений и гонений тоталитарного режима созидались независимые от мира общины, устремленные к вечному царству Христа Иисуса.

Книга представляет интерес для верующих и для интересующихся историей религии в бывшем Советском Союзе.

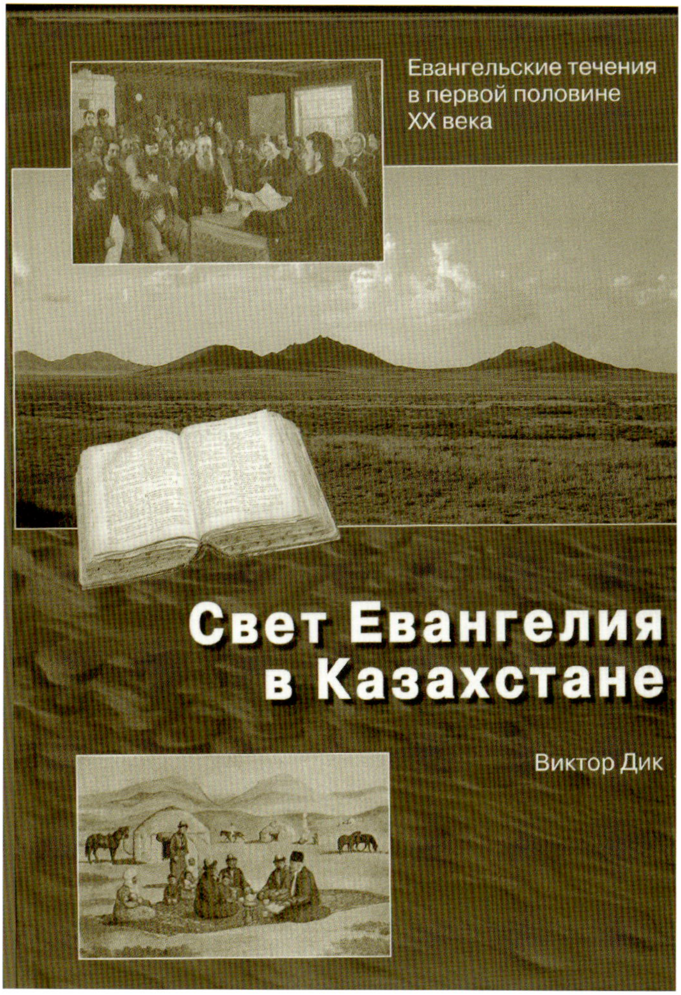

Виктор Дик

Свет Евангелия

в Казахстане

Евангельские течения в первой половине XX века

(384с., 300 илл., 13 карт, твердый переплет)

Адрес издательства: «Samenkorn», Liebigstr.8,
33803 Steinhagen, Germany

ISBN 3-936894-13-2

Книга повествует об истории возвещения Евангелия и распространения общин баптистов и меннонитов на территории нынешнего Казахстана в первой половине XX века. Автор пытался представить евангелизацию и общины во всех регионах, городах и селениях тогдашней периферии Российской империи и Советского Союза. Она посвящается братьям и сестрам, которые во многих трудностях и скорбях возвещали Святое Евангелие в степях Казахстана и является замечательной школой для духовного возрастания.

Эта монография является результатом более чем двадцатилетней собирательной работы автора. При ее написании кроме книг историков по общей истории евангельских течений были использованы сообщения и письма опубликованные в духовных журналах прошлых лет («Баптист», «Баптист Украины», «Христианин», «Гость», «Unser Blatt», «Der Familienfreund» и другие), устные и письменные воспоминания ветеранов веры, их дневники и письма, материалы частных архивов. Она богата иллюстрирована видовыми и групповыми фотографиями, портретами верующих того времени.

Читатель найдет в этом труде практические уроки веры и опыт евангелизации наших предшественников. Этот обзор дает возможность оценить то, что нам дано сейчас и побуждает поклониться и преклониться пред Господом за верность Его обетований.

Я с вами во все дни до скончания века

К семидесятилетию евангельского движения в Караганде

(192 с., 6 карт, около 50 копий документов, около 200 илл., твердый переплет)

Издатель: Виктор Фаст и «Благотворительный комитет Аквила», Караганда – Штайнхаген, 2001

Адрес издательства: «Samen-korn», Liebigstr. 8, 33803 Steinhagen, Germany

ISBN 3-936894-12-4

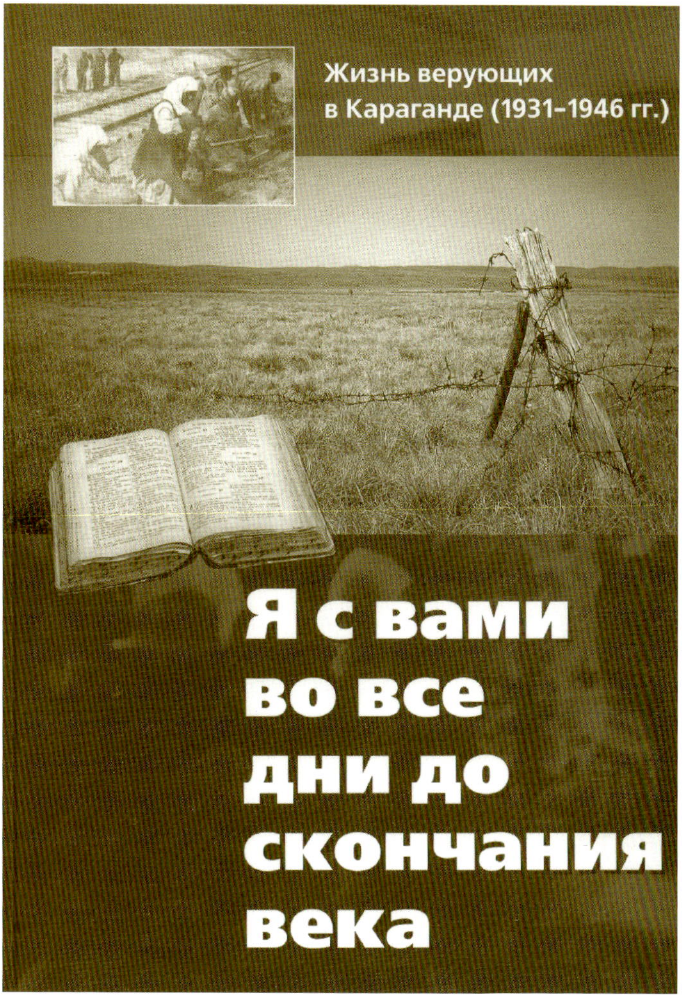
Жизнь верующих
в Караганде (1931–1946 гг.)
Я с вами
во все
дни до
скончания
века

Книга повествует о жизни верующих и общин евангельских христиан-баптистов и меннонитов в Караганде в тяжелые времена сталинских гонений и репрессий (1931-1946). Она является совместным изданием верующих, для которых Караганда стала местом духовных благословений.

В этой книге использованы воспоминания ветеранов веры, дневники и письма того тяжелого времени, материалы частных и государственных архивов, в т.ч. НКВД, Карлага и Уполномоченного по религиозным культам. Книга богата иллюстрирована видовыми фотографиями того времени, портретами и групповыми фотографиями верующих.

Знакомство с водительством Божиим в годы, когда на пути Его последователей был виден след крови, потрясает. «Чем ночь темней, тем ярче звезды». Даже в век безумного богоборчества и бедствий жестоких гонений Господь исполнил Свое обетование: «Я с вами во все дни до скончания века» (Мф.28:20). Книга побуждает читателей, взирая на жизнь и кончину предшественников, подражать их вере и воздать славу Богу.

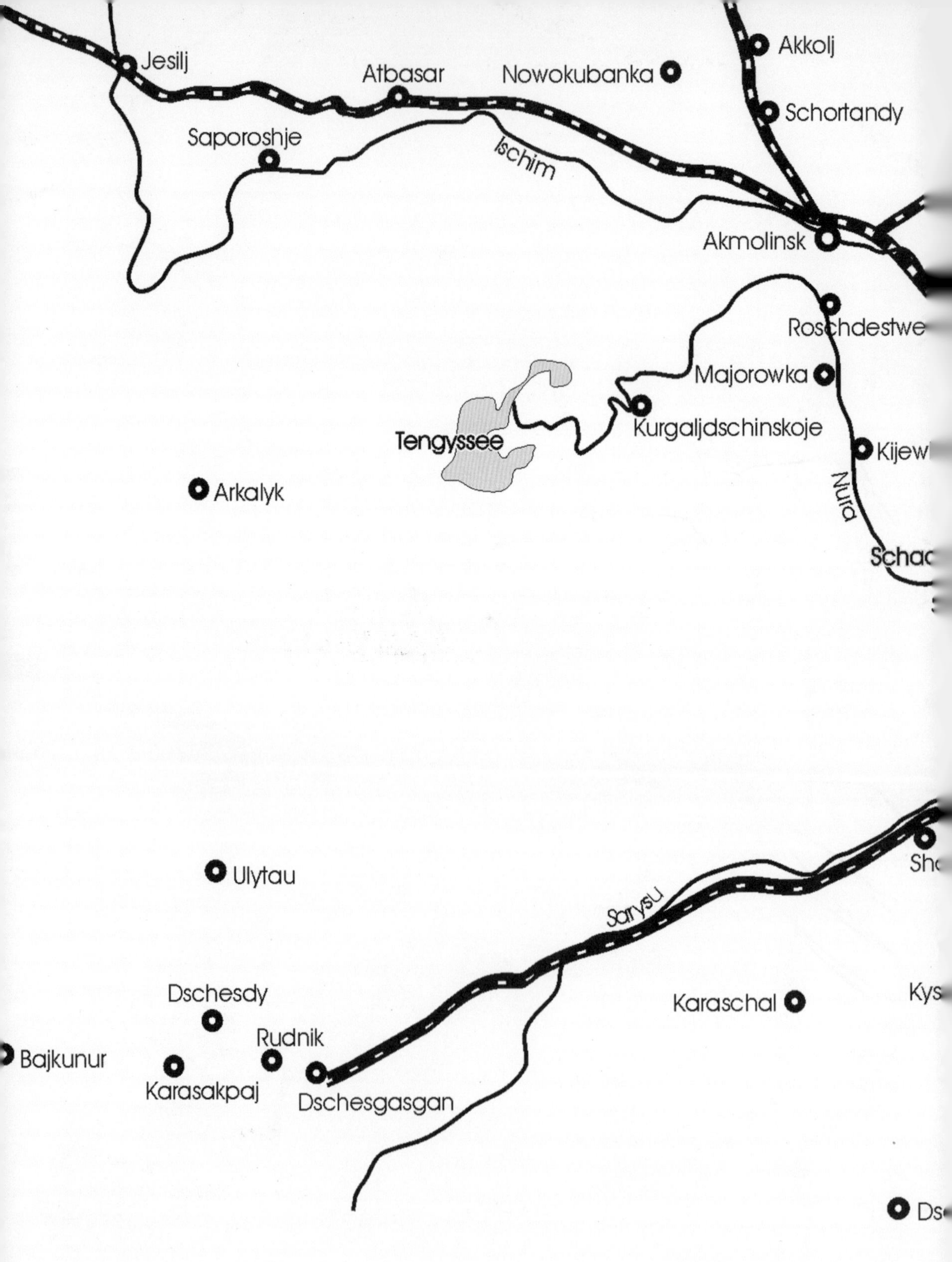
Jesilj
Atbasar
Nowokubanka
Akkolj
Schortandy
Saporoshje
Ischim
Akmolinsk
Roschdestwe
Majorowka
Kurgaljdschinskoje
Tengyssee
Kijew
Nura
Arkalyk
Schac
Ulytau
Sarysu
Sh
Dschesdy
Karaschal
Kys
Rudnik
Bajkunur
Karasakpaj
Dschesgasgan
Ds